Álvaro Zimmermann Aranha
Carlos Nely C. de Oliveira
Gleney Andreotti Lolo
Hélio Takeshi Kondo
Manoel Benedito Rodrigues
Manoel Lopes Ferreira
Ricardo Dezso Sabo

Edição 2011

Matemática nos Vestibulares

Volume 5

2006 • 2007 • 2008

**FUVEST
UNICAMP
VUNESP
ITA
FGV
UNIFESP**

Editora Policarpo

Coleção Vestibulares

Matemática nos Vestibulares – vol. 2, 3 e 4
História nos Vestibulares – vol. 2 e 3
Química nos Vestibulares – vol. 2 e 3
Geografia nos Vestibulares – vol. 1

Coleção Exercícios de Matemática

Volume 1: Revisão de 1º Grau
Volume 2: Funções e Logaritmos
Volume 3: Progressões Aritméticas e Geométricas
Volume 4: Análise Combinatória e Probabilidades
Volume 5: Matrizes, Determinantes e Sistemas Lineares
Volume 6: Geometria Plana

Caderno de Atividades

Números Complexos
Polinômios e Equações Algébricas
Trigonometria – vol. 1 e 2
Geometria Espacial – vol. 1, 2 e 3
Geometria Analítica – vol. 1 e 2

Caderno de Atividades Ensino Fundamental

Matemática – 6º ano – vol. 1 e 2
Matemática – 7º ano – vol. 1 e 2
Álgebra – 8º ano – vol. 1 e 2
Álgebra – 9º ano – vol. 1 e 2
Geometria Plana – 8º ano
Geometria Plana – 9º ano
Desenho Geométrico – 8º ano
Desenho Geométrico – 9º ano

Digitação, diagramação e desenhos: Sueli Cardoso dos Santos - email: suly.santos@gmail.com

Dados Internacionais de Catalogação, na Publicação (CIP)
(Câmara Brasileira do Livro, SP, Brasil)

Aranha, Álvaro Zimmermann; Oliveira, Carlos Nely C. de;
Lolo, Gleney Andreotti; Kondo, Hélio Takeshi; Rodrigues, Manoel Benedito;
Ferreira, Manonel Lopes; Sabo, Ricardo Dezso
Matematica nos Vestibulares vol. 5 2006, 2007 2008

Ensino Médio - Matémática / Álvaro Zimmermann Aranha,

Carlos Nely C. de Oliveira, Gleney Andreotti Lolo,

Hélio Takeshi Kondo, Manoel Benedito Rodrigues,

Manonel Lopes Ferreira, Ricardo Dezso Sabo

São Paulo: Editora Policarpo, 1. ed. 2011.

1. Matemática 2. Vestibulares 3. Ensino médio I. Autores III. Título.

Índices para catálogo sistemático:

Todos os direitos reservados à:
EDITORA POLICARPO LTDA
Rua Dr. Rafael de Barros, 175 - Conj. 01- São Paulo - SP - CEP: 04003-041
Tel./Fax: (0xx11) 3288-0895
Tel.: (0xx11) 3284-8916

Índice das questões por exame

Vestibular	Enunciados	Dicas	Resoluções
FUVEST/2006 - 1ª Fase	3	119	269
FUVEST/2006 - 2ª Fase	5	121	273
FUVEST/2007 - 1ª Fase	7	125	280
FUVEST/2007 - 2ª Fase	9	128	285
FUVEST/2008 - 1ª Fase	11	131	292
FUVEST/2008 - 2ª Fase	13	134	296
UNICAMP/2006 - 1ª Fase	16	138	303
UNICAMP/2006 - 2ª Fase	17	138	304
UNICAMP/2007 - 1ª Fase	19	143	311
UNICAMP/2007 - 2ª Fase	20	144	312
UNICAMP/2008 - 1ª Fase	23	148	320
UNICAMP/2008 - 2ª Fase	24	149	321
VUNESP/2006 - C. Gerais	27	153	329
VUNESP/2006 - Exatas	30	156	333
VUNESP/2006 - Biológicas	33	159	339
VUNESP/2007 - C. Gerais	35	160	341
VUNESP/2007 - Exatas	38	162	344
VUNESP/2007 - Biológicas	40	165	348
VUNESP/2008 - C. Gerais	41	166	349
VUNESP/2008 - Exatas	44	168	353
VUNESP/2008 - Biológicas	47	170	356
ITA/2006 - Testes	48	171	358
ITA/2006 - Questões	51	176	368
ITA/2007 - Testes	53	180	373
ITA/2007 - Questões	57	185	387
ITA/2008 - Testes	58	189	395
ITA/2008 - Questões	61	194	406
FGV/2006 - Administração - 1ª Fase	63	198	415
FGV/2006 - Administração - 2ª Fase	66	203	423
FGV/2006 - Economia - 1ª Fase	69	207	428
FGV/2006 - Economia - 2ª Fase	76	214	439
FGV/2006 - Direito - 2ª Fase	77	215	441
FGV/2007 - Administração - 1ª Fase	78	216	443
FGV/2007 - Administração - 2ª Fase	80	220	452
FGV/2007 - Economia - 1ª Fase	84	224	456
FGV/2007 - Economia - 2ª Fase	90	232	471
FGV/2007 - Direito - 2ª Fase	93	234	474
FGV/2008 - Administração - 1ª Fase	94	235	476
FGV/2008 - Administração - 2ª Fase	96	237	481
FGV/2008 - Economia - 1ª Fase	99	240	485
FGV/2008 - Economia - 2ª Fase	103	247	495
FGV/2008 - Direito - 2ª Fase	105	251	498
UNIFESP/2006 - C. Gerais	106	252	500
UNIFESP/2006 - C. Específicos	109	255	505
UNIFESP/2007 - C. Gerais	110	256	509
UNIFESP/2007 - C. Específicos	113	259	514
UNIFESP/2008 - C. Gerais	114	261	518
UNIFESP/2008 - C. Específicos	117	264	524

Números das Questões por Assunto

1) **Tópicos de ensino fundamental.**
   4, 5, 14, 23, 24, 27, 28, 33, 43, 44, 48, 53, 65, 77, 79, 94, 96, 105, 106, 121, 131, 143, 155, 162, 169, 170, 281, 282, 283, 284, 296, 300, 307, 314, 335, 350, 355, 356, 369, 382, 391, 395, 402, 411, 412, 413, 418, 422, 437, 457, 459, 460, 461, 462, 480, 482, 490, 500, 503.

2) **Conjuntos, funções, inequações e estatística.**
   15, 41, 63, 64, 83, 91, 92, 97, 100, 107, 127, 132, 138, 140, 149, 157, 165, 172, 173, 179, 184, 204, 213, 223, 261, 263, 273, 274, 288, 293, 294, 309, 319, 327, 329, 337, 341, 360, 378, 379, 380, 383, 389, 390, 394, 399, 408, 409, 410, 416, 423, 440, 447, 455, 456, 458, 473, 474, 483, 504.

3) **Função exponencial logaritmos.**
   29, 47, 70, 88, 99, 113, 123, 129, 151, 154, 158, 176, 180, 187, 189, 219, 220, 233, 256, 257, 265, 290, 303, 321, 323, 345, 346, 347, 348, 368, 381, 400, 403, 428, 439, 451, 476, 485, 505, 506.

4) **Progressões aritméticas e geométricas**
   6, 35, 46, 55, 95, 118, 135, 144, 185, 210, 235, 249, 299, 387, 401, 420, 432, 438, 463, 499, 501, 502.

5) **Geometria plana.**
   2, 9, 13, 19, 25, 26, 30, 34, 36, 49, 56, 69, 72, 78, 80, 87, 102, 115, 130, 139, 141, 167, 177, 183, 199, 212, 217, 218, 230, 241, 260, 262, 278, 312, 317, 324, 328, 333, 338, 340, 343, 357, 364, 371, 396, 398, 404, 419, 424, 431, 443, 469, 478, 486, 488, 489, 492, 494, 511, 512, 513, 514, 515.

6) **Trigonometria.**
   10, 17, 37, 45, 54, 57, 75, 85, 114, 126, 150, 164, 175, 181, 186, 191, 206, 216, 225, 226, 231, 239, 253, 255, 258, 268, 270, 277, 289, 334, 354, 376, 384, 392, 406, 433, 441, 444, 467, 468, 475, 487, 516, 518.

7) **Matrizes, determinantes, sistemas lineares.**
   21, 73, 86, 101, 119, 136, 161, 163, 193, 194, 197, 209, 237, 245, 246, 267, 287, 302, 365, 414, 434, 448, 471.

8) **Binômio de Newton, análise combinatória, probabilidades.**
   1, 3, 12, 31, 39, 51, 59, 66, 68, 84, 98, 110, 111, 117, 128, 133, 134, 147, 153, 160, 174, 188, 203, 205, 214, 224, 227, 238, 243, 259, 269, 279, 292, 295, 301, 306, 308, 313, 325, 331, 332, 342, 344, 359, 363, 373, 375, 385, 388, 397, 405, 407, 415, 417, 425, 430, 442, 446, 450, 453, 454, 464, 479, 497, 507, 508, 517.

9) **Geometria espacial.**
   11, 18, 32, 40, 42, 50, 60, 62, 67, 71, 81, 82, 90, 93, 103, 116, 125, 142, 152, 156, 168, 178, 182, 202, 208, 232, 242, 248, 271, 285, 291, 305, 310, 316, 320, 322, 339, 351, 361, 370, 393, 427, 429, 452, 470, 496, 498, 519.

10) **Geometria analítica.**
    7, 16, 22, 38, 52, 58, 74, 89, 104, 112, 122, 124, 137, 148, 166, 171, 200, 201, 211, 228, 229, 240, 254, 272, 275, 297, 304, 311, 318, 326, 330, 336, 349, 352, 353, 358, 367, 372, 386, 421, 426, 449, 466, 472, 493, 495, 510.

11) **Números complexos, polinômios, equações algébricas.**
    20, 61, 76, 108, 109, 120, 145, 146, 159, 190, 192, 195, 196, 198, 207, 215, 221, 222, 234, 236, 244, 247, 250, 251, 252, 264, 266, 276, 280, 286, 298, 315, 362, 366, 374, 377, 435, 436, 445, 465, 477, 481, 484, 491, 509.

Números de exercícios por vestibular

FUVEST/2006 - (1ª Fase)..(01 ao 12)
FUVEST/2006 - (2ª Fase)..(13 ao 22)
FUVEST/2007 - (1ª Fase)..(23 ao 32)
FUVEST/2007 - (2ª Fase)..(33 ao 42)
FUVEST/2008 - (1ª Fase)..(43 ao 52)
FUVEST/2008 - (2ª Fase)..(53 ao 62)
UNICAMP/2006 - (1ª Fase)...(63 ao 64)
UNICAMP/2006 - (2ª Fase)...(65 ao 76)
UNICAMP/2007- (1ª Fase)..(77 ao 78)
UNICAMP/2007 - (2ª Fase)...(79 ao 90)
UNICAMP/2008 - (1ª Fase)...(91 ao 92)
UNICAMP/2008 - (2ª Fase)...(93 ao 104)
VUNESP/2006 - Conh. Gerais..(105 ao 116)
VUNESP/2006 - Exatas...(117 ao 126)
VUNESP/2006 - Biológicas...(127 ao 130)
VUNESP/2007 - Conh. Gerais..(131 ao 142)
VUNESP/2007 - Exatas...(143 ao 152)
VUNESP/2007 - Biológicas...(153 ao 156)
VUNESP/2008 - Conh. Gerais..(157 ao 168)
VUNESP/2008 - Exatas...(169 ao 178)
VUNESP/2008 - Biológicas...(179 ao 182)
ITA/2006 - Testes..(183 ao 202)
ITA/2006 - Questões...(203 ao 212)
ITA/2007 - Testes..(213 ao 232)
ITA/2007 - Questões...(233 ao 242)
ITA/2008 - Testes..(243 ao 262)
ITA/2008 - Questões...(263 ao 272)
FGV/2006 - Administração - 1ª Fase...(273 ao 282)
FGV/2006 - Administração - 2ª Fase...(283 ao 297)
FGV/2006 - Economia - 1ª Fase..(298 ao 327)
FGV/2006 - Economia - 2ª Fase..(328 ao 331)
FGV/2006 - Direito - 2ª Fase...(332 ao 334)
FGV/2007 - Administração - 1ª Fase...(335 ao 344)
FGV/2007 - Administração - 2ª Fase...(345 ao 359)
FGV/2007 - Economia - 1ª Fase..(360 ao 389)
FGV/2007 - Economia - 2ª Fase..(390 ao 393)
FGV/2007 - Direito - 2ª Fase...(394 ao 396)
FGV/2008 - Administração - 1ª Fase...(397 ao 406)
FGV/2008 - Administração - 2ª Fase...(407 ao 421)
FGV/2008 - Economia - 1ª Fase..(422 ao 451)
FGV/2008 - Economia - 2ª Fase..(452 ao 455)
FGV/2008 - Direito - 2ª Fase...(456 ao 458)
UNIFESP/2006 - Conh. Gerais..(459 ao 473)
UNIFESP/2006 - Conh. Específicos..(474 ao 479)
UNIFESP/2007 - Conh. Gerais..(480 ao 494)
UNIFESP/2007 - Conh. Específicos..(495 ao 499)
UNIFESP/2008 - Conh. Gerais..(500 ao 514)
UNIFESP/2008 - Conh. Específicos..(515 ao 519)

Enunciados dos Testes e das Questões

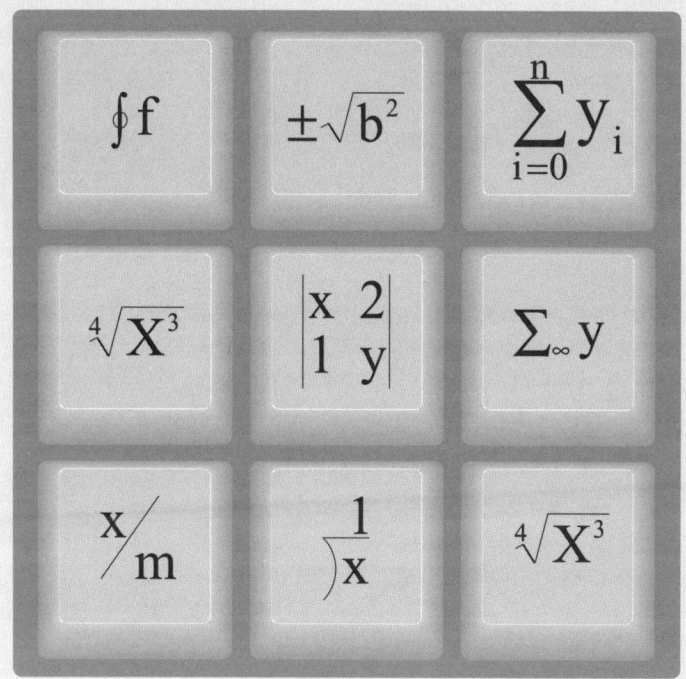

FUVEST
UNICAMP
VUNESP
ITA
FGV
UNIFESP

FUVEST/2006
1ª Fase

1 A partir de 64 cubos brancos, todos iguais, forma-se um novo cubo. A seguir, este novo cubo tem cinco de suas seis faces pintadas de vermelho. O número de cubos menores que tiveram pelo menos duas de suas faces pintadas de vermelho é

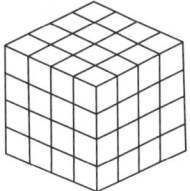

a) 24   b) 26   c) 28
d) 30   e) 32

2 Na figura abaixo, a reta **s** passa pelo ponto P e pelo centro da circunferência de raio R, interceptando-a no ponto Q, entre P e o centro. Além disso, a reta **t** passa por P, é tangente à circunferência e forma um ângulo α com a reta **s**. Se PQ = 2R, então $\cos\alpha$ vale

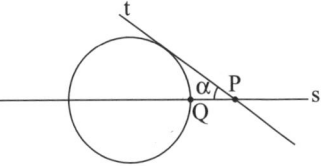

a) $\sqrt{2}/6$ b) $\sqrt{2}/3$ c) $\sqrt{2}/2$
d) $2\sqrt{2}/3$ e) $3\sqrt{2}/5$

3 Um recenseamento revelou as seguintes características sobre a idade e a escolaridade da população de uma cidade.

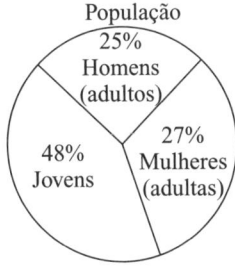

Escolaridade	Jovens	Mulheres	Homens
Fundamental incompleto	30%	15%	18%
Fundamental completo	20%	30%	28%
Médio incompleto	26%	20%	16%
Médio completo	18%	28%	28%
Superior incompleto	4%	4%	5%
Superior completo	2%	3%	5%

Se for sorteada, ao acaso, uma pessoa da cidade, a probabilidade de esta pessoa ter curso superior (completo ou imcompleto) é

a) 6,12%   b) 7,27%   c) 8,45%   d) 9,57%   e) 10,23%

4. João, Maria e Antônia tinham, juntos, R$ 100.000,00. Cada um deles invesitu sua parte por um ano, com juros de 10% ao ano. Depois de creditados seus juros no final desse ano, Antônia passou a ter R$ 11.000,00 mais o dobro do novo capital de João. No ano seguinte, os três reinvestiram seus capitais, ainda com juros de 10% ao ano. Depois de creditados os juros de cada um no final desse segundo ano, o novo capital de Antônia era igual à soma dos novos capitais de Maria e João. Qual era o capital inicial de João?

a) R$ 20.000,00 b) R$ 22.000,00 c) R$ 24.000,00
d) R$ 26.000,00 e) R$ 28.000,00

5. Um número natural N tem três algarismos. Quando dele subtraímos 396 resulta o número que é obtido invertendo-se a ordem dos algarismos de N. Se, além disso, a soma dos algarismo das centenas e do algarismo das unidades de N é igual a 8, então o algarismo da centenas de N é

a) 4 b) 5 c) 6 d) 7 e) 8

6. Três números positivos, cuja soma é 30, estão em progressão aritmética. Somando-se, respectivamente, 4, – 4 e – 9 aos primeiro, segundo e terceiro termos dessa progressão aritmética, obtemos três números em progressão geométrica. Então, um dos termos da progressão aritmética é

a) 9 b) 11 c) 12 d) 13 e) 15

7. O conjunto dos pontos (x, y) do plano cartesiano que satisfazem $t^2 - t - 6 = 0$, onde $t = |x - y|$, consiste de

a) uma reta. b) duas retas. c) quatro retas.
d) uma parábola. e) duas parábolas.

8. O conjunto dos números reais x que satisfazem a inequação $\log_2 (2x + 5) - \log_2 (3x - 1) > 1$ é o intervalo:

a) $]-\infty, -5/2[$ b) $]7/4, \infty[$ c) $]-5/2, 0[$
d) $]1/3, 7/4[$ e) $]0, 1/3[$

9. Na figura abaixo, tem-se AC = 3, AB = 4 e CB = 6. O valor de CD é

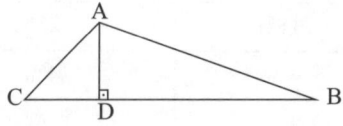

a) 17/12 b) 19/12 c) 23/12 d) 25/12 e) 29/12

10. Na figura abaixo, o triângulo ABC inscrito na circunferência tem AB = AC. O ângulo entre o lado $\overline{AB}$ e a altura do triângulo ABC em relação a $\overline{BC}$ é α. Nestas condições, o quociente entre a área do triângulo ABC e a área do círculo da figura é dado, em função de α, pela expressão

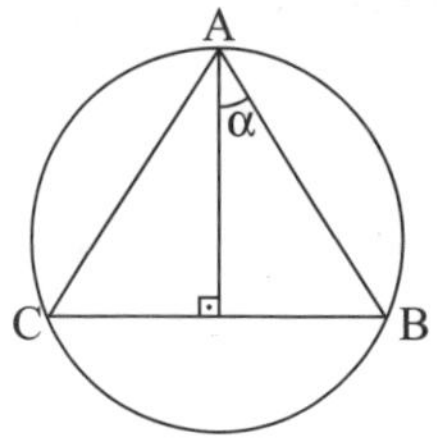

a) $\dfrac{2}{\pi}\cos^2\alpha$ b) $\dfrac{2}{\pi}\text{sen}^2 2\alpha$ c) $\dfrac{2}{\pi}\text{sen}^2 2\alpha\cos\alpha$

d) $\dfrac{2}{\pi}\text{sen}\alpha\cos 2\alpha$ e) $\dfrac{2}{\pi}\text{sen}2\alpha\cos^2\alpha$

11. Um cone circular reto está inscrito em um paralelepípedo reto retângulo, de base quadrada, como mostra a figura. A razão $\dfrac{b}{a}$ entre as dimensões do paralelepípedo é $\dfrac{3}{2}$ e o volume do cone é π.

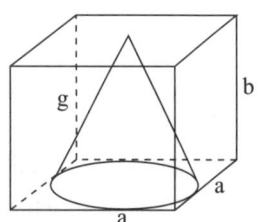

Então, o comprimento g da geratriz do cone é

a) $\sqrt{5}$ b) $\sqrt{6}$ c) $\sqrt{7}$ d) $\sqrt{10}$ e) $\sqrt{11}$

12. Em uma certa comunidade, dois homens sempre se cumprimentam (na chegada) com um aperto de mão e se despedem (na saída) com outro aperto de mão. Um homem e uma mulher se cumprimentam com um aperto de mão, mas se despedem com um aceno. Duas mulheres só trocam acenos, tanto para se cumprimentarem quanto para se despedirem. Em uma comemoração, na qual 37 pessoas almoçaram juntas, todos se cumprimentaram e se despediram na forma descrita acima. Quantos dos presentes eram mulheres, sabendo que foram trocados 720 apertos de mão?

a) 16   b) 17   c) 18   d) 19   e) 20

13. Um tapete deve ser bordado sobre uma tela de 2 m por 2 m, com as cores marrom, mostarda, verde e laranja, da seguinte forma: o padrão quadrado de 18 cm por 18 cm, mostrado abaixo, será repetido tanto na horizontal quanto na verical; e uma faixa mostarda, de 5 cm de largura, será bordada em toda a volta do tapete, como na figura.

a) Qual o tamanho do maior tapete quadrado, como descrito acima, que pode ser bordado na tela? Quantas vezes o padrão será repetido?

b) Se com um novelo de lã pode-se bordar 400 cm², qual é o número mínimo de novelos de lã mostarda necessário para confeccionar esse tapete?

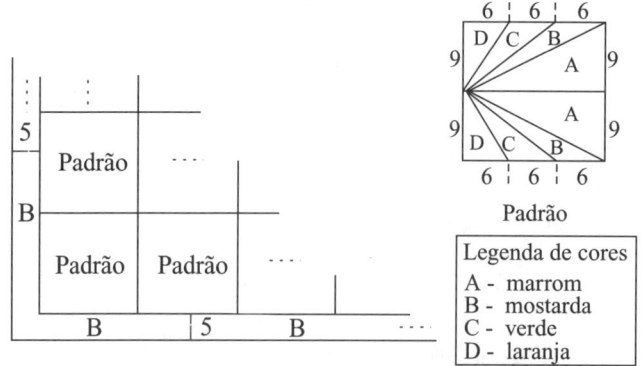

14 Um comerciante compra calças, camisas e saias e as revende com lucro de 20%, 40% e 30% respectivamente. O preço x que o comerciante paga por uma calça é três vezes o que ele paga por uma camisa e duas vezes o que ele paga por uma saia.

Um certo dia, um cliente comprou duas calças, duas camisas e duas saias e obteve um desconto de 10% sobre o preço total.

a) Quanto esse cliente pagou por sua compra, em função de x?
b) Qual o lucro aproximado, em porcentagem, obtido pelo comerciante nessa venda?

15 Uma função f satisfaz a identidade $f(ax) = af(x)$ para todos os números reais a e x. Além disso, sabe-se que $f(4) = 2$. Considere ainda a função $g(x) = f(x-1) + 1$ para todo número real x.

a) Calcule $g(3)$. b) Determine $f(x)$, para todo x real. c) Resolva a equação $g(x) = 8$.

16 A reta **s** passa pela origem O e pelo ponto A do primeiro quadrante. A reta **r** é perpendicular à reta **s**, no ponto A, e intercepta o eixo x no ponto B e o eixo y no ponto C. Determine o coeficiente angular de **s** se a área do triângulo OBC for o triplo da área do triângulo OAB.

17 Na figura abaixo, O é o centro da circunferência de raio 1, a reta $\overleftrightarrow{AB}$ é secante a ela, o ângulo β mede 60° e sen $\alpha = \dfrac{\sqrt{3}}{4}$.

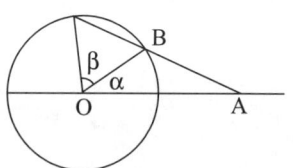

a) Determine sen $O\hat{A}B$ em função de AB. b) Calcule AB.

18 Um torneiro mecânico dispõe de uma peça de metal maciça na forma de um cone circular reto de 15 cm de altura e cuja base B tem raio 8 cm (Figura 1). Ele deverá furar o cone, a partir de sua base, usando uma broca, cujo eixo central coincide com o eixo do cone. A broca perfurará a peça até atravessá-la completamente, abrindo uma cavidade cilíndrica, de modo a obter-se o sólido da Figura 2. Se a área da base deste novo sólido é 2/3 da área de B, determine seu volume.

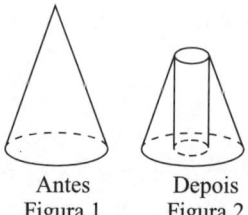

Antes
Figura 1

Depois
Figura 2

19 No paralelogramo ABCD abaixo, tem-se que AD = 3 e DÂB = 30°. Além disso, sabe-se que o ponto P pertence ao lado $\overline{DC}$ e à bissetriz do ângulo DÂB.

a) Calcule AP.

b) Determine AB sabendo que a área do quadrilátero ABCP é 21.

20 Determine os números complexos z que satisfazem, simultaneamente, $|z| = 2$ e $\text{Im}\left(\dfrac{z-i}{1+i}\right) = \dfrac{1}{2}$.

Lembretes: $i^2 = -1$; se $w = a + bi$, com a e b reais, então $|w| = \sqrt{a^2 + b^2}$ e $\text{Im}(w) = b$.

21 Considere o sistem linear nas variáveis x, y e z:

$$\begin{cases} x + (\cos^2 a)y + (\text{sen}^2 a)z = 0 \\ x + (\cos^2 b)y + (\text{sen}^2 b)z = 0 \\ (\cos^2 c)y + (\text{sen}^2 c)z = 0 \end{cases}$$

a) Calcule o determinante da matriz dos coeficientes do sistema linear.

b) Para que valores de **a**, **b** e **c**, o sistema linear admite soluções não triviais?

c) Calcule as soluções do sistema quando $\text{sen}^2 a = 1$ e $\cos^2 c = 1/5$.

22 a) Determine os pontos **A** e **B** do plano cartesiano nos quais os gráficos de $y = \dfrac{12}{x} - 1$ e $x + y - 6 = 0$ se interceptam.

b) Sendo O a origem, determine o ponto C no quarto quadrante que satisfaz AÔB = AĈB e que pertence à reta $x = 2$.

FUVEST/2007
1ª Fase

23 Os estudantes de uma classe organizaram sua festa de final de ano, devendo cada um contribuir com R$ 135,00 para as despesas. Como 7 alunos deixaram a escola antes da arrecadação e as despesas permaneceram as mesmas, cada um dos estudantes restantes teria de pagar R$ 27,00 a mais. No entanto, o diretor, para ajudar, colaborou com R$ 630,00. Quanto pagou cada aluno participante da festa?

a) R$ 136,00   b) R$138,00   c) R$ 140,00   d) R$142,00   e) R$ 144,00

24 Uma fazenda estende-se por dois municípios **A** e **B**. A parte da fazenda que está em A ocupa 8% da área desse município. A parte da fazenda que está em B ocupa 1% da área desse município.

Sabendo-se que a área do município **B** é dez vezes a área do município **A**, a razão entre a área da parte da fazenda que está em **A** e a área total da fazenda é igual a

a) $\dfrac{2}{9}$ b) $\dfrac{3}{9}$ c) $\dfrac{4}{9}$ d) $\dfrac{5}{9}$ e) $\dfrac{7}{9}$

25 Na figura, OAB é um setor circular com centro em O, ABCD é um retângulo e o segmento $\overline{CD}$ é tangente em X ao arco de extremos A e B do setor circular.

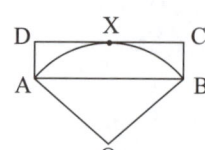

Se AB = $2\sqrt{3}$ e AD = 1, então a área do setor OAB é igual a

a) $\dfrac{\pi}{3}$ b) $\dfrac{2\pi}{3}$ c) $\dfrac{4\pi}{3}$ d) $\dfrac{5\pi}{3}$ e) $\dfrac{7\pi}{3}$

26 A figura representa um retângulo ABCD, com AB = 5 e AD = 3. O ponto E está no segmento $\overline{CD}$ de maneira que CE = 1, e F é o ponto de interseção da diagonal $\overline{AC}$ com o segmento $\overline{BE}$.

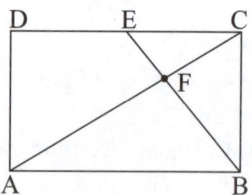

Então a área do triângulo BCF vale

a) $\dfrac{6}{5}$ b) $\dfrac{5}{4}$ c) $\dfrac{4}{3}$ d) $\dfrac{7}{5}$ e) $\dfrac{3}{2}$

27 A soma e o produto das raízes da equação de segundo grau $(4m + 3n)x^2 - 5nx + (m - 2) = 0$ valem, respectivamente, $\dfrac{5}{8}$ e $\dfrac{3}{32}$. Então m + n é igual a

a) 9 b) 8 c) 7 d) 6 e) 5

28 Uma empresa de construção dispõe de 117 blocos de tipo X e 145 blocos do tipo Y. Esses blocos têm as seguintes características: todos são cilindros retos, o bloco X tem 120 cm de altura e o bloco Y tem 150 cm de altura.

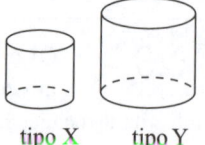

A empresa foi contratada para edificar colunas, sob as condições: cada coluna deve ser construída sobrepondo blocos de um mesmo tipo e todas elas devem ter a mesma altura. Com o material disponível, o número máximo de colunas que podem ser construídas é de

a) 55 b) 56 c) 57 d) 58 e) 59

29 Sejam a_1, a_2, a_3, a_4, a_5 números estritamente positivos tais que $\log_2 a_1, \log_2 a_2, \log_2 a_3, \log_2 a_4, \log_2 a_5$ formam, nesta ordem, uma progressão aritmética de razão $\frac{1}{2}$. Se $a_1 = 4$, então o valor da soma $a_1 + a_2 + a_3 + a_4 + a_5$ é igual a

a) $24 + \sqrt{2}$ b) $24 + 2\sqrt{2}$ c) $24 + 12\sqrt{2}$ d) $28 + 12\sqrt{2}$ e) $28 + 18\sqrt{2}$

30 Uma folha de papel ABCD de formato retangular é dobrada em torno do segmento $\overline{EF}$, de maneira que o ponto **A** ocupe a posição **G**, como mostra a figura.

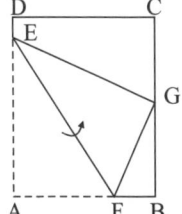

Se $AE = 3$ e $BG = 1$, então a medida do segmento $\overline{AF}$ é igual a

a) $\frac{3\sqrt{5}}{2}$ b) $\frac{7\sqrt{5}}{8}$ c) $\frac{3\sqrt{5}}{4}$

d) $\frac{3\sqrt{5}}{5}$ e) $\frac{\sqrt{5}}{3}$

31 Em uma classe de 9 alunos, todos se dão bem, com exceção de Andréia, que vive brigando com Manoel e Alberto. Nessa classe, será constituída uma comissão de cinco alunos, com a exigência de que cada membro se relacione bem com todos os outros.

Quantas comissões podem ser formadas?

a) 71 b) 75 c) 80 d) 83 e) 87

32 O cubo de vértices ABCDEFGH, indicado na figura, tem arestas de comprimento **a**. Sabendo-se que M é o ponto médio da aresta $\overline{AE}$, então a distância do ponto M ao centro do quadrado ABCD é igual a

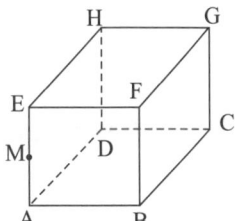

a) $\frac{a\sqrt{3}}{5}$ b) $\frac{a\sqrt{3}}{3}$ c) $\frac{a\sqrt{3}}{2}$

d) $a\sqrt{3}$ e) $2a\sqrt{3}$

FUVEST/2007
2ª Fase

33 Se Amélia der R$ 3,00 a Lúcia, então ambas ficarão com a mesma quantia. Se Maria der um terço do que tem a Lúcia, então esta ficará com R$ 6,00 a mais do que Amélia. Se Amélia perder a metade do que tem, ficará com uma quantia igual a um terço do que possui Maria.

Quanto possui cada um das meninas Amélia, Lúcia e Maria?

34 Na figura abaixo, os segmentos $\overline{AB}$ e $\overline{CD}$ são paralelos, o ângulo OÂB mede 120°, AO = 3 e AB = 2. Sabendo-se ainda que a área do triângulo OCD vale $600\sqrt{3}$,

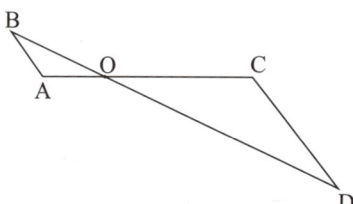

a) calcule a área do triângulo OAB.
b) determine OC e CD.

35 Em uma progressão aritmética $a_1, a_2, \ldots, a_n, \ldots$ a soma dos n primeiros termos é dada por $S_n = bn^2 + n$, sendo b um número real. Sabendo-se que $a_3 = 7$, determine

a) o valor de **b** e a razão da progressão aritmética.
b) o 20° termo da progressão.
c) a soma dos 20 primeiros termos da progressão.

36 A figura representa um trapézio ABCD de bases $\overline{AB}$ e $\overline{CD}$, inscrito em uma circunferência cujo centro O está no interior do trapézio.

Sabe-se que AB = 4, CD = 2 e AC = $3\sqrt{2}$.

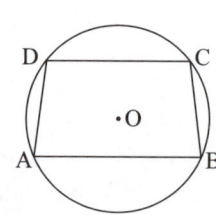

a) Determine a altura do trapézio.
b) Calcule o raio da circunferência na qual ele está inscrito.
c) Calcule a área da região exterior ao trapézio e delimitada pela circunferência.

37 Um arco **x** está no terceiro quadrante do círculo trigonométrico e verifica a equação $5 \cos 2x + 3 \sen x = 4$. Determine os valores de sen x e cos x.

38 Na figura ao lado, os pontos $A_1, A_2, A_3, A_4, A_5, A_6$ são vértices de um hexágono regular de lado 3 com centro na origem O de um sistema de coordenadas no plano. Os vértices A_1 e A_4 pertencem ao eixo x. São dados também os pontos B = (2, 0) e C = (0, 1). Considere a reta que passa pela origem O e intersecta o segmento $\overline{BC}$ no ponto P, de modo que os triângulos OPB e OPC tenham a mesma área. Nessas condições, determine

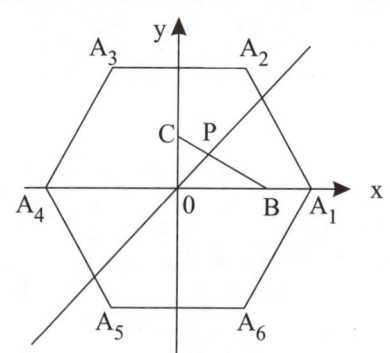

a) a equação da reta $\overleftrightarrow{OP}$.
b) os pontos de interseção da da reta $\overleftrightarrow{OP}$ como hexágono.

39 Uma urna contém 5 bolas brancas e 3 bolas pretas. Três bolas são retiradas ao acaso, sucessivamente, sem reposição. Determine

a) a probabilidade de que tenham sido retiradas 2 bolas pretas e 1 bola branca.
b) a probabilidade de que tenham sido retiradas 2 bolas pretas e 1 bola branca, sabendo-se que as três bolas retiradas não são da mesma cor.

40 Um castelo está cercado por uma vala cujas bordas são dois círculos concêntricos de raios 41 m e 45 m. A profundidade da vala é **constante** e igual a 3 m.

seção transversal da vala

O proprietário decidiu enchê-la com água e, para este fim, contratou caminhões-pipa, cujos reservatórios são cilindros circulares retos com raio da base de 1,5 m e altura igual a 8 m.
Determine o número mínimo de caminhões-pipa necessário para encher completamente a vala.

41 a) Represente, o sistema de coordenadas desenhado na folha de respostas, os gráficos das funções $f(x) = |4 - x^2|$ e $g(x) = \dfrac{x+7}{2}$.

b) Resolva a inequação $|4 - x^2| \leq \dfrac{x+7}{2}$

42 O cubo ABCDEFGH possui arestas de comprimento a.
O ponto M está na aresta $\overline{AE}$ e AM = 3 . ME.

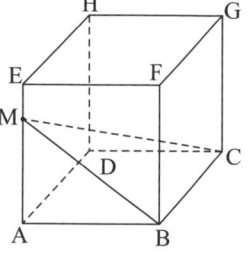

Calcule:

a) O volume do tetraedro BCGM.
b) A área do triângulo BCM.
c) A distância do ponto B à reta suporte do segmento $\overline{CM}$.

FUVEST/2008
1ª Fase

43 Sabendo que os anos bissextos os múltiplos de 4 e que o primeiro dia de 2007 foi segunda-feira, o próximo ano a começar também em uma segunda-feira será

a) 2012   b) 2014   c) 2016   d) 2018   e) 2020

44 No próximo dia 08/12, Maria, que vive em Portugal, terá um saldo de 2.300 euros em sua conta corrente, e uma prestação a pagar no valor de 3.500 euros, com vencimento nesse dia. O salário dela é suficiente para saldar tal prestação, mas será depositado nessa conta corrente apenas dia 10/12.

Maria está considerando duas opções para pagar a prestação:

1. **Pagar no dia 8**. Nesse caso, o banco cobrará juros de 2% ao dia sobre o saldo negativo diário em sua conta corrente, por dois dias;

2. **Pagar no dia 10**. Nesse caso, ela deverá pagar uma multa de 2% sobre o valor total da prestação.

Suponha que não haja outras movimentações em sua conta corrente. Se Maria escolher a opção 2, ela terá, em relação à opção 1,

a) desvantagem de 22,5 euros.
b) vantagem de 22,50 euros.
c) desvantagem de 21,52 euros.
d) vantagem de 21,51 euros.
e) vantagem de 20,48 euros.

45 Para se calcular a altura de uma torre, utilizou-se o seguinte procedimento ilustrado na figura: um aparelho (de altura desprezível) foi colocado no solo, a uma certa distância da torre, e emitiu um raio em direção ao ponto mais alto da torre. O ângulo determinado entre o raio e o solo foi de $\alpha = \dfrac{\pi}{3}$ radianos. A seguir, o aparelho foi deslocado 4 metros em direção à torre e o ângulo então foi de β radianos, com $\operatorname{tg}\beta = 3\sqrt{3}$. É correto afirmar que a altura da torre, em metros, é:

a) $4\sqrt{3}$
b) $5\sqrt{3}$
c) $6\sqrt{3}$
d) $7\sqrt{3}$
e) $8\sqrt{3}$

46 Sabe-se sobre a progressão geométrica $a_1, a_2, a_3, \ldots$ que $a_1 > 0$ e $a_6 = -9\sqrt{3}$. Além disso, a progressão geométrica $a_1, a_5, a_9, \ldots$ tem razão igual a 9.

Nessas condições, o produto $a_2 a_7$ vale

a) $-27\sqrt{3}$
b) $-3\sqrt{3}$
c) $-\sqrt{3}$
d) $3\sqrt{3}$
e) $27\sqrt{3}$

47 Os números reais x e y são soluções do sistema

$$\begin{cases} 2\log_2 x - \log_2(y-1) = 1 \\ \log_2(x+4) - \dfrac{1}{2}\log_2 y = 2 \end{cases}$$

Então $7(\sqrt{y} - x)$ vale

a) -7
b) -1
c) 0
d) 1
e) 7

48 A soma dos valores de **m** para os quais $x = 1$ é raiz da equação $x^2 + (1 + 5m - 3m^2)x + (m^2 + 1) = 0$ é igual a

a) $\dfrac{5}{2}$
b) $\dfrac{3}{2}$
c) 0
d) $-\dfrac{3}{2}$
e) $-\dfrac{5}{2}$

49 No retângulo ABCD da figura tem-se $CD = \ell$ e $AD = 2\ell$. Além disso, o ponto E pertence à diagonal $\overline{BD}$, o ponto F pertence ao lado $\overline{BC}$ e $\overline{EF}$ é perpendicular a $\overline{BD}$. Sabendo que a área do retângulo ABCD é cinco vezes a área do triângulo BEF, então $\overline{BF}$ mede

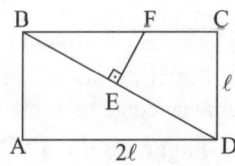

a) $\ell\sqrt{2}/8$ b) $\ell\sqrt{2}/4$ c) $\ell\sqrt{2}/2$ d) $3\ell\sqrt{2}/4$ e) $\ell\sqrt{2}$

50 O triângulo ACD é isósceles de base $\overline{CD}$ e o segmento $\overline{OA}$ é perpendicular ao plano que contém o triângulo OCD, conforme a figura:

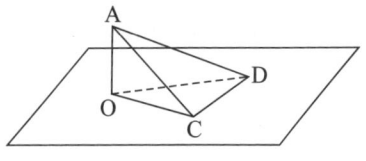

Sabendo-se que OA = 3, AC = 5 e sen $O\hat{C}D = \dfrac{1}{3}$, então a área do triângulo OCD vale

a) $16\sqrt{2}/9$ b) $32\sqrt{2}/9$ c) $48\sqrt{2}/9$ d) $64\sqrt{2}/9$ e) $80\sqrt{2}/9$

51 Um lotação possui três bancos para passageiros, cada um com três lugares, e deve transportar os três membros da família Sousa, o casal Lúcia e Mauro e mais quatro pessoas. Além disso,

1. a família Sousa quer ocupar um mesmo banco;

2. Lúcia e Mauro querem sentar-se lado a lado.

Nessas condições, o número de maneiras distintas de dispor os nove passageiros no lotação é igual a

a) 928   b) 1152   c) 1828   d) 2412   e) 3456

52 A circunferência dada pela equação $x^2 + y^2 - 4x - 4y + 4 = 0$ é tangente aos eixos coordenados x e y nos pontos A e B, conforme a figura.

O segmento $\overline{MN}$ é paralelo ao segmento $\overline{AB}$ e contém o centro C da circunferência. É correto afirmar que a área da região hachurada vale

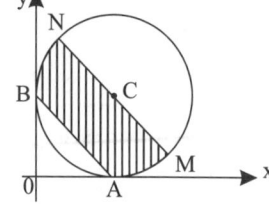

a) $\pi - 2$ b) $\pi + 2$ c) $\pi + 4$
d) $\pi + 6$ e) $\pi + 8$

FUVEST/2008
2ª Fase

53 João entrou na lanchonete BOG e pediu 3 hambúrgueres, 1 suco de laranja e 2 cocadas, gastando R$ 21,50. Na mesa ao lado, algumas pessoas pediram 8 hambúrgueres, 3 sucos de laranja e 5 cocadas, gastando R$ 57,00.

Sabendo-se que o preço de um hambúrguer, mais o de um suco de laranja, mais o de uma cocada totaliza R$ 10,00, calcule o preço de cada um desses itens.

54 No triângulo ABC, tem-se que AB > AC, AC = 4 e $\cos \hat{C} = \dfrac{3}{8}$. Sabendo-se que o ponto R pertence ao segmento $\overline{BC}$ e é tal que AR = AC e $\dfrac{BR}{BC} = \dfrac{4}{7}$, calcule

a) a altura do triângulo ABC relativa ao lado $\overline{BC}$.

b) a área do triângulo ABR.

55 Um polinômio de grau 3 possui três raízes reais que, colocadas em ordem crescente, formam uma progressão aritmética em que a soma dos termos é igual a $\dfrac{9}{5}$. A diferença entre o quadrado da maior raiz e o quadrado da menor raiz é $\dfrac{24}{5}$.
Sabendo-se que o coeficiente do termo de maior grau do polinômio é 5, determine

a) a progressão aritmética.

b) o coeficiente do termo de grau 1 desse polinômio.

56 O círculo **C**, de raio R, está inscrito no triângulo equilátero DEF. Um círculo de raio r está no interior do triângulo DEF e é tangente externamente a **C** e a dois lados do triângulo, conforme a figura. Assim, determine

a) a razão entre **R** e **r**.

b) a área do triângulo DEF em função de **r**.

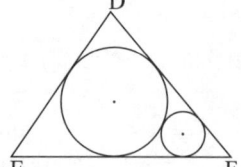

57 A medida x, em radianos, de um ângulo satisfaz $\dfrac{\pi}{2} < x < \pi$ e verifica a equação sen x + sen 2x + sen 3x = 0.
Assim,

a) determine x.

b) calcule cos x + cos 2x + cos 3x.

58 São dados, no plano cartesiano de origem O, a circunferência de equação $x^2 + y^2 = 5$, o ponto P = $(1, \sqrt{3})$ e a reta **s** que passa por P e é paralela ao eixo y.
Seja E o ponto de ordenada positiva em que a reta **s** intercepta a circunferência.
Assim sendo, determine

a) a reta tangente à circunferência no ponto E.

b) o ponto de encontro das alturas do triângulo OPE.

59 Em um jogo entre Pedro e José, cada um deles lança, em cada rodada, um mesmo dado honesto uma única vez. O dado é cúbico, e cada uma de suas 6 faces estampa um único algarismo de maneira que todos os algarismos de 1 a 6 estejam representados nas faces do dado.

Um participante vence, em uma certa rodada, se a diferença entre seus pontos e os pontos de seu adversário for, no mínimo, de duas unidades. Se nenhum dos participantes vencer, passa-se a uma nova rodada.

Desse forma, determine a probabilidade de

a) Pedro vencer na primeira rodada.

b) nenhum dos dois participantes vencer na primeira rodada.

c) um dos participantes vencer até a quarta rodada.

60 Um poste vertical tem base quadrada de lado 2.

Uma corda de comprimento 5 está esticada e presa a um ponto P do poste, situado à altura 3 do solo e distando 1 da aresta lateral. A extremidade livre A da corda está no solo, conforme indicado na figura.

A corda é então enrolada ao longo das faces ① e ②, mantendo-se esticada e com a extremidade A no solo, até que a corda toque duas arestas da face ② em pontos R e B, conforme a figura.

Nessas condições,

a) calcule PR.

b) calcule AB.

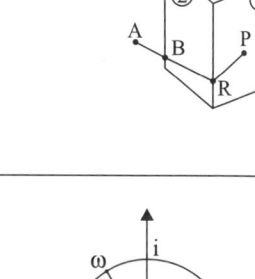

61 A figura na página de respostas representa o número

$$\omega = \frac{-1 + i\sqrt{3}}{2}$$ no plano complexo, sendo $i = \sqrt{-1}$ a

unidade imaginária. Nessas condições.

a) determine as partes real e imaginária de $\dfrac{1}{\omega}$ e de ω^3.

b) represente $\dfrac{1}{\omega}$ e ω^3 na figura a seguir.

c) determine as raízes complexas da equação $z^3 - 1 = 0$.

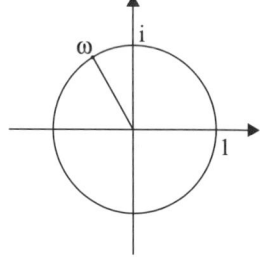

62 Pedrinho, brincando com seu cubo mágico, colocou-o sobre um copo, de maneira que

- apenas um vértice do cubo ficasse no interior do copo, conforme ilustra a foto;
- os pontos comuns ao cubo e ao copo determinassem um triângulo equilátero.

Sabendo-se que o bordo do copo é uma circunferência de raio $2\sqrt{3}$ cm, determine o volume da parte do cubo que ficou no interior do copo.

UNICAMP/2006
1ª Fase

63. O gráfico abaixo mostra o total de acidentes de trânsito na cidade de Campinas e o total de acidentes sem vítimas, por 10.000 veículos, no período entre 1997 e 2003. Sabe-se que a frota da cidade de Campinas era composta por 500.000 veículos em 2003 e era 4% menor em 2002.

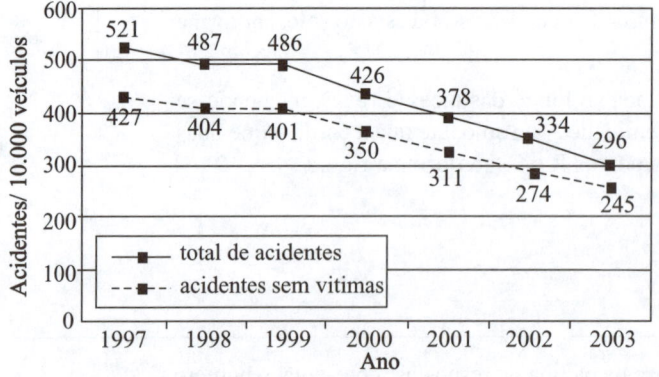

a) Calcule o número total de acidentes de trânsito ocorridos em Campinas em 2003.

b) Calcule o número de acidentes **com vítimas** ocorridos em Campinas em 2002.

64. Uma empresa possui 500 toneladas de grãos em seu armazém e precisa transportá-las ao porto de Santos, que fica a 300 km de distância. O transporte pode ser feito por caminhões ou por trem. Para cada caminhão utilizado paga-se R$ 125,00 de custo fixo, além de R$ 0,50 por quilômetro rodado. Cada caminhão tem capacidade para transportar 20 toneladas de grãos. Para cada tonelada transportada por trem paga-se R$ 8,00 de custo fixo, além de R$ 0,015 por quilômetro rodado. Com base nesses dados, pergunta-se:

a) Qual o custo de transporte das 500 toneladas de grãos por caminhões e por trem?

b) Para as mesmas 500 toneladas de grãos, qual a distância mínima do armazém ao porto de Santos para que o transporte por trem seja mais vantajoso que o transporte por caminhões?

UNICAMP/2006
2ª Fase

65 Um carro irá participar de uma corrida em que terá que percorrer 70 voltas em uma pista com 4,4 km de extensão. Como o carro tem um rendimento médio de 1,6 km/L e o seu tanque só comporta 60 litros, o piloto terá que parar para reabastecer durante a corrida.

a) Supondo que o carro iniciará a corrida com o tanque cheio, quantas voltas completas ele poderá percorrer antes de parar par ao primeiro reabastecimento?

b) Qual é o volume total de combustível que será gasto por esse carro na corrida?

66 Uma empresa tem 5000 funcionários. Desses, 48% têm mais de 30 anos, 36% são especializados e 1400 têm mais de 30 anos e são especializados. Com base nesses dados, pergunta-se:

a) Quantos funcionários têm até 30 anos e não são especializados?

b) Escolhendo um funcionário ao acaso, qual a probabilidade de ele ter até 30 anos e ser especializado?

67 Um cidadão precavido foi fazer uma retirada de dinheiro em um banco. Para tanto, levou sua mala executiva, cujo interior tem 56 cm de comprimento, 39 cm de largura e 10 cm de altura. O cidadão só pretende carregar notas de R$ 50,00. Cada nota tem 140 mm de comprimento, 65 mm de largura, 0,2 mm de espessura e densidade igual a 0,75 g/cm^3.

a) Qual é a máxima quantia, em reais, que o cidadão poderá colocar na mala?

b) Se a mala vazia pesa 2,6 kg, qual será o peso da mala cheia de dinheiro?

68 Seja S o conjunto dos números naturais cuja representação decimal é formada apenas pelos algarismos 0,1, 2, 3 e 4.

a) Seja x = 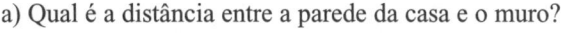 um número de dez algarismos pertencente a S, cujos dois últimos algarismos têm igual probabilidade de assumir qualquer valor inteiro de 0 a 4. Qual a probabilidade de que x seja divisível por 15?

b) Quantos números menores que um bilhão e múltiplos de quatro pertencem ao conjunto S?

69 Para trocar uma lâmpada, Roberto encostou uma escada na parede de sua casa, de forma que o topo da escada ficou a uma altura de aproximadamente $\sqrt{14}$ m. Enquanto Roberto subia os degraus, a base da escada escorregou por 1 m, indo tocar o muro paralelo à parede, conforme ilustração ao lado. Refeito do susto, Roberto reparou que, após deslizar, a escada passou a fazer um ângulo de 45° com a horizontal. Pergunta-se:

a) Qual é a distância entre a parede da casa e o muro?

b) Qual é o comprimento da escada de Roberto?

70 A concentração de CO_2 na atmosfera vem sendo medida, desde 1958, pelo Observatório de Mauna Loa, no Havaí. Os dados coletados mostram que, nos últimos anos, essa concentração aumentou, em média 0,5% por ano. É razoável supor que essa taxa anual de crescimento da concentração de CO_2 irá se manter constante nos próximos anos.

a) Escreva uma função $C(t)$ que represente a concentração de CO_2 na atmosfera em relação ao tempo t, dado em anos. Considere como instante inicial – ou seja, aquele em que $t = 0$ – o ano de 2004, no qual foi observada uma concentração de 377,4 ppm de CO_2 na atmosfera.

b) Determine aproximadamente em que ano a concentração de CO_2 na atmosfera será 50% superior àquela observada em 2004. Se necessário, use $\log_{10}2 \cong 0{,}3010$, $\log_{10}2{,}01 \cong 0{,}3032$ e $\log_{10}3 \cong 0{,}4771$

71 Um abajur de tecido tem a forma de um tronco de cone circular reto, com bases paralelas. As aberturas do abajur têm 25 cm e 50 cm de diâmetro, e a geratriz do tronco de cone mede 30 cm. O tecido do abajur se rasgou e deseja-se substituí-lo.

a) Determine os raios dos arcos que devem ser demarcados sobre um novo tecido para que se possa cortar um revestimento igual àquele que foi danificado.

b) Calcule a área, da região a ser demarcada sobre o tecido que revestirá o abajur.

72 De uma praia, um topógrafo observa uma pequena escarpa sobre a qual foi colocada, na vertical, uma régua de 2 m de comprimento. Usando seu teodolito, o topógrafo constatou que o ângulo formado entre a reta vertical que passa pelo teodolito e o segmento de reta que une o teodolito ao topo da régua é de 60°, enquanto o ângulo formado entre a mesma reta vertical e o segmento que une o teodolito à base da régua é de 75°. Sabendo que o teodolito está a uma altura de 1,6 m do nível da base da escarpa, responda às questões abaixo.

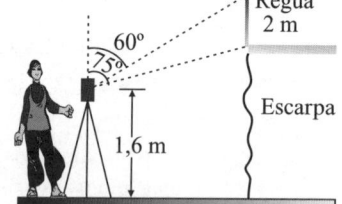

a) Qual a distância horizontal entre a reta vertical que passa pelo teodolito e a régua sobre a escarpa?

b) Qual a altura da escarpa?

73 Sejam dados: a matriz

$$A = \begin{pmatrix} x-1 & x-1 & x-1 \\ x-1 & 1 & 2 \\ x-1 & 1 & -2 \end{pmatrix}, \text{ o vetor } b = \begin{pmatrix} m \\ 3 \\ 5 \end{pmatrix} \text{ e o vetor } y = \begin{pmatrix} y_1 \\ y_2 \\ y_3 \end{pmatrix}$$

a) Encontre o conjunto solução da equação $\det(A) = 0$.

b) Utilizando o maior valor de x que você encontrou no item (a), determine o valor de m para que o sistema linear $Ay = b$ tenha infinitas soluções.

74 Sabe-se que a reta r(x) = mx + 2 intercepta o gráfco da função y = |x| em dois pontos distintos, A e B.

a) Determine os possíveis valores para m.

b) Se O é a origem dos eixos cartesianos, encontre o valor de m que faz com que a área do triângulo OAB seja mínima.

75 Um triângulo retângulo de vértices A, B e C é tal que $\overline{AC}$ = 6 cm, $\overline{AB}$ = 8 cm e $\overline{BC}$ = 10 cm. Os segmentos $\overline{AC}$, $\overline{AB}$ e $\overline{BC}$ também são lados de quadrados construídos externamente ao triângulo ABC. Seja O o centro da circunferência que circunscreve o triângulo e sejam D, E e F os centros dos quadrados com lados $\overline{BC}$, $\overline{AC}$ e $\overline{AB}$ respectivamente.

a) Calcule os comprimentos dos segmentos $\overline{DO}$, $\overline{EO}$ e $\overline{FO}$.

b) Calcule os comprimentos dos lados do triângulo de vértice D, E e F.

76 As três raízes da equação $x^3 - 3x^2 + 12x - q = 0$, onde q é um parâmetro real, formam uma progressão aritmética.

a) Determine q.

b) Utilizando o valor de q determinado no item (a), encontre as raízes (reais e complexas) da equação.

UNICAMP/2007
1ª Fase

77 Vários excertos da coletânea fazem referência ao aumento da produção agrícola destinada à geração de energia. Esse fenômeno se verifica, por exemplo, no caso da cana-se-açúcar, usada na produção do álcool combustível. Uma parcela significativa da frota automobílista brasileira possui motor bicombustível, que pode funcionar tanto com álcool como com gasolina. Sabe-se, entretanto, que o consumo desses motores varia de acordo com o combustível utilizado. Nesta questão, consideramos um carro que é capaz de percorrer 9 km com cada litro de álcool e 12,75 km com cada litro de gasolina pura. Supomos, também que a distância percorrida com cada litro de combustível é uma função linear da quantidade de álcool que este contém.

a) Quantos quilômetros esse carro consegue percorrer com cada litro de gasolina C (aquela que é vendida nos postos), que contém 80% de gasolina pura e 20% de álcool?

b) Em um determinado posto, o litro da gasolina C custa R$ 2,40 e o do álcool custa R$ 1,35. Abastecendo-se nesse posto, qual combustível proporcionará o menor custo por quilômetro rodado? Justifique.

c) Suponha que, ao chegar a um posto, o tanque do carro já contivesse 1/3 de seu volume preenchido com gasolina C e que seu proprietário tenha preenchido os 2/3 restantes com álcool. Se a capacidade do tanque é de 54 litros, quantos quilômetros o carro poderá percorrer com essa quantidade de combustível?

78 A coletânea de textos da prova de redação também destaca o impacto da modernização da agricultura sobre a produtividade da terra e sobre as relações sociais no país. Aproveitando esse tema, analisamos, nesta questão, a colheita de uma plantação cana-de-açúcar, cujo formato é fornecido na figura ao lado. Para colher a cana, pode-se recorrer a trabalhadores especializados ou a máquinas. Cada trabalhador é capaz de colher $0,001$ km² por dia, enquanto uma colhedeira mecânica colhe, por dia, uma área correspondente a $0,09$ km².

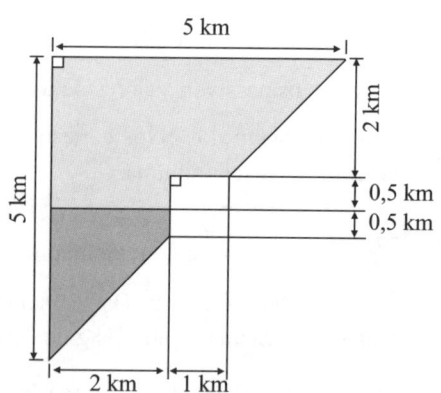

a) Se a cana precisa ser colhida em 40 dias, quantos trabalhadores são necessários para a colheita, supondo que não haja máquinas?

b) Suponha, agora, que a colheira da parte hachurada do desenho só possa ser feita manualmente, e que o resto da cana seja colhido por quatro colhedeiras mecânicas. Neste caso, quantos trabalhadores são necessários para que a colheita das duas partes tenha a mesma duração? Em seus cálculos, desconsidere trabalhores que operam as máquinas.

UNICAMP/2007
2ª Fase

79 "Pão por quilo divide opiniões em Campinas" (Correio Popular, 21/10/2006).

Uma padaria de Campinas vendia pães por unidade, a um preço de R$ 0,20 por pãozinho de 50g. Atualmente, a mesma padaria vende o pão por peso, cobrando R$ 4,50 por quilograma do produto.

a) Qual foi a variação percentual do preço do pãozinho provocada pela mudança de critério para o cálculo do preço?

b) Um consumidor comprou 14 pãezinhos de 50 g, pagando por peso, ao preço atual. Sabendo que os pãezinhos realmente tinham o peso previsto, calcule quantos reais o cliente gastou nessa compra.

80 A figura ao lado mostra um fragmento de mapa, em que se vê o trecho reto da estrada que liga as cidades de Paraguaçu e Piripiri. Os números apresentados no mapa representam as distâncias, em quilômetros, entre cada cidade e o ponto de início da estrada (que não aparece na figura).

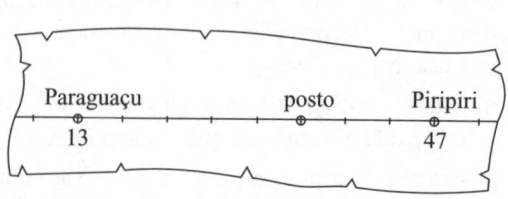

Os traços perpendiculares à estrada estão uniformemente espaçados de 1 cm.

a) Para representar a escala de um mapa, usamos a notação 1: X, onde X é a distância real correspondente à distância de 1 unidade do mapa. Usando essa notação, indique a escala do mapa dado acima.

b) Repare que há um posto exatamente sobre um traço perpendicular à estrada. Em que quilômetro (medido a partir do ponto de início da estrada) encontra-se tal posto?

c) Imagine que você tenha que reproduzir o mapa dado usando a escala 1 : 500000. Se você fizer a figura em uma folha de papel, qual será a distância, em centímetros, entre as cidades de Paraguaçu e Piripiri?

81

Por norma, uma folha de papel A4 deve ter 210 mm x 297 mm. Considere que uma folha A4 com 0,1 mm de espessura é seguidamente dobrada ao meio, de forma que a dobra é sempre perpendicular à maior dimensão resultante até a dobra anterior.

a) Escreva a expressão do termo geral da progressão geométrica que representa a espessura do papel dobrado em função do número k de dobras feitas.

b) Considere que, idealmente, o papel dobrado tem o formato de um paralelepípedo. Nesse caso, após dobrar o papel seis vezes, quais serão as dimensões do paralelepípedo?

82

Um pluviômetro é um aparelho utilizado para medir a quantidade de chuva precipitada em determinada região. A figura de um pluviômetro padrão é exibida ao lado. Nesse pluviômetro, o diâmetro da abertura circular existente no topo é de 20 cm. A água que cai sobre a parte superior do aparelho é recolhida em um tubo cilíndrico interno. Esse tubo cilíndrico tem 60 cm de altura e sua base tem 1/10 da área da abertura superior do pluviômetro. (Obs.: a figura ao lado não está em escala).

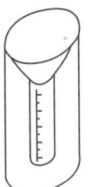

a) Calcule o volume do tubo cilíndrico interno.

b) Supondo que, durante uma chuva, o nível da água do cilindro interno subiu 2 cm, calcule o volume de água precipitado por essa chuva sobre um terreno retangular com 500 m de comprimento por 300 m de largura.

83

Um restaurante a quilo vende 100 kg de comida por dia, a R$ 15,00 o quilograma. Uma pesquisa de opinião revelou que, a cada real de aumento no preço do quilo, o restaurante deixa de vender o equivalente a 5 kg de comida. Responda às perguntas abaixo, supondo corretas as informações da pesquisa e definindo a receita do restaurante como o valor total pago pelos clientes.

a) Em que caso a receita do restaurante será maior: se o preço subir para R$ 18,00/kg ou para R$ 20,00/kg?

b) Formule matematicamente a função f(x), que fornece a receita do restaurante como função da quantia x, em reais, a ser acrescida ao valor atualmente cobrado pelo quilo da refeição.

c) Qual deve ser o preço do quilo da comida para que o restaurante tenha a maior receita possível?

84

Dois prêmios iguais serão sorteados entre dez pessoas, sendo sete mulheres e três homens. Admitindo que uma pessoa não possa ganhar os dois prêmios, responda às perguntas abaixo.

a) De quantas maneiras diferentes os prêmios podem ser distribuídos entre as dez pessoas?

b) Qual é a probabilidade de que dois homens sejam premiados?

c) Qual é a probabilidade de que ao menos uma mulher receba um prêmio?

85 Na execução da cobertura de uma casa, optou-se pela construção de uma estrutura, composta por barras de madeira, com o formato indicado na figura ao lado.

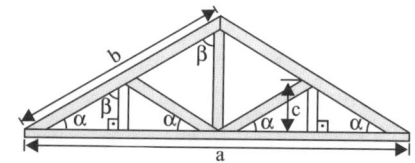

Resolva as questões abaixo supondo que $\alpha = 15°$. **Despreze a espessura das barras** de madeira e não use aproximações nos seus cálculos.

a) Calcule os comprimentos b e c em função de a, que corresponde ao comprimento da barra da base da estrutura.

b) Assumindo, agora, que a = 10 m, determine o comprimento total da madeira necessária para construir a estrutura.

86 Seja dado o sistema linear:
$$\begin{cases} -x_1 + 2x_2 = 2 \\ 2x_1 - x_2 = 2 \\ x_1 + x_2 = 2 \end{cases}$$

a) Mostre graficamente que esse sistema não tem solução. Justifique.

b) Para determinar uma solução aproximada de um sistema linear Ax = b impossível, utiliza-se o método dos quadrados mínimos, que consiste em resolver o sistema $A^T Ax = A^T b$. Usando esse método, encontre uma solução aproximada para o sistema dado acima. Lembre-se de que as linhas M^T (a transposta de uma matriz M) são iguais às colunas de M.

87 Em um triângulo com vértices A, B e C, inscrevemos um círculo de raio r. Sabe-se que o ângulo Â tem 90° e que o círculo inscrito tangencia o lado BC no ponto P, dividindo esse lado em dois trechos com comprimentos $\overline{PB} = 10$ e $\overline{PC} = 3$.

a) Determine r.

b) Determine $\overline{AB}$ e $\overline{AC}$.

c) Determine a área da região que é, ao mesmo tempo, interna ao triângulo e externa ao círculo.

88 O decaimento radioativo do estrôncio 90 é descrito pela função $P(t) = P_0 \cdot 2^{-bt}$, onde t é um instante de tempo, medido em anos, b é uma constante real e P_0 é a concentração inicial de estrôncio 90, ou seja, a concentração no instante t = 0.

a) Se a concentração de estrôncio 90 cai pela metade em 29 anos, isto é, se a meia-vida do estrôncio 90 é de 29 anos, determine o valor da constante b.

b) Dada uma concentração inicial P_0, de estrôncio 90, determine o tempo necessário para que a concentração seja reduzida a 20% de P_0. Considere $\log_2 10 \approx 3{,}32$.

89 Seja dada a reta $x - 3y + 6 = 0$ no plano xy.

a) Se P é um ponto qualquer desse plano, quantas retas do plano passam por P e formam um ângulo de 45° com a reta dada acima?

b) Para o ponto P com coordenadas (2, 5), determine as equações das retas mencionadas no item(a).

90 Seja $ABCDA_1B_1C_1D_1$ um cubo com aresta de comprimento 6 cm e sejam M o ponto médio de BC e O o centro da face CDD_1C_1, conforme mostrado na figura ao lado.

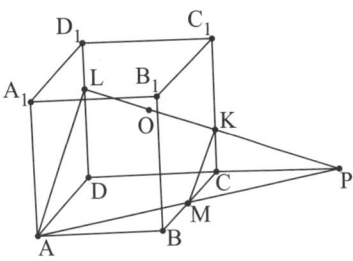

a) Se a reta AM intercepta a reta CD no ponto P e a reta PO intercepta CC_1 e DD_1 em K e L, respectivamente, calcule os comprimentos dos segmentos CK e DL.

b) Calcule o volume do sólido com vértices A, D, L, K, C e M.

91 O texto 2 da coletânea faz referência ao combate à dengue. A tabela abaixo fornece alguns dados relativos aos casos de dengue detectados no município de Campinas na primeira metade do ano de 2007. A primeira coluna da tabela indica os distritos do município, segundo a prefeitura. A segunda indica a população aproximada de cada distrito. A terceira informa os casos de dengue confirmados. Na última, são apresentados os coeficientes de incidência de dengue em cada distrito. A figura à direita é uma representação aproximada dos distritos de Campinas.

Distrito de Campinas	População (x 1000 hab)	Casos de dengue	Coeficiente de incidência (casos por 1000 hab)
Norte	181	1399	77,3
Sul	283	1014	35,8
Leste	211	557	26,4
Sudoeste	215	1113	51,8
Noroeste	170	790	
Total	1060		

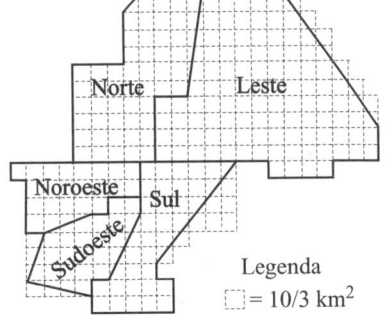

Legenda
☐ = 10/3 km²

Fonte: Secretaria Municipal de Saúde de Campinas, Coordenadoria de Vigilância e Saúde Ambiental (dados preliminares).

Responda às questões abaixo, tomando por base os dados fornecidos na tabela cima.

a) Calcule o coeficiente de incidência de dengue no distrito noroeste, em casos por 10.000 habitantes. O coeficiente de incidência de dengue hemorrágica em todo o município de Campinas, no mesmo período, foi de 0,236 casos por 10.000 habitantes. Determine o número de casos de dengue hemorrágica detectados em Campinas, no primeiro semestre de 2007.

b) Calcule o coeficiente de incidência de dengue no município de Campinas na primeira metade de 2007 e o crescimento percentual desse coeficiente com relação ao coeficiente do primeiro semestre de 2005, que foi de 1 caso por 10.000 habitantes.

92 Responda às questões abaixo, tomando por base os dados fornecidos na tabela e na figura mostrada na questão anterior.

a) Calcule a área total do município de Campinas, sabendo que dos distritos norte, leste, sul e noroeste da cidade têm, respectivamente, 175 km², 350 km², 120 km² e 75 km².

b) Suponha que, como uma medida de combate à dengue, o município de Campinas tenha decidido fazer uma nebulização (ou pulverização) de inseticida. Na fase inicial da nebulização, será atendido o distrito com maior número de casos de dengue por km². Reproduza o diagrama acima em seu caderno de respostas. Em seu diagrama, marque os pontos correspondentes aos cinco distritos de Campinas. Identifique claramente o distrito associado a cada ponto. Com base no gráfico obtido, indique o distrito em que será feita essa nebulização inicial. Justifique sua resposta.

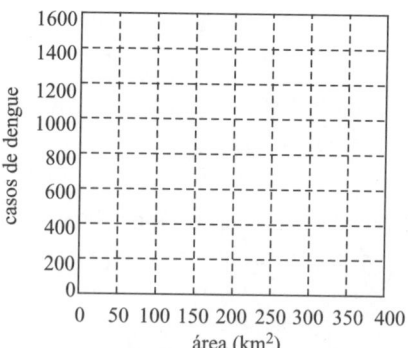

93 Em uma estrada de ferro, os dormentes e os trilhos são assentados sobre uma base composta basicamente por brita. Essa base (ou lastro) tem uma seção trapezoidal, conforme representado na figura ao lado. A base menor do trapézio, que é isósceles, tem 2 m, a base maior tem 2,8 m e as arestas laterais têm 50 cm de comprimento.

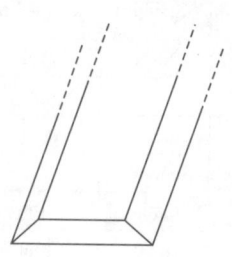

Supondo que um trecho de 10 km de estrada deva ser construído, responda às seguintes questões.

a) Que volume de brita será gasto com o lastro nesse trecho de ferrovia?

b) Se a parte interna da caçamba de um caminhão basculante tem 6 m de compriemnto, 2,5 m de largura e 0,6 m de altura, quantas viagens de caminhão serão necessárias para transportar toda a brita?

94 Uma passagem de ônibus de Campinas a São Paulo custa R$ 17,50. O preço da passagem é composto por R$ 12,57 de tarifa, R$ 0,94 de pedágio, R$ 3,30 de taxa de embarque e R$ 0,69 de seguro. Uma empresa realiza viagens a cada 15 minutos, sendo que o primeiro ônibus sai às 5 horas de manhã e o último, à meia-noite. No período entre o meio-dia e as duas horas da tarde, o intervalo entre viagens sucessivas é de 30 minutos.

a) Suponha que a empresa realiza todas as viagens previstas no enunciado e que os ônibus transportam, em média, 36 passageiros por viagem. Qual o valor arrecadado pela empresa, por dia, nas viagens entre Campinas e São Paulo, desconsiderando as viagens de volta?

b) Se a taxa de embarque aumentar 33,33% e esse aumento for integralmente repassado ao preço da passagem, qual será o aumento percentual total do preço da passagem?

95 Considere a sucessão de figuras apresentada a seguir. Observe que cada figura é formada por um conjunto de palitos de fósforo.

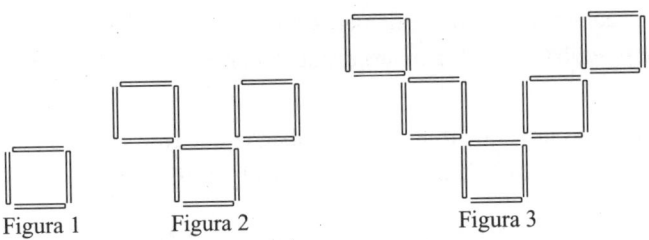

Figura 1   Figura 2   Figura 3

a) Suponha que essas figuras representam os três primeiros termos de uma sucessão de figuras que seguem a mesma lei de formação. Suponha também que F_1, F_2 e F_3 indiquem, respectivamente, o número de palitos usados para produzir as figuras 1, 2 e 3, e que o número de fósforos utilizados para formar a figura n seja F_n. Calcule F_{10} e escreva a expressão geral de F_n.

b) Determine o número de fósforos necessários para que seja possível exibir concomitantemente todas as primeiras 50 figuras.

96 Dois atletas largaram lado a lado em uma corrida disputada em uma pista de atletismo com 400 m de comprimento. Os dois atletas correram a velocidades constantes, porém diferentes. O atleta mais rápido completou cada volta em exato 66 segundos. Depois de correr 17 voltas e meia, o atleta mais rápido ultrapassou o atleta mais lento pela primeira vez. Com base nesses dados, pergunta-se:

a) Quanto tempo gastou o atleta mais lento para percorrer cada volta?

b) Em quanto tempo o atleta mais rápido completou a prova, que era de 10.000 metros? No momento em que o atleta mais rápido cruzou a linha de chegada, que distância o atleta mais lento havia percorrido?

97 Durante um torneio paraolímpico de arremesso de peso, um atleta teve seu arremesso filmado. Com base na gravação, descobriu-se a altura (y) do peso em função de sua distância horizontal (x), medida em relação ao ponto de lançamento. Alguns valores da distância e da altura são fornecidos na tabela abaixo. Seja $y(x) = ax^2 + bx + c$ a função que descreve a trajetória (parabólica) do peso.

Distância (m)	Altura (m)
1	2,0
2	2,7
3	3,2

a) Determine os valores de a, b e c.
b) Calcule a distância total alcançada pelo peso nesse arremesso.

98 Seja C o conjunto dos números (no sistema decimal) formados usando-se apenas o algarismo 1, ou seja C = {1, 11, 111, 1111, 11111, 111111, ...}

a) Verifique se o conjunto C contém números que são divisíveis por 9 e se contém números divisíveis por 6. Exiba o menor número divisível por 9, se houver. Repita o procedimento em relação ao 6.

b) Escolhendo ao acaso um número m de C, e sabendo que esse número tem, no máximo, 1000 algarismos, qual a probabilidade de m ser divisível por 9?

99 A escala de um aparelho de medir ruídos é definida como $R_\beta = 12 + \log_{10} I$, em que R_β é a medida do ruído, em bels, e I é a intensidade sonora, em W/m². No Brasil, a unidade mais usada para medir ruídos é o decibel, que equivale a um décimo do bel. O ruído dos motores de um avião a jato equivale a 160 decibéis, enquanto o tráfego em uma esquina movimentada de uma grande cidade atinge 80 decibéis, que é o limite a partir do qual o ruído passa a ser nocivo ao ouvido humano.

a) Escreva uma fórmula que relacione a medida do ruído $R_{d\beta}$, **em decibéis**, com a intensidade sonora I, em W/m². Empregue essa fórmula para determinar a intensidade sonora máxima que o ouvido humano suporta sem sofrer qualquer dano.

b) Usando a fórmula dada no enunciado ou aquela que você obteve no item (a), calcule a razão entre as intensidades sonoras do motor de um avião a jato e do tráfego em uma esquina movimentada de uma grande cidade.

100 Sejam dadas as funções f(x) = px e g(x) = 2x + 5, em que p é um parâmetro real.

a) Supondo que p = – 5, determine para quais valores reais de x tem-se f(x) . g(x) < 0.

b) Determine para quais valores de p temos g(x) ≤ f(x) para todos x ∈ [– 8, – 1]

101 Uma matriz real quadrada P é dita ortogonal se $P^T = P^{-1}$, ou seja, se sua transposta é igual a sua inversa.

a) Considere a matriz P abaixo. Determine os valores de a e b para que P seja ortogonal. Dica: você pode usar o fato de que $P^{-1}P = I$, em que I é matriz identidade.

$$P = \begin{bmatrix} -1/3 & -2/3 & -2/3 \\ -2/3 & a & -1/3 \\ -2/3 & b & 2/3 \end{bmatrix}$$

b) Uma certa matriz A pode ser escrita na forma A = QR, sendo Q e R as matrizes abaixo. Sabendo que Q é ortogonal, determine a solução do sistema Ax = b, para o vetor b dado, **sem obter explicitamente a matriz A**.

Dica: lembre-se de que $x = A^{-1}b$.

$$Q = \begin{bmatrix} 1/2 & -1/2 & -\sqrt{2}/2 \\ 1/2 & -1/2 & \sqrt{2}/2 \\ \sqrt{2}/2 & \sqrt{2}/2 & 0 \end{bmatrix}, R = \begin{bmatrix} 2 & 0 & 0 \\ 0 & -2 & 0 \\ 0 & 0 & \sqrt{2} \end{bmatrix}, b = \begin{bmatrix} 6 \\ -2 \\ 0 \end{bmatrix}$$

102 Uma ponte levadiça, com 50 metros de comprimento, estende-se sobre um rio. Para dar passagem a algumas embarcações, pode-se abrir a ponte a partir de seu centro, criando um vão $\overline{AB}$, conforme mostra a figura ao lado. Considerando que os pontos A e B têm alturas iguais, não importando a posição da ponte, responda às questões abaixo.

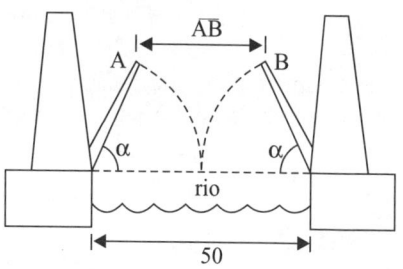

a) Se o tempo gasto para girar a ponte em 1° equivale a 30 segundos, qual será o tempo necessário para elevar os pontos A e B a uma altura de 12,5 m, com relação à posição destes quando a ponte está abaixada?

b) Se $\alpha = 75°$, quanto mede $\overline{AB}$?

103 Suponha que um livro de 20 cm de largura esteja aberto conforme a figura ao lado, sendo $D\hat{A}C = 120°$ e $D\hat{B}C = 60°$.

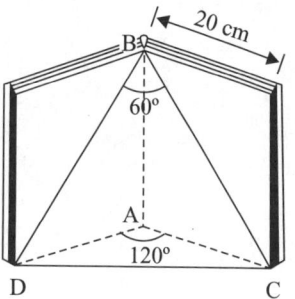

a) Calcule a altura $\overline{AB}$ do livro.

b) Calcule o volume do tetraedro de vértices A, B, C e D.

104 As retas de equações $y = ax + b$ e $y = cx$ são ilustradas na figura ao lado. Sabendo que o coeficiente b é igual à média aritmética dos coeficientes a e c,

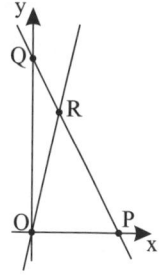

a) expresse as coordenadas dos pontos P, Q e R em termos dos coeficientes a e b;

b) determine a, b e c sabendo que a área do triângulo QPR é o dobro da área do triângulo ORQ e que o triângulo OPQ tem área 1.

VUNESP/2006
Conhecimentos Gerais

105 O lucro líquido mensal de um produtor rural com a venda de leite é R$ 2.580,00. O custo de produção de cada litro de leite, vendido por R$ 0,52, é de R$ 0,32. Para aumentar em exatamente 30% o seu lucro líquido mensal, considerando que os valores do custo de produção e do lucro, por litro de leite, permaneçam os mesmos, quantos litros a mais de leite o produtor precisa vender mensalmente?

a) 16770 b) 12900 c) 5700 d) 3870 e) 3270

106 No início de janeiro de 2004, Fábio montou uma página na internet sobre questões de vestibulares. No ano de 2004, houve 756 visitas à página. Supondo que o número de visitas à página, durante o ano, dobrou a cada bimestre, o número de visitas à página de Fábio no primeiro bimestre de 2004 foi

a) 36   b) 24   c) 18   d) 16   e) 12

107 Seja T_C a temperatura em graus Celsius e T_F a mesma temperatura em graus Fahrenheit. Essas duas escalas de temperatura estão relacionadas pela equação

$$9T_C = 5T_F - 160$$

Considere agora T_K a mesma temperatura na escala Kelvin. As escalas Kelvin e Celsius estão relacionados pela equação

$$T_K = T_C + 273$$

A equação que relaciona as escalas Fahrenheit e Kelvin é:

a) $T_F = \dfrac{T_K - 113}{5}$ b) $T_F = \dfrac{9T_K - 2457}{5}$ c) $T_F = \dfrac{9T_K - 2297}{5}$

d) $T_K = \dfrac{9T_K - 2657}{5}$ e) $T_K = \dfrac{9T_K - 2617}{5}$

108 A figura representa, no plano complexo, um semicírculo de centro na origem e raio 1.

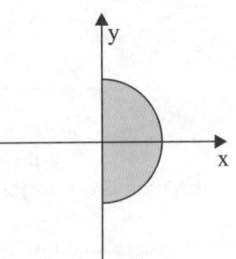

Indique por Re(z), Im(z) e |z| a parte real, a parte imaginária e o módulo de um número complexo z = x + yi, respectivamente, onde i indica a unidade imaginária. A única alternativa que contém as condições que descrevem totalmente o subconjunto do plano que representa a região sombreada, incluindo sua fronteira é

a) Re(z) ≥ 0, Im(z) ≥ e |z| ≤ 1.   b) Re(z) ≥ 0, Im(z) ≤ 0 e |z| ≤ 1.
c) Re(z) ≥ 0 e e |z| ≥ 1.   d) Im(z) ≥ 0 e |z| ≥ 1.
e) Re(z) ≥ 0 e |z| ≤ 1.

109 Considere o polinômio $p(x) = x^3 + bx^2 + cx + d$, onde b, c e d são constantes reais. A derivada de p(x) é, por definição, o polinômio $p'(x) = 3x^2 + 2bx + c$. Se p'(1) = 0, p'(– 1) = 4 e o resto da divisão de p(x) por x – 1 é 2, então o polinômio p(x) é:

a) $x^3 - x^2 + x + 1$.   b) $x^3 - x^2 - x + 3$ c) $x^3 - x^2 - x - 3$
d) $x^3 - x^2 - 2x + 4$ e) $x^3 - x^2 - x + 2$

110 Considere os algarismos 2, 3, 5, 7 e 11. A quantidade total de números distintos que se obtêm multiplicando-se dois ou mais destes algarismos, sem repetição é

a) 120   b) 52   c) 36   d) 26   e) 21

111 Numa pequena cidade realizou-se uma pesquisa com certo número de indivíduos do sexo masculino, na qual procurou-se obter uma correlação entre a estatura de pais e filhos. Classificaram-se as estaturas em 3 grupos: alta (A), média (M) e baixa (B). Os dados obtidos na pesquisa foram sintetizados, em termos de probabilidade, na matriz

$$\text{Pai} \begin{cases} A \\ M \\ B \end{cases} \begin{bmatrix} \frac{5}{8} & \frac{1}{4} & \frac{1}{8} \\ \frac{3}{8} & \frac{3}{8} & \frac{1}{4} \\ \frac{1}{8} & \frac{3}{8} & \frac{1}{2} \end{bmatrix} \overbrace{\begin{matrix} A & M & B \end{matrix}}^{\text{Filho}}$$

O elemento da primeira linha e segunda coluna da matriz, que é $\frac{1}{4}$, significa que a probabilidade de um filho de pai alto ter estatura média é $\frac{1}{4}$. Os demais elementos interpretam-se similarmente. Admitindo-se que essas probabilidades continuem válidas por algmas gerações, a probabilidade de um neto de um homem com estatura média ter estatura alta é:

a) $\frac{13}{32}$ b) $\frac{9}{64}$ c) $\frac{3}{4}$ d) $\frac{25}{64}$ e) $\frac{13}{16}$

112 Num sistema de coordenadas cartesianas ortogonais, o coeficiente angular e a equação geral da reta que passa pelos pontos P e Q, sendo P = (2, 1), e o Q o simétrico, em relação ao eixo y, do ponto Q' = (1, 2) são, respectivamente:

a) $\frac{1}{3}$; x − 3y − 5 = 0   b) $\frac{2}{3}$; 2x − 3x − 1 = 0   c) $-\frac{1}{3}$; x + 3y − 5 = 0

d) $\frac{1}{3}$; x + 3y − 5 = 0   e) $-\frac{1}{3}$; x + 3y + 5 = 0

113 O nível sonoro N, medido em decibéis (dB), e a intensidade I de um som, medida em watt por metro quadrado (W/m²), estão relacionados pela expressão:

$$N = 120 + 10 \cdot \log_{10}(I)$$

Suponha que foram medidos em certo local os níveis sonoros, N_1 e N_2, de dois ruídos com intensidades I_1 e I_2, respectivamente. Sendo $N_1 - N_2 = 20$ dB, a razão $\frac{I_1}{I_2}$ é:

a) 10^{-2} b) 10^{-1} c) 10 d) 10^2 e) 10^3

114 A figura representa parte dos gráficos das funções f(x) = 1 + sen(2x) e g(x) = 1 + cos(x).

Se x_1, x_2 e x_3 são, respectivamente, as abscissas dos pontos, P, Q e R de intersecção dos gráficos das funções f(x) e g(x) no intervalo, [0, π], a soma $x_1 + x_2 + x_3$ é:

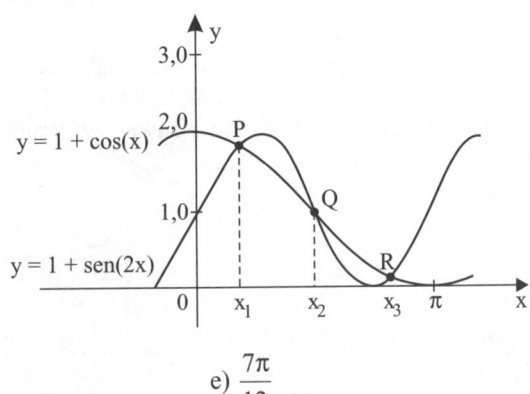

a) $\dfrac{2\pi}{3}$ b) $\dfrac{4\pi}{3}$

c) $\dfrac{3\pi}{2}$ d) $\dfrac{5\pi}{6}$ e) $\dfrac{7\pi}{12}$

115 A figura representa um trapézio retângulo em que a medida de AB é k centímetros, o lado AD mede 2k e o ângulo DÂE mede 30°. Nestas condições, a área do trapézio, em função de k, é dada por:

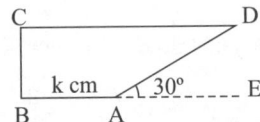

a) $k^2(2+\sqrt{3})$ b) $k^2\left(\dfrac{2+\sqrt{3}}{2}\right)$ c) $\dfrac{3k^2\sqrt{3}}{2}$ d) $3k^2\sqrt{3}$ e) $k^2\sqrt{3}$

116 Um paciente recebe por via intravenosa um medicamento à taxa constante de 1,5 mL/min. O frasco do medicamento é formado por uma parte cilíndrica e uma parte cônica, cujas medidas são dadas na figura, e estava cheio quando se iniciou a medicação.

Após 4h de administração contínua, a medicação doi interrompida. Dado que 1 cm³ = 1 mL, e usando a aproximação π = 3, o volume, em mL, do medicamento restante no frasco após a interrupção da medicação é, aproximadamente,

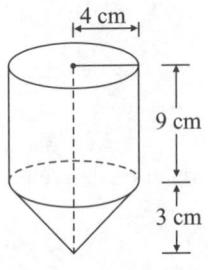

(figura fora de escala)

a) 120 b) 150 c) 160 d) 240 e) 360

VUNESP/2006
Exatas

117 O gráfico mostra, aproximadamente, a porcentagem de domicílios no Brasil que possuem certos bens de consumo. Sabe-se que o Brasil possui aproximadamente 50 milhões de domicílios, sendo 85% na zona urbana e 15% na zona rural.

Admita que a distribuição percentual dos bens, dada pelo gráfico, mantenha a proporcionalidade nas zonas urbana e rural.

a) Escrevendo todos os cálculos efetuados, determine o número de domicílios da zona rural e, dentre esses, quantos têm máquina de lavar roupas e quantos têm televisor, **separadamente**.

b) Considere os eventos T: o domicílio tem telefone e F: o domicílio tem freezer. Supondo independência entre esses dois eventos, calcule a probabilidae de ocorrer T **ou** F, isto é, calcule P (T ∪ F). Com base no resultado obtido, calcule quantos domicílios da zona urbana têm telefone **ou** freezer.

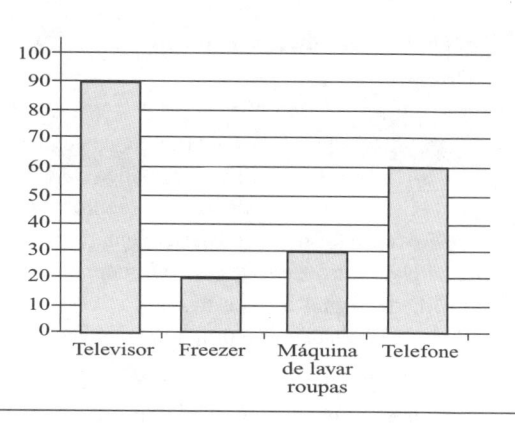

118

Considere a figura, onde estão sobrepostos os quadrados $OX_1Z_1Y_1$, $OX_2Z_2Y_2, OX_3Z_3Y_3, OX_4Z_4Y_4, ..., OX_nZ_nY_n, ...$, $n \geq 1$, formados por pequenos segmentos medindo 1 cm cada um. Sejam A_n e P_n a área e o perímetro, respectivamente, do n-ésimo quadrado.

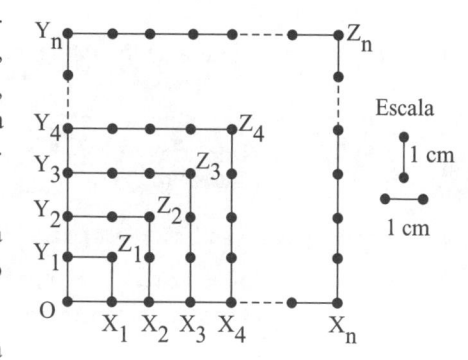

a) Mostre que a seqüência $(P_1, P_2, ..., P_n, ...)$ é uma progressão aritmética, determinando seu termo geral, em função de n, e sua razão.

b) Considere a seqüência $(B_1, B_2, ..., B_n, ...)$, definida por $B_n = \dfrac{A_n}{P_n}$. Calcule B_1, B_2 e B_3. Calcule, também, a soma dos 40 primeiros termos dessa seqüência, isto é, $B_1 + B_2 + ... + B_{40}$.

119

Sejam $A = \begin{bmatrix} x - 2y & 1 \\ 3x + y & -1 \end{bmatrix}$ $B = \begin{bmatrix} 2 & 1 \\ -1 & -2 \end{bmatrix}$ e $C = \begin{bmatrix} 1 & 3 \\ 3 & -5 \end{bmatrix}$ matrizes reais.

a) Calcule o determinante de A, det(A), em função de x e y, e represente no plano cartesiano os pares ordenados (x, y) que satisfazem a inequação $\det(A) \leq \det(B)$.

b) Determine x e y reais, de modo que $A + 2B = C$.

120

Seja $z = 1 + i$ um número complexo.

a) Escreva z e z^3 na forma trigonométrica.

b) Determine o polinômio de coeficiente reais, de menor graus, que tem z e $|z|^2$ como raízes e coeficientes dominante igual a 1.

121

Considere o número inteiro 3600, cuja fatoração em primos é $3600 = 2^4 \cdot 3^2 \cdot 5^2$. Os divisores inteiros e positivos de 3600 são os números da forma $2^\alpha \cdot 3^\beta \cdot 5^\gamma$, com $\alpha \in \{0, 1, 2, 3, 4\}$, $\beta \in \{0, 1, 2\}$ e $\gamma \in \{0, 1, 2\}$. Determine:

a) o número total de divisores inteiros e positivos de 3600 e quantos desses divisores são também divisores de 720.

b) quantos dos divisores inteiros e positivos de 3600 são pares e quantos são quadrados perfeitos.

122 Seja C a circunferência de centro (2, 0) e raio 2, e considere O e P os pontos de intersecção de C com o eixo Ox. Sejam T e S pontos de C que pertencem, respectivamente, às retas r e s, que se interceptam no ponto M, de forma que os triângulos OMT e PMS sejam congruentes, como mostra a figura.

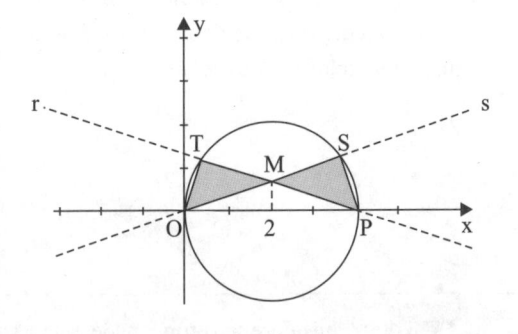

a) Dê a equação de C e, sabendo que a equação de s é $y = \dfrac{x}{3}$, determine as coordenadas de S.

b) Calcule as áreas do triângulo OMP e da região sombreada formada pela união dos triângulos OMT e PMS.

123 Considere as funções $f(x) = -5 + \log_2(1-x)$, definida para $x < 1$, e $g(x) = x^2 - 4x - 4$, definida para todo x real.

a) Resolva a inequação $f(x) \leq g(4)$ e a equação $g(x) = f(7/8)$.

b) Determine o domínio da função composta fog, isto é, os valores de $x \in R$ para os quais f o g está definida. Determine também em qual valor de x a composta f o g atinge seu valor máximo.

124 A figura mostra a órbita elíptica de um satélite S em torno do planeta Terra. Na elipse estão assinalados dois pontos: o ponto A (apogeu), que é o ponto da órbita mais afastado do centro da Terra, e o ponto P (perigeu), que é o ponto da órbita mais próximo do centro da Terra. O ponto O indica o centro da Terra e o ângulo PÔS tem medida α, com $0° \leq \alpha \leq 360°$.

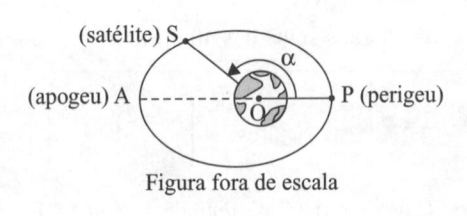

A altura h, em km, do satélite à superfície da Terra, dependendo do ângulo α, é dada aproximadamente pela função

$$h = \left(-64 + \dfrac{7980}{100 + 5\cos\alpha}\right) \cdot 10^2$$

Determine:

a) A altura h do satélite quando este se encontra no perigeu e também quando se encontra no apogeu.

b) Os valores de α, quando a altura h do satélite é de 1580 km.

125 Com um recipiente de vidro fino transparente na forma de um paralelepípedo reto-retângulo, que tem como base um quadrado cujo lado mede 15 cm e a aresta da face lateral mede 40 cm, Márcia montou um enfeite de natal. Para tanto, colocou no interior desse recipiente 90 bolas coloridas maciças de 4 cm de diâmetro cada e completou todos os espaços vazios com um líquido colorido transparente. Desprezando-se a espessura do vidro e usando (para facilitar os cálculos) a aproximação $\pi = 3$.

a) dê, em cm², a área lateral do recipiente e a área da superfície de cada bola.

b) dê, em cm³, o volume do recipiente, o volume de cada esfera e o volume do líquido dentro do recipiente.

126 Dois terrenos, T_1 e T_2, têm frentes para a rua R e fundos para a rua S, como mostra a figura. O lado BC do terreno T_1 mede 30 m e é paralelo ao lado DE do terreno T_2. A frente AC do terreno T_1 mede 50 m e o fundo BD do terreno T_2 mede 35 m. Ao lado do terreno T_2 há um outro terreno, T_3, com frente para a rua Z, na forma de um setor circular de centro E e raio ED.

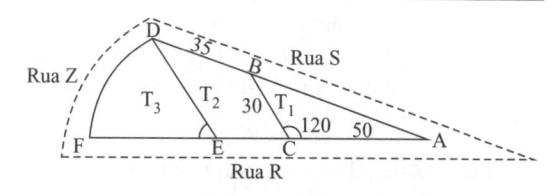

Determine:

a) as medidas do fundo AB do terreno T_1 e da frente CE do terreno T_2.

b) a medida do lado DE do terreno T_2 e o perímetro do terreno T_3.

VUNESP/2006
Biológicas

127 Um laboratório farmacêutico tem dois depósitos, D_1 e D_2.

Para atender a uma encomenda, deve enviar 30 caixas iguais contendo um determinado medicamento à drogaria A e 40 caixas do mesmo tipo e do mesmo medicamento à drogaria B. Os gastos com transporte, por cada caixa de medicamento, de cada depósito para cada uma das drogarias, estão indicados na tabela.

	A	B
D_1	R$ 10,00	R$ 14,00
D_2	R$ 12,00	R$ 15,00

Seja x a quantidade de caixas do medicamento, do depósito D_1, que deverá ser enviada à drogaria A e y a quantidade de caixas do mesmo depósito que deverá ser enviada à drogaria B.

a) Expressar:
- em função de x, o gasto G_A com transporte para enviar os medicamentos à drogaria A;
- em função de y, o gasto G_B com transporte para enviar os medicamentos à drogaria B;
- em função de x e y, o gasto total G para atender as duas drogarias.

b) Sabe-se que no depósito D_1 existem exatamente 40 caixas do medicamento solicitado e que o gasto total G para se atender a encomenda deverá ser de R$890,00, que é o gasto mínimo nas condições dadas. Com base nisso, determine, separadamente, as quantidades de caixas de medicamentos que sairão de cada depósito, D_1 e D_2, para cada drogaria, A e B, e os gastos G_A e G_B.

128 O sangue humano está classificado em quatro grupos distintos: A, B, AB e O. Além disso, o sangue de uma pessoa pode possuir, ou não, o fator Rhésus. Se o sangue de uma pessoa possui esse fator, diz-se que a pessoa pertence ao grupo sanguíneo Rhésus positivo (Rh^+) e, se não possui esse fator, diz-se Rhésus negativo (Rh^-). Numa pesquisa, 1000 pessoas foram classificas, segundo grupo sanguíneo e respectivo fator Rhésus, de acordo com a tabela ao lado. Dentre as 1000 pessoas pesquisadas, escolhida uma ao acaso, determine

	A	B	AB	O
Rh^+	390	60	50	350
Rh^-	70	20	10	50

a) a probabilidade de seu grupo sanguíneo não ser A. Determine também a probabilidade de seu grupo sanguíneo ser B ou Rh^+.

b) a probabilidade de seu grupo snaguíneo ser AB e Rh^-. Determine também a probabilidade condicional de ser AB ou O, sabendo-se que a pessoa escolhida é Rh^-.

129 A função $p(t) = 9 + \dfrac{8}{1+12.3^{-(0,1)t}}$ expressa, em função de tempo t (em anos), aproximadamente, a população, em milhões de habitantes, de um pequeno país, a partir de 1950 (t = 0). Um esboço do gráfico dessa função, para $0 \le t \le 80$, é dado na figura.

a) De acordo com esse modelo matemático, calcule em que ano a população atingiu 12 milhões de habitantes. (Use as aproximações $\log_3 2 = 0,6$ e $\log_3 5 = 1,4$).

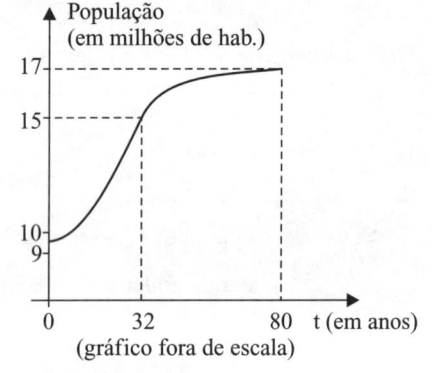

b) Determine aproximadamente quantos habitantes tinha o país em 1950. Com base no gráfico, para $0 \le t \le 80$, admitindo que $p(80) = 17$, dê o conjunto solução da inequação $p(t) \ge 15$ e responda, justificando sua resposta, para quais valores de k a equação $p(t) = k$ tem soluções reais.

130 Paulo fabricou uma bicicleta, tendo rodas de tamanhos distintos, com o raio da roda maior (dianteira) medindo 3 dm, o raio da roda menor medindo 2 dm e a distância entre os centros A e B das rodas sendo 7 dm. As rodas da bicicleta, ao serem apoiadas no solo horizontal, podem ser representadas no plano (desprezando-se os pneus) como duas circunferências, de centros A e B, que tangenciam a reta r nos pontos P e Q, como indicado na figura.

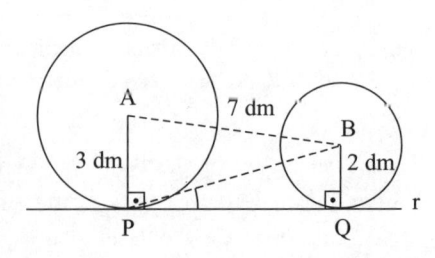

a) Determine a distância entre os pontos de tangência P e Q e o valor do seno do ângulo BP̂Q.

b) Quando a bicicleta avança, supondo que não haja deslizamento, se os raios da roda maior descrevem um ângulo de 60°, determine a medida, em graus, do ângulo descrito pelos raios da roda menor. Calcule, também, quantas voltas terá dado a roda menor quando a maior tiver rodado 80 voltas.

VUNESP/2007
Conhecimentos Gerais

131 No ano passado, a extensão da camada de gelo no Ártico foi 20% menor em relação à de 1979, uma redução de aproximadamente 1,3 milhão de quilômetros quadrados (Veja, 21.06.2006). Com base nesses dados, pode-se afirmar que a extensão da camada de gelo no Ártico em 1979, em milhões de quilômetros quadrados, era:

a) 5   b) 5,5   c) 6   d) 6,5   e) 7

132 O número de ligações telefônicas de uma empresa, mês a mês, no ano de 2005, pode ser representado pelo gráfico ao lado.

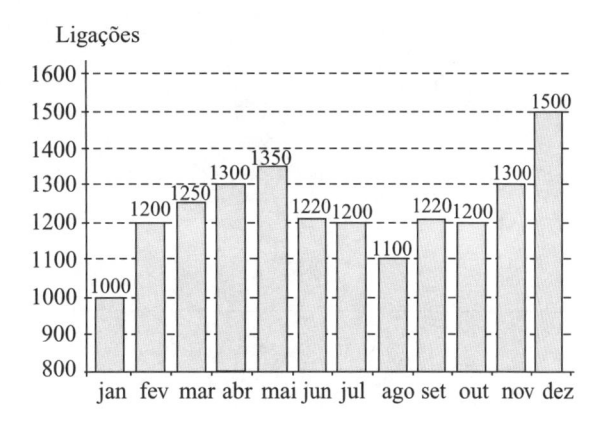

Com base no gráfico, pode-se afirmar que a quantidade total de meses em que o número de ligações foi maior ou igual a 1200 e menor ou igual a 1300 é:

a) 2   b) 4
c) 6   d) 7
e) 8

133 Dois rapazes e duas moças irão viajar de ônibus, ocupando as poltronas de números 1 a 4, com 1 e 2 juntas e 3 e 4 juntas, conforme o esquema.

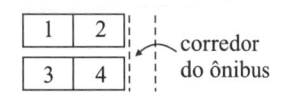

O número de maneiras de ocupação dessas quatro poltronas, garantindo que, em duas poltronas juntas, ao lado de uma moça sempre viaje um rapaz, é

a) 4   b) 6   c) 8   d) 12   e) 16

134 Dado um poliedro com 5 vértices e 6 faces triangulares, escolhem-se ao acaso três de seus vértices.

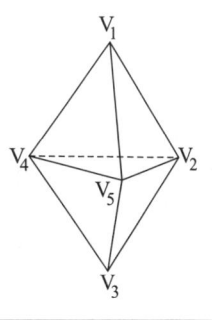

A probabilidade de que os três vértices escolhidos pertençam à mesma face do poliedro é:

a) $\dfrac{3}{10}$ b) $\dfrac{1}{6}$ c) $\dfrac{3}{5}$

d) $\dfrac{1}{5}$ e) $\dfrac{6}{35}$

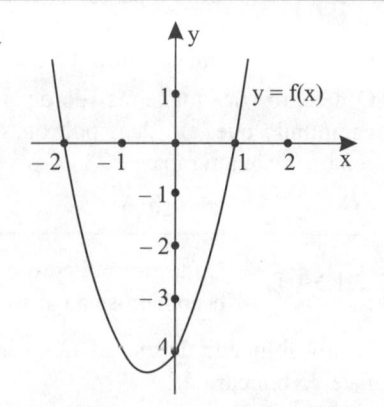

135 Um fazendeiro plantou 3960 árvores em sua propriedade no período de 24 meses. A plantação foi feita mês a mês, em progressão aritmética. No primeiro mês foram plantadas x árvores, no mês seguinte (x + r) árvores, r > 0, e assim sucessivamente, sempre plantando no mês seguinte r árvores a mais do que no anterior. Sabendo-se que ao término do décimo quinto mês do início do plantio ainda restavam 2160 árvores para serem plantadas, o número de árvores plantadas no primeiro mês foi:

a) 50   b) 75   c) 100   d) 150   e) 165

136 Uma fábrica produz dois tipos de peças, P1 e P2. Essas peças são vendidas a duas empresas, E1 e E2. O lucro obtido pela fábrica com a venda de cada peça P1 é R$ 3,00 e de cada peça de P2 é R$ 2,00. A matriz abaixo fornece a quantidade de peças P1 e P2 vendidas a cada uma das empresas E1 e E2 no mês de novembro.

$$\begin{array}{cc} & \begin{array}{cc} P1 & P2 \end{array} \\ \begin{array}{c} E1 \\ E2 \end{array} & \begin{bmatrix} 20 & 8 \\ 15 & 12 \end{bmatrix} \end{array}$$

A matriz $\begin{bmatrix} x \\ y \end{bmatrix}$, onde x e y representam os lucros, em reais, obtidos pela fábrica, no referido mês, com a venda das peças às empresas E1 e E2, respectivamente é:

a) $\begin{bmatrix} 35 \\ 20 \end{bmatrix}$ b) $\begin{bmatrix} 90 \\ 48 \end{bmatrix}$ c) $\begin{bmatrix} 76 \\ 69 \end{bmatrix}$ d) $\begin{bmatrix} 84 \\ 61 \end{bmatrix}$ e) $\begin{bmatrix} 28 \\ 27 \end{bmatrix}$

137 Um triângulo tem vértices $P = (2, 1)$, $Q = (2, 5)$ e $R = (x_0, 4)$, com $x_0 > 0$. Sabendo-se que a área do triângulo é 20, a abscissa x_0 do ponto R é:

a) 8   b) 9   c) 10   d) 11   e) 12

138 A expressão que define a função quadrática f(x), cujo gráfico está esboçado, é:

a) $f(x) = -2x^2 - 2x + 4$
b) $f(x) = x^2 + 2x - 4$
c) $f(x) = x^2 + x - 2$
d) $f(x) = 2x^2 + 2x - 4$
e) $f(x) = 2x^2 + 2x - 2$

139 Um ciclista sobe, em linha reta, uma rampa com inclinação de 3 graus a uma velocidade constante de 4 metros por segundo. A altura do topo da rampa em relação ao ponto de partida é 30 m.

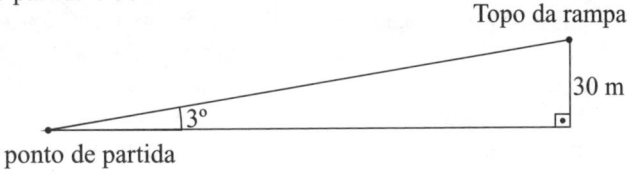

Use a aproximação sen 3° = 0,05 e responda. O tempo, em minutos, que o ciclista levou para percorrer completamente a rampa é

a) 2,5   b) 7,5   c) 10   d) 15   e) 30

140 A unidade usual de medida para a energia contida nos alimentos é kcal (quilocaloria). Uma fórmula aproximada para o consumo diário de energia (em kcal) para meninos entre 15 e 18 anos é dada pela função f(h) = 17 . h, onde h indica a altura em cm e, para meninas nessa mesma faixa de idade, pela função g(h) = (15,3) . h. Paulo, usando a fórmula para meninos, calculou seu consumo diário de energia e obteve 2975 kcal. Sabendo-se que Paulo é 5 cm mais alto que sua namorada Carla (e que ambos têm idade entre 15 e 18 anos), o consumo diário de energia para Carla, de acordo com a fórmula, em kcal, é

a) 2501   b) 2601   c) 2770   d) 2875   e) 2970

141 A figura representa um triângulo retângulo de vértices A, B e C, onde o segmento de reta DE é paralelo ao lado AB do triângulo.

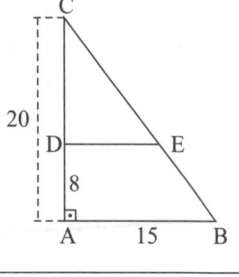

Se AB = 15 cm, AC = 20 cm e AD = 8 cm, a área do trapézio ABED, em cm², é

a) 84   b) 96   c) 120
d) 150   e) 192

142 Um troféu para um campeonato de futebol tem a forma de uma esfera de raio R = 10 cm cortada por um plano situado a uma distância de $5\sqrt{3}$ cm do centro da esfera, determinando uma circunferência de raio r cm, e sobreposta a um cilindro circular reto de 20 cm de altura e raio r cm, como na figura (não em escala).

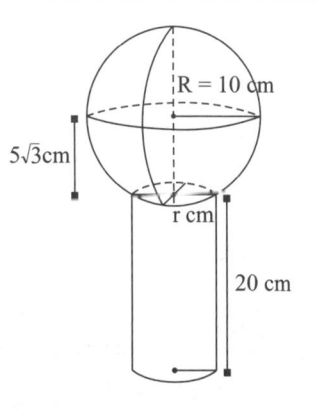

O volume do cilindro, em cm³, é

a) 100π   b) 200π   c) 250π

d) 500π   e) 750π

VUNESP/2007
Exatas

143 Uma empresa pretende, no ano de 2006, reduzir em 5% a produção de CO_2 com a queima de combustível de sua frota de carros, diminuindo a quantidade de quilômetros a serem rodados no ano. O total de quilômetros rodados pelos carros dessa empresa em 2005 foi de 199 200 km. Cada carro faz em média 12 km por litro de gasolina, e a queima de cada 415 litros desse combustível pelos carros da empresa produz aproximadamente uma tonelada de CO_2. Mantidas as mesmas condições para os carros, em termos de consumo e queima de combustível, determine quantas toneladas a menos de CO_2 os carros da empresa deixariam de emitir em 2006, relativamente ao ano de 2005.

144 Devido ao aquecimento das águas, a ocorrência de furações das categorias 4 e 5 – os mais intensos da escala Saffir-Simpson – dobrou nos últimos 35 anos (Veja, 21.06.2006). Seja x o número de furações dessas categorias, ocorridos no período 1971-2005. Vamos supor que a quantidade de furações a cada 35 anos continue dobrando em relação aos 35 anos anteriores, isto é, de 2006 a 2040 ocorrerão 2x furações, de 2041 a 2075 ocorrerão 4x furações, e assim por diante. Baseado nesta suposição, determine, em função de x, o número total de furações que terão ocorrido no período de 1971 a 2320.

145 Considere os números complexos $w = 4 + 2i$ e $z = 3a + 4ai$, onde a é um número real positivo e i indica a unidade imaginária. Se, em centímetros, a altura de um triângulo é $|z|$ e a base é a parte real de $z \cdot w$, determine a de modo que a área do triângulo seja 90 cm².

146 Considere as funções polinomiais $f(x) = x^3 + x^2 + 2x - 1$ e $g(x) = x^3 + 3x + 1$, cujos gráficos se interceptam em dois pontos como esboçado na figura (não em escala).

Determine para quais valores reais $f(x) \geq g(x)$, isto é, determine o conjunto $S = \{x \in R| f(x) \geq g(x)\}$.

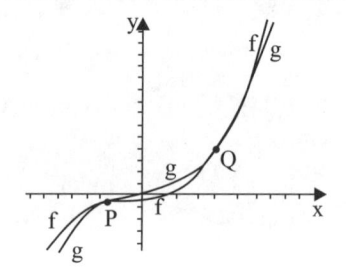

147 Paulo deve enfrentar em um torneio dois outros jogadores, João e Mário. Considere os eventos A: Paulo vence João e B: Paulo vence Mário. Os resultados dos jogos são eventos independentes. Sabendo que a probabilidade de Paulo vencer ambos os jogadores é $\frac{2}{5}$ e a probabilidade de ele ganhar de João é $\frac{3}{5}$, determine a probabilidade de Paulo perder dos dois jogadores, João e Mário.

148 Sejam $P = (a, b)$, $Q = (1, 3)$ e $R = (-1, -1)$ pontos do plano. Se $a + b = 7$, determine P de modo que P, Q e R sejam colineares.

149 Seja x o número de anos decorridos a partir de 1960 (x = 0). A função y = f(x) = x + 320 fornece, aproximadamente, a média de concentração de CO_2 na atmosfera em ppm (partes por milhão) em função de x. A média de variação do nível do mar, em cm, em função de x, é dada aproximadamente pela função $g(x) = \frac{1}{5}x$. Seja h a função que fornece a média de variação do nível do mar em função da concentração de CO_2.

No diagrama seguinte estão representadas as funções f, g e h.

$$\begin{array}{ccc} \text{tempo (anos)} & \xrightarrow{g} & \text{média de variação do nível do mar (cm)} \\ \downarrow f & \nearrow h & \\ \text{concentração de } CO_2 \text{ (ppm)} & & \end{array}$$

Determine a expressão de h em função de y e calcule quantos centímetros o nível do mar terá aumentado quando a concentração de CO_2 na atmosfera for de 400 ppm.

150 Podemos supor que um atleta, enquanto corre, balança cada um de seus braços ritmicamente (para frente e para trás) segundo a equação

$$y = f(t) = \frac{\pi}{9}\text{sen}\left(\frac{8\pi}{3}\left(t-\frac{3}{4}\right)\right),$$

onde y é o ângulo compreendido entre a posição do braço e o eixo vertical $\left(-\frac{\pi}{9} \leq y \leq \frac{\pi}{9}\right)$ e t é o tempo medido em segundo, t ≥ 0. Com base nessa equação, determine quantas oscilações completas (para frente e para trás) o atleta faz com o braço em 6 segundos.

151 A temperatura média da Terra começou a ser medida por volta de 1870 e em 1880 já apareceu uma diferença: estava (0,01)°C (graus Celsius) acima daquela registrada em 1870 (10 anos antes). A função

$$t(x) = (0,01) \cdot 2^{(0,05)x},$$

com t(x) em °C e x em anos, fornece uma estimativa para o aumento da temperatura média da Terra (em relação àquela registrada em 1870) no ano (1880 + x), x ≥ 0. Com base na função, determine em que ano a temperatura média da Terra terá aumentado 3°C. (Use as aproximações $\log_2(3) = 1,6$ e $\log_2(5) = 2,3$)

152 Para calcularmos o volume aproximado de um iceberg, podemos compará-lo com sólidos geométricos conhecidos. O sólido da figura, formado por um tronco de pirâmide regular de base quadrada e um paralelepípedo reto-retângulo, justapostos pela base, representa aproximadante um iceberg no momento em que se desprendeu da calota polar da Terra. As arestas das bases maior e menor do tronco de pirâmide medem, respectivamente, 40 dam e 30 dam e altura mede 12 dam.

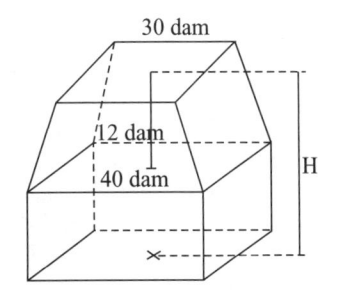

Passado algum tempo do desprendimento do iceberg, o seu volume era de 23100 dam³, o que correspondia a 3/4 do volume inicial. Determine a altura H, em dam, do sólido que representa o iceberg no momento em que se desprendeu.

VUNESP/2007
Biológicas

153 Uma pesquisa publicada pela revista Veja de 07.06.2006 sobre os hábitos alimentares dos brasileiros mostrou que, no almoço, aproximadamente 70% dos brasileiros comem carne bovina e que, no jantar, esse índice cai para 50%. Supondo que a probabilidade condicional de uma pessoa comer carne bovina no jantar, dado que ela comeu carne bovina no almoço, seja $\frac{6}{10}$, determine a probabilidade de a pessoa comer carne bovina no almoço ou no jantar.

154 A escala de pH, que mede a concentração de íons de hidrogênio em soluções, vai de 0 (o grau mais ácido) áte 14 (o grau mais alcalino). Atualmente, a água dos oceanos é meio alcalina, com pH de 8,1. Dependendo da queima de combustíveis fósseis, o pH dos oceanos pode cair para 7,9 em 2100. A função

$$f(x) = -\log_{10}(x)$$

fornece o pH de uma solução em função do número x de íons de hidrogênio (H_3O). Com base nessas informações, determine a porcentagem estimada de aumento dos íons de hidrogênio nos oceanos de hoje para 2100. (Use a aproximação $\log_{10}(1,3) = 0,1$ equivalente, $10^{(0,1)} = 1,3$).

155 Uma pessoa consumiu na segunda-feira, no café da manhã, 1 pedaço de bolo e 3 pãezinhos, o que deu um total de 140 gramas. Na terça-feira, no café da manhã, consumiu 3 pedaços de bolo e 2 pãezinhos (iguais aos do dia anterior e de mesma massa), totalizando 210 gramas. A tabela seguinte fornece (aproximadamente) a quantidade de energia em quilocalorias (kcal) contida **em cada 100 gramas** do bolo e do pãozinho.

Alimento	Energia
100 g bolo	420 kcal
100 g pãozinho	270 kcal

Após determinar a quantidade em gramas de cada pedaço de bolo e de cada pãozinho, use a tabela e calcule o total de quilocalorias (kcal) consumido pela pessoa, com esses dois alimentos, no café da manhã de segunda-feira.

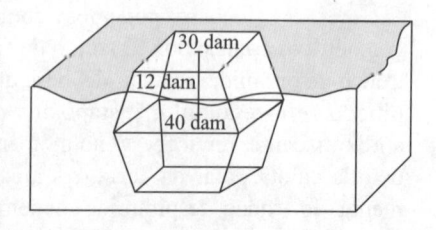

156 Com o fenômeno do efeito estufa e consequente aumento da temperatura média da Terra, há o desprendimento de **icebergs** (enormes blocos de gelo) das calotas polares terrestres. Para calcularmos o volume aproximado de um **iceberg** podemos compará-lo com sólidos geométricos conhecidos. Suponha que o sólido da figura, formado por dois troncos de pirâmides regulares de base quadrada simétricos e justapostos pela base maior, representa aproximadamente um **iceberg**.

As arestas das bases maior e menor de cada tronco medem, respectivamente, 40 dam e 30 dam e a altura mede 12 dam. Sabendo que o volume V_S da parte submersa do **iceberg** corresponde a aproximadamente 7/8 do volume total V, determine V_S.

VUNESP/2008
Conhecimentos Gerais

157 O gráfico mostra as marcas obtidas, em segundos, até setembro de 2007, nos recordes mundiais e pan-americanos, em quatro modalidades esportivas: provas de 100 metros rasos, masculino, 100 metros rasos, feminino, 100 metros nado livre, masculino, e 100 metros nado livre, feminino.

Com base nos dados do gráfico, podemos afirmar:

a) Em duas das quatro modalidades, os recorde pan-americanos e mundiais são iguais.

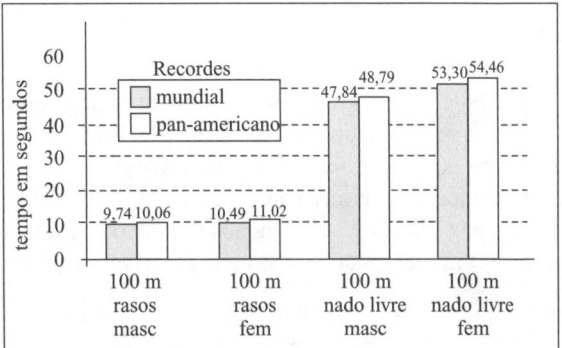

b) Nos 100 metros nado livre, masculino, a diferença entre os dois recordes, pan-americanos e mundial, é de exatamente 2 segundos.

(Folha Online-Esporte. Adaptado)

c) O tempo correspondente ao recorde mundial nos 100 metros rasos, feminino, é um terço do tempo correspondente ao recorde mundial nos 100 metros nado livre, feminino.

d) Nos 100 metros nado livre, feminino, a média aritmética entre os recordes mundial e pan-americano é exatamente 53,1 segundos.

e) Nos 100 metros rasos, a média aritmética entre os recordes pan-americanos masculino e feminino é exatamente 10,54 segundos.

158 Cássia aplicou o capital de R$ 15.000,00 a juros compostos, pelo período de 10 meses e à taxa de 2% a.m. (ao mês). Considerando a aproximação $(1,02)^5 = 1,1$, Cássia computou o valor aproximado do montante a ser recebido ao final da aplicação. Esse valor é:

a) R$ 18.750,00 b) R$ 18.150,00 c) R$ 17.250,00
d) R$ 17.150,00 e) R$ 16.500,00

159 Considere o número complexo $z = \cos\dfrac{\pi}{6} + i\,\text{sen}\,\dfrac{\pi}{6}$. O valor de $z^3 + z^6 + z^{12}$ é:

a) $-i$ b) $\dfrac{1}{2} + \dfrac{\sqrt{3}}{2}i$ c) $i - 2$ d) i e) $2i$

160 Numa certa região, uma operadora telefônica utiliza 8 dígitos para designar seus números de telefones, sendo que o primeiro é sempre 3, o segundo não pode ser 0 e o terceiro número é diferente do quarto. Escolhido um número ao acaso, a probabilidade de os quatro últimos algarismos serem distintos entre si é

a) $\dfrac{63}{125}$ b) $\dfrac{567}{1250}$ c) $\dfrac{189}{1250}$ d) $\dfrac{63}{1250}$ e) $\dfrac{7}{125}$

161 Uma lapiseira, três cadernos e uma caneta custam, juntos, 33 reais. Duas lapiseiras, sete cadernos e duas canetas, juntos 76 reais. O custo de uma lapiseira, um caderno e uma caneta, juntos, em reais, é

a) 11   b) 12   c) 13   d) 17   e) 38

162 Um grupo de x estudantes se juntou para comprar um computador portátil (notebook) que custa R$ 3.250,00. Alguns dias depois, mais três pessoas se juntaram ao grupo, formando um novo grupo x + 3 pessoas. Ao fazer a divisão do valor do computador pelo número de pessoas que estão compondo o novo grupo, verificou-se que cada pessoa pagaria R$ 75,00 a menos do que o inicialmente programado para cada um no primeiro grupo. O número x de pessoas que formavam o primeiro grupo é:

a) 9   b) 10   c) 11   d) 12   e) 13

163 Seja A uma matriz. Se $A^3 = \begin{bmatrix} 1 & 0 & 0 \\ 0 & 6 & 14 \\ 0 & 14 & 34 \end{bmatrix}$, o determinante de A é:

a) 8   b) $2\sqrt{2}$ c) 2   d) $\sqrt[3]{2}$ e) 1

164 Dois edifícios, X e Y, estão um em frente ao outro, num terreno plano. Um observador, no pé do edifício X (ponto P), mede um ângulo α em relação ao topo do edifício Y (ponto Q). Depois disso, no topo do edifício X, num ponto R, de forma que RPTS formem um retângulo e QT seja perpendicular a PT, esse observador mede um ângulo β em relação ao ponto Q no edifício Y.

Sabendo que a altura do edifício X é 10 m e que $3\,\text{tg}\,\alpha = 4\,\text{tg}\,\beta$, a altura h do edifício Y, em metros, é:

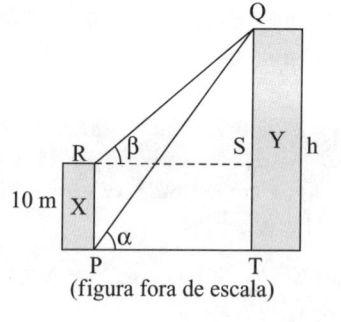

(figura fora de escala)

a) $\dfrac{40}{3}$ b) $\dfrac{50}{4}$ c) 30   d) 40   e) 50

165 O consumo médio de oxigênio em mL/min por quilograma de massa (mL/min . kg) de um atleta na prática de algumas modalidades de esporte é dado na tabela seguinte.

Esporte	Consumo médio de O_2 em mL/min. kg
Natação	75
Tênis	65
Marcha atlética	80

Dois atletas, Paulo e João, de mesma massa, pratica todos os dias exatamente duas modalidades de esporte cada um. Paulo pratica diariamente 35 minutos de natação e depois t minutos de tênis. João pratica 30 minutos de tênis e depois t minutos de marcha atlética. O valor máximo de t para que João não consuma, em mL/kg, mais oxigênio que Paulo, ao final da prática diária desses esportes, é:

a) 45   b) 35   c) 30   d) 25   e) 20

166 Suponha que um planeta P descreva uma órbita elíptica em torno de uma estrela O, de modo que, considerando um sistema de coordenadas cartesianas ortogonais, sendo a estrela O a origem do sistema, a órbita possa ser descrita aproximadamente pela equação $\frac{x^2}{100} + \frac{y^2}{25}$, com x e y em milhões de quilômetros. A figura representa a estrela O, a órbita descrita pelo planeta e sua posição no instante em que o ângulo PÔA mede $\frac{\pi}{4}$.

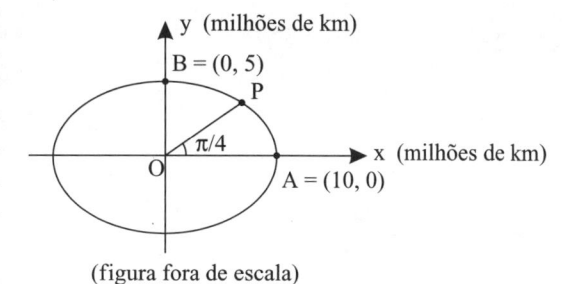

B = (0, 5)
A = (10, 0)
y (milhões de km)
x (milhões de km)
(figura fora de escala)

A distância, em milhões de km, do planeta P à estrela O, no instante representado na figura, é:

a) $2\sqrt{5}$ b) $2\sqrt{10}$ c) $5\sqrt{2}$ d) $10\sqrt{2}$ e) $5\sqrt{10}$

167 Uma certa propriedade rural tem o formato de um trapézio como na figura. As bases WZ e XY do trapézio medem 9,4 km e 5,7 km, respectivamente, e o lado YZ margeia um rio.

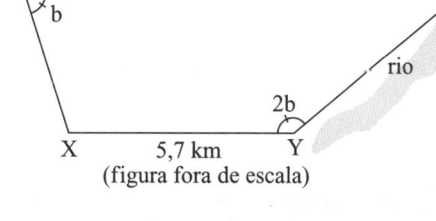

Se o ângulo XŶZ é o dobro do ângulo XŴZ, a medida, em km, do lado YZ que fica à margem do rio é:

9,4 km
b
2b
5,7 km
rio
(figura fora de escala)

a) 7,5   b) 5,7   c) 4,7   d) 4,3   e) 3,7

168 Seja x um número real positivo. O volume de um paralelepípedo reto-retângulo é dado, em função de x, pelo polinômio $x^3 + 7x^2 + 14x + 8$. Se uma aresta do paralelepípedo mede $x + 1$, a área da face perpendicular a essa aresta pode ser expressa por:

a) $x^2 - 6x + 8$
b) $x^2 + 14x + 8$
c) $x^2 + 7x + 8$
d) $x^2 - 7x + 8$
e) $x^2 + 6x + 8$

VUNESP/2008
Exatas

169 Em uma determinada residência, o consumo mensal de água com descarga de banheiro corresponde a 33% do consumo total e com, higiene pessoal, 25% do total. No mês de novembro foram consumidos 25 000 litros de água no total e, da quantidade usada pela residência nesse mês para descarga de banheiro e higiene pessoal, uma adolescente, residente na casa, consumiu 40%. Determine a quantidade de água, em litros, consumida pela adolescente no mês de novembro com esses dois itens: descarga de banheiro e higiene pessoal.

170 A tabela mostra aproximadamente a duração do ano (uma volta completa em torno do Sol) de alguns planetas do sistema solar, em relação ao ano terrestre.

Planeta	Duração do ano
Júpiter	12 anos terrestres
Saturno	30 anos terrestres
Urano	84 anos terrestres

Se, em uma noite, os planetas Júpiter, Saturno e Urano são observados alinhados, de um determinado local na Terra, determine, após essa ocasião, quantos anos terrestres se passarão para que o próximo alinhamento desses planetas possa ser observado do mesmo local.

171 Ao ser inaugurada, uma represa possuía 8 mil m³ de água. A quantidade de água da represa vem diminuindo anualmente. O gráfico mostra que a quantidade de água na represa 8 anos após a inauguração é de 5 mil m³.

Se for mantida essa relação de linearidade entre o tempo e a quantidade de água em m³, determine em quantos anos, após a inauguração, a represa terá 2 mil m³.

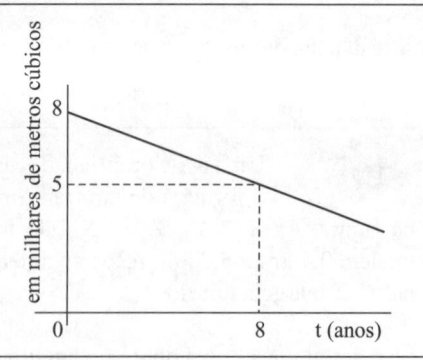

172 O gráfico representa o consumo mensal de água em uma determinada residência no período de um ano. As tarifas de água para essa residência são dadas a seguir.

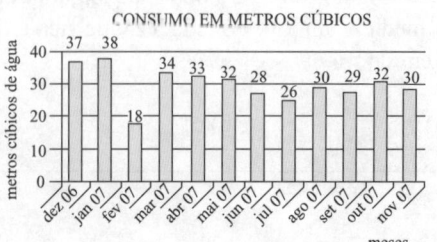

Faixa f (m³)	Tarifa (R$)
0 ≤ f ≤ 10	0,50
10 < f ≤ 20	1,00
20 < f ≤ 30	1,50
30 < f ≤ 40	2,00

Assim, por exemplo, o gasto no mês de março, que corresponde ao consumo de 34 m³, em reais, é: 10 x 0,50 + 10 x 1,00 + 10 x 1,50 + 4 x 2,00 = 38,00.

Vamos supor que essas tarifas tenham se mantido no ano todo. Note que nos meses de janeiro e fevereiro, juntos, foram consumidos 56 m³ de água e para pagar essas duas contas foram gastos X reais. O mesmo conjuntos, foram consumidos 56 m³ de água e para pagar duas contas foram gastos X reais. O mesmo consumo ocorreu nos meses de julho e agosto, juntos, mas para pagar essas duas contas foram gastos Y reais.

Determine a diferença X – Y.

---

173 Segundo a Teoria da Relatividade de Einstein, se um astronauta viajar em uma nave espacial muito rapidamente em relação a um referencial na Terra, o tempo passará mais devagar para o astronauta do que para as pessoas que ficaram na Terra. Suponha que um pai astronauta, com 30 anos de idade, viaje numa nave espacial, numa velocidade constante, até o planeta recém-descoberto GL581c, e deixe na Terra seu filho com 10 anos de idade. O tempo **t** decorrido na Terra (para o filho) e o tempo **T** decorrido para o astronauta, em função da velocidade v dessa origem (ida e volta, relativamente ao referencial da Terra e desprezando-se aceleração e desaceleração), são dados respectivamente pelas equações

$$t = \frac{40c}{v}, \; T = \frac{40c}{v}\sqrt{1-\left(\frac{v}{c}\right)^2}$$

onde c é uma constante que indica a velocidade da luz no vácuo e **t** e **T** são medidos em anos. Determine, em função de c, a que velocidade o pai deveria viajar de modo que, quando retornasse à Terra, ele e seu filho estivessem com a mesma idade.

---

174 Astrônomos da Universade da Califórnia fizeram um estudo com cerca de 750 estrelas, sendo 60 delas com planetas e 690 sem planetas (dados aproximados), e constataram que as estrelas com maior índice de ferro (em relação ao índice do Sol) têm maior probabilidade de abrigar planetas. A tabela mostra o número de estrelas com planetas (C) e sem planetas (S), relativamente ao índice de ferro, denotado por **i**.

Índice de ferro	C	S	Total
0 < i < 1	15	360	375
1 ≤ i < 2	30	270	300
2 ≤ i ≤ 3	15	60	75
Total	60	690	750

(exoplanets.org/metalicity.html.Adaptado)

Utilizando a tabela, mostre que a probabilidade P(C|(1 ≤ i ≤ 3)), de uma estrela ter planetas dado que 1 ≤ i ≤ 3, é 50% maior que a probabilidade P(C) de uma estrela ter planetas.

175 Considere a representação gráfica de função definida por

$$f(x) = \operatorname{sen}\left(\frac{3\pi x}{2}\right) \cdot \left(-1 + \sqrt{x-1}\right).$$

Os pontos P, Q, R e S denotam os quatro primeiros pontos de interseção do gráfico da função f como eixo das abscissas. Determine as coordenadas dos pontos P, Q, R e S, nessa ordem.

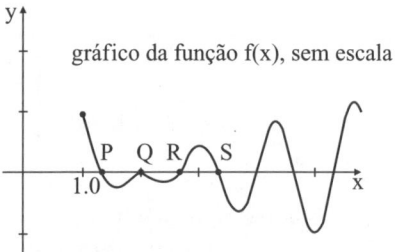

gráfico da função f(x), sem escala

176 O brilho de uma estrela percebido pelo olho humano, na Terra, é chamado de magnitude aparente da estrela. Já a magnitude absoluta da estrela é a magnitude aparente que a estrela teria se fosse observada a uma distância padrão de 10 parsecs (1 parsec é aproximadamente $3 \cdot 10^{13}$ km). As magnitudes aparente e absoluta de uma estrela são muito úteis para se determinar sua distância ao planeta Terra. Sendo m a magnitude aparente e M a magnitude absoluta de uma estrela, a relação entre m e M é dada aproximadamente pela fórmula

$$M = m + 5 \cdot \log_3 (3 \cdot d^{-0,48})$$

onde d é a distância da estrela em parsecs. A estrela Rigel tem aproximadamente magnitude aparente 0,2 e magnitude absoluta − 6,8. Determine a distância, em quilômetros, de Rigel ao planeta Terra.

177 O planeta Terra descreve seu movimento de translação em uma órbilta aproximadamente circular em torno do Sol. Considerando o dia terrestre com 24 horas, o anos com 365 dias e a distância da Terra ao Sol aproximadamente $150380 \cdot 10^3$ km, determine a velocidade média, em quilômetros por hora, com que a Terra gira em torno do Sol. Use a aproximação $\pi = 3$.

178 Numa região muito pobre e com escassez de água, uma família usa para tomar banho um chuveiro manual, cujo reservatório de água tem o formato de um cilíndro circular reto de 30 cm de altua e base com 12 cm de raio, seguido de um tronco de cone reto cujas bases são círculos paralelos, de raios medindo 12 cm e 6 cm, respectivamente, e altura 10 cm, como mostrado na figura.

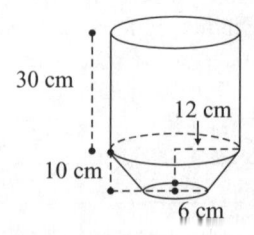

Por outro lado, numa praça de uma certa cidade há uma torneira com um gotejamento que provoca um desperdício de 46,44 litros de água por dia. Considerando a aproximação $\pi = 3$, determine quantos dias de gotejamento são necessários para que a quantidade de água desperdiçada seja igual à usada para 6 banhos, ou seja, encher completamente 6 vezes aquele chuveiro manual. Dado: 1000 cm³ = 1 litro.

VUNESP/2008
Biológicas

179 O desenvolvimento da gestação de uma determinada criança, que nasceu com 40 semanas, 50,6 cm de altura e com 3 446 gramas de massa, foi modelado, a partir da 20ª semana, aproximadamente, pelas funções matemátcias

$$h(t) = 1,5t - 9,4 \text{ e}$$
$$p(t) = 3,8t^2 - 72t + 246,$$

onde t indica o tempo em semanas, $t \geq 20$, h(t) a altura em centímetros e p(t) a massa em gramas. Admitindo o modelo matemático, determine quantos gramas tinha o feto quando sua altura era 35,6 cm.

180 A função $f(x) = 500 \cdot \left(\dfrac{5}{4}\right)^{\frac{x}{10}}$, com x em anos, fornece aproximadamente o consumo anula de água no mundo, em km³, em algumas atividades econômicas, do ano 1900 (x = 0) ao ano 2000 (x = 100). Determine, utilizando essa função, em que ano o consumo de água quadruplicou em relação ao registrado em 1900.

Use as aproximações $\log 2 = 0,3$ e $\log 5 = 0,7$.

181 Suponha que dois planetas, A e B, giram em torno em uma estrela X (cada um com velocidade constante e no mesmo sentido). O ano (tempo que o planeta leva para dar uma volta completa em torno de X) tem duração de 300 dias terrestres para A, e as órbitas de A e B podem ser consideradas circulares. Num certo instante, os planetas A e B estão alinhados em relação a X, na ordem mostrada na figura (X, A, B). Após 700 dias, ocorreu um outro alinhamento dos dois planetas, em relação a X, mantendo a mesma ordem.

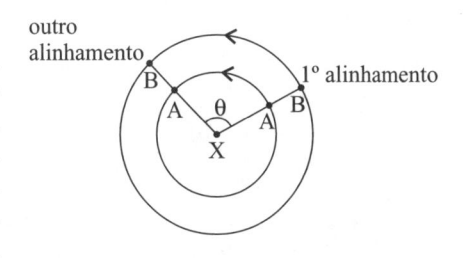

Sabendo que do primeiro até o outro alinhamento o planeta B percorreu exatamente uma volta em torno de X mais o arco compreendido pelo ângulo θ indicado na figura, determine a duração do ano em B, em dias terrestres.

182 Um porta-canetas tem a forma de um cilindro circular reto de 12 cm de altura e 5 cm de raio. Sua parte interna é um prisma regular de base triangular, como ilustrado na figura, onde o triângulo é equilátero e está inscrito na circunferência.

A região entre o prisma e o cilindro é fechada e não aproveitável. Determine o volume dessa região. Para os cálculos finais, considere as aproximações $\pi = 3$ e $\sqrt{3} = 1,7$.

ITA/2006
Testes

183 Seja E um ponto externo a uma circunferência. Os segmentos $\overline{EA}$ e $\overline{ED}$ interceptam essa circunferência nos pontos B e A, e , C e D, respectivamente. A corda $\overline{AF}$ da circunferência intercepta o segmento $\overline{ED}$ no ponto G. Se EB = 5, BA = 7, EC = 4, GD = 3 e AG = 6, então GF vale

a) 1   b) 2   c) 3   d) 4   e) 5

184 Seja U um conjunto não vazio com **n** elementos, n ≥ 1. Seja S um subconjunto de P(U) com a seguinte propriedade:

Se A, B ∈ S, então $A \subset B$ ou $B \subset A$.

Então, o número máximo de elementos que S pode ter é

a) 2^{n-1} b) n/2, se n for par, e (n + 1)/2 se n for ímpar

c) n + 1   d) $2^n - 1$ e) $2^{n-1} + 1$

185 Sejam A e B subconjuntos finitos de um mesmo conjunto X, tais que n (B\A), n(A\B) e n(A ∩ B) formam, nesta ordem, uma progressão aritmética de razão r > 0. Sabendo que n(B\A) = 4 e n(A ∪ B) + r = 64, então, n(A\B) é igual a

a) 12   b) 17   c) 20   d) 22   e) 24

186 Seja f: R → R definida por $f(x) = \sqrt{77}$ sen[5(x + π/6)] e seja B o conjunto dado por B = {x ∈ R: f(x) = 0}. Se **m** é o maior elemento de B ∩ (−∞, 0) e **n** é o menor elemento de B ∩ (0, +∞), então m + n é igual a

a) $2\pi/15$ b) $\pi/15$ c) $-\pi/30$ d) $-\pi/15$ e) $-2\pi/15$

187 Considere a equação $(a^x - a^{-x})/(a^x + a^{-x}) = m$, na variável real x, com $0 < a \neq 1$. O conjunto de todos os valores de **m** para os quais esta equação admite solução real é

a) $(-1, 0) \cup (0, 1)$ b) $(-\infty, -1) \cup (1, +\infty)$ c) $(-1, 1)$

d) $(0, \infty)$ e) $(-\infty, +\infty)$

188 Considere uma prova com 10 questões de múltipla escolha, cada questão com 5 alternativas. Sabendo que cada questão admite uma única alternativa correta, então o número de formas possíveis para que um candidato acerte somente 7 das 10 questões é

a) $4^4 \cdot 30$ b) $4^3 \cdot 60$ c) $5^3 \cdot 60$ d) $\binom{7}{3} \cdot 4^3$ e) $\binom{10}{7}$

189 Considere as seguintes afirmações sobre a expressão $S = \sum_{k=0}^{101} \log_8(4^k \sqrt{2})$:

I. S é a soma dos termos de uma progressão geométrica finita.
II. S é a soma dos termos de uma progressão aritmética finita de razão 2/3
III. S = 3 451
IV. $S \leq 3434 + \log_8 \sqrt{2}$
Então, pode-se afirmar que é (são) verdadeira(s) apenas

a) I e III b) II e III c) II e IV d) II e) III

190 Se para todo $z \in C$, $|f(x)| = |z|$ e $|f(z) - f(1)| = |z - 1|$, então, para todos $z \in C$, $\overline{f(1)}f(z) + f(1)\overline{f(z)}$ é igual a

a) 1 b) 2z c) 2Rez d) 2Imz e) $2|z|^2$

191 O conjunto solução de $(tg^2x - 1)(1 - cotg^2x) = 4$, $x \neq k\pi/2$, $k \in Z$ é

a) $\left\{\dfrac{\pi}{3} + \dfrac{k\pi}{4}, k \in Z\right\}$ b) $\left\{\dfrac{\pi}{4} + \dfrac{k\pi}{4}, k \in Z\right\}$ c) $\left\{\dfrac{\pi}{6} + \dfrac{k\pi}{4}, k \in Z\right\}$

d) $\left\{\dfrac{\pi}{8} + \dfrac{k\pi}{4}, k \in Z\right\}$ e) $\left\{\dfrac{\pi}{12} + \dfrac{k\pi}{4}, k \in Z\right\}$

192 Se $\alpha \in [0; 2\pi)$ é o argumento de um número complexo $z \neq 0$ e n é um número natural tal que $(z/|z|)^n = $ inse($n\alpha$), então, é verdade que

a) 2 $n\alpha$ é múltiplo de 2π b) $2n\alpha - \pi$ é múltiplo de 2π
c) $n\alpha - \pi/4$ é múltiplo de $\pi/2$ d) $2n\alpha - \pi$ é múltiplo não nulo de 2
e) $n\alpha - 2\pi$ é múltiplo de π

193 A condição para que as constantes reais a e b tornem incompatível o sistema linear

$$\begin{cases} x + y + 3z = 2 \\ x + 2y + 5z = 1 \\ 2x + 2y + az = b \end{cases}$$ é

a) $a - b \neq 2$ b) $a + b = 10$ c) $4a - 6b = 0$ d) $a/b = 3/2$ e) $a \cdot b = 24$

194 Se $\det \begin{bmatrix} a & b & c \\ p & q & r \\ x & y & z \end{bmatrix} = -1$, então o valor do $\det \begin{bmatrix} -2a & -2b & -2c \\ 2p+x & 2q+y & 2r+z \\ 3x & 3y & 3z \end{bmatrix}$ é igual a

a) 0   b) 4   c) 8   d) 12   e) 16

195 Seja **p** um polinômio com coeficientes reais, de grau 7, que admite $1 - i$ como raiz de multiplicidade 2. Sabe-se que a soma e o produto de todas as raízes de **p** são, respectivamente, 10 e -40. Sendo afirmado que três raízes de **p** são reais e distintas e formam uma progressão aritmética, então, tais raízes são

a) $3/2 - \sqrt{193}/6$, 3, $3/2 + \sqrt{193}/6$ b) $2 - 4\sqrt{13}$, $2{,}2 + 4\sqrt{13}$ c) $-4, 2, 8$

d) $-2, 3, 8$ e) $-1, 2, 5$

196 Sobre o polinômio $p(x) = x^5 - 5x^3 + 4x^2 - 3x - 2$ podemos afirmar que

a) $x = 2$ não é raiz de p

b) p só admite raízes reais, sendo uma delas inteira, duas racionais e duas irracionais.

c) p admite uma única raiz real, sendo ela uma raiz inteira

d) p só admite raízes reais, sendo duas delas inteiras

e) p admite somente 3 raízes reais, sendo uma delas inteira e duas irracionais.

197 Seja o sistema linear nas incógnitas x e y, com a e b reais, dado por

$$\begin{cases} (a-b)x - (a+b)y = 1 \\ (a+b)x + (a-b)y = 1 \end{cases}$$

Considere as seguintes afirmações:

I. O sistema é possível e indeterminado se $a = b = 0$.

II. O sistema é possível e determinado se a e b não são simultaneamente nulos

III. $x^2 + y^2 = (a^2 + b^2)^{-1}$, se $a^2 + b^2 \neq 0$

Então, pode-se afirmar que é (são) verdadeira(s) apenas

a) I   b) II   c) III   d) I e II   e) II e III

198 Considere o polinômio $p(x) = x^3 - (a+1)x + a$, onde $a \in \mathbb{Z}$. O conjunto de todos os valores de a, para os quais o polinômio $p(x)$ só admite raízes inteiras, é

a) $\{2n, n \in \mathbb{N}\}$ b) $\{4n^2, n \in \mathbb{N}\}$ c) $\{6n^2 - 4n, n \in \mathbb{N}\}$

d) $\{n(n+1), n \in \mathbb{N}\}$ e) $\mathbb{N}$

199. Numa circunferência C_1 de raio $r_1 = 3$ cm está inscrito um hexágono regular H_1; em H_1 está inscrita uma circunferência C_2; em C_2 está inscrito um hexágono regular H_2 e, assim, sucessivamente. Se A_n (em cm²) é a área do hexágono H_n, então $\sum_{n=1}^{\infty} A_n$ (em cm²) é igual a

a) $54\sqrt{2}$ b) $54\sqrt{3}$ c) $36(1+\sqrt{3})$ d) $27/(2-\sqrt{3})$ e) $30(2+\sqrt{3})$

200. Sejam a reta $s: 12x - 5y + 7 = 0$ e a circunferência $C: x^2 + y^2 + 4x + 2y = 11$. A reta p, que é perpendicular a s e é secante a C, corta o eixo Oy num ponto cuja ordenada pertence ao seguinte intervalo

a) $\left(-\dfrac{91}{12}, -\dfrac{81}{12}\right)$ b) $\left(-\dfrac{81}{12}, -\dfrac{74}{12}\right)$ c) $\left(-\dfrac{74}{12}, -\dfrac{30}{12}\right)$

d) $\left(\dfrac{30}{12}, \dfrac{74}{12}\right)$ e) $\left(\dfrac{75}{12}, \dfrac{91}{12}\right)$

201. Os focos de uma elipse são $F_1(0, -6)$ e $F_2(0, 6)$. Os pontos $A(0, 9)$ e $B(x, 3)$, $x > 0$, estão na elipse. A área do triângulo com vértice em B, F_1 e F_2 é igual a

a) $22\sqrt{10}$ b) $18\sqrt{10}$ c) $15\sqrt{10}$ d) $12\sqrt{10}$ e) $6\sqrt{10}$

202. Uma pirâmide regular tem por base um hexágono cuja diagonal menor mede $3\sqrt{3}$ cm. As faces laterais desta pirâmide formam diedros de 60° com o plano da base. A área total da pirâmide, em cm², é

a) $81\sqrt{3}/2$ b) $81\sqrt{2}/2$ c) $81/2$ d) $27\sqrt{3}$ e) $27\sqrt{2}$

ITA/2006
Questões

203. Considere A um conjunto não vazio com um número finito de elementos. Dizemos que $F = \{A_1, \ldots, A_m\} \subset P(A)$ é uma **partição de** A se as seguintes condições são satisfeitas:

I. $A_i \neq \emptyset, i = 1, \ldots, m$ II. $A_i \cap A_j = \emptyset$, se $i \neq j$, para $i, j = 1, \ldots, m$

III. $A = A_1 \cup A_2 \cup \ldots \cup A_m$

Dizemos ainda que F é uma partição **de ordem** k se $n(A_i) = k$, $i = 1, \ldots, m$.
Supondo que $n(A) = 8$, determine:

a) As ordens possíveis para uma partição de A.
b) O número de partições de A que têm ordem 2.

204 Seja f: [0, 1) $\to$ R definida por $f(x) = \begin{cases} 2x, & 0 \le x < 1/2 \\ 2x-1, & 1/2 \le x < 1 \end{cases}$

Seja g: (–1/2, 1/2) $\to$ R dada por $g(x) = \begin{cases} f(x+1/2), & -1/2 < x < 0 \\ 1-f(x+1/2), & 0 \le x < 1/2 \end{cases}$, com f definida acima.

Justificando a resposta, determine se g é par, ímpar ou nem par nem ímpar.

205 Determine o coeficiente de x^4 no desenvolvimento de $(1 + x + x^2)^9$.

206 Determine para quais valores de $x \in \left(-\dfrac{\pi}{2}, \dfrac{\pi}{2}\right)$ vale a desigualdade
$$\log_{\cos x}(4\,\text{sen}^2 x - 1) - \log_{\cos x}(4 - \sec^2 x) > 2$$

207 Considere o polinômio $p(x) = x^3 + ax^2 + x + 1$, com raízes reais. O coeficiente a é racional e a diferença entre duas de suas raízes também é racional. Nestas condições analise se a seguinte afirmação é verdadeira.

"Se uma das raízes de p(x) é racional, então todas as suas raízes são racionais".

208 As medidas, em metros, do raio da base, da altura e da geratriz de um cone circular reto formam, nesta ordem, uma progressão aritmética de razão 2 metros. Calcule a área total deste cone em m^2.

209 Sejam as matrizes

$$A = \begin{bmatrix} 1 & 0 & 1/2 & -1 \\ -2 & 5 & 2 & -3 \\ 1 & -1 & 2 & 1 \\ -5 & 1 & 3/2 & 0 \end{bmatrix} \text{ e } B = \begin{bmatrix} 1 & 3 & -1/2 & 1 \\ 1 & -2 & -2 & 3 \\ -1 & 1 & 1 & 1 \\ 5 & -1 & 1/2 & 5 \end{bmatrix}$$

Determine o elemento c_{34} da matriz $C = (A + B)^{-1}$.

210 Seja $(a_1, a_2, a_3, \ldots, a_n, \ldots)$ uma progressão geométrica infinita de razão positiva r, em que $a_1 = a$ é um número real não nulo. Sabendo que a soma de todos os termos de índices pares desta progressão geométrica é igual a 4 e que a soma de todos os termos de índices múltiplos de 3 é 16/13, determine o valor de a + r.

211 Sabendo que $9y^2 - 16x^2 - 144y - 224x - 352 = 0$ é a equação de uma hipérbole, calcule sua distância focal.

212 Considere um losango ABCD cujo perímetro mede 100 cm e cuja maior diagonal mede 40 cm. Calcule a área, em cm^2, do círculo inscrito neste losango.

ITA/2007
Testes

213 Se A, B, C forem conjuntos tais que $n(A \cup B) = 23$, $n(B - A) = 12$, $n(C - A) = 10$, $n(B \cap C) = 6$ e $n(A \cap B \cap C) = 4$, então $n(A)$, $n(A \cup C)$, $n(A \cup B \cup C)$, nesta ordem,

a) formam uma progressão aritmética de razão 6.

b) formam uma progressão aritmética de razão 2.

c) formam uma progressão aritmética de razão 8, cujo primeiro termo é 11.

d) formam uma progressão aritmética de razão 10, cujo último termo é 31.

e) não formam uma progressão aritmética.

214 Seja A um conjunto com 14 elementos e B um subconjunto de A com 6 elementos. O número de subconjuntos de A com um número de elementos menor ou igual a 6 e disjuntos de B é

a) $2^8 - 9$ b) $2^8 - 1$ c) $2^8 - 2^6$ d) $2^{14} - 2^8$ e) 2^8

215 Considere a equação:

$$16\left(\frac{1-ix}{1+ix}\right)^3 = \left(\frac{1+i}{1-i} - \frac{1-i}{1+i}\right)^4$$

Sendo x um número real, a soma dos quadrados das soluções dessa equação é

a) 3 b) 6 c) 9 d) 12 e) 15

216 Assinale a opção que indica o módulo do número complexo

$$\frac{1}{1+i\cotg x}, \ x \neq k\pi, \ k \in \mathbb{Z}$$

a) $|\cos x|$ b) $(1 + \sen x)/2$ c) $\cos^2 x$ d) $|\cossec x|$ e) $|\sen x|$

217 Considere: um retângulo cujos lados medem B e H, um triângulo isósceles em que a base e a altura, medem, respectivamente, B e H, e o círculo inscrito neste triângulo. Se as áreas do retângulo, do triângulo e do círculo, nesta ordem, formam uma progressão geométrica, então B/H é uma raiz do polinômio.

a) $\pi^3 x^3 + \pi^2 x^2 + \pi x - 2 = 0$ b) $\pi^2 x^3 + \pi^3 x^2 + x + 1 = 0$ c) $\pi^3 x^3 - \pi^2 x^2 + \pi x + 2 = 0$

d) $\pi x^3 - \pi^2 x^2 + 2\pi x - 1 = 0$ e) $x^3 - 2\pi^2 x^2 + \pi x - 1 = 0$

218 Se as medidas dos lados de um triângulo obtusângulo estão em progressão geométrica de razão r, então r pertence ao intervalo

a) $(0, (1+\sqrt{2})/2)$
b) $((1+\sqrt{2})/2, \sqrt{(1+\sqrt{5}/2)})$
c) $(\sqrt{(1+\sqrt{5})/2}, (1+\sqrt{5})/2)$
d) $((1+\sqrt{5})/2, \sqrt{2+\sqrt{2}/2})$
e) $(\sqrt{2+\sqrt{2}/2}, (2+\sqrt{3})/2)$

219 Sejam x, y e z números reais positivos tais que seus logaritmos numa dada base k são números primos satisfazendo

$$\log_k(xy) = 49, \log_k(x/z) = 44$$

Então, $\log k(xyz)$ é igual a

a) 52 b) 61 c) 67 d) 80 e) 97

220 Sejam x e y dois números reais tais que e^x, e^y e o quociente

$$\frac{e^x - 2\sqrt{5}}{4 - e^y\sqrt{5}}$$

são todos racionais. A soma x + y é igual a

a) 0 b) 1 c) $2\log_5 3$ d) $\log_5 2$ e) $3\log_e 2$

221 Seja Q(z) um polinômo do quinto grau, definidos sobre o conjunto dos números complexos, cujo coeficiente de z^5 é igual a 1. Sendo $z^3 + z^2 + z + 1$ um fator Q(z), Q(0) = 2 e Q(1) = 8, então podemos afirmar que a soma dos quadrados dos módulos das raízes de Q(z) é igual a

a) 9 b) 7 c) 5 d) 3 e) 1

222 Sendo c um número real a ser determinado, decomponha o polinômio $9x^2 - 63x + c$, numa diferença de dois cubos

$$(x + a)^3 - (x + b)^3.$$

Neste caso, $|a + |b| - c|$ é igual a

a) 104 b) 114 c) 124 d) 134 e) 144

223 Sobre a equação na variável real x,

$$|||x - 1| - 3| - 2| = 0,$$

podemos afirmar que

a) ela não admite solução real.
b) a soma de todas as suas soluções é 6.
c) ela admite apenas soluções positiva.
d) a soma de todas as soluções é 4.
e) ela admite apenas duas soluções reais.

224 Determine quantos números de 3 algarismos podem ser formados com 1, 2, 3, 4, 5, 6 e 7, satisfazendo à seguinte regra: O número não pode ter algarismos repetidos, exceto quando iniciar com1 ou 2, caso em que o 7 (e apenas o 7) pode aparecer mais de uma vez. Assinale o resultado obtido.

a) 204 b) 206 c) 208 d) 210 e) 212

225 Seja x um número real no intervalo $0 < x < \pi/2$. Assinale a opção que indica o comprimento do menor intervalo que contém todas as soluções da desigualdade

$$\frac{1}{2}\text{tg}\left(\frac{\pi}{2} - x\right) - \sqrt{3}\left(\cos^2\frac{x}{2} - \frac{1}{2}\right)\sec(x) \geq 0$$

a) $\pi/2$ b) $\pi/3$ c) $\pi/4$ d) $\pi/6$ e) $\pi/12$

226 Assinale a opção que indica a soma dos elementos de $A \cup B$, sendo:

$$A = \left\{ x_k = \text{sen}^2\left(\frac{k^2\pi}{24}\right) : k = 1, 2 \right\} \text{ e}$$

$$B = \left\{ y_k = \text{sen}^2\left(\frac{(3k+5)\pi}{24}\right) : k = 1, 2 \right\}$$

a) 0 b) 1 c) 2
d) $(2 - \sqrt{2 + \sqrt{3}})/3$ e) $(2 + \sqrt{2 - \sqrt{3}})/3$

227 Sejam $A = (a_{jk})$ e $B = (b_{jk})$ duas matrizes quadradas n x n, onde a_{jk} e b_{jk} são, respectivamente, os elementos da linha j e coluna k das matrizes A e B, definidos por

$$a_{jk} = \binom{j}{k}, \text{ quando } j \geq k, \quad a_{jk} = \binom{k}{j}, \text{ quando } j < k \text{ e}$$

$$b_{jk} = \sum_{p=0}^{jk}(-2)^p\binom{jk}{p}$$

O traço de uma matriz quadrada (c_{jk}) de ordem n x n é definido por $\sum_{p=1}^{n} c_{pp}$. Quando n for ímpar, o traço de A + B é igual a

a) $n(n-1)/3$ b) $(n-1)(n+1)/4$ c) $(n^2 - 3n + 2)/(n-2)$
d) $3(n-1)/n$ e) $(n-1)/(n-2)$

228 Considere no plano cartesiano xy o triângulo delimitado pelas retas $2x = y$, $x = 2y$ e $x = -2y + 10$. A área desse triângulo mede

a) 15/2   b) 13/4   c) 11/6   d) 9/4   e) 7/2

229 Seja A: $(a, 0)$, B: $(0, a)$ e C: (a, a) pontos do plano cartesiano, em que a é um número real não nulo. Nas alternativas abaixo, assinale a equação do lugar geométrico dos pontos P: (x, y) cuja distância à reta que passa por A e B é igual à distância de P ao ponto C.

a) $x^2 + y^2 - 2xy - 2ax - 2ay + 3a^2 = 0$ b) $x^2 + y^2 + 2xy + 2ax + 2ay + 3a^2 = 0$

c) $x^2 + y^2 - 2xy + 2ax + 2ay + 3a^2 = 0$ d) $x^2 + y^2 - 2xy - 2ax - 2ay - 3a^2 = 0$

e) $x^2 + y^2 + 2xy - 2ax - 2ay - 3a^2 = 0$

230 Seja P_n um polígono regular de n lados, com $n > 2$. Denota por a_n o apótema e por b_n o comprimento de um lado de P_n. O valor de n para o qual valem as desigualdades

$$b_n \leq a_n \text{ e } b_{n-1} > a_{n-1}$$

pertence ao intervalo

a) $3 < n < 7$ b) $6 < n < 9$ c) $8 < n < 11$

d) $10 < n < 13$ e) $12 < n < 15$

231 Sejam P_1 e P_2 octógonos regulares. O primeiro está inscrito e o segundo circunscrito a uma circunferência de raio R. Sendo A_1 a área de P_1 e A_2 a área de P_2, então a razão A_1/A_2 é igual a

a) $\sqrt{5/8}$ b) $9\sqrt{2}/16$ c) $2(\sqrt{2}-1)$

d) $(4\sqrt{2}+1)/8$ e) $(2+\sqrt{2})/4$

232 Considere uma pirâmide regular de base hexagonal, cujo apótema da base mede $\sqrt{3}$ cm. Secciona-se a pirâmide por um plano paralelo à base, obtendo-se um tronco de volume igual a 1 cm³ e uma nova pirâmide. Dado que a razão entre as alturas das pirâmides é $1/\sqrt{2}$, a altura do tronco, em centímetros, é igual a

a) $(\sqrt{6}-\sqrt{2})/4$ b) $(\sqrt{6}-\sqrt{3})/3$ c) $(3\sqrt{3}-\sqrt{6})/21$

d) $(3\sqrt{2}-2\sqrt{3})/6$ e) $(2\sqrt{6}-\sqrt{2})/22$

ITA/2007
Questões

233 Determine o conjunto C, sendo A, B e C conjuntos de números reais tais que

$$A \cup B \cup C = \{x \in R : x^2 + x \geq 2\},$$
$$A \cup B = \{x \in R : 8^{-x} - 3 \cdot 4^{-x} - 2^{2-x} > 0\},$$
$$A \cap C = \{x \in R : \log(x+4) \leq 0\},$$
$$B \cap C = \{x \in R : 0 \leq 2x + 7 < 2\}$$

234 Determine o conjunto A formado por todos os números complexos z tais que

$$\frac{\bar{z}}{z-2i} + \frac{2z}{\bar{z}+2i} = 3 \quad \text{e} \quad 0 < |z-2i| \leq 1$$

235 Seja k um número inteiro positivo e

$$A_k = \{j \in N : j \leq k \text{ e mdc}(j, k) = 1\}$$

Verifique se $n(A_3)$, $n(A_9)$, $n(A_{27})$ e $n(A_{81})$, estão ou não, nesta ordem, numa progressão aritmética ou geométrica. Se for o caso, especifique a razão.

236 Considere a equação:

$$\sqrt{x^2 - p} + 2\sqrt{x^2 - 1} = x$$

a) Para que valores do parâmetro real p a equação admite raízes reais?
b) Determine todas essas raízes reais.

237 Sendo x, y, z e w números reais, encontre o conjunto solução do sistema

$$\log[(x + 2y)(w - 3z)^{-1}] = 0,$$
$$2^{x+3z} - 8 \cdot 2^{y-3z+w} = 0,$$
$$\sqrt[3]{2x + y + 6z - 2w} - 2 = 0$$

238 Dentre 4 moças e 5 rapazes deve-se formar uma comissão de 5 pessoas com, pelo menos, 1 moça e 1 rapaz. De quantas formas distintas tal comissão poderá ser formada?

239 Considere um triângulo isósceles ABC, retângulo em B. Sobre o lado $\overline{BC}$, considere, a partir de B, os pontos D e E, tal que os comprimentos dos segmentos $\overline{BC}$, $\overline{BD}$, $\overline{DE}$, $\overline{EC}$, nesta ordem, formem uma progressão geométrica descrescente. Se β for o ângulo $E\hat{A}D$, determine $\text{tg}\,\beta$ em função da razão r da progressão.

240 Considere, no plano cartesiano xy, duas circunferências C_1 e C_2, que se tangenciam exteriormente em P: (5, 10). O ponto Q: (10, 12) é o centro de C_1. Determine o raio da circunferência C_2, sabendo que ela tangencia a reta definida pela equação x = y.

241 Seja C_1 uma circunferência de raio R_1 inscrita num triângulo equilátero de altura h. Seja C_2 uma segunda circunferência, de raio R_2, que tangencia dois lados do triângulo internamente e C_1 externamente. Calcule $(R_1 - R_2)/h$.

242 Os quatro vértices de um tetraedro regular, de volume 8/3 cm³, encontram-se nos vértices de um cubo. Cada vértice do cubo é centro de uma esfera de 1 cm de raio. Calcule o volume da parte do cubo exterior às esferas.

ITA/2008
Testes

243 Considere uma população de igual número de homens e mulheres, em que sejam daltônicos 5% dos homens e 0,25% das mulheres. Indique a probabilidade de que seja mulher uma pessoa daltônica selecionada ao acaso nessa população.

a) $\dfrac{1}{21}$ b) $\dfrac{1}{8}$ c) $\dfrac{3}{21}$ d) $\dfrac{5}{21}$ e) $\dfrac{1}{4}$

244 Seja $\alpha, \beta \in C$ tais que $|\alpha| = |\beta| = 1$ e $|\alpha - \beta| = \sqrt{2}$. Então $\alpha^2 + \beta^2$ é igual a

a) -2 b) 0 c) 1 d) 2 e) 2i

245 Considere o sistema Ax = b, em que

$$A = \begin{pmatrix} 1 & -2 & 3 \\ 2 & k & 6 \\ -1 & 3 & k-3 \end{pmatrix}, \quad b = \begin{pmatrix} 1 \\ 6 \\ 0 \end{pmatrix} \text{ e } k \in \mathbb{R}$$

Sendo T a soma de todos os valores de k que tornam o sistema impossível e sendo S a soma de todos os valores de k que tornam o sistema possível e indeterminado, então o valor de T − S é

a) -4 b) -3 c) 0 d) 1 e) 4

246 Sejam A e C matrizes n x n inversíveis tais que $\det(I + C^{-1} A) = \dfrac{1}{3}$ e $\det A = 5$. Sabendo-se que $B = 3(A^{-1} + C^{-1})^t$, então o determinante de B é igual a

a) 3^n b) $2 \cdot \dfrac{3^n}{5^2}$ c) $\dfrac{1}{5}$ d) $\dfrac{3^{n-1}}{5}$ e) $5 \cdot 3^{n-1}$

247 Um polinômio P é dado pelo produto de 5 polinômios cujos graus formam uma progressão geométrica. Se o polinômio de menor grau tem grau igual a 2 e o grau de P é 62, então o de maior grau tem grau igual a

a) 30 b) 32 c) 34 d) 36 e) 38

248 Um diedro mede 120°. A distância da aresta do diedro ao centro de uma esfera de volume $4\sqrt{3}\,\pi cm^3$ que tangencia as faces do diedro é, em cm, igual a

a) $3\sqrt{3}$ b) $3\sqrt{2}$ c) $2\sqrt{3}$ d) $2\sqrt{2}$ e) 2

249 Considere o quadrado ABCD com lados de 10 m de comprimento. Seja M um ponto sobre o lado $\overline{AB}$ e N um ponto sobre o lado $\overline{AD}$, equidistantes de A. Por M traça-se uma reta r paralela ao lado $\overline{AD}$ e por N uma reta s paralela ao lado $\overline{AB}$, que se interceptam no ponto O. Considere os quadrados AMON e OPCQ, onde P é a intersecção de s com o lado $\overline{BC}$ e Q é a intersecção de r com o lado $\overline{DC}$. Sabendo-se que as áreas dos quadrados AMON, OPCQ e ABCD constituem, nesta ordem, uma progressão geométrica, então a distância entre os pontos A e M é igual, em metros, a

a) $15+5\sqrt{5}$ b) $10+5\sqrt{5}$ c) $10-\sqrt{5}$ d) $15-5\sqrt{5}$ e) $10-3\sqrt{5}$

250 Considere o polinômio $p(x) = a_5x^5 + a_4x^4 + a_3x^3 + a_2x^2 - a_1$, em que uma das raízes é $x = -1$. Sabendo-se a_1, a_2, a_3, a_4 e a_5 são reais e formam, nesta ordem, uma progressão aritmética com $a_4 = \dfrac{1}{2}$, então $p(-2)$ é igual a

a) -25 b) -27 c) -36 d) -39 e) -40

251 Sobre a equação polinomial $2x^4 + ax^3 + bx^2 + cx - 1 = 0$, sabemos que os coeficientes a, b, c são reais, duas de suas raízes são inteiras e distintas e $\dfrac{1}{2} - \dfrac{i}{2}$ também é sua raiz. Então, o máximo de a, b, c é igual a

a) -1 b) 1 c) 2 d) 3 e) 4

252 É dada a equação polinomial

$$(a+c+2)x^3 + (b+3c+1)x^2 + (c-a)x + (a+b+4) = 0$$

com a, b, c reais. Sabendo-se que esta equação é recíproca de primeira espécie e que 1 é uma raiz, então o produto abc é igual a

a) -2 b) 4 c) 6 d) 9 e) 12

253. Sendo $\left[-\frac{\pi}{2}, \frac{\pi}{2}\right]$ o contradomínio da função arcoseno e $[0, \pi]$ o contradomínio da função arcocosseno, assinale o valor de

$$\cos\left(\arcsen \frac{3}{5} + \arccos \frac{4}{5}\right)$$

a) $\frac{1}{\sqrt{12}}$ b) $\frac{7}{25}$ c) $\frac{4}{15}$ d) $\frac{1}{\sqrt{15}}$ e) $\frac{1}{2\sqrt{5}}$

254. Dada a cônica $\lambda : x^2 - y^2 = 1$, qual das arestas abaixo é perpendicular à λ no ponto $P = (2, \sqrt{3})$?

a) $y = \sqrt{3}(x-1)$ b) $y = \frac{\sqrt{3}}{2}x$ c) $y = \frac{\sqrt{3}}{3}(x+1)$

d) $y = \frac{-\sqrt{3}}{3}(x-7)$ e) $y = \frac{-\sqrt{3}}{2}(x-4)$

255. O conjunto imagem e o período de $f(x) = 2\sen^2(3x) + \sen(6x) - 1$ são, respectivamente,

a) $[-3, 3]$ e 2π b) $[-2, 2]$ e $\frac{2\pi}{3}$ c) $[-\sqrt{2}, \sqrt{2}]$ e $\frac{\pi}{3}$

d) $[-1, 3]$ e $\frac{\pi}{3}$ e) $[-1, 3]$ e $\frac{2\pi}{3}$

256. Para $x \in \mathbb{R}$, o conjunto solução de $|5^{3x} - 5^{2x+1} + 4 \cdot 5^x| = |5^x - 1|$ é

a) $\left\{0, 2 \pm \sqrt{5}, 2 \pm \sqrt{3}\right\}$ b) $\left\{0, 1 \log_5(2+\sqrt{5})\right\}$

c) $\left\{0, \frac{1}{2}\log_5 2, \frac{1}{2}\log_5 3, \log_5\left(\frac{\sqrt{2}}{2}\right)\right\}$ d) $\left\{0, \log_5(2+\sqrt{5}), \log_5(2+\sqrt{3}), \log_5(2-\sqrt{3})\right\}$

e) A única solução é $x = 0$

257. Um subconjunto D de $\mathbb{R}$ tal que a função $f: D \to \mathbb{R}$, definida por $f(x) = |\ln(x^2 - x + 1)|$ é injetora, é dado por

a) $\mathbb{R}$ b) $(-\infty, 1]$ c) $[0, 1/2]$ d) $(0, 1)$ e) $[1/2, \infty)$

258. A soma de todas as soluções distintas da equação $\cos 3x + 2\cos 6x + \cos 9x = 0$, que estão no intervalo $0 \leq x \leq \pi/2$, é igual a

a) 2π b) $\frac{23}{12}\pi$ c) $\frac{9}{6}\pi$ d) $\frac{7}{6}\pi$ e) $\frac{13}{12}\pi$

259 Considere o conjunto D = {n ∈ N; 1 ≤ n ≤ 365} e H ⊂ P(D) formado por todos os subconjuntos de D com 2 elementos. Escolhendo ao acaso um elemento B ∈ H, a probabilidade de a soma de seus elementos ser 183 é igual a

a) $\dfrac{1}{730}$ b) $\dfrac{46}{33215}$ c) $\dfrac{1}{365}$ d) $\dfrac{92}{33215}$ e) $\dfrac{91}{730}$

260 Considere o triângulo ABC isósceles em que o ângulo distinto dos demais, BÂC, mede 40°. Sobre o lado $\overline{AB}$, tome o ponto E tal que $A\hat{C}E = 15°$. Sobre o lado $\overline{AC}$, tome o ponto D tal que $D\hat{B}C = 35°$. Então, o ângulo $E\hat{D}B$ vale

a) 35°   b) 45°   c) 55°   d) 75°   e) 85°

261 Sejam X, Y, Z, W subconjuntos de N tais que (X − Y) ∩ Z = {1, 2, 3, 4}, Y = {5, 6}, Z ∩ Y = ∅, W ∩ (X − Z) = {7, 8}, X ∩ W ∩ Z = {2, 4}.

Então o conjunto [X ∩ (Z ∪ W)] − [W ∩ (Y ∪ Z)] é igual a

a) {1, 2, 3, 4, 5}   b) {1, 2, 3, 4, 7}   c) {1, 3, 7, 8}

d) {1, 3}   e) {7, 8}

262 Sejam r e s duas retas paralelas distando 10 cm entre si. Seja P um ponto no plano definido por r e s e exterior à região limitada por estas retas, distando 5 cm de r. As respectivas medidas da área e do perímetro, em cm² e cm, do triângulo equilátero PQR cujos vértices Q e R estão, respectivamente, sobre as retas r e s, são iguais a

a) $175\dfrac{\sqrt{3}}{3}$ e $5\sqrt{21}$ b) $175\dfrac{\sqrt{3}}{3}$ e $10\sqrt{21}$ c) $175\sqrt{3}$ e $10\sqrt{21}$

d) $175\sqrt{3}$ e $5\sqrt{21}$ e) 700 e $10\sqrt{21}$

ITA/2008
Questões

263 Dado o conjunto

$$A = \{x \in R; \sqrt{3x^2 + 2x} < x^2\},$$

expresse-o como união de intervalos da reta real.

264 Determine as raízes em C de $4z^6 + 256 = 0$, na forma a + bi, com a, b ∈ R, que pertençam a

$$S = \{z \in C; 1 < |z + 2| < 3\}$$

265 Seja $f(x) = \ln(x^2 + x + 1)$, $x \in \mathbb{R}$. Determine as funções $h, g: \mathbb{R} \to \mathbb{R}$ tais que $f(x) = g(x) + h(x)$, $\forall x \in \mathbb{R}$, sendo h uma função par e g uma função ímpar.

266 Seja $\alpha, \beta, \gamma \in \mathbb{R}$. Considere o polinômio $p(x)$ dado por

$$x^5 - 9x^4 + (\alpha - \beta - 2\gamma)x^3 + (\alpha + 2\beta + 2\gamma - 2)x^2 + (\alpha - \beta - \gamma + 1)x + (2\alpha + \beta + \gamma - 1).$$

Encontre todos os valores de α, β e γ de modo que $x = 0$ seja uma raiz com multiplicidade 3 de $p(x)$.

267 Uma matriz real quadrada A é ortogonal se A é inversível e $A^{-1} = A^t$. Determine todas as matrizes 2 x 2 que são simétricas e ortogonais, expressando-as, quando for o caso, em termos de seus elementos que estão fora da diagonal principal.

268 Determine todos os valores $\alpha \in \left] -\dfrac{\pi}{2}, \dfrac{\pi}{2} \right[$ tais que a equação (em x)

$$x^4 - 2\sqrt[4]{3}\,x^2 + \operatorname{tg}\alpha = 0$$

admita apenas raízes reais e simples.

269 Em um espaço amostral com uma probabilidade P, são dados os eventos A, B e C tais que: $P(A) = P(B) = 1/2$, com A e B independentes, $P(A \cap B \cap C) = 1/16$, e sabe-se que $P((A \cap B) \cup (A \cap C)) = 3/10$. Calcule as probabilidades condicionais $P(C \mid A \cap B)$ e $P(C \mid A \cap B^C)$.

270 Um triângulo acutângulo de vértices A, B e C está inscrito numa circunferência de raio $\dfrac{5\sqrt{2}}{3}$. Sabe-se que $\overline{AB}$ mede $2\sqrt{5}$ e $\overline{BC}$ mede $2\sqrt{2}$. Determine a área do triângulo ABC.

271 Seja C uma circunferência de raio r e centro O e $\overline{AB}$ um diâmetro de C. Considere o triângulo equilátero BDE inscrito em C. Traça-se a reta s passando pelos pontos O e E até interceptar em F a reta t tangente à circunferência C no ponto A. Determine o volume do sólido de revolução gerado pela rotação da região limitada pelo arco $\widehat{AE}$ e pelos segmentos $\overline{AF}$ e $\overline{EF}$ em torno do diâmetro $\overline{AB}$.

272 Considere a parábola de equação $y = ax^2 + bx + c$, que passa pelos pontos $(2, 5)$, $(-1, 2)$ e tal que a, b, c formam, nesta ordem, uma progressão aritmética. Determine a distância do vértice da parábola à reta tangente à parábola no ponto $(2, 5)$.

FGV/2006
Administração - 1ª Fase

273 Parabéns! Você foi aprovado no vestibular da FGV e durante os quatro primeiros semestres do curso destacou-se com boas notas. Agora, no final do quinto semestre, tenta conseguir um estágio em uma grande empresa.

Uma das fases do teste de admissão consiste em calcular o valor líquido que deve receber um funcionário demitido da empresa. À sua frente há duas tabelas: uma delas contém instruções para calcular as quantias a que um funcionário faz jus nesta hipótese e os descontos legais correspondentes; na outra, o modelo de um termo de rescisão contratual que deverá ser preenchido com os valores calculados a partir das instruções. Mãos à obra!

Cálculo do valor líquido a receber pelo funcionário J.J. Silva Xavier, demitido em 30/09/2005 e cujo salário mensal é R$ 3600,00:

Admissão	Demissão	Retorno das férias	Saldo do FGTS	Salário mensal
01/02/2000	30/09/2005	31/01/2005	R$ 15468,00	R$ 3600,00

Termo de Rescisão de contrato de trabalho

Recebimentos		Descontos	
1. Saldo de Salários	R$	4. Férias proporcionais	R$	8. INSS salários	R$
2. Aviso-prévio	R$	5. Abono constitucional	R$	9. INSS férias	R$
3. 13º salário	R$	6. FGTS da rescisão	R$	10. INSS 13º salário	R$
		7. Multa por demissão	R$	11. Imposto de Renda (IR)	R$
Total: (1 + 2 + 3 + 4 + 5 + 6 + 7)			R$	Total: (8 + 9 + 10 + 11)	R$
Valor líquido a receber: R$					

Tabela de Instruções

Recebimentos
Saldo de salários: valor correspondentes ao número de dias trabalhados no mês da demissão.
Aviso prévio: valor correspondente a um salário mensal.
13º salário: fração do salário mensal correspondente ao número de meses de permanência na empresa, em 2005, mais um mês de aviso prévio.
Férias proporcionais: fração do salário mensal correspondente ao número de meses, mais um mês de aviso prévio, contados a partir do retorno do último período de férias até a data da demissão.
Abono constitucional: um terço do valor correspondente às férias proporcionais.
FGTS da rescisão: 8% sobre (saldo de salários + aviso-prévio + 13º salário + férias proporcionais).
Multa por demissão: 40% sobre (saldo do FGTS + FGTS da rescisão).

Descontos
INSS salários: 11% sobre (saldo de salários + aviso-prévio), limitado, esse desconto, a um valor máximo de R$ 293,50.
INSS férias: 11% sobre (férias proporcionais + abono constitucional), limitado, esse desconto, a um valor máximo de R$ 293,50.
INSS 13º salário: 11% sobre o 13º salário, limitado, esse desconto, a um valor máximo de R$ 293,50.
Imposto de Renda (IR): 27,5% sobre (saldo de salários + aviso-prévio + 13º salário + férias proporcionais), deduzindo-se, desse valor, a importância de R$ 465,35.

274 O pentatlo moderno é um conjunto de 5 provas: tiro, esgrima, natação, equitação e atletismo.

Primeiramente os atletas dão 20 disparos num alvo a 10 m de distância: a seguir todos esgrimam contra todos, depois nadam 200 m em estilo livre, para então saltar a cavalo 12 obstáculos num percurso de 450 m e, finalmente, correm 3000 m num percurso com, no máximo, 50 m de desnível.

Cinco estudantes participaram da competição de pentatlo moderno nos Jogos Universitários. Nesses jogos, em cada prova, foram atribuídos pontos correspondentes à classificação dos atletas: 15 pontos para o 1º colocado; 11 para o 2º, 8 para o 3º; 5 para o 4º e 2 pontos para o 5º colocado. Ao desistente ou ausente foi atribuída pontuação zero. O vencedor do pentatlo moderno nos Jogos foi o atleta com a maior soma de pontos.

Com base nas informações a seguir, você deve preencher a tabela abaixo com a posição que cada estudante alcançou em cada prova; somar os pontos obtidos e indicar a classificação final do penatatlo moderno nos Jogos Universitários.

a) Os cincos estudantes participaram de todas as provas e não houve desistências.

b) Em cada prova não houve empate em classificação alguma.

c) Ninguém foi classificado em 1º lugar em mais de duas provas.

d) O estudante que ganhou a prova de tiro ficou em 5º lugar em todas as outras provas.

e) Beto ficou em 3º lugar em esgrima, à frente de Diego e Edu.

f) Edu ganhou a prova de equitação e ficou em 2º lugar na prova de natação.

g) Alex ganhou as duas provas nas quais Beto foi classificado em 3º lugar.

h) Beto ficou em 5º lugar em apenas uma prova.

i) Edu teve um 4º lugar a mais que Beto.

j) Um dos estudantes ficou em 2º lugar em 4 provas e venceu a outra.

	Tiro		Esgrima		Natação		Equitação		Atletismo		Total de Pontos.
	class.	ptos.	class.	ptos.	class.	ptos.	class.	ptos.	class.	ptos.	
Alex											
Beto											
Carlos											
Diego											
Edu											

```
            1
      2           3
   4                 5
```

275 Represente no plano cartesiano ao lado a região, R, dos pontos (x, y), definida pelas condições simultâneas:

$$\begin{cases} 2y + 3x - 12 \leq 0 \\ 3y - 2x - 6 \geq 0 \\ -4 \leq x \leq 0 \\ y \leq 5 \end{cases}$$

e calcule a área da região R representada.

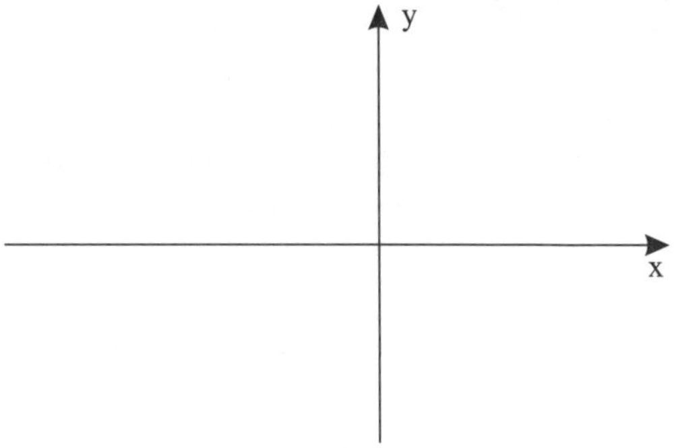

276 Três números complexos estão representados no plano de Argand-Gauss por 3 pontos que dividem uma circunferência de centro da origem (0, 0) em partes iguais. Um desses números é igual a 1. Determine os outros dois números.

Faça um esboço da circunferência e calcule a área do triângulo cujos vértices são os três pontos.

277 No plano cartesiano ao lado esboce o gráfico da função f(x) definida pelas equações

$$\begin{cases} x = \cos t \\ y = \cos t - 1 + (\operatorname{sen} t)^2 \end{cases}$$

Indique o Domínio e a Imagem dessa função.

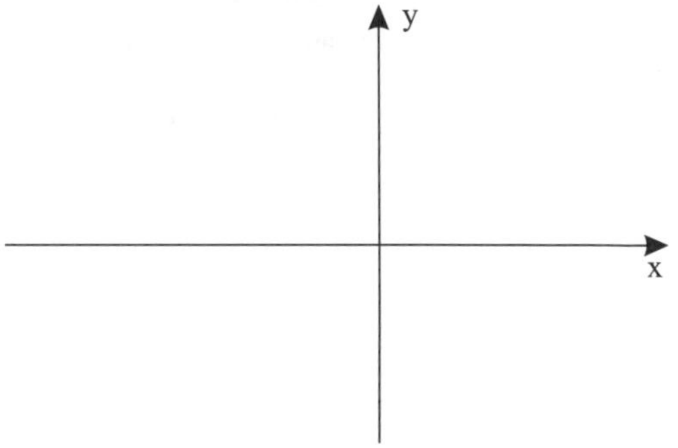

278 Na figura plana ao lado, os triângulos ABC e CDE são equiláteros.

Os lados medem 4 cm e 6 cm respectivamente.

Calcule a área do quadrilátero ABDE.

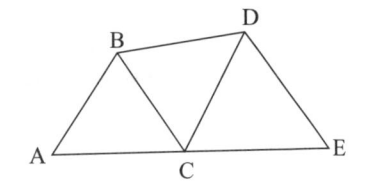

279 Maria comprou um chocolate no valor de R$ 2,00. Se ela leva na bolsa dez moedas de R$ 0,25, uma moeda de R$ 0,50 e uma moeda de R$ 1,00, de quantos modos ela poderá pagar o chocolate?

280 Considere a função y = f(x), tal que:

$$f(x) = x^3 - 2x^2 - x + 2$$

e cujo gráfico está representado na figura acima.

Determine o conjunto solução da inequação

$$0 \leq x^3 - 2x^2 - x + 14 \leq 12$$

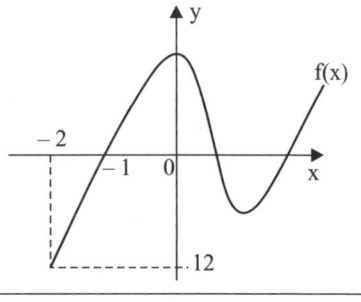

281 Alberto tomou um empréstimo de R$ 20 000,00 à taxa de juro simples de 10% ao ano. Algum tempo depois, considerando que o valor dos juros era muito alto, obteve um outro empréstimo de R$ 30 000,00, à taxa de juros simples de 8% ao ano. Liquidou a dívida do primeiro empréstimo, pagando também os juros e ainda restou algum dinheiro. Dezoito meses depois da data do primeiro empréstimo liquidou o débito, inclusive juros, do segundo empréstimo.

Determine os prazos dos dois empréstimos, em meses, sabendo que Alberto pagou R$ 3500,00 de juros totais nos dois empréstimos.

282 Paulo tem R$ 150 000,00 aplicados num fundo de investimentos, à taxa de juro composto de 20% ao ano e quer comprar um apartamento de R$ 200 000,00 à vista. Para adquirir o imóvel, Pedro está diante de duas possibilidade:

I. Comprar o prazo, mediante o seguinte plano de financiamento proposto pelo vendedor:

R$ 80 000,00 de entrada, R$ 84 000,00 no final de 1 ano e R$ 83 500,00 no final de 2 anos.

II. Comprar à vista, obtendo um empréstimo de R$ 50 000,00 à taxa de juro composto de 30% ao ano, a ser pago no final de 2 anos.

Por qual dos dois planos Paulo deveria optar? Justifique!

FGV/2006
Administração – 2ª Fase

283 Pedro tirou menos de uma centena de fotos da festa em comemoração ao seu aniversário e quer colocá-las todas num álbum de 20 páginas. Em cada página álbum cabem, no máximo, 10 fotos.

Inicialmente, Pedro tentou colocar 6 fotos em cada página. Ao final, depois de preenchidas algumas páginas do álbum, ficou sobrando uma foto. Em nova tentativa, dispôs 7 fotos por página e ainda assim sobrou uma foto.

Finalmente, Pedro conseguiu colocar todas as fotos, de modo que cada página contivesse o mesmo número de fotos. Quantas páginas do álbum Pedro preencheu?

a) 9   b) 17   c) 18   d) 19   e) 20

284 Carlos recebeu R$ 240 000,00 pela venda de um imóvel. Gastou metade dessa quantia na compra de um apartamento no litoral e investiu o dinheiro que restou em fundos de investimentos de três instituições financeiras: 40% no Banco A, 30% no Banco B e 30% no Banco C.

Após um ano, vendeu o apartamento do litoral por R$ 144 000,00 e resgatou as aplicações, cujos rendimentos anuais foram de +20%, –10% e +30%, respectivamente, nos Bancos A, B e C. É correto afirmar que, em um ano, Carlos aumentou o capital de R$ 240 000,00, recebido inicialmente, em:

a) 80%   b) 36%   c) 20%   d) 18,50%   e) 17%

285 Ao desdobrar um cubo, obteve-se a figura plana a seguir. Se o montarmos novamente, a face oposta à face B será a face:

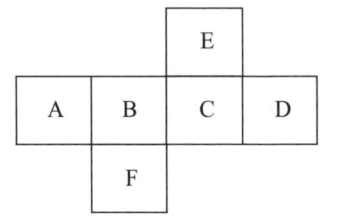

a) A b) C c) D
d) E e) F

	E		
A	B	C	D
	F		

286 O polinômio $P(x) = x^3 + kx^2 + 6x + 5$ é divisível por $x + 5$. Então, a soma das raízes da equação $P(x + 1) = 0$ é:

a) – 6   b) – 7   c) 6   d) – 9   e) – 3

287 Considere as matrizes $A = \begin{bmatrix} 4 & a & m \\ 4 & b & n \\ 4 & c & p \end{bmatrix}$ e $B = \begin{bmatrix} m & a & 3 \\ n & b & 3 \\ p & c & 3 \end{bmatrix}$

Se o determinante da matriz A é igual a 2, então o determinante da matriz B é igual a:

a) $\frac{3}{2}$ b) $\frac{2}{3}$ c) $-\sqrt{3}$ d) $-\frac{3}{2}$ e) $-\frac{2}{3}$

288 O conjunto solução da inequação $ax^2 - (a^2 + 1)x + a \leq 0$, sendo a um número real positivo e menor do que 1, é:

a) $\left[a, \frac{1}{a}\right]$ b) $\left[-\frac{1}{a}, a\right]$ c) $]0, a]$ d) $[-a, 0[$ e) $\left]0, \frac{1}{a}\right]$

289 De acordo com a figura ao lado, se $a - b = 10°$, então:

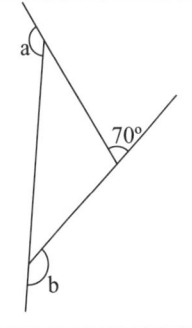

a) $\cos a = -\frac{1}{2}$ b) $\operatorname{sen} a = \frac{1}{2}$ c) $\cos b = -\frac{1}{2}$

d) $\operatorname{sen} a = \frac{\sqrt{3}}{2}$ e) $\operatorname{sen} b = \frac{1}{2}$

290 Ao longo de uma campanha publicitária pelo desarmamento, verificou-se que o número de armas em poder das pessoas de uma comunidade decresceu à taxa de 20% ao mês. Após um tempo t, o número de armas nessa comunidade foi reduzido à metade. Se log 2 = 0,30, o valor de t é:

a) 3 meses   b) 2 meses   c) 137 dias   d) 80 dias   e) 57 dias

291 Uma pirâmide cuja base é um quadrado de diagonal igual a $2\alpha\sqrt{2}$ tem o mesmo volume de um prisma cuja base é um quadrado de lado α cm. A razão entre as alturas do prisma e da pirâmide é:

a) $\dfrac{4}{3}$ b) $\dfrac{3}{2}$ c) $\dfrac{1}{3}$ d) $\dfrac{3}{\alpha}$ e) 4α

292 José quer dispor 8 CDs numa disqueteira tipo torre de 8 lugares. São 5 CDs de diferentes bandas de rock, além de 3 outros de jazz, de bandas distintas. De quantos modos eles podem ser dispostos, de maneira que tanto os CDs de rock quanto os de jazz estejam numa determinada ordem, podendo estar misturados os CDs dos dois tipos de música?

a) 336 b) 20160 c) 56 d) 6720 e) 40320

293 Numa partida de futebol entre Corinthians e Palmeiras foi pesquisada a idade dos torcedores. Constatou-se, com base nas pessoas que compareceram ao estádio, que a idade média dos corinthianos e palmeirenses era de 36 e de 45 anos, respectivamente.

Se no estádio, nesse dia, o número de corinthianos era uma vez e meia o de palmeirenses, a idade média do total de torcedores corinthianos e palmeirentese presentes nessa partida de futebol foi de:

a) 40,5 anos b) 45 anos c) 36 anos d) 41,4 anos e) 39,6 anos

294 O conjunto dos valores assumidos pela expressão algébrica $\dfrac{|a|}{a}+\dfrac{|b|}{b}-\dfrac{|ab|}{ab}$ sendo a e b dois números reais diferentes de zero, é:

a) $\{-3,-1,1,3\}$ b) $\{-1,1\}$ c) $\{-1,3\}$ d) $\{-3,1\}$ e) $\{-3,3\}$

295 x^6y^9 é a parte literal de um dos termos do desenvolvimento de $(x+y)^n$.

O termo cuja razão entre o seu coeficiente e o coeficiente do termo seguinte é igual a $\dfrac{7}{9}$ é:

a) o 8º termo b) o 6º termo c) o 4º termo d) o 7º termo e) o 5º termo

296 A estação rodoviária de uma cidade é o ponto de partida das viagens inermunicipais. De uma plataforma da estação, a cada 15 minutos, partem os ônibus da Viação Sol, com destino à cidade de Paraíso do Sol, enquanto da plataforma vizinha partem, a cada 18 minutos, com destino à cidade de São Jorge, os ônibus da Viação Lua.

A jornada diária das duas companhias tem início às 7 horas, e às 22 horas partem juntos os dois ônibus para a última viagem do dia.

O número total de viagens diárias das duas companhias é:

a) 100 b) 110 c) 112 d) 120 e) 122

297 A equação da reta que passa pelo centro da circunferência $x^2 + y^2 - x - 4y + \dfrac{9}{4} = 0$

e é perpendicular á reta x = k (k é um número real) é:

a) y = 2 b) x + y = k c) x = 2 d) $x = \dfrac{1}{2}$ e) $y = \dfrac{1}{2}$

FGV/2006
Economia – 1ª Fase

298 O polinômio $p(x) = x^3 - 5x^2 - 52x + 224$ tem três raízes inteiras. Se a primeira delas é o dobro da terceira e a soma da primeira com a segunda é 1, o produto da primeira e a segunda é

a) – 224 b) – 167 c) – 56 d) 28 e) 5

299 Observe as cinco primeiras figuras de uma seqüência infinita.

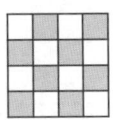

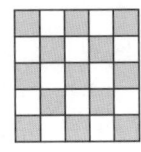

O número de quadradinhos escuros da figura que ocupa o 59º lugar nessa seqüência é

a) 3481 b) 1741 c) 900 d) 841 e) 600

300 O gerente de uma loja aumentou o preço de um artigo em 25%. Decorrido um certo tempo, ele percebeu que não foi vendida 1 unidade sequer desse artigo. Resolveu, então, anunciar um desconto de tal modo que o preço voltasse a ser igual ao anterior. O desconto anunciado foi de

a) 20% b) 22% c) 25% d) 28% e) 30%

301 Num concurso que consta de duas fases, os candidatos fizeram uma prova de múltipla escolha, com 30 questões de 4 alternativas cada. Na segunda fase, outra prova continha 30 questões do tipo falsa ou verdadeira. Chamando de n_1 o número dos diferentes modos de responder a prova da 1ª fase de n_2, o número dos diferentes modos de responder a prova da 2ª fase, tem-se que

a) $n_1 = 2n_2$ b) $n_1 = 30n_2$ c) $n_1 = 4n_2$ d) $n_1 = 2^{30}n_2$ e) $n_1 = 4^{30}n_2$

302 Considere a matriz $A = \begin{bmatrix} \log_x x & \log_3 9 \\ \log_3 1 & \log_9 3 \end{bmatrix}$

com $x \in R$, $x > 0$ e $x \neq 1$ e seja n, o determinante de A.

Considere as equações: (1) $\to 6x + 3 = 0$ (2) $\to \left(x + \dfrac{1}{2}\right)^2 = 0$

(3) → $9^x - 3 = 0$ (4) $x^{-2} = \dfrac{1}{4}$ 5) $x^2 = \dfrac{1}{2}$

Pode-se afirmar que n é raiz da equação

a) (1)   b) (2)   c) (3)   d) (4)   e) (5)

---

303 Sejam f e g duas funções de R em R, tais que $f(x) = 2x$ e $g(x) = 2 - x$.
Então, o gráfico cartesiano da função $f(g(x)) + g(f(x))$

a) passa pela origem
b) corta o eixo x no ponto $(-4, 0)$
c) corta o eixo y no ponto $(6, 0)$
d) tem declividade positiva
e) passa pelo ponto $(1, 2)$

---

304 A circunferência γ da figura seguinte é tangente aos eixos x e y e tem equação $x^2 + y^2 - 6y + 9 = 0$. A área da superfície sombreada é

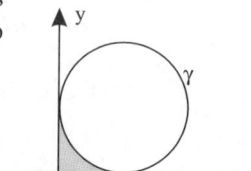

a) $9(\pi - 1)$ b) $81\pi - 9$ c) $\dfrac{9(4 - \pi)}{4}$

d) $\dfrac{9(9\pi - 4)}{4}$ e) $\dfrac{6(6 - \pi)}{4}$

---

305 Uma pirâmide reta de base quadrada e altura de 4 m está inscrita numa esfera de raio 4 m. Adotando $\pi = 3$, pode-se afirmar que

a) $V_{esfera} = 6 \cdot V_{pirâmide}$ b) $V_{esfera} = 5 \cdot V_{pirâmide}$ c) $V_{esfera} = 4 \cdot V_{pirâmide}$

d) $V_{esfera} = 3 \cdot V_{pirâmide}$ e) $V_{esfera} = 2 \cdot V_{pirâmide}$

---

306 Por ocasião do Natal, um grupo de amigos resolveu que cada um do grupo mandaria 3 mensagens a todos os demais. E assim foi feito. Como o total de mensagens enviadas foi 468, pode-se concluir que o número de pessoas que participam desse grupo é

a) 156   b) 72   c) 45   d) 13   e) 11

---

307 O menor número possível de lajotas que deve ser usado para recobrir um piso retangular de 5,60 m por 7,20 m, com lajotas quadradas, sem partir nenhuma delas, é

a) 1008   b) 720   c) 252   d) 63   e) 32

---

308 Quatro meninas e cinco meninos concorreram ao sorteio de um brinquedo. Foram sorteadas duas dessas crianças ao acaso, em duas etapas. de modo que quem foi sorteado na primeira etapa não concorria ao sorteio na segunda etapa. A probabilidade de ter sido sorteado um par de crianças de sexo diferente é

a) $\dfrac{5}{9}$ b) $\dfrac{4}{9}$ c) $\dfrac{5}{8}$ d) $\dfrac{1}{2}$ e) $\dfrac{5}{18}$

309 As tabelas seguintes mostram o tempo de escolarida de candidatos a uma vaga de vendedor de uma empresa nos anos de 1990 e 2000.

1990	
Número de candidatos	Tempo de escolaridade (anos)
8	4
4	8
5	11
3	15

2000	
Número de candidatos	Tempo de escolaridade (anos)
10	4
5	8
10	11
12	15

De 1990 a 2000, o tempo de escolaridade entre os candidatos à vaga de vendedor dessa empresa cresceu, em média,

a) 7%   b) 12%   c) 15%   d) 18%   e) 22%

310 O gráfico que melhor representa a dependência entre o volume e o raio da base de todos os cilindros que têm 5 cm de altura é

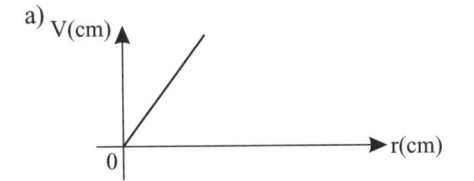

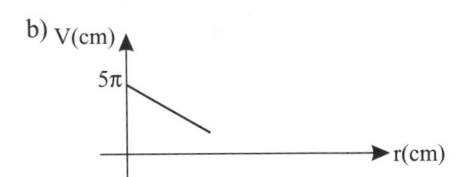

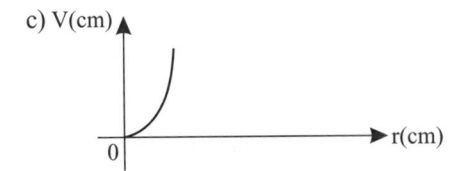

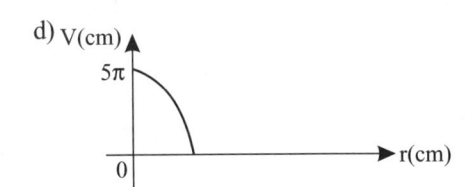

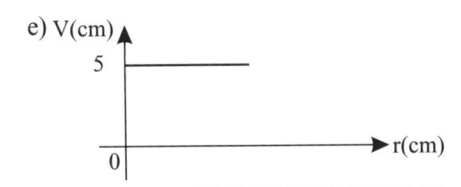

a) V(cm), reta crescente passando pela origem
b) V(cm), reta decrescente começando em 5π
c) V(cm), curva exponencial crescente
d) V(cm), curva decrescente partindo de 5π
e) V(cm), reta horizontal em 5

311 No plano cartesiano, a reta de equação y = x + 1 corta o lado $\overline{AC}$ do triângulo de vértices A = (1, 7), B = (1, 1) e C = (10, 1), no ponto

a) (3, 4)   b) (4, 5)   c) (5, 6)

d) $\left(\dfrac{\sqrt{117}}{2}, \dfrac{\sqrt{117}}{2}+1\right)$ e) (5,5; 4)

312. Uma estrela regular de 4 bicos está inscrita numa circunferência de raio 2 m. Levando-se em conta a medida do ângulo assinalado na figura e os dados a seguir, pode-se afirmar que o perímetro da estrela é de

Med. ângulo	seno	cosseno
30°	$\dfrac{1}{2}$	$\dfrac{\sqrt{3}}{2}$
45°	$\dfrac{\sqrt{2}}{2}$	$\dfrac{\sqrt{2}}{2}$
60°	$\dfrac{\sqrt{3}}{2}$	$\dfrac{1}{2}$
90°	1	0

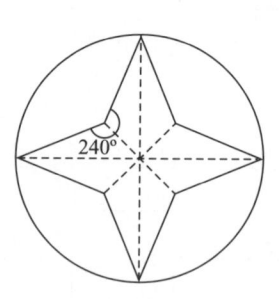

a) $\dfrac{2\sqrt{6}}{3}$ b) $\dfrac{4\sqrt{6}}{3}$ c) $\dfrac{8\sqrt{6}}{3}$ d) $\dfrac{16\sqrt{6}}{3}$ e) $\dfrac{32\sqrt{6}}{3}$

313. A superfície de uma pirâmide, que tem n faces, é pintada de modo que cada face apresenta uma única cor, e faces, que têm uma aresta comum não possuem a mesma cor. Então, o menor número de cores com os quais é possível pintar as faces da pirâmide é

a) n cores, qualquer que seja n.

b) (n + 1) cores, qualquer que seja n.

c) 4 cores, qualquer que seja n.

d) 3 cores, se n é par, e 4 cores, se n é ímpar.

e) 4 cores, se n é par, e 3 cores, se n é ímpar.

314. A figura seguinte representa a planificação da superfície de um dado em forma de cubo.

Desse modo, é possível afirmar que

a) a soma dos pontos das faces opostas é sempre um número par.

b) o produto dos pontos de faces opostas é sempre par.

c) a soma dos pontos de faces opostas é sempre divisor de 3.

d) a soma dos pontos das faces não opostas à face 1 é múltiplo de 3.

e) o produto dos pontos das faces não opostas à face 6 é igual a 20.

315. O ponto P é o afixo de um número complexo z e pertence à circunferência de equação $x^2 + y^2 = 9$. Sabendo-se que o argumento de z é 60°, pode-se afirmar que

a) $z = \dfrac{\sqrt{3}}{2} + \dfrac{1}{2}i$ b) $z = \dfrac{3}{2} + \dfrac{3\sqrt{3}}{2}i$ c) $z = \dfrac{1}{2} + \dfrac{\sqrt{3}}{2}i$

d) $z = \dfrac{3\sqrt{3}}{2} + \dfrac{3}{2}i$ e) $\dfrac{1}{6} + \dfrac{\sqrt{3}}{6}i$

316 Um cubo de aresta de 10 cm de comprimento deve ser seccionado como mostra a figura, de modo que se obtenha uma pirâmide cuja base APB é triangular isósceles e cujo volume é 0,375% do volume do cubo.

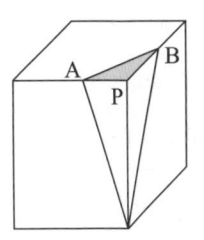

Cada um dos pontos A e B dista de P

a) 5,75 m   b) 4,25 m   c) 3,75 m
d) 1,5 m   e) 0,75 m

317 Observe as figuras seguintes. A figura 1 foi ampliada para a figura 2 e esta também foi ampliada para a figura 3.

O fator de ampliação da figura 2 para a figura 3 é

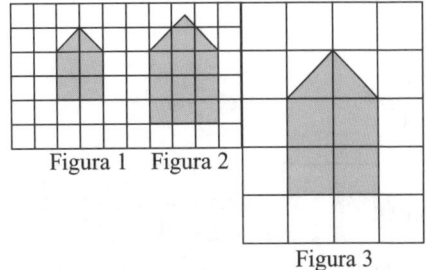

a) $\dfrac{7}{4}$ b) $\dfrac{3}{2}$ c) $\dfrac{4}{3}$

d) $\dfrac{5}{4}$ e) $\dfrac{7}{6}$

318 Considere as funções reais dadas por

$$f(x) = 2x - 1, \; g(x) = f(x) - x \text{ e } h(x) = g(f(x)).$$

As retas que representam as funções f e h.

a) são perpendiculares no ponto (2, 1).

b) são perpendiculares no ponto (0, 0).

c) não são perpendiculares, mas se encontram no ponto (1, 2).

d) passam pelos pontos (1, 1) e (0, 1).

e) não se encontram, isto é, são paralelas.

319 O gráfico seguinte descreve como a população do Brasil que tem 10 anos ou mais, em 2003, se distribuía em relação ao sexo e anos de estudo.

DISTRIBUIÇÃO DA POPULAÇÃO DE 10 ANOS OU MAIS DE IDADE, OCUPADAS SEGUNDO O SEXO E O GRUPO DE ANOS DE ESTUDO - BRASIL - 2003

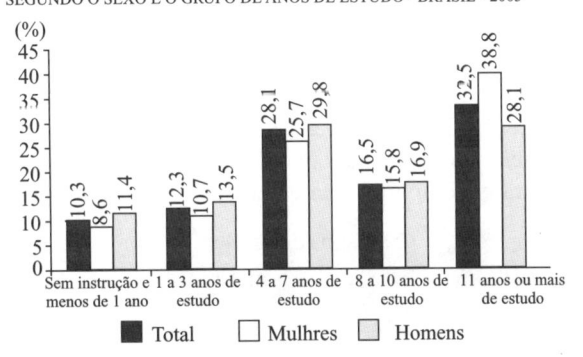

(IBGE, Pesquisa Nacional por Amostra de Domicílios, 2003)

De acordo com essa informação, é possível concluir que em 2003, no Brasil, entre as pessoas com 10 anos ou mais, o percentual de homens é menor do que o percentual de mulheres, na faixa de

a) menos de 1 ano de instrução.
b) 1 a 3 anos de estudo.
c) 4 a 7 anos de estudo.
d) 8 a 10 anos de estudo
e) 11 anos de estudo ou mais

320 Uma octaedro regular está inscrito num cubo de aresta com 4 cm de comprimento, isto é, seus vértices coincidem com o centro de cada face do cubo, como mostra a figura. O volume do octaedro é

a) $\dfrac{64}{3}$ cm^3
b) $\dfrac{32}{3}$ cm^3
c) $\dfrac{16}{3}$ cm^3
d) $\dfrac{8}{3}$ cm^3
e) $\dfrac{4}{3}$ cm^3

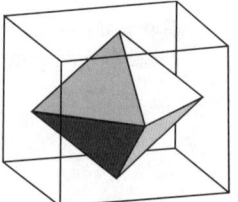

321 No gráfico ao lado estão representados os três primeiros trapézios de uma seqüência infinita. Pelos vértices A, B, C, D ... desses trapézios passa o gráfico de uma função exponencial f(x) = a^x. Se a área total dos infinitos trapézios dessa seqüência é $\dfrac{5}{6}$ então

a) $f(x) = 3^x$
b) $f(x) = \left(\dfrac{1}{2}\right)^x$
c) $f(x) = \left(\dfrac{1}{3}\right)^x$
d) $f(x) = \left(\dfrac{1}{4}\right)^x$
e) $(-2)^x$

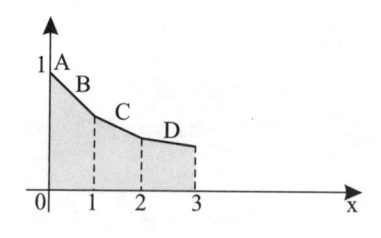

322 Um observador colocado no centro de uma esfera de raio 5 m vê o arco AB sob um ângulo α de 72°, como mostra a figura. Isso significa que a área do fuso esférico determinado por α é

a) 20πm^2
b) 15πm^2
c) 10πm^2
d) 5πm^2
e) πm^2

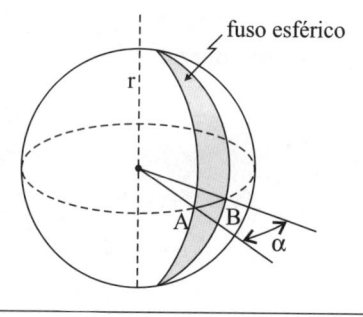

323 Uma instituição financeira oferece um tipo de aplicação tal que, após t meses, o montante relativo ao capital aplicado é dado por $M(t) = C2^{0,04t}$, onde C > 0. O menor tempo possível para quadruplicar uma certa quantia aplicada nesse tipo de aplicação é

a) 5 meses
b) 2 anos e 6 meses
c) 4 anos e 2 meses
d) 6 anos e 4 meses
e) 8 anos e 5 meses

324 No quadriculado ao lado, está representado o caminho percorrido por uma joaninha eletrônica, em que o menor quadrado tem lado cujo comprimento representa 1 m. A distância real entre o ponto de partida C da joaninha e o de chegada A é:

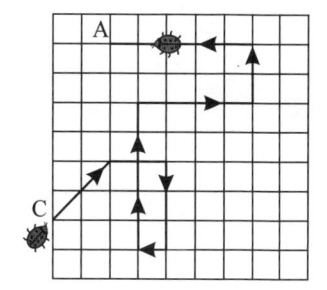

a) $2\sqrt{10}$ m
b) $2\sqrt{5}$ m
c) $2\sqrt{2}$ m
d) 2 m
e) $\dfrac{2\sqrt{2}}{3}$ m

325 No estoque de uma loja há 6 blusas pretas e 4 brancas, todas de modelos diferentes. O número de diferentes pares de blusas, com cores diferentes que uma balconista pode pegar para mostrar a uma cliente, pode ser calculado assim:

a) $A_{10,2} - (C_{6,2} + C_{4,2})$
b) $C_{10,2} - (C_{6,2} + C_{4,2})$
c) $A_{10,2} - A_{6,4}$
d) $C_{10,2} - C_{6,4}$
e) $C_{10,2} - A_{6,4}$

326 O quadrado representado ao lado tem lados paralelos aos eixos x e y e sua diagonal $\overline{AB}$ está contida numa reta cuja equação é

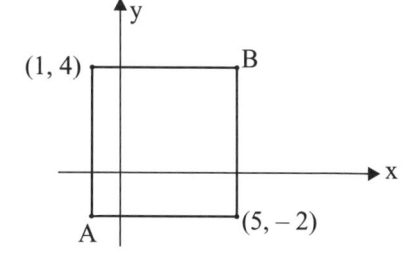

a) y = x − 1
b) y = − x + 3
c) y = x + 3
d) y = x + 1
e) y = 3x + 1

327 Um fabricante de produtos esportivos gasta R$ 10,00 para produzir uma bola de tênis. Ele estima que, se vender cada bola por x reais, conseguirá produzir e vender (150 − x) unidades desse produto. Sabendo que o lucro y que ele tem com a venda de cada bola é a diferença entre o preço unitário de venda e o preço unitário de custo, o gráfico que melhor representa a variação do lucro desse fabricante, com o preço de venda, é

a) 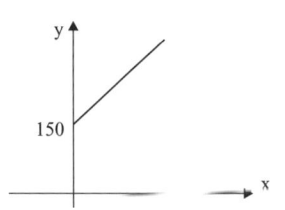
b) 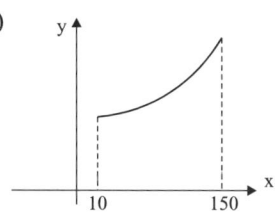
c) 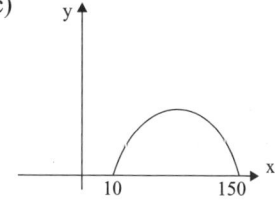
d) 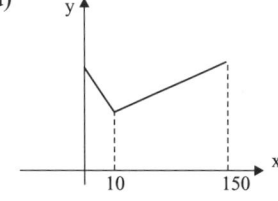
e)

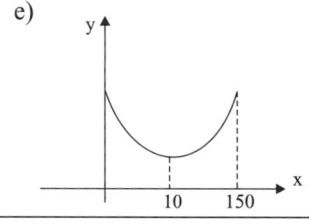

FGV/2006
Economia – 2ª Fase

328 A seguir, estão representadas as quatro primeiras figuras de uma sequência infinita, onde cada quadrado tem 10 cm de lado.

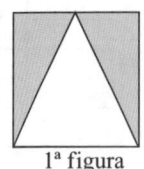

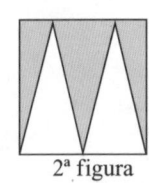

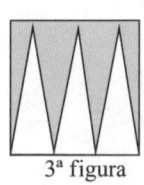

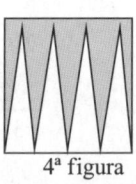

1ª figura   2ª figura   3ª figura   4ª figura

a) Chame de n o número de ordem e de A a área da superfície pintada de cinza de uma figura qualquer dessa sequência. Determine uma função, por meio de uma equação, que descreva como a área da parte cinza dessas figuras varia com seu número de ordem na sequência.

b) Construa um gráfico cartesiano da função obtida na parte a.

329 Observe as alturas de 10 crianças nascidas num mesmo dia, numa maternidade.

Criança	Altura (cm)
Mariana	52
Jorge	48
Paulo	51
Mário	47
Tarsila	47
Priscila	51
Silvana	53
Alberto	47
Vitor	47
Ricardo	48

a) Elabore um gráfico de colunas que descreva a freqüência das alturas dos recém-nascidos da tabela.

b) Calcule e interprete o percentual que a diferença entre as alturas médias das menidas e dos meninos representa em relação à altura média dos meninos.

330 Considere a receita R de uma indústria como a quantia em dinheiro recebida por ela com a venda dos milhares de litros de suco que produz e o custo de produção C como a quantia gasta por ela para produzir esse suco. Chamamos de lucro dessa empresa a diferença, quando positiva, entre a receita e o custo de produção, e de prejuízo, essa diferença, quando negativa. Sabendo que a receita R e o custo de produção C, referentes à quantidade x em milhares de litros de suco produzidos e vendidos por essa empresa, variam de acordo com as leis

R = 2x e C = x + 3, em milhares de reais,

a) Represente R e C num mesmo sistema cartesiano.

b) Interprete o significado:
   - do ponto P = (x_p, y_p), comum às duas curvas;
   - da posição relativa das duas curvas para x < x_p e para x > x_p, de acordo com a situação apresentada.

331 Dois dados com a forma de tetraedro regular têm as faces numerads de 1 a 4 e de 7 a 10, respectivamente.

Combina-se que ao lançá-los, a face sorteada é a que fica virada para a mesa. Os dois dados são lançados.

a) Calcule a probabilidade de serem sorteados dois números cujo produto é par.

b) Represente, num gráfico de setores, as probabilidades de se obter produto par e de se obter produto ímpar, o lançamento desses dois dados.

FGV/2006
Direito – 2ª Fase

332 Uma rede de televisão encomendou uma pesquisa com a intenção de identificar valores e comportamentos de jovens entre 15 e 30 anos para lançar uma nova programação. Os 2000 jovens entrevistados, das classes A, B e C, das cidades de São Paulo, Rio de Janeiro, Brasília, Salvador e Porto Alegre, definiram sua geração por meio de palavras como "vaidosa" (37%), "consumista" (26%), "acomodada"(22%) e "individualista" (15%). Dentre aqueles que classificaram sua geração como "vaidosa", 45% são homens.

a) Considerando tais dados, se for escolhido ao acaso um jovem que participou da pesquisa, qual a probabilidade de ele considerar sua geração "vaidosa" e ser mulher"

b) Quantos jovens entrevistados não consideraram sua geração "acomodada"?

333 A secção transversal de uma caixa de latas de ervilhas é um retângulo que acomoda, exatamente, as latas, como mostrara a figura abaixo:

a) Sabendo que o raio da lata de ervilhas é 3,5 cm, determine a área da secção transversal.

b) Supondo, ainda, que a altura da lata de ervilhas seja 8,5 cm e que sejam colocadas 60 latas em cada caixa, calcule o volume de caixa.

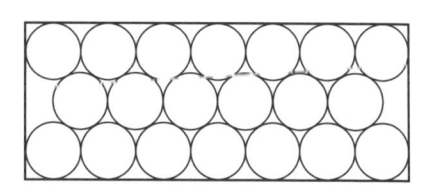

334 Suponha que a temperatura (em °F) de uma cidade localizada em um país de latitude elevada do hemisfério norte, em um ano bissexto, seja modelada pela equação

$$T = 50 \cdot \left[\operatorname{sen} \frac{2\pi}{366}(d - 91,5) \right] + 25$$

na qual d é dado em dias e d = 0 corresponde a 1º de janeiro.

a) Esboce o gráfico de T versus d para $0 \leq d \leq 366$.

b) Use o modelo para prever qual será o dia quente do ano.

c) Baseado no modelo, determine em quais dias a temperatura será 0°F.

FGV/2007
Administração – 1ª Fase

335 Um cliente tenta negociar no banco a taxa de juros de um empréstimo pelo prazo de um ano. O gerente diz que é possível baixar a taxa de juros de 40% para 25% ao ano, mas, nesse caso, um valor seria debitado da quantida emprestada, a título de "custo administrativo".

a) Que porcentagem do capital emprestado deveria ser o custo administrativo para o banco compensar a redução da taxa de juros neste empréstimo?

b) Que porcentagem da quantia paga pelo cliente deveria ser o custo administrativo, se este fosse cobrado no final do período do empréstimo?

336 Determine as coordenadas do ponto (x, y), eqüidistante dos pontos (0, 0) e (3, 2) e (2, 5).

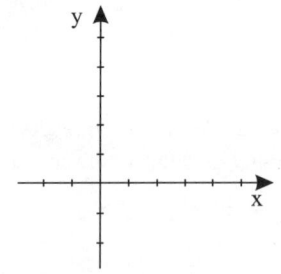

337 João deseja adquirir um telefone celular. Dois planos lhe são oferecidos:

I. **Plano alfa**: Se o consumo não ultrapassar 100 minutos, o preço por minuto será de R$ 0,70. Se o consumo ultrapassar 100, mas não for maior que 400 minutos, o preço por minuto terá um desconto de R$ 0,001 (um milésimo de real) multiplicado pelo número de minutos que exceder o consumo de 100 minutos. Se o consumo ulltrapassar 400 minutos, o preço por minuto será de R$ 0,40.

II. **Plano beta**: Há um preço fixo de R$ 50,00, com o direito de uso de 87 minutos (franquia) de ligação, e o minuto excedente custará R$ 0,80.

Para quantos minutos de ligação o plano beta é o mais vantajoso?

338 Duas rodas gigantes dispostas uma de frente para a outra, conforme a figura abaixo, têm raios que medem, respectivamente, 20 m e 10 m. A maior gira $0,2\pi$ rotações por minuto (rpm) e a menor, $0,35\pi$ rpm.

Se as duas começam a se mover no mesmo instante, qual o menor tempo necessário para que os pontos A e B, mostrados ao lado, voltem a ficar nessa mesma posição inicial?

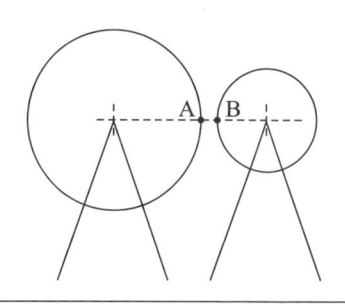

339 Uma caixa aberta, em forma de cubo com 20 cm de aresta, está cheia de esferas de 1cm de diâmetro. Estime quantas esferas contém essa caixa.

340 Um fio de 10 metros é cortado em dois pedaços, de forma que o primeiro defina o perímetro de um quadrado e o segundo, de um triângulo eqüilátero. Determine o tamanho de cada um dos pedaços, de modo que a área do quadrado seja igual à área do triângulo multiplicada por $\sqrt{3} = 1,73$.

341 Determine a área da região limitada pelas curvas:

$$f(x) = ||x - 1| - 1| \text{ e } g(x) = 2 - \frac{x}{2}$$

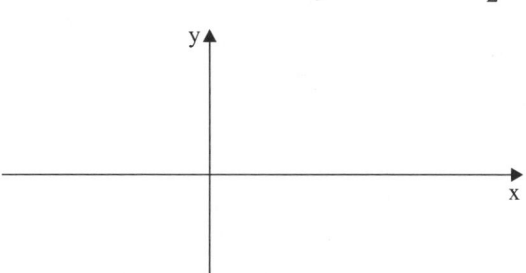

342 Um jogador aposta sempre o mesmo valor de $ 1 numa jogada cuja chance de ganhar ou perder é a mesma. Se perder, perderá o valor apostado, se ganhar, receberá $ 1 além do valor apostado. Se ele começa o jogo com $ 3 no bolso, joga três vezes e sai, com que valor é mais provável que ele saia?

343 Ao lado está representado um sistema de transmissão, composto por duas polias e uma correia. As dimensões são mostradas na figura:

a) Determine o comprimento da correia.

Dados: $\sqrt{33} = 5,74$, $\sqrt{27} = 5,2$

b) Sabendo que a polia menos faz 500 rotações por minutos e que traciona a polia maior, determine com quantas rotações por minuto a polia maior irá girar.

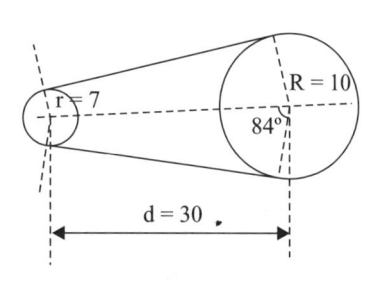

344 Numa fila de oito pessoas, três pretendem votar no candidato A e cinco, no candidato B.

a) Ao entrevistar as três primeiras pessoas da fila, qual a probabilidade de o resultado desta amostra a ser favorável ao candidato A?

b) Qual a probabilidade de dar empate, se as quatro primeiras pessoas forem entrevistadas nessa mesma fila?

FGV/2007
Administração – 2ª Fase

345 Se um automóvel custa hoje R$ 45 000,00 e a cada ano sofre uma desvalorização de 4%, o seu valor, em reais, daqui a dez anos, pode ser estimado em:

a) $45 \cdot 10^3 \cdot (1,04)^{10}$
b) $45 \cdot 10^3 \cdot (1,04)^{-10}$
c) $45 \cdot 10^3 \cdot (0,96)^{-10}$
d) $45 \cdot 10^3 \cdot (0,96)^{10}$
e) $45 \cdot 10^{-7}$

346 O texto abaixo se refere às questões **346**, **347** e **348**.

A curva de Gompertz é o gráfico de uma função expressa por $N = C \cdot A^{K^t}$, em que **A**, **C** e **K** são constantes. É usada para descrever fenômenos como a evolução do aprendizado e o crescimento do número de empregados de muitos tipos de organizações.

Suponha que, com base em dados obtidos em empresas de mesmo porte, o Diretor de Recursos Humanos da Companhia Nacional de Motores (**CNM**), depois de um estudo estatístico, tenha chegado à conclusão de que, após **t** anos, a empresa terá $N(t) = 10000 \cdot (0,01)^{0,5^t}$ funcionários ($t \geq 0$).

Segundo esse estudo, o número inicial de funcionários empregados pela **CNM** foi de:

a) 10 000
b) 200
c) 10
d) 500
e) 100

347 O número de funcionários que estarão empregados na **CNM**, após dois anos, será de:

a) $10^{3,5}$
b) $10^{2,5}$
c) 10^2
d) $10^{1,5}$
e) $10^{0,25}$

348 Depois de quanto tempo a CNM empregará 1000 funcionários?

a) 6 meses
b) 1 ano
c) 3 anos
d) 1 ano e 6 meses
e) 2 anos e 6 meses

349 A equação de um hipérbole equilátera cujas assíntotas são paralelas aos eixos **x** e **y** pode ser expressa na forma: $(x - h)(y - k) = C$, em que (h, k) é o centro da hipérbole, e as retas $x = h$ e $y = k$ são as assíntotas.

As assíntotas vertical e horizontal da hipérbole de equação $xy + x - 3y - 2 = 0$ são, respectivamente:

a) x = – 1 e y = 3   b) x = – 3 e y = – 1   c) x = 3 e y = – 1

d) x = – 3 e y = 1   e) x = 3 e y = 1

350 Uma empresa acredita que, diminuindo 8% o preço de determinado produto, as vendas aumentarão cerca de 14%. Suponha que a relação entre o preço do produto e a quantidade vendida seja por uma função linear. Nesse caso, uma redução de 14% no preço do produto acarretará um aumento na quantidade vendida de:

a) 18,4%   b) 20%   c) 26,5%   d) 24,5%   e) 8%

351 Duas retas distintas que são perpendiculares a uma terceira podem ser:

I. concorrentes entre si.

II. perpendicular entre si.

III. paralelas.

IV. reversas e não ortogonais.

V. ortogonais.

Associando V ou F a cada afirmação, conforme seja verdadeira ou falsa, tem-se:

a) V, V, V, V, V   b) V, F, V, F, V   c) F, V, F, F, F

d) V, V, V, V, F   e) F, F, F, V, F

352 O texto abaixo se refere às questões **352** e **353**.

Um ponto pode ser descrito pelas suas coordenadas retangulares (x, y) ou pelas coordenadas polares (r, θ), sendo r a distância entre o ponto e a origem e θ a medida, em radianos, do arco que o eixo x descreve no sentido anti-horário, até encontrar $\overline{OP}$. Em geral, $0 \leq \theta < 2\pi$.

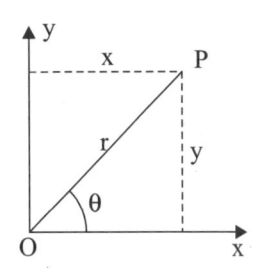

As relações utilizadas para que se passe de um sistema de coordenadas a outro são as seguintes:

$$r = \sqrt{x^2 + y^2} \;;\; \text{sen}\theta = \frac{y}{r} \;;\; \cos\theta = \frac{x}{r} \;;\; \text{tg}\theta = \frac{y}{x}$$

As coordenadas polares do ponto P(1, 1) são:

a) $(\sqrt{2}, \pi)$ b) $\left(\sqrt{2}, \frac{\pi}{2}\right)$ c) $\left(\sqrt{2}, \frac{\pi}{4}\right)$ d) $\left(\sqrt{2}, \frac{3\pi}{4}\right)$ e) $\left(\sqrt{2}, \frac{3\pi}{2}\right)$

353 A equação, em coordenadas polares, da curva cuja equação em coordenadas retangulares é $x^2 + y^2 = x + y$, é:

a) $r = \cos\theta + \text{sen}\theta$ b) $r^2 = \cos\theta + \text{sen}\theta$ c) $r = \cos^2\theta - \text{sen}\theta$

d) $r = 2\cos\theta$ e) $r = 2\text{sen}\theta$

354 A soma das raízes da equação sen²x − sen(−x) = 0, no intervalo [0, 2π] é:

a) $\dfrac{7\pi}{2}$ b) $\dfrac{9\pi}{2}$ c) $\dfrac{5\pi}{2}$ d) 3π e) $\dfrac{3\pi}{2}$

355 O texto abaixo se refere às questões **355** e **356**.

Há aproximadamente nove mil anos, um viajante que chegasse a uma região quase sem árvores e com pouquíssima vegetação, situada entre os rios Tigres e Eufrates, no coração do Oriente Médio, veria pequenos grupos de seres humanos habitando pequenas cabanas construídas com barro, nos terrenos úmidos junto aos pântanos, criando vacas e porcos.

Algum tempo depois, por volta do ano 3000 a.C., essa mesma região, já denominada Mesopotâmia, estava totalmente modificada, e um forasteiro que por já passasse ficaria deslumbrado com um cenário totalmente diverso: às margens dos rios haviam sido erguidos templos, palácios, oficinas de artesanato em grandes cidades protegidas por enormes e inexpugnáveis muralhas, habitadas por multidões que percorriam diariamente as suas ruas.

Para acompanhar tal desenvolvimento e efetuar os cálculos que o comércio exigia, os escribas da Mesopotâmia criaram um sistema de numeração posicional. Porém, em vez de escolherem o sistema decimal, comum às antigas e modernas civilizações, usaram uma notação em que a base 60 era a fundamental. Muito se especulou em busca de uma explicação do porquê dessa escolha. Alguns chegaram a procurar justificativas na astronomia, outros tentaram explicar o fato pela combinação natural de dois sistemas de numeração mais antigos, um de base 6 e outro de base 10.

No entanto, atualmente, a hipótese mais aceita é que o sistema sexagesimal tenha sido escolhido pelos sábios da Mesopotâmia pelo fato de o número 60 ter muitos divisores, o que facilita os cálculos, principalmente as divisões.

O texto sugere que o número 60 foi escolhido como base do sistema de numeração da Mesopotâmia:

a) devido a considerações astronômicas.

b) porque 60 pode ser decomposto como um produto dos fatores 6 e 10.

c) porque 60 é divisor de 360.

d) porque uma grandeza de 60 unidades pode ser facilmente dividida em metades, terços, quartos, quintos, sextos, etc.

e) porque as medidas de tempo usam a base 60: 1 hora tem 60 minutos; 1 minuto tem 60 segundos.

356 De acordo com a argumentação apresentada no texto, escolha, entre os números abaixo, aquele que seria a melhor base para um sistema de numeração antigo:

a) 2 b) 5 c) 10 d) 19 e) 36

357 A área do quadrado ABCD é 4 cm². Sobre os lados $\overline{AB}$ e $\overline{AD}$ do quadrado são tomados dois pontos: M e N, tais que AM + AN = AB. Desse modo, o maior valor que pode assumir a área do triângulo AMN é:

a) $\frac{1}{4}$ cm²   b) 2 cm²   c) $\frac{1}{2}$ cm²

d) 4 cm²   e) $\frac{1}{8}$ cm²

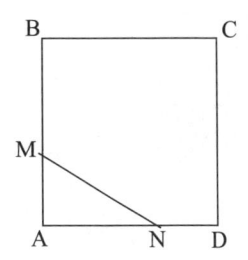

---

358   Associe cada equação ao gráfico que forma:

I. $\dfrac{x-1}{2} + \dfrac{y-1}{2} = 0$ a. uma parábola   II. $x^2 - 1 = 0$ b. uma elipse

III. $x^2 - 1 = y$ c. uma hipérbole   IV. $x^2 + 2y^2 = 2$ d. uma reta

V. $x^2 - y^2 = -1$ e. duas retas paralelas

As associações corretas são:

a) I - d; II - e; III - c; IV - a; V - d   b) I - d; II - e; III - a; IV - b; V - c

c) I - b; II - e; III - d; IV - b, V - c   d) I - d; II - a; III - c; IV - e; V - c

e) I - e; II - d; III - b; IV - c; V - a

---

359   Os resultados de 1800 lançamentos de um dado estão descritos na tabela abaixo:

nº de face	1	2	3	4	5	6
freqüência	150	300	450	300	350	250

Se lançarmos esse mesmo dados duas vezes, podemos afirmar que:

a) a probabilidade de sair pelo menos uma face 3 é $\dfrac{1}{6}$.

b) a probabilidade de sair pelo menos uma face 4 é $\dfrac{11}{36}$.

c) a probabilidade de saírem duas faces 2 é $\dfrac{1}{3}$.

d) a probabilidade de saírem as faces 3 c 4 é $\dfrac{1}{18}$.

e) a probabilidade de saírem duas faces maiores que 5 é $\dfrac{35}{36}$.

FGV/2007
Economia – 1ª Fase

360 Na parte sombreada da figura, as extremidades dos segmentos de reta paralelos ao eixo y são pontos das representações gráficas das funções definidas por $f(x) = x^2$ e $g(x) = x + 6$, conforme indicado.

A medida do comprimento do maior desses segmentos localizado na região indicada na figura é

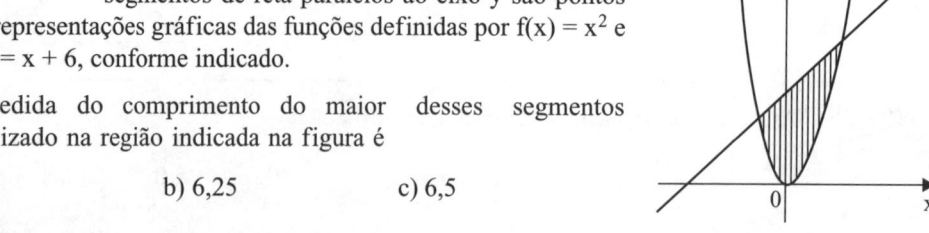

a) 6   b) 6,25   c) 6,5

d) 6,75   d) 7

361 Inclinando-se em 45° um copo cilíndrico reto de altura 15 cm e raio de base 3,6 cm, derrama-se parte do líquido que completava totalmente o copo, conforme indica a figura.

Admitindo-se que o copo tenha sido inclinado com movimento suave em relação à situação inicial, a menor quantidade de líquido derramada corresponde a um percentual do líquido contido inicialmente no copo de

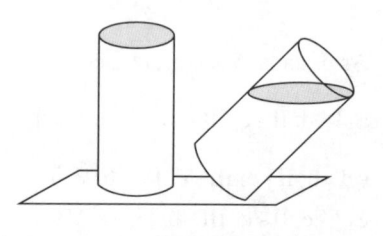

a) 48%   b) 36%   c) 28%   d) 24%   e) 18%

362 Considere a função polinomial definida por $P(x) = ax^3 + bx^2 + cx + d$, com a, b, c, d sendo números reais, e cuja representação gráfica é dada na figura.

É correto afirmar que

a) $-1 < a + b + c + d < 0$

b) $0 < d < 1$

c) para $-1 \leq x \leq 1$, $P(x) > 0$

d) o produto de suas raízes é menor que -6.

e) há uma raiz de multiplicidade 2.

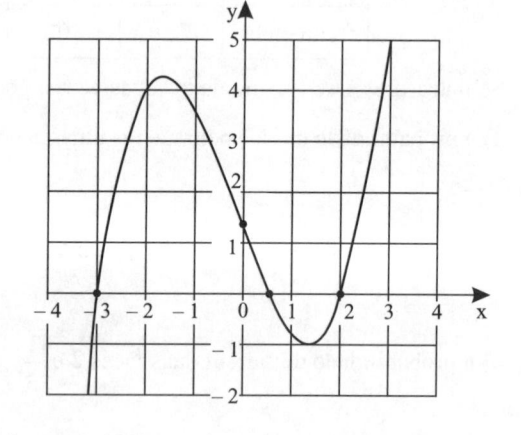

363 Uma urna contém bolas numeradas de 1 até 10 000. Sorteando-se ao acaso uma delas, a probabilidade de que o algarismo mais à esquerda do número marcado na bola seja 1, é igual a

a) 11,02%   b) 11,11%   c) 11,12%   d) 12,21%   e) 21,02%

364 Na figura, a reta suporte do lado BC do triângulo ABC passa pelo centro da circunferência λ. Se $\hat{A} = 15°$, $\overline{BC} = 4$ cm, e o raio de λ mede 2 cm, a área sombreada na figura, em cm², é igual a

$A \in \lambda$
$B \in \lambda$

a) $\dfrac{9-\pi}{3}$ b) $\dfrac{6\sqrt{3}-2\pi}{3}$ c) $\dfrac{9-2\pi}{3}$

d) $\dfrac{3\sqrt{3}-\pi}{3}$ e) $\dfrac{2\sqrt{6}-\pi}{3}$

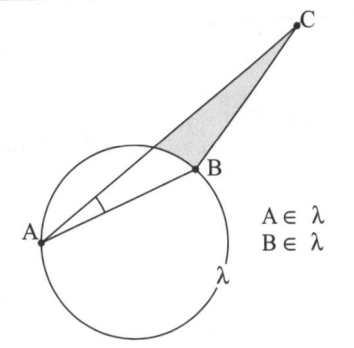

365 As matrizes $A = (a_{ij})_{4 \times 4}$ e $B = (b_{ij})_{4 \times 4}$ são tais que $2a_{ij} = 3b_{ij}$. Se o determinante da matriz A é igual a $\dfrac{3}{4}$, então o determinante da matriz B e igual a

a) 0 b) $\dfrac{4}{27}$ c) $\dfrac{9}{8}$ d) 2 e) $\dfrac{243}{64}$

366 Sendo x e y números reais $(x \neq 0, 0 \neq y \neq 1)$, o número de pares ordenados (x, y) do conjunto solução do sistema de equações $\begin{cases} \dfrac{1}{x^4} + \dfrac{1}{y} = 1 \\ \dfrac{y}{y-1} = 2x^3 + x^2 - 2x \end{cases}$ é

a) zero b) um c) dois d) três e) quatro

367 Seja PQRS um quadrado de diagonal PR, com P e R sendo pontos pertencentes à reta de equação $x - y - 1 = 0$. Se Q(4, 6), então a distância de S à origem (0, 0) do sistema cartesiano de coordenadas retangulares é

a) $3\sqrt{5}$ b) $\sqrt{51}$ c) $3\sqrt{6}$ d) $\sqrt{58}$ e) $3\sqrt{7}$

368 O gráfico que representa uma função logarítmica do tipo $f(x) = 2 + a \cdot \log(b \cdot x)$, com a e b reais, passa pelos pontos de coordenadas $\left(\dfrac{1}{50}, 6\right)$ e $\left(\dfrac{1}{5}, 2\right)$. Esse gráfico cruza o eixo x em um ponto de abscissa.

a) $\dfrac{\sqrt[3]{10}}{4}$ b) $\dfrac{14}{25}$ c) $\dfrac{\sqrt{10}}{5}$ d) $\dfrac{7}{10}$ e) $\dfrac{\sqrt{10}}{4}$

369 Considere as frações $\frac{1}{n}$ e $\frac{1}{p}$, com n e p sendo números irracionais. Sobre o resultado da soma $\frac{1}{n} + \frac{1}{p}$ afirma-se que pode ser:

I. inteiro não nulo;
II. racional não inteiro;
III. irracional;
IV. zero;
V. imaginário puro.

É correto apenas o que está contido em

a) I e II
b) II e IV
c) I, II e III
d) I, II, III e IV
e) II, III, IV e V

370 Um tronco de cone circular reto foi dividido em quatro partes idênticas por planos perpendiculares entre si e perpendiculares ao plano da sua base, como indica a figura.

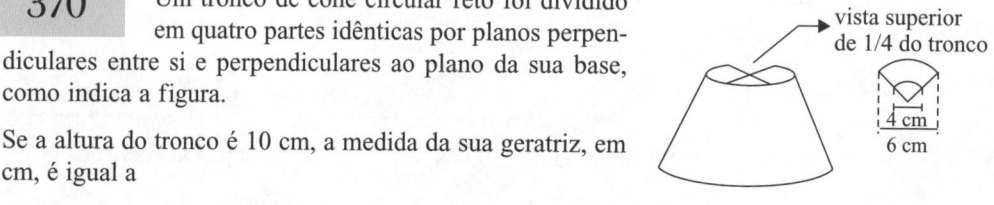

Se a altura do tronco é 10 cm, a medida da sua geratriz, em cm, é igual a

a) $\sqrt{101}$
b) $\sqrt{102}$
c) $\sqrt{103}$
d) $2\sqrt{26}$
e) $\sqrt{105}$

371 Na figura, AN e BM são medianas do triângulo ABC, ABM é um triângulo equilátero cuja medida do lado é 1.

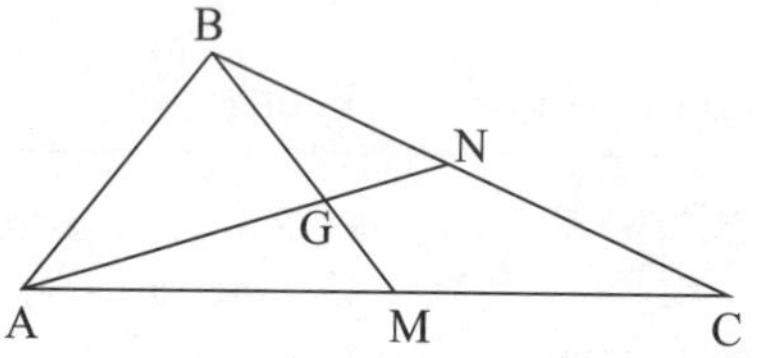

A medida do segmento GN é igual a

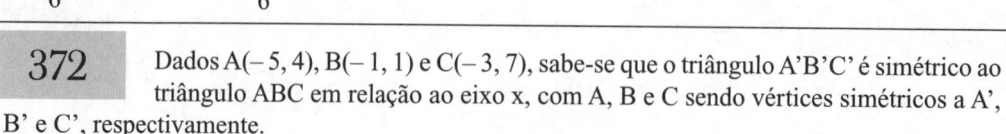

a) $\frac{2\sqrt{2}}{3}$
b) $\frac{\sqrt{6}}{3}$
c) $\frac{\sqrt{5}}{3}$
d) $\frac{\sqrt{7}}{6}$
e) $\frac{\sqrt{6}}{6}$

372 Dados A(–5, 4), B(–1, 1) e C(–3, 7), sabe-se que o triângulo A'B'C' é simétrico ao triângulo ABC em relação ao eixo x, com A, B e C sendo vértices simétricos a A', B' e C', respectivamente.

Assim, a equação da reta suporte da altura do triângulo A'B'C' relativa ao lado A'B' é

a) $4x - 3y + 44 = 0$
b) $4x - 3y - 33 = 0$
c) $4x + 3y + 33 = 0$
d) $3x + 4y + 33 = 0$
e) $3x + 4y - 44 = 0$

373 Sendo k um número real positivo, o terceiro termo do desenvolvimento de $(-2x + k)^{12}$, ordenado segundo expoentes decrescentes de x, é $66x^{10}$. Assim, é correto afirmar que k é igual a

a) $\dfrac{1}{66}$ b) $\dfrac{1}{64}$ c) $\dfrac{1}{58}$ d) $\dfrac{1}{33}$ e) $\dfrac{1}{32}$

374 A figura indica a representação dos números Z_1 e Z_2 no plano complexo.

Se $Z_1 \cdot Z_2 = a + bi$, então $a + b$ é igual a

a) $4(1-\sqrt{3})$ b) $2(\sqrt{3}-1)$ c) $2(1+\sqrt{3})$

d) $8(\sqrt{3}-1)$ e) $4(\sqrt{3}+1)$

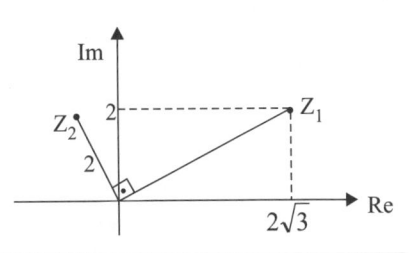

375 Uma empresa tem n vendedores que, com exceção de dois deles, podem ser promovidos a duas vagas de gerente de vendas.

Se há 105 possibilidades de se efetuar essa promoção, então o número n é igual a

a) 10   b) 11   c) 13   d) 15   e) 17

376 O número de soluções da equação $1 + \text{sen } x - 2 \cdot |\cos 2x| = 0$, com $0 \le x < 2\pi$, é

a) 8   b) 7   c) 6   d) 5   e) 4

377 Sejam $Q(x)$ e $R(x)$ o quociente e o resto da divisão de $5x^3 + (m-12)x^2 + (m^2 - 2m)x - 2m^2 + p + 9$ por $x - 2$, respectivamente. Permutando-se os coeficientes de $Q(x)$ obtém-se o polinômio $Q'(x)$ tal que $Q'(x) = R(x)$ para qualquer $x \in \mathbb{R}$. Se m e p são constantes reais positivas, então, $m + p$ é igual a

a) 8   b) 7   c) 6   d) 5   e) 4

378 Um importante conceito usado em economia para analisar o quanto uma variação do preço unitário $p > 0$ influência na variação da receita é o de elasticidade da demanda, denotado por E(p), uma vez que a elasticidade E é dada em função de p. Se $E(p) > 1$, então se diz que a demanda é elástica, o que quer dizer que um pequeno aumento do preço unitário resulta em uma diminuição da receita, ao passo que um pequeno decréscimo do preço unitário irá causar um aumento da receita. Admitindo a elasticidade da demanda dada por

$E(p) = \dfrac{-p^2 - 2p + 1}{-4p + 1}$, então, o intervalo de p para o qual a demanda é elástica é

a) $\left]0, \dfrac{1}{4}\right[\cup \left]-1+\sqrt{2}, +\infty\right[$ b) $\left]\dfrac{1}{8}, 2\right[$ c) $]0, 2[$

d) $\left]0, \dfrac{1}{4}\right[\cup]2, +\infty[$ e) $\left]\dfrac{1}{4}, +\infty\right[$

379 Quatro amigos calcularam a média e a mediana de suas alturas, tendo encontrado como resultado 1,72 m e 1,70 m, respectivamente. A média entre as alturas do mais alto e do mais baixo, em metros, é igual a

a) 1,70   b) 1,71   c) 1,72   d) 1,73   e) 1,74

380 Sobre os gastos de João com a compra dos bens de consumo X e Y, sabe-se que

- seja qual for sua renda, 20% dela será destinada ao consumo dos bens X e Y;
- do dinheiro que é gasto com o consumo de X e Y, a parcela destinada a cada um dos bens não varia se não houver variação nos preços dos bens X e Y;
- aumento no preço do bem X implica em diminuição do seu consumo, e queda no preço do bem X implica em aumento do seu consumo;
- aumento no preço do bem Y implica em diminuição do seu consumo, e queda no preço do bem Y implica em aumento do seu consumo.

Sabendo-se que nos meses de janeiro, fevereiro e março não houve variação nos preços dos bens X e Y, e que a renda de João aumentou de janeiro para fevereiro e de fevereiro para março, um gráfico que pode expressar as possiblidades de consumo dos bens X e Y por parte de João é

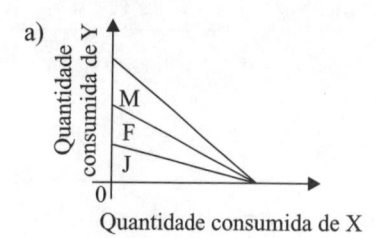

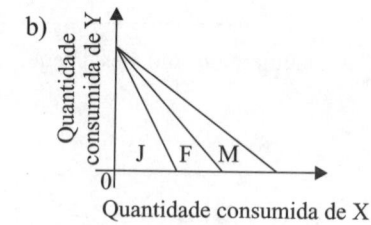

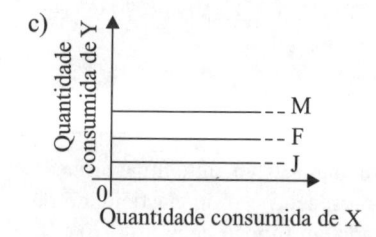

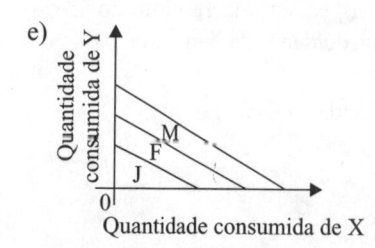

381 Admita que oferta (S) e demanda (D) de uma mercadoria sejam dadas em função de x real pelas funções $S(x) = 4^x + 2^{x+1}$ e $D(x) = -2^x + 40$. Nessas condições, a oferta será igual à demanda para x igual a

a) $\dfrac{1}{\log 2}$
b) $\dfrac{2\log 3}{\log 2}$
c) $\dfrac{\log 2 + \log 3}{\log 2}$
d) $\dfrac{1 - \log 2}{\log 2}$
e) $\dfrac{\log 3}{\log 2}$

382 O capital de R$ 12.000,00 foi dividido em duas partes (x e y), sendo que a maior delas (x) foi aplicada à taxa de juros de 12% ao ano, e a menor (y), à taxa de 8% ao ano, ambas aplicações feitas em regime de capitalização anual. Se, ao final de um ano, o montante total resgatado foi de R$13.300,00, então y está para x assim como 7 está para

a) 15 b) 16 c) 17 d) 18 e) 19

383 O gráfico ao lado indica a massa de um grupo de objetos.

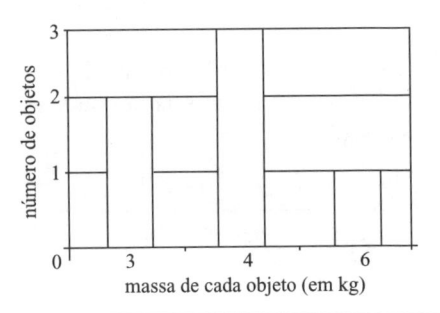

Acrescentando-se ao grupo n objetos de massa 4 kg cada, sabe-se que a média não se altera, mas o desvio padrão se reduz à metade do que era. Assim, é correto afirmar que n é igual a

a) 18 b) 15 c) 12
d) 9 e) 8

384 No teodolito indicado, cada volta completa da manivela aumenta em 0,5° o ângulo de observação em relação à horizontal.

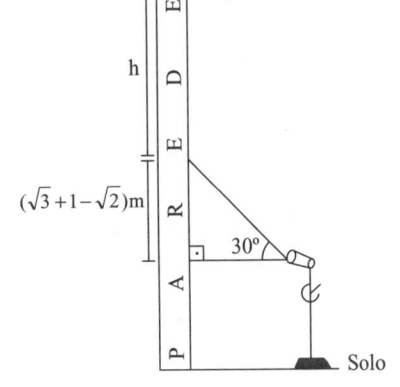

Se a partir da situação descrita na figura são necessárias mais 45 voltas completas da manivela para que o teodolito aponte para o topo da parede, a medida de h, em metros, é igual a

a) $0{,}75(\sqrt{3}+1-\sqrt{2})$
b) $2(\sqrt{3}-1)$
c) $4(\sqrt{2}-1)$
d) $2\sqrt{6}-3$
e) $\sqrt{3}+\sqrt{2}-1$

385 Em relação aos cinco dados indicados na figura, sabe-se que

- cada dado tem faces numeradas de 1 a 6;
- a soma das faces opostas em cada dado é igual a 7;
- a soma das faces em contato de dois dados é igual a 8.

Nas condições dadas, a probabilidade de que as quatro faces sombreadas na figura tenham o mesmo número marcado é igual a

a) $\dfrac{1}{16}$
b) $\dfrac{1}{8}$
c) $\dfrac{1}{6}$
d) $\dfrac{1}{4}$
e) $\dfrac{1}{2}$

386 A condição necessária e suficiente para que a representação gráfica no plano cartesiano das equações do sistema linear $\begin{cases}(m+1)x - y = 2 \\ 3x + 3y = 2n\end{cases}$

nas incógnitas x e y seja um par de retas paralelas coincidentes é

a) $m \neq -2$ e $n \neq -3$ b) $m \neq -2$ e $n = -3$ c) $m = -2$
d) $m = -2$ e $n \neq -3$ e) $m = -2$ e $n = -3$

387 O conjunto solução da equação $x^2 - x - \dfrac{x}{3} - \dfrac{x}{9} - \dfrac{x}{27} - \ldots = -\dfrac{1}{2}$ é

a) $\left\{\dfrac{1}{2}, 1\right\}$ b) $\left\{-\dfrac{1}{2}, 1\right\}$ c) $\{1, 4\}$ d) $\{1, -4\}$ e) $\{1, 2\}$

388 Três números inteiros distintos de -20 a 20 foram escolhidos de forma que seu produto seja um número negativo. O número de maneiras diferentes de se fazer essa escolha é

a) 4940   b) 4250   c) 3820   d) 3640   e) 3280

389

ANO	IDH do Brasil
2004	0,790
2005	0,792

Nível de desenvolvimento humano	IDH
Baixo	Até 0,499
Médio	De 0,500 até 0,799
Alto	Maior ou igual a 0,800

(Programa Nacional das Nações Unidas para o Desenvolvimento - PNUD)

Ajustando um modelo linear afim aos dados tabelados do IDH brasileiro, de acordo com esse modelo, uma vez atingido o nível alto de desenvolvimento humano, o Brasil só igualará o IDH atual da Argentina (0,863) após

a) 35,5 anos   b) 34,5 anos   c) 33,5 anos   d) 32,5 anos   e) 31,5 anos

FGV/2007
Economia – 2ª Fase

390 Em uma pesquisa de mercado feita com 250 entrevistados, todos responderam o seguinte questionário:

I. Assinale sua faixa etária:
( ) menos de 18 anos.
( ) 18 a 20 anos.
( ) mais de 20 e menos de 22 anos.
( ) 22 anos ou mais.

II. Assinale a(s) revista(s) que você já comprou em banca de revistas.

( ) Revista Olhe.
( ) Revista Era.
( ) Revista Prezados Colegas.
( ) Revista Enxame.

III. Assinale a(s) revista(s) que você tem ou já teve assinatura em seu nome.

( ) Revista Olhe.
( ) Revista Era.
( ) Revista Prezados Colegas.
( ) Revista Enxame.

Sabendo-se que todos os entrevistados assinalaram apenas uma opção na pergunta I, os gráficos a seguir mostram alguns dos resultados obtidos por essa pesquisa:

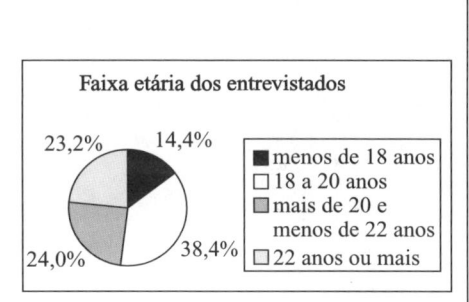

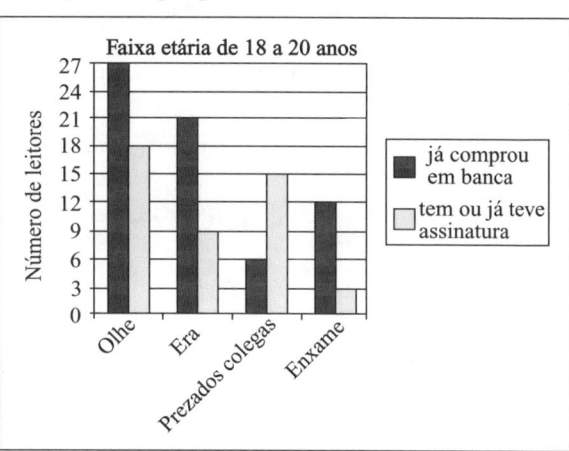

Faixa etária dos entrevistados
- 14,4% — menos de 18 anos
- 38,4% — 18 a 20 anos
- 24,0% — mais de 20 e menos de 22 anos
- 23,2% — 22 anos ou mais

Faixa etária de 18 a 20 anos (Número de leitores)

Revista	já comprou em banca	tem ou já teve assinatura
Olhe	27	18
Era	21	9
Prezados colegas	6	15
Enxame	12	3

a) Dentre os entrevistados de 18 a 20 anos, calcule a porcentagem máxima de pessoas que poderiam ter respondido às perguntas II e III da seguinte forma:

Pergunta II   Pergunta III
(x) Revista Olhe   (x) Revista Olhe
(x) Revista Era   (x) Revista Era
( ) Revista Prezados Colegas   (x) Revista Prezados Colegas
(x) Revista Enxame   ( ) Revista Enxame

b) Para este item, admita que apenas 1 entrevistado de 18 a 20 anos tenha marcado tanto a revista Olhe quanto a Enxame na pergunta III.

O organizador da pesquisa pretende sortear dois dos entrevistados na faixa etária de 18 a 20 anos para dar um brinde. Um deles irá receber uma assinatura da revista Olhe, e o outro, uma assinatura da revista Enxame.

Calcule a probabilidade de que nenhum dos dois sorteados receba uma assinatura de revista que assine ou já tenha sido assinante (o cálculo pode ser deixado na forma de fração).

391

		COLUNAS												
		1	2	3	4	5	6	7	8	9	10	11	12	...
L	1	↑	↗	→	↘	↓	↙	←	↖	↑	↗	→	↘	...
I	2	→	↘	↓	↙	←	↖	↑	↗	→	↘	↓	↙	...
N	3	↓	↙	←	↖	↑	↗	→	↘	↓	↙	←	↖	...
H	4	←	↖	↑	↗	→	↘	↓	↙	←	↖	↑	↗	...
A	5	↑	↗	→	↘	↓	↙	←	↖	↑	↗	→	↘	...
S	:	:	:	:	:	:	:	:	:	:	:	:	:	

Observe atentamente o padrão indicado na tabela acima.

a) Desenhe qual será a seta localizada no cruzamento da linha 975 com a coluna 1238, justificando o raciocínio usado.

b) Admitindo-se que a tabela tenha 23 linhas por 500 colunas, calcule o total de símbolos iguais ↑ e nas três últimas linhas dessa tabela.

392

O gráfico indica a relação entre y e x, ao longo de 12 meses de um ano:

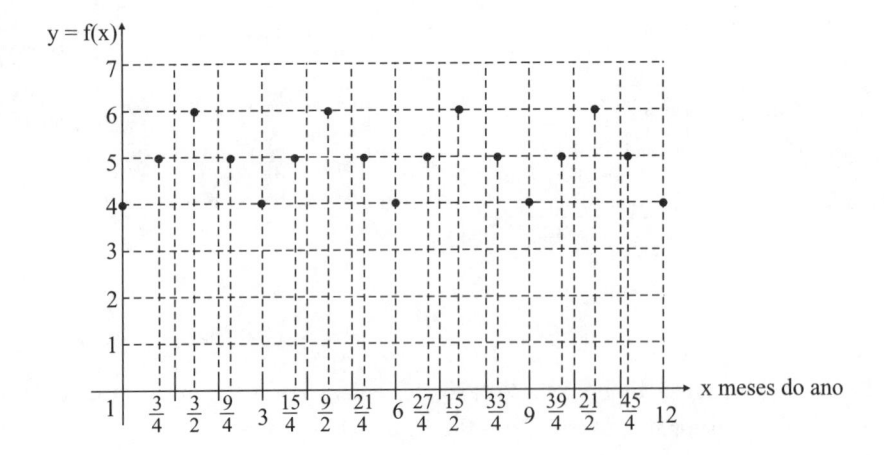

a) Admita que a função $f(x) = 5 + \text{sen}\left(\dfrac{2\pi}{3}x - \dfrac{\pi}{2}\right)$ modele a relação de dependência entre y e x indicada com os pontos do gráfico. Determine, através dessa função, o valor de f(x) ao final do primeiro quarto do mês de abril.

b) Determine possíveis valores dos parâmetros reais a, b e c de forma que a representação gráfica da função $g(x) = a + b \cdot \cos(c \cdot x)$ passe por todos os pontos indicados.

393

Uma garrafa de base e boca circulares está parcialmente cheia de água.

Com a boca tampada, a garrafa foi virada para baixo e, em seguida, a água foi derramada, sem desperdício, no interior de um recipiente esférico de volume igual ao da garrafa, como mostra a sequência de figuras:

a) Sendo PQ a geratriz de um cilindro reto, calcule o volume de água contida na garrafa na situação inicial, em cm³.

b) Sendo C o centro da circunferência da boca da garrafa, AB o diâmetro do círculo determinado pelo nível de água na esfera, e ABC um triângulo equilátero, calcule a altura h da calota de ar na esfera, em cm.

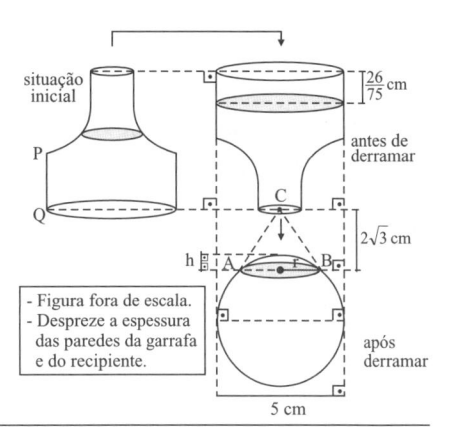

- Figura fora de escala.
- Despreze a espessura das paredes da garrafa e do recipiente.

FGV/2007
Direito – 2ª Fase

394 A Internet está cada vez mais presente na vida dos brasileiros, tanto em casa quanto no trabalho, escolas e locais públicos de acesso. O IBOPE//NetRatings tem pesquisado a quantidade de internautas, o tempo que eles ficam conectados e seu comportamento.

A.a) Em relatório divulgado no dia 24/11/2005, o IBOPE//NetRatings revelou que 32,1 milhões de brasileiros, de uma população de 180 milhões, acessam a internet em casa, no trabalho, em cibercafés ou telecentros. Qual porcentagem da população não acessava a internet na época em que foi desenvolvida a pesquisa? (1)

Apresente a resposta da questão acima utilizando duas casas decimais.

A.b) O gráfico ao lado, publicado na edição 1964 de 12 de julho de 2006 da Revista Veja, apresenta o número de pessoas com conexão de internet em casa, no período de janeiro de 2005 a maio de 2006.

Considerando-se que o total da população mantém-se em 180 milhões nesse intervalo de tempo, responda:

A.b.1) No período de janeiro de 2005 a janeiro de 2006, qual foi a variação percentual do número de brasileiros com conexão de internet em casa? (2)

A.b.2) Qual o percentual de brasileiros que tinham conexão de internet de banda estreita em casa em setembro de 2005? (3)

A.b.3) O que tem ocorrido com o percentual de conexão de internet de banda larga e de banda estreita nos domicílios brasileiros no período de janeiro de 2005 a maio de 2006? (4)

Apresente as respostas das questões acima utilizando duas casas decimais.

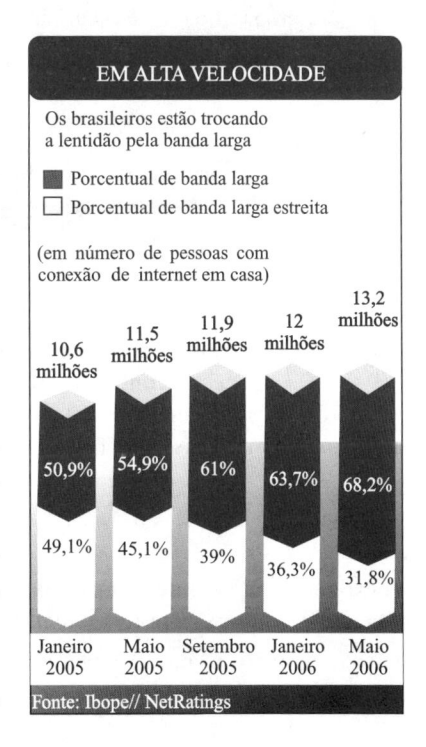

395 João tem um capital aplicado em um fundo de renda fixa que rende 1% ao mês, com parte do qual pretende comprar uma televisão de plasma, no valor de R$ 8.100,00, e tem três opções de pagamento:

a) à vista, com 1% de desconto;

b) em duas prestações mensais iguais, sem desconto, vencendo a primeira um mês após a compra;

c) em três prestações mensais iguais, sem desconto, vencendo a primeira no ato de compra.

Do ponto de vista financeiro, qual plano de pagamento é mais vantajoso para João? Justifique sua resposta. (5)

396 Um vidraceiro tem um pedaço de espelho, na forma de um triângulo retângulo cujos lados medem 60 cm, 80 cm e 1 m e quer recortar um espelho retangular cujo tamanho seja o maior possível. Para ganhar tempo, ele quer que dois dos lados do retângulo estejam sobre os lados do triângulo. Determine a medida dos lados do retângulo e a sua área. (6)

FGV/2008
Administração – 1ª Fase

397 Um carteiro leva três cartas para três destinários diferentes. Cada destinário tem sua caixa de correspondência, e o carteiro coloca, ao acaso, uma carta em cada uma das três caixas de correspondência.

a) Qual é a probabilidade de o carteiro não acertar nenhuma caixa de correspondência?

b) Qual é a probabiliade de o carteiro acertar exatamente uma caixa de correspondência?

398 No triângulo ABCD da figura ao lado, $\overline{AM}$ é a mediana relativa ao lado $\overline{BC}$, $\overline{DP}$ é paralelo a $\overline{AM}$ e Q é o ponto de intesecção de $\overline{AB}$ com $\overline{DP}$.
Demonstre que DQ + DP = 2AM

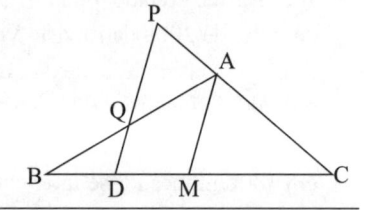

399 Cláudio, gerente capacitado de uma empresa que produz e vende instrumentos musicais, contratou uma consultoria para analisar o sistema de produção. Os consultores, após um detalhado estudo, concluíram que o custo total de produção de x flautas de determinado tipo pode ser expresso pela função C(x) = 2400 + 36x, sendo R$ 2400,00 o custo fixo.

Atualmente a empresa vende 60 flautas daquele tipo por mês, ao preço de R$ 120,00 por unidade.

O trabalho da empresa de consultoria demonstrou, também, que um gasto extra de R$ 1200,00 em publicidade provocaria um aumento de 15% no volume autal de vendas das flautas.

Na sua opinião, Cláudio deveria autorizar o gasto extra em publicidade? Justifique matematicamente a sua resposta.

400 O rendimento de um carro flex (número de quilômetros que percorre com um litro de combustível), que pode ser movido por uma mistura de álcool com gasolina em qualquer proporção, é dado pela função $R(x) = K \cdot a^x$ quilômetros por litro, na qual K e a são números reais positivos e x ($0 < x < 1$) é a porcentagem de álcool misturado com gasolina. Sabe-se que, abastecido com 100% de gasolina, o rendimento é de 18 quilômetros por litro e que, com 100% de álcool, cai para 9 quilômetros por litro.

Se, ao iniciar uma viagem, uma pessoa enche o tanque do carro com 50 litros de uma mistura de álcool com gasolina e chega ao seu destino, depois de rodar 600 km, com o tanque praticamente vazio, qual a porcentagem de álcool na mistura?

Para os cálculos, utilize, se necessário, alguns dos valores da tabela abaixo:

n	2	3	7	10
logn	0,30	0,48	0,85	1

401 A figura abaixo mostra castelos de cartas, de 1, 2 e 3 andares. De quantos baralhos de 52 cartas precisamos, no mínimo, para formar um castelo de 10 andares?

402 Um teatro aumenta o preço do ingresso em 8%. Em consequência, o número de ingressos vendidos diminui em 5%.

a) Qual é a variação, em porcentagem, da receita obtida pelo teatro?

b) Determine a variação, em porcentagem, no número de ingressos vendidos, de modo que o valor da receita não se altere em conseqüência do aumento de 8 % no preço.

403 Um televisor com DVD embutido desvaloriza-se exponencialmente em função do tempo, de modo que o valor, daqui a t anos, será: $y = a \cdot b^t$, com $a > 0$ e $b > 0$.

Se um televisor novo custa R$ 4000,00 e valerá 25% a menos igual daqui a 1 ano, qual será o seu valor daqui a 2 anos?

404 Uma das folhas mais utilizadas nas impressoras é a de tamanho A4. Você sabe como são estabelecidas as suas dimensões?

Em primeiro lugar, recordemos que, quando se dobra uma folha ao meio, obtém-se outra folha retangular, semelhante à anterior.

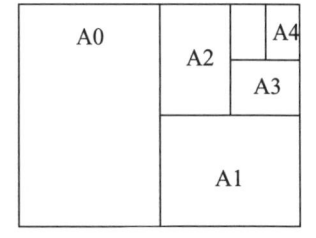

A área de uma folha A0 é 1m². Quando se dobra ao meio uma folha A0, obtém-se uma folha A1, que, dobrada ao meio, dá origem a uma folha A2, e assim, sucessivamente.

Quanto mede aproximadamente, em centímetros, o lado maior da folha A4?

Para os cálculos, utilize, se necessário, alguns dos valores da tabela abaixo?

n	2	3	7142,9	100
$\sqrt{n}$	1,4	1,7	85	10

405 Em um baile havia 35 pessoas. Ana dançou com 6 homens, Clara dançou com 7 homens e, assim, sucessivamente, até a última mulher, Júlia, que dançou com todos os homens presentes no baile. Quantas mulheres participaram da festa?

406 No mês de abril o mercado financeiro viveu uma certa instabilidade, e o preço de determinada ação oscilou de tal forma que ele poderia ser descrito pela função periódica: $f(x) = 4,50 + \text{sen}(2\pi x)$, em que $f(x)$ é o preço da ação, $x = 0$ representa o 1º dia útil de abril, $x = \frac{1}{4}$, o 2º dia útil, $x = \frac{1}{2}$, o 3º dia útil, e assim por diante.

a) Esboce o gráfico da função $f(x)$ correspondente aos primeiros 5 dias úteis de abril.

b) Considerando que o dia 1º de abril foi segunda-feira, determine em que dias da 1ª semana útil de abril o preço dessa ação atingiu o maior e o menor valor.

c) Quais foram o maior e o menor valor dessa ação na 1ª semana útil de abril?

FGV/2008
Administração – 2ª Fase

407 Há apenas dois modos de Cláudia ir para o trabalho: de ônibus ou de moto. A probabilidade de ela ir de ônibus é 30% e, de moto, 70%. Se Cláudia for de ônibus, a probabilidade de chegar atrasada ao trabalho é 10% e, se for de moto, a probabilidade de se atrasar é 20%. A probabilidade de Cláudia não se atrasar para chegar ao trabalho é igual a:

a) 30% b) 80% c) 70% d) 67% e) 83%

408 O texto abaixo se refere às questões **408, 409, 410**.

Paulo é um fabricante de brinquedos que produz determinado tipo de carrinho. A figura abaixo mostra os gráficos das funções custo total e receita, considerando a produção e venda de x carrinhos fabricados na empresa de Paulo.

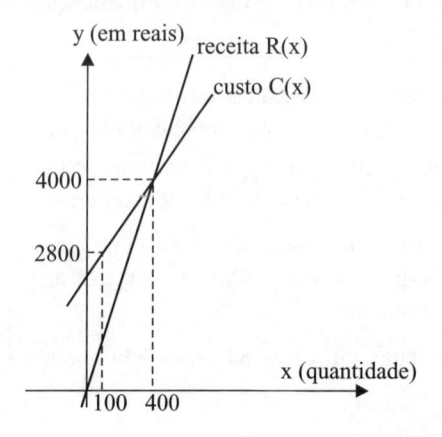

Existem custos tais como: aluguel, folha de pagamento dos empregados e outros, cuja soma denominamos custo fixo, que não dependem da quantidade produzida, enquanto a parcela do custo que depende da quantidade produzida, chamamos de custo variável. A função custo total é a soma do custo fixo com o custo variável. Na empresa de Paulo, o custo fixo de produção de carrinhos é:

a) R$ 2600,00   b) R$ 2800,00   c) R$ 2400,00   d) R$ 1800,00   e) R$ 1000,00

409 A função lucro é definida como sendo a diferença entre a função receita total e a função custo total. Paulo vai obter um lucro de R$ 2700,00 na produção e comercialização de:

a) 550 carrinhos   b) 850 carrinhos   c) 600 carrinhos
d) 400 carrinhos   e) 650 carrinhos

410 A diferença entre o preço pelo qual a empresa vende cada carrinho e o custo variável por unidade é chamada da margem de contribuição por unidade. Portanto, no que diz respeito aos carrinhos produzidos na fábrica de Paulo, a margem de contribuição por unidade é

a) R$ 6,00   b) R$ 10,00   c) R$ 4,00   d) R$ 2,00   e) R$ 14,00

411 A desvalorização do dólar frente ao real em 18 de outubro foi de 1,92%. Alfredo e Duarte vivem no Brasil e operam no comércio exterior. Alfredo importa máquinas da Alemanha e Duarte exporta etanol para os Estados Unidos. No Brasil, os negócios do comércio exterior são feitos por intermédio do Banco do Brasil (BB), isto é, tanto os exportadores recebem do BB quanto os importadores pagam ao BB, em reais. Alfredo e Duarte fecharam negócios no montante de um milhão de dólares no dia 18 de outubro, com a nova cotação do dólar. Podemos concluir que:

a) Alfredo foi prejudicado e Duarte foi beneficiado.

b) Alfredo foi beneficiado e Duarte foi prejudicado.

c) Alfredo e Duarte foram prejudicados.

d) Alfredo e Duarte foram beneficiados.

e) Alfredo e Duarte não foram beneficiados nem prejudicados.

412 A diferença entre os quadrados de dois números naturais é 24. Um possível valor do quadrado da soma desses dois números é:

a) 576   b) 64   c) 400   d) 144   e) 529

413 Considere, no sistema de numeração decimal, o número n formado por 3 algarismos distintos e diferentes de zero. Se triplicarmos o algarismo das centenas e dobrarmos o das dezenas, obteremos outro número, p, tal que p = n + 240. O número de possíveis valores de n é:

a) 5   b) 8   c) 7   d) 4   e) 6

414 Considere as matrizes $A = (a_{ij})_{3 \times 3}$, em que $a_{ij} = (-2)^j$ e $B = (b_{ij})_{3 \times 3}$, em que $b_{ij} = (-1)^i$. O elemento c_{23}, da matriz $C = (c_{ij})_{3 \times 3}$, em que $C = A \cdot B$ é

a) 14 b) −10 c) 12 d) −8 e) 4

415 Beatriz lançou dois dados e anotou numa folha o módulo da diferença entre os números obtidos. Em seguida, propôs aos seus irmãos, Bruno e Dirceu, que adivinhassem o número anotado na folha. Disse-lhes que cada um deles poderia escolher dois números. Bruno escolheu os números 0 e 3, enquanto Dirceu optou por 1 e 5. Podemos afirmar que

a) a probabilidade de Bruno acertar o resultado é 20% menor que a de Dirceu.

b) a probabilidade de Bruno acertar o resultado é o dobro da de Dirceu.

c) a probabilidade de Bruno acertar o resultado é 20% maior que a de Dirceu.

d) Bruno e Dirceu têm iguais probabilidade de acertar o resultado.

e) a probabilidade de Bruno acertar o resultado é a metade da de Dirceu.

416 "Receita bate novo recorde e acumula alta de quase 10%." Esta foi a manchete dos jornalistas Fábio Graner e Gustavo Freire para O Estado de S. Paulo de 19 de outubro de 2007. O corpo da matéria, ilustrada pelo gráfico abaixo, informava que "a arrecadação da Receita Federal em setembro totalizou R$ 48,48 bilhões, um recorde para o mês. De janeiro a setembro ficou em R$ 429,97 bilhões que, corrigidos pela inflação, somam R$ 435,01 bilhões, com crescimento de 9,94% ante o mesmo período de 2006. O secretário adjunto da Receita Federal destacou que, de janeiro a setembro, a expansão das receitas, na comparação com igual período de 2006, foi de 11,14%".

Evolução mensal da arrecadação federal
(valores em bilhões de reais, corrigidos pelo IPCA)

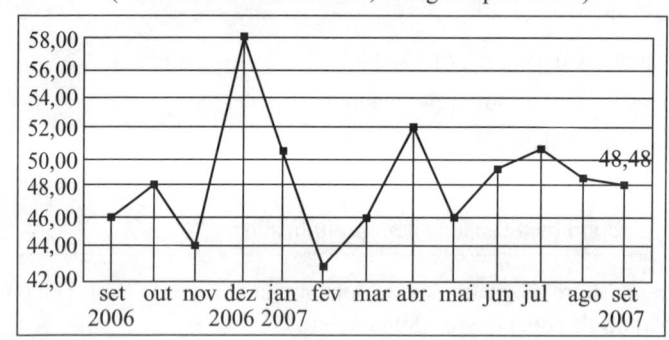

Pode-se concluir, então, que:

a) a arrecadação da Receita Federal, de janeiro a setembro de 2007, foi crescente.

b) em setembro de 2007, a Receita Federal arrecadou 10% a mais do que foi arrecadado em setembro de 2006.

c) a arrecadação de setembro de 2007 foi 11,4% maior que a de janeiro de 2007.

d) em 2007, a arrecadação foi crescente nos períodos de fevereiro a abril, e de maio a agosto.

e) no período de julho a setembro de 2007, a arrecadação da Receita Federal foi decrescente.

417 Aconteceu um acidente: a chuva molhou o papel onde Teodoro marcou o telefone de Aninha e apagou os três últimos algarismos. Restaram apenas os dígitos 58347. Observador, Teodoro lembrou que o número do telefone da linda garota era um número par, não divisível por 5 e que não havia algarismos repetidos. Apaixonado, resolveu testar todas as combinações numéricas possíveis. Azarado! Restava apenas uma possibilidade, quando se esgotaram os créditos do seu telefone celular. Até então, Teodoro havia feito:

a) 23 ligações   b) 59 ligações   c) 39 ligações

d) 35 ligações   e) 29 ligações

418 Seja a e b, respectivamente, as raízes das equações: $\dfrac{x-3}{2,3-x} = \dfrac{4}{3}$ e $\dfrac{x+3}{2,3+x} = \dfrac{4}{3}$

Podemos afirmar que:

a) a = b   b) |a| = |b| c) a . b = – 1   d) a + b = 2,4   e) a + b = 2,8

419 Num triângulo retângulo, a medida da hipotenusa é o triplo da medida de um dos catetos. A razão entre a medida da hipotenusa e a medida do outro cateto é igual a:

a) $\dfrac{2^{3/2}}{3}$ b) $\dfrac{3\sqrt{2}}{4}$ c) $3 \cdot 2^{3/2}$ d) $\dfrac{\sqrt{2}}{12}$ e) 9

420 Seja a progressão aritmética $(a_1, a_2, a_3, ...)$, cuja soma dois p primeiros termos é p . (p – 2). O décimo primeiro termo dessa seqüência é

a) 15   b) 17   c) 19   d) p – 1   e) 10 . p

421 A medida da altura $\overline{AH}$ de um triângulo de vértices A(1, 5); B(0, 0) e C(6, 2) é:

a) $\dfrac{2\sqrt{7}}{10}$ b) $\dfrac{5\sqrt{10}}{7}$ c) $\dfrac{3\sqrt{10}}{5}$ d) $\dfrac{7\sqrt{10}}{5}$ e) $\dfrac{8\sqrt{10}}{7}$

FGV/2008
Economia – 1ª Fase

422 Se P é 30% de Q, Q é 20% de R, e S é 50% de R, então $\dfrac{P}{5}$ é igual a

a) $\dfrac{3}{250}$ b) $\dfrac{3}{25}$ c) 1   d) $\dfrac{6}{5}$ e) $\dfrac{4}{3}$

423 Seja f: R → R uma função afim. Se f(1) ≤ f(2), f(3) ≥ f(4) e f(5) = 5, então f(π) é

a) um número irracional.   b) um racional não inteiro   c) – 1

d) 0   e) 5

424 Dado um pentágono regular ABCDE, constrói-se uma circunferência pelos vértices B e E de tal forma que $\overline{BC}$ e $\overline{ED}$ sejam tangentes a essa circunferência, em B e E, respectivamente.

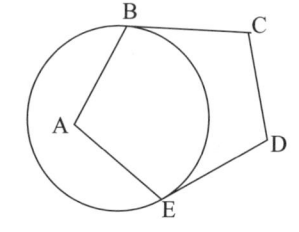

A medida do menor arco BE na circunferência construída é

a) 72° b) 108° c) 120°

d) 135° e) 144°

425 Uma urna contém cinco bolas numeradas com 1, 2, 3, 4 e 5. Sorteando-se ao acaso, e com reposição, três bolas, os números obtidos são representadas por x, y, e z. A probabiliade de que xy + z seja um número par é de

a) $\dfrac{47}{125}$ b) $\dfrac{2}{5}$ c) $\dfrac{59}{125}$ d) $\dfrac{64}{125}$ e) $\dfrac{3}{5}$

426 Dada a equação $x^2 + y^2 = 14x + 6y + 6$, se p é o maior valor possível de x, e q é o maior valor possível de y, então, 3p + 4p é igual a

a) 73 b) 76 c) 85 d) 89 e) 92

427 A soma das medidas das 12 arestas de um paralelepípedo reto-retângulo é igual a 140 cm. Se a distância máxima entre dois vértices do paralelepípedo é 21 cm, sua área total, em cm², é

a) 776 b) 784 c) 798 d) 800 e) 812

428 A reta definida por x = k, com k real, intersecta os gráficos de $y = \log_5 x$ e $y = \log_5(x + 4)$ em pontos de distância $\dfrac{1}{2}$ um do outro. Sendo $k = p + \sqrt{q}$, com p e q inteiros, então p + q é igual a

a) 6 b) 7 c) 8 d) 9 e) 10

429 As alturas de um cone circular reto de volume P e de um cilindro reto de volume Q são iguais ao diâmetro de uma esfera de volume R. Se os raios das bases do cone e do cilindro são iguais ao raio de esfera, então, P – Q + R é igual a

a) 0 b) $\dfrac{2\pi}{3}$ c) π d) $\dfrac{4\pi}{3}$ e) 2π

430 Sendo x, y e z três números naturais tais que x . y . z = 2310, o número de conjuntos {x, y, z} diferentes é

a) 32 b) 36 c) 40 d) 43 e) 45

431 Em relação a um quadrilátero ABCD, sabe-se que med(BÂD) = 120°, med(AB̂C) = med(AD̂C) = 90°, AB = 13 e AD = 46. A medida do segmento $\overline{AC}$ é

a) 60 b) 62 c) 64 d) 65 e) 72

432 Um círculo é inscrito em um quadrado de lado m. Em seguida, um novo quadrado é inscrito nesse círculo, e um novo círculo é inscrito nesse quadrado, e assim sucessivamente. A soma das áreas dos infinitos círculos descritos esse processo é igual a

a) $\dfrac{\pi m^2}{2}$ b) $\dfrac{3\pi m^2}{8}$ c) $\dfrac{\pi m^2}{3}$ d) $\dfrac{\pi m^2}{4}$ e) $\dfrac{\pi m^2}{8}$

433 O valor de cos 72° − cos² 36° é idêntico ao de

a) cos 36° b) − cos²36° c) cos²36° d) − sen²36° e) sen²36°

434 Sendo n num número real, então o sistema de equações $\begin{cases} nx + y = 1 \\ ny + z = 1 \\ x + nz = 1 \end{cases}$ **não** possui solução se, e somente se, n é igual a

a) −1 b) 0 c) $\dfrac{1}{4}$ d) $\dfrac{1}{2}$ e) 1

435 O quociente da divisão do polinômio P(x) = $(x^2 +1)^4 \cdot (x^3 + 1)^3$ por um polinômio de grau 2 é um polinômio de grau

a) 5 b) 10 c) 13 d) 15 e) 18

436 O menor valor inteiro de k para que a equação algébrica $2x(kx - 4) - x^2 + 6 = 0$ em x **não** tenha raízes reais é

a) −1 b) 2 c) 3 d) 4 e) 5

437 Certo capital C aumentou em R$ 1.200,00 e, em seguida, esse montante decresceu 11%, resultando em R$ 32,00 a menos do que C. Sendo assim, o valor de C, em R$, é

a) 9600,00 b) 9.800,00 c) 9.900,00
d) 10.000,00 e) 11.900,00

438 A soma de todos os inteiros entre 50 e 350 que possuem o algarismo das unidades igual a 1 é

a) 4566 b) 4877 c) 5208 d) 5539 e) 5880

439 Adotando log2 = 0,301, a melhor aproximação de $\log_5 10$ representada por uma fração irredutível de denominador 7 é

a) $\dfrac{8}{7}$ b) $\dfrac{9}{7}$ c) $\dfrac{10}{7}$ d) $\dfrac{11}{7}$ e) $\dfrac{12}{7}$

440 Seja uma sequência de n elementos (n > 1), dos quais um deles é $1 - \dfrac{1}{n}$, e os demais são todos iguais a 1. A média aritmética dos n números dessa seqüência é

a) 1   b) $n - \dfrac{1}{n}$ c) $n - \dfrac{1}{n^2}$ d) $1 - \dfrac{1}{n^2}$ e) $1 - \dfrac{1}{n} - \dfrac{1}{n^2}$

441 Sendo $p = \dfrac{1}{2}$ e $(p + 1) \cdot (q + 1) = 2$, então a medida de arc tan p + arc tan q, em radianos, é

a) $\dfrac{\pi}{2}$ b) $\dfrac{\pi}{3}$ c) $\dfrac{\pi}{4}$ d) $\dfrac{\pi}{5}$ e) $\dfrac{\pi}{6}$

442 A soma dos coeficientes de todos os termos do desenvolvimento de $(x - 2y)^{18}$ é igual a

a) 0   b) 1   c) 19   d) – 1   e) – 19

443 No triângulo ABC, AB = 8, BC = 7, AC = 6 e o lado $\overline{BC}$ foi prolongado, como mostra a figura, até o ponto P, formando-se o triângulo PAB, semelhante ao triângulo PCA.

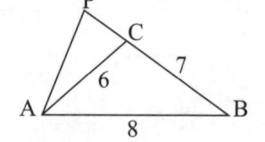

O comprimento do segmento $\overline{PC}$ é

a) 7   b) 8   c) 9   d) 10   e) 11

444 O número de intersecções entre o gráfico de uma circunferência e o gráfico de y = sen x no plano ortogonal pode ocorrer em

a) no máximo 2 pontos.   b) no máximo 4 pontos.   c) no máximo 6 pontos.

d) no máximo 8 pontos.   e) mais do que 16 pontos.

445 Os quatro vértices de um quadrado no plano Argand-Gauss são números complexos, sendo três deles 1 + 2i, – 2 + i e – 1 –2 i. O quarto vértice do quadrado é o número complexo

a) 2 + i   b) 2 – i   c) 1 – 2i   d) – 1 + 2i   e) – 2 – i

446 O número de permutações da palavra ECONOMIA que não começam nem terminam com a letra O é

a) 9400   b) 9600   c) 9800   d) 10200   e) 10800

447 Sejam os números 7, 8, 3, 5, 9 e 5 seis números de uma lista de nove números inteiros. O maior valor possível para a mediana dos nove números da lista é

a) 5   b) 6   c) 7   d) 8   e) 9

448 Na matriz indicada, a soma dos elementos de uma linha qualquer é igual à soma dos elementos de uma coluna qualquer.

$$\begin{bmatrix} 4 & 9 & 2 \\ 8 & 1 & 6 \\ 3 & 5 & 7 \end{bmatrix}$$

O menor número de elementos dessa matriz que devem ser modificados para que todas as seis somas (somas dos elementos das três linhas e das 3 colunas) sejam diferentes umas das outras é

a) 0   b) 2   c) 3   d) 4   e) 5

449 As intersecções de $y = x$, $y = -x$ e $y = 6$ são vértices de um triângulo de área

a) 36   b) $24\sqrt{2}$ c) 24   d) $12\sqrt{2}$ e) 12

450 O número de segmentos de reta que têm ambas as extremidades localizadas nos vértices de um cubo dado é

a) 12   b) 15   c) 18   d) 24   e) 28

451 Em regime de juros compostos, um capital inicial aplicado à taxa mensal de juros i irá triplicar em um prazo, indicado em meses, igual a

a) $\log 1 + i^3$ b) $\log_i 3$ c) $\log_3(1 + i)$ d) $\log_3 i$ e) $\log_{3i}(1 + i)$

FGV/2008
Economia – 2ª Fase

452 A figura mostra um cubo de aresta 3 m, no qual foram feitas perfurações da seguinte forma:

- os furos foram feitos a partir de quadrados de lado 1 m, atravessando-se paralelamente duas faces opostas do cubo;
- os quadrados que geraram os furos estão no centro das faces do cubo e possuem arestas paralelas às arestas do cubo.

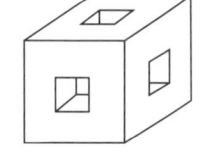

Sabe-se que o sólido mostrado na figura é maciço e foi feito de uma liga, ao custo de R$ 18,20 por m³.

a) Calcule o custo da liga utilizada na fabricação do sólido, considerando-se somente o volume de liga que permaneceu no sólido final.

b) Calcule o aumento percentual da área das paredes do sólido final (faces do sólido) com relação às paredes do cubo inicial que deu origem a ele.

453 A figura indica uma parte do mapa das ruas de uma cidade. Nesse mapa, todas as ruas são paralelas ou perpendiculares, e os quarteirões são quadrados.

a) Todas as manhãs João caminha, ao longo das ruas mostradas no mapa, do ponto A até o ponto B, sempre indo para o leste ou para o sul. Para variar o percuro, a cada cruzamento de duas ruas ele sorteia, com probabilidade $\frac{1}{2}$ (probabilidade independente de todos os outros sorteios), se vai para leste ou para o sul. Calcule a probabilidade de, em uma manhã qualquer, João passar pelo ponto C em seu percurso de A até B.

b) Adote para este item:
- cada rua do mapa como sendo uma reta;
- a origem dos eixos cartesianos ortogonais posicionada no ponto A, com Ox e Oy sobre as retas perpendiculares que passam por A;

Duas linhas subterrâneas de esgoto devem ser construídas, uma delas ligando os pontos A e B, e a outra ligando C com a linha que liga A até B. Não havendo restrições no subsolo para a construção das linhas, determine suas equações cartesianas, levando em conta um projeto que minimize as distâncias das ligações indicadas.

454 Na sequência não decrescente de naturais ímpares (1, 3, 3, 3, 5, 5, 5, 5, 5, ...), cada número ímpar k aparece k vezes.

a) Determine o 101º termo dessa seqüência.

b) Determine a soma dos 1024 primeiros termos dessa sequência.

Dado: $\sum_{k=0}^{m}(2k+1)^2 = \frac{(m+1)(2m+1)(2m+3)}{3}$

455 Para cada número real x, admita que [x] seja igual a x se x for inteiro, e igual ao maior inteiro menor do que x se x não for inteiro.

a) Calcule o valor $\left[\dfrac{[-2,7]}{[0,7]+[16/3]} \right]$.

b) Admita um serviço de entregas do correio cuja tarifa seja R$ 0,09 por grama ou frações menores que 1 grama (por exemplo, paga-se R$ 0,27 pelo envio de 2,3g). Determine uma fórmula que utilize a notação [x], sendo x a massa, em gramas, para a tarifa T(x), em reais, de envio de uma mercadoria de x gramas por esse serviço de entregas do correio.

FGV/2008
Direto – 2ª Fase

456 Os carros flex, com motores que funcionam tanto a gasolina quanto a álcool, já representam mais da metade dos veículos novos vendidos no País, mas muitos consumidores ainda têm dúvidas sobre a confiabilidade, o consumo, o funcionamento e a manutenção dos motores bicombustíveis, bem como sobre quando utilizar álcool ou gasolina para economizar.

Segundo informações de uma montadora a respeito de um carro flex por ela lançado recentemente, o consumo médio do veículo na cidade é 10,0 km/L com gasolina e 7,3 km/L quando abastecido com álcool.

Preços praticados em alguns estados do Brasil, período de 22 a 28/07/2007

Estado	Preço médio Gasolina	Preço médio Álcool
Amapá	2,219	1,983
Mato Grosso	2,920	1,235
Piauí	2,576	1,866
São Paulo	2,399	1,176

(adaptado de http://www.anp.gov.br/i_precol)

a) A partir do consumo médio do veículo com gasolina e com álcool, estabeleça uma função que forneça a distância que o veículo percorre com álcool em relação à que percorre com gasolina, considerando a mesma quantidade de litros dos dois combustíveis. Esboce o gráfico dessa função . (1)

b) Em que condição é mais vantajoso abastecer com álcool? Justifique a sua resposta a partir da análise do gráfico esboçado no item a). (2)

c) A tabela abaixo apresenta dados sobre o preço médio da gasolina e do álcool, no período de 22 a 28/07/2007, em alguns estados brasileiros. Analise qual dos dois combustíveis torna o abastecimento mais vantajoso em cada um dos estados. Justifique sua resposta. (3)

457 As livrarias A, B, C e D de uma cidade vendem livros de Matemática de 5ª a 8ª séries do Ensino Fundamental, de uma mesma coleção, com preço comum estabelecido pela editora. Os dados de vendas diárias são os seguintes:

Livrarias	Número de livros vendidos				Valor total recebido (R$)
	5ª série	6ª série	7ª série	8ª série	
A	2	2	3	2	563,10
B	2	1	2	4	566,10
C	0	5	0	0	304,50
D	3	2	5	1	687,90

a) Quantas coleções completas (de 5ª a 8ª séries) são vendidas diariamente em cada uma das livrarias? (4)

b) Qual o preço de venda de cada um dos livros da coleção? (5)

c) Quando uma livraria compra 100 coleções completas (de 5ª a 8ª séries), a editora emite uma fatura no valor de R$ 22.963,20. Qual a porcentagem de desconto que a livraria recebe nesse caso? (6)

458 Um loja de departamento, compra cartuchos para uma determinada impressora jato de tinta a R$ 28,00 a unidade e prevê que, se cada cartucho for vendido a x reais, serão vendidos 200 – 2x cartuchos por mês.

a) Encontre uma fórmula que fornece o lucro mensal em função do preço de venda x de cada cartucho. (7)

b) Estabeleça matematicamente o intervalo dos valores de x para os quais existe efetivamente lucro. (8)

c) Para que o lucro seja máximo, qual deve ser o preço de venda x de cada cartucho? (9)

d) Qual será o lucro máximo e quantos cartuchos serão vendidos mensalmente ao preço que maximiza esse lucro? (10)

UNIFESP/2006
Conhecimentos Gerais

459 Os segmentos representam, em uma mesma escala, as populações das cidades A, B, C, D e E nos anos indicados, em milhares de habitantes.

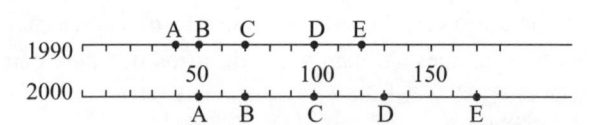

A cidade que teve o maior aumento percentual na população, no período de 1990 a 2000, foi

a) A b) B c) C d) D e) E

460 André aplicou parte de seus R$ 10.000,00 a 1,6% ao mês, e o restante a 2% ao mês. No final de um mês, recebeu um total de R$ 194,00 de juros das duas aplicações. O valor absoluto da diferença entre os valores aplicados a 1,6% e a 2% é

a) R$ 4.000,00   b) R$ 5.000,00   c) R$ 6.000,00
d) R$ 7.000,00   e) R$ 8.000,00

461 Um número inteiro positivo m dividido por 15 dá resto 7. A soma dos restos das divisões de m por 3 e por 5 é

a) 2   b) 3   c) 4   d) 5   e) 6

462 Se $\dfrac{1}{x^3+x+1} = \dfrac{27}{37}$, então $\dfrac{1}{x^3+x+2}$ é igual a

a) $\dfrac{27}{84}$ b) $\dfrac{27}{64}$ c) $\dfrac{27}{38}$ d) $\dfrac{28}{37}$ e) $\dfrac{64}{27}$

463 Se os primeiros quatro termos de uma progressão aritmética são a, b, 5a, d, então o quociente d/b é igual a

a) 1/4   b) 1/3   c) 2   d) 7/3   e) 5

464 As permutações das letras da palavra PROVA foram listadas em ordem alfabética, como se fossem palavras de cinco letras em um dicionário. A 73ª palavra nesta lista é

a) PROVA   b) VAPOR   c) RAPOV
d) ROVAP   e) RAOPV

465 Os números complexos, z_1, z_2, = 2i e $z_3 = a\sqrt{3} + ai$, onde a é um número real positivo, representam no plano complexo vértices de um triângulo equilátero. Dado que $|z_2 - z_1| = 2$, o valor de a é:

a) 2   b) 1   c) $\sqrt{3}$ d) $\dfrac{\sqrt{3}}{2}$ e) $\dfrac{1}{2}$

466 A parábola $y = x^2 - tx + 2$ tem vértice no ponto (x_t, y_t). O lugar geométrico dos vértices da parábola, quando t varia no conjunto dos números reais, é

a) uma parábola   b) uma elipse   c) um ramo de uma hipérbole
d) uma reta   e) duas retas concorrentes

467 A expressão sen(x − y) cos y + cos (x − y) sen y é equivalente a

a) sen(2x + y)   b) cos(2x)   c) sen x
d) sen(2x)   e) cos(2x + 2y)

468 Se x é a medida de um arco do primeiro quadrante e se sen x = 3 cos x, então sen (2x) é igual a

a) $\dfrac{\sqrt{5}}{5}$ b) $\dfrac{3}{5}$ c) $\dfrac{1+\sqrt{5}}{5}$ d) $\dfrac{4}{5}$ e) $\dfrac{\sqrt{3}}{2}$

469 Na figura, o segmento AC é perpendicular à reta r. Sabe-se que o ângulo AÔB, com O sendo um ponto da reta r, será máximo quando O for o ponto onde r tangencia uma circunferência que passa por A e B.

Se AB representa uma estátua de 3,6 m sobre um pedestal BC de 6,4 m, a distância OC, para que o ângulo AÔB de visão da estátua seja máximo, é

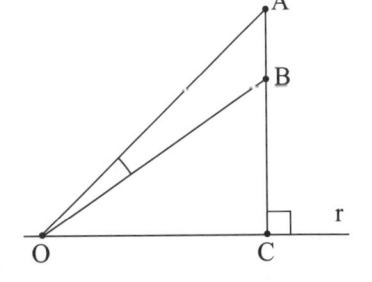

a) 10 m   b) 8,2 m   c) 8 m
d) 7,8 m   e) 4,6 m

470 A figura indica algumas das dimensões de um bloco de concreto formado a partir de um cilindro circular oblíquo, com uma base no solo, e de um semicilindro.

Dado que o raio da circunferência da base do cilindro oblíquo mede 10 cm, o volume do bloco de concreto, em cm³, é

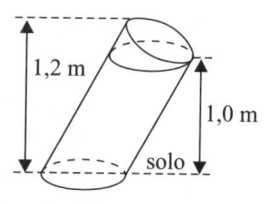

a) $11\ 000\ \pi$ b) $10\ 000\ \pi$ c) $5\ 500\pi$
d) $5\ 000\ \pi$ e) $1\ 100\ \pi$

471 Considere o sistema de equações

$$\begin{cases} x - y = 2 \\ cx + y = 3 \end{cases}$$

onde c é uma constante real. Para que a solução do sistema seja um par ordenado no interior do primeiro quadrante (x > 0, y > 0) do sistema de eixos cartesianos ortogonais com origem em (0, 0), é necessário e suficiente que

a) $c \neq -1$ b) $c < -1$ c) $c < -1$ ou $c > \dfrac{3}{2}$ d) $\dfrac{3}{2} < c$ e) $-1 < c < \dfrac{3}{2}$

472 Se P é o ponto de intersecção das retas de equações $x - y - 2 = 0$ e $\dfrac{1}{2}x + y = 3$, a área do triângulo de vértice A(0, 3), B(2, 0) e P é

a) $\dfrac{1}{3}$ b) $\dfrac{5}{3}$ c) $\dfrac{8}{3}$ d) $\dfrac{10}{3}$ e) $\dfrac{20}{3}$

473 Se A é o conjunto dos números reais diferentes de 1, seja

$$f: A \to A \text{ dada por } f(x) = \dfrac{x+1}{x-1}$$

Para um inteiro positivo n, $f^n(x)$ é definida por

$$f^n(x) = \begin{cases} f(x),\ \text{se } n = 1 \\ f(f^{n-1}(x)),\ \text{se } n > 1 \end{cases}$$

Então, $f^5(x)$ é igual a

a) $\dfrac{x+1}{x-1}$ b) $\dfrac{x}{x+1}$ c) x d) x^4 e) $\left(\dfrac{x+1}{x-1}\right)^5$

UNIFESP/2006
Conhecimentos Específicos

474 A porcentagem p de bactérias em uma certa cultura sempre decresce em função do número t de segundos em que ela fica exposta à radiação ultravioleta, segundo a relação

$$p(t) = 100 - 15t + 0{,}5t^2$$

a) Considerando que p deve ser uma função decrescente variando de 0 a 100, determine a variação correspondente do tempo t (domínio da função).

b) A cultura não é segura para ser usada se tiver mais de 28% de bactérias. Obtenha o tempo mínimo de exposição que resulta em uma cultura segura.

475 Na procura de uma função y = f(t) para representar um fenômeno físico periódico, cuja variação total de y vai de 9,6 até 14,4, chegou-se a uma função da forma

$$f(t) = A + B \operatorname{sen}\left[\frac{\pi}{90}(t - 105)\right],$$

com o argumento medido em radianos.

a) Encontre os valores de A e B para que a função f satisfaça as condições dadas.

b) O número A é chamado valor médio da função. Encontre o menor t positivo no qual f assume o seu valor médio.

476 Uma droga na corrente sangüínea é eliminada lentamente pela ação dos rins. Admita que, partindo de uma quantidade inicial de Q_0 miligramas, após t horas a quantidade da droga no sangue fique reduzida a $Q(t) = Q_0(0{,}64)^t$ miligramas. Determine:

a) a porcentagem da droga que é eliminada pelos rins em 1 hora.

b) o tempo necessário para que a quantidade inicial da droga fique reduzida à metade.

Utilize $\log_{10} 2 = 0{,}30$.

477 Considere a equação $x^3 - Ax^2 + Bx - C = 0$, onde A, B e C são constantes reais. Admita essas constantes escolhidas de modo que as três raízes da equação são as três dimensões, em centímetros, de um paralelepípedo reto-retângulo. Dado que o volume desse paralelepípedo é 9 cm³, que a soma das áreas de todas as faces é 27 cm² e que a soma dos comprimentos de todas as arestas é 26 cm, pede-se:

a) os valores de A, B e C.

b) a medida de uma diagonal (interna) do paralelepípedo.

478 Em um dia de sol, uma esfera localizada sobre um plano horizontal projeta uma sombra de 10 metros, a partir do ponto B em que está apoiada ao solo, como indica a figura.

Sendo C o centro de esfera, T o ponto de tangência de um raio de luz, BD um segmento que passa por C, perpendicular à sombra BA, e admitindo A, B, C, D e T coplanares:

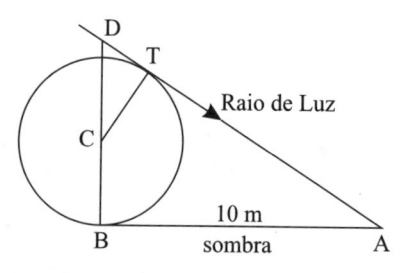

a) justifique por que os triângulos ABD e CTD são semelhantes.

b) calcule o raio da esfera, sabendo que a tangente do ângulo BÂD é $\frac{1}{2}$.

479 Sendo A e B eventos de um mesmo espaço amostral, sabe-se que a probabilidade de A ocorrer é $p(A) = \frac{3}{4}$, e que a probabilidade de B ocorrer é $p(B) = \frac{2}{3}$. Seja $p = p(A \cap B)$ a probabilidade de ocorrerem A e B.

a) Obtenha os valores mínimo e máximo possíveis para p.

b) Se $p = \frac{7}{12}$, e dado que A tenha ocorrido, qual é a probabilidade de ter ocorrido B?

UNIFESP/2007
Conhecimentos Gerais

480 Entre os primeiros mil números inteiros positivos, quantos são divisíveis pelos números 2, 3, 4 e 5?

a) 60   b) 30   c) 20   d) 16   e) 15

481 Quatro números complexos representam, no plano, complexo, vértices de um paralelogramo. Três dos números são $z_1 = -3 - 3i$, $z_2 = 1$ e $z_3 = -1 + (5/2i)$. O quarto número tem as partes real a imaginária positivas. Esse número é

a) $2 + 3i$
d) $2 + (11/2)i$
b) $3 + (11/2)i$
e) $4 + 5i$
c) $3 + 5i$

482 Um comerciante comprou um produto com 25% de desconto sobre o preço do catálogo. Ele deseja marcar o preço de venda de modo que, dando um desconto de 25% sobre esse preço, ainda consiga um lucro de 30% sobre o custo. A porcentagem sobre o preço do catálogo que ele deve usar para marcar o preço de venda é

a) 110%   b) 120%   c) 130%   d) 135%   e) 140%

483 Uma forma experimental de insulina está sendo injetada a cada 6 horas em um paciente com diabetes. O organismo usa ou elimina a cada 6 hora 50% da droga presente no corpo. O gráfico que melhor representa a quantidade Y da droga no organismo como função do tempo t, em um período de 24 horas, é

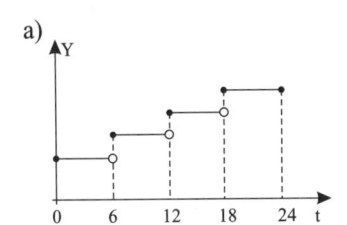

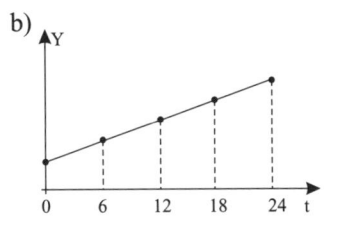

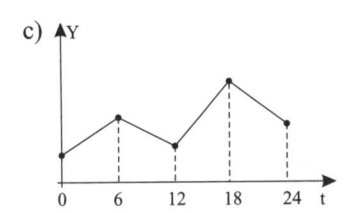

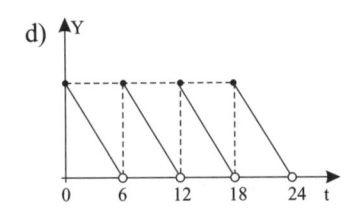

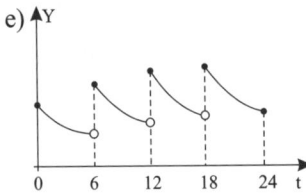

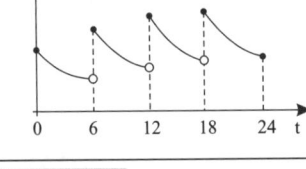

a) [gráfico em escada crescente com Y vs t: 0, 6, 12, 18, 24]

b) [gráfico linear crescente com Y vs t: 0, 6, 12, 18, 24]

c) [gráfico com picos irregulares: 0, 6, 12, 18, 24]

d) [gráfico dente de serra decrescente: 0, 6, 12, 18, 24]

e) [gráfico com decaimentos exponenciais repetidos: 0, 6, 12, 18, 24]

484 Se $\dfrac{x}{x^2-3x+2} = \dfrac{a}{x-1} + \dfrac{b}{x-2}$ é verdadeira para todos x real, $x \neq 1$, $x \neq 2$, então o valor de a . b é

a) – 4   b) – 3   c) – 2   d) 2   e) 6

485 A relação $P(t) = P_0(1+r)^t$, onde $r > 0$ é constante, representa uma quantidade P que cresce exponencialmente em função do tempo $t > 0$. P_0 é a quantidade inicial e r é a taxa de crescimento num dado período de tempo. Neste caso, o tempo de dobra da quantidade é o período de tempo necessário para ela dobrar. O tempo de dobra T pode ser calculado pela fórmula

a) $T = \log 2$

b) $T = \log_r 2$

c) $T = \log_2 r$

d) $T = \log_2(1+r)$

e) $T = \log_{(1+r)}(2r)$

486 De um cartão retangular de base 14 cm e altura 12 cm, deseja-se recortar um quadrado de lado x e um trapézio isósceles, conforme a figura, onde a parte hachurada será retirada.

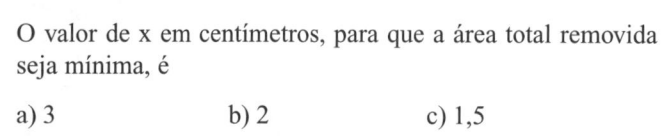

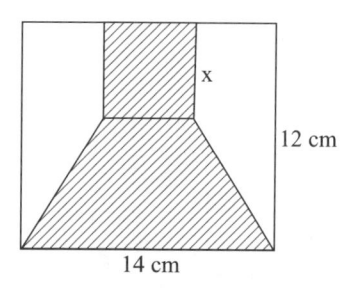

O valor de x em centímetros, para que a área total removida seja mínima, é

a) 3
b) 2
c) 1,5
d) 1
e) 0,5

487 Sabe-se que, se b > 1, o valor máximo da expressão $y - y^b$, para y no conjunto R dos números reais, ocorre quando $y = \left(\dfrac{1}{b}\right)^{\frac{1}{b-1}}$.

O valor máximo que a função f(x) = sen(x) sen(2x) assume, para x variando em R, é

a) $\dfrac{\sqrt{3}}{3}$
b) $2\dfrac{\sqrt{3}}{3}$
c) $\dfrac{3}{4}$
d) $\dfrac{4\sqrt{3}}{9}$
e) 1

488 A figura mostra duas roldanas circulares ligadas por uma correia. A roldana maior, com raio 12 cm, gira fazendo 100 rotações por minuto, e a função da correia é fazer a roldana menor girar. Admita que a correia não escorregue.

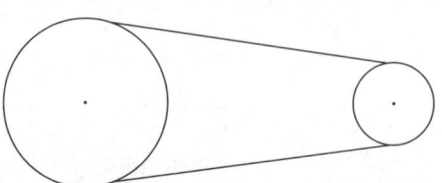

Para que a roldana menor faça 150 rotações por minuto, o seu raio, em centímetros, deve ser

a) 8
b) 7
c) 6
d) 5
e) 4

489 Dois triângulo congruentes ABC e ABD, de ângulos 30°, 60° e 90°, estão colocados como mostra a figura, com as hipotenusas AB coincidentes.

Se AB = 12 cm, a área comum aos dois triângulos, em centímetros quadrados, é igual a

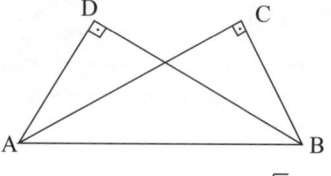

a) 6
b) $4\sqrt{3}$
c) $6\sqrt{3}$
d) 12
e) $12\sqrt{3}$

490 Em uma lanchonete, o custo de 3 sanduíches, 7 refrigerantes e uma torta de maçã é R$ 22,50. Com 4 sanduíches, 10 refrigerantes e uma torta de maçã, o custo vai para R$ 30,50. O custo de um sanduíche, um refrigerante e uma torta de maçã, em reais, é

a) 7,00
b) 6,50
c) 6,00
d) 5,50
e) 5,00

491
Se m, p, mp são as três raízes reais não nulas da equação $x^3 + mx^2 + mpx + p = 0$, a soma das raízes dessa equação será

a) 3   b) 2   c) 1   d) 0   e) –1

492
Se um arco de 60° num círculo I tem o mesmo comprimento de um arco de 40° num círculo II, então, a razão da área do círculo I pela área do círculo II é

a) $\dfrac{2}{9}$ b) $\dfrac{4}{9}$ c) $\dfrac{2}{3}$ d) $\dfrac{3}{2}$ e) $\dfrac{9}{4}$

493
A figura mostra um arco parabólico ACB de altura CM = 16 cm, sobre uma base AB de 40 cm. M é o ponto médio de AB.

A altura do arco em centímetros, em um ponto da base que dista 5 cm de M, é

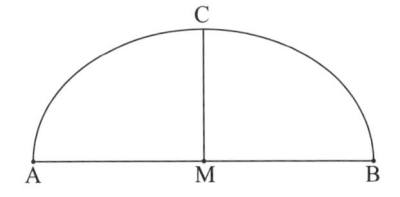

a) 15   b) 14   c) 13
d) 12   e) 10

494
Em um triângulo com lados de comprimentos, a, b, c, tem-se $(a + b + c)(a + b - c) = 3ab$. A medida do ângulo oposto ao lado de comprimento é

a) 30°   b) 45°   c) 60°   d) 90°   e) 120°

UNIFESP/2007
Conhecimentos Específicos

495
Em um plano cartesiano, seja T o triângulo que delimita a região definida pelas inequações $y \leq 2$, $x \geq 0$ e $x - y \leq 2$.

a) Obtenha as equações de todas as retas que são eqüidistantes dos três vértices do triângulo T.

b) Obtenha a equação da circunferência circunscrita ao triângulo T, destacando o centro e o raio.

496
Colocam-se n^3 cubinhos de arestas unitárias juntos, formando um cubo de aresta n, onde n > 2. Esse cubo tem as suas faces pintadas e depois é desfeito, separando-se os cubinhos.

a) Obtenha os valores de n para os quais o número de cubinhos sem nenhuma face pintada é igual ao númerto de cubinhos com exatamente uma face pintada.

b) Obtenha os valores de n para os quais o número de cubinhos com pelo menos uma face pintada é igual a 56.

497 Em uma cidade existem 1000 bicicletas, cada uma com um número de licença, de 1 a 1000. Duas bicicletas nunca têm o mesmo número de licença.

a) Entre as licenças de três algarismos, de 100 a 999, em quantas delas o valor absoluto da diferença entre o primeiro algarismo e o último é igual a 2?

b) Obtenha a probabilidade do número da licença de uma bicicleta, encontrada aleatoriamente entre as mil, não ter nenhum 8 entre seus algarismos.

498 Quatro dos oito vértices de um cubo de aresta unitária são vértices de um tetraedro regular. As arestas do tetraedro são diagonais das faces do cubo, conforme mostra a figura.

a) Obtenha a altura do tetraedro e verifique que ela é igual a dois terços da diagonal do cubo.

b) Obtenha a razão entre o volume do cubo e o volume do tetraedro.

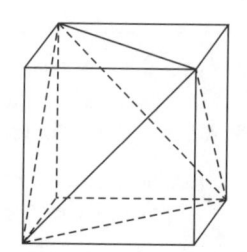

499 As medidas dos ângulos internos de um polígono convexo de n lados formam uma progressão aritmética em que o primeiro termo é a_1 e a razão é $r > 0$.

a) Se $a_1 \geq 25°$ e se $r \geq 10°$, obtenha o valor máximo possível para n nas condições enunciadas.

b) Se o maior ângulo mede 160° e a razão é igual a 5°, obtenha o único valor possível para n.

UNIFESP/2008
Conhecimentos Gerais

500 O número de inteiros positivos que são divisores do número $N = 21^4 \cdot 35^3$, inclusive 1 e N, é

a) 84   b) 86   c) 140   d) 160   e) 162

501 O 2007º dígito na seqüência 123454321234543.... é

a) 1   b) 2   c) 3   d) 4   e) 5

502 "Números triangulares" são números que podem ser representados por pontos arranjados na forma de triângulos equiláteros. É conveniente definir 1 como o primeiro número triangular. Apresentamos a seguir os primeiros números triangulares.

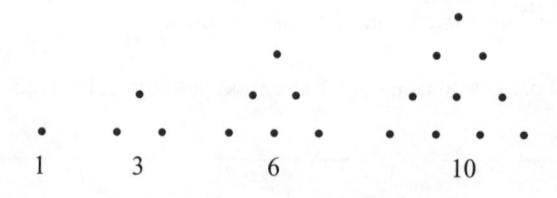

1   3   6   10

Se T_n representa o n-ésimo número triangular, então $T_1 = 1$, $T_2 = 3$, $T_3 = 6$, $T_4 = 10$, e assim por diante. Dado que T_n satisfaz a relação $T_n = T_{n-1} + n$, para n = 2, 3, 4, ... , pode-se deduzir que T_{100} é igual a

a) 5.050   b) 4.950   c) 2.187   d) 1.458   e) 729

503 Se 0 < a < b, racionalizando o denominador, tem-se que

$$\frac{1}{\sqrt{a}+\sqrt{b}} = \frac{\sqrt{b}-\sqrt{a}}{b-a}.$$

Assim, o valor da soma

$$\frac{1}{1+\sqrt{2}} + \frac{1}{\sqrt{2}+\sqrt{3}} + \frac{1}{\sqrt{3}+\sqrt{4}} + ... + \frac{1}{\sqrt{999}+\sqrt{1000}} \text{ é}$$

a) $10\sqrt{10}-1$ b) $10\sqrt{10}$ c) 99   d) 100   e) 101

504 A tabela mostra a distância s em centímetros que uma bola percorre descendo por um plano inclinado em t segundos.

t	0	1	2	3	4
s	0	32	128	288	512

A distância s é função de t dada pela expressão $s(t) = at^2 + bt + c$, onde a, b, c são constantes. A distância s em centímetros, quando t = 2,5 segundos, é igual a

a) 248   b) 228   c) 208   d) 200   e) 190

505 A tabela apresenta valores de uma escala logarítmica decimal das populações de grupos A, B, C, ... de pessoas.

Grupo	A	B	C	D	E	F
População (p)	5	35	1.800	60.000	----	10.009.000
$\log_{10}(p)$	0,69897	1,54407	3,25527	4,77815	5,54407	7,00039

Por algum motivo, a população do grupo E está ilegível. A partir de valores da tabela, pode-se deduzir que a população do grupo E é

a) 170.000   b) 180.000   c) 250.000   d) 300.000   e) 350.000

506 Uma das raízes da equação $2^{2x} - 8 \cdot 2^x + 12 = 0$ é x = 1. A outra raiz é

a) $1 + \log_{10}\left(\frac{3}{2}\right)$ b) $1 + \frac{\log_{10} 3}{\log_{10} 2}$ c) $\log_{10} 3$ d) $\frac{\log_{10} 6}{2}$ e) $\log_{10}\left(\frac{3}{2}\right)$

507 Quatro pessoas vão participar de um torneio em que os jogos são disputados entre duplas. O número de grupos com duas duplas, que podem ser formados com essas 4 pessoas, é

a) 3   b) 4   c) 6   d) 8   e) 12

508 Três dados honestos são lançados. A probabilidade de que os três números sorteados possam ser posicionados para formar progressões aritméticas de razão 1 ou 2 é

a) $\dfrac{1}{36}$ b) $\dfrac{1}{9}$ c) $\dfrac{1}{6}$ d) $\dfrac{7}{36}$ e) $\dfrac{5}{18}$

509 Sejam p, q, r as raízes distintas da equação $x^3 - 2x^2 + x - 2 = 0$. A soma dos quadrados dessas raízes é igual a

a) 1 b) 2 c) 4 d) 8 e) 9

510 Dadas as retas: r: $5x - 12y = 42$
s: $5x + 16y = 56$ e
t: $5x + 20y = m$,

o valor de m para que as três retas sejam concorrentes num mesmo ponto é

a) 14 b) 28 c) 36 d) 48 e) 58

511 Você tem dois pedaços de arame de mesmo comprimento e pequena espessura. Um deles você usa para formar o círculo da figura I, e o outro você corta em 3 partes iguais para formar os três círculos da figura II.

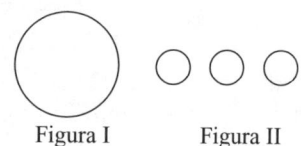

Se S é a área do círculo maior e s é a área de um dos círculos menores, a relação entre S e s é dada por

Figura I   Figura II

a) S = 3s b) S = 4s c) S = 6s d) S = 8s e) S = 9s

512 Tem-se um triângulo equilátero em que cada lado mede 6 cm. O raio do círculo circunscrito a esse triângulo, em centímetros, mede

a) $\sqrt{3}$ b) $2\sqrt{3}$ c) 4 d) $3\sqrt{2}$ e) $3\sqrt{3}$

513 A soma de n – 1 ângulos internos de um polígono convexo de n dados é 1900°. O ângulo remanescente mede

a) 120° b) 105° c) 95° d) 80° e) 60°

514 Na figura, o ângulo C é reto, D é ponto médio de AB, DE é perpendicular a AB, AB = 20 cm e AC = 12 cm.

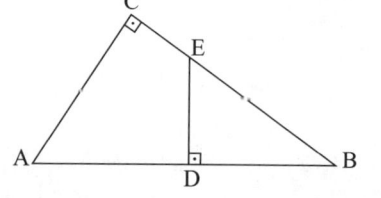

A área do quadrilátero ADEC, em centímetros quadrados, é

a) 96 b) 75 c) 58,5
d) 48 e) 37,5

UNIFESP/2008
Conhecimentos Específicos

515 Dado x > 0, considere o retângulo de base 4 cm e altura x cm. Seja y, em centímetros quadrados, a área desse retângulo menos a área de um quadrado de lado x/2 cm.

a) Obtenha os valores de x para os quais y > 0.

b) Obtenha o valor de x para o qual y assume o maior valor possível, e dê o valor máximo de y.

516 Considere a função $y = f(x) = 1 + \text{sen}(2\pi x - \frac{\pi}{2})$, definida para todo x real.

a) Dê o período e o conjunto imagem da função f.

b) Obtenha todos os valores de x no intervalo [0, 1], tais que y = 1.

517 Suponha que Moacir esqueceu o número do telefone de seu amigo. Em tem apenas duas fichas, suficientes para dois telefonemas.

a) Se Moacir só esqueceu os dois últimos dígitos, mas sabe que a soma desses dois dígitos é 15, encontre o número de possibilidades para os dois últimos dígitos.

b) Se Moacir só esqueceu o último dígito e decide escolher um dígito ao acaso, encontre a probabilidade de acertar o número do telefone, com as duas tentativas.

518 Na figura, os triângulos ABD e BCD são isósceles. O triângulo BCD é retângulo, com o ângulo C reto, A, B, C estão alinhados.

a) Dê a medida do ângulo BÂD em graus.

b) Se BD = x, obtenha a área do triângulo ABD em função de x.

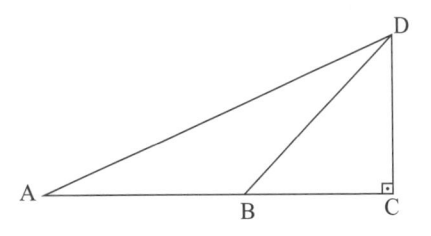

519 Um poliedro é construído a partir de um cubo de aresta a > 0, cortando-se em cada um de seu cantos uma pirâmide regular de base triangular equilateral (os três lados da base da pirâmide são iguais). Denote por x, 0 < x ≤ a/2, a aresta lateral das pirâmides cortadas.

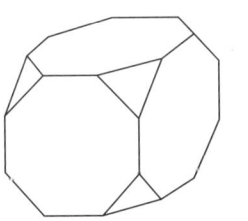

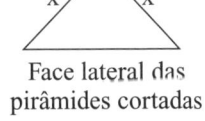

a) Dê o número de faces do poliedro construído.

b) Obtenha o valor de x, 0 < x ≤ a/2, para o qual o volume do poliedro construído fique igual a cinco sextos do volume do cubo original. A altura de cada pirâmide cortada, relativa à base equilateral, é $x/\sqrt{3}$.

Dicas
e
Ajudas

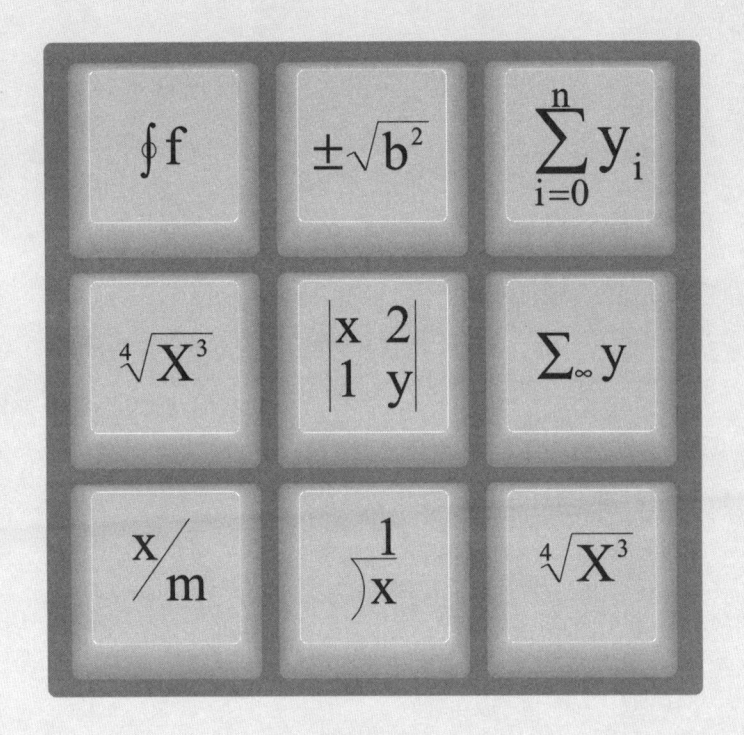

$$\oint f \quad \pm\sqrt{b^2} \quad \sum_{i=0}^{n} y_i$$

$$\sqrt[4]{X^3} \quad \begin{vmatrix} x & 2 \\ 1 & y \end{vmatrix} \quad \Sigma_\infty y$$

$$x/m \quad \frac{1}{\sqrt{x}} \quad \sqrt[4]{X^3}$$

FUVEST
UNICAMP
VUNESP
ITA
FGV
UNIFESP

Dicas e Ajudas FUVEST/2006 – 1ª Fase

FUVEST/2006
1ª Fase

1   Suponha que a face não pintada seja a ABFE

No desenho ao lado temos uma sugestão das faces dos "cubinhos" que estão pintados duas ou três vezes.

Basta "contar" quantos cubinhos estão "assinalados", não se esqueça da face AEHD que não aparece no desenho.

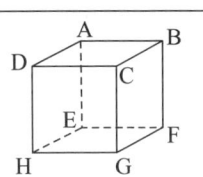

---

2   1) A reta tangente a uma circunferência é perpendicular à reta suporte do raio que tem como extremidade o ponto de tangência.

2) Aplique o teorema de Pitágoras no $\triangle AOP$.

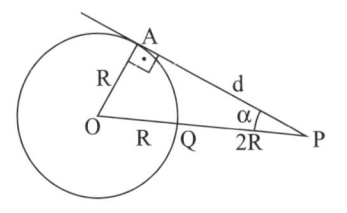

3) $\cos\alpha = \dfrac{AP}{OP}$

---

3   Consulte a tabela para responder às indagações.

Por exemplo: jovens com superior completo ou incompleto são $4\% + 2\% = 6\% = \dfrac{6}{100}$ da população.

$\dfrac{6}{100} \cdot 48\% = \dfrac{6}{100} \cdot \dfrac{48}{100}$ é a probabilidade de ser jovem e possuir curso superior (completo ou incompleto).

Faça o mesmo para mulher e homem e some as probabilidades obtidas.

---

4   Lembre-se de que $x\% = \dfrac{x}{100}$ e $x\%$ de $C = \dfrac{x}{100}\cdot C$.

Se um deles investiu o capital inicial C com juros de 10% ao ano, ao final do primeiro ano terá $C + 10\%$ de $C = C + 0{,}1C = (1,1).C$ e ao final do segundo ano terá $(1,1).C.(1,1) = (1,1)^2.C$.

Sendo por por exemplo, x, y e z, nessa ordem, os capitais iniciais de João, Maria e Antônia, monte as equações de acordo com o enunciado para determinar x (capital inicial de João).

---

5   1) Observe o exemplo:

O número 438 pode ser escrito como: **4**. 100 + **3**. 10 + **8**

Assim sendo, se **c**, **d** e **u** são os algarismos da centena, dezena e unidade, respectivamente, então este número dado pode ser escrito como: 100 c + 10d + u.

2) Pelo enunciado do problema, temos:

$$100c + 10d + u - 396 = 100u + 10d + c$$

Assim determine uma relação entre **c** e **u**, a fim de resolver um sistema linear nas incógnitas **c** e **u**.

6
1) Represente a PA dada por $(a-r, a, a+r)$. Dessa forma é possível determinar o valor de **a**, pois a soma dos três termos da PA é 30.
2) Determine a PG, utilizando os dados do enunciado do problema e lembre-se que:
se (a, b, c) estão em PG então $b^2 = a \cdot c$. Utilize essa relação para determinar **r**.
3) Pelo enunciado os três números que formam a PA são positivos. Assim sendo, determine o valor de **r** conveniente.

7
Resolva a equação $t^2 - t - 6 = 0$ obtendo os possíveis valores de t.
A seguir, resolva $|x - y| = t$
Dois cuidados:
1º) Módulo não pode ser negativo.
2º) $|a| = 3$ tem duas soluções: $a = 3$ ou $a = -3$
Por fim, lembre-se de que $x - y = k$, k real, é a equação de uma reta.

8
1) Lembre-se da condição de existência de logaritmo, ou seja:
$$\log_b a = x \Rightarrow a > 0, b > 0 \text{ e } b \neq 1$$
Assim sendo, calcule a condição de existência da inequação dada.
2) Para resolver a inequação logarítmica, utilize as propriedades de logarítmo (Dica da questão 47) e lembre-se, também:

$\log_b f(x) > \log_b g(x) \Leftrightarrow \begin{cases} f(x) > g(x) & \text{se } b > 1 \\ f(x) < g(x) & \text{se } 0 < b < 1 \end{cases}$

$\log_b f(x) > k \text{ com } k \in R \Leftrightarrow \begin{cases} f(x) > b^k & \text{se } b > 1 \\ f(x) < b^k & \text{se } 0 < b < 1 \end{cases}$

9
Observe as medidas na figura ao lado. Aplique o teorema de Pitágoras no $\triangle ACD$ e no $\triangle ABD$.
Isso recairá em duas equações com duas incógnitas:
$x^2 + h^2 = 3^2$ e $(6-x)^2 + h^2 = 4^2$
Resolva esse sistema

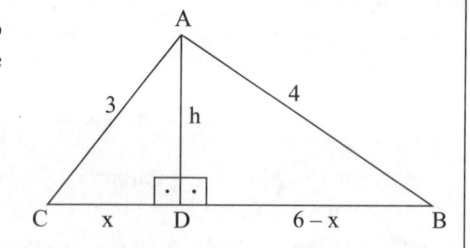

10
É importante lembrar-se:
1) da fórmula da área do triângulo em função de dois lados e do seno do ângulo por eles formado

$A = \dfrac{1}{2} \cdot a \cdot b \cdot \operatorname{sen}\alpha$

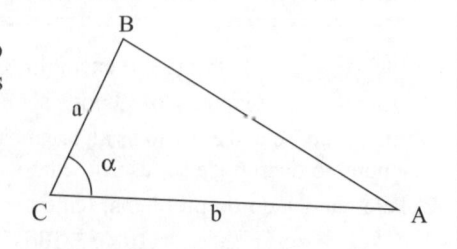

2) da lei dos cossenos

$$a^2 = b^2 + c^2 - 2 \cdot b \cdot c \cdot \cos \hat{A}$$

Sugestão: chamando de O o centro do círculo de raio R dado, aplique a lei dos cossenos no $\triangle AOB$ e determine AB em função de R.

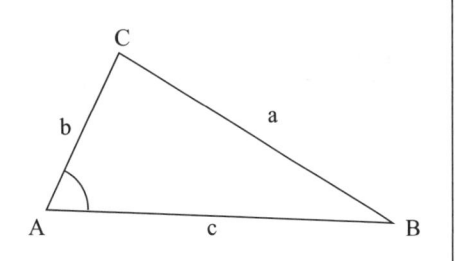

3) de que a área do círculo de raio R é $A = \pi R^2$.

11

1) A altura **H** do cone é igual a **b**.
2) O raio **r** do cone é igual a $\dfrac{a}{2}$

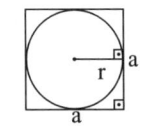

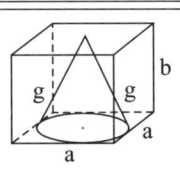

3) Determine **b** em função de **a** na proporção dada $\dfrac{b}{a} = \dfrac{3}{2}$

4) Como o volume de um cone de raio **r** e altura **H** é dada por $V = \dfrac{1}{3}\pi r^2 \cdot H$, substitua nesta fórmula o valor de **V** e os valores de **r** e **H** em função de **a**, determinando, desta forma, **a** e **b**. Em seguida determine a geratriz **g** por Pitágoras.

12

Os homens (H) se cumprimentam duas vezes: $C_{(n^\circ \text{ de homens}), 2} \cdot 2 \Rightarrow 2 \cdot C_{H,2}$
Homens e mulheres (M) se cumprimentam uma única vez: H x M

Temos = $\begin{cases} 2C_{H,2} + HM = 720 \\ H + M = 37 \end{cases}$

Lembre-se que $C_{H,2} = \begin{pmatrix} H \\ 2 \end{pmatrix} = \dfrac{H!}{2!(H-2)!}$

FUVEST/2006
2ª Fase

13

a) Descontando-se os 10 cm da faixa mostarda sobra, sobre um lado de 200 cm, 190 cm para "apoiar" os padrões.

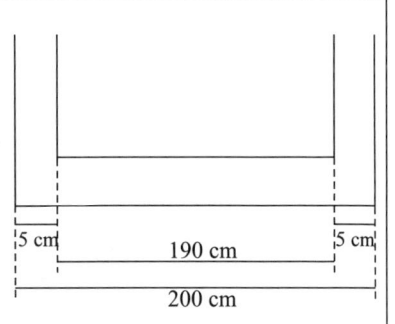

Determine quantos padrões de 18 cm por 18 cm podem ser "apoiados" no comprimento de 190 cm.

b) 1) A área da faixa que será coberta com lã mostarda corresponde à área de quatro retângulos de 180 cm x 5 cm e quatro quadrados de 5 cm x 5 cm.
(veja figura na outra página).

2) A área ocupada em um padrão, pela lã mostarda,

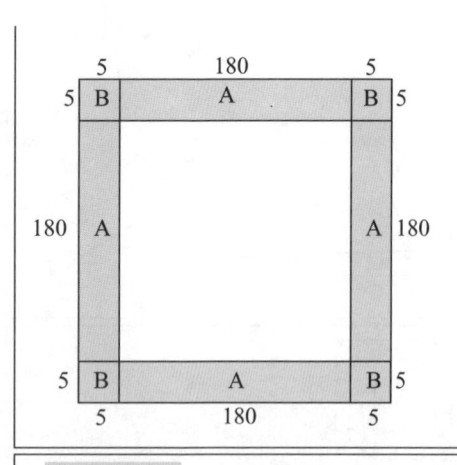

corresponde a dois triângulos de base 6 cm e altura 9 cm.
(veja figura ao lado).
Calcule a área total. A quantidade de novelos de lã mostarda necessária será dada pela proporção

$$\frac{1}{400\,cm^2} = \frac{x}{\text{Área total}}$$

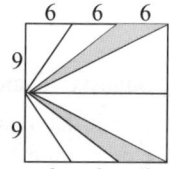

14

a) Monte uma tabela para organizar os dados do problema.

artigo	preço de custo	% de lucro	preço de venda	
calça	x	20%	1,2x	(A)
camisa	y	40%		(B)
saia	z	30%		(C)

escreva todos os preços de venda em função de x

Num certo dia foram vendidas 2 CALÇAS + 2 CAMISAS + 2 SAIAS: 2(A) + 2(B) + 2(C)

Com o desconto de 10% faça: 0,9x (2(A) + 2(B) + 2(C)) (I)

b) Sem o lucro o comerciante teria vendido tudo a preço de custo: 2x + 2y + 2z, pelo enunciado

teríamos: $2x + \dfrac{2x}{3} + \dfrac{2x}{2} \cong 3{,}66x$

Para saber quanto foi o lucro faça: $\dfrac{I}{3{,}66}$

Por exemplo se a conta for $\dfrac{5{,}18}{3{,}66} \cong 1{,}41$ o lucro seria **41%**

15

a) Na igualdade f(ax) = a . f(x), substitua **a** por 4.
Em seguida, substitua, em g(x) = f(x − 1) + 1, x por 3.

b) Na igualdade f(4a) = 2a, coloque $\dfrac{x}{4}$ no lugar de **a**.

c) Obtido f(x) no item b, determine g(x) = f(x − 1) + 1
Finalmente, resolva a equação g(x) = 8.

Dicas e Ajudas FUVEST/2006 – 2ª Fase

16

Faça um gráfico representando r, s e α ângulo de s com o eixo x.
Usando a informação

$$\text{ÁREA DO } \Delta OBC = \frac{(\text{base})(\text{altura})}{2} = 3 \cdot \text{ÁREA DO } \Delta OAB,$$

estabeleça uma relação entre AB e BC.

O coeficiente angular de s é $m = \text{tg}\,\alpha = \dfrac{AB}{OA}$

17

É importante lembrar-se:
1) da Lei dos senos

$$\frac{a}{\text{sen}\,\hat{A}} = \frac{b}{\text{sen}\,\hat{B}} = \frac{c}{\text{sen}\,\hat{C}}$$

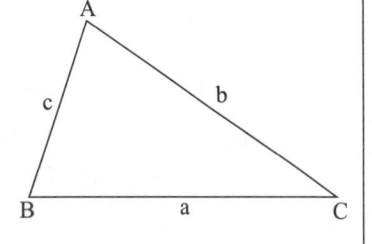

2) de utilizar a propriedade da soma dos ângulos internos de
um triângulo (no caso da ΔOAB) para resolver o item b.
3) da fórmula de adição:

$$\text{sen}(a - b) = \text{sen}\,a \cdot \cos b - \text{sen}\,b \cdot \cos a$$

4) da relação fundamental: $\text{sen}^2\alpha + \cos^2\alpha = 1$.

18

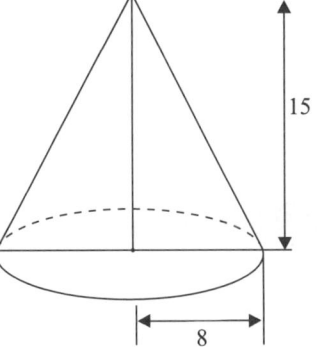

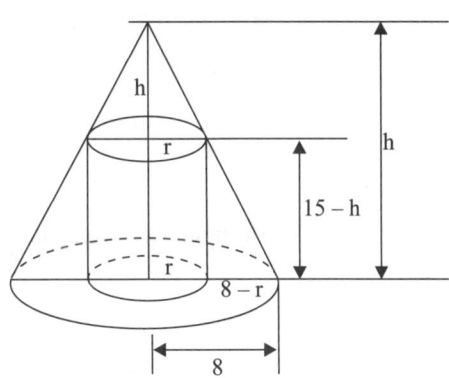

1) Note que a área de **B** é a área de um círculo de raio 8 (a área de um círculo de raio **R** é πR^2).
2) A base do novo sólido é uma coroa circular de raios r e 8 (a área de uma coroa de raios **R** e **r** é dada pela diferença $\pi R^2 - \pi r^2$).

3) Como a área da coroa é $\dfrac{2}{3}$ da área de B (dado no enunciado), determine, desta forma, **r**.

4) Usando os valores 8, 15 e r, determine, por semelhança de triângulos a altura **h** do cone pequeno.

5) Note que o sólido obtido tem volume igual ao volume do cone original menos os volumes de um cilindro de raio **r** e altura **15 – h** e um cone de raio **r** e altura **h**.

6) Os volumes de um cilindro e um cone de raio **R** e altura **H** são dados, respectivamente, por

$$V_{cil.} = \pi R^2 . H \quad e \quad V_{cone} = \frac{1}{3}\pi R^2 . H$$

19 a) $D\hat{P}A$ e $P\hat{A}B$ são alternos.
Portanto, são congruentes.
Pela Lei dos cossenos, aplicada ao $\triangle ADP$, tem-se:
$x^2 = (AD)^2 + (DP)^2 - 2(AD).(DP).\cos\alpha$

b) 1) área do paralelogramo ABCD:
(AB).(AD).sen(DÂB).

2) área do triângulo ADP: $\frac{1}{2}.(AD).(DP).\text{sen}\,\alpha$

3) área (ABCD) – área(ADP) = área (ABCP)
área (ABCD) – área (ADP) = 21

20 1) Se $Z = x + yi$ $(x, y \in R) \Rightarrow |Z| = \sqrt{x^2 + y^2}$

2) Coloque $\frac{Z-i}{1+i}$ na forma **a + bi** (lembrando que a = Re e b = Im) depois de substituir $Z = x + yi$ e "realizar" o denominador dessa fração, multiplicando numerador e denominador por $(1-i)$.

3) Resolva o sistema de equações resultante de (1) e $\text{Im}\left(\frac{Z-i}{1+i}\right) = \frac{1}{2}$.

21 a) 1) Multiplique a 3ª coluna da matriz dos coeficientes por (1) e some na 2ª coluna. Fazendo isso, a segunda coluna será composta apenas por números 1
(Lembre-se da Relação Fundamental: $\text{sen}^2\alpha + \cos^2\alpha = 1$).

2) Feito isso use a Regra de Sarrus para calcular o determinante.

b) Um sistema linear admite soluções não triviais se e somente se o determinante da matriz dos coeficientes das equações que o determina seja zero. Assim sendo, iguale a zero a expressão encontrada no item a) da questão

c) 1) Note que:

se $\text{sen}^2\alpha = 1 \Rightarrow 1 - \cos^2\alpha = 1 \rightarrow \cos^2\alpha = 0$

se $\cos^2\alpha = \frac{1}{5} \Rightarrow 1 - \text{sen}^2\alpha = \frac{1}{5} \Rightarrow \text{sen}^2\alpha = \frac{4}{5}$

Assim, substitua os valores nas equações que formam o sistema linear
2) Isole x na 1ª e 3ª equação do sistema e substitua na 2ª equação a fim de determinar z.

22 a) Para se obter as coordenadas (x, y) do ponto de encontro de duas figuras com equações conhecidas, resolve-se o sistema com as duas equações.

Por exemplo: Ponto P de intersecção da reta y = x + 1 com a reta 3x + 2y – 12 = 0

Temos o sistema: $\begin{cases} y = x+1 \\ 3x+2y-12=0 \end{cases}$

Da 2ª equação, 3x + 2(x + 1) – 12 = 0 ou 5x = 10, ou ainda, x = 2 e y = 2 + 1 = 3.
O ponto de intersecção é (2, 3).

b) Se o ponto P = (a, b) pertence a reta de equação 2x + 3y – 9 = 0 então 2a + 3b – 9 = 0

E mais, se o ΔOAB é tal que $d_{OA}^2 = d_{OB}^2 + d_{AB}^2$, então esse triângulo é retângulo.

Lembrete: d_{AB} = (distância entre A e B) é dada por $d_{AB} = \sqrt{(x_B - x_A)^2 + (y_B - y_A)^2}$
Por exemplo, a distância de A = (1, 2) até B = (4, 6) é

$$d_{AB} = \sqrt{(4-1)^2 + (6-2)^2} = \sqrt{9+16} = \sqrt{25} = 5$$

Finalmente, faça uma figura representando uma circunferência que passa por O, A e B para localizar nela o ponto C ($A\hat{O}B = A\hat{C}B$).

FUVEST/2007
1ª Fase

23 Chamando de n o número de alunos que restaram,
temos: n . 27 = 135

Calcule quanto os alunos deveriam pagar caso não houvessem desistências e iguale a 35x + 630 onde x é o valor procurado.

24 Sejam: F: área total da fazenda.

A: área do município A.

B: área do município B.

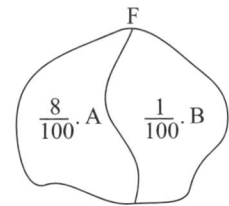

Foi dado que B = 10 A. (1)

Note que $\dfrac{8}{100} \cdot A + \dfrac{1}{100} \cdot B = F$ (2)

Substitua (1) em (2) para determinar a razão entre A e F.

O problema pede para que se determine $\dfrac{\dfrac{BA}{100}}{F}$.

25

1) De acordo com enunciado, obtém-se as medidas indicadas na figura ao lado.

Note que OX = R. Daí, OM = R − 1.

Aplique o teorema de Pitágoras no ΔOBM e determine R.

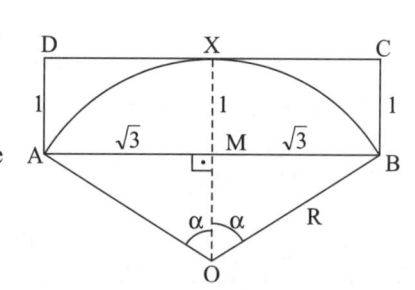

2) Note que, no ΔOBM, $\dfrac{\sqrt{3}}{R} = \operatorname{sen}\alpha$. Determine α.

3) A área de um setor de ângulo θ (em graus) e raio **R** é dada por $\dfrac{\theta}{360°} \cdot \pi R^2$. Use esse fato para calcular a área do setor OAB.

26

1) Note que os triângulos ABF e CEF são semelhantes, já que $E\hat{F}C = B\hat{F}A$ e $E\hat{C}F = B\hat{A}F$.

2) A razão de semelhança entre ABF e CEF é igual $\dfrac{AB}{CE} = \dfrac{5}{1}$

Logo, $\dfrac{3-h}{h} = \dfrac{5}{1}$

3) área (BCF) = área (BCE) − área (CEF)

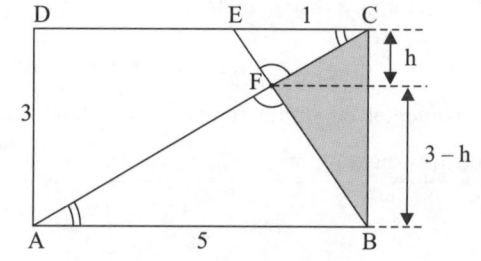

27

1) Lembre-se que em uma equação do 2° grau representada por $ax^2 + bx + c = 0$ com a, b, c $\in$ R e a $\neq$ 0 a soma das raízes é dada por $S = -\dfrac{b}{a}$ e o produto das raízes por $P = \dfrac{c}{a}$.

2) Note, também, que pela equação do enunciado do problema temos: a = 4m + 3n ; b = − 5 n e c = m − 2

Assim sendo determine a soma $\left(S = -\dfrac{b}{a}\right)$ e o produto $\left(P = \dfrac{c}{a}\right)$ das raízes em função **m** e **n**. Após isso resolva o sistema encontrado nas incógnitas **m** e **n**.

28

Calcule **m** e m.m.c. entre 120 e 150.

Número de blocos do tipo X: $\dfrac{m}{120} = x$

Número de blocos do tipo Y: $\dfrac{m}{150} = y$

O número aproximado de colunas será $\dfrac{135}{x} + \dfrac{145}{y}$

Dicas e Ajudas FUVEST/2007 – 1ª Fase

29

1) Note que se $a_1 = 4$ é possível calcular $\log_2 a_1$, utilizando a definição de logarítmo (veja dica da questão 47).

2) Como a PA do enunciado do problema tem razão 2 (r = 2) então $\log_2 a_2 = \log_2 a_1 + \dfrac{1}{2}$.

Lembre-se que você já determinou $\log_2 a_1$.

3) Note que $\log_2 a_3 + \log_2 a_2 + \dfrac{1}{2}$. Use o mesmo reaciocínio para determinar a_4 e a_5.

30

1) Observe a figura e as medidas indicadas. Aplique o teorema de Pitágoras no ΔEGH e calcule EH. Note que EG = EA.

2) Aplique o Teorema de Pitágoras no triângulo BFG e determine x.

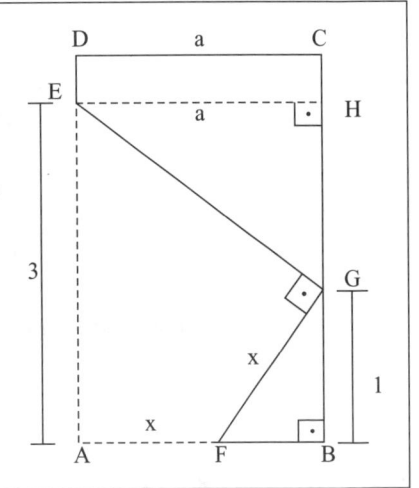

31

Lembre-se de que para contar o total de comissões de 5 membros escolhidos entre 9 pessoas, fazemos:

$$C_{9,5} = \binom{9}{5} = \dfrac{9!}{5!(9-5)!} = \dfrac{9!}{5!4!} = 126$$

Do total acima, 126, subtraia o total de comissões em que Andreia, Alberto e Manoel estão presentes:

{A, Aℓ, M, , } ⇒ $C_{6,2}$ = das 6 outras pessoas escolhemos duas (I)

Considere também as comissões que têm Alberto e Andreia (II) e aquelas que contêm Andréia e Manoel (III)

Finalmente faça: 126 – (I) – (II) – (III)

32

1) A diagonal **d** de um quadrado de aresta **a** é dada por $d = a\sqrt{2}$.

2) Determine AC em função de **a**, em seguida AN em função de **a**, onde N é o centro do quadrado ABCD.

3) Determine MN em função de **a**, aplicando Pitágoras no triângulo AMN.

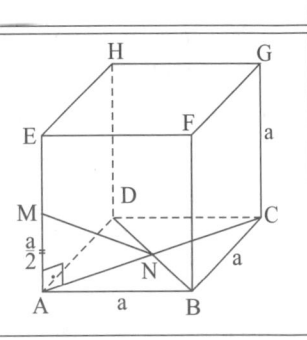

FUVEST/2007
2ª Fase

33 Vamos examinar os dados do enunciado.
Se Amélia der 3 a Lúcia, ambas ficarão com a **mesma** quantia:

$$\text{Amélia} - 3 = \text{Lúcia} + 3 \text{ ou } A - 3 = L + 3 \quad (I)$$

Se Maria der um terço do que tem à Lúcia, então esta (Lúcia) ficará com 6 a mais que Amélia:

$$\frac{1}{3}M + L = A + 6 \quad (II)$$

Se Amélia perder metade do que tem, ficará com uma quantia igual a um terço do que possui Maria:

$$A - \frac{1}{2}A = \frac{1}{3}M \quad (III)$$

Monte um sistema com as equações (I), (II) e (III).

---

34 É importante lembrar:
1) A área do triângulo da figura é

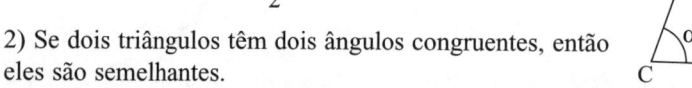

$$A = \frac{1}{2} \cdot a \cdot b \cdot \operatorname{sen}\alpha$$

2) Se dois triângulos têm dois ângulos congruentes, então eles são semelhantes.

3) Sendo k a razão de semelhança dos triângulos, a razão entre as áreas é k^2.

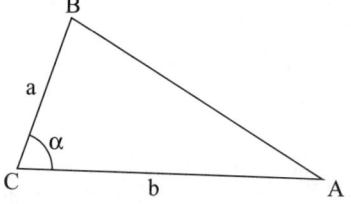

---

35 1) Note que:

$$a_1 + a_2 + a_3 + \ldots + a_{n-1} + a_n = S_n \text{ , ou seja, } S_n = bn^2 + n \quad (I)$$

$$a_1 + a_2 + a_3 + \ldots + a_{n-1} = S_{n-1}\text{, ou seja, } S_{n-1} = b(n-1)^2 + n \quad (II)$$

Mas $S_n - S_{n-1} = a_n$. Então substitua (I) e (II), na última igualdade e determine uma expressão para a_n em função de **b** e **n**.

Substitua na expressão de a_n o valor $a_3 = 7$ e determine b.

2) Para calcular a razão determine, utilizando a expressão de a_n (já encontrada), a_1 e a_2. Logo a razão será: $r = a_2 - a_1$.

3) Para calcular 20º termo, utilize, novamente, a expressão encontrada para a_n (note que n = 20)

4) Para calcular a soma dos 20 primeiros termos, utilize a expressão dada no enunciado: $S_n = bn^2 + n$

Dicas e Ajudas FUVEST/2007 – 2ª Fase

36 Lembre-se de que um quadrilátero é inscritível em uma circunferência se, e somente se, seus ângulos opostos são suplementares.

a) Note que, aplicando a dica acima, pode-se concluir que, neste caso, o trapézio será isósceles.

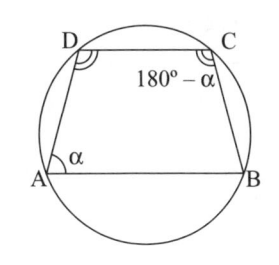

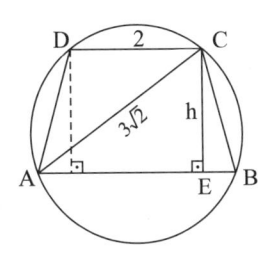

Use Pitágoras no $\triangle ACE$ e calcule **h**.

b) Use Pitágoras no $\triangle BCE$ e calcule BC.

Use trigonometria no $\triangle ACE$ e calcule $C\hat{A}E$.

Pelo Lei dos senos, no $\triangle ABC$: $\dfrac{BC}{\text{sen}\, C\hat{A}B} = 2R$, em que **R** é o raio da circunferência.

c) Seja A_F a área pedida.

A_F = área (círculo) – área(ABCD)

$A_F = \pi R^2 - \dfrac{(AB+CD)h}{2}$

---

37 É importante lembra-se:

1) da relação fundamental $\cos^2 x + \text{sen}^2 x = 1$

2) da fórmula de multiplicação $\cos 2x = \cos^2 x - \text{sen}^2 x = (1 - \text{sen}^2 x) - \text{sen}^2 x = 1 - 2\,\text{sen}^2 x$

3) de que o arco x está no 3º quadrante, então sen x < 0 e cos x < 0.

---

38 Represente, na figura dada, os pontos: N = cruzamento da reta com A_1A_2 e M = intersecção da reta com A_4A_5.

Sendo α o ângulo da reta com o eixo x, o coeficiente angular dessa reta é $m = \text{tg}\,\alpha$.

Como a reta passa pela origem 0, sua equação é $y = mx$

Lembre-se de que ÁREA DE TRIÂNGULO = $\dfrac{(\text{base}).(\text{altura})}{2} = S_\triangle$

Se $S_{\triangle OPB} = S_{\triangle OPC}$, então $S_{\triangle OPB} = \dfrac{1}{2}.S_{\triangle OBC}$

Para obter o ponto N, resolvemos o sistema com as equações da reta dada com a reta A_4A_5 (vide Dica do Ex. 22a)

39 Veja um exemplo:
Seja uma urna com 7 bolas BRANCAS e 5 bolas AZUIS

$$\begin{vmatrix} 7 & B \\ 5 & A \end{vmatrix}$$

Qual é a probabilidade de, numa extração sucessiva de 3 bolas, retirarmos 2 AZUIS e 1 BRANCA?

P (2 azuis e 1 branca) = $\underset{A}{\frac{5}{13}} \cdot \underset{A}{\frac{4}{12}} \cdot \underset{B}{\frac{7}{11}} \cdot 3$ ↳ porque podemos ter: AAB, ABA e BAA

Qual é a probabilidade de terem saído 2A e 1B sabendo que as três não são da mesma cor?

$$P\left(2 \text{ azuis e } 1 \text{ branca} \,\middle|\, \begin{array}{l}\text{as 3 não são}\\\text{da mesma cor}\end{array}\right) = \frac{P(2\text{ azuis e }1\text{ branca})}{P(2\text{ azuis e }1\text{ branca}) + P(2\text{ brancas e }1\text{ azul})}$$

40
1) O volume de um cilindro circular reto de raio R e altura H é dada por:

$$V = B \cdot H \Rightarrow V = \pi R^2 \cdot H$$

Com esta fórmula podemos calcular o volume de cada pipa de raio 1,5 m e altura 8 m.

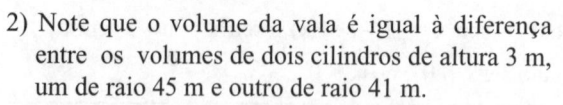

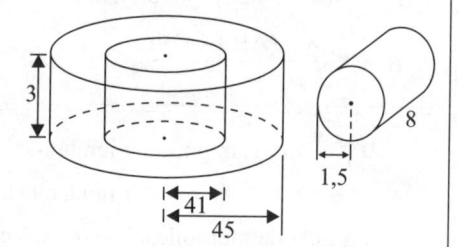

2) Note que o volume da vala é igual à diferença entre os volumes de dois cilindros de altura 3 m, um de raio 45 m e outro de raio 41 m.

3) O número mínimo de caminhões-pipa necessário para encher a vala é o menor número inteiro **n** que satisfaz a relação n. $V_{pipa} \geq V_{vala}$.

4) Calcule V_{pipa} e V_{vala} e depois **n**.

41
1) Gráfico da função de 2º grau $y = x^2 - 6x + 8$ (PARÁBOLA).
Raízes: $x^2 - 6x + 8 = 0$ ou $(x - 2)(x - 4) = 0$, ou ainda, $x = 2$ e $x = 4$.

VÉRTICE: $x_v = -\frac{b}{2a} = -\frac{6}{2.1} = 3 \left(\text{ou, se preferir, } \frac{2+4}{2}\right)$

$y_v = -\frac{\Delta}{4a} = -\frac{(-6)^2 - 4.1.8}{4.1} = -\frac{4}{4} = -1$

Para $x = 0$, temos $y = 8$ (ponto D)

2) Gráfico de $y = |x^2 - 6x + 8|$

Por ser módulo, **y** não pode ser negativo. Aproveitando a figura ao lado, apaga-se a parte da parábola abaixo do eixo **x** e rebate-se o

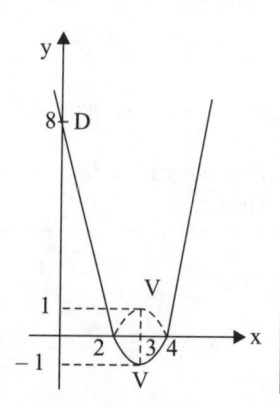

Dicas e Ajudas FUVEST/2008 – 2ª Fase

vértice V para seu simétrico V' em relação a esse eixo.

3) Para obter o gráfico de uma função do 1º grau (RETA), por exemplo, y = 2x – 4, fazemos:

x = 0 , sai y = – 4 e y = 0 , sai x = 2

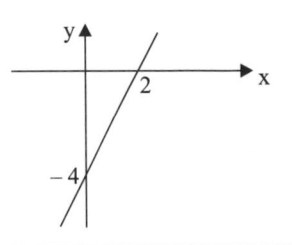

42

1) A partir de AM = 3 . ME, determine AM e ME em função de **a**.

2) Sabendo AM em função de **a**, determine MB = y em função de **a**.

3) Como o triângulo BCM é retângulo em **B**, determine MC em função de **a**.

4) Como o volume de um tetraedro é dado por $\frac{1}{3}$ do produto da área de uma face pela altura relativa a ela, calcule este volume usando BCG como base e **a** como altura relativa a ela.

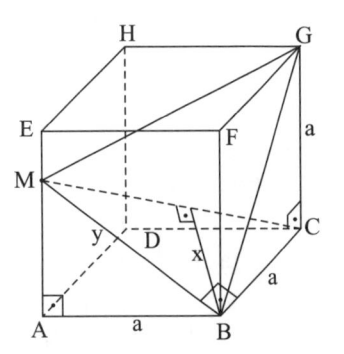

5) Para determinar a área do triângulo BCM, faça metade do produto dos catetos.

6) Para determinar a distância **x** pedida no item **c**, note que a área de BCM é metade do produto de MC por x.

FUVEST/2008
1ª Fase

43 Se, num ano não bissexto, o 1º de janeiro cair numa 2ª feira, no ano seguinte cairá numa terça ("pula-se" um dia na semana).

Se for bissexto, cairá numa quarta ("pulam-se" dois dias).

Faça esse raciocínio ano a ano até 01/01/2018.

44 Lembre-se de que:

1) $x\% = \dfrac{x}{100}$

2) $x\%$ de $C = \dfrac{x}{100} \cdot C$

3) juros de, por exemplo, 2% sobre um valor inicial C, dá um montante de

$$C + 2\% \text{ de } C = C + 0{,}02\,C = (1{,}02) \cdot C$$

4) na opção 1, o banco cobrará juros diários sobre a diferença (3500 – 2300) = 1200 euros, isto é, cobrará (1,02) . 1200 . (1,02) = 1200 . (1,02)² euros.

45 — Sendo α um ângulo agudo de um triângulo retângulo, lembre-se de que:

$$\operatorname{tg}\alpha = \frac{\text{cateto oposto a } \alpha}{\text{cateto adjacente a } \alpha}$$

---

46 — 1) Observe que, se $(a_1, a_5, a_9\ldots)$ é uma PG de razão 9, você pode escrever $a_5 = a_1 \cdot 9$ (I)

2) Observe também que, se $(a_1, a_2, a_3, \ldots)$ é uma PG de razão q, você pode escrever $a_5 = a_1 \cdot q^4$ (II)

3) Utilize as igualdades (I) e (II) para determinar q. Note que, pelo enunciado, $a_1 > 0$ e $a_6 < 0$, use esses dados para determinar o sinal de q.

4) Sabendo o valor de q e a_6 determine a_2 e a_7.

---

47 — 1) Note que as condições de existência do sistema será: $x > 0$ e $y > 0$.

2) Lembre-se das propriedades de logarítmos:

P1) $\log_c (a \cdot b) = \log_c a + \log_c b \qquad a, b, c \in \mathbb{R}_+ \text{ e } c \neq 1$

P2) $\log_c \left(\dfrac{a}{b}\right) = \log_c a - \log_c b \qquad a, b, c \in \mathbb{R}_+ \text{ e } c \neq 1$

P3) $\log_c a^\alpha = \alpha \cdot \log_c a \qquad a, c \in \mathbb{R}_+; \; \alpha \in \mathbb{R} \text{ e } c \neq 1$

P4) $\log_{c^\alpha} a = \dfrac{1}{\alpha}\log_c a \qquad a, c \in \mathbb{R}_+; \; \alpha \in \mathbb{R}^* \text{ e } c \neq 1$

3) Lembre-se da definição de logaritmo:

$$\log_b a = x \Leftrightarrow a = b^x \text{ sendo } a, b \in \mathbb{R}_+ \text{ e } b \neq 1$$

4) Utilizando-se das propriedades de logarítmo e da definição, isole uma das incógnitas de uma das equações e substitua na outra equação.

---

48 — 1) Se $x = 1$ é raiz de uma equação, substituindo-o na equação dada, a igualdade resultante se torna verdadeira.

2) A igualdade resultante é uma equação do 2º grau em **m**.

3) Na equação $ax^2 + bx + c = 0$ a soma e o produto das raízes são dados pelas fórmulas:

$$S = x_1 + x_2 = \frac{-b}{a}$$

$$P = x_1 \cdot x_2 = \frac{c}{a}$$

Dicas e Ajudas FUVEST/2008 – 1ª Fase

49

1) Aplique o teorema de Pitágoras no $\triangle ABD$ e expresse BD em função de ℓ.

2) Os triângulos BEF e BCD são semelhantes.

3) A razão entre as áreas de duas figuras semelhantes é igual ao quadrado da razão entre seus lados.

(Aplique esse resultado aos triângulos BEF e BCD).

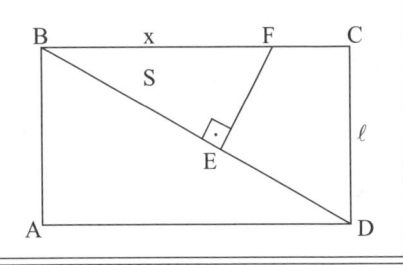

50

1) Note que o triângulo OCD também é isósceles de base CD = 2x.

2) Determine OC = y e sendo $O\hat{C}D = \theta$, como $\operatorname{sen}\theta = \dfrac{1}{3}$, determine h, onde **h** é altura de OCD relativa à base CD.

3) Sabendo **h** e **y** determine **x** e então a área de OCD que é dada por $\dfrac{1}{2} 2x \cdot h$.

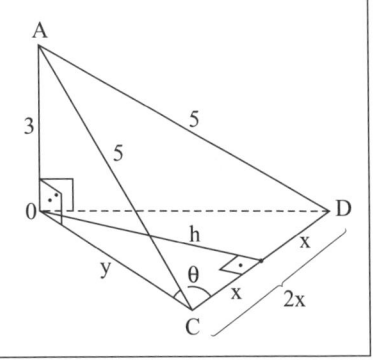

51

1) Devemos escolher um dos 3 bancos para acomodar a família Souza:

2) Uma vez escolhido o banco que a família vai ocupar, devemos permutar seus membros no tal banco.

S_1, S_2 e S_3

3) Como Lúcia e Mauro querem sentar-se lado a lado, isso pode ser feito de 4 maneiras, veja o desenho.

4) Não esqueça de permutar L e M.

5) Só falta permutar as outras 4 pessoas

Lembrete: $P_n = n!$ exemplo $P_5 = 5! = 5 \cdot 4 \cdot 3 \cdot 2 \cdot 1$

52

1) Circunferência $x^2 + y^2 - 4x - 6y - 12 = 0$

Fazemos: $x^2 - 4x + [4] + y^2 - 6y + (9) = 12 + [4] + (9)$

$(x-2)^2 + (y-3)^2 = 25$

Centro: $C = (2, 3)$ e raio = $\sqrt{25} = 5$

2) Área de círculo de raio r: $S = \pi r^2$

3) Área de triângulo: $S = \dfrac{(base) \cdot (altura)}{2}$

4) A área pedida é a diferença entre a área de $\dfrac{1}{4}$ de círculo e a área de um triângulo.

FUVEST/2008
2ª Fase

53 Chame por exemplo, de **x**, **y**, e **z**, respectivamente, o preço de um hambúrguer, o de um suco de laranja e o de uma cocada.

Monte um sistema com as 3 equações obtidas do enunciado e resolva-o.

---

54 É importante lembrar:

1) sendo α ângulo agudo de um triângulo retângulo, temos que

$$\cos\alpha = \frac{\text{cateto adjacente a } \alpha}{\text{hipotenusa}}$$

2) do teorema de Pitágoras

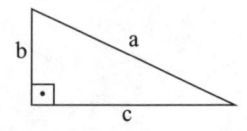

$$b^2 + c^2 = a^2$$

3) que num triângulo isósceles, a altura relativa à base é também mediana.

4) a área do triângulo é dada por $\frac{1}{2}$. (base . altura).

---

55 a) 1) Se os números r_1, r_2, r_3 estão em PA, represente-os dessa forma:

$$r_1 = a - 4 \; ; \; r_2 = a \; ; \; r_3 = a + r$$

2) Pelos dados do problema temos:

$$\begin{cases} r_1 + r_2 + r_3 = \dfrac{9}{5} \\ r_3^2 - r_1^2 = \dfrac{24}{5} \end{cases}$$

Substitua os valores de r_1, r_2 e r_3 e determine a PA.

b) Se $P(x) = ax^3 + bx^2 + cx + d$ e r_1, r_2, r_3 são suas raízes reais.

Para resolver essa questão, lembre-se da relação de Girard: $r_1 \cdot r_2 + r_1 \cdot r_3 + r_2 \cdot r_3 = \dfrac{c}{a}$

56

a) Observe a figura ao lado. Lembre-se de que o seno de um ângulo exprime a razão entre o cateto oposto a esse ângulo e a hipotenusa.
Isso permitirá determinar a razão entre **R** e **r**.

b) 1) A área de um triângulo equilátero de lado **a** é dada por $\dfrac{a^2\sqrt{3}}{4}$.

2) A altura de um triângulo equilátero de lado **a** é dada por $\dfrac{a\sqrt{3}}{2}$.

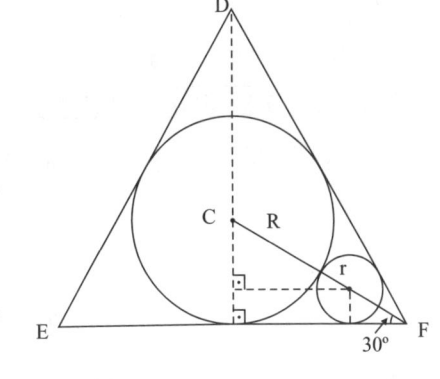

3) O raio da circunferência inscrita em um triângulo equilátero mede a terça parte da altura desse triângulo.

57

1) Transforme a soma sen 3x + senx em produto, utilizando a fórmula

$$\text{senp} + \text{senq} = 2 \cdot \text{sen}\,\dfrac{p+q}{2} \cdot \cos\dfrac{p-q}{2}$$

Em seguida, fatore a equação obtida (sen 2x em evidência). Note que se
$$f(x) \cdot g(x) = 0 \text{ então } f(x) = 0 \text{ ou } g(x) = 0.$$

2) Lembre-se das equações trigonométricas:

$\text{sen}\alpha = \text{sen}\beta \Rightarrow \alpha = \beta + 2k\pi$ ou $\alpha = (\pi - \beta) + 2k\pi (k \in Z)$

$\cos\alpha = \cos\beta \Rightarrow \alpha = \pm\beta + 2k\pi \;(k \in Z)$

58

1) Circunferência de equação $x^2 + y^2 = 25$ tem centro $C = (0, 0)$ e raio $r = \sqrt{25}$.
Faça uma figura representando a reta **s**, a circunferência e o ponto **P**.

A altura do $\triangle OPE$, em relação OE, está contida numa reta que corta o eixo **x** no ponto **H**.

2) Reta que passa por dois **A** e **B** tem equação geral dada por

$$\begin{vmatrix} x_A & y_A & 1 \\ x_B & y_B & 1 \\ x & y & 1 \end{vmatrix} = 0$$

Por exemplo, reta que passa por A = (1, 6) e B = (2, 4)

$$\begin{vmatrix} 1 & 6 & 1 \\ 2 & 4 & 1 \\ x & y & 1 \end{vmatrix} = 0$$

Usando LAPLACE na 3ª linha: $x(6 \cdot 1 - 4 \cdot 1) - y(1 \cdot 1 - 2 \cdot 1) + 1(4 \cdot 1 - 2 \cdot 6) = 0$ ou $2x + y - 8 = 0$

3) Se as retas $y = mx + k$ e $y = nx + q$ são perpendiculares, $m \cdot n = -1$

59

1) Construa uma tabela com **todos** os resultados do jogo; esse será o "espaço amostral" E:

E = {(1, 1), (1, 2), (1, 3), (1, 4), (1, 5), (1, 6)   (Pedro, José)

(2,1), (2, 2), (2, 3), (2, 4), (2,5), (2, 6)

(3,1) .....

(4, 1) .....

(6, 6)} verifique que n (E) = 36

a) Para encontrar a probabilidade pedida no item **a** destaque os pares (Pedro, Jose) com um retângulo, como no exemplo acima, P (Pedro ganhar) = $\dfrac{\text{n° de pares marcadas}}{\text{n(E)}}$ □

b) Os pares que **não** foram marcados com retângulo (Pedro ganha) e nem com uma circunferência (José ganha) são aqueles em que nenhum dos jogadores vence a rodada.

$$P(\text{nenhum vence}) = \dfrac{\text{n° de pares }\textbf{não}\text{ marcadas}}{\text{n(E)}} \;\; \bigcirc$$

c) Note que $P\begin{pmatrix}\text{um dos jogadores vencer}\\ \text{até a 4ª rodada}\end{pmatrix} + P\begin{pmatrix}\text{nenhum vencer até}\\ \text{a 4ª rodada}\end{pmatrix} = 1$

$P\begin{pmatrix}\text{nenhum vencer}\\ \text{até a 4ª rodada}\end{pmatrix} = P\begin{pmatrix}\text{nenhum}\\ \text{vence}\end{pmatrix} \cdot P\begin{pmatrix}\text{nenhum}\\ \text{vence}\end{pmatrix} \cdot P\begin{pmatrix}\text{nenhum}\\ \text{vence}\end{pmatrix} \cdot P\begin{pmatrix}\text{nenhum}\\ \text{vence}\end{pmatrix}$

60

1) No triângulo PMQ determine **a** por Pitágoras.

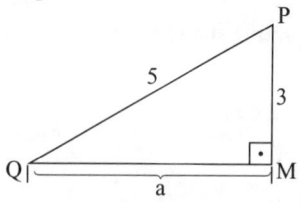

2) Sabendo **a**, por Tales, determine x, onde x = PR

3) Como RQ = RA e DQ = DA, sabendo **a** e **x**, determine, por Tales, AB = y no triângulo ARD.

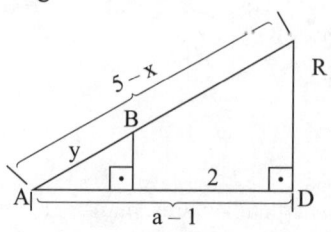

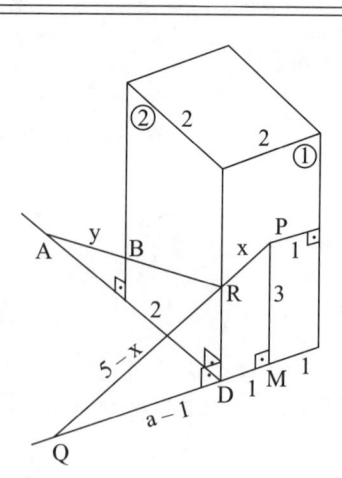

61

a) 1) Passe w para a forma trigonométrica lembrando que:

$$w = a + bi \Rightarrow |w| = \sqrt{a^2 + b^2}, \quad \cos\theta = \frac{a}{|w|},$$

$$\text{sen}\,\theta = \frac{b}{|w|} \quad \text{e} \quad w = |w|(\cos\theta + i\,\text{sen}\,\theta)$$

2) Calcule, na forma trigonométrica, $\dfrac{1}{w} = w^{-1}$ e w^3 (1ª Fórmula de Moivre):

$$w^n = |w|^n [\cos(n\theta) + i\,\text{sen}(n\theta)]$$

b) Localize, através de seus argumentos, w^{-1} e w^3 na figura dada.

c) $z^n - 1 = 0 \Rightarrow z^n = 1 \Rightarrow z = \sqrt[n]{1}^C$

A radiciação no campo complexo é dada pela 2ª Fórmula de Moivre:

$$\sqrt[n]{w}^C = z_k = \sqrt[n]{|w|}\left[\cos\left(\frac{\theta}{n} + k\cdot\frac{2\pi}{n}\right) + i\,\text{sen}\left(\frac{\theta}{n} + k\cdot\frac{2\pi}{n}\right)\right]$$

62

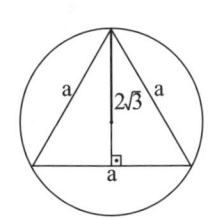

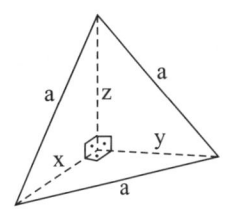

1) Determine o lado **a** do triângulo equilátero inscrito na circunferência de raio $2\sqrt{3}$ cm.

Lembre-se de que neste caso o raio vale $\dfrac{2}{3}$ da altura **h** do triângulo que é dada por $h = \dfrac{a\sqrt{3}}{2}$.

2) Note que a parte do cubo que ficou no interior do copo é uma pirâmide triangular com um triedro tri-retângulo que é oposto a uma face que é o triângulo equilátero de lado **a**.

3) Sendo **x**, **y** e **z** as medidas das arestas da pirâmide contidas nas arestas do triedro tri-retângulo, como o volume de uma pirâmide triangular é dado por $\dfrac{1}{3}$ do produto da área de uma face pela altura relativa a ela, determine **x**, **y** e **z** e em seguida o volume da pirâmide.

UNICAMP/2006
1ª Fase

63
a) Se, numa cidade C com 200 000 veículos, tivermos 130 acidentes para cada 10 000 veículos, o número de acidentes de C será

$$200\,000 \cdot \frac{130}{10\,000}$$

Com isso, consulte a tabela fornecida no gráfico para fazer seus cálculos.

b) Detalhe: se, em 2002, a quantidade de veículos foi 4% menor que aquela de 2003, então, em 2002, a quantidade de veículos foi 100% − 4% = 96% da quantidade de 2003.

Para calcular 96% de x, faz-se $\frac{96}{100} \cdot x$

64
a) Precisamos saber quantos caminhões serão necessários:

(500 toneladas) ÷ (20 toneladas em cada caminhão) = n

Em seguida faça:

n . (custo fixo para cada caminhão) + n . (distância) . (préço por Km) = c

Para saber o custo do transporte por trem calcule o custo para "cada" tonelada transportada.

(custo fixo para cada tonelada) + (custo por Km) . (distância) = t_c

Em seguida faça: (500 toneladas) . (t_c) = t

b) Devemos ter t < c

c = n . (custo fixo para cada caminhão) + n . **d** . (custo por Km)

t = 500 . [(custo fixo para cada tonelada) + (custo por Km) . **d**]

Basta substituir os dados do problema e resolver a inequação.

UNICAMP/2006
2ª Fase

65
a) Primeiramente calcule qual a distância que o carro poderá percorrer com
60ℓ : (60ℓ) . (rendimento do carro) = d

Em seguida faça: (d) ÷ (distância percorrida numa volta).

b) A distância percorrida em 70 voltas pode ser calculada assim:

(70 voltas) . (distância percorrida em cada volta) D

Agora calcule: (D) ÷ (rendimento numa volta) = consumo em 70 voltas

66

Lembre-se de que x% de $n = \dfrac{x}{100} \cdot n$

Determine o número de funcionários com mais de 30 anos e o de especializados e faça o diagrama de Venn abaixo para obter as respostas.

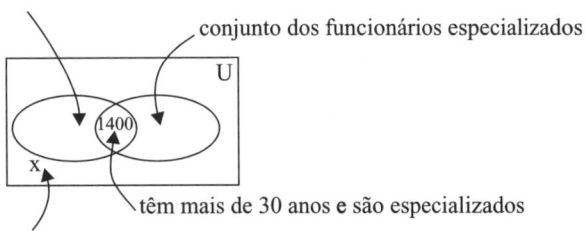

- conjunto dos funcionários com mais de 30 anos
- conjunto dos funcionários especializados
- U
- 1400
- x
- têm mais de 30 anos e são especializados
- funcionários que têm até 30 anos e não são especializados

67

A mala: 10 cm, 39 cm, 56 cm

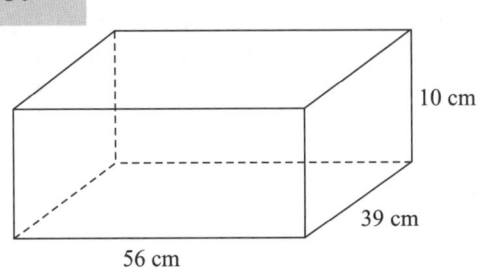

Cada nota de R$ 50,00:
Como 140 mm = 14 cm, 65 mm = 6,5 cm e 0,2 mm = 0,02 cm, temos: 0,02; 6,5 cm; 14 cm

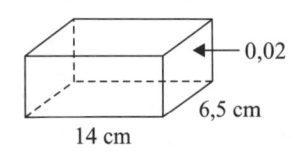

1) Como existem números inteiros **a**, **b** e **c** tais que 56 = a · 14, 39 = b · 6,5 e 10 = c · 0,02, determine a, b e c e note que a · b · c é o número **n** de notas de R$ 50,00 que cabem na mala. A máxima quantia que cabe na mala é n · (R$ 50,00), onde n = abc.

2) Determine o volume **V** da mala, do interior dela, em cm³ e como ela está completamente cheia de notas, multiplicando 0,75g/cm³ por V obterá o peso em **g** de todas as notas. Bastas transformar o resultado em kg e somar com 2,6 kg para obter o peso da mala cheia de dinheiro.

68

a) Um número é divisível por 15 quando termina com 0 ou 5 e a soma dos algarismos é múltiplo de 3.

Observe que:

1) o último algarismo deve ser igual a zero;

2) o número do enunciado já tem a soma de seus algarismos igual a 16.

b) Um número menor que 1 bilhão terá, no máximo, 9 algarismos significativos.

Os 7 primeiros algarismos poderão ser quaisquer um dos 5 disponíveis (0,1 2, 3 e 4)

Os dois últimos deverão formar um número que deve ser múltiplo de 4 (critério de divisão por 4). Observe alguns exemplos, nas condições do enunciado: 00, 04, 12 etc.

69

Considere as figuras a seguir:

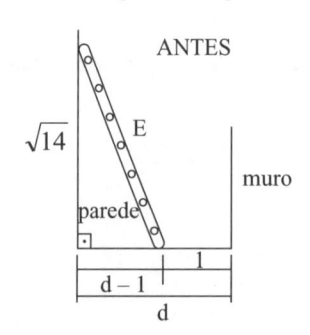

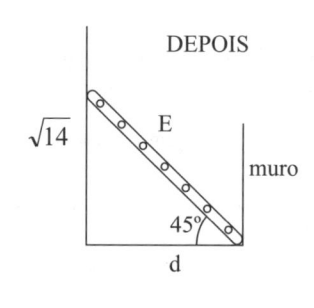

ANTES — escada de comprimento $\sqrt{14}$ apoiada em parede, com E na vertical, base $d-1$ e 1 até o muro, total d.

DEPOIS — escada de comprimento $\sqrt{14}$ formando 45° com o muro, base d.

Tem-se: 1) $E^2 = (d-1)^2 + (\sqrt{14})^2$, por Pitágoras.

2) $\dfrac{\sqrt{14}}{E} = \operatorname{sen} 45°$ 	 3) $\operatorname{sen} 45° = \dfrac{\sqrt{2}}{2}$

Use os fatos acima para calcular **d** e **E**.

70

a) Como em 2004 havia uma concentração de CO_2 na ordem de 377,4 ppm, determine uma expressão para a quantidade de CO_2 após 1 ano. Faça o mesmo procedimento para a quantidade de CO_2 após 2 anos, 3 anos e **t** anos.

Por exemplo:

Vamos supor que em 2004 a concentração de CO_2 fosse da ordem de 250 ppm e essa concentração aumentasse em média 3% ao ano.

Assim: após 1 anos teremos: 250 . 1,03

após 2 anos teremos: 250 . $(1,03)^2$

após 3 anos teremos: 250 . $(1,03)^3$

após t anos teremos: 250 . $(1,03)^t$

b)1) Um aumento de 50% na taxa de concentração observada em 2004 segnifica que a taxa será de 1,5. 377,4 ppm. Iguale esse valor a expressão obtida no item a).

2) Isole **t** na expressão, para isso utilize as propriedades de logarítmo (Veja a dica da questão 47).

71

1) Quando planificamos a superfície lateral de um cone circular reto obtemos um setor circular cujo raio é a geratriz do cone.

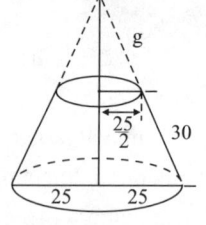

2) Os raios dos arcos são os raios dos setores, que são as geratrizes dos cones, pequeno e grande que deram origem ao tronco. Esses raios são g e g + 30 da figura.
Determine-os por semelhança.

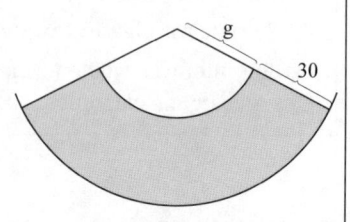

3) Note que a área a ser demarcada sobre o tecido é a diferença entre as áreas laterais dos cones, que é a área lateral do tronco.
A área lateral de um cone de revolução de raio **r** e geratriz **g** é dada por $\pi r.g$.

A área de um tronco de cone de revolução de raios **r** e **R** e geratriz g (do tronco) é dada por $\pi g(R+r)$.

Dicas e Ajudas UNICAMP/2006 – 2ª Fase

72 Construa a figura segundo o enunciado e, nos triângulos retângulos obtidos, lembre-se de que sendo α a medida de um ângulo agudo, temos:

$$\text{sen}\,\alpha = \frac{\text{cateto oposto a } \alpha}{\text{hipotenusa}} \quad \text{e} \quad \cos\alpha = \frac{\text{cateto adjacente a } \alpha}{\text{hipotenusa}}$$

73 a) Para calcular o determinante, coloque em evidência $(x-1)$ da 1ª coluna do determinante. Após isso utilize a regra do Sarrus, Chió ou Laplace.

b) 1) Substitua $x = 2$, na matriz A dada no enunciado.

2) Note que $Ay = b$ é a representação de um sistema linear nas incógnitas y_1, y_2 e y_3.

Por exemplo: Seja $A = \begin{bmatrix} 1 & 2 & 3 \\ 4 & 5 & 6 \\ 7 & 8 & 9 \end{bmatrix}$, $y = \begin{bmatrix} y_1 \\ y_2 \\ y_3 \end{bmatrix}$ e $b = \begin{bmatrix} m \\ 10 \\ 9 \end{bmatrix}$

$Ay = b \Rightarrow \begin{bmatrix} 1 & 2 & 3 \\ 4 & 5 & 6 \\ 7 & 8 & 9 \end{bmatrix} \cdot \begin{bmatrix} y_1 \\ y_2 \\ y_3 \end{bmatrix} = \begin{bmatrix} m \\ 10 \\ 9 \end{bmatrix} \Rightarrow \begin{cases} 1y_1 + 2y_2 + 3y_3 = m \\ 4y_1 + 5y_2 + 6y_3 = 10 \\ 7y_1 + 8y_2 + 9y_3 = 9 \end{cases}$

3) Para resolver o sistema escolone-o. Note que o sistema apresentará infinitas soluções se, depois de escolonado, o número de equações for menor que o número de incógnitas.

74 a) Equação com módulo do tipo $|x| = 2x - 5$

Usa-se a definição de módulo: $|x| = x$, se $x \geq$ e $|x| = -x$, se $x < 0$

Então, temos: I) $x \geq 0$
Fica $x = 2x - 5$, isto é, $x = 5$ II) $x < 0$

Fica $-x = 2x - 5$, ou seja, $x = \frac{5}{3}$ (não serve, pois $x < 0$)

Nesta caso, resolva a equação $|x| = mx + 2$ (em função de m)

b) No plano cartesiano, a área do $\triangle ABC$ é dada por

$S = \dfrac{|D|}{2}$, onde $D = \begin{vmatrix} x_A & y_A & 1 \\ x_B & y_B & 1 \\ x_C & y_C & 1 \end{vmatrix}$

Por exemplo, $\triangle ABC$ tal que $A = (1, 2)$, $B = (3,4)$ e $C = (2, -2)$.

$D = \begin{vmatrix} 1 & 2 & 1 \\ 3 & 4 & 1 \\ 2 & -2 & 1 \end{vmatrix} \overset{\text{Laplace, 3ª linha}}{=} 2(2.1 - 4.1) + 2(1.1 - 3.1) + 1(1.4 - 3.2) = -4 - 4 - 2 = -10$

Então, $S = \dfrac{|-10|}{2} = \dfrac{10}{2} = 5$

| 75 | O centro da circunferência circunscrita a um triângulo retângulo é o ponto médio da hipotenusa desse triângulo. |

a) E é centro do quadrado construído sobre $\overline{AC}$ e externo ao $\triangle ABC$. Logo EA = EC e, daí, **E** pertence à mediatriz de $\overline{AC}$.

Analogamente, **F** pertence à mediatriz de $\overline{AB}$. Note que OGAH é então um retângulo.

b) 1) Para calcular DE aplique a lei dos cossenos no $\triangle ODE$ e lembre-se de que $\cos(90° + \alpha) = -\text{sen }\alpha$.

2) Para calcular DF aplique a lei dos cossenos no $\triangle ODF$ e lembre-se de que $\cos(90° + \beta) = -\text{sen }\beta$.

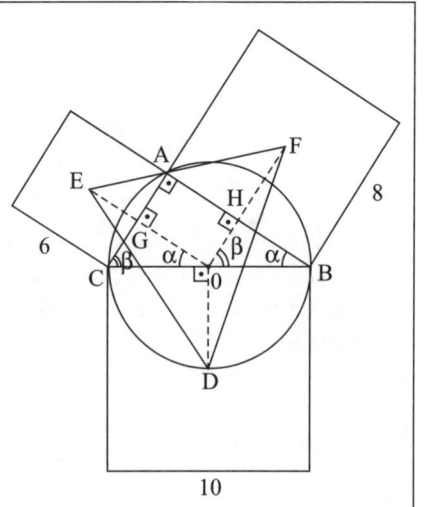

3) Para calcular EF aplique o teorema de Pitágoras no $\triangle EFO$.

| 76 | 1) Se as raízes de uma equação de 3° grau (a, b e c) formam uma PA, temos: |

$$PA = (a, b, c) \Rightarrow b = \frac{a+c}{2} \Rightarrow 2b = a + c$$

2) Relações de Girard (raízes a, b, c)
$$a_0 x^3 + a_1 x^2 + a_2 x + a_3 = 0$$

$$\begin{cases} 1^a) \ a + b + c = \dfrac{-a_1}{a_0} \\ 2^a) \ ab + ac + bc = \dfrac{a_2}{a_0} \\ 3^a) \ abc = \dfrac{-a_3}{a_0} \end{cases}$$

3) Se α é raiz da equação $x^3 - 3x^2 + 12x - q = 0$ então $\alpha^3 - 3\alpha^2 + 12\alpha - q = 0$ é uma igualdade verdadeira.

UNICAMP/2007
1ª Fase

77 a) Como cada litro de gasolina C contém 80% de gasolina pura e 20% de álcool faça:

0,8 . (distância percorrida com 1ℓ de gasolina pura) +

0,2 . (distância percorrida com 1ℓ de álcool)

b) Para calcular o custo por quilômetro de um litro de combustível:

(preço de 1ℓ de gasolina) ÷ 12,75 = custo por Km rodado com gasolina.

(preço de 1ℓ de álcool) ÷ 9 = custo por Km rodado com álcool.

Veja qual é o **menor** custo.

c) $\frac{1}{3}$ de 54 = 18 ⇒ O tanque do carro tem 18ℓ de gasolina (C) e com ele é possível percorrer

18 . (ver item a) = (I)

Os restantes (54 – 18), 36 litros de álcool permitirão o percurso de 36 x 9 = (II)

O total será (I) + (II)

78 a) 1) Primeiro é necessário saber quanto o terreno tem de área.

Note que a área da plantação equivale a área de um triângulo retângulo isósceles de catetos medindo 5 km menos a de um triângulo retângulo isósceles com catetos de 1 km.

Sendo **A** essa área a ser colhida, a área a ser colhida por dia será igual a $\frac{A}{40}$ km².

2) Para determinar quantos trabalhadores serão necessários, basta resolver a proporção $\frac{1}{x} = \frac{0,01 \text{ km}^2}{\frac{A}{40} \text{ km}^2}$.

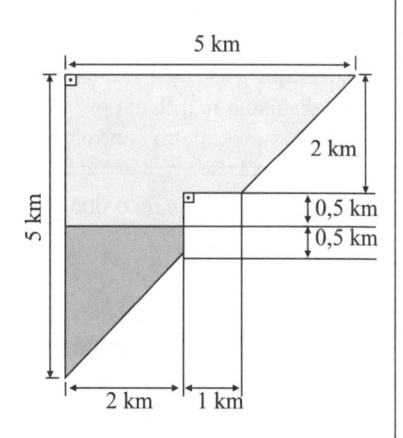

b) A área hachurada corresponde a um trapézio de bases 0,5 km e 2,5 km e altura 2 km. A área de um trapézio de bases **B** e **b** e altura h é dada por $\frac{(B+b)h}{2}$.

A área a ser colhida pelas colhedeiras é igual a **A** (do item a) menos a área do trapézio, mencionado acima.

Sabendo que uma colhedeira colhe 0,09 km² por dia, determine quantos dias serão gastos para que ela faça a colheita da área calculada acima. Lembre-se que esse trabalho será dividido por 4 colhedeiras. Portanto o tempo será dividido por 4. Esse é o tempo que os trabalhadores terão para realizar a colheita da parte hachurada. Novamente um problema de proporção.

UNICAMP/2007
2ª Fase

79 a) Inicialmente, determine o preço atual de cada pãezinho lembrando que 1 kg deles corresponde a $\dfrac{1000}{50} = 20$ unidades de 50 g. Em seguida, calcule o preço unitário e a variação percentual.

b) Basta multiplicar o preço atual pela quantidade de pãezinhos

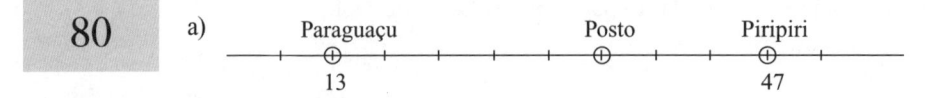

80 a)

```
        Paraguaçu              Posto              Piripiri
    ┼──⊕──┼──┼──┼──┼──┼──⊕──┼──┼──┼──⊕──┼
        13                                        47
```

1) Calcule a distância entre Piripiri e Paraguaçu.

Isso permtirá que você determine a distância entre dois traços perpendiculares consecutivos; basta dividir a distância entre Piripiri e Paraguaçu pela quantidade do espaços de 1 cm, que existe no mapa, entre as duas cidades. Assim, pode-se determinar a escala do mapa, isto é, qual é a distância real correspondente a 1 cm no mapa.

b) Note que, no mapa, o posto dista 5 cm de Paraguaçu. Se **d** é a distância real correspondente a 1 cm no mapa, então a distância entre o posto e Paraguaçu é igual a 5d.

c) Dizer que a escala é 1: 500 000 significa dizer que 1 cm no mapa correspondem a 500 000 cm na distância real. Uma proporção responde a esse item: se 1 cm corresponde a 500 000 cm, quantos centímetros corresponderão a 34 km, isto é 3400 000 cm?

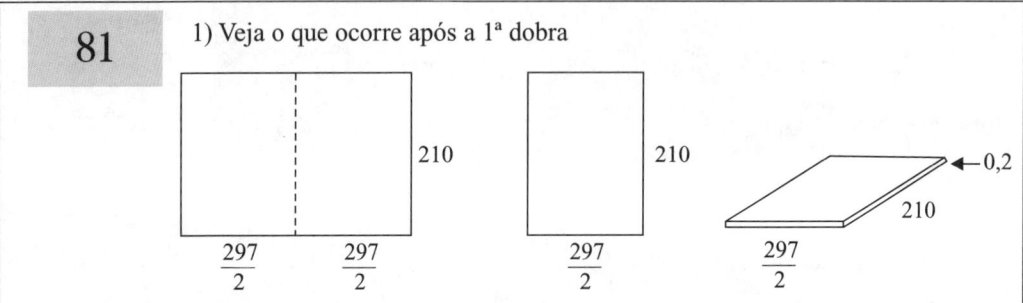

81 1) Veja o que ocorre após a 1ª dobra

[Figura com retângulos de dimensões 210 × 297/2, 210 × 297/2, e paralelepípedo com espessura 0,2, 210 × 297/2]

2) Após 6 dobras:

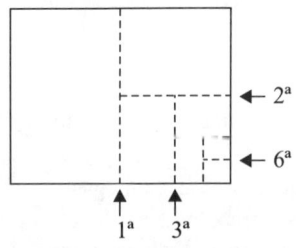

[Figura com quadrado dividido, indicando 2ª e 6ª dobras, com 1ª e 3ª marcadas]

Note que após a 6ª dobra cada dimensão, menos a espessura, foi dividida 3 vezes por 2, isto é, foi dividida por 2^3. E que a espessura, após cada dobra multiplicada por 2.

a) Considere a PG $(a_1, a_2, ..., a_k)$ onde a_1, é a espessura do papel após a 1ª dobra, a_2 após a 2ª dobra, etc.

Como o e-nésimo (a_n) termo de uma PG de razão q e 1º termo a_1 é dado por $a_n = a_1 \cdot q^{n-1}$, determine a_k em função de k na PG em questão.

b) Note que para determinar as dimensões do paralelepípedo após 6 dobras basta dividir as medidas 297 e 210 por $8 = 2^3$ cada uma e achar a_6 na expressão do item a.

82

1) Calcule a área **B** da base do tubo cilíndrico interno, sabendo que ela é $\dfrac{1}{10}$ da área do círculo superior de raio 10 cm. A área de um círculo de raio **R** é πR^2.

2) O volume de um cilindro de raio **R** e altura **H** é dada por

$$V = \pi R^2 \cdot H$$

Desta forma, resolva o item **a**.

3) Note que o volume de água de 2 cm de altura no cilindro interno corresponde a água precipitada na área de um círculo de 10 cm de raio. Como o volume de água precipitado é proporcional a área da região, determine a área da região retangular e depois o volume de água precipitado nela.

83

1) Se o preço do kg subir x reais, o novo preço será 15 + x reais. Esse aumento trará uma queda de 5x kg na venda diária.
A receita será R = (15 + x)(100 − 5x)

2) Uma função $y = ax^2 + bx + c$, com $a < 0$, tem um valor máximo $y = -\dfrac{\Delta}{4} = -\dfrac{b^2 - 4ac}{4a}$.

Isto ocorrerá quando $x = -\dfrac{b}{2a}$.

Por exemplo, $y = -x^2 + 6x - 8$

$$y_{max} = -\dfrac{\Delta}{4a} = -\dfrac{6^2 - 4(-1)(-8)}{4(-1)} = \dfrac{4}{4} = 1$$

$$x = -\dfrac{b}{2a} = -\dfrac{6}{2(-1)} = 3$$

Use essas informações na função f(x) obtida no item a.

84

a) Como os prêmios são iguais basta contar o número de duplas, não ordenadas, que podemos formar a partir daquelas 10 pessoas: $C_{10,2} = \dbinom{10}{2} = \dfrac{10!}{2!(10-2)!}$

b) A probabilidade procurada é $\dfrac{\text{total de duplas de homens}}{\text{total de duplas possíveis}} = P(B)$

c) Observe que P(pelo menos uma mulher ser sorteada) + P(dois homens serem sorteados) = 1
faça: P(pelo menos uma mulher) = 1 − P(B).

85

É importante lembrar-se:

1) de que se um triângulo tem dois ângulos congruentes, então ele é isósceles.
2) de que a altura relativa à base de um triângulo isósceles é também mediana.
3) da lei dos cossenos

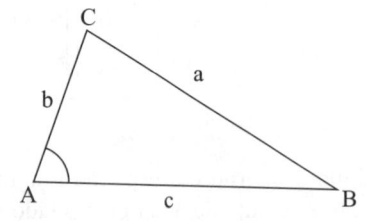

$a^2 = b^2 + c^2 - 2 \cdot b \cdot c \cdot \cos \hat{A}$

4) do teorema de Pitágoras

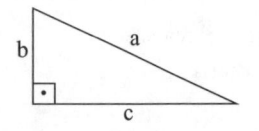

$a^2 = b^2 + c^2$

86

a) 1) Como cada equação do sistema pode ser representada como uma reta no plano cartesiano, determine dois pontos neste plano para contruir cada uma das três retas.

Exemplo: Seja a reta dada pela equação $x_1 - 3x_2 = 3$

se $x_1 = 0 \Rightarrow x_2 = -1$, neste caso, determinamos o ponto $(0, -1)$
se $x_2 = 0 \Rightarrow x_1 = 3$, neste caso, determinamos o ponto $(3, 0)$.
Assim sendo o gráfico dessa reta será (figura ao lado):

2) O sistema apresentará solução, se e somente se, as três retas dos sistema se interceptarem em um único ponto. Verifique se isso acontece.

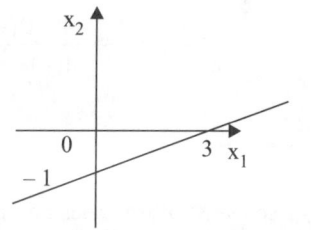

b) 1) Determine a matriz A, X e b do sistema dada.

Exemplo: Seja o sistema: $\begin{cases} 2x_1 + x_2 = 2 \\ -x_1 + 3x_2 = 1 \\ x_1 + 2x_2 = 5 \end{cases}$

Nesse exemplo temos:

$A = \begin{bmatrix} 2 & 1 \\ -1 & 3 \\ 1 & 2 \end{bmatrix}$; $X = \begin{bmatrix} x_1 \\ x_2 \end{bmatrix}$; $b = \begin{bmatrix} 2 \\ 1 \\ 5 \end{bmatrix}$ e $A^t = \begin{bmatrix} 2 & -1 & 1 \\ 1 & 3 & 2 \end{bmatrix}$

2) Efetue a multiplicação matricial sugerida no enunciado do problema (método dos quadrados mínimos) e determine, assim, x_1 e x_2.

Dicas e Ajudas UNICAMP/2007 – 2ª Fase

87 1) Se dois segmentos $\overline{PA}$ e $\overline{PB}$ estão contidos em retas tangentes a uma circunferência, nos pontos **A** e **B**, então PA = PB.

2) A reta tangente a uma circunferência é perpendicular a reta suporte do raio que tem como extremidade o ponto de tangência.

Usando esses dois fatos e os dados do enunciado, obtemos a figura ao lado

a) Aplique o teorema de Pitágoras no $\triangle ABC$ e determine r.

b) Note que AB = r + 10 e AC = r + 3

c) área (ABC) = $\dfrac{(AB).(AC)}{2}$ e área (círculo) = πr^2

A área pedida é a diferença entre as áreas acima.

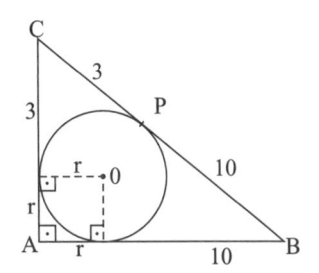

88 a) Como a concentração de estrôncio cai pela metade após 29 anos, isso quer dizer que $P(29) = \dfrac{P_0}{2}$ (I). Por outro lado, sabemos que, $P(29) = P_0 \cdot 2^{-b \cdot 29}$ (II).

Assim sendo, iguale (I) e (II) e determine b.

b) 1) Pelo enunciado temos que $P(t) = \dfrac{2}{10} P_0$ (I) (20% da concentração de P_0) e já sabemos que

$P(t) = P_0 \cdot 2^{-\frac{t}{29}}$ (II). Iguale (I) e (II) para determinar t.

2) Para isolar o valor de t lembre-se das propriedades de logarítmo (dica da questão 47).

3) Note que; se $f(x) = g(x) \Rightarrow \log_b f(x) = \log_b g(x)$

Exemplo: $\dfrac{4}{10} = 4^{-x} \Rightarrow \log_2\left(\dfrac{4}{10}\right) = \log_2 4^{-x} \Rightarrow \log_2 4 - \log_2 10 = -x \cdot \log_2 4 \Rightarrow$

$\Rightarrow 2 - 3{,}32 = -x \cdot 2 \Rightarrow x = 0{,}66$

89 a) 1) θ = ângulo agudo entre as retas $y = m_r x + k$ e $y = m_s x + q$

$$\text{tg } \theta = \left|\dfrac{m_r - m_s}{1 + m_r m_s}\right|$$

Por exemplo, retas (r) $y = 4x - 1$ e (s) $y = 3x + 5$

$\text{tg } \theta = \left|\dfrac{4-3}{1+4.3}\right| = \dfrac{1}{13}$. Então, $\theta = \text{arc tg } \dfrac{1}{3}$

2) Equação modular $\left|\dfrac{m-2}{1+2m}\right|$ tem duas soluções

UNICAMP/2007 – 2ª Fase   Dicas e Ajudas

1ª) $\dfrac{m-2}{1+2m} = +1$

   $m - 2 = 1 + 2m$

   $m = -3$

2ª) $\dfrac{m-2}{1+2m} = -1$

   $m - 2 = -1 - 2m$

   $m = \dfrac{1}{3}$

b) Se P = (a, b) pertence a y = 2x + k, então b = 2a + k.
Por exemplo, se (r) = y = 2x + k passa por P = (5, 6), então 6 = 2. 5 + k

---

90 1) No plano da face ABCD determine a = PC, por semelhança.

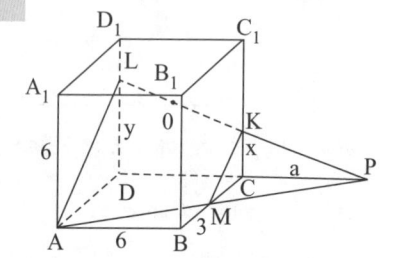

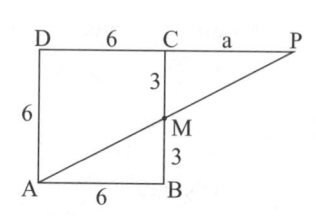

2) Sabendo a = PC, no plano de CDD_1C_1 determine x = CK e y = DL, resolvendo desta forma o item **a**.

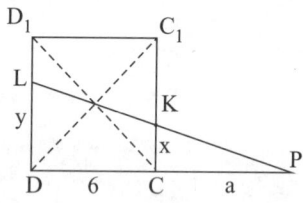

3) Para resolver o item **b**, note que o sólido em questão é um tronco de pirâmide cujo volume é dado pela diferença entre os volumes das pirâmides PADL e PMCK. O volume de uma pirâmide é dado por $\dfrac{1}{3}$ do produto da área da base pela altura.

UNICAMP/2008
1ª Fase

91 Consulte a tabela.

a) Se fosse no distrito Sudoeste, por exemplo, o coeficiente de incidência de dengue seria $\dfrac{1113}{215}$ casos por mil habitantes.

Faça o mesmo para o distrito pedido.

b) Lembre-se de que o total de casos de dengue em Campinas é 1399 + 1014 + 557 + 1113 + 790 = d.

O coeficiente de incidência é $\dfrac{d}{106}$ para cada 10 000 habitantes.

92 a) Determine a área do distrito sudoeste dividindo-a em figuras conhecidas (triângulos, trapézios, ...).

Área de triângulo = $\dfrac{(base).(altura)}{2}$

Área de trapézio = $\dfrac{(base\ maior + base\ menor).(altura)}{2}$

Área de retângulo = (base) . (altura)

b) Lance, no gráfico, os valores dados, ligando cada um à origem 0.

Você vai obter segmentos de retas de coeficientes angular dado por m = tg α, onde α é o ângulo como eixo x.

Esse coeficiente é máximo quando a inclinação, em relação ao eixo x, for máxima.

UNICAMP/2008
2ª Fase

93 1) Note que o volume do lastro deve ser considerado como o volume de um prisma cuja base é o trapézio de bases 2 m e 2,8 m e lados oblíquos as base com 0,5 m e a altura com 10 000 m.

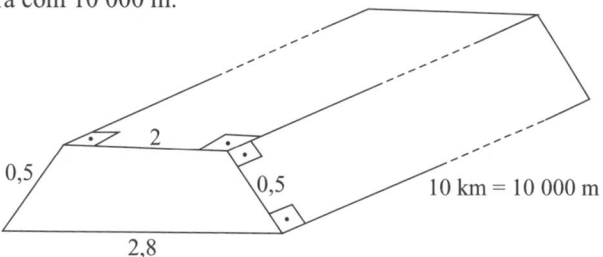

2) Para resolver o item **a** determine a altura do trapézio, depois a sua área **B**, e finalmente o volume do prisma que será V_{brita} = B . 10.000.

3) Admitindo que a caçamba do caminhão tem a forma de um paralelepípedo retângulo, cujo volume é o produto das dimensões, determine o volume da caçamba (V_C), e para resolver o item **b**, divida V_{brita} por V_C.

94 a) 1) Primeiramente conte o número de viagens feitas antes das 12h.

Note que: 5h, 5h15m, 5h30m, 5h45m representa 4 viagens. Isso se repete para as próximas horas **antes** das 12h.

2) No período do meio dia às duas horas da tarde, o intervalo entre as viagens é de 30 minutos, ou seja, neste período serão

escreva seguindo a linha anterior feitas as viagens: 12h, 12h30m, 13h, 13h30m, totalizando 4 viagens.

3) No período das 14h a meia noite, utilize o mesmo raciocínio descrito no item 1). Não esqueça que às 24h temos a última viagem.

4) Sabendo o total de viagens por dia, calcule o total arrecadado. Pelo enunciado em cada viagem há em média 36 passageiros e cada um paga 17,50 reais.

b) 1) Calcule o aumento que a taxa de embarque terá:

Por exemplo: Se a taxa de embarque for de 5 reais e essa taxa sofrer um aumento de 20%, isso significa:

20% de 5 reais = $\dfrac{20}{100} \cdot 5 = 1$ real.

Logo a taxa de embarque aumentará 1 real. Use esse raciocínio para calcular o aumento da taxa de embarque do problema.

Assim sendo o aumento percentual no preço da passagem será a divisão do valor do aumento da taxa de embarque, em reais, pelo preço total da passagem (17,50 reais).

95

a) 1) Conte o número de palitos das figuras 1, 2 e 3, ou seja, determine, F_1, F_2 e F_3.

2) Note que F_1, F_2 e F_3 formam uma PA. Utilize a fórmula do termo geral da PA ($a_n = a_1 + (n-1)\,r$) para determinar a expressão geral de F_n.

3) Calcule F_{10} utilizando a expressão geral de F_n.

b) 1) Note que para exibir concomitantemente as 50 primeiras figuras serão necessário $F_1 + F_2 + F_3 + \ldots + F_{50}$ palitos, ou seja, a soma de uma PA de 50 termos. Assim sendo, primeiramente, determine F_{50} utilizando a expressão geral de F_n (item a)).

2) Calcule a soma de PA utlizando a fórmula da soma: $S = \dfrac{(a_1 + a_n) \cdot n}{2}$

96

a) Note que como o atleta mais rápido ultrapassou o mais lento após 17 voltas e meia, nesse instante o mais lento havia percorrido 1 volta a menos.

b) Inicialmente, determine o número de voltas para completar a prova de 10 000 metros. Em seguida, o tempo gasto pelo atleta mais rápido para completar a prova e, finalmente, a distância percorrida pelo atleta mais lento.

97

a) 1) De acordo com a tabela, temos: $y(3) = 3{,}2$. Por outro lado sabemos que $y(x) = ax^2 + bx + c$. Então $y(3) = a \cdot 3^2 + b \cdot 3 + c \Rightarrow 9a + 3b + c = 3{,}2$.

Repita esse raciocínio para os demais dados da tabela. Assim sendo teremos três equações e três incógnitas.

2) Resolva o sistema linear formado por essas três equações.

b) A distância total alcançada pelo peso será o valor de x quando $y(x) = 0$. Lembre-se que no item a) você determinou **a**, **b** e **c**, ou seja, determinou $y(x)$.

Note, que $x > 0$, pois se refere a distância.

| 98 | a) Um número só é divisível por 6 se for **par** e múltiplo de três. |

Um número é divisível por 9 quando a **soma** de seus algarismos for divisível por 9, por exemplo 111 111 111 111 111 111 a soma de seus algarismos é 18.

b) números de C que são divisíveis por 9	total de algarismos
111 111 111	9
111111111111111111	18
111 111	27
....	....
111 ... 111	999
	termos de uma PA

lembre-se numa PA $a_n = a_1 + (n-1) \cdot r$
A probabilidade procurada será:

$$\frac{\text{total de números múltiplos de 9}}{1000}$$

| 99 | a) 1) Se 1 bel = 10 decibel então $R_{d\beta} = 10 R_\beta$. Utilize essa relação para determinar a fórmula pedida no enunciado. |

2) Substitua $R_{d\beta} = 80$ na fórmula e isole I. Para isso lembre-se da definição de logarítmo.

$\log_b a = x \iff a = b^x$ com $a, b > 0$ e $b \neq 1$

b) 1) Substitua $Rd_\beta = 160$ na fórmula encontrada no item a) do problema e isole I (o I, nesse caso, é a intensidade sonora do motor de um avião a jato).

2) Divida o valor da intensidade sonora do avião pelo valor da intensidade sonora do tráfego de uma esquina movimentada.

| 100 | a) Resolva a inequação do 2º grau $f(x) \cdot g(x) < 0$ não esquecendo de substituir, em $f(x)$, p por -5. |

Por exemplo, inequação $x^2 - 6x + 8 < 0$
Raízes: $(x-2)(x-4) = 0$
   $x' = 2$ e $x'' = 4$

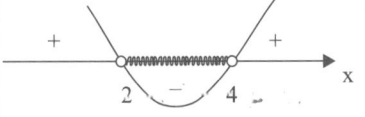

$2 < x < 4$, x real

b) Representa, num gráfico cartesiano, as retas correspondentes a $f(x)$ e $g(x)$ como na Dica do Ex. 41 (3)

Veja quais são os valores de **x** para os quais $g(x) \leq f(x)$.

101 a) Note que $P^{-1} = P^t$ (P é matriz ortogonal). Por outro lado sabemos que $P^{-1} \cdot P = I$, ou seja, pelo enunciado do exercício, $P^t \cdot P = I$.

Assim sendo, determine P^t e substitua na igualdade $P^t \cdot P = I$, a fim de determinar **a** e **b**.

b) 1) Se $A = QR$ e $AX = b \Rightarrow QRX = b$

2) Se $QRX = b \Rightarrow Q^{-1}QRX = Q^{-1}b \Rightarrow IRX = Q^{-1}b \Rightarrow RX = Q^{-1}b$

3) Pelo enunciado temos que Q é ortogonal, ou seja, $Q^{-1} = Q^t$. Utilize esse dado para determinar Q^{-1}.

4) Represente a matriz X como $\begin{bmatrix} a \\ b \\ c \end{bmatrix}$. Substitua X, R, Q^{-1} e b na igualdade $RX = Q^{-1} b$.

---

102 É importante lembrar:

1) sendo α ângulo agudo de um triângulo retângulo, temos que

$$\operatorname{sen} \alpha = \frac{\text{cateto oposto a } \alpha}{\text{hipotenusa}} \quad \text{e} \quad \cos \alpha = \frac{\text{cateto adjacente a } \alpha}{\text{hipotenusa}}.$$

2) a fórmula de adição
$\cos(a+b) = \cos a \cdot \cos b - \operatorname{sen} a \cdot \operatorname{sen} b$
Sugestão: $75° = 45° + 30°$

---

103 1) Note que o triângulo BCD é equilátero cujo lado é a diagonal **d** de uma página do livro.

2) Calcule **d** no triângulo ACD e depois por Pitágoras determine **h**.
Determine também y no triângulo ACD.

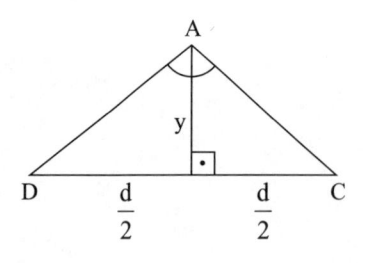

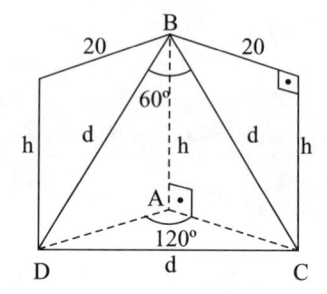

3) Sendo S a área do triângulo ACD, note que o volume do tetraedro ABCD é dado por

$$V_T = \frac{1}{3} S \cdot h$$

Note que S é dada por $S = \dfrac{d \cdot y}{2}$

104 a) Se r tem equação y = ax + b, para obter P e R faça x = 0, obtendo y e y = 0 obtendo x.

Obtenha a intersecção R entre as duas retas (Dica. Ex. 22a)

b) Use a informação sobre as áreas dos triângulos, tendo em vista que:

ΔOPQ tem área 1 e é $\dfrac{b \cdot x_P}{2}$ $\quad\quad$ ΔORQ tem área $\dfrac{b \cdot x_R}{2}$

VUNESP/2006
Conhecimentos Gerais

105 1) Calcule o lucro unitário, isto é, o lucro obtido com a venda de 1 litro de leite. Para isso, basta calcular a diferença entre o preço de venda e o custo.

2) Veja a dica (1) do problema (131). Então calcule o aumento desejado no lucro mensal, isto é, 30% de R$ 2580,00.

3) $\begin{pmatrix} \text{litros de leite que} \\ \text{devem ser produzidos} \\ \text{a mais} \end{pmatrix} \cdot \begin{pmatrix} \text{lucro} \\ \text{unitário} \end{pmatrix} = (30\% \text{ de R\$ } 2580,00)$

106 Chame de **x** o número de visitas à página no 1º bimestre e monte a equação notando que o número de visitas à página dobrou a cada bimestre.

107 Na equação $T_K = T_C + 273$, tire T_C em função de T_K.

Em seguida, substitua T_C na outra equação, obtendo T_F em função de T_K.

Por exemplo, dadas as equações $2x = 3 + y$ e $4z + 2y = 15$, tiramos, na 1ª, y em função de x: y = 2x – 3

Substituindo na outra, vem:

4z + 2(2x – 3) = 15

Para obter z, em função de x, fazemos:

4z + 4x – 6 = 15, isto é, 4z = 21 – 4x e $z = \dfrac{21-4x}{4}$

108 Observe alguns lugares geométricos no Plano Complexo:

1) $|z| = 2 \Leftrightarrow \sqrt{x^2 + y^2} = 2$

$x^2 + y^2 = 4$

$(x-0)^2 + (y-0)^2 = 2^2$

(circunferência)

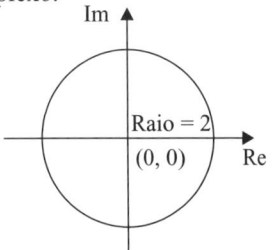

2) $|z| \leq 2 \Leftrightarrow \sqrt{x^2 + y^2} \leq 2$

$x^2 + y^2 \leq 4$

$(x-0)^2 + (y-0)^2 \leq 2^2$

(círculo)

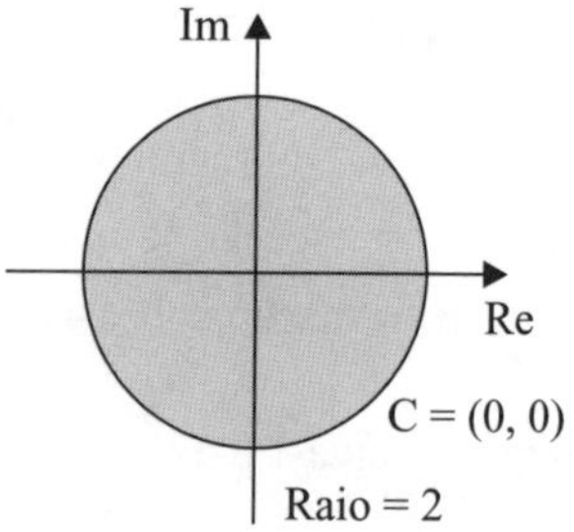

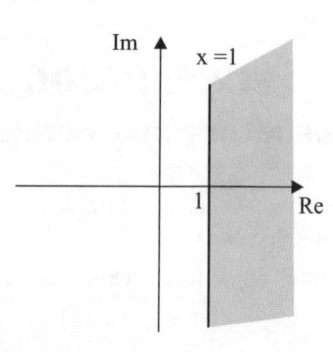

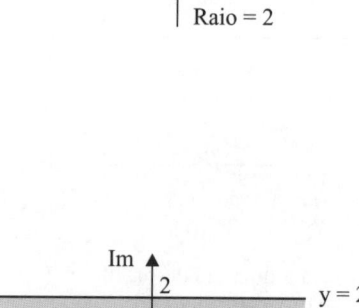

$C = (0, 0)$
Raio = 2

3) $\text{Re}(x) \geq 1$

$z = x + yi \ (x, y \in \mathbb{R})$

$x \geq 1$

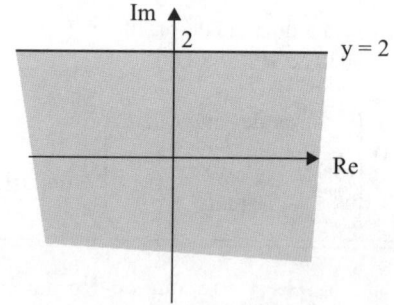

4) $\text{Im}(z) \leq 2$

$z = x + yi \ (x, y \in \mathbb{R})$

$y \leq 2$

---

109 1) Se $p'(x) = 3x^2 + 2bx + c$ então, por exemplo, $p'(5) = 3 \cdot 5^2 + 2b \cdot 5 + c$
2) Teorema do resto

p(x) | x − a
r(x) = k   q(x)

r(x) = k = p(a)

"O resto da divisão de p(x) por (x − a) é k = p(a)".

---

110 Como a ordem dos fatores não altera o produto podemos escolher 2, 3, 4 ou 5 algarismos sem levar em conta a ordem. Faça: $C_{5,2} + C_{5,3} + C_{5,4} + C_{5,5}$

lembrando que $C_{5,p} = \dfrac{5!}{p!(5-p)}$

---

111 Utilize um diagrama de árvore para organizar a sequência de probabilidade ao longo das gerações

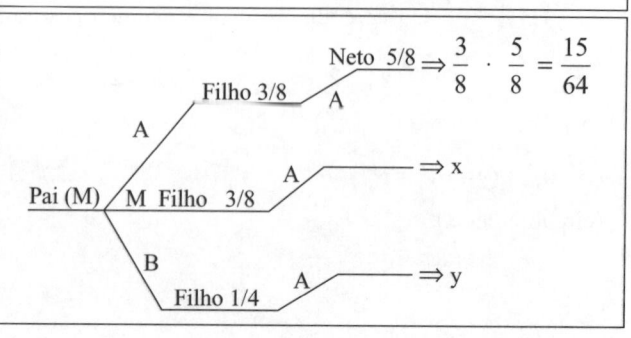

Neto 5/8 $\Rightarrow \dfrac{3}{8} \cdot \dfrac{5}{8} = \dfrac{15}{64}$

Filho 3/8

Pai (M) / M Filho 3/8 $\Rightarrow$ x

Agora faça: $\dfrac{15}{64} + x + y$

Filho 1/4 $\Rightarrow$ y

Dicas e Ajudas VUNESP/2006 – Conhecimentos Gerais

112 1) Faça em gráfico representando P, Q', Q e a reta PQ.
2) Ache a equação da reta PQ (Dica. Ex. 58 - 2).

3) Reta 2x + 3y – 7 = 0, por ex, pode ser escrita 3y = – 2x + 7 ou $y = -\dfrac{2}{3}x + \dfrac{7}{3}$

Seu coeficiente angular é $m = -\dfrac{2}{3}$

Faça o mesmo com a reta PQ.

---

113 1) Substituindo N_1, I_1, N_2, I_2 na fórmula dada no enunciado do problema, determine $N_1 - N_2$.

2) Substituindo $N_1 - N_2$ por 20 e utilizando as propriedades de logarítmo (Olhar dica da questão 47) determine $\dfrac{I_1}{I_2}$.

---

114 Observe que as abscissas dos pontos de intersecção dos gráficos de f(x) e g(x) são as raízes da equação **f(x) = g(x)**.

Resolva a equação trigonométrica obtida lembrando que sen2x = 2 senx cosx.

---

115 1) Trace a altura $\overline{AF}$ do trapézio.

2) No triângulo AFD, $\cos 60° = \dfrac{AF}{AD}$.

Expresse AF em função de k.

3) A área do trapézio ABCD pode ser calculada como a soma das áreas do retângulo ABCF e do triângulo ADF.

4) A área de um triângulo que tem lados de medidas **a** e **b** e que formam um ângulo α é dada por $\dfrac{1}{2}.a.b.\text{sen}\,\alpha$.

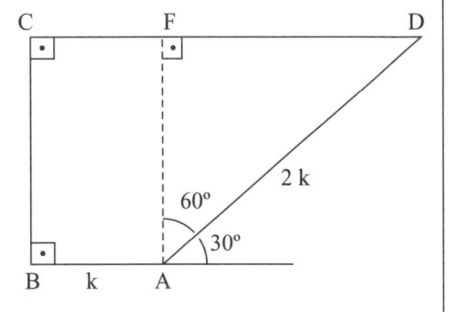

---

116 1) Determine o volume do medicamento (V_m) somando o volume do cilindro com o volume do cone, admitindo que o cilindro e o cone são circulares retos. O volume de um cilindro e volume de um cone com área da base **B** e altura **H** são dados por

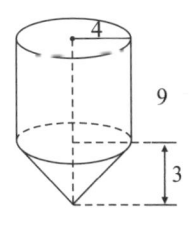

$V_{cil} = BH$ e $V_{cone} = \dfrac{1}{3}BH$

2) Se o paciente recebe 1,5 mℓ/min., então ele recebe 1,5. 60 mℓ/h.
Determine o volume aplciado (V_a) em 4 horas e veja qual o volume restante (V_R) no frasco fazendo $V_R = V_m - V_a$.

VUNESP/2006
Exatas

117 a) Inicialmente faça 15% de 50 milhões para descobrir o total de domicílios na zona rural:

$$\frac{15}{100} \cdot 50000000 = R$$

Para calcular o total de domicílios da zona rural que têm máquina de lavar e TV faça:

$$\frac{30}{100} \cdot R \quad \text{e} \quad \frac{90}{100} \cdot R$$

b) $P(T \cup F) = P(T) + P(F) - P(T \cap F)$ com T e F são eventos independentes $P(T \cap F) = P(T) \cdot P(F)$

$P(T)$ e $P(F)$ podem ser lidos diretamente no gráfico sendo $P(T \cup F) = A$

Faça, finalmente, A . (50 milhões – R)

---

118 a) 1) Observando a figura, determine P_1, P_2, P_3, a fim de generalizar P_n.

2) Note que na sequência $(P_1, P_2, P_3, ..., P_n)$, a diferença entre um elemento e o seu antecessor é constante. Lembre-se que o termo geral de uma PA é dada por $a_n = a_1 + (n-1) \cdot r$.

b) 1) Observando a figura, determine A_1, A_2, A_3, a fim de generalizar A_n.

2) Determine $B_1, B_2, B_3, ..., B_n$. Note que $B_n = \dfrac{A_n}{P_n}$.

3) A soma dos termos de uma PA é dado por : $S_n = \dfrac{(a_1 + a_n) \cdot n}{2}$

---

119 a) 1) Calcule, separadamente, det(A) em função de **x** e **y** e det(B).

2) Para determinar os pares ordenado (x, y) que satisfazem a inequação det(A) ≤ det(B), construa, no plano cartesiano, a reta det(A) = det(B).

b) Efetue as operações matriciais, a fim de determinar um sistema linear nas incógnitas **x** e **y**. Resolva o sistema.

---

120 a) Se $z = a + bi$ $(a, b \in R)$

$$\Rightarrow |z| = \sqrt{a^2 + b^2} \quad , \quad \cos\theta = \frac{a}{|z|} \quad \text{e} \quad \operatorname{sen}\theta = \frac{b}{|z|}$$

$z = |z|(\cos\theta + i \operatorname{sen}\theta)$

$z^3 = |z|^3 [\cos(3\theta) + i \operatorname{sen}(3\theta)]$

b) $P(x) = a_0 (x - \alpha_1)(x - \alpha_2)(x - \alpha_3) \ldots$

onde a_0 é o coeficiente dominante e $\alpha_1, \alpha_2, \alpha_3, \ldots$, são as raízes de $P(x)$.

c) grau mínimo $\Leftrightarrow$ número mínimo de raízes

d) se $\alpha = m + ni$ $(m, n \in R)$ é raiz de **P(x) de coeficientes reais** então seu conjugado $\overline{\alpha} = m - ni$ também é raiz (Teorema das raízes complexas não reais).

Dicas e Ajudas VUNESP/2006 – Exatas

121 a) 1) Lembre-se que um número inteiro N, pode ser fatorado como:

$$N = a_1^{\alpha_1} \cdot a_2^{\alpha_2} \cdot a_3^{\alpha_3} \cdots a_n^{\alpha_n}$$, então o total de divisores inteiros e positivos

de N será: $(\alpha_1 + 1)(\alpha_2 + 1)(\alpha_3 + 1) \cdots (\alpha_n + 1)$.

Utilize isso para determinar os divisores inteiros positivos de 3600 e 720.

2) Note que 720 é um divisor de 3600. Utilize isso para determinar os divisores de 3600 que são, também divisores de 720.

b) Para determinar os divisores pares você pode optar por dois "caminhos".

1) Os divisores **ímpares** de 3600 são os que não apresentam o fator primo 2, ou seja, apresentam apenas os fatores primos 3 e 5. Dessa forma, determine os divisores ímpares e subtraia do total de divisores de 3600.

2) Outro modo, os divisores **pares** necessitam ter na sua decomposição o fator primo 2, assim sendo, $\alpha \in \{1, 2, 3, 4\}$.

3) Os divisores positivos que são quadrados perfeitos devem ter α, β e γ divisível por 2.

122 a) Circunferência de centro C = (a, b) e raio r tem por equação

$$(x - a)^2 + (y - b)^2 = r^2$$

Determine a equação da circunferência dada e obtenha suas intersecções a reta **s**. (vide DICA Ex. 22 a).

b) ÁREA DO $\triangle$MSP = ÁREA do $\triangle$OSP – ÁREA do $\triangle$OMP

e ÁREA SOMBREADA = 2. ÁREA DO $\triangle$MSP

Lembre-se de que ÁREA DE TRIÂNGULO = $\dfrac{(\text{base}) \cdot (\text{altura})}{2}$

123 a) 1) Calcule, primeiramente, g(4).

2) Para resolver a inequação $f(x) \leq g(4)$, observe a dica sobre resoluções de inequações logaritmicas na questão 8.

3) Para resolver a equação $g(x) = f\left(\dfrac{7}{8}\right)$, utilize as propriedade de logarítmo, observe a dica da questão 47.

b) 1) Lembre-se que fog(x) = f(g(x))

Exemplo: Seja $f(x) = \log_3(x + 2)$ e $g(x) = 2x + 1$, então,

$fog(x) = \log_3(g(x) + 2) \Rightarrow fog(x) = \log_3(2x + 1 + 2) \Rightarrow fog(x) = \log_3(2x + 3)$

2) Para saber os valores para os quais o fog está definida, lembre-se da condição de existência de logarítmo.

$\log_b a = x \Rightarrow a > 0, b > 0$ e $b \neq 1$

3) Note que a fog assumirá o valor máximo quando o logaritmando também assumir o valor máximo, ou seja, na situação apresentada, o valor de **x** que representa o vértice da parábola.

124

a) Satélite em P: $\alpha = 0°$ ou $\alpha = 360°$
Nos dois casos, $\cos\alpha = 1$.

Substitua esse valor na fórmula dada.

b) Substitua h por 1580, na fórmula dada e calcule $\cos\alpha$

Lembre-se de que, se $\cos\alpha = 0$, então $\alpha = 90°$ ou $\alpha = 270°$.

125

1) O paralelepípedo em questão é também um prisma quadrangular regular.

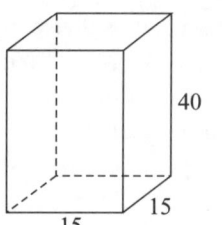

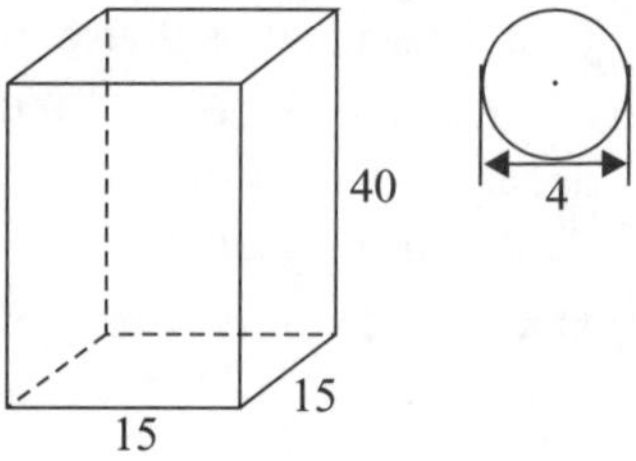

O volume de um paralelepípedo retângulo de dimensões **a, b** e **c** é dado por V = abc.

2) A área e o volume de uma esfera de raio **R** são, respectivamente, dados por:

$$A = 4\pi R^2 \quad e \quad V = \frac{4}{3}\pi R^3$$

3) Note que o volume do líquido contido no recipiente é igual ao volume do paralelepípedo menos o volume das 90 esferas.

126

É importante lembrar-se:

1) da lei dos cossenos

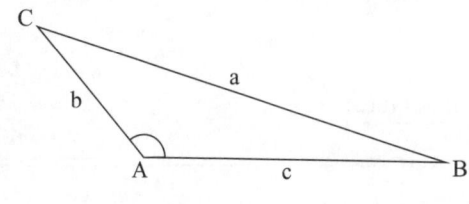

$a^2 = b^2 + c^2 - 2.b.c.\cos\hat{A}$

2) de que $\cos 120° = -\cos 60°$, isto é, $\cos 120° = -\frac{1}{2}$

3) da Teorema de Tales

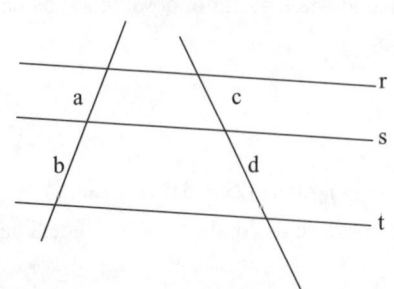

$r // s // t \Rightarrow \dfrac{a}{b} = \dfrac{c}{d}$

4) do caso AA
Se dois triângulos têm dois ângulos congruentes, então eles são semelhantes.

5) de que o comprimento ℓ de um arco de circunferência de raio R é dado por $\ell = \dfrac{\alpha}{360°} \cdot 2\pi R$.

VUNESP/2006
Biológicas

127

a) DROGARIA A

Chamando de x o número de caixas do medicamentos D_1, $30 - x$ será o número de caixas de D_2.

Com isso, calcule G_A.

Faça o mesmo para a DROGARIA B, calculando G_B.

O gasto total é $G = G_A + G_B$.

b) Os menores gastos são com as caixas de D_1.

Para G ser mínimo, deverão ser enviadas todas as caixas de D_1.

Levando isso em conta, faça $G = 890$ obtendo x e y.

128

a) 1) As probabilidades procuradas são:

$$\frac{\text{total de pessoas que não são A}}{1000}$$

2) $$\frac{\left(\begin{array}{c}\text{total de pessoas}\\ B^-\end{array}\right) + \left(\begin{array}{c}\text{total de pessoas}\\ \text{do grupo Rh}^+\end{array}\right)}{1000}$$

b) 1) $$\frac{\text{total de AB}^-}{1000}$$

2) $$\frac{\left(\begin{array}{c}\text{total de pessoas}\\ AB^-\end{array}\right) + \left(\begin{array}{c}\text{total de pessoas}\\ O^-\end{array}\right)}{\left(\begin{array}{c}\text{total de pessoas}\\ \text{com Rh}^-\end{array}\right)}$$

129

a) A população atinge 12 milhões de habitantes, quando $p(t) = 12$. Assim sendo, substitua 12 na função dada no enunciado do problema e isole t. Para isolar, t, utilize as propriedades de logarítmo (veja Dica da questão 47).

b) 1) Para determinar o número de habitantes em 1950, substitua $t = 0$ na função dada.

2) Observe o gráfico e determine o intervalo de t, no eixo das abscissas, no qual, temo $p(t) \geq 15$. Note que $p(80) = 17$.

3) Para determinar K, observe o eixo das ordenadas do gráfico.

| 130 | a) Considere a figura ao lado, bem como as medidas indicadas. |

1) Aplique o teorema de Pitágoras no triângulo ABC para determinar BC = d.

2) Aplique o teorema de Pitágoras no triângulo PBQ para determinar PB.

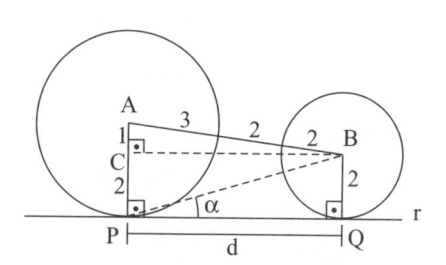

3) $\text{sen } \alpha = \dfrac{\text{cateto oposto a } \alpha}{\text{hipotenusa}}$.

b) 1) Quando os raios da roda maior descrevem um ângulo de θ graus, a distância que ela percorre é igual a $\dfrac{\theta}{360°}$ do comprimento de sua circunferência, isto é, $\dfrac{\theta}{360°} \cdot 2\pi \cdot 3$.

A roda menor deve percorrer a mesma distância e descreverá um ângulo β, tal que $\dfrac{\beta}{360°} \cdot 2\pi \cdot 2 = \dfrac{\theta}{360°} \cdot 2\pi \cdot 3$

2) Quando a roda maior dá 80 voltas, ela percorre 80.(2π . 3) dm. A roda menor percorre a mesma distância. Se em uma volta a roda menor percorre 2π . 2 dm, quantas voltas serão necessárias para percorrer 80.(2π . 3) ?

VUNESP/2007
Conhecimentos Gerais

| 131 | 1) Lembre-se de que x% de um certo valor V é igual a $\dfrac{x}{100} \cdot V$ |

Exemplo: 40% de 120 = $\dfrac{40}{100} \cdot 120 = 48$

2) Seja **E** a extensão da camada de gelo no Ártico em 1979. Então E – 20% de E = 1,3.

| 132 | Observe, no gráfico, quais colunas estão na faixa entre 1200 e 1300, incluindo esses números. |

Isto vai fornecer o total de meses pedido.

| 133 | 1) Vamos escolher uma moça para ocupar a poltrona 1: isso pode ocorrer de n_1 maneiras |

2) Escolhemos um rapaz para ficar ao seu lado: n_2 maneiras.

3) Permutamos os dois nas poltronas 1 e 2: 2!

4) Permutamos a outra moça e o outro rapaz nas poltronas 3 e 4: 2!

Agora faça: $n_1 \cdot n_2 \cdot 2! \cdot 2!$

Dicas e Ajudas VUNESP/2007 – Conhecimentos Gerais

134 Cada face do poliedro tem 3 vértices e, veja o desenho do enunciado, a figura possui 6 faces.

Nem todo trio pertence a mesma face, por exemplo $\{V_1, V_5, V_3\}$ não estão na mesma face.
A probabilidade procurada é

$$\frac{\text{total de trios que formam uma face}}{\text{total de trios que podem ser formados com os 5 vértices}}$$

Lembre-se: a partir de um conjunto com n elementos podemos formar $C_{n,3}$ trios, isto é, $\dfrac{n!}{3!(n-3)}$ trios.

135 1) Utilizando a fórmula do termo geral da PA ($a_n = a_1 + (n-1)r$) determine, em função de **x** e **r**, o número de árvores plantados no 24º mês e no 15º mês.

2) Note que o total de árvores plantados no 15º mês será: $3960 - 2160 = 1800$ árvores.

3) Utilizando a fórmula da soma dos elementos de uma PA $\left(S = \dfrac{(a_1 + a_n) \cdot n}{2} \right)$ e o total de árvores plantadas no 15º mês e no 24º mês, construa um sistema de equações nas incógnitas **x** e **r**.

136 1) O lucro real da fábrica é o número de peças vendidas multiplicado pelo lucro unitário de cada peça.

Note que, a matriz $\begin{bmatrix} 20 & 8 \\ 15 & 12 \end{bmatrix}$ representa o número de peças vendidas pela fábrica.

2) Construa uma matriz formada pelo lucro unitário de cada peça.

3) Multiplique as duas matrizes.

Observação: O problema pode ser resolvido observando, em separado, o número de peças de cada tipo vendido a E_1 e multiplicando pelo lucro correspondente de cada peça. Repetir o mesmo raciocínio para E_2.

137 1) Calcule a área do ΔPQR (Dica no Ex 74 - b)

2) Resolva a equação obtida (Dica no Ex. 89 - 2) determinando x_0.

138 Uma função quadrática, de raízes x' e x", pode ser escrita como

$$f(x) = a(x - x')(x - x''), \quad a \neq 0.$$

No gráfico dado, tire x' e x" para obter f(x).

O valor de **a** é calculado observando que $f(0) = -4$.

> **139** É importante lembrar:
>
> 1) num triângulo retângulo, temos que $\operatorname{sen}\alpha = \dfrac{\text{cateto oposto a } \alpha}{\text{hipotenusa}}$.
>
> 2) a velocidade constante é o quociente entre Δs e Δt, isto é, $v = \dfrac{\Delta s}{\Delta t}$.

> **140** Sendo de 2975 kcal o consumo diário de energia de Paulo, determine a sua altura h na função $f(h) = 17h$. Em seguida calcule a altura de Carla para obter o seu consumo diário de energia.

> **141** 1) $\overline{DE} // \overline{AB} \Rightarrow$ os triângulos ABC e DEC são semelhantes. Portanto: $\dfrac{AB}{DE} = \dfrac{AC}{DC} = \dfrac{BC}{EC}$
>
> 2) A área de um trapézio de bases **B** e **b** e altura h é dada por $\dfrac{(B+b).h}{2}$.

> **142** 1) Note que o raio r do cilindro é o raio de uma secção plana da esfera de raio 10 cm, distante $5\sqrt{3}$ cm do centro. Determine r por Pitágoras.
>
> 2) Para determinar o volume do cilindro lembre-se de que, sendo B a área da base e H a altura, o seu volume é dado por $V = B \cdot H$.

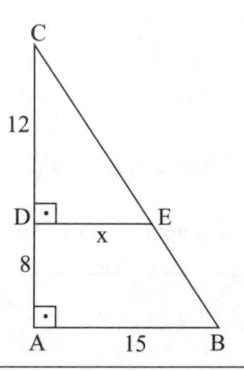

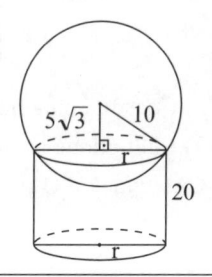

VUNESP/2007
Exatas

> **143** Inicialmente determine a quantidade de gasolina consumida em 2005, e, em seguida, calcule quantas toneladas de CO_2 foram emitidas.
>
> Lembre-se de que x% de n = $\dfrac{x}{100} \cdot n$.

> **144** 1) Note que no período de 1971 e 2320 temos 350 anos. É necessário contar o ano 1971 e 2320 (os extremos).
>
> 2) Como o número de furações dobra a cada 35 anos assim temos uma PG calcule a soma da PG no período de tempo pedido no enunciado do problema.

145

1) Se $z = x + yi$ $(x, y \in R)$ $\Rightarrow |z| = \sqrt{x^2 + y^2}$.

2) Efetue $z \cdot w$ deixando-o na forma $z \cdot w = Re + Im \cdot i$

3) Área do triângulo:

$S = \dfrac{b \cdot h}{2}$ onde b = base

h = altura
S = área

146

1) Observe o exemplo:

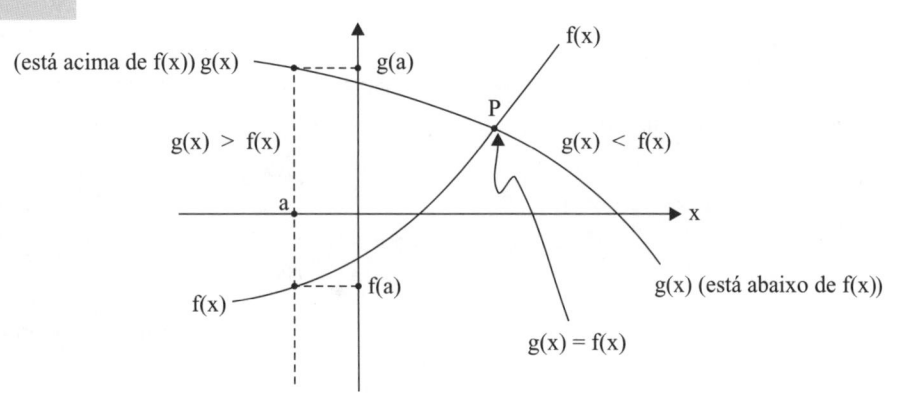

(está acima de f(x)) g(x) — g(a)

f(x)

P

g(x) > f(x)

g(x) < f(x)

a

x

f(x) ---- f(a)

g(x) (está abaixo de f(x))

g(x) = f(x)

2) Para achar a intersecção das curvas f(x) e g(x) basta resolver a equação f(x) = g(x).

147

No diagrama a seguir J é o evento **Paulo vence João** e M é o evento **Paulo vence Mário**:

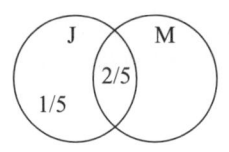

J M
2/5
1/5

Como $P(J) = 3/5$ e $P(J \cap M) = 2/5$

P (ganha só de João) = 1/5

Lembre que se os eventos J e M são independentes $P(J \cap M) = P(J) \times P(M)$, calcule P(M), a seguir faça $P(M) - P(J \cap M) = x$ e coloque os novos dados no diagrama.

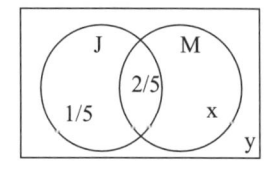

J M
2/5
1/5   x
y

A probabilidade pedida é y
Veja

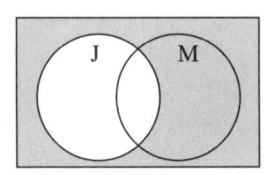

J M

o que está sombreada é $\overline{J}$ = perder de João

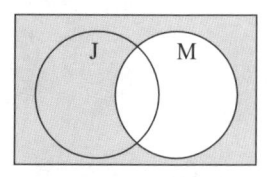

o que está assinalado é $\overline{M}$ = perder de Mário

$\overline{J} \cap \overline{M}$ = perder de João e de Mário:

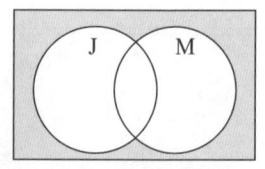

Observe que $(\overline{J} \cap \overline{M}) = \overline{(J \cap M)}$

148

Três pontos P, Q, R são colineares quando

$$\begin{vmatrix} x_P & y_P & 1 \\ x_Q & y_Q & 1 \\ x_R & y_R & 1 \end{vmatrix} = 0$$

Por exemplo, os pontos $P = (1, 1)$, $Q = (2, 2)$ e $R = (3, 3)$ pertencem à mesma reta porque

$$\begin{vmatrix} 1 & 1 & 1 \\ 2 & 2 & 1 \\ 3 & 3 & 1 \end{vmatrix} \overset{\text{Sarrus}}{=} 2 + 3 + 6 - 6 - 3 - 2 = 0$$

Lembrando que $a + b = 7$, isto é, $b = 7 - a$, aplique a condição acima para os 3 pontos dados.

149

Na função $y = x + 320$, tire o valor de x ("isole" o **x**) em função de **y** e substitua o mesmo na relação $z = \dfrac{x}{5}$.

Você terá **z** em função de **y** (1ª parte da questão).
A seguir, substitua **y** por 400 nessa mesma relação e calcule o **z** pedido.

150

Note que o tempo de uma oscilação completa é o período da função f(t).

Lembre-se de que o período da função $f(t) = \operatorname{sen}(ct)$ é dado por $p = \dfrac{2\pi}{c}$.

151

1) Se a temperatura aumentará 3°C, então temos que $t(x) = 3$. Dessa forma, substitua $t(x) = 3$ na expressão dada no enunciado do problema.

2) Isole **x** utilizando as propriedades de logarítmo, veja dica da questão 47.

152

1) Sendo V_i o volume do iceberg no momento em que ele se desprendeu, determine V_i sabendo que

$$23\ 100\ dam^3 = \frac{3}{4}V_i$$

2) O volume de um tronco de pirâmide com áreas das bases **A** e **B** e altura h (altura do tronco) é dado por

$$V_T = \frac{h}{3}[A + \sqrt{AB} + B]$$

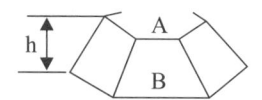

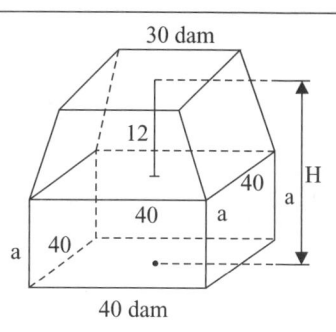

3) Calcule a altura **a** do paralelpípedo na equação

$$V_i = V_P + V_T$$

Note que finalmente, H = a + 12

VUNESP/2007
Biológicas

153

Utilize um diagrama de Venn para entender e situação.

A: almoço e J: jantar

x é o percentual de pessoas que comem carne no almoço e no jantar.

y: só comem no almoço.

z: só comem no jantar.

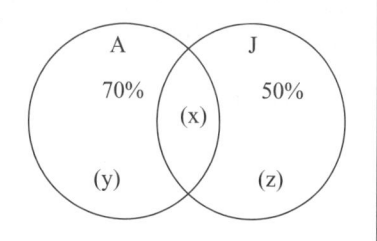

P (comer carne no jantar dado que comem no almoço) $= \frac{6}{10} = 60\%$

isto é, $\dfrac{x}{x+y} = 60\%$ e $x + y = 70\%$

calcule o valor de x

y = 70% − x e z = 50% − x

A probabilidade pedida é: x + y + z

154

1) Nomeie de x_p o número de íons de hidrogênio hoje e x_f o número de íons de hidrogênio em 2100. Assim, teremos:− $\log_{10}x_p = 8{,}1$ e $-\log_{10}x_f = 7{,}9$.

2) Isole x_p e x_f das igualdades anteriores e divida x_f por x_p, a fim de determinar a porcentagem estimada no aumento dos íons de hidrogênio.

155

1) Sejam B: massa de um pedaço de bolo.
   P: massa de um pãozinho.

De acordo com as informações do enunciado, tem-se:

$$B + 3P = 340 \quad e \quad 3B + 2P = 210$$

Resolva o sistema formado por essas equações e determine B e P.

2) Um pãozinho tem $\dfrac{P}{100}$. 270 kcal.

Um pedaço de bolo tem $\dfrac{B}{100}$. 420 kcal.

Veja quantos pãezinhos e quantos pedaços de bolo foram consumidos no café da manhã da segunda-feira e calcule então o total de calorias consumidas.

156

1) O volume de um tronco de pirâmide ou de cone com áreas das bases **A** e **B** e altura **h** é dado por

$$V_T = \frac{h}{3}[A + \sqrt{AB} + B]$$

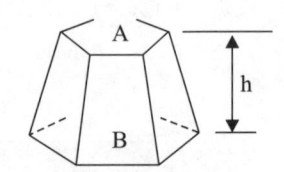

2) Note que o volume do iceberg (V_i) em questão é igual a 2 vezes o volume de um tronco. Para achar o volume (V_s) da parte submersa, basta determinar $\dfrac{7}{8}$ de V_i.

VUNESP/2008
Conhecimentos Gerais

157

Usando os valores do gráfico, teste as diferentes alternativas.
Lembre-se de que, para dois valores x = 10 e y = 30,

1) a razão entre x e y é $\dfrac{x}{y} = \dfrac{10}{30} = \dfrac{1}{3}$

2) a diferença entre x e y é $x - y = 10 - 30 = -20$

3) a média aritmética entre x e y é $\dfrac{x+y}{2} = \dfrac{10+30}{2} = 20$

158

1) Temos que a aplicação inicial é de 15000, assim determine valor do montante após 1 mês, 2 meses, 3 meses, a fim de generalizar uma situação para 10 meses. Veja dica da questão 70.

2) Note que $(1,02)^{10} = (1,02^5)^2$

159

1) Se **z** estiver na forma trigonométrica, vale a 1ª Fórmula de Moivre:

$$z = |z|(\cos\theta + i\,\text{sen}\,\theta)$$

$$\Rightarrow z^n = |z|^n [\cos(n\theta) + i\,\text{sen}(n\theta)]$$

2) Lembre-se:

$(a^m)^n = a^{mn}$ então $z^6 = (z^3)^2$ e assim por diante

160

É suficiente que você se concentre nos 4 últimos algarismos dos números de telefone.

Para os números de telefone sem nenhuma restrição faça:

$$\underline{10} \cdot \underline{10} \cdot \underline{10} \cdot \underline{10} = n(E)$$

Para os números que têm seus 4 últimos algarismos distintos observe:

$$\underbrace{10}_{\begin{pmatrix}\text{qualquer}\\\text{algarismo}\\\text{serve}\end{pmatrix}} \cdot \underbrace{9}_{\begin{pmatrix}\text{deve ser um}\\\text{algarismo} \neq\\\text{do anterior}\end{pmatrix}} \cdot \underbrace{}_{\begin{pmatrix}\text{devem ser algarismos}\\\neq \text{dos anteriores}\end{pmatrix}} \cdot \underbrace{}_{} = n(A)$$

Agora faça $P(A) = \dfrac{n(A)}{n(E)}$

161

1) Utilizando três incógnitas distintas que represente os preços da lapiseira, do caderno e das canetas, escreva duas equações que relacione esses objetos com seus preços, de acordo com o enunciado do problema.

2) Para determinar o preço dos 3 objetos juntos, escalone o sistema, a fim de determinar o preço de um caderno. Sabendo o preço do caderno é possível determinar o preço dos 3 objetos juntos.

162

Sendo por exemplo, **x** e **y**, respectivamente, o número de estudantes e o valor que seria pago por cada uma das x pessoas, monte as equações de acordo com o enunciado lembrando que o novo grupo é formado por (x + 3) pessoas.

163

1) Calcule o determinante de A^3.

2) Lembre-se: **Teorema de Binet** - Se A e B são matrizes quadradas de ordem n, então: $\det(A \cdot B) = \det(A) \cdot \det(B)$.

Assim sendo $\det(A^3) = \det(A) \cdot \det(A) \cdot \det(A)$

164

Lembre-se de que:

$$\text{tg}\,\alpha = \dfrac{\text{cateto oposto a } \alpha}{\text{cateto adjacente a } \alpha}$$

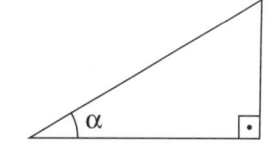

| 165 | Calcule, em função de t,
p _ _ _ _ consumo de oxigênio de Paulo
j _ _ _ _ consumo de oxigênio de João |

Em seguida, sendo j ≤ p, resolva a inequação obtida, determinando t.

| 166 | No gráfico, como PÔA = $\dfrac{\pi}{4}$, P está na bissetriz do 1º quadrante. |

Então, suas coordenadas são P = (k, k).
Use a equação dada para determinar esse k.
Em seguida, calcule a distância de O até P (d_{OP}), como na dica do Ex. 22b.

| 167 | 1) Trace por Y a reta $\overleftrightarrow{YV}$ paralela a $\overleftrightarrow{XW}$.
2) Note que, nessas condições, XYVM é um paralelogramo que, como propriedade, tem ângulos opostos congruentes e também tem lados opostos congruentes. |

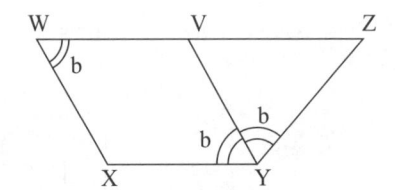

3) Lembre-se de que ângulos alternos, entre paralelas, também são congruentes.
4) Se um triângulo possui dois ângulos internos congruentes, então ele é isósceles.

| 168 | 1) Sendo **a**, **b** e (x + 1) as dimensões do paralelepípedo retângulo, note que a área da face perpendicular a aresta de (x + 1) é B = a . b. |

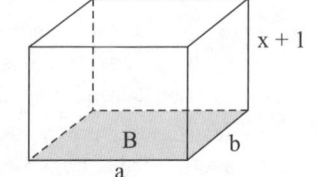

2) Como o volume **V** do paralelepípedo é, em função de x, dada por:

$$V(x) = x^3 + 7x^2 + 14x + 8 \text{ e } V(x) = ab(x + 1),$$

determine B = ab na identidade $B(x + 1) = x^3 + 7x^2 + 14x + 8$.

Para isto divida V(x) por (x + 1). Pode ser por Briot-Ruffini ou método das chaves, ou outro qualquer.

VUNESP/2008
Exatas

| 169 | Dos 25000 ℓ, 33% são para descarga: |

$$25000 \cdot 33\% = 25000 \cdot \frac{33}{100} = 8250\,\ell$$

Desses 8250 ℓ a adolescente consumiu 40%:

$$8250 \cdot 40\% = 8250 \cdot \frac{40}{100} = 3300 \text{ com descarga}$$

Siga um processo análogo para calcular o consumo da adolescente com a higiene pessoal.

170 O próximo alinhamento desses planetas ocorrerá quando for decorrida uma quantidade de anos múltipla de 12, 30 e 84.

Como se deseja saber **o próximo** alinhamento após a ocasião mencionada, deve-se determinar o menor múltiplo comum a 12, 30 e 84.

171 Marque, no gráfico, o ponto C = (t, 2) que corresponde e 2 mil m^3.

Os pontos A = (0, 8) , B = (8, 5) e C = (1, 2) estão na mesma reta.

Use a Dica do Ex. 148 para calcular t.

172 O enunciado já contém uma Dica para fazer os cálculos.

Se não foi suficiente, atente para o seguinte:

(janeiro) para X: 10. 0,50 + 10. 1,00 + 10. 1,50 + 8. 2,00 =
– 5,00 + 10,00 + 15,00 + 16,00 = 46,00

Faça
X = (jan) + (fev)
Y = (jul) + (ago)
Em seguida, calcule X – Y

173 O tempo T decorrido para o astronauta tem que ser tal que, decorrido um tempo **t** para seu filho, ambos totalizem a mesma idade, isto é:

$$30 + T = 10 + t \iff T = t - 20$$

Substituindo as fórmulas dadas na equação acima, temos

$$40 \cdot \frac{c}{v} \sqrt{1 - \left(\frac{v}{c}\right)^2} = 40 \frac{c}{v} - 20$$

Para facilitar, faça $\frac{c}{v} = x$ e resolva a equação obtida na incógnita x.

174 Do enunciado $P(C) = \dfrac{\text{total de estrelas com planetas}}{750}$

Para um índice de ferro i, $1 \leq i \leq 3$ temos (30 + 15) = n estrelas com planetas num total de T estrelas observados nesta faixa de i.

$$P(C| 1 \leq i \leq 3) = \frac{n}{T}$$

Agora calcule: $\left[\dfrac{P(C| 1 \leq i \leq 3)}{P(C)} - 1\right] \cdot 100$

e observe o resultado.

VUNESP/2008 – Exatas   Dicas e Ajudas

175 Note que os pontos de intersecção do gráfico da função f com o eixo das abscissas são as raízes da equação f(x) = 0.
Lembre-se da equação trigonométrica:

$$\operatorname{sen} x = 0 \Rightarrow x = k\pi \,(k \in \mathbb{Z})$$

176 1) Substitua m = 0,2 e M = – 6,8 na expressão dada no enunciado do exercício.

2) Isole **d** utilizando as propriedades de logarítmo (ver dica da questão 47).

3) Note que, pelo enunciado do exercício, 1 parsec = 3. 10^3 km

177 O comprimento de uma circunferência de raio R é dada por C = $2\pi R$.

Para determinar a velocidade média, em km por hora, com que a Terra gira em torno do Sol, basta dividir o comprimento da órbita por (365. 24).

178 1) O volume de um cilindro circular reto de altura **H** e área da base **B** é dado por V = B . H.

2) Sendo **A** e **B** as áres das base e **h** a altura de um tronco de cone, o seu volume é dado por

$$V_T = \frac{h}{3}[A + \sqrt{AB} + B]$$

Se necessário olhar exercícios 152 e 156.

3) Determine o volume do reservatório, multiplique o resultado por 6 (6 banhos) e este resultado pelo desperdício causado pelo gotejamento.

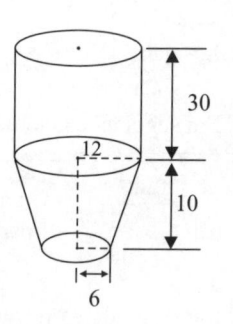

VUNESP/2008
Biológicas

179 Dados h(t) = 1,5 t – 9,4 , p(t) = $3{,}8t^2$ – 72t + 246 (t em semanas; t ≥ 20; h(t) em centímetros e p(t) em gramas).

1) Para altura igual 35,6 cm, faça 1,5 t – 9,4 = 35,6 e determine t.

2) Para este valor de t, calcule o correspondente p(t). **Por exemplo** se t = 40, então p(40) = 3,8 . 40^2 – 72. 40 + 246

p(40) = 3446 g

180 1) Calcule f(0) para determinar o consumo de água, em Km^3, no ano de 1900.

2) Quadriplique o valor encontrado no item a) e iguale a expressão da função dada no enunciado, a fim de, isolar x.

3) Para isolar x utilize as propriedades de logarítmo (olhe dica da questão 47). Note que o enunciado fornece:

$$\log 2 = 0{,}3 \text{ e } \log 5 = 0{,}7$$

181 Note que 700 dias = (2 . 300 + 100) dias.

Assim, θ é o ângulo percorrido por A em 100 dias. Nesse mesmo intervalo de tempo, B percorrerá 1 volta (dado do enunciado) mais o ângulo θ de medida $\frac{1}{3}$ de volta (pois $100 = \frac{1}{3} \cdot 300$).

Monte uma regra de três simples para determinar a duração do ano em B.

182 1) O volume de um cilindro é o produto da área da base pela altura e o volume de um prisma também é igual ao produto da área da base pela altura.

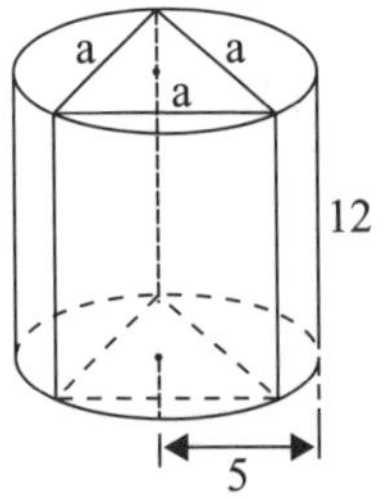

2) Como o raio da circunferência circunscrita a um triângulo equilátero é $\frac{2}{3}$ da altura e $h = \frac{a\sqrt{3}}{2}$ determine **a**, que é a aresta da base do prisma.

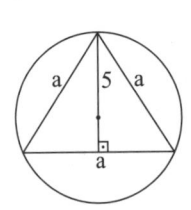

3) A área de um triângulo equilátero de lado **a** é dada por $\frac{a^2\sqrt{3}}{4}$.

4) Note que o volume pedido é a diferença entre os volumes do cilindro e do prisma.

ITA/2006
Testes

183 1) Figura do problema.

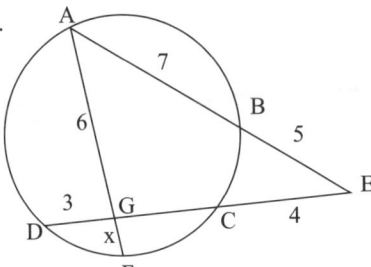

2) Relação métrica:
(PA) . (PB) = (PC) . (PD)

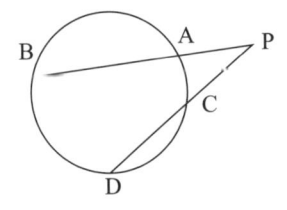

3) Relação métrica:
(PA) . (PB) = (PC) . (PD)

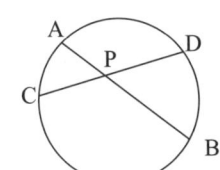

184

Veja um exemplo: Seja $U = \{a_1, a_2, a_3, a_4\}$

$P(U) = \{\varnothing, \{a_1\}, \{a_2\}, \{a_3\}, \{a_4\}, \{a_1, a_2\}, \{a_1, a_3\}, \{a_1, a_4\}, \{a_2, a_3\}, \{a_2, a_4\},$
$\{a_3, a_4\}, \{a_1, a_2, a_3\}, \{a_1, a_2, a_4\}, \{a_1, a_3, a_4\}, \{a_2, a_3, a_4\}, \{a_1, a_2, a_3, a_4\}\}$

Pelas condições de S $\{a_1, a_2\}$ e $\{a_1, a_3\}$ não podem pertencer à S $A \not\subset B$

Vamos sugerir um exemplo de formação de S:

$S = \{\{a_1, a_2, a_3, a_4\}, \{a_1, a_2, a_3\}, \{a_3, a_2\}, \{a_1\}, \varnothing\}$
com o maior número possível de elementos,
Agora é com você.

185

1) Note que pelos dados do problema e utilizando o diagrama de Venn-Euler temos:

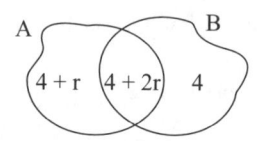

2) $n(A \cup B) = n(A|B) + n(B|A) + n(A \cap B)$

186

Faça $f(x) = 0$ e resolva a equação trigonométrica obtendo o conjunto B.
Em seguida, determine **m** e **n** de acordo com o enunciado.

187

1) $m = \dfrac{a^x - a^{-x}}{a^x + a^{-x}} \Rightarrow m = \dfrac{a^x - \dfrac{1}{a^x}}{a^x + \dfrac{1}{a^x}} \Rightarrow m = \dfrac{\dfrac{a^{2x}-1}{a^x}}{\dfrac{a^{2x}+1}{a^x}}$

2) Isole a^{2x} em função de m.
3) Pelo enunciado temos que $0 < a \neq 1$ então $a^{2x} > 0$

188

Considerando que 7 questões terão sua alternativa (única) correta marcada, basta calcular a combinação das 10 questões 7 a 7.

Quanto às outras três erradas considere que será escolhida um alternativa errada dentre 4 possíveis:
São três etapas e em cada etapa temos 4 possibilidades.

189

1) Note que

$$\log_8(4^K \cdot \sqrt{2}) = \log_{2^3}(2^{2K} \cdot 2^{1/2}) = \log_{2^3} 2^{\frac{4K+1}{2}} = \frac{4K+1}{2} \cdot \frac{1}{3} \cdot \log_2 2$$

2) Substitua 0, 1, 2, 3, ... em K e desse modo determine se a soma definida no enunciado é uma PA ou PG. Com esse procedimento determine, também, o primeiro termo e a razão da seqüência dada. Assim verifique se a afirmação I e II são verdadeiras ou falsas.

3) A soma de n termos de PA é dada por $S = \dfrac{(a_1 + a_n) \cdot n}{2}$.

Dicas e Ajudas ITA/2006 – Testes

190 Se $|f(z)| = |z|$, determine $|f(1)|$
lembre das propriedades:

$$z \cdot \bar{z} = |z|^2 \quad \text{ou} \quad |z|^2 = z \cdot \bar{z}$$

$$\overline{z_1 + z_2} = \bar{z_1} + \bar{z_2}$$

191 É importante lembrar-se:

1) da relação fundamental $\cotg x = \dfrac{1}{\tg x} \left(x \neq \dfrac{k\pi}{2} \right)$.

2) da fórmula de multiplicação $\tg 2x = \dfrac{2\tg x}{1 - \tg^2 x}$.

3) da equação trigonométrica

$$\tg x = \tg a \Rightarrow x = a + k\pi \; (k \in Z).$$

192 $z^n = |z|^n \cdot (\cos\theta + i\sen\theta)^n = |z|^n (\cos n\theta + i\sen n\theta)$

193 1) Para que um sistema linear seja incompatível é necessário que o determinante da matriz formada pelos coeficientes da equações seja zero. Assim, determine o valor de **a** no qual esse determinante se anula.

$$\begin{vmatrix} 1 & 1 & 3 \\ 1 & 2 & 5 \\ 2 & 2 & a \end{vmatrix} = 0$$

2) Substitua na equação do sistema o valor de **a** que anula o determinante e escalone o sistema, determinando **b**, o qual, torna o sistema incompatível.

194 1) Quando multiplicamos uma fila de uma matriz por α, $\alpha \in R$, o valor do seu determinante multiplica-se por α.

Assim, multiplique a 1ª linha do determinante da matriz dada por (-2) e a 2ª linha por (2). Desse modo o valor do determinante será multiplicado por (-4).

2) Teorema de Jacobi: O valor do determinante de uma matriz não se altera quando somamos a uma fila uma combinação linear das demais filas paralelas a ela.

Assim multiplique a 3ª linha do determinante da matriz obtida por (1) e some a 2ª linha.

3) Multiplique a 3ª linha do determinante da matriz por (3).

195 Se um polinômio, de coeficientes reais, admite como raiz um número complexo $(a + bi)$, então, ele também admite o seu conjugado como raiz $(a - bi)$.

Progressão Aritmética

PA (a_1, a_2, a_3) ou PA $(a - r, a, a + r)$

| 196 | Se P(a) = 0, então, **a** é raiz de P(x)
Decompor P(x) em fatores de 1º e de 2º grau. |

| 197 | 1) Para que um sistema linear seja possível e indeterminado (SPI) é necessário que o determinante da matriz dos coeficientes das equações do sistema seja igual a zero. Assim sendo, determine **a** e **b** para que esse determinante se anule |

e substitua esses valores no sistema dado. Responda, agora, se a afirmação (I) é verdadeira ou não.

2) Se o valor do determinante da matriz dos coeficientes das equações do sistema é diferente de zero, o sistema linear é possível e determinado (SPD). Nesse caso, calcule o valor de **x** e **y** utilizando a regra de Cramer.

| 198 | Calcule P(1).
Decompor o P(x) em fatores de 1º e dE 2º grau. |

Analise as possíveis raízes.

| 199 | 1) A medida do apótema de um hexágono regular é igual a medida da altura de um triângulo equilátero cujo lado tem medida igual a do lado do hexágono. |

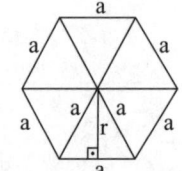

Isto é, $r = \dfrac{a\sqrt{3}}{2}$

2) Aplicando o resultado acima, tem-se:

$r_{n+1} = \dfrac{r_n\sqrt{3}}{2} \quad \Leftrightarrow \quad \dfrac{r_{n+1}}{r_n} = \dfrac{\sqrt{3}}{2}$

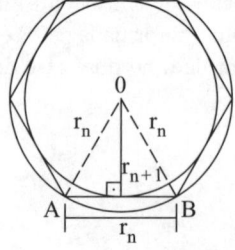

3) $A_n = 6 \cdot$ área (OAB).

Lembre-se: a área de um triângulo equilátero de lado **a** é dada por $\dfrac{a^2\sqrt{3}}{4}$.

4) Calcule $\dfrac{A_{n+1}}{A_n}$ e note que $(A_1, A_2, \ldots, A_n, \ldots)$ é uma progressão geométrica.

5) A soma dos infinitos termos de uma progressão geométrica de primeiro termo a_1 e razão q, $0 < q < 1$ é dada por $\dfrac{a_1}{1-q}$.

No caso desse problema, como $r_1 = 3$, tem-se $A_1 = 6 \cdot \dfrac{3^2\sqrt{3}}{4}$

O problema pede para calcular $\displaystyle\sum_{n=1}^{\infty} A_n$, isto é, $A_1 + A_2 + \ldots + A_n + \ldots$

Basta usar a fórmula acima, $\dfrac{a_1}{1-q}$

Dicas e Ajudas ITA/2006 – Testes

200 1) Com a equação dada, determine o centro **M** e o raio **r** da circunferência (Veja DICA do Ex. 52 - 1).

2) Calcule a distância do ponto **M** à reta **p** que, por ser perpendicular a **s**, tem equação $5x + 12y + c = 0$.

Para calcular a distância do ponto M à reta $ax + by + c = 0$ usamos a fórmula:

$$d = \left| \frac{ax_M + by_M + c}{\sqrt{a^2 + b^2}} \right|$$

Por exemplo, se $M = (-2, -1)$ e (r) $5x + 12y - 4 = 0$, vem:

$$d_{M,r} = \left| \frac{5(-2) + 12(-1) - 4}{\sqrt{5^2 + 12^2}} \right| = \frac{|-10 - 12 - 4|}{\sqrt{169}} = \frac{26}{13} = 2$$

3) Se a reta **p** é secante à circunferência, a distância do centro **M** à reta **p** é menor que o raio. Com a distância $d_{M,p}$ obtida no item anterior, resolva a inequação $d_{M,p} < r$.

Para resolver essa inequação, observe o exemplo:

$$|5 - 2x| < 3$$

A solução é $-3 < 5 - 2x < 3$

Subtraindo 5 de todos os membros:

$$-3 - 5 < 5 - 2x - 5 < 3 - 5 \quad \text{ou} \quad -8 < -2x < -2$$

Dividimos todos os membros por (– 2). Ao dividir por um número negativo, invertemos os sentidos da desigualdade (trocamos < por >).

$$\frac{-8}{-2} > \frac{-2x}{-2} > \frac{-2}{-2} \quad \text{ou} \quad 4 > x > 1, \text{ ou ainda, } 1 < x < 4$$

4) A reta (p) $5x + 12y + c = 0$ corta o eixo 0y para $x = 0$.

Faça $x = 0$ nessa equação e substitua o y obtido na solução da inequação que você obteve no item 3.

201 Na elipse da figura,

$A_1A_2 = 2a$ é o eixo maior

$B_1B_2 = 2b$ é o eixo menor

$F_1F_2 = 2c$ é a distância focal

Relação fundamental: $a^2 = b^2 + c^2$

Equação da elipse: $\dfrac{x^2}{b^2} + \dfrac{y^2}{a^2} = 1$

Na questão dada, como $F_1 = (0, -6)$ e $F_2 = (0, 6)$ estão sobe o eixo **y** concluímos que a elipse tem eixo maior vertical.

Das informações, você determina **a** e **c**.

Da relação fundamental, calcula-se **b** o que permite escrever a equação da elipse.

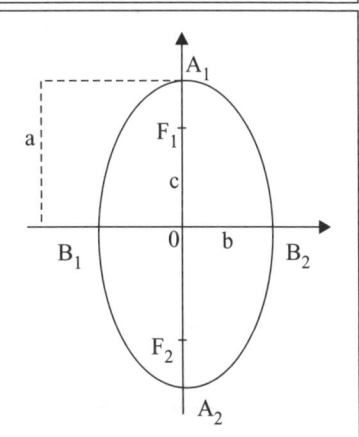

Se B = (x, 3) pertence a ela, substitua, na equação, y por 3 e calcule x.

A área do ΔBF_1F_2 é $\dfrac{(F_1F_2) \cdot x}{2}$

202

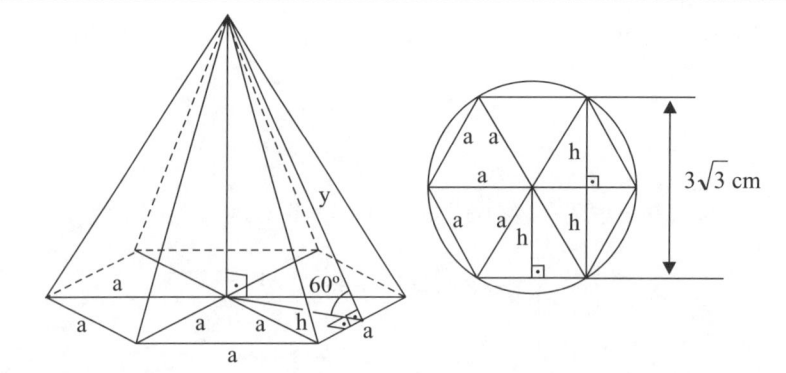

1) Note que um hexágono regular é formado por 6 triângulos equiláteros e que a altura **h** e a área S de um triângulo equilátero de lado **a** são dadas por $h = \dfrac{a\sqrt{3}}{2}$ e $S = \dfrac{a^2\sqrt{3}}{4}$.

Note ainda que a diagonal menor do hexágono regular é 2h e que a sua área é $6 \cdot S = 6 \cdot \dfrac{a^2\sqrt{3}}{4}$. Determine, então, **a**.

2) Sabendo h e que o diedro da base mede 60°, determine o apótema **y** da pirâmide.

3) Determine agora a área total da pirâmide ($A_T = B + A_L$)

ITA/2006
Questões

203

a) Tome, por exemplo, o conjunto A = {1, 2, 3, 4, 5, 6, 7, 8} e tenha em mente as condições I, II e III do enunciado para uma partição.

Uma partição de ordem 1 será:
$$F_1 = \{\{1\}, \{2\}, \{3\}, \{4\}, \{5\}, \{6\}, \{7\}, \{8\}\}$$
Uma partição de ordem 2 pode ser:
$$F_2 = \{\{1, 2\}, \{3, 4\}, \{5, 8\}, \{6, 7\}\}$$

b) Note que as partições $F_2 = \{\{1,2\},\{3,4\},\{5,8\},\{6,7\}\}$ e $F_2' = \{\{1,2\},\{6,7\},\{3,4\},\{5,8\}\}$ são iguais mas $F_3'' = \{\{1,3\},\{2,7\},\{4,5\},\{6,8\}\}$ não é igual a F_2.

Você deve fazer

1) Dos 8 elementos de A escolher 2: x
2) Dos 6 elementos que ficaram escolha 2: y
3) Dos 4 elementos que ainda restam escolha 2: z
4) Dos 2 finais tome os dois: t

Dicas e Ajudas   ITA/2006 – Questões

e faça: x. y. z. t e como a ordem em que as duplas aparecem em F não é importante (Veja F_2 e F_2') faça finalmente:

$$\frac{x\,y\,z\,t}{4!}$$

Lembrete: de um conjunto com **n** elementos para escolhermos **p**, sem levar em conta a ordem, fazemos:

$$C_{n,p} = \frac{n!}{p!(n-p)!}$$

204

Definição: Seja a função f: A → B
f é PAR quando f(– x) = f(x) para todo x ∈ A
f é ÍMPAR quando f(– x) = – f(x) para todo x ∈ A

Exemplos: Funções reais: f(x) = | x | e g(x) = $2x^3$
1) f(– x) = | – x | = | x | = f(x) , para todo x ∈ R.
Então, f é PAR
2) g(– x) = $2(-x)^3$ = $-2x^3$ = – g(x) , para todo x ∈ R.
Então, g é ÍMPAR

Isto posto, vamos à questão.

Num 1º caso, para $-\frac{1}{2} < x < 0$, determine f(x) , $f\left(x + \frac{1}{2}\right)$ e g(x)

Num 2º caso, para $0 \leq x < \frac{1}{2}$, calcule f(x) , $f\left(x + \frac{1}{2}\right)$ e g(x)

Depois, lembrando que, se $0 \leq k < \frac{1}{2}$, então $-\frac{1}{2} < -k \leq 0$, calcule g(– k) a g(k) para usar a definição dada.

205

O termo geral da expansão de $(1 + x + x^2)^9$ é $\frac{9!}{i!j!k!}$ $(1)^i$ $(x)^j$ $(x^2)^k$ com
i + j + k = 9   e   i, j, e k ∈ N

Observe que o termo geral pode ser reescrito assim:

$$\frac{9!}{i!j!k!} x^{j+2k}$$

A partir das condições
1) i, j e k ∈ N
2) i + j + k = 9
3) $\boxed{j + 2k = 4}$

procure os valores de i, j e k; você poderá encontrar mais de um trio (i, j, k) que satisfaça as condições acima, calcule o coeficiente para cada um desses trios e depois some todos.

206
É importante lembrar:

1) $\exists \log_a b \Leftrightarrow b > 0, a > 0$ e $a \neq 1$

2) o número 2 pode ser assim expresso:

$2 = 2. \log_{\cos x} \cos x = \log_{\cos x} \cos^2 x$

3) a propriedade dos logaritmos

$\log_a b + \log_a c = \log_a(b.c)$ onde $0 < a \neq 1, b > 0$ e $c > 0$

4) a inequação logarítmica

$\log_a f(x) > \log_a g(x) \Leftrightarrow 0 < f(x) < g(x)$ se $0 < a < 1$

207
Se $b \in Q, c \in Q$, então $b + c$ também $\in Q$, da mesma forma, $b - c \in Q$.
Escreva as relações de Girard.

208
1) (r, H, g) é PA de razão 2. Então:

$(r, H, g) = (r, r+2, r+4)$

2) Por Pitágoras, determine **r** e então **g**.

3) A área lateral de um cone circular reto de raio **r** e geratriz **g** é dada por

$A_L = \pi r g$

4) Note que a total do cone é dada por

$A = B + A_L \Rightarrow A = \pi r^2 + \pi r g$

209
1) Efetue $A + B$ a fim de determinar a matriz C.

2) Calcule o determinante de $(A + B)$. Assim utilizando o Teorema de Laplace na 1ª linha da matriz, temos:

$\det(A+B) = 2 \cdot \begin{vmatrix} 3 & 0 & 0 \\ 0 & 3 & 2 \\ 0 & 2 & 5 \end{vmatrix} - 3 \begin{vmatrix} -1 & 0 & 0 \\ 0 & 3 & 2 \\ 0 & 2 & 5 \end{vmatrix}$

3) Lembre-se que a inversa da matriz C pode ser determinada por: $C^{-1} = \dfrac{1}{\det(C)} \cdot A^*$, onde :

$A^* = (A')^t$ = matriz adjunta

A' = matriz dos cofatores de A.

4) $C_{34} = \dfrac{1}{\det(A+B)} \cdot \text{cof}_{43}(A+B)$

210

1) A soma dos termos de uma PG infinita com $0 < q < 1$ é dada por $S = \dfrac{a_1}{1-q}$.

2) Pelo enunciado $a_2 + a_4 + a_6 + \ldots = 4 \Rightarrow ar + ar^3 + ar^5 + \ldots = 4$
Calcule esta soma, para isso, note que $a_1 = ar$ e $q = r^2$.

3) Por outro lado, temos: $a_3 + a_6 + a_9 + \ldots = \dfrac{16}{3} \Rightarrow ar^2 + ar^5 + ar^8 + \ldots = \dfrac{16}{3}$

Calcule esta soma, para isso note que $a_1 = ar^2$ e $q = r^3$.

4) Divida a expressão encontrada no item 2) pela expressão do item 3), determinando assim, uma equação do 2º grau em r. Resolva a equação e determine r.

5) Substitua o valor de **r** na expressão encontrada no item 2) e determine o valor de **a**.

211

Se uma hipérbole tem equação $\dfrac{(y-4)^3}{9} - \dfrac{(x-3)^2}{4} = 1$ seu centro é $M = (3, 4)$, seu eixo real é 2a e seu eixo imaginário é 2b.
Na equação, $a^2 = 9$ e $b^2 = 4$.
Sendo 2c a distância focal, a propriedade fundamental é $c^2 = a^2 + b^2$

Neste caso $c^2 = 13$, $c = \sqrt{13}$ e distância focal = $2\sqrt{13}$
Observe a equação e o desenvolvimento:

$\dfrac{(y-4)^2}{9} + \dfrac{(x-3)^2}{4} = 1$

$4(y-4)^2 - 9(x-3)^2 = 36$

$4(y^2 - 8y + 16) - 9(x^2 - 6x + 9) = 36$

$4y^2 - 32y + 64 - 9x^2 + 54x - 81 = 36$

$4y^2 - 36y - 9x^2 + 54x = 36 - 64 + 81$

Se a equação dada é esta última, é preciso fazer o procedimento inverso (de baixo cima) para se obter a equação inicial, de onde se tiram **a** e **b**.

Leve isto em conta para, partindo da equação dada, chegar em $\dfrac{(y-y_M)^2}{a^2} - \dfrac{(x-x_M)^2}{b^2} = 1$
com relação fundamental $c^2 = a^2 + b^2$

212

1) Se o perímetro do losango é 100 cm, então cada lado mede 25 cm.

2) As diagonais de um losango são perpendiculares e se intersectam no ponto médio.

3) Use o teorema de Pitágoras no triângulo OAB e determine OB.

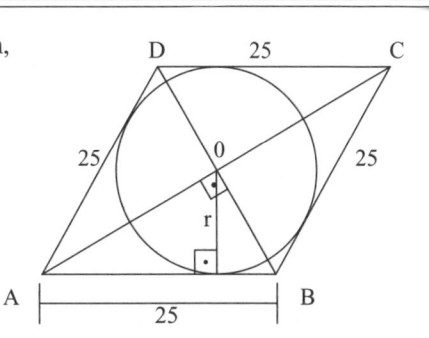

4) Relação métrica: b . c = ah

Use no ΔOAB para calcular o raio.

5) Área de um círculo de raio r: πr^2

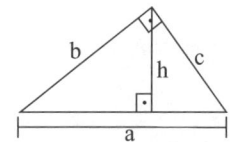

ITA/2007
Testes

213 1) Utilize os diagramas de Venn -Euler par representar os conjuntos A, B e C.

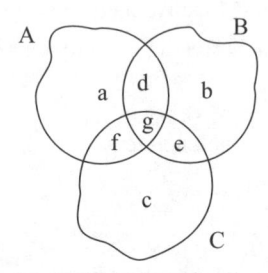

2) Com os dados do problema e utilizando equações determine a, b, c, d, e, f, g.

214 Um conjunto com n elementos possui 2^n subconjuntos.
Os elementos de A que não estão em B são em número de 8.

Seja $C = \{c_1, c_2, c_3, c_4, c_5, c_6, c_7, c_8\}$ esse conjunto.

Agora faça:

$$\begin{pmatrix} \text{total de subconjuntos} \\ \text{de C} \end{pmatrix} - \begin{pmatrix} \text{total de subconjuntos} \\ \text{de C com 7 e 8 elementos} \end{pmatrix}$$

Lembre-se: dado um conjunto D com n elmentos, o total de subconjuntos de D com p elementos

será dado por: $C_{n,p} = \dfrac{n!}{p!(n-p)!}$

215 $(1+i)^2 = 2i$
$(1-i)^2 = -2i$
$(a+b)^3 = a^3 + 3a^2b + 3ab^2 + b^3$

216 1) Módulo de um número complexo $z = a + bi$

$$|z| = \sqrt{a^2 + b^2}$$

2) Relações fundamentais

$\operatorname{cossec} x = \dfrac{1}{\operatorname{sen} x}$ $x \neq k\pi$, $k \in Z$

$1 + \operatorname{cotg}^2 = \operatorname{cossec}^2 x$ $x \neq k\pi$, $k \in Z$

217

$$PG\left(BH, \frac{BH}{2}, \pi r^2\right)$$

Determinar a razão (q)
A área do triângulo, cujo a circunferência inscrita de raio r é A = pr, onde **p** é semiperímetro do triângulo.

218

Essa questão não apresenta alternativa correta.
Vide resolução.

219

1) Se $a \in Z$, $b \in Z$ e $a+b$ resulta um número ímpar então ou **a** é par e **b** é ímpar ou vice-versa.

2) O número 2 é o único número primo par.

3) Note que: $\log_k(x \cdot y) = 49 \Rightarrow \log_k x + \log_k y = 49$

Pelo enunciado sabemos que $\log_K x$ e $\log_K y$ são primos. Assim sendo, enumere os possíveis números primos que tornam a igualdade verdadeira.

4) Lembre-se que: $\log_k\left(\frac{x}{z}\right) = 44 \Rightarrow \log_k x - \log_k z = 44$

220

1) Se $a \in Q$ e $b \in Q$, então $a+b \in Q$, $a \cdot b \in Q$.

2) Se $\dfrac{e^x - 2\sqrt{5}}{4 - e^y\sqrt{5}} \in Q \Rightarrow$ existe $a \in z$, $b \in z$ e $b \neq 0$, tal que

$\dfrac{e^x - 2\sqrt{5}}{4 - e^y\sqrt{5}} = \dfrac{a}{b} \Rightarrow 4a - ae^y\sqrt{5} = be^x - b \cdot 2\sqrt{5}$. Analise essa igualdade considerando que e^x e e^y são racionais.

3) Lembre-se da definição de logarítmo.
$\log_b a = x \Leftrightarrow a = b^x$ com $a > 0$, $b > 0$ e $b \neq 1$.

221

Decompor Q(z) em fatores de 1° grau e de 3° grau.

O quadrado de um módulo é $|z|^2 = \left(\sqrt{a^2 + b^2}\right)^2$, onde $z = a + bi$

222

Note que, do enunciado, temos a igualdade:
$$9x^2 - 63x + c = (x + a)^3 - (x + b)^3$$

Desenvolva o segundo membro e, em seguida, aplique o teorema da igualdade de polinômios para determinar **a**, **b** e **c**.

É importante lembra-se:

1) do produto notável

$(a+b)^3 = a^3 + 3a^2b + 3ab^2 + b^3$

2) do teorema

Dois polinômios **f** e **g** são iguais, se, e somente se, os coeficientes de **f** e **g** forem ordenadamente iguais.

---

223 Da equação dada tire $||x-1|-3|-2 = 0$
Para resolver a equação com módulo veja DICA do Ex. 89 (2)

---

224 O total de números com 3 algarismos distintos que podemos formar é $A_{7,3}$

Lembre-se: $A_{n,p} = \dfrac{n!}{(n-p)!}$

Os únicos números nos quais haverá repetição de algarismos são: 177 e 277
Agora faça: $A_{7,3} + 2$.

---

225 É importante lembra-se:
1) dos arcos complementares

$$\operatorname{tg}\left(\dfrac{\pi}{2} - x\right) = \operatorname{cotg} x$$

2) da fórmula de multiplicação

$$2\cos^2 a - 1 = \cos 2a$$

Note que $2 \cdot \left(\dfrac{x}{2}\right) = x$

3) da relação fundamental

$$\sec x = \dfrac{1}{\cos x}$$

---

226 Inicialmente, determine os elementos de $A \cup B$.

Para determinar a soma dos elementos de $A \cup B$, lembre-se dos arcos complementares:

$$\operatorname{sen} \alpha = \cos\left(\dfrac{\pi}{2} - \alpha\right)$$

Exemplos:

$\operatorname{sen} \dfrac{\pi}{3} = \cos\left(\dfrac{\pi}{2} - \dfrac{\pi}{3}\right) = \cos \dfrac{\pi}{6}$

$\operatorname{sen} \dfrac{11\pi}{24} = \cos\left(\dfrac{\pi}{2} - \dfrac{11\pi}{24}\right) = \cos \dfrac{\pi}{24}$

227   O traço de (A + B) é a soma dos elementos da diagonal principal de (A + B). Note que tr(A + B) = tr(A) + tr(B)

A diagonal principal de A é

a_{11} a_{22} a_{33} .... a_{kk}

$$\Rightarrow \binom{1}{1} \quad \binom{2}{2} \quad \binom{3}{3} \quad \cdots \quad \binom{k}{k} = \underbrace{1 \quad 1 \ldots\ldots\ldots 1}_{(n \text{ elementos})}$$

com n ímpar

A diagonal principal de B é

b_{11} b_{22} b_{33} .... b_{kk}

$$b_{11} = \sum_{p=0}^{1} (-2)^p \binom{1}{p} = (-2)^0 \binom{1}{0} + (-2)^1 \binom{1}{1} = 1 - 2 = -1$$

$$b_{22} = \sum_{p=0}^{4} (-2)^p \binom{4}{p} = \binom{4}{0}(-2)^0 + \binom{4}{1}(-2)^1 + \binom{4}{2}(-2)^2 + \binom{4}{3}(-2)^3 + \binom{4}{4}(-2)^4 = (1-2)^4 = 1$$

$$b_{33} = \sum_{p=0}^{9} (-2)^p \binom{3}{p} = (1-2)^9 = -1$$

....

$$\Rightarrow \underbrace{-1 \quad 1 \quad -1 \quad 1 \quad -1 \ldots\ldots 1 \quad -1}_{(n \text{ elementos}) \text{ com } n \text{ ímpar}}$$

Agora é só fazer:

$$\underbrace{(1 + 1 + 1 + 1 \ldots\ldots + 1)}_{\text{traço de A}} + \underbrace{(-1 + 1 - 1 + 1 \ldots\ldots + 1 - 1)}_{\text{traço de B}}$$

---

228   1) Determine os pontos A, B e C, intersecções das retas (r) y = 2x, (s) x = 2y e (t) x = −2y + 10.

Para isso, veja a DICA do Ex. 22a

2) Obtidos os pontos A, B e C, calcule a área do ΔABC (DICA do Ex. 74b)

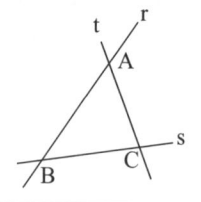

---

229   1) Determine a equação da reta que passa por A e B (reta r) (DICA no Ex. 58 - 2)

2) Calcule a distância de P até r (DICA no Ex. 200 - 2)

3) Calcule a distância de P até C (DICA no Ex. 22b)

4) Iguale essas duas distâncias. Eleve os dois membros ao quadrado e verifique qual alternativa corresponde à equação que você obtere.

Lembrete: $(a + b + c)^2 = a^2 + b^2 + c^2 + 2ab + 2ac + 2bc$

230 A figura ao lado mostra parte de um polígono regular, com **n** lados e centro **O**. Sendo a_n a medida de seu apótema e b_n a medida de seu lado, tem-se:

$$\operatorname{tg}\frac{180°}{n} = \frac{\frac{b_n}{2}}{a_n} \Leftrightarrow \operatorname{tg}\frac{180°}{n} = \frac{b_n}{2.a_n} \Leftrightarrow 2.\operatorname{tg}\frac{180°}{n} = \frac{b_n}{a_n} \quad (I)$$

Analogamente, tem-se que $2.\operatorname{tg}\frac{180°}{n-1} = \frac{b_{n-1}}{a_{n-1}}$ (II)

Pela restrição do problema, $b_n \leq a_n$. Logo $\frac{b_n}{a_n} \leq 1$ (III)

De (1) e (3), vem que $2.\operatorname{tg}\frac{180°}{n} = \frac{b_n}{a_n} \leq 1$

Logo, $2\operatorname{tg}\frac{180°}{n} \leq 1 \Leftrightarrow \operatorname{tg}\frac{180°}{n} \leq \frac{1}{2}$ (IV)

Sabendo que $\frac{1}{2} < \frac{\sqrt{3}}{3} = \operatorname{tg}30°$, use (IV) para determinar uma restrição para **n**.

O problema também tem outra restrição: $b_{n-1} > a_{n-1}$.

Daí, $\frac{b_{n-1}}{a_{n-1}} > 1$ (V)

Comparando (II) e (V): $2.\operatorname{tg}\frac{180°}{n-1} > 1 \Leftrightarrow \operatorname{tg}\frac{180°}{n-1} > \frac{1}{2}$ (VI)

Lembrando que $\frac{1}{2} > \sqrt{2} - 1 = \operatorname{tg}\frac{45°}{2} = \operatorname{tg}\frac{180°}{8}$, estabeleça uma comparação com (VI) para determinar outra restrição para **n**.

231 As figuras mostram os octógonos P_1 e P_2, inscrito e circunscrito, respectivamente, a mesma circunferência de raio R.

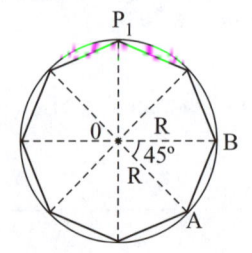

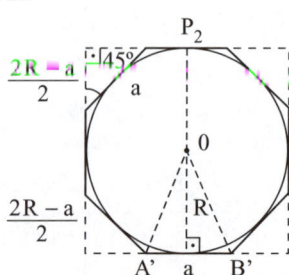

Dicas e Ajudas   ITA/2007 – Questões

1) Para expressar a área de P_1 em função de R: lembre-se de que a área de um triângulo que tem lados de medida **a** e **b** formando um ângulo α pode ser expressa por $\frac{1}{2}.a.b.\text{sen}\,\alpha$. Aplique esse resultado ao triângulo OAB. A área de P_1 é 8 vezes a área de OAB.

2) Para expressar a área de P_2 em função de R: use o cosseno de 45° para expressar **a** em função de R. Note que a área de P_2 vale 8 vezes a área do triângulo OA'B', e este vale $\frac{a.R}{2}$.

3) Agora é só calcular $\frac{\text{área de } P_1}{\text{área de } P_2}$.

232

1) De $\frac{h}{H} = \frac{1}{\sqrt{2}}$, determne H em função de h.

2) Como o apótema do hexágono regular é igual a altura de um triângulo equilátero, e a altura desse triângulo de lado **a** é dada por $\frac{a\sqrt{3}}{2}$, determine **a**.

3) Como as pirâmides são semelhantes, obtemos também que $\frac{b}{a} = \frac{1}{\sqrt{2}}$. Sabendo **a**, determine **b**.

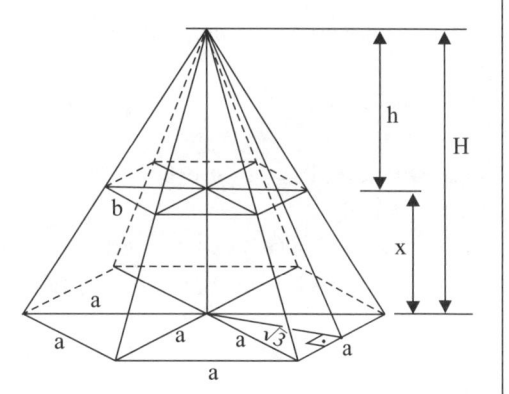

4) Como o volume do tronco é 1 cm³ e o seu volume é a diferença entre os volumes das pirâmides, sabendo as arestas das bases **a** e **b** e **H** em função de **h**, determine **h** e em seguida x = H – h. A área de um triângulo equilátero e de um hexágono regular de lado **a** são dadas por

$$A_T = \frac{a^2\sqrt{3}}{4} \quad \text{e} \quad A_H = 6\frac{a^2\sqrt{3}}{4}$$

ITA /2007
Questões

233

1) Note que:

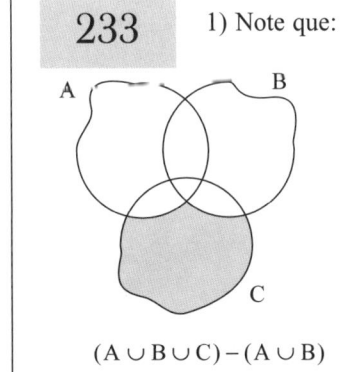

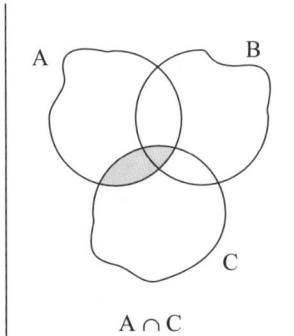

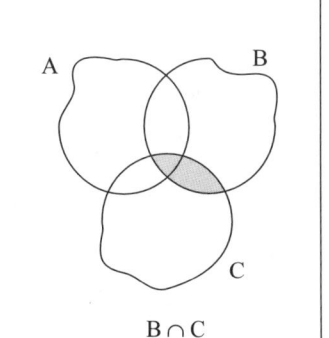

$(A \cup B \cup C) - (A \cup B)$ | $A \cap C$ | $B \cap C$

Assim, observando os diagramas de Venn-Euler, temos que:

C = [(A∪B∪C)−(A∪B)] ∪ [(A∩C) ∪ (B∩C)]

2) Resolva as inequações do enunciado a fim de determinar os conjuntos representados nos diagramas de Venn-Euler.

3) Para resolver a inequação exponcial faça $2^{-x} = t$.

4) Para resolver a inequação logarítmica observe a dica da questão 08.

234

1) Faça a substituição

$$\frac{z}{\overline{z}+2i} = w$$

e calcule o conjugado dos dois membros dessa igualdade. Lembre-se das propriedades do conjugado de um número complexo:

I) $\overline{z+w} = \overline{z}+\overline{w}$ II) $\overline{zw} = \overline{z} \cdot \overline{w}$ III) $\overline{\left(\dfrac{z}{w}\right)} = \dfrac{\overline{z}}{\overline{w}}$

2) $a + bi = c + di \Leftrightarrow a = c$ e $b = d$
$(a, b, c, d \in R)$

3) Sendo $z = x + yi$ $(x, y \in R)$ e $w = a + bi$ $(a, b \in R)$, temos:
$|z - w| = |(x + yi) - (a + bi)| = |(x - a) + i(y - b)| =$

$= \sqrt{(x-a)^2 + (y-b)^2} = \sqrt{(\Delta x)^2 + (\Delta y)^2} = d_{AB} =$ distância de A até B onde A é o afixo de z e B é o afixo de w.

235

$N = \{0, 1, 2, 3, ...\}$

$A_k = \{j \in N ; j \leq k$ e mdc $(j, k) = 1\}$

A_k é o conjunto dos números j, $j \leq k$, tais que **j** e **k** são primos entre si.

$A_3 = \{1, 2\}$ e $n(A_3) = 2$

$A_9 = \{1, 2, 4, 5, 7, 8\}$ e $n(A_9) = 6$

Continue e calcule $n(A_{27})$ e $n(A_{81})$

Lembrete:

Exemplo de progressão aritmético a (PA) de razão $r = 3$

2 →(+r) 5 →(+3) 8 →(+3) 11 - - - -

Exemplo de progressão geométrica (PG) de razão $q = 3$

2 →(·q) 6 →(·3) 18 →(·3) 54 - - - -

Dicas e Ajudas ITA/2007 – Questões

236 Resolva a inequação irracional.
Por exemplo: elevando ao quadrado ambos os lados.
Analise os sinais, exemplo, $\sqrt{a}$, então $a \geq 0$.

237 1) Escreva a equação $\log[(x+2y)(w-3z)^{-1}] = 0$ como uma equação linear nas incógnitas x, y, z, e w. Note que $w - 3z \neq 0 \Rightarrow w \neq 3z$

Lembre-se da definição de logarítmo.

Se $\log_b a = x \Leftrightarrow a = b^x$ com $a > 0$, $b > 0$ e $b \neq 1$.

2) Escreva também, as outras duas equações, como sendo equações linear nas incognita x, y, z e w.

3) Escalone o sistema obtido a fim de determinar x, y, z e w.
Não esqueça que $w \neq 3z$.

238 Faça:

$$\begin{pmatrix} \text{total de comissões} \\ \text{de 5 membros que} \\ \text{podem ser formados} \end{pmatrix} - \begin{pmatrix} \text{total de comissões} \\ \text{nas quais só há} \\ \text{rapazes} \end{pmatrix}$$

Lembre-se: $C_{n,p} = \dfrac{n!}{p!(n-p)!}$

exemplo $C_{10,5} = \dfrac{10!}{5!(10-5)!} = \dfrac{10!}{5!5!} = \dfrac{10.9.8.7.6.5!}{5!5!} = \dfrac{10.9.8.7.6}{5.4.3.2.1} = 252$

239 É importante lembrar-se:
1) da PG de razão q: (x, xq, xq^2, xq^3)

2) da fórmula de adição: $\tg(\alpha + \beta) = \dfrac{\tg\alpha + \tg\beta}{1 - \tg\alpha \, \tg\beta}$

Sugestão: chame o ângulo $D\hat{A}B$ de α e note que $\tg\beta = \tg[(\alpha + \beta) - \alpha]$.

240 Esboço da figura:

189

t é a reta $x - y = 0$, M é o centro de C_2 e MT é o seu raio.

1) O raio de C_1 é a distância de Q a P (Dica Ex 22b)
2) PD é a distância de P a t e QN é a distância de Q a t (Dica Ex200 - 2)
3) QN = HD = LT
4) PH = PD – HD
5) ML = MT – LT
6) ΔQML ~ ΔQPH (caso A. A.) de onde se tira: $\dfrac{QM}{QP} = \dfrac{ML}{PH}$

Isto possibilita calcular MT

241

1) O raio da circunferência inscrita num triângulo equilátero é igual a um terço da altura desse triângulo.

2) No triângulo OPT use cosseno de 60° para determinar uma relação entre R_2 e R_1. Cosseno de um ângulo é expresso como a razão entre o cateto adjacente a esse ângulo e a hipotenusa. Lembre: $\cos 60° = \dfrac{1}{2}$

3) Use (1) e (2) para expressar R_2 em função de h.

4) Efetue $\dfrac{R_1 - R_2}{h}$

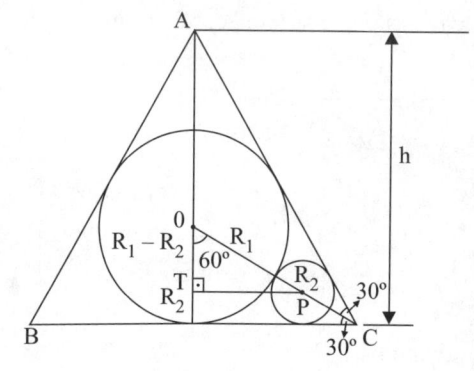

242

1) Note que o volume do tetraedro regular é igual ao volume do cubo menos 4 vezes o volume da pirâmide destacada cuja base é o triângulo retângulo sombreado e a altura é a aresta do cubo. Desta forma determine **a**.

2) Traçando 3 retas perpendiculares entre si, passando pelo centro de uma esfera, as semiretas obtidas são arestas de 8 triedros tri-retângulos, contendo cada um $\dfrac{1}{8}$ da esfera.

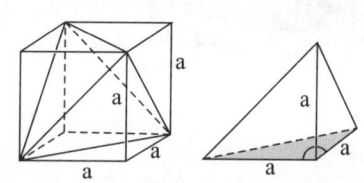

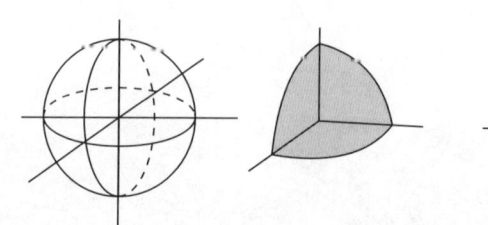

3) Como a aresta do cubo será a = 2 cm, cada esfera com centro em um vértice do cubo tem raio 1 cm, podemos afirmar que as esferas com centros em vértices consecutivos são tangentes (não têm pontos internos em comum). Então o volume da parte do cubo exterior as esferas será igual ao volume do cubo menos $\frac{1}{8}$ de cada esfera. Como são 8 esferas, o volume pedido é igual ao volume do cubo menos o volume de 1 esfera $\left(8 \cdot \frac{1}{8} = 1\right)$.

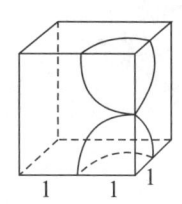

O volume de uma esfera de raio R é $\frac{4}{3}\pi R^3$.

ITA/2008
Testes

243 É possível resolver o problema, de uma maneira muito simples, supondo uma população de, por exemplo, 100 000 habitantes. Veja:

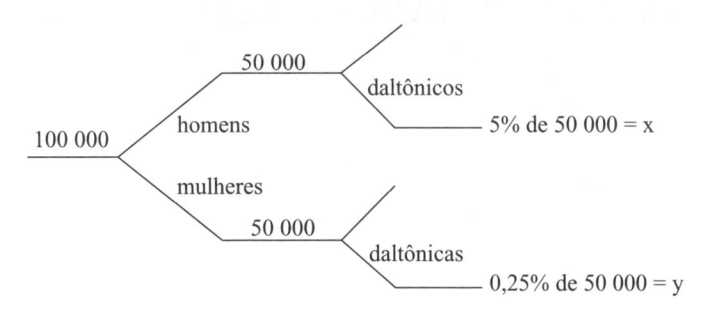

- 100 000
  - homens: 50 000
    - daltônicos: 5% de 50 000 = x
  - mulheres: 50 000
    - daltônicas: 0,25% de 50 000 = y

A probabilidade procurada é:

$$\frac{\text{total de mulheres daltônicas}}{\text{total de pessoas daltônicas}} = \frac{y}{x+y}$$

244 1) Escreva α e β na forma trigonométrica. Lembre-se:

$$z = |z|(\cos\theta_z + i\,\text{sen}\,\theta_z).$$

2) Representando graficamente como vetores os números complexos α, β e $\alpha - \beta$, temos:

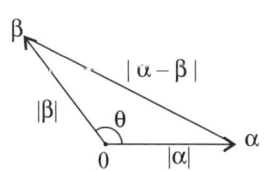

3) Descubra o valor de θ (da figura acima).

4) Divida β por α na forma trigonométrica: $\frac{z}{w} = \frac{|z|}{|w|} \cdot [\cos(\theta_z - \theta_w) + i\,\text{sen}(\theta_z - \theta_w)]$

Obtenha, a seguir, uma relação entre β e α.

245

1) Se $X = \begin{bmatrix} x \\ y \\ z \end{bmatrix}$, efetue a multiplicação $AX = b$ a fim de determinar o sistema linear nas incógnitas x, y e z.

2) Para que um sistema linear seja SPI ou SI é necessário que o determinante da matriz dos coeficientes da equação do sistema linear seja ZERO ($D = 0$). Assim sendo determine os valores de k para os quais $D = 0$.

3) Substitua os valores encontrados para k e escalone o sistema.

246

1) Note que: $I + C^{-1} \cdot A = A^{-1} \cdot A + C^{-1} \cdot A = (A^{-1} + C^{-1}) \cdot A$

2) Teorema de Binet: $\det(A \cdot B) = \det(A) \cdot \det(B)$

3) Lembre-se da propriedade de determinante:

Quando multiplicamos uma fila de uma matriz A por α, $\alpha \in \mathbb{R}$, o valor do determinante de A fica multiplicado por α.

Exemplo: Se A é uma matriz 7 x 7 então $\det(5A) = 5^7 \cdot \det(A)$

247

1) Lembre-se:

Se $P(x) = A(x) \cdot B(x) \Rightarrow \mathrm{gr.}(P) = \mathrm{gr}(A) + \mathrm{gr}(B)$

2) Na $PG = (a_1, a_2, a_3, a_4, ...)$

se $a_1 = p$ e a razão é q, então $PG = (p, p \cdot q, p \cdot q^2, p \cdot q^3, ...)$

3) Note, que neste problema, $q \in \mathbb{N}^*$ pois grau de um polinômio é número natural e $q = 0$ não satisfaz.

248

1) No plano que passa pelo centro da esfera e contém uma secção normal do diedro, temos:

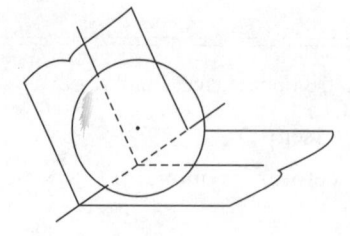

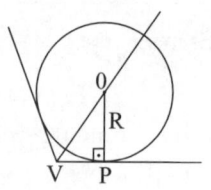

2) Como o volume de uma esfera de raio R é dado por $\dfrac{4}{3}\pi R^3$, determine **R**.

3) A distância pedida é VO. Como $\overline{VO}$ é bissetriz de 120°, determine VO no triângulo VOP.

Dicas e Ajudas

249

1) De acordo com os dados do enunciado, tem-se a figura ao lado.

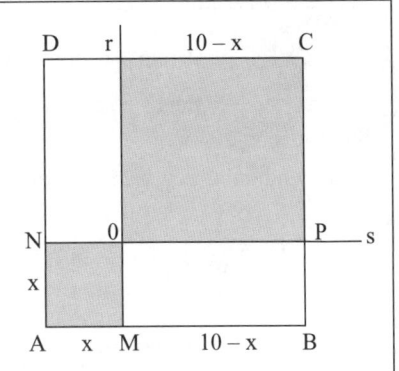

2) Se **a**, **b** e **c** formam, nesta ordem, uma progressão geométrica, então o termo central, **b**, é média geométrica entre **a** e **c**, isto é, $b = \sqrt{a.c}$.

3) O enunciado afirma que as áreas dos quadrados AMON, OPCQ e ABCD constituem, nesta ordem, uma progressão geométrica. Logo, x^2, $(10-x)^2$ e 10^2 formam uma progressão geométrica. Use (2) para determinar **x**.

250

1) Se (-1) é uma das raízes então $p(-1) = 0$.

2) A PA $= (a_1, a_2, a_3, a_4, a_5)$ pode ser escrita na forma.

PA $= (a_4 - 3r, a_4 - 2r, a_4 - r, a_4, a_4 + r)$

onde **r** é razão da PA e a_4 é dado no enunciado.

3) Cuidado pois o último coeficiente de $p(x)$ é $-a_1$.

251

1) Lembre-se do **Teorema das raízes racionais**:

"Se $\dfrac{p}{q}$ ($p \in z, q \in Z^*$, p e q primos entre si) é raiz da equação

$a_0x^n + a_1x^{n-1} + ... + a_{n-1}x + a^n = 0$ então $p \mid a_n$ e $q \mid a_0$".

2) **Teorema das raízes complexas não reais**

"Se uma equação poliniomial de coeficientes reais admite $\alpha = a + bi$ ($a, b \in R$ e $b \neq 0$) como raiz então também admite como raiz o seu conjugado $\overline{\alpha} = a - bi$ e ambas com mesma multiplidade".

252

1) Toda equação recíproca de 1ª espécie tem os coeficientes equidistantes dos extremos, dois a dois, iguais, Observe:

$ax^3 + bx^2 + bx + ax^0 = 0$ (como a $\neq 0$).

2) Se α é raiz da equação $P(x) = 0$ então $P(\alpha) = 0$.

253

É importante lembrar-se:

1) das funções circulares inversas.

$$y = \text{arc sen} x \Leftrightarrow \text{sen} y = x \text{ e } -\dfrac{\pi}{2} \leq y \leq \dfrac{\pi}{2}$$

$$y = \text{arc cos} x \Leftrightarrow \cos y = x \text{ e } 0 \leq y \leq \pi$$

2) da fórmula de adição:

$$\cos(a+b) = \cos a . \cos b - \text{sen} a . \text{sen} b$$

| 254 | A reta procurada, como passa por P = (2, $\sqrt{3}$), tem equação y – $\sqrt{3}$ = M (x – 2).

Seja **t** a reta tangente à γ no ponto P.

Sua equação é y = mx + k

A perpendicular a γ tem que ser perpendicular a **t** no ponto P.

Então, M = $-\dfrac{1}{m}$

Para obter m, resolva o sistema $\begin{cases} x^2 - y^2 = 1 \\ y = mx + k \end{cases}$

Ao obter uma equação do 2º grau em x faça $\Delta = b^2 - 4ac = 0$.

Esse sistema deverá ter uma única solução porque tangente e curva só tem um ponto em comum.

Lembre-se de que, se t passa por P, $\sqrt{3}$ = m. 2 + k

| 255 | Note que se, por exemplo, a = 3x então 2a = 6x.

Utilize a fórmula de multiplicação $1 - 2\,\text{sen}^2 a = \cos 2a$ para obter a função

f(x) = sen 6x – cos 6x. Multiplique os dois membros da expressão por $\dfrac{1}{\sqrt{2}}$ e lembre-se da

fórmula de adição sena . cosb – senb cosa = sen (a – b)

O período da função f(x) = a . sen (bx + c) com a, b, c $\in$ R é dado por $p = \dfrac{2\pi}{|b|}$ e que

$-1 \leq \text{sen}(bx+c) \leq 1$.

| 256 | 1) Faça 5^x = A e lembre-se que | a . b | = | a | . | b |. Assim sendo, a equação dada poderá ser escrita como = $|A^3 - 5A^2 + 4A| = |A - 1|$.

2) Fatore o polinômio do 3º grau e encontre as possíveis soluções para A.

3) Note que se 5^x = A então A > 0 , ou seja, os valores negativos de A não são válidos.

| 257 | 1) Seja g(x) = $x^2 - x + 1$. Represente graficamente, no plano cartesiano, o gráfico de g(x).

2) Determine no gráfico os pontos: (0, g(0)), (1, g(1)), e (1/2, g(1/2)).

3) Calcule ℓn (g(0)), ℓn (g(1)) e ℓn (g(1/2)).

4) Utilizando os valores calculados no item 3) e o gráfico construído no item 1) , faça, no plano cartesiano, a representação gráfica da função h(x) = ℓn ($x^2 - x + 1$).

5) Observando o gráfico de h(x), represente graficamente a função f(x) = | ℓn ($x^2 - x + 1$) |.

Dicas e Ajudas ITA/2008 – Testes

---

258 Transforme a soma cos9x + cos3x em produto utilizando a fórmula:

$$\cos p + \cos q = 2 \cdot \cos\left(\frac{p+q}{2}\right) \cdot \cos\left(\frac{p-q}{2}\right)$$

Em seguida, fatore a equação obtida (2 cos6x em evidência). Note que se f(x) . g(x) = 0, então f(x) = 0 ou g(x) = 0.
Resolva as equações trigonométricas obtidas para determinar a soma das raízes.

---

259 O conjunto D possui 365 elementos, H é formado por duplas a partir desses 365 elementos, o número de elementos de H, n(H), será; $C_{365,2}$.

Lembre que $C_{n,p} = \dfrac{n!}{p!(n-p)!}$

Os elementos de B são duplas de números de H cuja soma é 183. Faça:
{1, 182} , {2, 181}, {3, 180}, {4, 179}, ... e descubra o número de elementos de B, n(B).

A probabilidade procurado é: $\dfrac{n(B)}{C_{365,2}}$

---

260 1) A soma dos ângulos internos de um triângulo é igual a 180°.

2) Os ângulos da base de um triângulo isósceles são congruentes.

Usando os dados do enunciado e (1) e (2) acima, chega-se a figura ao lado.

3) Agora dois fatos que permitem determinar x:

(3. 1) ΔBCE é isósceles, já que BÊC = BĈE.

(3. 2) ΔBED é congruente ao ΔBCD (usando, com ajuda de (3. 1), o caso L.A.L.).

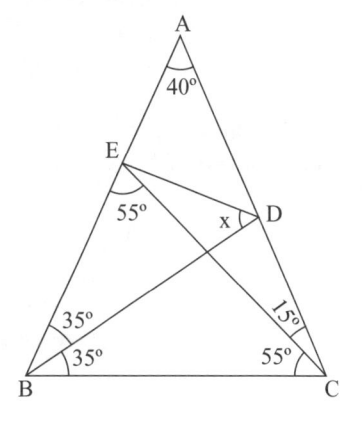

---

261 Faça um diagrama colocando as informações dadas.

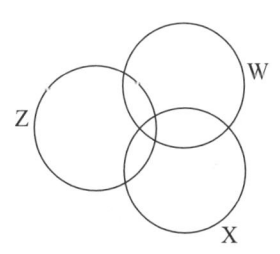

Comece pelo que é comum aos três (X, W, Z).

Lembrar a propriedade: W ∩ (Y ∩ Z) = (W ∩ Y) ∩ (W ∩ Z)

Tente algumas conclusões sobre

1) $X \cap (Z \cup W) = P$

2) $P - (W \cap Z) = Q$

3) $Q - (W \cap Y)$

Note que $W \cap Y \subset \{5, 6\}$ e que $\{1, 3, 7, 8\} \cap \{5, 6\} = \emptyset$

262

1) Pelos dados do enunciado, temos a figura ao lado, em centímetros. Note que os triângulos PTU e PSR são semelhantes:

Então:

$$\frac{PU}{PR} = \frac{PT}{PS}$$

Note também: $PU + PR = x$
Use esses fatos para expressar PU e UR em função de x.

2) Faça $QU = y$ e aplique a lei dos cossenos ao triângulo QRU: $(QU)^2 = (QR)^2 + (UR)^2 - 2(QR)(UR) \cdot \cos 60°$.
Isso permitirá expressar **y** em função de **x**.

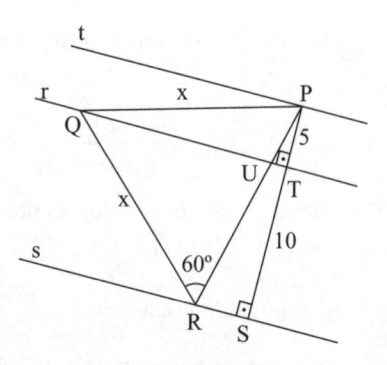

3) A área de um triângulo equilátero de lado **x** é dado por $\dfrac{x^2\sqrt{3}}{4}$. A área do triângulo PQR é soma das áreas dos triângulos PQU (base y e altura 5) e QUR (base y e altura 10). Escreva a equação que expressa esta última afirmação. Essa será a equação que permitirá o cálculo de x.

4) Do item anterior, tira-se área $(PQR) = \dfrac{x^2\sqrt{3}}{4}$ e perímetro $PQR = 3x$.

ITA/2008
Questões

263

Veja, na Dica do Ex. 100 a, como resolver inequação do 2° grau.
Sugestões:

1) Como x é real $3x^2 + 2x \geq 0$

2) $\sqrt{3x^2 + 2x} < x^2$

Eleve ao quadrado membro a membro

3) Como fatorar, por exemplo, $x^4 - 3x^2 + 2$

Fazemos $x^4 - x^2 - 2x^2 + 2 =$

$= x^2(x^2 - 1) - 2(x^2 - 1) =$

$= (x^2 - 1)(x^2 - 2)$

4) Resolvendo as inequações separadamente, veja o que é comum às duas soluções.

Dicas e Ajudas ITA/2008 – Questões

264
1) Resolva a equação dada $(4z^6 + 256 = 0)$ usando a 2ª Fórmula de Moivre (Radiciação).
2) Represente numa mesma figura as seis raízes dessa equação e os pontos do conjunto S (S é formado pelos pontos internos de uma coroa circular).
3) O enunciado pede apenas as raízes da equação cujos afixos pertencem a S.

265
1) Se g é ímpar então $g(-x) = -g(x)$.
Se h é par então $h(-x) = h(x)$.
2) Determine $f(x)$ e $f(-x)$ (utilize para isso que $f(x) = g(x) + h(x)$) obtendo assim duas igualdades envolvendo f, g e h.
3) Utilize das igualdades para determinar g em função de f e h em função de f.

266
1) α é raiz dupla de uma equação quando $(x - \alpha)$ aparece duas e somente duas vezes como fator, isto é, α é raiz duas vezes (dupla) e não é três vezes.
2) O zero como raiz tem a seguinte propriedade:
Se zero é raiz dupla (por exemplo) do polinômio.
$P(x) = a_0 x^n + \ldots + a_{n-2} x^2 + a_{n-1} x + a_n x^0$ então

$$\begin{cases} 1) \; a_n = 0 \\ 2) \; a_{n-1} = 0 \\ 3) \; a_{n-2} \neq 0 \end{cases}$$

3) Resolva o sistema obtido (3 equações e 3 incógnitas) por escalonamento.

267
1) Seja $A = \begin{bmatrix} a & b \\ c & d \end{bmatrix}$. Como, segundo o enunciado, A é simétrica, $A = A^t$.
Represente a matriz A em função de a, b e d.
2) Pelo enunciado $A^{-1} = A^t \Rightarrow A \cdot A^{-1} = I \Rightarrow A \cdot A^t = I$, mas $A^t = A$, então $A \cdot A = I$. Representando A em função de a, b e d, efetue o produto e determine um sistema com 3 equações.
3) Resolva o sistema e analise as condições para, a, b e d.

268
Faça $x^2 = y$ e obtenha a equação do 2º grau em y.
Para que a equação em **x** apresente raízes reais e simples, lembre-se de que a equação do 2º grau em **y** tem de ter raízes reais distintas ($\Delta > 0$) e positivas (soma = $-\dfrac{b}{a}$ e produto = $\dfrac{c}{a}$ positivas).

269

Vamos visualizar num diagrama de Venn os eventos mencionados na questão

$A \cap B \cap C$

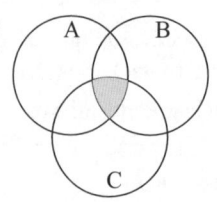

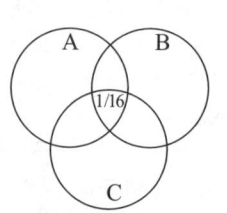

[Diagrama de Venn com interseção $A \cap B \cap C$ sombreada]

[Diagrama de Venn com $1/16$ na interseção central]

$A \cap B$

[Diagrama de Venn com $A \cap B$ sombreado]

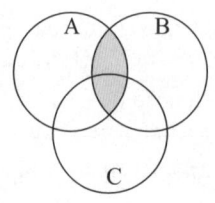

Como A e B são independentes

$$P(A \cap B) = P(A) \cdot P(B) = \frac{1}{2} \cdot \frac{1}{2} = \frac{1}{4}$$

É possível calcular a probabilidade
de $P(A \cap B) - P(A \cap B \cap C) = x$

$A \cap C$

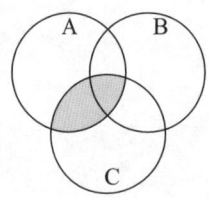

[Diagrama de Venn com $A \cap C$ sombreado]

$(A \cap B) \cup (A \cap C)$

[Diagrama de Venn com $(A \cap B) \cup (A \cap C)$ sombreado]

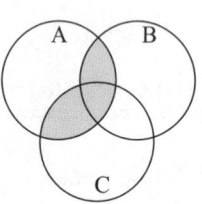

Como $P[(A \cap B) \cup (A \cap C)] = \frac{3}{10}$

é possível calcular

$P[(A \cap B) \cup (A \cap C)] - P(A \cap B) = y$

e ainda

$P(A) - P[(A \cap B) \cup (A \cap C)] = z$

Atualizando o diagrama com os dados probabilísticos temos:

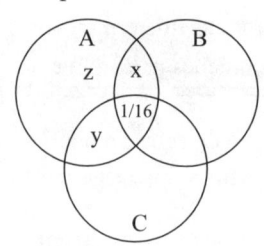

[Diagrama de Venn com regiões marcadas z, x, 1/16, y]

Falta agora entender $A \cap B^C$

B^C: [Diagrama de Venn com B^C sombreado]

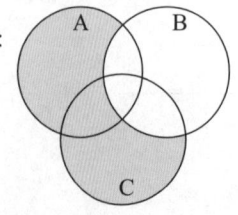

e $A \cap B^C$ [Diagrama de Venn com $A \cap B^C$ sombreado]

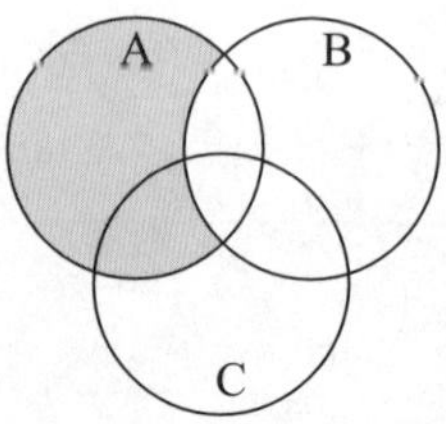

Finalmente faça:

$$P(C \mid A \cap B) = \frac{P(C \cap A \cap B)}{P(A \cap B)}$$

$$e \; P(C \mid A \cap B^C) = \frac{P(C \cap A \cap B^C)}{P(A \cap B^C)} = \frac{y}{z+y}$$

270

1) Lei dos Senos:

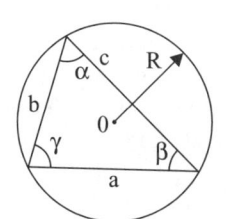

$$\frac{a}{\operatorname{sen}\alpha} = 2R \quad ; \quad \frac{b}{\operatorname{sen}\beta} = 2R \quad ; \quad \frac{c}{\operatorname{sen}\gamma} = 2R$$

2) $R = \dfrac{5\sqrt{2}}{3}$

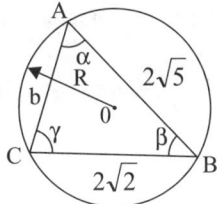

Use a Lei dos Senos: $\dfrac{BC}{\operatorname{sen}\alpha} = 2R$

Determine $\operatorname{sen}\alpha$ e, pela relação fundamental

$\operatorname{sen}^2\alpha + \cos^2\alpha = 1$, calcule $\cos\alpha$.

3) Aplique novamente a Lei dos Senos para calcular $\operatorname{sen}\gamma$.

4) A área do triângulo ABC é dada por $\dfrac{1}{2}.(AB)(BC).\operatorname{sen}\beta$

5) Para determinar $\operatorname{sen}\beta$, veja que:

5. 1) $\alpha + \beta + \gamma = 180° \quad \Rightarrow \quad \beta = 180° - (\alpha + \gamma)$

5. 2) sen (180° – x) = sen x (aplique isto em 5.1)

5. 3) $\operatorname{sen}(\alpha + \gamma) = \operatorname{sen}\alpha.\cos\gamma + \operatorname{sen}\gamma.\cos\alpha$

271

Quando um setor circular gira em torno de um diâmetro deste círculo, o sólido de revolução obtido chama-se **setor esférico**. Sendo **R** o raio da esfera e **h** a medida da projeção ortogonal do arco do setor sobre o referido diâmetro, então o volume do **setor esférico** (V_s) é dado por:

$$V_s = \frac{2}{3}\pi R^2 h$$

ITA/2008 – Questões   Dicas e Ajudas

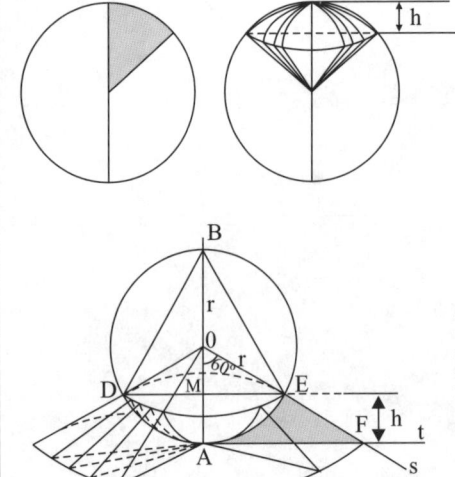

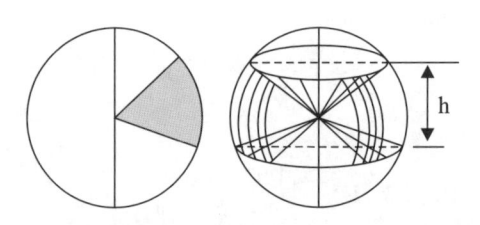

Determine **AF** e **h** em função de **r** e note que o volume pedido é o volume do cone de vértice **O** e raio AF menos o volume do **setor esférico** determinado pelo setor OAE quando gira em torno de AB.

272

1) Determinar a equação da parábola $y = ax^2 + bx + c$. Se (a, b, c) é uma P.A. de razão r, $a = b - r$, e $c = b + r$.

Se a parábola passa por $(-1, 2)$ e $(2, 5)$ substitua, na equação $y = (b - r)x^2 + bx + (b + r)$ os valores de -1 e 2 no lugar do x e, respectivamente, 2 e 5 no lugar do y.

2) Suponha que a tangente seja (t) $y = mx + k$.

Substitua o **y** na equação da parábola obtida em (1).

Na equação do 2º grau em **x** faça $\Delta = b^2 - 4ac = 0$.

Isto porque reta e curva só podem ter um ponto em comum.

A equação do 2º grau, portanto, só pode ter uma solução (raízes x' e x'' iguais).

Utilize que, se (2, 5) pertence a t, $5 = 2m + k$.

3) Obtida a equação de **t** determine o vértive V da parábola com

$$x_v = -\frac{b}{2a} \quad \text{e} \quad y_v = -\frac{\Delta}{4a}$$

4) Calcule a distância de V a t pedida (Dica 2 do Ex. 200).

FGV/2006
Administração - 1ª Fase

273   **Recebimentos**:

1) Saldo de salários (S): supondo que o funcionário não tenha faltas, é o valor de um salário mensal, isto é, S = R$ 3600,00.

2) Aviso prévio (AP) $\Rightarrow$ (AP) = salário-mensal.

3) 13º salário (DT) $\Rightarrow$ (DT) = $\dfrac{9+1}{12}$. (salário mensal). Note que **q** é o número de meses de permanência na empresa em 2005.

Dicas e Ajudas　　　　　　　　　　　　　　　FGV/2006 – Administração – 1ª Fase

4) Férias proporcionais (FP) $\Rightarrow$ (FP) = $\dfrac{8+1}{12}$. (salário mensal).

5) Abono constitucional (AC) $\Rightarrow$ (AC) = $\dfrac{1}{3}$. (FP)

6) FGTS = $\dfrac{8}{100}$. (S + AP + DT + FP) . Esse valor é diferente do saldo do FGTS.
(rescisão)

7) Multa por demissão (MD) $\Rightarrow$ (MD) = $\dfrac{40}{100}$ (FGTS + FGTS)
　　　　　　　　　　　　　　　　　　　　　　　　　　　　(rescisão)

Some esses valores para determinar o total dos recebimentos.

Descontos:

8) INSS salários: R$ 293,50, pois $\dfrac{11}{100}$. (S + AP) > R$ 293,50

9) INSS férias: mesmo raciocínio do item anterior.

10) INSS 13º salário: mesmo raciocínio anterior.

11) IR: $\dfrac{27,5}{100}$. (S + AP + DT + FP) – R$ 465,35

Some os valores obtidos nos itens (8), (9), (10) e (11) para determinar o total dos descontos.
O valor líquido que o funcionário deve receber é a diferença entre o total dos recebimentos e o total dos descontos.

274　　Pelo enunciado podemos, logo de início, constatar:
　　　　　(E) Beto ficou em 3º lugar em Esgrima;
(F) Edu ganhou a prova de Equitação e ficou em 2º lugar em Natação;
(G) Alex ganhou as duas provas nas quais Beto ficou em 3º.
Temos um preenchimento inicial da tabela

atleta	Tiro		Esgrima		Natação		Equitação		Atletismo		Total de Pontos.
	class.	ptos.	class.	ptos.	class.	ptos.	class.	ptos.	class.	ptos.	
A			1º	15							
B			3º	8							
C											
D											
E					2º	11	1º	15			

(E) Beto ficou em 3º lugar em Esgrima, à frente de Diego e Edu.
Então **Carlos é o 2º colocado em Esgrima** pois Diego e Edu ficam com o 4º e 5º lugares.
(J) Um dos estudantes ficou em 2º lugar em 4 provas e venceu outra.
Não pode ser o Beto que já tem um 3º lugar, Alex já tem um 1º lugar; como Edu tem um 2º e um 1º lugar então é **Carlos que tem quatro 2º lugar e um 1º**.

(D) O estudante que ganhou a prova de Tiro ficou em 5º lugar em todas as outras provas.

C só tem 2º e 1º lugares,

A ganhou na Esgrima,

B tem 3º lugar em Esgrima,

E tem 2º lugar em Natação e 1º em Equitação

Então **D venceu a prova de Tiro em ficou em 5º nas demais competições** e também deduzimos que **Edu é o 4º colocado em Esgrima**.

Vamos atualizar a tabela

atleta	Tiro		Esgrima		Natação		Equitação		Atletismo		Total de Pontos.
	class.	ptos.	class.	ptos.	class.	ptos.	class.	ptos.	class.	ptos.	
A			①º	15							
B			③º	8							
C					2º	11					
D	1º	15	5º	2	5º	2	5º	2	5º	2	23
E			4º	5	②º	11	①º	15			

Continuando

(H) Beto ficou em 5º lugar em apenas uma prova

⇒ **Beto ficou em 5º lugar na prova de Tiro**

Como Carlos tem quatro 2ª posições e 1º lugar, então **Carlos ganhou a prova de Natação e ficou em 2º lugar nas outras provas**.

Preenchendo a Tabela com os novos dados.

atleta	Tiro		Esgrima		Natação		Equitação		Atletismo		Total de Pontos.
	class.	ptos.	class.	ptos.	class.	ptos.	class.	ptos.	class.	ptos.	
A			①º	15							
B	5º	2	③º	8							
C	2º	11	2º	11	1º	15	2º	11	2º	11	59
D	1º	15	5º	2	5º	2	5º	2	5º	2	23
E			4º	5	②º	11	①º	15			

Agora é com você, fique atento as informações (G) e (I) e à nova configuração da tabela acima.

275 Resolva cada inequação do sistema separadamente.

Lance as soluções num mesmo gráfico e sombreie a região comum (intersecção delas).

Depois calcule a área da figura obtida.

Alguns exemplos par ajudar:

1) $2x - 3y - 12 \leq 0$

A equação $2x - 3y - 12 = 0$ tem por gráfico uma reta. Para determiná-la, fazemos:

$x = 0$, o que dá $-3y - 12 = 0$ ou $y = -4$ $y = 0$,

sai $2x - 12 = 0$ ou $x = 6$

Dicas e Ajudas FGV/2006 – Administração – 1ª Fase

Essa reta divide o plano em dois semi planos A e B.

Em A, todos os valores (x, y), substituidos na expressão $2x - 3y - 12$ dão o mesmo sinal como resultado (+ ou –).

Na região B, o sinal será o contrário ao obtido em A.

Seja o ponto (0, 0) ,por exemplo, de A

$2 \cdot 0 - 3 \cdot 0 - 12 = -12$ (sinal negativo).

Então, em A, o sinal de $2x - 3y - 12$ será sempre negativo e, em B, sempre positivo. Basta sombrear a região A para resolver $2x - 3y - 12 < 0$ já que $2x - 3y - 12 = 0$ é a reta desenhada anteriormente.

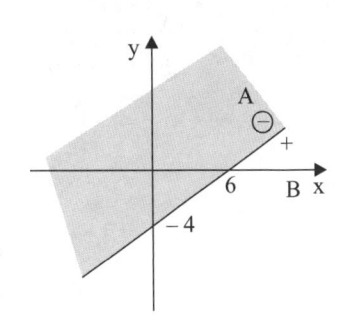

II) $y \leq 2$

$y = 2$ é uma reta horizontal passando por (0, 2)

$y < 2$ são os pontos (x, 2) que ficam abaixo dessa reta (região sombreada)

Finalmente, lembrar que ÁREA DE TRAPÉZIO É $\dfrac{(\text{BASE MAIOR} + \text{BASE MENOR}) \cdot \text{ALTURA}}{2}$

276

1) Faça um esboço dA figura descrita no enunciado.

2) Passe o número $z_1 = 1$ para a forma trigonométrica:

$|z| = \sqrt{a^2 + b^2}$ $\cos\theta = \dfrac{a}{|z|}$ $\text{sen}\,\theta = \dfrac{b}{|z|}$

3) Localize z_1, z_2, z_3 nessa circunferência sabendo que eles a dividem em 3 partes iguais.

4) Escreva z_2 e z_3 nas formas trigonométrica e algébrica.

5) Calcule a área do triângulo $z_1 z_2 z_3$: $S = \dfrac{b \cdot h}{2}$ onde b = base = $z_1 z_2$ e h = altura = distância de z_1 até a base.

277

Lembre-se de que $\text{sen}^2 t = 1 - \cos^2 t$ e $-1 \leq \cos t \leq 1$.

Para esboçar o gráfico de f(x) expresse **y** em função de **x**, utilizando as equações dadas.

278

1) No vértice C: $60° + \alpha + 60° = 180°$

$\alpha = 60°$

2) A área de um triângulo que tem lados de medidas **a** e **b** e que formam um ângulo α é expressa por

$\dfrac{1}{2} \cdot a \cdot b \cdot \text{sen}\,\alpha$.

Use esse fato para calcular as áreas dos triângulos ABC, BCD e CDE. A soma dessas áreas fornece a área pedida.

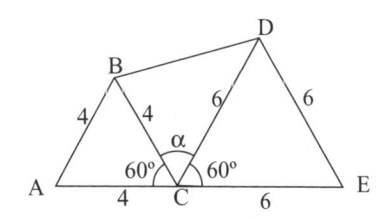

279

Monte uma tabela para organizar os dados:

R$ 0,25 (10 moedas)	R$ 0,50 (1 moeda)	R$ 1,00 (moeda)
8		
6	1	
- - - -	- - - -	- - - -

Continue construindo a tabela para verificar de quantas maneiras o chocolate de R$ 2,00 pode ser pago.

280

1) Lembre-se:

Se $f(\alpha) = 0 \Rightarrow (x - \alpha) | f(x)$

2) Da figura, obtenha uma raiz de f(x) e fatore f(x) para obter as demais raízes:

f(x)　　| x − α　　　f(x) = Q(x).
R(x) = 0　　Q(x)

3) Na inequação dada, separe $x^3 - 2x^2 - x + 14 = (x^3 - 2x^2 - x + 2) + 12 = f(x) + 12$

281

Chame de **x** o número de meses do prazo do primeiro empréstimo. Note que o prazo do segundo empréstimo foi de (18 − x) meses.

Monte uma equação, somando os juros dos dois empréstimos, totalizando R$ 3500,00 , para determinar **x**.

282

Examine, em cada situação, quanto Paulo desembolsará pelo apartamento.

1) Plano financiado

Paulo tem　　R$ 150.000,00
　　　　dá　　R$ 80.000,00 de entrada
fica com　　R$ 70.000,00

Esses R$ 70.000.00 são aplicados a uma taxa de 20% ao ano e se transformam em

70.000 x (1,20) = R$ 84.000,00

Paulo desembolsará

　　　　R$ 150.000,00 iniciais
　+ 　R$ 83.500,00 da última prestação

total =

2) Os R$ 50.000,00 financiados a juros de 30% ao ano, após 2 anos, ficam:

R$ 50.000,00 x $(1,30)^2$ = D

Paulo, nesse caso, desembolsará:

　　R$ 150.000,00 iniciais
　+　D (dívida com o banco)

Verifique os gastos finais em 1 e em 2.

FGV/2006
Administração - 2ª Fase

283

1) Seja **n** a quantidade de fotos que Pedro tem para colocar no álbum.
Colocar 6 fotos por página e sobrar uma, indica que $n - 1$ é múltiplo de 6.
Analogamente, $n - 1$ é múltiplo de 7.

2) Como Pedro tem menos do que 100 fotos, pense nos múltiplos comuns de 6 e de 7 e menores do que 100.

3) Lembre-se de que cabem, no máximo, 10 fotos em cada uma das 20 páginas do álbum.

284

Determine a variação de capital na venda do apartamento e o rendimento das aplicações.

Para determinar a variação de capital em relação ao total investido, faça a divisão

$$\frac{\text{variação total de capital}}{240\,000}.$$

285

Note que nesta figura as faces 1, 2, 3 e 4 têm pontos em comum com a face 5. A única face que não tem ponto em comum com a face 5 (sombreada na figura) é a face 6, que oposta a ela.

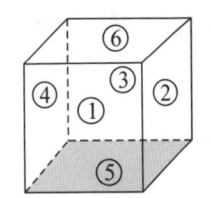

Veja na figura do enunciado as faces que têm pontos em comum com B.
A que não tiver é a oposta a ela.

286

1) **Teorema do Resto**:

P(x) | $x - a$
R(x) = m   Q(x)
($m \in C$)

$R(x) = m = P(a)$, ou seja, o resto dessa divisão é a constante $P(a)$.

2) Após determinar a constante k, calcule $P(x + 1)$ obtendo a equação $P(x + 1) = 0$.

3) Aplique a relação de Girard conveniente à equação $P(x + 1) = 0$. Lembre-se:

$a + b + c = \dfrac{-a_1}{a_0}$ (1ª relação de Girard).

287

Para resolver essa questão use algumas propriedades de determinantes nas matrizes **A** e **B**, a fim de poder comparar o determinante delas entre si.

P1) Quando trocamos, entre si, as posições de duas filas paralelas de uma matriz, o valor de seu determinante troca de sinal.

Exemplo: se $A = \begin{bmatrix} 1 & 2 & 3 \\ 4 & 5 & 6 \\ 7 & 8 & 9 \end{bmatrix}$ e $B = \begin{bmatrix} 3 & 2 & 1 \\ 6 & 5 & 4 \\ 9 & 8 & 7 \end{bmatrix}$

Nessa situação det(A) = – det(B) pois a 1ª e a 3ª colunas trocaram de posição entre si.

P2) Quando multiplicamos uma fila de uma matriz A por α, $\alpha \in R$, o valor do determinante de A fica multiplicado por α.

Exemplo 1: se $A = \begin{bmatrix} 1 & 2 & 3 \\ 4 & 5 & 6 \\ 7 & 8 & 9 \end{bmatrix}$ e $B = \begin{bmatrix} 2 & 2 & 3 \\ 8 & 5 & 6 \\ 14 & 8 & 9 \end{bmatrix}$

Nessa situação det(B) = 2 . det(A) pois a 1ª coluna da matriz B é o dobro da 1ª coluna da matriz A.

Exemplo 2: se $A = \begin{bmatrix} a & b & e \\ a & c & f \\ a & d & g \end{bmatrix}$ então $\begin{bmatrix} a & b & e \\ a & c & f \\ a & d & g \end{bmatrix} = a . \begin{bmatrix} 1 & b & e \\ 1 & c & f \\ 1 & d & g \end{bmatrix}$

---

288 Para resolver a inequação do 2º grau, consulte a Dica do Ex. 100 a.

Lembrar: Se **a** é positivo e menor que 1, então $\dfrac{1}{a}$ é maior que 1.

Então a é menor que $\dfrac{1}{a}$.

---

289 1) A soma dos ângulos externos de qualquer polígono convexo é igual a 360°. Assim, temos:

a + b + 70° = 360° $\Leftrightarrow$ a + b = 290°

2) Pelo enunciado: a – b = 10°

Basta resolver o sistema formado por essas duas equações.

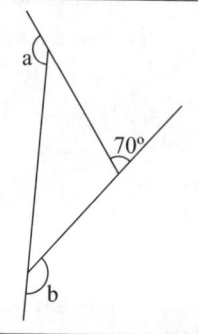

---

290 1) Seja N o número de armas no poder das pessoas. Calcule em função de N, o número de armas que haverá no poder das pessoas depois de 1 mês, 2 meses, 3 meses, a fim de generalizar para t meses.

Por exemplo: Vamos supor que o número de armas descresça a uma taxa de 10% ao mês. Assim, teremos:

Após 1 mês: N . 0,9

Após 2 meses: N . $(0,9)^2$

Após 3 meses: N . $(0,9)^3$

⋮ ⋮ ⋮

Após t meses: N . $(0,9)^t$

2) Iguale a expressão encontrada a $\dfrac{N}{2}$, pois no enunciado é pedido o momento (t), no qual, o número de armas é reduzido a metade. Isole t.

3) Para isolar t use as propriedades de logarítmo. Veja Dica da questão 47.

291

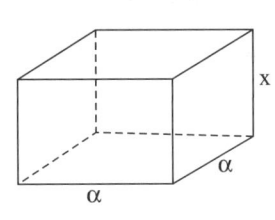

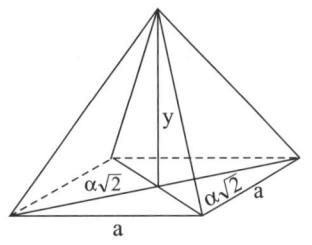

1) Sejam **x** e **y** as alturas, respectivamente, do prisma e da pirâmide.

2) Como a diagonal de um quadrado é o lado vezes $\sqrt{2}$, determine a aresta **a** da base da pirâmide em função de α. Ache a área da base fazendo a².

Como o quadrado é também um losango, a sua área pode ser obtida pela metade dos produtos das diagonais.

3) Como o volume do prisma e da pirâmide são, respectivamente, o produto da área da base pela altura e $\dfrac{1}{3}$ do produto da área da base pela altura, iguale os volumes e determine x : y.

292

A disqueteira tem 8 lugares, vamos nos concentrar nos discos de rock, suponha que José já tenha estabelecido a ordem (r_1, r_2, r_3, r_4, e r_5) para dispô-los na estante.

Os lugares são

I II III IV V VI VII VIII

Se José escolher os lugares: I, IV, II, VIII e V os CDs ficarão dispostos assim:

I II III IV V VI VII VIII

r_1 r_2 r_3 r_4 r_5

Veja que os lugares podem ser escolhidos em qualquer ordem, a ordem será sempre a mesma!

Portanto dos 8 lugares 5 devem ser escolhidos sem se levar em conta a ordem. Quanto aos discos de jazz, ficarão com os 3 lugares restantes numa ordem determinada por José.

Quando, dentre **n** objetos diferentes, queremos escolher **p**, sem se levar em conta a ordem, fazemos $C_{n,p} = \binom{n}{p} = \dfrac{n!}{p!(n-p)!}$.

293

Como sugestão, acompanhe o exemplo:

Dados os números **x** e **y**, com y = 3x, a média

$m = \dfrac{30x + 40y}{x+y}$ fica $m = \dfrac{30x + 40(3x)}{x + 3x} = \dfrac{150x}{4x} = 37{,}5$

m pode ser calculada sem sabermos os valores de **x** e **y**

Na questão dada, o número de corintianos é 1,5 p, onde **p** é o número de palmeirenses.

294

Lembre-se da definição de módulo de um número real:

$$\begin{cases} |x| = x & \text{se } x \geq 0 \\ \quad \text{ou} \\ |x| = -x & \text{se } x < 0 \end{cases}$$

Para determinar os valores assumidos pela expressão dada, analise os seguintes casos:
1) se a > 0 e b > 0
2) se a < 0 e b < 0
3) se a > 0 e b < 0
4) se a < 0 e b > 0

295

O termo geral da expansão do binômio $(x + y)^n$ é $T_{p+1} = \binom{n}{p} x^{n-p} \cdot y^p$

Como a parte literal de um de seus termos é $x^6 y^9$ podemos concluir que $6 + 9 = n = 15$.

Todos os coeficientes da expansão serão $\binom{15}{p}$

Lembre que $\binom{15}{p} = \dfrac{15!}{p!(15-p)!}$

Dado um coeficiente dessa expansão $\binom{15}{p}$, seu sucessor será $\binom{15}{p+1}$.

Basta resolver a equação: $\dfrac{\binom{15}{p}}{\binom{15}{p+1}} = \dfrac{7}{9}$

296

A jornada diária das duas companhias é de $22 - 7 = 15$ horas
15 horas = 900 min

Viação Sol:
o total de ônibus será (900 ÷ 15) + (o ônibus das 22 horas)

Viação Lua:
o total de ônibus será (900 ÷ 18) + (o ônibus das 22 horas)

297

1) Com a equação dada, determine o centro C e o raio r da circunferência (Dica do Ex. 52 - 1).

2) A reta $x = k$ é uma reta vertical (perpendicular ao eixo x).

Toda perpendicular a ela, será horizontal, da forma $y = n$.

A reta pedida passa por C.

FGV/2006
Economia - 1ª Fase

298 1) Aplique as "Relações entre coeficientes e raízes (Girard)" ao polinômio P(x). Lembre-se:

Sendo $P(x) = a_0 x^3 + a_1 x^2 + a_2 x + a_3$ de raízes a, b, c, temos:

$$\begin{cases} 1)\ a + b + c = \dfrac{-a_1}{a_0} \\[4pt] 2)\ ab + ac + bc = \dfrac{a_2}{a_0} \\[4pt] 3)\ \qquad abc = \dfrac{-a_3}{a_0} \end{cases}$$

2) Chamando de **a** a 1ª raiz, **b** a 2ª e **c** a 3ª, equacione as duas informações dadas o enunciado. A seguir, resolva o sistema obtido.

299 Observando as figuras dadas, procure estabelecer uma relação entre a figura que ocupa o enésimo lugar e o número (x_n) de quadrinhos escuros. Note que para n par temos $x_n = \dfrac{n^2}{2}$ quadrinhos escuros. Deduza uma relação para n ímpar.

300 **Exemplo**: Suponhamos que o preço de certo produto é **P** e teve um aumento de 60%. Quanto se deve dar de desconto para que se retorne ao preço antigo?

Solução: o que está a mais é $\dfrac{60}{100}.P$ e, sendo o preço novo igual a $P + \dfrac{60}{100}.P$, o desconto a ser dado representa

$$\dfrac{\dfrac{60}{100}.P}{P + \dfrac{60}{100}.P} = \dfrac{\dfrac{60.P}{100}}{\dfrac{160P}{100}} = \dfrac{60}{160} = \dfrac{3}{8} = 37{,}5\%$$

301 Para a primeira prova, com 4 alternativas em cada teste, o número de diferentes maneiras de respondê-la é:

1) para o 1º teste temos 4 possibilidades: 4

2) para o 2º teste temos 4 possibilidades: 4

    - - - - - - -

30) para o 30º teste temos 4 possibilidades: 4

portanto $n_1 = \underbrace{4 \cdot 4 \cdot \ldots \cdot 4}_{30 \text{ fatores}} = 4^{30}$

Para a 2ª prova, seguindo raciocínio análogo, temos:

$n_2 = \underbrace{2 \cdot 2 \ldots \cdot 2}_{30 \text{ fatores}} = 2^{30}$

302

1) Lembre-se da definição de logarítmo.

$\log_b a = x \Leftrightarrow a = b^x$ com $a > 0, b > 0, b \neq 1$

Utilize isso para determinar os valores dos logarítmos que constituem a matriz.

2) Se $A = \begin{bmatrix} a & b \\ c & d \end{bmatrix}$ então $\det(A) = ad - bc$.

3) Determine **n** (determinante de A) e compare com as raízes das equações dadas no enunciado do problema.

303

1) Observe o exemplo: Dadas duas funções $f(x) = 2x - 1$ e $g(x) = 3x + 1$,

$f(g(x)) = f(3x + 1) = 2(3x + 1) - 1 = 6x + 1$ e

$g(f(x)) = g(2x - 1) = 3(2x - 1) + 1 = 6x - 2$

Use essas informações para obter a função

$y = f(g(x)) + g(f(x))$

2) Para o gráfico de y, consulte a Dica do Ex. 41 (3)

304

1) Com a equação dada, obtenha o centro **C** e o raio **r** da circunferência (Dica 1 do Ex. 52).

2) Lembrar:

ÁREA DO CÍRCULO = πr^2, onde **r** é seu raio.

ÁREA DO QUADRADO = ℓ^2, onde ℓ é seu lado.

Fazer QUADRADO $- \dfrac{1}{4}$ CÍRCULO para achar a área sombreada.

305

1) Pirâmide de base quadrada reta é o mesmo que pirâmide quadrangular regular. Como a altura da pirâmide é igual ao raio da esfera, o centro da esfera é o centro da base da pirâmide.

2) O volume de uma esfera de raio **R** é dado por $\boxed{V_e = \dfrac{4}{3}\pi R^3}$.

3) O volume de uma pirâmide com área da base **B** e altura **H** é dado

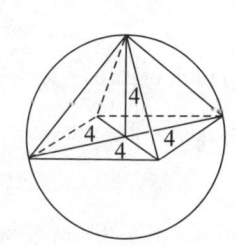

por $\boxed{V_p = \dfrac{1}{3} B \cdot H}$

4) Divida o volume da esfera pelo da pirâmide para determinar uma relação entre eles.

306
Tome n = número de pessoas
O número total de mensagens enviadas é 468.

Ninguém enviou mensagem para si mesmo.

Atribua os valores adequados e resolva a equação abaixo:

$$n \cdot \begin{pmatrix} \text{total de mensagens} \\ \text{que cada um recebeu} \end{pmatrix} \cdot \begin{pmatrix} \text{total de amigos para} \\ \text{os quais cada um enviou} \\ \text{as mensagens} \end{pmatrix} = 468$$

307
As dimensões do piso são 560 cm e 720 cm. Sendo, por exemplo, **n** a medida em cm do lado da lajota quadrada, note que **n** deve ser um divisor comum de 560 e 720.

Observe que o menor número possível de lajotas é obtido quando **n** é o maior possível.

308
Como as crianças devem ter sexos diferentes considere as **duas** possibilidades: menina e, sem seguida, menino e, menino e, em seguida, menina.

A probabilidade de se sortear um menino é:

$$\dfrac{\text{total de meninos}}{\text{total de crianças}} \quad (I)$$

Em seguida, sortear uma menina é

$$\dfrac{\text{total de meninas}}{\begin{pmatrix} \text{total de crianças que ainda} \\ \text{participam do sorteio} \end{pmatrix}} \quad (II)$$

faça (I) . (II) e considere a possibilidade de uma menina ter sido a primeira criança sorteada.

309
1) A média de escolaridade em 1990 pode ser calculada do seguinte modo.

$$m_{90} = \dfrac{8 \cdot 4 + 4 \cdot 8 + 5 \cdot 11 + 3 \cdot 15}{8 + 4 + 5 + 3} \Rightarrow m_{90} = 8{,}2$$

2) Use também esse raciocínio para calcular a média do tempo de escolaridade dos candidatos em 2000.

3) Para calcular a variação percentual entre dois valores leia a dica no exercício **459**.

FGV/2006 – Economia – 1ª Fase — Dicas e Ajudas

310

1) O volume de um cilindro de raio **r** e altura **H** é dado por $\boxed{V = \pi r^2 . H}$

Determine este volume para H = 5

2) O gráfico da função $y = ax^2$ para a > 0 é uma parábola com vértice no ponto (0, 0) e concavidade voltada para cima.

3) Determine o volume do cilindro em função de **r** e esboce o gráfico.

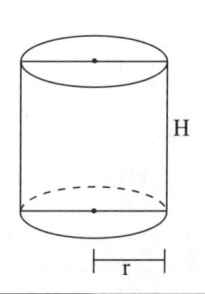

311

1) Obter a equação da reta que passa por A e C (Dica 2 do Ex. 58).

2) Determine a intersecção dessa reta com a reta de equação y = x + 1 (Dica no Ex. 22a).

312

1) Aplique o teorema de Pitágoras no triângulo OAB e calcule AB.

2) No triângulo sombreado, aplicando a lei dos cossenos, vem que

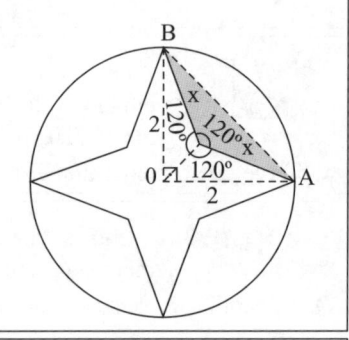

$(AB)^2 = x^2 + x^2 - 2 . x . x . \cos 120°$

3) $\cos 120° = -\cos 60°$

---

313 Observe os desenhos de pirâmides planificadas:

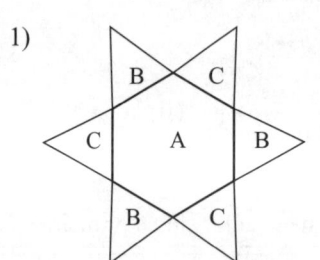

1)

7 faces

a base terá uma cor diferente das outra 6 faces

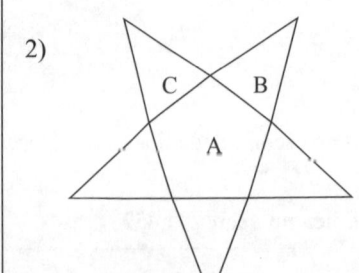

2)

6 faces: a base terá uma cor só sua. Quantas cores no mínimo serão necessárias?

314

O cubo, após ser montado, ficará assim:

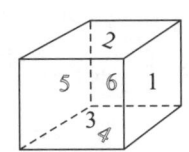

Confira a correção ou incorreção de cada uma das alternativas.

315

1) Esboce um gráfico da circunferência $x^2 + y^2 = 9$. A distância de P (afixo de z) até a origem é o módulo de z.

2) Escreva **z** na forma trigonométrica e passe para a forma algébrica.

$z = |z| \cdot (\cos\theta + i\sen\theta) = a + bi$.

316

1) O volume de um cubo de aresta a é a^3.

2) O volume de uma pirâmide com área da base **B** e altura H é $\frac{1}{3}.B.H$.

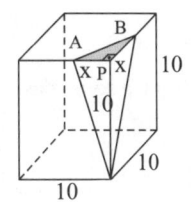

3) Lembre-se de que:

$15\% = \frac{15}{100}$, $5\% = \frac{5}{100}$, $5,4\% = \frac{5,4}{100}$, $0,15\% = \frac{0,15}{100}$

4) Escreva a equação correspondente e determine **x**.

317

O fator de ampliação da figura 2 para a figura 3 é igual a $\frac{A'B'}{AB}$.

Calcule

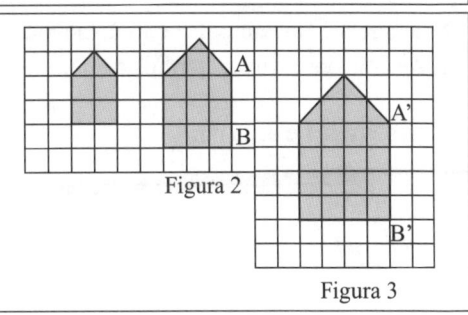

Figura 2

Figura 3

318

1) Obtenha as retas que representam **f** e **g**.

2) Retas (r) $y = ax + b$ e (s) $y = cx + d$ sendo tais que $a = c$ e $b \neq d$ são paralelas.

Por exemplo: (r) $y = 5x + 3$ e (s) $y = 5x - 9$ são paralelas.

319

Note que nas barras correspondentes a "11 anos ou mais de estudo" a barra correspondente ao percentual dos homens é menor do que a barra correspondente ao percentual de mulheres.

320

1) O volume de um octaedro regular é igual a 2 vezes o volume de uma pirâmide. O volume de cada pirâmide é $\frac{1}{3}$ do produto da área da base pela altura. A base em questão é um quadrado cujo lado é a aresta **a** do octaedro. A altura de cada pirâmide é $\frac{4}{2} = 2$.

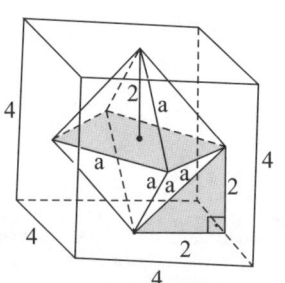

2) Calcule **a** no triângulo sombreado ou calcule **a** sabendo que a diagonal do octaedro regular de aresta **a** é igual a $a\sqrt{2}$, que neste caso é igual a aresta do cubo.

321

1) Note que os trapézios têm todos a mesma altura: 1.
As bases medem $1, a^1, a^2, a^3, \ldots$

Como a soma das áreas desses trapézios é igual a $\frac{5}{6}$, temos:

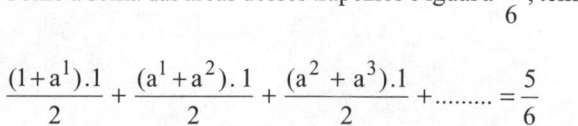

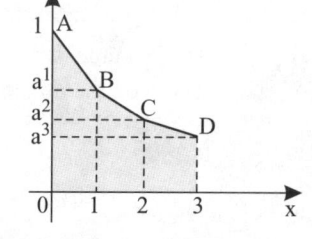

$$\frac{(1+a^1) \cdot 1}{2} + \frac{(a^1 + a^2) \cdot 1}{2} + \frac{(a^2 + a^3) \cdot 1}{2} + \ldots = \frac{5}{6}$$

$$\frac{(1+a)}{2} + \frac{a(1+a)}{2} + \frac{a^2(1+a)}{2} + \ldots = \frac{5}{6}$$

Note que o 1º membro da equação acima é a soma dos termos de uma progressão geométrica.

2) A soma dos infinitos termos de uma P.G. cujo primeiro termo é a_1 e cuja razão é q.

Com $0 < q < 1$ é dada por $\frac{a_1}{1-q}$.

322

1) A área de uma esfera de raio **R** é dada por $A = 4\pi R^2$.

2) A superfície da esfera corresponde a 360 fusos de 1º. Então um fuso de α (em graus) terá uma área de:

$$A_{fuso} = \frac{\alpha}{360°}(4\pi R^2)$$

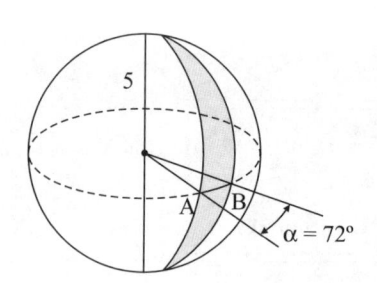

323

1) Determine o capital inicial, ou seja, M(0).
2) Quadriplicar a quantia aplicada, significa que M(t) = 4 . M(0). Isole **t** da equação obtida.
3) Lembre-se que 1 ano = 12 meses.

324

Para determinar a distância entre **C** e **A** basta aplicar o teorema de Pitágoras no triângulo ABC.

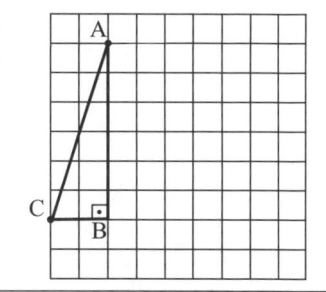

325

Como a ordem em que as blusas serão apresentadas aos clientes não é importante o total de maneiras de escolhermos duas blusas quaisquer entre as 10 é

$$C_{10,2} = \frac{10!}{2!(10-2)!} = \frac{10!}{2!8!}$$

Apenas escreva:

$$C_{10,2} - \begin{pmatrix} \text{total de maneiras} \\ \text{de se tomar apenas} \\ \text{blusas pretas} \end{pmatrix} - \begin{pmatrix} \text{total de maneiras de} \\ \text{escolhermos duas brancas} \\ \text{entre as 4} \end{pmatrix}$$

326

Observe os pontos A = (2, 3) , B = (– 2, 3), C = (– 2, – 3) e D = (2, – 3) situados em diferentes quadrantes para concluir a impossibilidade de resolver a questão.

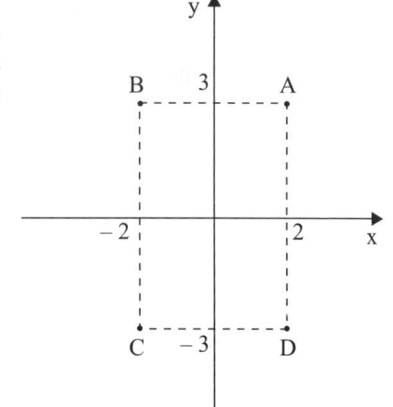

327

Sendo R$ 10,00 o custo de cada bola e **x** reais o preço de venda, note que o lucro por bola é (x – 10) reais.
Procure obter uma função que represente o lucro total da venda de (150 – x) unidades.

FGV/2006
Economia - 2ª Fase

328

n = 1

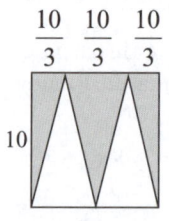

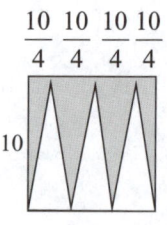

$A_1 = \dfrac{5 \cdot 10}{2} \cdot 2$

$A_1 = 50 \text{ cm}^2$

n = 2

$A_2 = \dfrac{\dfrac{10}{3} \cdot 10}{2} \cdot 3$

$A_2 = 50 \text{ cm}^2$

n = 3

$A_3 = \dfrac{\dfrac{10}{4} \cdot 10}{2} \cdot 4$

$A_3 = 50 \text{ cm}^2$

Use o padrão acima para determinar A_n.

329

a) Faça uma tabela relacionando altura e frequência para construir o gráfico de colunas.

b) Inicialmente, calcule a altura média das meninas e dos meninos; em seguida, o percentual pedido.

330

1) Para fazer os gráficos de **R** e **C** consulte a Dica 2 do Ex. 41.

2) Para obter o ponto **P**, veja a Dica do Ex. 22a.

3) No gráfico, observe para quais valores de x se tem R = C, R > C ou R < C.

Se R > C, a empresa tem lucro, R < C leva a ter prejuízo sendo que, se R = C, a empresa não tem nem lucro nem prejuízo.

331 Os dados têm a forma como ilustrado abaixo:

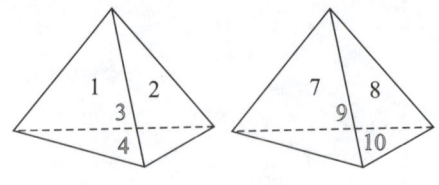

a) Para que o produto dos números sorteados seja par os dois não podem ser ímpares:

P (produto par) = 1 − p (ímpar) x p (ímpar) =

b) O gráfico de setores é circular.

Assinale no gráfico setores proporcionais às probabilidades de o produto ser par e de ser ímpar.

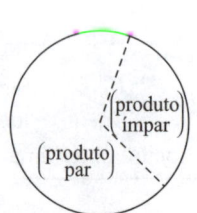

FGV/2006
Direito - 2ª Fase

332   Observe que 37% + 26% + 22% + 15% = 100%
Portanto nenhum jovem definiu sua geração com mais de uma qualidade.

a) 1) Calcule 37% de 2000 $\left(\dfrac{37}{100} \cdot 2000\right)$ para saber o total de pessoas que definiu sua geração como "vaidosa" e obtenha o resultado V.

2) Entre as pessoas que definiram sua geração como "vaidosa" 55% são mulheres. Calcule 55% de V $\left(\dfrac{55}{100} \cdot V\right)$.

3) A probabilidade procurada é $\dfrac{55\% \text{ de V}}{2000}$

b) Faça 2000 − (V)

333   a) 1) A altura de um triângulo equilátero de lado **a** é igual a $\dfrac{a\sqrt{3}}{2}$.

Determine a altura do triângulo ABC (note que o lado desse triângulo é igual a quatro vezes o raio das latas).

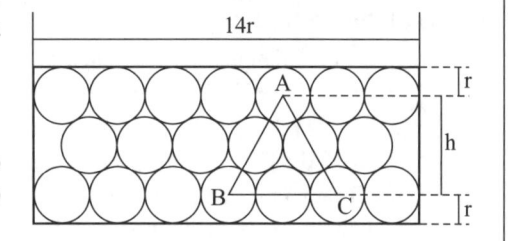

2) Note que as dimensões dessa secção são iguais a 14r e h + 2r. Logo, para determinar a área dessa secção basta multiplicar esses dois valores.

b) 1) Na secção há 20 latas. Como serão colocadas 60 latas em uma caixa, haverá 3 camadas de 20 latas. Como a altura da lata é 8,5 cm, basta multiplicar a altura de uma lata pelo número de camadas para obter a altura da caixa.

2) O volume será dado pelo produto entre a área da secção e altura da caixa.

334   a) Notando que

$$\operatorname{sen} \dfrac{2\pi}{366}(d-91,5) = \operatorname{sen}\left(\dfrac{2\pi d}{366} - \dfrac{183\pi}{366}\right) = \operatorname{sen}\left(\dfrac{\pi d}{183} - \dfrac{\pi}{2}\right) =$$

$$= -\operatorname{sen}\left(\dfrac{\pi}{2} - \dfrac{\pi d}{183}\right) = -\cos\left(\dfrac{\pi d}{183}\right)$$

obtemos a função T = $-50 \cdot \cos\left(\dfrac{\pi d}{183}\right) + 25$

Sugestão: para montar a tabela para construir o gráfico de **T**, inicialmente atribua ao ângulo

$x = \dfrac{\pi d}{183}$, os valores $0, \dfrac{\pi}{2}, \pi, \dfrac{3\pi}{2}$ e 2π. Aproveitando os valores notáveis de cosx, determine **T** e,

em seguida, obtenha **d**. Por exemplo, atribuindo a $x = \dfrac{\pi d}{183}$, o valor $\dfrac{\pi}{2}$, temos $\cos \dfrac{\pi}{2} = 0$ e assim

$T = 50 \cdot (0) + 25 = 25$; sendo $\dfrac{\pi d}{183} = \dfrac{\pi}{2}$ determine o valor de **d**.

b) Analise o gráfico para determinar o dia d.
c) Faça T = 0 e resolva a equação.

FGV/2007
Administração - 1ª Fase

335 a) Note que sendo **x** o valor emprestado, o cliente terá que pagar após um ano, x . 1,25 (taxa de juros de 25% ao ano).

Chame de **y** o valor do "custo administrativo", após o débito o cliente terá (x − y).

Para determinar **y**, observe que a taxa de juros será vantajosa para o banco se (x − y) . 1,40 = x . 1,25.

b) Note que a quantia que o cliente pagará, após 1 ano, é (x+ y) . 1,25.

336 1) d_{OA}, d_{OB} e d_{OC} são, respectivamente, as distâncias do ponto O aos pontos A, B e C.

Se O é equidistante dos outros três, temos $d_{OA} = d_{OB} = d_{OC}$ chamando de A = (0, 0) , B = (3, 2) e C = (2, 5), calcule essas distâncias (vide Dica do Ex. 22b)

2) Para achar O = (x, y) , resolva o sistema obtido com as equações $\begin{cases} d_{OA} = d_{OB} \\ d_{OA} = d_{OC} \end{cases}$

337 Sejam:
$P_1(t)$: valor gasto no plano α, em **t** minutos de consumo.

$P_2(t)$: valor gasto no plano β, em t minutos de consumo.

Pelos dados do enunciado:

$P_1(t): \begin{cases} 0{,}70t \text{ , para } t \leq 100 \\ 0{,}70t - 0{,}001(t-100)t \text{ , para } 100 < t \leq 400 \\ 0{,}40t \text{ , para } t > 400 \end{cases}$

$P_2(t): \begin{cases} 50 \text{ , para } t \leq 87 \\ 50 + (t - 87) \cdot 0{,}80 \text{ , para } t > 87 \end{cases}$

O plano β é mais vantajoso que o plano α quando $P_2(t) < P_1(t)$.

Por exemplo, para um consumo menor do que 87 minutos isto é, para t < 87, temos:

$P_2(t) < P_1(t) \Leftrightarrow 50 < 0{,}70t \Leftrightarrow t > 71{,}4$

Neste caso, o plano β é mais vantajoso para $71{,}4 < t < 87$.

Analise os demais casos, isto é:

$87 < t \le 100$; $100 < t \le 400$ e $t > 400$

338

1) A roda gigante maior gira $0{,}2\pi$ rotações por minuto, isto é, $0{,}2\pi$ voltas por minuto. Assim, essa roda gigante fará uma volta em $\dfrac{1}{0{,}2\pi}$ minuto, isto é, $\dfrac{5}{\pi}$ minutos.

2) Use o mesmo raciocínio do item (1) para determinar quanto tempo a roda gigante menor leva para completar uma volta.

3) **Exemplo**: se a roda gigante maior completasse uma volta a cada 6 minutos e a roda gigante menor completasse uma volta cada 4 minutos, então os pontos **A** e **B** voltariam à posição inicial a cada 12 minutos, que é o menor múltiplo comum de 4 e 6.

Use esse raciocínio e o fato de que $\dfrac{5}{\pi} = \dfrac{35}{7\pi}$.

339

1) Se as retas determinadas pelos centros de duas esferas tangentes são sempre paralelas as arestas do cubo, então cabem 20 camadas iguais a camada formada pelas esferas que tangenciam a base. Esta primeira camada tem 20 x 20 esferas.

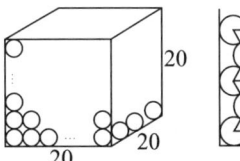

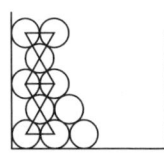

Neste caso, cada esfera tangencia apenas uma da camada inferior (se tiver) e uma da camda superior (se tiver).

2) Outro modo de colocar as esferas é quando cada uma de uma camada par (2º, 4º, ...) tangencia 4 da camada superior e 4 da camada inferior.

Neste caso teremos camadas ímpares com 20 x 20 esferas e camadas pares com 19 x 19 esferas.

Calcule a distância entre os planos dos centros de duas camadas, neste caso, para calcular os números de camadas de cada tipo que cabem na caixa. Os 4 centro de esferas de uma camada e o centro de uma da camada superior tangentes a essas 4 são vértices de uma pirâmide quadrangular de aresta 2r. Determine a altura dessa pirâmide.

Determine **n** inteiro na expressão:

$n \cdot H + 2r \le 20$

Note que o número de camadas é $n + 1$.

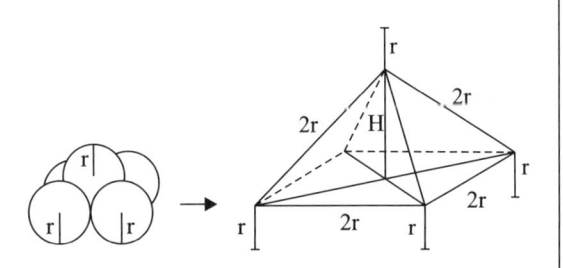

340

1) Sejam x e 10 − x os comprimento dos dois pedaços em que o fio foi cortado. Considere as figuras abaixo:

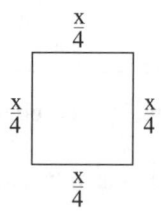

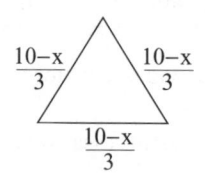

[Figura: quadrado com lados $\frac{x}{4}$ e triângulo equilátero com lados $\frac{10-x}{3}$]

2) A área de um quadrado de lado **a** é igual a a^2.

A área de um triângulo equilátero de lado **b** é $\dfrac{b^2\sqrt{3}}{4}$.

Expresse a área do quadrado e a área do triângulo em função de x.

3) Sendo A_Q a área do quadrado e A_T a área do triângulo, deve-se ter, pelo enunciado,

$$A_Q = A_T \cdot \sqrt{3}$$

Use esta equação para determinar x.

341

1) Para fazer o gráfico da função modular f(x), considere o seguinte exemplo:
$y = |x - 1|$

Da definição de módulo, $|x - 1| = \begin{cases} x - 1, \text{ se } x \geq 1 \\ -x + 1, \text{ se } x < 1 \end{cases}$

O gráfico dessa função é construída em duas partes:

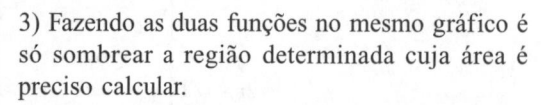

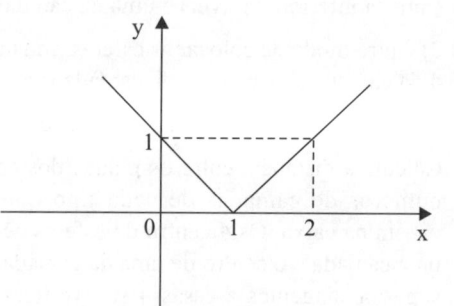

1) $x \geq 1$ 2^a) $x < 1$
   $y = x - 1$ $y = -x + 1$

x	y
1	0
2	1

x	y
1	0
0	1

2) Para a construção do gráfico de g(x), consulte a Dica III do Ex. 41.

3) Fazendo as duas funções no mesmo gráfico é só sombrear a região determinada cuja área é preciso calcular.

4) Para obter ponto de intersecção das funções f e g, veja a Dica do Ex. 22a.

5) ÁREA DE TRIÂNGULO = $\dfrac{\text{(base)} \cdot \text{(altura)}}{2}$

342

Construa um diagrama de árvore de probabilidades:

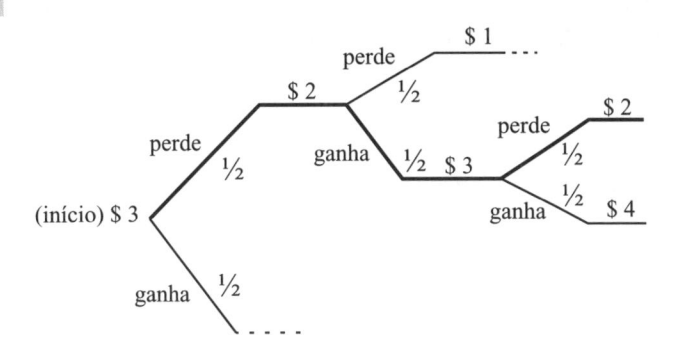

[Árvore de probabilidades: (início) $3 → perde (½) → $2 → perde (½) → $1; $2 → ganha (½) → $3 → perde (½) → $2; $3 → ganha (½) → $4; (início) $3 → ganha (½) → ...]

Observações:
1) Como a chance de ganhar é igual a chance perder, temos

p(ganhar) + p(perder) = 1 e p(ganhar) + p(ganhar) = 1 $\Rightarrow$ p(ganhar) = 1/2 = p(perder)

2) A probabilidade da "trajetória" destacada acima é
p(perder) . p(ganhar) . p(perder) =

$= \dfrac{1}{2} \cdot \dfrac{1}{2} \cdot \dfrac{1}{2} = \dfrac{1}{8}$

Complete todo o diagrama e verifique os resultados que aparecem com maior frequência ao final da 3ª jogada.

343

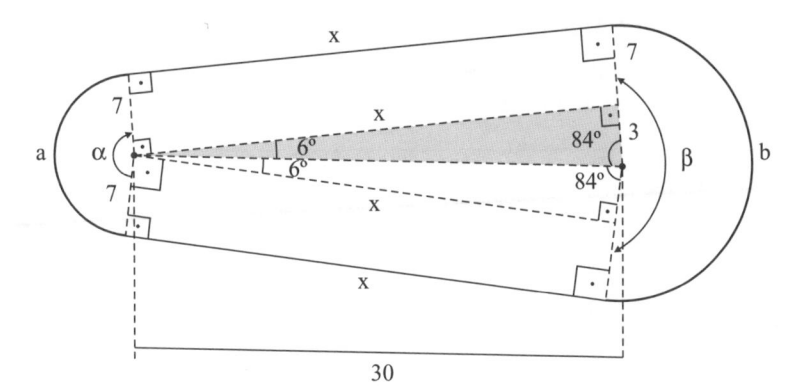

a) 1) Aplique o teorema de Pitágoras no triângulo sombreado e determine x.
2) Note que $\alpha + 90° + 90° + 6° + 6° = 360°$. Calcule α.
3) Note que $\beta + 84° + 84° = 360°$. Calcule β.
4) O comprimento **a** de um arco de circunferência subentendido por um ângulo de α graus é dado por $a = \dfrac{\alpha}{360°} \cdot 2\pi R$. Sendo assim, calcule os comprimentos dos arcos indicados por **a** e **b** na figura. O comprimento da correia é a + b + 2x.

b) Um ponto da circunferência da polia menor percorre, em 500 rotações por minuto, uma distância igual a 500. $(2\pi r)$, isto é, $500.(2\pi.7)$. Como as polias estão unidas pela correia, um ponto da circunferência maior deve percorrer, em 1 minuto, a mesma distância calculada acima. Para isso, terá que efetuar uma quantidade **n** de rotações tal que $n.(2\pi.R) = 500.(2\pi.7)$.

344

Vamos dispor as pessoas da fila conforme suas intenções do voto: AAABBBBB

O total de filas que poderemos formar com esses 3 A's e 5 B's é $P_8^{5,3} = \dfrac{8!}{5!3!} = 56$

a) Aqui as filas que nos interessam são:
AAA BBBBB = 1

$\underbrace{AAB}_{\Downarrow}$ $\underbrace{ABBBB}$
$\begin{pmatrix}\text{permute as}\\ \text{3 letras}\end{pmatrix}$ $\hookrightarrow$ (permute as 5 letras)

$\leftarrow$ multiplique os resultados (*)

o total será 1 + (*)

faça: $\dfrac{1+(*)}{56}$

b) Temos:

$\underbrace{AABB}$ $\underbrace{ABBB}$
$\begin{pmatrix}\text{permute as}\\ \text{4 letras}\end{pmatrix} \cdot \begin{pmatrix}\text{permute as}\\ \text{4 letras}\end{pmatrix} = n(B)$

faça: $\dfrac{n(B)}{56}$

FGV/2007
Administração - 2ª Fase

345
Note que se o valor do automóvel (R$ 45000,00) a cada ano sofre uma desvalorização de 4%, temos:

após 1 ano: $45000 \cdot (1 - 0,04)$

após 2 anos: $45000 \cdot (1 - 0,04)^2$

após 3 anos: $45000 \cdot (1 - 0,04)^3$

e assim sucessivamente

346
Na função dada, faça t = 0 , isto é, calcule N(0).

347
Calcule N(2).

| 348 | Faça N(t) = 1000 para determinar t.
Lembre-se da equação exponencial.
$a^b = a^c \Leftrightarrow b = c$ ($0 < a \neq 1$) |

| 349 | 1) Se a equação fosse $(x - 5)(y - 4) = 2$ tiraríamos, pelas informações dadas no enunciado. |

ASSÍNTOTAS: x = 5 e y = 4
CENTRO: (5, 4)
2) Fatore a equação dada para obter uma equação do tipo do enunciado e poder usar aquelas informações.
No exemplo:
xy − 4x − 5y + 18 = 0 , fazemos:

$\underbrace{xy - 4x}$ − $\underbrace{5y + 20}$ − 2 = 0 , ficando
x (y − 4) − 5 (y − 4) = 2 ou
(x − 5) (y − 4) = 2

| 350 | Como o preço e a quantidade de produtos vendidos estão relacionados por uma função linear, isto é, são proporcionais, faça uma regra de três. |

Variação do preço		Variação da quantidade vendida
8%	→	14%
14%	→	x

| 351 | Sendo o sólido na figura um paralelepípedo retângulo, as retas **a**, **b**, **c** e **d**, são todas perpendiculares à reta **r**. |

Analise as posições relativas entre os seguintes pares de retas:
a e **b**, **a** e **c**, **a** e **d**, **b** e **d**, **c** e **d**.

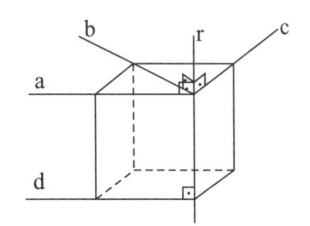

| 352 | P(x, y): coordenadas retangulares de P.
P(r, θ): coordenadas polares de P (θ em radianos) |

Note que $= r = \sqrt{x^2 + y^2}$ e que, $\sen \theta = \dfrac{y}{r}$ e $\cos \theta = \dfrac{x}{r}$.

Então, dado P(x, y), essas relações nos permite determinar **r** e θ para determinarmos P(r, θ).

Exemplos:

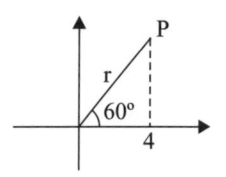

$\cos 60° = \dfrac{4}{r} \Rightarrow \dfrac{1}{2} = \dfrac{4}{r} \Rightarrow \boxed{r = 8}$

$\theta = 60° \Rightarrow \theta = \dfrac{\pi}{3}$ rad.

coord. polares de P: $\left(8, \dfrac{\pi}{3}\right)$

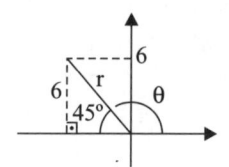

$\operatorname{sen} 45° = \dfrac{6}{r} \Rightarrow \dfrac{\sqrt{2}}{2} = \dfrac{6}{r} \Rightarrow \boxed{r = 6\sqrt{2}}$

$\theta = 135° \Rightarrow \theta = \dfrac{3\pi}{4}$ rad.

coord. polares de P: $\left(6\sqrt{2}, \dfrac{3\pi}{4}\right)$

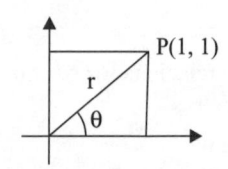

Determine **r** e θ na figura, e escreva as coord. polares de P.

353 Dada a equação de uma curva em coordenadas retangulares, para determinar a sua equação em coordenadas polares, como $r = \sqrt{x^2 + y^2}$, $\operatorname{sen}\theta = \dfrac{y}{r}$ e $\cos\theta = \dfrac{x}{r}$, basta $x = r\cos\theta$ e $y = r\operatorname{sen}\theta$ na equação em coordenadas cartesianas dadas.

Retangular: P(x, y)
Polar: P(r, θ)

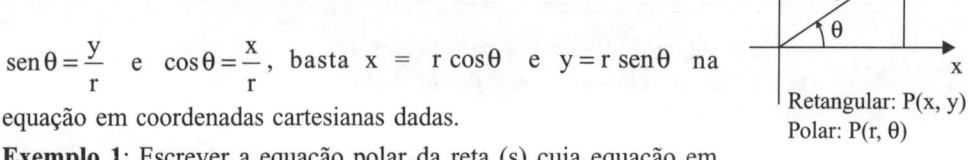

Exemplo 1: Escrever a equação polar da reta (s) cuja equação em coordenadas retangulares é (s) $x - y + 2 = 0$.

$$\cos\theta = \dfrac{x}{r} \text{ e } \operatorname{sen}\theta = \dfrac{y}{r} \Rightarrow x = r\cos\theta \text{ e } y = r\operatorname{sen}\theta$$

Substituindo esses valores na equação dada obtemos:

(s) $r\cos\theta - r\operatorname{sen}\theta + 2 = 0 \Rightarrow r(\cos\theta - \operatorname{sen}\theta) = -2 \Rightarrow \boxed{r = \dfrac{2}{\operatorname{sen}\theta - \cos\theta}}$

Exemplo 2: Sendo $r = 4\cos\theta$ a equação polar de uma circunferência, determinar a sua equação em coordenadas retangulares.

Como $r = \sqrt{x^2 + y^2}$ e $\cos\theta = \dfrac{x}{r}$, obtemos:

$r = 4\cos\theta \Rightarrow r = 4 \cdot \dfrac{x}{r} \Rightarrow r^2 = 4x \Rightarrow x^2 + y^2 = 4x \Rightarrow \boxed{x^2 + y^2 - 4x = 0}$

Subtituir $x = r\cos\theta$ e $y = r\sen\theta$ na equação dada.

354
É importante lembrar-se:
1) de que $\sen(-x) = -\sen x$

2) das equações trigonométricas no intervalo $[0, 2\pi]$

$\sen x = 0 \Rightarrow x = 0, \ x = \pi \text{ ou } x = 2\pi$

$\sen x = -1 \Rightarrow x = \dfrac{3\pi}{2}$

355
Leia atentamente o texto.

356
Entre as alternativas, identifique o número com maior números de divisores naturais.

Lembre-se, por exemplo, de que o número $18 \ (= 2^1 \cdot 3^2)$ tem $(1 + 1) \cdot (2 + 1) = 6$ divisores naturais.

357
1) Seja $A(x)$ a área do triângulo AMN

$$A(x) = \dfrac{(AM) \cdot (AN)}{2}$$

Expresse $A(x)$ em função de x.

2) Uma função polinomial do 2º grau $f(x) = ax^2 + bx + c$, com **a, b** e **c** constantes e $a < 0$, atinge seu valor máximo se, e somente se,

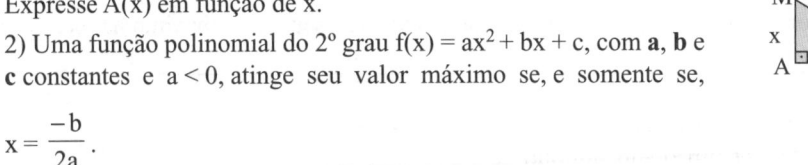

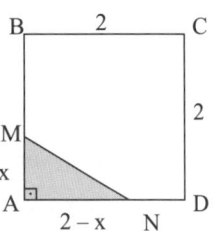

$x = \dfrac{-b}{2a}$.

358
Observe algumas equações:

Parábola: $y = ax^2 + bx + c, \ a \neq 0$

Elipse: $\dfrac{x^2}{a^2} + \dfrac{y^2}{b^2} = 1$ \qquad **Hipérbole**: $\dfrac{y^2}{a^2} - \dfrac{x^2}{b^2} = 1$

Reta vertical: $x = k$, k real.

Reta oblíqua aos eixos: $ax + by + c = 0$, a, b não nulos.

Para fazer as associações, algumas sugestões nos casos:

1. Elimine os denominadores.
2. Resolva a equação.
3. Identifique.
4. Divida todos os termos por 2.
5. Multiplique todos os termos por (-1) e fatore.

FGV/2007 – Administração – 2ª Fase   Dicas e Ajudas

359 Pela tabela podemos observar que:

$$P(1) = \frac{150}{1800} = \frac{3}{36} \ , \ P(2) = \frac{300}{1800} = \frac{6}{36} \ , \ P(3) = \frac{450}{1800} = \frac{9}{36} \ e$$

assim por diante.
Examine as afirmações de cada uma das alternativas.
a) A probabilidade de, jogando o dado duas vezes, sair pelo menos uma face 3 é:
$$1 - P \text{ (não sair o 3)} \cdot P \text{ (não sair o 3)}$$
b) A probabilidade de sair pelo menos uma face 4 é:
$$1 - P \text{ (não sair o 4)} \cdot P \text{ (não sair o 4)}$$
observe que P (não sair o 4) = 1 – P (4)
c) A probabilidade de saírem duas 2 é:
$$P \text{ (sair o 2)} \cdot P \text{ (sair o 2)}$$
d) A probabilidade de saírem as faces 3 e 4 é
$$P \text{ (sair o 3)} \cdot P \text{ (sair o 4)} + P \text{ (sair o 4)} \cdot P \text{ (sair o 3)}$$
e) A probabilidade de saírem duas faces maiores que 5 é:
$$P \text{ (sair o 6)} \cdot P \text{ (sair o 6)}$$

FGV/2007
Economia - 1ª Fase

360 O comprimento de cada segmento pode ser calculado, em função de x, por
$$\ell(x) = g(x) - f(x)$$
Verifique, uma vez obtida a expressão $\ell(x)$, como calcular seu valor máximo na dica 2 do Ex. 83.

361 1) Cortando um cilindro circular reto por um plano oblíquo ao eixo, se o plano cortar todas as geratrizes, a intersecção obtida é uma elípse e os sólidos obtidos são chamados troncos de cilindros.

2) Seccionando o tronco de baixo (na 1ª figura) por um plano paralelo à base, note que o volume da parte sombreada é a metade do volume do cilindro superior.

3) Determine **h** na 2ª figura e note que o volume do líquido derramado é igual à metade do cilindro circular reto de raio 3,6 e altura **h**. O volume de um cilindro de raio **r** e altura **h** é dado por $\pi r^2 h$.

4) Note que $\dfrac{32}{40} = \dfrac{8}{10} = \dfrac{80}{100} = 80\% \ \Rightarrow \ \dfrac{32}{40} = 80\% \ \Rightarrow \ 32 = 80\% \ (40)$

Dizemos que 32 é 80% de 40.

Dicas e Ajudas   FGV/2007 – Economia – 1ª Fase

362 Lembre-se de que:
1) P(0) = d é o ponto onde a curva intercepta o eixo **Oy**.
2) As três raízes de P(x) são os pontos onde a curva intercepta o eixo **Ox**.
3) P(1) = a + b + c + d = soma dos coeficientes de P(x).
4) $0 < \alpha < 1$ onde α é a terceira raiz de P(x).
Note que, por exemplo, para $-3 < x < \alpha \Rightarrow$ P(x) > 0 (onde α é a terceira raiz de P(x)) e para $x < -3 \Rightarrow$ P(x) < 0.

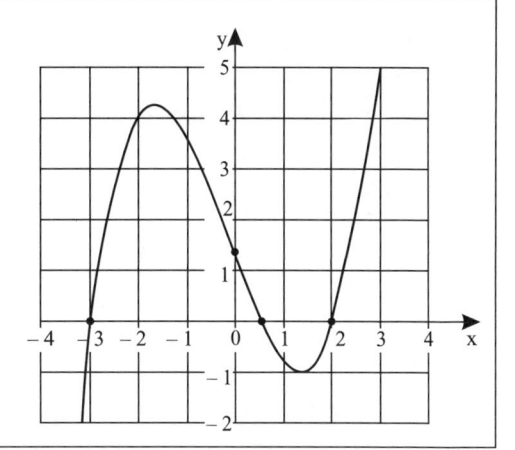

---

363 Temos apenas um número com um algarismo que começa com 1, que é o número 1.

Com 2 algarismos, veja:
na dezena deveremos ter o algarismo 1 na unidade poderemos ter qualquer um dos 10 algarismos do sistema decimal: 0, 1, 2, 3, 4, 5, 6, 7, 8 ou 9

$$\underbrace{\frac{1}{\text{dezena} : 1}} \cdot \underbrace{\frac{10}{\text{unidade} : 0, 1\ 2, \dots\ 9}} = 10 \text{ números}$$

Calcule o total de números (S) com 1, 2, 3, 4, e 5 algarismos que, nas condições do enunciado, começam com 1.

A probabilidade procurada será $\dfrac{S}{10000}$

---

364 1) A medida do arco $\widehat{DB}$ é o dobro da medida do ângulo inscrito correspondente a ele, DÂB.
2) A medida de um ângulo central é igual a medida do arco de circunferência que ele subentende. Então a medida do DÔB é igual a medida do arco $\widehat{DB}$.
3) Para calcular a área da região sombreada é necessário lembrar:
3.1) a área de um triângulo que tem lados de medidas **a** e **b** e que formam um ângulo α é expressa por $\dfrac{1}{2} \cdot a \cdot b \cdot \text{sen } \alpha$;

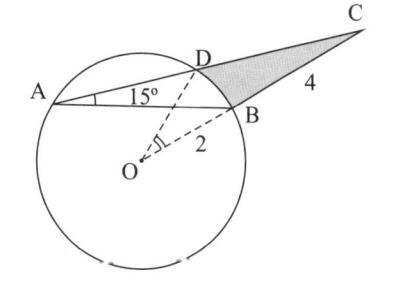

3.2) a área de um setor circular de raio **R** e ângulo α graus é dada por $\dfrac{\alpha}{360°} \cdot \pi \cdot R^2$.

4) Note que a área da região sombreada é a diferença entre a área do triângulo OCD e a área setor circular OBD.

365

1) Se $2aij = 3bij \Rightarrow aij = \dfrac{3}{2}bij$

2) Note que: $aij = K \cdot bij$ com $K \in R \Rightarrow A = KB$

3) Lembre-se que se $A = B \Rightarrow det(A) = det(B)$

4) Se A é uma matriz quadrada de ordem **n** então $det(K \cdot A) = K^n \cdot det(A)$ com $K \in R$.

366

1) Note que $\dfrac{y}{y-1} = \dfrac{1}{\dfrac{y-1}{y}} = \dfrac{1}{\dfrac{y}{y}-\dfrac{1}{y}} = \dfrac{1}{1-\dfrac{1}{y}}$

2) Isole $\dfrac{1}{y}$ na 1ª equação e substitua na 2ª.

3) Após "arrumar" essa equação do 4º grau em x, fatore-a completamente:
x em evidência e, a seguir, agrupamento.

4) Para cada valor encontrado para **x** obtenha o valor de **y** correspondente (quando existir, obviamente).

367

1) Determine a reta **t** que passa por **Q** e é perpendicular à reta $x - y - 1 = 0$
Por exemplo: para obter a reta **t** que passa por $M = (1, 4)$ e é perpendicular à reta
(r) $2x - 3y + 7 = 0$, procedemos da seguinte maneira:
Sendo perpendicular a r, t tem equação $3x + 2y + c = 0$
Como M pertence a t: $3 \cdot 1 + 2 \cdot 4 + c = 0$, isto é, $c = -11$
Assim, (t) $3x + 2y - 11 = 0$

2) Obtenha o ponto de encontra **A** entre t e a reta $x - y - 1 = 0$ (Dica no Ex. 22a)

3) Como M é ponto médio de QS, $x_M = \dfrac{x_Q + x_S}{2}$ e $y_M = \dfrac{y_Q + y_S}{2}$

4) Calcule a distância de M à origem $O = (0, 0)$ (Dica no Ex. 22b)

368

1) Se a função passa pelo ponto $\left(\dfrac{1}{50}, 6\right) \Rightarrow f\left(\dfrac{1}{50}\right) = 6$, ou seja, $2 + a \cdot \log\left(\dfrac{b}{50}\right) = 6$. Faça o mesmo para o ponto $\left(\dfrac{1}{5}, 2\right)$.

2) Se $a \cdot b \neq 0 \Rightarrow a \neq 0$ e $b \neq 0$
Se $a \cdot b = 0 \Rightarrow a = 0$ ou $b = 0$
Utilize isso para resolver o sistema de equações.

3) Lembre-se da definição de logarítmo.
Se $\log_b a = x \Leftrightarrow a = b^x$ com $a > 0$, $b > 0$ e $b \neq 1$

4) O gráfico de uma função cruza o eixo x quando $f(x) = 0$

369 — Preencha a tabela abaixo, com alguns exemplos numéricos e decida sobre a validade das afirmações feitas no teste.

n	p	$\dfrac{1}{n}$	$\dfrac{1}{p}$	$\dfrac{1}{n}+\dfrac{1}{p}$
$\dfrac{1}{\sqrt{2}}$	$\dfrac{1}{4-\sqrt{2}}$			
$\dfrac{3}{\sqrt{2}}$	$\dfrac{3}{4-\sqrt{2}}$			
$\dfrac{1}{\sqrt{2}}$	$\dfrac{1}{\sqrt{3}}$			
$\dfrac{1}{\sqrt{2}}$	$-\dfrac{1}{\sqrt{2}}$			

370

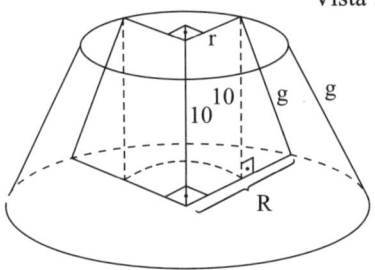

Vista superior:

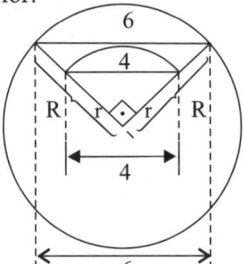

Calcule **r** e **R** na figura da direita e depois a geratriz **g** na figura da esquerda.

371

1) O baricentro de um triângulo divide suas medianas na razão 1 : 2.

Portanto:

BG = 2 . GM   e   AG = 2 . GN

2) BM = 1 ; determine y

3) Pela leis dos cossenos, no $\triangle ABG$, tem-se:

$(AG)^2 = (AB)^2 + (BG)^2 - 2 . (AB) . (BG) . \cos 60°$

Use esta equação para determinar x.

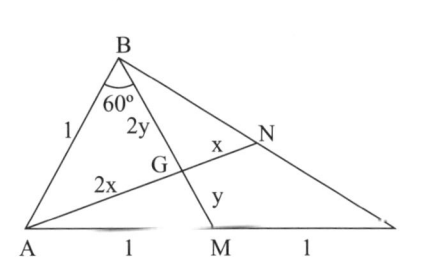

372

1) Determine os pontos A'. B' e C'.

Para tal, observe a figura:

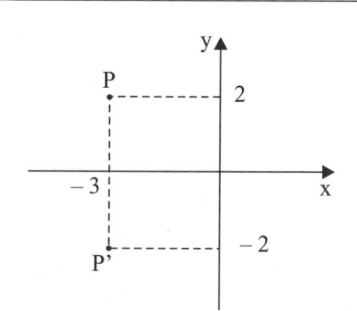

Se P = (− 3, 2), o simétrico de P em relação ao eixo x é
P' = (− 3, − 2)

2) Ache a equação da reta A'B' (Dica 2 do Ex. 58)

3) A reta pedida é a perpendicular à reta A'B' passando por C' (Dica 1 do Ex. 367).

373

O termo geral da expansão de $(-2x + K)^{12}$ é $T_{p+1} = \binom{12}{p}(-2x)^{12-p}(x)^p$

Como o coeficiente do 3º termo é 66 na expressão do termo geral faça **p = 2** e iguale a 66, você obterá uma equação do 1º grau cuja única incógnita será K.

Lembre-se também que $\binom{12}{p} = \dfrac{12!}{p!(12-p)!}$.

374

1) Determine a distância de z_1 até a origem (hipotenusa) e, em seguida, sen α e α.

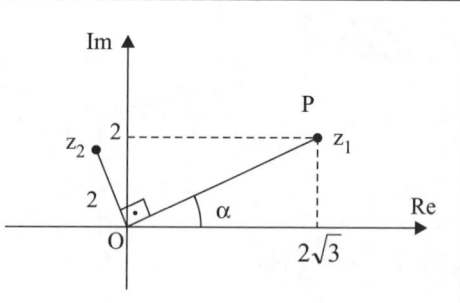

2) Note que o argumento de z_2 é $\arg(z_2) = \dfrac{\pi}{2} + \alpha$

3) Escreva z_2 na forma trigonométrica e passe-o para a forma algébrica.

4) Obtendo z_1 e z_2 na forma algébrica, efetue $z_1 \cdot z_2$ para obter **a** e **b**.

$z_1 \cdot z_2 = a + bi$

5) O enunciado pede o valor de **a + b**.

375

Como os cargos são do mesmo tipo (gerência) você deve fazer a combinação dos n − 2 vendedores disponíveis 2 a 2 e igular o resultado a 105.

Lembre-se: $C_{n,p} = \dfrac{n!}{p!(n-p)!}$

exemplo: $C_{n,2} = 66 \Rightarrow \dfrac{n!}{2!(n-2)!} = 66 \Rightarrow$

$\Rightarrow \dfrac{n(n-1)(n-2)!}{2 \cdot (n-2)!} = 66 \Rightarrow n(n-1) = 132 \Rightarrow n^2 - n - 132 = 0$

(n − 13)(n + 12) = 0 = n = 13 pois n = − 12 não convém

Dicas e Ajudas   FGV/2007 – Economia – 1ª Fase

376 Como $1 + \text{sen } 2x = 2 \mid \cos 2x \mid$, com $0 \le x \le 2\pi$, faça os gráficos das funções
$f(x) = 1 + \text{sen} 2x$ e $g(x) = 2 \mid \cos 2x \mid$. Os pontos de intersecções dos gráficos de
$f(x)$ e $g(x)$ são as soluções da equação dada.

Lembre-se de que o período da função $y = \text{sen } cx$ (ou $y = \cos cx$) é dado por $p = \dfrac{2\pi}{|c|}$.

377 1) Divida $P(x)$ por $d(x)$, obtendo o quociente $Q(x)$ e o resto $R(x)$. Essa divisão pode ser feita usando-se o dispositivo de Briot-Ruffini.
2) Analise as 6 possíveis ordens para os coeficientes de $Q'(x)$ obtido a partir de $Q(x)$:
(a_0, a_1, a_2, a_2), (a_0, a_2, a_1), (a_1, a_0, a_2), (a_1, a_2, a_0), (a_2, a_0, a_1), (a_2, a_1, a_0).
3) Como $R(x)$ tem grau zero ou $R(x) \equiv 0$ então o mesmo deve ocorrer com $Q'(x)$ pois $Q'(x) \equiv R(x)$.
4) Note que, entre os possíveis $Q'(x)$, o de menor grau tem grau zero; nunca ocorrerá $Q'(x) \equiv 0$.
5) Lembre-se que podemos escrever $R(x) = 0x^2 + 0x + (p+1)x^0$

378 Se $E(p) > 1$, resolva $\dfrac{-p^2 - 2p + 1}{-4p + 1} > 1$

Para resolver inequações, consulte a Dica do Ex. 100a.

379 Para resolver a questão, observe os exemplos numéricos a seguir.
Sejam 4 números em ordem crescente: 9, 10, 12 e 15.

A média entre eles é $\dfrac{9 + 10 + 12 + 15}{4} = \dfrac{46}{4} = 11,5$

A mediana entre eles é $\dfrac{10 + 12}{2} = 11$ (média entre os dois do meio)

A média entre o maior e o menor é $\dfrac{9 + 15}{2} = 12$

Tendo em mente essas informações, aplique o mesmo raciocínio para as alturas a, b, c e d (em ordem crescente) dos amigos.

380 Como a renda de João aumentou neste período, dentre os gráficos apresentados, opte pelo que apresenta crescimentos proporcionais de janeiro a fevereiro e de fevereiro a março.

381 1) O enunciado pede que a função oferta seja igual a demanda. Assim, iguale a função oferta e a função demanda.
2) Faça a mudança de variável $2^x = A$, a fim de que a equação exponencial recaia em uma equação do 2º grau.
Por exemplo: Resolver a equação $4^x - 2^{x+2} - 21 = 0$
$4x - 2^{x+2} - 21 = 0 = (2^x)^2 - 2^x \cdot 2^2 - 21 = 0 \Rightarrow (2^x)^2 - 4 \cdot 2^x - 21 = 0$

Sendo $2^x = A$, teremos: $A^2 - 4A - 21 = 0 \Rightarrow (A-7)(A+3) = 0 \Rightarrow A = 7$ ou $A = -3$

Se $A = -3 \Rightarrow 2^x = -3$ (não convém, pois $\nexists\ x \in R$)

Se $A = 7 \Rightarrow 2^x = 7 \Rightarrow x = \log_2 7 \Rightarrow x = \dfrac{\log 7}{\log 2}$

3) Lembre-se que $\log 5 = \log\left(\dfrac{10}{2}\right) = \log 10 - \log 2 = 1 - \log 2$

---

382 Note que, se o capital x foi aplicado a 12% ao ano, ao final de um ano, o montante resgatado foi de $x + 12\%\ x = x + \dfrac{12}{100}x = \dfrac{112}{100}x = 1{,}12x$.

Monte um sistema de acordo com o enunciado para determinar a razão $\dfrac{y}{x}$.

---

383 Para resolver o exercício, observe o seguinte exemplo numérico:
Dados: 4 objetos de massa 2 kg
3 objetos de massa 1 kg
1 objeto de massa 5 kg

A massa média desses objetos é

$m = \dfrac{4 \cdot 2 + 3 \cdot 1 + 1 \cdot 5}{4 + 3 + 1} = \dfrac{16}{8} = 2$

O desvio padrão é definido por

$d = \sqrt{\dfrac{2(m-2)^2 + 3(m-1)^2 + 1 \cdot (m-5)^2}{4+3+1}} = \sqrt{\dfrac{2 \cdot (2-2)^2 + 3(2-1)^2 + 1 \cdot (2-5)^2}{4+3+1}} =$

$= \sqrt{\dfrac{0 + 3 + 9}{8}} = \sqrt{\dfrac{3}{2}}$

Faça seus cálculos antes de acrescentar os n objetos e depois, quando ficam n + 3 objetos de massa 4 kg.
O novo desvio padrão é metade do primeiro.

---

384 1) Em 45 voltas, o ângulo de observação aumentará $45 \cdot 0{,}5° = 22{,}5°$. Considerando as medidas indicadas na figura ao lado, use tangente de 30° no triângulo ABD e calcule AB.

2) A tangente de $(30° + 22{,}5°)$ é, por um lado, igual a $\dfrac{AC}{AB}$,

isto é, $\dfrac{h + \sqrt{3} + 1 - \sqrt{2}}{AB}$ (AB foi calculado no passo anterior, (1)).

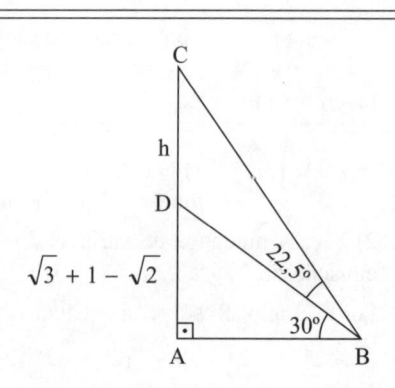

Dicas e Ajudas   FGV/2007 – Economia – 1ª Fase

3) Por outro lado, tg $(30° + 22,5°) = \dfrac{\text{tg}\,30° + \text{tg}\,22,5°}{1 - \text{tg}\,30° \cdot \text{tg}\,22,5°}$

Então, para calcular h, falta determinar tg 22,5°.

4) tg 45° = tg $(22,5° + 22,5°) = \dfrac{\text{tg}\,22,5° + \text{tg}\,22,5°}{1 - \text{tg}\,22,5° \cdot \text{tg}\,22,5°} = \dfrac{2 \cdot \text{tg}\,22,5°}{1 - \text{tg}^2\,22,5°}$

ou seja: $1 = \dfrac{2 \cdot \text{tg}\,22,5°}{1 - \text{tg}^2\,22,5°}$

Fazendo tg 22,5° = x, tem-se: $1 = \dfrac{2x}{1 - x^2}$

Resolva essa equação em x e determine tg 22,5°.
Substitua esse resultado na fração do item (3) e iguale-a com a fração do item (2).
Essa equação obtida permite determinar **h**.

385

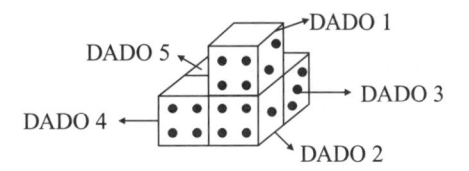

Examine, primeiro, as condições do dado 1

Como a face DCFE vale 4 a face ABGH vale 3
Como a face CBGF vale 2 a face ADEH deve valer 5
Estão faltando os números 1 e 6 mas a face ABCD **só pode ser igual a 1** pois se valer 6 a face superior do DADO 2 deverá valer 7!
Prossiga agora com cuidado examinado, para cada um dos DADOS, nas condições do problema, as possibilidades de valor para cada uma de suas faces superiores e verifique qual a probabilidade de todos terem a face 1 voltada para cima.

386

Duas retas de equações y = ax + b e y = mx + k são coincidentes quando:
a = m (coeficientes angulares iguais) e
b = k (coeficientes lineares iguais)
Assim, por exemplo, se as retas y = ax + b e y = x – 4 são coincidentes, então a = 1 e b = – 4.

387

1) Note que $\left(x + \dfrac{x}{3} + \dfrac{x}{9} + \dfrac{x}{27} + ...\right)$ é a soma de uma P.G. infinita.

Lembre-se que a soma da P.G. infinita é dada por: $S = \dfrac{a_1}{1 - q}$

FGV/2007 – Economia – 1ª Fase   Dicas e Ajudas

388   Temos 20 números negativos e 20 positivos.
Para que o produto dos três números escolhidos seja negativos devemos ter:
1) os três são negativos, então dos 20 negativos; devemos calcular quantos grupos de 3 podem ser formados.
2) dois deles devem ser positivos e outro negativo; devemos calcular os grupos de 3 que podem ser formados em que 2 são positivos e 1 negativo.
Lembre-se de um conjunto com **n** objetos distintos para calcularmos os subconjuntos com 3 elementos fazemos: $C_{n,3} = \dfrac{n!}{3!(n-3)!}$

389   Ajustando do um modelo linear afim aos dados tabelados do IDH brasileiro, inicialmente determine quanto esse índice aumentará em um ano (observe que 0,792 – 0,790 = 0,002). A seguir, determine em quantos anos o IDH brasileiro atingirá o nível alto (0,800) e, finalmente, quando se igualará ao atual IDH da Argentina (0,863).

FGV/2007
Economia - 2ª Fase

390   1) Consulte as informações dadas para completar a seguinte tabela.

REVISTA	BANCA	ASSINATURA
OLHE		
ERA		
PREZADOS COLEGAS		
ENXAME		

a

O total de entrevistados, na faixa de 18 a 20 anos é t = 38,4% de 250.

A porcentagem pedida é $\dfrac{a}{t} \cdot 100\%$

2) Complete o diagrama

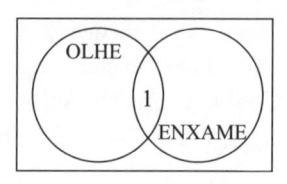

Em seguida, calcule a probabilidade pedida.

Só para lembrar: Se, por exemplo, num grupo de 100 pessoas, 20 lêem a revista OLHE, ao sortear duas pessoas desse grupo, a probabilidade dessas duas lerem a referida revista é

$$P = \dfrac{C_{20,2}}{C_{100,2}} = \dfrac{\dfrac{20 \cdot 19}{2}}{\dfrac{100 \cdot 99}{2}} = \dfrac{10 \cdot 19}{50 \cdot 99}$$

Dicas e Ajudas   FGV/2007 – Economia – 2ª Fase

---

391   a) Observe a 1ª coluna da tabela do enunciado:

$\left.\begin{array}{c}\uparrow\\ \rightarrow\\ \downarrow\\ \leftarrow\end{array}\right\}$ podemos supor que há um padrão que se repete
$\uparrow$ de 4 em 4

Faça 975 ÷ 4 e observe o "resto" dessa conta.
Observando as linhas veja

$\underbrace{\uparrow \nearrow \rightarrow \searrow \downarrow \swarrow \leftarrow \nwarrow}\ \uparrow$

temos um padrão que se repete de 8 em 8

Faça 1238 ÷ 8 e fique atento ao "resto" dessa divisão.

b) Faça 23 ÷ 4 e conclua que as três últimas linhas são iguais às 3 primeiras.

Faça 500 ÷ 8 = 62 e resto 4

então a 21ª será: "↑"↗ → ↘↓ ↙ ← ↖"↑" ___

aqui teremos 62 "ciclos" mais o inicial

Procede de maneira análoga para as duas outras linhas.

---

392   a) Se no final de janeiro x = 1, no final de fevereiro x = 2 e no final de março x = 3.

Note que, no final do primeiro quarto do mês de abril, $x = 3 + \dfrac{1}{4} = \dfrac{13}{4}$. Assim, calcule $f\left(\dfrac{13}{4}\right)$.

b) Sugestão: faça $\operatorname{sen}\left(\dfrac{2\pi}{3}x - \dfrac{\pi}{2}\right) = -\operatorname{sen}\left(\dfrac{\pi}{2} - \dfrac{2\pi}{3}x\right) = -\cos\dfrac{2\pi}{3}x$.

---

393   1) Note que o volume da parte vazia da garrafa é igual ao volume que fica vazio no recipiente esférico quando o líquido da garrafa é despejado nele. Isto porque os sólidos tem mesmo volume e o líquido é o mesmo, passou da garrafa para o recipiente esférico.

2) Então, para determinar o volume V da água contido na garrafa, note o volume da esfera é igual o volume V da água mais o volume de um cilindro de raio 2,5 cm e altura $\dfrac{26}{75}$ cm.

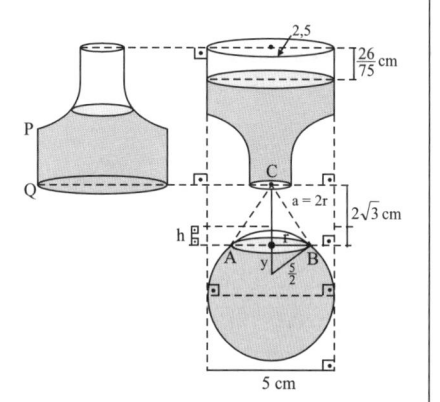

3) O volume de uma esfera de raio **R** é dado por $\dfrac{4}{3}\pi R^3$.

O volume de um cilindro de raio R e altura **H** é dado por $\pi R^2 \cdot H$.

4) Calcule o lado a = 2r do triângulo equilátero ABC, sabendo que sua altura $2\sqrt{3}$ é dada por $\dfrac{a\sqrt{3}}{2}$. Determine em seguida o **h** pedido no triângulo retângulo de catetos **y** e **r** e hipotenusa $\dfrac{5}{2}$. Note que $h = \dfrac{5}{2} - r$.

FGV/2007
Direito - 2ª Fase

394 Veja a dica do exercício **459**.

395 1) Note que o dinheiro de João está aplicado em um fundo de renda fixa que rende 1% ao mês. Assim sendo, vamos supor que João tenha um capital C investido no fundo.

Após 1 mês ele terá: 1,01 . C

Após 2 meses ele terá: $(1,01)^2$. C

Após 3 meses ele terá: $(1,01)^3$. C

Após **n** meses ele terá: $(1,01)^n$. C

2) Suponha que João possua 8100 reais no fundo de renda fixa, no dia da compra. Desse modo, analise a quantia de dinheiro que sobrará, após 3 meses o ato da compra, em cada um das opções. Note que o montante do dinheiro que não foi usado no pagamento da prestação, renderá 1% ao mês, quando aplicado no fundo de renda fixa.

396 1) Os triângulos CDE e CAB são semelhantes. Então:

$\dfrac{CD}{CA} = \dfrac{DE}{AB}$. Use essa equação para expressar **y** em função de **x**.

2) Sendo A(x) a área do retângulo, temos:

A(x) = x . y

Substitua o resultado obtido em (1) nesta expressão de A(x).

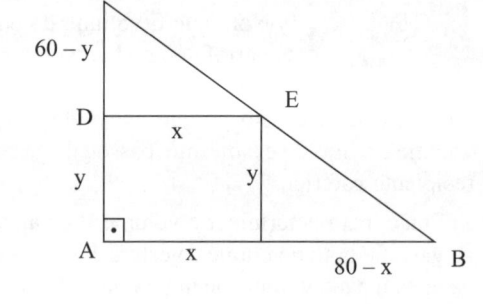

3) Uma função polinomial do 2º grau $f(x) = ax^2 + bx + c$, com **a**, **b** e **c** constantes e a < 0 tem seu valor máximo para $x_{máx} = \dfrac{-b}{2a}$.

FGV/2008
Administração - 1ª Fase

397

a) O total de maneiras de distribuir as 3 cartas aleatóriamente nos 3 destinos é $P_3 = 3! = n(E)$.

Construa uma tabela para verificar o total de distribuições caóticas

destinos	I	II	III	
distribuições corretas	A	B	C	
nenhuma carta	C	A	B	} K resultados
está em seu destino correto	---	---	---	

A probabilidade procurada será $\dfrac{K}{3!}$

b) Novamente recorra à tabela acima, veja um exemplo

destinos	I	II	III	
somente uma carta é entregue corretamente	A*	C	B	} n resultados

A probabilidade procurada será $\dfrac{n}{3!}$

398

Deve-se provar que $DQ + DP = 2 \cdot AM$, isto é:

$$x + x + y = 2d$$

ou seja: $2x + y = d$

$\overline{DQ} // \overline{AM} \Rightarrow \Delta BDQ$ é semelhante ao

$\Delta BMA \Rightarrow \dfrac{a-b}{a} = \dfrac{x}{d}$ (I)

$\overline{DP} // \overline{AM} \Rightarrow \Delta PDC$ é semelhante ao

$\Delta AMC \Rightarrow \dfrac{a+b}{a} = \dfrac{x+y}{d}$ (II)

Some membro a membro as equações (I) e (II).

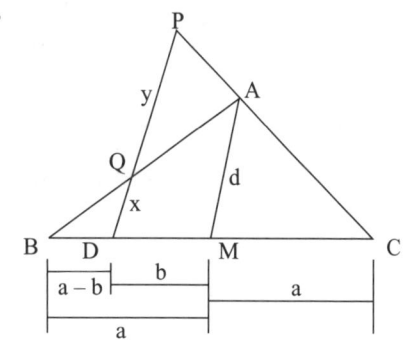

399

1) Faça o cálculo do lucro (L) no caso da venda de 60 flautas.
   $C = (CUSTO) = C(60) = \ldots\ldots$ $R = RECEITA = 1200 \times = \ldots\ldots$
   $L = R - C$

2) Faça o mesmo cálculo para a venda de $60 + 15\%$ de $60 = \ldots\ldots$
   $C =$ $R =$ $L =$

Compare o L obtido nos dois casos para ver qual é o maior.

FGV/2008 – Administração – 1ª Fase   Dicas e Ajudas

400 Note que com 100% de gasolina x = 0 e com 100% de álcool x = 1. Utilize esses dados para determinar **K** e **a** na função R(x) dada.

Observe que o rendimento do carro com 50 ℓ de uma mistura foi de $\frac{600}{50} = 12 \, km/\ell$.

401 Observe as figuras do enunciado.
Na 1ª figura temos um "triângulo" no qual falta um lado: 3 – 1.
Na 2ª figura temos três "triângulos" com os vértices para cima e estão "faltando" 2 "lados": 3 x 3 – 2
Monte uma tabela para tentar descobrir uma relação entre o número de andares do castelo e o número de cartas necessárias para construí-lo.

nº de andares	nº de cartas
1	3 – 1 = 2
2	3 + 3 . 2 – 2 = 7
3	3 . 1 + 3 + 2 + 3 . 3 – 3 = 15
⋮	
n	3 . 1 + 3 . 2 + ... *

* ao descobrir a relação geral basta calcular para n = 10

402 Note que, se o aumento do preço p do ingresso foi de 8%, teremos

$$p + 8\% \, p = p + \frac{8}{100} p = \frac{108}{100} p \quad \text{ou} \quad 1,08 \, p.$$

Se houve uma redução de 5% no número n de ingressos vendidos, teremos n . (0,95).

403 1) O preço do televisor é dado pela função $y = a \cdot b^t$. Como o televisor novo custa 4000 reais, isto significa que se t = 0 temos que y = 4000. Substitua esses valores na função a fim de determinar **a**.

2) Após 1 ano o televisor desvalorizará 25% do seu valor de compra. Determine essa desvalorização. Note que, depois de 1 ano (t = 1), y representará o valor do televisor. Utilize isso a fim de determinar **b**.

3) Sabendo o valor de **a** e **b**, calcule f(2).

404 1) Para esclarecer: nem toda folha de papel retangular, dobrada ao meio, resulta em uma folha semelhante a ela. Para que isso ocorra é necessário que os lados correspondentes da folha original sejam proporcionais aos lados da folha obtida com a dobra.

2) Da semelhança entre as folhas A_0 e A_1, tem-se:

$$\frac{x}{y} = \frac{y}{\frac{x}{2}} \iff x = y\sqrt{2}$$

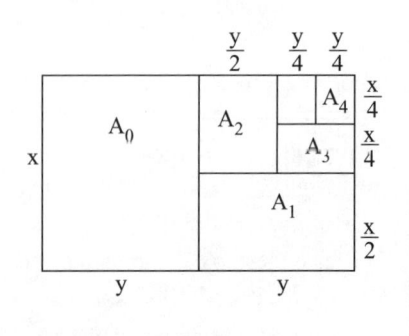

3) A_0 tem área de 1 m².

Logo, x . y = 10 000 cm².

Substitua (2) em (3) para determinar **y** (use as aproximações fornecidas no enunciado).

4) Use o valor de **y** obtido em (3) para determinar a medida do lado maior da folha A_4 (note que essa medida é igual a $\frac{x}{4}$).

---

405 Monte uma tabela com os dados do enunciado:

mulher	dançou com
m_1	6 homens
m_2	7 homens
m_3	8 homens
⋮	⋮
m_m	n homens (todos)

A tabela pode ser reescrita:

mulher	dançou com
m_1	1 + 5 homens
m_2	2 + 5 homens
m_3	3 + 5 homens
⋮	⋮
m_m	m + 5 homens

O total de pessoas será:

m (mulheres) + (total de homens) = 35

---

406 a) Sendo f(x) = 4,50 + sen ($2\pi x$), construa uma tabela atribuindo a **x** os valores $0, \frac{1}{4}, \frac{1}{2}, \frac{3}{4}$ e 1 para esboçar o gráfico.

b) Analise o gráfico.

c) Observe a tabela do item a.

FGV/2008
Administração - 2ª Fase

407 Construa um diagrama de probabilidades com os dados do problema.

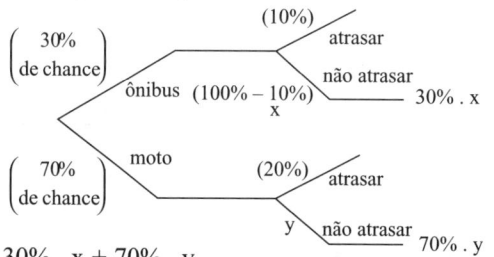

```
                          (10%)
         ⎛  30%  ⎞              atrasar
         ⎝de chance⎠   
                     ônibus  (100% – 10%)  não atrasar
                                    x        30% . x
                        moto   (20%)
         ⎛  70%  ⎞               atrasar
         ⎝de chance⎠      
                                y   não atrasar
                                        70% . y
```

A probabilidade pedida é: 30% . x + 70% . y

| 408 | 1) Note que, pelo gráfico, a função custo é uma reta que passa pelos pontos (100, 2800) e (400, 4000). Utilizando esses pontos determine a equação da reta |

$(y = ax + b)$.
2) O custo fixo será o termo indenpendente de **x** na equação da reta.

| 409 | A função receita é do tipo $R(x) = ax$. Utilize os dados do gráfico para determinar **a**. Lembre-se de que o lucro é dado por $L(x) = R(x) - C(x)$. |

| 410 | Utilize os resultados da receita $R(x)$ e do custo total da questão anterior para calcular a margem de contribuição por unidade. |

| 411 | Antes da desvalorização a relação entre o dólar (US$) e o real (R$) era |

$$K = \frac{(US\$)}{(R\$)}.$$

Após a desvalorização de 1,92% a relação mudou para 100% – 1,92% = 98,08% = 0,9808:

$$\frac{(US\$)}{(R\$)} = 0,9808 K$$

Suponha um valor **K** qualquer para um determinado câmbio e verifique quem ganha com a importação.

| 412 | 1) A diferença entre os quadrados de dois números pode ser expressa por $a^2 - b^2$. 2) $a^2 - b^2 = (a + b) \cdot (a - b)$ |

3) No problema, $a^2 - b^2 = (a + b) \cdot (a - b) = 24$.
A informação de que **a** e **b** são números naturais restringe o problema. Isto é, já que $(a + b) \cdot (a - b) = 24$ e **a** e **b** são naturais, então $a + b$ é natural e $a - b$ também.
Logo, se $(a + b)(a - b) = 24$, então poderíamos ter:

$$\begin{cases} a + b = 24 \\ a - b = 1 \end{cases} \quad \text{ou} \quad \begin{cases} a + b = 12 \\ a - b = 2 \end{cases}$$

Analise todas as possibilidades.

| 413 | n pode ser $abc = 100(a) + 10(b) + 1(c)$ e p será: $100(3a) + 10(2b) + 1(c)$ |

Como $p = n + 240 \Rightarrow p - n = 240$ e $p - n = 100(2a) + 10(b) + 0(c) = 100(2) + 10(4) + 1(0)$
faça: $2a = 2$ e $b = 4$
Para descobrir os possíveis valores de c fique atento às condições do problema:

$$a \neq b \neq c \neq \text{zero}$$

| 414 | O elemento c_{23} da matriz $C = A \cdot B$ é o resultado do produto dos elementos da 2ª linha de A pelos elementos correspondentes da 3ª coluna de B. |

415

Quando dois dados são lançados os resultados possíveis serão:
$A = \{(1,1), (1,2), (1,3), \ldots, (1,6)\}$
$(2,1), (2,2), \ldots, \quad (2,6)$
$\vdots \qquad \vdots$
$(6,1), \ldots \ldots \ldots (6,6)\}$

Para cada um dos resultados de A escreva um conjunto E com os resultados de acordo com o enunciado.

$(1, 1) \Rightarrow |1-1| = 0$
$(1, 2) \Rightarrow |1-2| = 1$
$(2, 1) \Rightarrow |2-1| = 1$ etc.
$E = \{0, 1, 1, \ldots\}$ n (E) = 36 (verifique!)

Probabilidade de Bruno acertar é:
P(diferença igual a zero) + P(diferença igual a 3) =

$$= \frac{\text{total de "zeros" em E}}{n(E)} + \frac{\text{total de números } 3 \text{ em E}}{n(E)} = \quad (I)$$

Probabilidade de Dirceu acertar é:
P(diferença igual a 1) + P(diferença igual a 5) =

$$= \frac{\text{total de números 1 em E}}{n(E)} + \frac{\text{total de números 5 em E}}{n(E)} = \quad (II)$$

Compare os resultados em (I) e (II).

416

1) Função crescente

Uma função f: A $\to$ B, definida por y = f(x) é **crescente** no conjunto I $\subset$ A se, para dois valores quaisquer x_1 e x_2 pertencentes a I, com $x_1 < x_2$, tivermos $f(x_1) < f(x_2)$.

Na prática diz-se que, aumentando-se o valor de **x**, o valor de **y** também aumenta. (Veja o gráfico 1).

Gráfico 1

2) Função decrescente

Uma função f: A $\to$ B, definida por y = f(x) é **decrescente** no conjunto I $\subset$ A se, para dois valores quaisquer x_1 e x_2 pertencentes a I, com $x_1 < x_2$, tivermos $f(x_1) > f(x_2)$.

Na prática diz-se que, aumentando-se o valor de **x**, o valor de **y** diminui. (Veja o gráfico 2).

Gráfico 2

3) n% de um valor V é igual a $\dfrac{x}{100} \cdot V$.

Exemplo: 24% de 50 é igual a $\dfrac{24}{100} \cdot 50 = 12$.

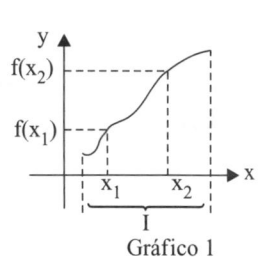

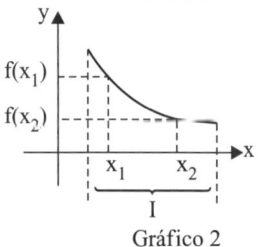

417

Os algarismos devem ser todos diferentes, então 5, 8, 3, 4 e 7 não podem ser utilizadas para os três últimos algarismos.

Se o número de Aninha não é divisível por 5 seu número de telefone não termina em 0 (zero); como o número é par verifique as possibilidades para o final desse número (I).

Para o ante-penúltimo e último algarismos considere os 4 algarismos que restaram e arranje-os 2 a 2. (II)

Lembre-se: $A_{n,p} = \dfrac{n!}{(n-p)!}$

Finalmente faça: (I) . (II)

418

Resolva as equações dadas para determinar **a** e **b**.

419

1) Aplique o teorema de Pitágoras e determine **y** em função de **x**.

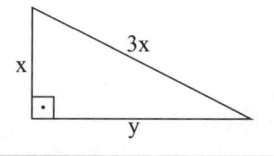

2) Calcule $\dfrac{3a}{y}$.

420

1) Note que, para p = 1, temos $S_1 = a_1$. Determine a_1.

2) Para p = 2, temos $S_2 = a_1 + a_2$. Determine a_2.

3) Para calcular a_{11}, lembre-se da fórmula do termo geral da PA: $a_n = a_1 + (n-1) \cdot r$.

421

1) Determine a reta r que passa por B e C (Dica 2 do Ex. 58).

2) A altura AH é a distância do ponto A à reta r (Dica 2 do Ex. 200).

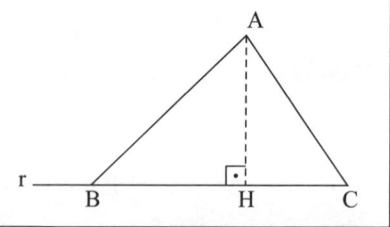

FGV/2008
Economia - 1ª Fase

422

x% de um valor V é igual a $\dfrac{x}{100} \cdot V$.

Assim, de acordo com o enunciado:

$P = \dfrac{30}{100} \cdot Q$ $\qquad Q = \dfrac{20}{100} \cdot R$ $\qquad S = \dfrac{50}{100} \cdot R$

| 423 | Considere a função f(x) = ax + b. Determine a e b utilizando as condições dadas. |

| 424 | 1) A soma dos ângulos internos de um polígono convexo de **n** lados é dada por (n – 2). 180°. |

Calcule então a soma dos ângulos internos do pentágono.

2) Calcule a medida de um ângulo interno do pentágono regular. Basta tomar o resultado anterior e dividir por 5.

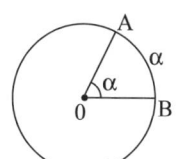

medida de $\widehat{AB} = \alpha$
medida de $A\hat{O}B = \alpha$

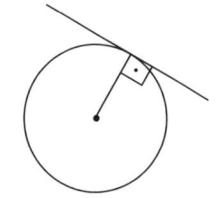

3) Lembre-se de que a medida de um ângulo central de uma circunferência é igual a medida do arco que ele subentende.

4) A reta tangente a uma circunferência é perpendicular a reta suporte do raio que tem extremidade no ponto de tangência.

| 425 | Se xy + z é par considere as quatro possibilidades
1)(par) . (par) + (par) = (par) |

2) (par) . (ímpar) + (par) = (par)
3) (ímpar) . (par) + (par) = (par)
4) (ímpar) . (ímpar) + (ímpar) = (par)

Veja, por exemplo, a resolução da 2ª situação:

$$(par) . (ímpar) + (par)$$

p(par) = $\dfrac{2}{5}$ como a extração é feita com **reposição**

$$p(ímpar|par) \; \dfrac{3}{5}$$

então teremos: $\dfrac{2}{5} \cdot \dfrac{3}{5}$; como a 3ª bola deverá ter um número par faça:

$$\dfrac{2}{5} \cdot \dfrac{3}{5} \cdot \dfrac{2}{5} = \dfrac{12}{25}$$

Proceda dessa maneira nas outras situações e **some** todos os resultados parciais.

| 426 | 1) Com a equação dada, determine o centro C e o raio **r** da circunferência (Dica 1 do Ex. 52). |

2) Faça um gráfico, representando essa circunferência.

O maior x é a abscissa do ponto B, isto é, $p = x_c + r$ e o maior y é a ordenada de A, ou seja, $q = y_c + r$

3) Finalmente, calcule 3p + 4q

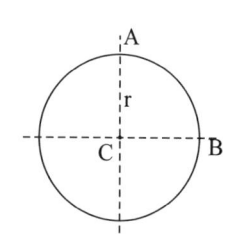

427

1) Note que 21 é a diagonal do paralelepípedo.
2) A soma das medidas de todas as arestas é 4a + 4b + 4c.
3) A diagonal **d** e a área A de um paralelepípedo retângulo de dimensões **a**, **b** e **c** são dado por

$$d = \sqrt{a^2 + b^2 + c^2} \quad \text{e} \quad A = 2(ab + ac + bc)$$

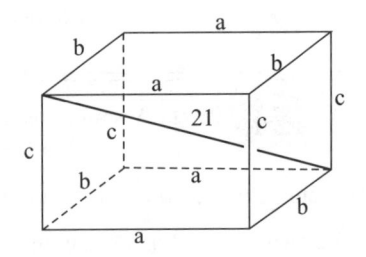

4) Relação que pode ser útil:

$$(a + b + c)^2 = a^2 + b^2 + c^2 + 2ab + 2ac + 2bc$$

428

1) A reta $x = k$ é uma reta perpendicular ao eixo **x**.
2) Tomemos $f_1(x) = \log_5 x$ e $f_2(x) = \log_5(x + 4)$. Como no enunciado é afirmado que a reta $x = k$ intercepta os gráfico de $f_1(x)$ e $f_2(x)$ em pontos de distância $\frac{1}{2}$ um do outro, isso implica que, $f_2(k) - f_1(k) = \frac{1}{2}$.

3) Para resolver a equação $f_2(k) - f_1(k) = \frac{1}{2}$ utilize as propriedades de logarítmo. (Observe a Dica da questão 47).

429

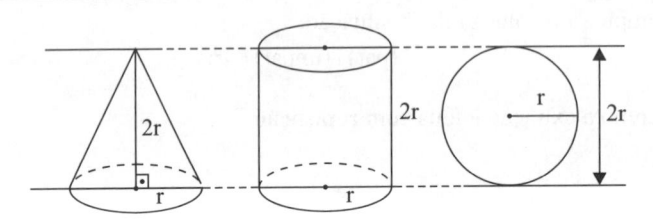

O volume de um cone de raio **r** e altura **H** é $\frac{1}{3}\pi r^2 H$.

O volume de um cilindro de raio **r** e altura **H** é $\pi r^2 H$.

O volume de uma esfera de raio **r** é $\frac{4}{3}\pi r^3$.

Determine P, Q e R e depois P − Q + R.

Dicas e Ajudas FGV/2008 – Economia – 1ª Fase

430 Inicialmente fatore 2310 para verificar os fatores primos que o compõem.
Você obterá 5 fatores primos distintos: P_1, P_2, P_3, P_4, e P_5.

Veja alguns exemplos de x . y . z:

1) $(P_1.P_2) . (P_3) . (P_4.P_5)$
       x .   y .   z

2) $(1) . (P_3) . (P_1P_2P_4P_5)$
       x .   y .   z

Considere, então, os quatro situações possíveis:

a) (o "fator" 1) ; (1 fator: P_1, P_2, P_3, P_4 ou P_5) ; (os outros 4 fatores restantes)
b) (o "fator" 1) ; (2 dos fatores primos) ; (os outros 3 fatores)
c) (um dos fatores primos) ; (um outro fator primo) ; (os 3 outros fatores)
d) (2 dos fatores primos) ; (outros dois fatores) ; (1 outro fator)
(Ver Dica 203).

431 1) A figura do enunciado:
2) Determine α no triângulo ABP.
3) No triângulo PAB use seno de α para calcular PA.
4) No triângulo PCD use tangente de α para calcular CD.
5) No triângulo ACD use o teorema de Pitágoras para calcular x.

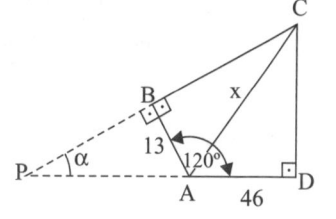

432 1) Seja $(r_1, r_2, r_3, r_4, ..., r_n, r_{n+1}, ...)$ a sequência de raios dos círculos descritos no enunciado.

Observe o desenho ao lado, e note que a relação que há entre dois raios consecutivos é:

$$r_n . \sqrt{2} = r_{n+1}$$

2) Utilize a relação entre os raios e determine as áreas dos círculos correspondentes, e função de m.

3) Lembre-se que a soma da P.G. infinita é dada por: $S = \dfrac{a_1}{1-q}$

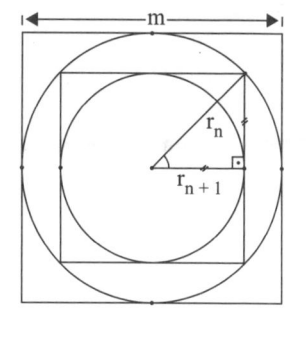

433 Note que 72° – 2 . 36° e utilize a fórmula de multiplicação:
$$\cos 2a = \cos^2 a - \text{sen}^2 a.$$

434 1) Lembre-se que, o sistema linear no qual o número de equações é igual ao número de incógnitas (sistema normal) é classificado como:
Sistema Possível Determinado (SPD) - admite uma única solução e $D \neq 0$.
Sistema Possível Indeterminado (SPI) - admite infinitas soluções e $D = 0$.
Sistema Impossível (SI) - não admite solução e $D = 0$.

Sendo D o determinante da matriz dos coeficientes das equações que determinam o sistema. Assim sendo, determine D em função de **n**.

2) Determine o valor de **n**, no qual, D = 0.

3) Substitua o valor de **n** que anula o determinante (D = 0) no sistema e escalone-o.

---

435 1) O grau do produto de dois polinômio é a soma dos graus dos fatores:

$$A(x) \cdot B(x) = C(x) \Rightarrow gr(C) = gr(A) + gr(B)$$

2) Se $gr(A) = n$ então $[A(x)]^m$ tem grau **m . n**. Lembre-se: $(x^m)^n = x^{m \cdot n}$

3) Na divisão $\begin{array}{c|c} P(x) & d(x) \\ R(x) & Q(x) \end{array}$

se $gr(P) \geq gr(d) \Rightarrow gr(Q) = gr(P) - gr(d)$ e $gr(R) < gr(d)$ ou $R(x) \equiv 0$.

---

436 1) Coloque a equação dada na forma $ax^2 + bx + c = 0$.

2) Lembre-se de que, em R:

$\Delta > 0 \Leftrightarrow$ a equação tem duas raízes reais e distintas.

$\Delta = 0 \Leftrightarrow$ a equação tem duas raízes reais iguais.

$\Delta < 0 \Leftrightarrow$ a equação não tem raízes reais (tem duas raízes complexas não reais).

3) Não se esqueça de que $k \in \mathbb{Z}$ e é o menor possível.

---

437 Monte a equação de acordo com o enunciado. Lembre-se que, se o montante (C + 1200) decresceu 11%, deve-se multiplicá-lo por (1 – 0,11) ou 0,89 ficando (C + 1200) . (0,89).

---

438 Devemos calcular: $51 + 61 + 71 + \ldots + 341$ que é a soma dos termos de uma P.A. de 1º termo igual a 51, $a_1 = 51$.

Último termo 341, $a_n = 341$, e razão $r = 10$.

Para saber quantos são os termos da P.A. lembre:

$$a_n = a_1 + (n-1) r$$

A soma dos termos será dada por: $S = (a_1 + a_n) \dfrac{n}{2}$.

---

439 1) Mude a base do logarítmo dada no enunciado do problema para a base 10.

Lembre-se: $\log_b a = \dfrac{\log_c a}{\log_c b}$ com $a, b, c > 0$ e $b \neq 1$ e $c \neq 1$.

Exemplo: Mudar a base do logarítmo $\log_3 7$ para base 10.

$$\log_3 7 = \dfrac{\log_{10} 7}{\log_{10} 3}$$

2) Note que $\log 5 = \log\left(\dfrac{10}{2}\right) = \log 10 - \log 2$

440

Veja o exemplo:

sequência: $(\underbrace{1, 1, 1, ..., 1}_{10 \text{ elementos}}, 12)$

média = $\dfrac{(1+1+1+.....+1)+12}{11} = \dfrac{10+12}{11} = \dfrac{22}{11} = 2$

Repita o raciocínio para

$(\underbrace{1, 1, ,1 ,..., 1}_{n-1 \text{ elementos}}, 1-\dfrac{1}{n})$

441

Sendo $p = \dfrac{1}{2}$, determine **q**.

Fazendo $\alpha = \text{arc tg}\dfrac{1}{2}$ e $\beta = \text{arc tg}\dfrac{1}{3}$, calcule $\alpha+\beta$ (sugestão: determine o valor de tg $(\alpha + \beta)$).

442

Ao desenvolvermos $(x - 2y)^{18}$ teremos:

$\binom{18}{0} x^{18} \cdot (-2y)^0 + \binom{18}{1} x^{17} \cdot (-2y)^1 + ... + \binom{18}{18} x^0 \cdot (-2y)^{18} =$

$= 1x^{} - 18 \cdot 2 \cdot x^{17}y + ... + 2^{18}y^{18}.$

Quando efetuarmos a soma dos coeficientes as "letras" **não** serão consideradas ou poderão ser consideradas de tal forma que sejam **neutras** para as operações nas quais estão envolvidas. Portanto substitua x por 1 e y por 1 logo no enunciado e efetue as contas.

443

Como foi dado que os triângulos PAB e PCA são semelhantes, tem-se:

$\dfrac{PB}{PA} = \dfrac{AB}{CA} = \dfrac{PA}{PC}$, ou seja:

$\dfrac{x+7}{y} = \dfrac{8}{6} = \dfrac{y}{x}$. Logo: $\dfrac{x+7}{y} = \dfrac{4}{3}$ e $\dfrac{4}{3} = \dfrac{y}{x}$

Basta resolver o sistema formado por estas duas últimas equações.

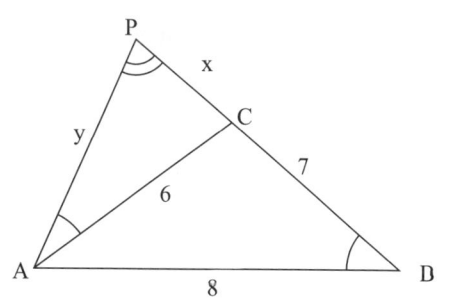

444

Vamos recordar o gráfico da função y = sen x

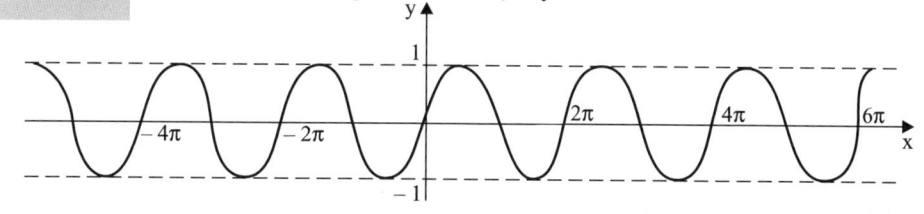

Sugestão: construa o gráfico da função seno e uma circunferência com centro no eixo y com raio convenientemente grande obtendo os pontos de intersecção.

445

1) Num quadrado, as diagonais interceptam-se no seu ponto médio e são perpendiculares entre si:

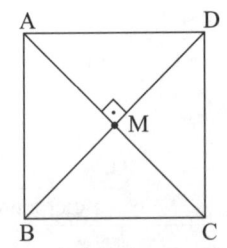

```
A           D
 +---------+
 |\       /|
 | \     / |
 |  \   /  |
 |   \ /   |
 |    M    |
 |   / \   |
 |  /   \  |
 | /     \ |
 |/       \|
 +---------+
B           C
```

2) Um esboço da figura que represente o quadrado do enunciado, no Plano de Gauss, agilizará a resolução deste teste.

446

1) O anagrama deve começar com qualquer das letras que não são O.
A palavra ECONOMIA têm 8 letras, 2 iguais a O e 6 outras distintas entre si. (I)

2) O anagrama deve terminar com uma letra diferente da que começou e diferente de O. (II)

3) As outras 6 letras, sendo duas iguais a O, devem ser permutadas entre os extremos. (III)

Faça finalmente: (I) . (II) . (III)

Lembrete: permutação com elementos repetidos.

Veja o exemplo: anagramas da palavra CANETA

são 6 letras com 2A : $P_6^2 = \dfrac{6!}{2!} = \dfrac{720}{2!} = 360$

447

Observe o exemplo:

Dados 9 números em ordem crescente

$(1, 2, 3, 4, 5, 6, 7, 8, 9)$

a mediana deles é o termo central da sequência, isto é, m = 5.

Verifique, com os valores dados, quais as possibilidades para esse termo central.

448

Da matriz dada troque o valor de dois elementos da diagonal principal. Desse modo, verifique o valor da soma de todas as linhas e colunas da matriz.

Observando os resultados das somas obtidas, verifique, substituindo elementos na matriz, quantas trocas, ainda são necessárias fazer, para que todas as seis somas sejam diferentes uma das outras.

449

Represente, num gráfico, as retas

(r) y = x   passa por (0, 0) , (1, 1) , (2, 2) , ...

(s) y = – x   passa por (– 1, 1) , (– 2, 2) , (– 3, 3), ...

(t) y = 6   é uma reta horizontal passando por (0, 6).

Em seguida, calcule a área do triângulo obtido $\left(\dfrac{\text{base x altura}}{2}\right)$.

Dicas e Ajudas   FGV/2008 – Economia – 2ª Fase

450 Um cubo possui 8 vértices.
Como o segmento AH é igual ao segmento HA, devemos contar todas as duplas de pontos que podemos formar com esses 8 pontos, faça $C_{8,2}$.

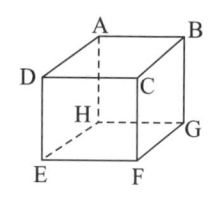

Lembre-se: $C_{n,p} = \binom{n}{p} = \dfrac{n!}{p!(n-p)!}$

451 1) Segundo o enunciado o capital (C) está aplicado a uma taxa de juros mensal igual a **i**. Assim, sendo, determine, em função de **C** e **i**, o montante do capital após 1 mês, 2 meses, 3 meses, a fim de generalizar para **n** meses.

Exemplo: Vamos supor que o capital C está aplicado a uma taxa de 13% ao mês. Nessa situação temos:

Após 1 mês: C . (1 + 0,13)
Após 2 meses: C . $(1 + 0,13)^2$
Após 3 meses: C . $(1 + 0,13)^3$
⋮   ⋮   ⋮
Após **n** meses: C . $(1 + 0,13)^n$

2) Para isolar **n** na expressão, lembre-se da definição de logarítmo.

$\log_b a = x \Rightarrow a = b^x$ com $a > 0, b > 0$ e $b \neq 1$

FGV/2008
Economia - 2ª Fase

452 1) O sólido da direita, que é formado por 7 cubos de aresta 1 m tem o mesmo volume que a parte que foi retirada do cubo de aresta 3 m. Então, para achar o volume da parte maciça da figura da esquerda faça o volume do cubo de aresta 3 m menos o volume de 7 cubos de aresta 1 m.

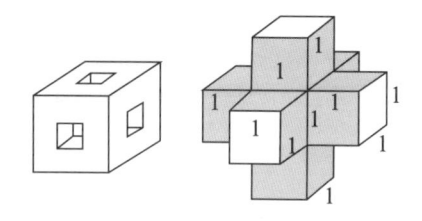

O volume de um cubo de aresta **a** é a^3.

2) Sabendo o volume do sólido, em m³, ao custo de R$ 18,20 por m³, fica fácil calcular o custo da liga gasta para fabricar o sólido.

3) Note que a superfície do sólido da esquerda, ao ser furado, perde 6 quadrados de lado 1 m e ganha a parte sombreada da figura da direita, que é formada por 24 quadrados de lado 1 m. Então para achar a área da superfície do sólido resultante ache a área do cubo inicial, tire 6 quadrados de lado 1 m e some as áreas das paredes internas que é igual a 24 quadrados de lados 1 cm.

4) Para fazer a parte porcentual lembre-se de que

$\dfrac{24}{40} = \dfrac{6}{10} = \dfrac{6}{10} \cdot \dfrac{10}{10} = \dfrac{60}{100} = 60\%$ $\Rightarrow$ $\dfrac{24}{60} = 60\%$ $\Rightarrow$ $24 = 60\%(40)$

Dizemos que 24 é 60% de 40

453 Vamos lembrar como podemos calcular o total de caminhos de A até C, por exemplo.

João caminhar 3 quarteirões para o Leste e 3 para o sul um desses caminhos pode ser LLLSSS, qualquer outro será uma sequência de 3 letras L e 3 letras S:

$$P_6^{3,3} = \frac{6!}{3!3!} = 20 \text{ caminhos}$$

Em A João joga uma moeda: A $\xrightarrow{1/2}$ G $\downarrow 1/2$

Em G João joga a moeda novamente:

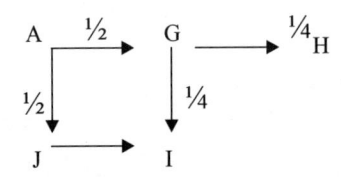

A $\xrightarrow{1/2}$ G $\xrightarrow{1/4}$ H
$\downarrow 1/2$ $\downarrow 1/4$
J $\rightarrow$ I

A chance de João passar por I será $\frac{1}{2} \cdot \frac{1}{2} = \frac{1}{4}$. (total de "caminhos de A até I).

Observe que o total de caminhos de A até I é: AGI, AJI $\Rightarrow$ ② caminhos.

Concluímos que a probabilidade de ir de A até I é: $2 \cdot \frac{1}{4} = \frac{1}{2}$

Construa uma grade para acompanhar as probabilidade em cada cruzamento.

Observe, pela grade acima, que a chance de João chegar a B passando por D é 1/8 ①
A chance de chegar a B passando por E é:

$$\frac{1}{16} \cdot \left[④ - \begin{pmatrix} \text{o total de caminhos até E passando por} \\ \text{D que já foram computados acima} \end{pmatrix} \right] =$$

$= \frac{1}{16} \cdot [\boxed{4} - 1] = \frac{3}{13}$ ⓘⓘ

A chance de chegar a B passando F é:

$\frac{1}{32}$. {[total de caminhos de A a F] − [total de caminhos de A a F passando po E]} ⓘⓘⓘ

A chance de chegar a B passando por C é:

$\frac{1}{64}$. {[total de caminhos de A a C] − [total de caminhos que passam por F]} ⓘⓥ

Calcule Ⓘ + ⓘⓘ + ⓘⓘⓘ + ⓘⓥ

As tribulações deverão ser como na figura:

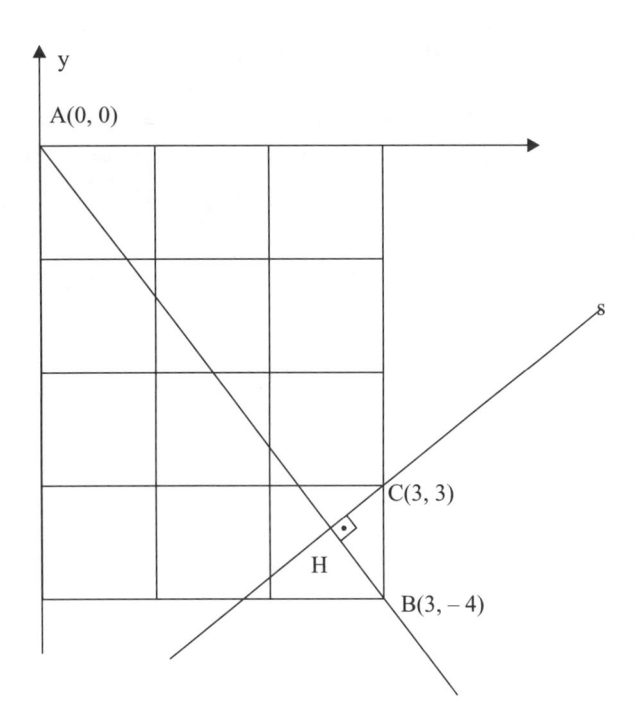

A tubulação que ligará A a B é um segmento da reta r cuja equação pode ser dada por

$$\begin{vmatrix} 0 & 0 & 1 \\ 3 & -4 & 1 \\ x & y & 1 \end{vmatrix} = 0$$

Para minizar a distância de C à tubulação AB tome s ⊥ r e lembre que:

1) $m_r \cdot m_s = 1$ e 2) $C(3, -3) = \in s$.

Finalmente para descobrir {H} = r ∩ s resolva o sistema de equações formado pelas equações das retas r e s.

454 Faça uma tabela para "entender" o processo da formação da sequência.

ímpar K	nº de termos de sequência ( )	observe
K = 1	1	1^2
K = 3	4	2^2
K = 5	9	3^2
K = 7	16	4^2
K	K + $\begin{pmatrix}\text{soma de todos os ímpares}\\\text{menores do que K}\end{pmatrix}$*	$(2n-1)^2$

*esta soma é soma dos termos de uma PA:
seja um ímpar K, a soma de todos os ímpares menores que K será

$$(K-2) + (K-4) + \ldots + [(K-(K-1))] = [(K-2)+(K-(K-1))] \cdot \frac{\frac{(K-1)}{2}}{2} = \frac{(K-1)^2}{4}$$

fazendo $K + \frac{(K-1)^2}{4}$ temos : $\left(\frac{K+1}{2}\right)^2$ $\boxed{\text{Lembrete: soma dos termos de uma PA} = (a_1 + a_n)\frac{n}{2}}$

a) Faça $\left(\frac{K+1}{2}\right)^2$ = menor quadrado perfeito maior que 101 e descubra o valor de K.

b) Faça $\left(\frac{K+1}{2}\right)^2 = 1024 = 32^2$ e descubra o valor do K, a soma pedida é $1^2 + 3^2 + 5^2 + \ldots + K^2$

Do enunciado temos $\sum_{K=0}^{m}(2K+1)^2 = \frac{(m+1)(2m+1)(2m+3)}{3}$

Observando a 3ª coluna da tabela acima faça:

$$\sum_{K=0}^{31}(2K+1)^2$$

455 a) Sugestão: calcule cada valor separadamente conforme o enunciado. Por exemplo:

$[-1,5] = -2$

$[8,3] = 8$

b) Analise dois casos: se x é inteiro e se x não é inteiro para obter as expressões da tarifa T(x).

FGV/2008
Direito - 2ªFase

456 a) Com x litros de gasolina o veículo percorre $d_g = 10x$ quilômetros. Com x litros de álcool o veículo percorre $d_a = 7,3x$ quilômetros.

Divida membro a membro as equações acima para determinar uma relação entre d_a e d_g.

b) Para analisar o quanto o uso dos combustíveis é vantajoso é necessário estabelecer o custo por quilômetro rodado.

Então, considerando-se quantidades iguais de combustível, tem-se:

álcool: custo por quilômetro rodado: $\dfrac{C_a}{d_a}$

gasolina: custo por quilômetro rodado: $\dfrac{C_g}{d_g}$

O uso do álcool será vantajoso se, e somente se,

$$\frac{C_a}{d_a} < \frac{C_g}{d_g} \Leftrightarrow C_a < \frac{d_a}{d_g} \cdot C_g$$

Analise esse resultado com base na resposta do item **a**).

c) Para cada estado mostrado na tabela faça os cálculos e analise para quais deles se verifica a relação deduzida no item **b**).

457 a) Determine o menor número de livros vendidos em cada uma das livrarias.

b) Chame, por exemplo, de x, y, z e w, respectivamente, os preços dos livros de 5ª, 6ª, 7ª e 8ª série. Monte um sistema de acordo com os dados de vendas.

c) Calcule o desconto que a livraria recebe nesse caso para determinar a porcentagem.

458 a) 1) O lucro é a diferença entre o preço de venda e o custo.

Calcule o lucro unitário, isto é, o luro obtido com a venda de um cartucho.

2) O lucro mensal em função do preço de venda é obtido pelo produto da quantidade de cartuchos vendida no mês pelo lucro unitário.

b) Haverá lucro efetivamente quando:

1) quantidade de cartuchos, vendida no mês for positiva, isto é, $200 - 2x > 0$ *e*

2) o lucro por unidade for positivo (escreva a inequação para essa condição).

Resolva o sistema formado pelas inequações obtidas acima.

c) Uma função polinomial do 2º grau $f(x) = ax^2 + bx + c$, com **a**, **b** e **c**, constantes e a < 0 assume seu valor máximo se, e somente se, $x = -\dfrac{b}{2a}$. Aplique esse resultado à expressão obtida no item a).

d) 1) Substitua o valor de x do item anterior na expressão que fornece o lucro mensal, obtida no item a).

2) Lembre-se de que o número de cartuchos vendidos é expresso por $200 - 2x$.

UNIFESP/2006
Conhecimentos Gerais

459 Sejam V_i valor inicial e V_f valor final. Para calcular a variação percentual entre esses dois valores devemos calcular $\dfrac{V_f - V_i}{V_i} \cdot 100\%$.

Exemplo1: Se um produto custava 60 reais e passou a custar 75 reais, então a variação percentual foi de $\dfrac{75-60}{60} \cdot 100\% = \dfrac{15}{60} \cdot 100\% = \dfrac{1}{4} \cdot 100\% = 25\%$. Ou seja, houve um **acréscimo** de 25%.

Exemplo 2: De 30 alunos de um determinado curso, 3 pediram transferência. Qual foi a variação percentual na população desse curso?

A variação foi de $\dfrac{27-30}{30} \cdot 100\% = \dfrac{-3}{30} \cdot 100\% = -10\%$

O sinal de menos indica que houve um **decréscimo** de 10%.

Use $\dfrac{V_f - V_i}{V_i}$ para calcular as variações percentuais das populações das cidades A, B, C, D e E do problema.

460 1) Chame de x a quantia aplicada a uma taxa de 1,6% ao mês. Assim sendo, o restante que será aplicado a uma taxa de 2% ao mês será (10000 − x).

2) 1,6% de $x = \dfrac{1,6}{100} \cdot x = \dfrac{16}{1000} \cdot x$

461 Chame de q o quociente da divisão de m par 15. Note que do enunciado temos: $m = 15 \cdot q + 7$.

Sugestão: para obter os restos das divisões, de m por 3 e por 5, substitua 7 na expressão acima, respectivamente, por 3.2 + 1 e por 5.1 + 2.

462 Se $\dfrac{1}{x^3 + x + 1} = \dfrac{27}{37}$, então $x^3 + x + 1 = \dfrac{37}{27}$

Some 1 a ambos os membros da equação acima. Isso fará surgir o trinômio $x^3 + x + 2$.

463 Lembre-se que se (x, y, z, w) são 4 termos em PA. então:

$$y = \dfrac{x + z}{2} \quad e \quad z = \dfrac{y + w}{2}$$

Utilize essas relações para determinar o quociente $\dfrac{d}{b}$.

| 464 | As palavras desse dicionário serão dispostas em ordem alfabética assim:
1. AOPRV
2. AOPVR
3. AORPV ... etc

É possível contar rapidamente todas as palavras que começam com A, basta fixar o A à esquerda e permutar as outras 4 letras (4!). Teremos 4! = 24 letras que começam com A e outras 24 que começam com O. Veja, já são 24 + 24 = 48.
Até aqui as palavras estão dispostos desta maneira:
1. AOPRV
2. AOPVR
3. AORPV
.....
48. OVRPA
Agora continue você, seguindo a sugestão acima, até chegar a 73ª palavra.

| 465 | 1) Dados dois números complexos
$z = a + bi = (a, b) = P$ e
$w = c + di (c, d) = Q$,

$|z - w| = \sqrt{(a-c)^2 + (b-d)^2} = d_{PQ} = $ = distância entre os afixos de **z** e **w**.
2) $|z_2 - z_1|$ = medida do lado do triângulo equilátero.
3) $|z_2 - z_1| = |z_3 - z_1| = |z_3 - z_2|$

| 466 | Calcule o vértice V da parábola usando
$x_v = -\dfrac{b}{2a}$ e substituindo na equação da parábola para obter o y_v.

Por exemplo, na parábola $y = x^2 + 4x - 6$, $x_v = -\dfrac{4}{2.1} = -2$
e $y_v = (-2)^2 + 4(-2) - 6 = 4 - 8 - 6 = -10$
Vértice $V = (-2, -10)$
Equação da forma $y = ax^2 + bx + c$ tem sempre por gráfico uma parábola (quando a ≠ 0).

| 467 | Lembre-se da fórmula de adição: sen a . cos b + sen b . cos a = sen (a + b).
Sugestão: chame (x – y) de a e y de b.

| 468 | Lembre-se da relação fundamental ($sen^2 x + cos^2 x = 1$) e da fórmula de multiplicação (sen 2x = 2 senx . cosx).

469

1) A figura mostra a situação descrita no enunciado, na qual o ângulo AÔB é máximo.
2) Relação métrica numa circunferência.

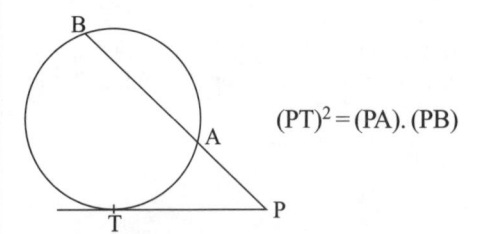

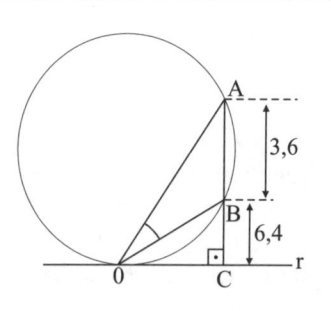

$(PT)^2 = (PA) \cdot (PB)$

470

1) O volume de um cilindro oblíquo ou reto, é igual ao produto da área da base pela altura.
2) Acrescentando um outro semicilindro na parte de cima obtemos um cilindro. O volume do semicilindro é a metade do novo cilindro de cima.
3) Para determinar o volume do bloco de concreto, some o volume do cilindro de baixo como do semicilindro de cima.

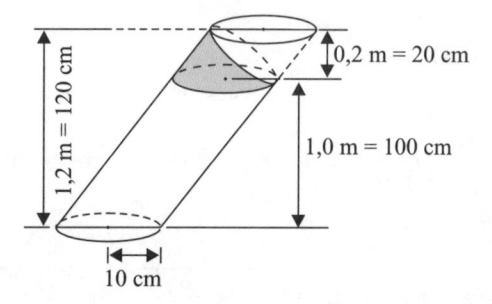

0,2 m = 20 cm
1,2 m = 120 cm
1,0 m = 100 cm
10 cm

471

1) Escalone o sistema, multiplicando a 1ª equação por 1 e somando com a 2ª equação. Determine y em função de **c**.
2) Pelo enunciado y > 0, então determine a condição para **c**.
3) Substitua na 1ª equação o valor encontrado para y.
Assim, determine x em função de **c**.
4) Pelo enunciado x > 0, então determine mais outra condição para **c**.

472

1) Determine o ponto P (Dica do Ex. 22a).
2) Calcule a área do ΔABP (Dica do Ex. 74b).

473

Calcule:

$f^2(x) = f[f(x)]$

$f^3(x) = f[f^2(x)]$

e assim por diante, até $f^5(x)$

Para calcular f[f(x)] , veja o exemplo.

Se f(x) = 2x + 10 , então f(k) = 2k + 10.

Por exemplo, f(x + 2) = 2(x+ 2) + 10 = 2x + 14

UNIFESP/2006
Conhecimentos Específicos

474

1) Esboce o gráfico da função $p(t) = \dfrac{1}{2}t^2 - 15t + 100$ (Dica 1 do Ex. 41) para ver quais valores de t para os quais p(t) é decrescente.

2) Fazendo $\dfrac{1}{2}t^2 - 15t + 100 = 28$, calcule t.

475

a) Lembre-se de que $-1 \leq \overbrace{\operatorname{sen}\left[\dfrac{\pi}{90}(t-105)\right]}^{\alpha} \leq 1$.

Para encontrar os valores de A e B, atribua a sen α os valores 1 e −1 na função dada.

b) Faça f(t) = A e resolva a equação obtida.

476

a) Substitua t = 1 para determinar a quantidade de droga no sangue após 1h. Subtraia de Q_0 (quantidade inicial da droga) do resultado obtido.

Note que, por exemplo, $Q(1) = 0{,}75\, Q_0$ isso significa que após 1h a quantidade de droga no sangue está em uma taxa de 75% da quantidade inicial.

b) 1) Segundo o enunciado, é necessário determinar **t** a fim de que $Q(t) = \dfrac{1}{2}Q_0$. Assim sendo, isole t na expressão $Q_0(0{,}64)^t = \dfrac{1}{2}Q_0$.

2) Para isolar t, utilize as propriedades de logarítmo (veja Dica da questão 47).

477

1) Lembre-se das Relações de Girard:
$a_0x^3 + a_1x^2 + a_2x + a_3 = 0$ de raízes a, b, c:

$$\begin{cases} a + b + c = \dfrac{-a_1}{a_0} \\ ab + ac + bc = \dfrac{a_2}{a_0} \\ abc = \dfrac{-a_3}{a_0} \end{cases}$$

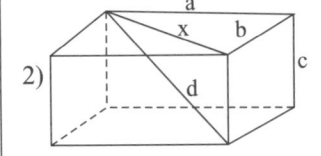

2)

Volume = abc

Soma das áreas das faces = 2ab + 2ac + 2bc
soma dos comprimentos das arestas = 4a + 4b + 4c
3) Note que $x^2 = a^2 + b^2$ e $d^2 = x^2 + c^2$, portanto, $d^2 = a^2 + b^2 + c^2$ onde **d** é a diagonal do paralelepípedo.

---

478 a) Dois triângulos são semelhantes nas seguintes situações:
1) dois ângulos de um deles são congruentes a dois ângulos do outro (caso A.A.) ou
2) os três lados de um são proporcionais aos três do outro (caso L.L.L.) ou
3) dois lados de um dos triângulos são proporcionais a dois lados do outro e os ângulos formados por esses lados são congruentes (caso L.A.L.)

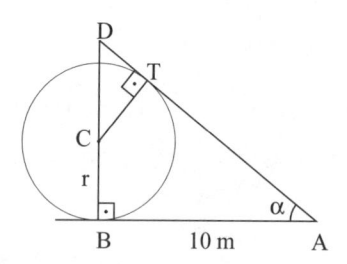

Note que os triângulos ABD e CTD já têm um ângulo congruente: o de 90°. Se você encontrar outro estará justificada a semelhança.

b) 1) A tangente de um ângulo é dada pela razão entre o cateto oposto a esse ângulo e o cateto adjacente. Use esse fato e a $tg\alpha = \dfrac{1}{2}$ para calcular BD.

2) Use o teorema de Pitágoras no $\triangle ABD$ e calcule AD.

3) Da semelhança entre os triângulos ABD e CTD tem-se $\dfrac{CT}{AB} = \dfrac{CD}{AD}$. Determine, a partir daí, a medida de **r**.

---

479 a) O diagrama de Venn nos ajuda a lembrar que
$p(A \cap B) \leq p(A)$ e $p(A \cap B) \leq p(B)$

Ou seja $p \leq \dfrac{3}{4}$ e $p \leq \dfrac{2}{3}$; você já pode definir um limite superior para p.

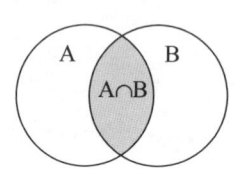

Supondo $(A \cup B) \subset U$ (universo) e sabendo que $p(A \cup B) = p(A) + p(B) - p(A \cap B) \leq 1$ você pode achar um limite inferior para p.

b) Lembre que p (B ocorrer sabendo que A ocorreu) $= p(B \mid A) = \dfrac{p(A \cap B)}{p(A)}$.

UNIFESP/2007
Conhecimentos Gerais

480 Note que o m.m.c (2, 3, 4, 5) é 60.

Dicas e Ajudas UNIFESP/2007 – Conhecimentos Gerais

481
1) Esboce com rigor uma figura com os três números complexos dados (z_1, z_2 e z_3).
2) Considere as três possibilidades para determinar z_4: z_1z_2 é diagonal do paralelogramo, ou z_1z_3 é diagonal ou z_2z_3 que é.
3) Se $z_4 = (a, b)$, observe que $a > 0$ e $b > 0$ (enunciado).
4) Lembre-se de que as diagonais de um paralelogramo interceptam-se ao meio.
5) Se $M = (x_M, y_M)$ é ponto médio do segmento $A = (x_A, y_A)$ e $B = (x_B, y_B)$ então
$$x_M = \frac{x_A + x_B}{2} \quad \text{e} \quad y_M = \frac{y_A + y_B}{2}$$

482
1) Chame de c o preço do catálogo e determine o preço de custo.
Exemplo: Vamos supor que o preço de custo tenha um desconto de 35%. Nesse caso o preço de custo será 0,65c.
2) Seja v o preço de venda. Fornecer 25% de desconto no preço de venda, significa vender o produto por 0,75v.
3) Obter um lucro de 30% sobre o preço de custo significa, multiplicar o preço de custo por 1,3.
Obs: Você poderá utilizar desses mesmo procedimentos supondo que o preço do catálogo fosse de 100 reais.

483
1) Observe, no gráfico de Y, o que ocorre a cada 6 horas (isso deve eliminar 3 alternativas).
2) Nesse gráfico, note que, a cada 6 horas, Y se reduz à metade do valor inicial.

484
1) Fatore o denominador do 1º membro e reduza as frações do 2º membro ao menor denominador comum.
2) Iguale os numeradores lembrando que dois polinômios são iguais se, e somente se, os coeficientes são iguais dois a dois.

485
1) Se T é o tempo de dobra, significa que $P(T) = 2 P_0$. Assim, iguale $2P_0$ a expressão da função, afim de determinar T.
2) Lembre-se da definição de logarítmo :se $\log_b a = x \Leftrightarrow a = b^x$ com $a > 0$, $b > 0$ e $b \neq 1$

486
1) A área a ser retirada do cartão equivale a um quadrado de lado x e a um trapézio de bases 14 e x e altura $12 - x$.
2) A área de um quadrado de lado **a** é a^2.
3) A área de um trapézio de bases **B** e **b** e altura **h** é dada por $\frac{(B + b) h}{2}$.
4) Escreva a área a ser retirada como soma das áreas do quadrado e do trapézio, em função de x.
5) Uma função polinomial do 2º grau $f(x) = ax^2 + bx + c$, com **a**, **b** e **c** constantes e $a > 0$ tem seu valor mínimo para $x = -\frac{b}{2a}$.

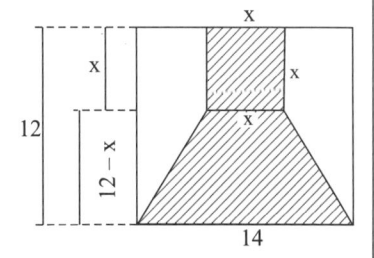

259

| 487 | Utilize as propriedades: sen2x = 2 sen x . cos x e sen²x = 1 – cos²x para expressar f(x) em função de cos x.

Compare f(x) com a expressão $y - y^b$ e determine o valor de **b** e, em seguida ache o valor de cos x para obter o valor máximo de f(x).

| 488 | 1) O comprimento de uma circunferência de raio R é igual a $2\pi R$.

2) Em 1 minuto a roldana maior percorre uma distância igual a 100 . (2π . 12).

3) Em 1 minuto a roldana menor percorre 150 vezes $2\pi r$, isto é, 150 . (2π . r).

4) Como as roldanas estão unidas por uma correia, as distâncias percorridas devem ser iguais. Use este fato para determinar **r**.

| 489 | 1) Use o fato de que o cosseno de um ângulo é dado pela razão entre o cateto adjacente a esse ângulo e a hipotenusa para determinar x no triângulo ABD.

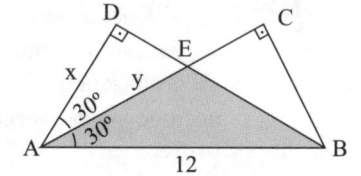

2) Use o mesmo raciocínio, no triângulo ADE, para determinar y.

3) A área de um triângulo que tem lados de medidas **a** e **b** formando um ângulo pode ser expressa por $\frac{1}{2}$. a . b . sen α.

Use este fato para calcular a área do $\triangle ABE$, já que esta área é a diferença entre as áreas dos triângulos ABD e ADE.

| 490 | 1) Seja, x, y, z o preço do sanduiche, do refrigerante e da torta de maça, respectivamente. Assim sendo, utilizando as incógnitas x, y e z e os dados do problema, escreva o sistema linear com 3 incógnitas e duas equações.

2) Multiplique uma das equações por 3 e subtraia pelo dobro da outra equação.

| 491 | 1) Use as Relações de Girard.
Lembre-se:

$a_0 x^3 + a_1 x^2 + a_2 x + a_3 = 0$ de raízes $\alpha_1, \alpha_2, \alpha_3$.

$$\begin{cases} 1) \; \alpha_1 + \alpha_2 + \alpha_3 = \dfrac{-a_1}{a_0} \\ 2) \; \alpha_1\alpha_2 + \alpha_1\alpha_3 + \alpha_2\alpha_3 = \dfrac{a_2}{a_0} \\ 3) \qquad\qquad \alpha_1\alpha_2\alpha_3 = \dfrac{-a_3}{a_0} \end{cases}$$

2) Como mp ≠ 0, divida os dois membros da Relação (2) por (mp) e obtenha p em função de m. Usando a Relação (1) é possível encontrar as três raízes.

492

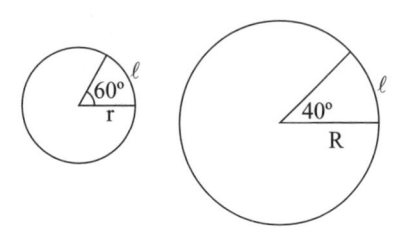

1) O ângulo central de uma circunferência e o arco que ele subentende são proporcionais.

Isto é: $\dfrac{60°}{360°} = \dfrac{\ell}{2\pi R} \Rightarrow \dfrac{60}{360} \cdot 2\pi R = \ell$

2) Use o mesmo raciocínio para a circunferência do raio R.
3) Divida membro a mebro as equações obtidas, para determinar uma relação entre e e R.
4) A área de um círculo de raio **r** é dada por πr^2.

493

Construa um gráfico com a figura dada, pondo a origem no ponto M e o eixo x contendo o segmento AB.

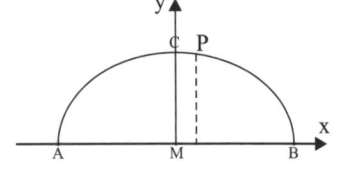

Localize o ponto do eixo x, que dista 5 de M.

Sua altura é a ordenada do ponto P de abscissa 5 nessa parábola.

(Veja a Dica 1 do Ex. 41).

Obtida a equação da parabóla, substitua, x por 5 para obter o y, que é a altura pedida.

494

1) Tome a equação $(a + b + c)(a + b - c) = 3ab$ e a desenvolva, isolando o termo **ab**.

2) Sendo γ a medida do ângulo oposto ao lado de comprimento c temos, pela Lei dos Cossenos:

$$c^2 = a^2 + b^2 - 2 \cdot a \cdot b \cdot \cos \gamma$$

Aplique resultado deduzido em (1) na fórmula acima.

UNIFESP/2007
Conhecimentos Específicos

495

1) Para fazer a figura, veja a Dica do Ex. 275.

2) Num triângulo, uma reta que passa pelos pontos médios de 2 lados é paralela ao 3° e é equidistante dos 3 vértices.

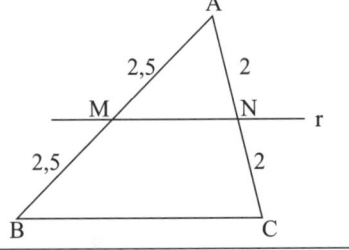

r//BC

r é equidistante de A, B e C

496

1) Note que o cubinho que tem a face sombreada na figura é um cubinho com exatamente uma face sombreada. O número deles em cada face do cubo original é $(n-2)(n-2)$. 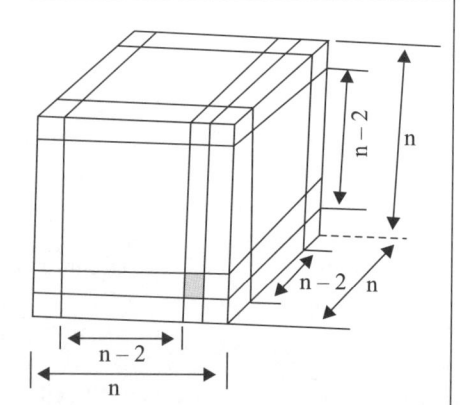
Veja quantos tem nas 6 faces.

2) Note que o cubo interno de aresta $(n-2)$ não tem face pintada. Monte uma equação para resolver o item **a**.

3) Para determinar o número de cubinhos que tem pelo menos uma face pintada temos dois modos:

I) Há 8 com 3 faces pintadas, há $12(n-2)$ com duas e há $6(n-2)(n-2)$ com apenas uma face pintada.

II) Fazendo o número total (n^3) menos o número de cubinhos do cubo interno de aresta $(n-2)$.
Equacione e determine **n**, para resolver o item **b**.

497

a) 1) Escreva todas as possibilidades para o 1° e o último algarismo. Veja alguns exemplos $(1, 3), (2, 4), \ldots = n$.

2) Para a dupla $(1, 3)$, por exemplo, podemos ter $(3, 1)$, faça $n \cdot 2$.

3) O algarismo do "meio" pode ser qualquer um do sistema decimal, são m possibilidades.
É só fazer: $n \cdot 2 \cdot m$.

b) Você deve contar todos os números (com 1, 2 ou 3 algarismos) nos quais o 8 não aparece. (T)
Veja o cálculo para os números com 2 algarismos:

$$\underset{\neq \text{ zero}}{8} \cdot \underset{\neq 8 \text{ e } 8}{9} = 72 \text{ possibilidades}$$

Ao final calcule: $\dfrac{T}{1000}$

498

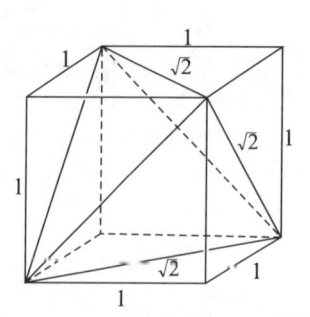

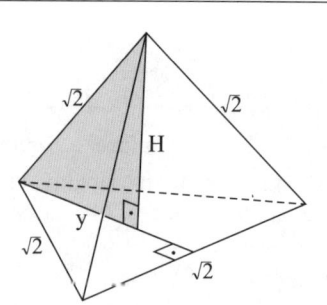

1) A diagonal de um cubo de aresta **a** é dada por $\boxed{d = a\sqrt{3}}$

2) Como a aresta do tetraedro regular é a diagonal de um quadrado de lado 1, ela é dada por $\sqrt{2}$.

3) O y da figura é $\dfrac{2}{3}h$, onde **h** é a altura do triângulo equilátero de lado $\sqrt{2}$ que é dada por

$$h = \frac{(\sqrt{2})\sqrt{3}}{2}.$$

Determine y, em seguida **H** e verifique que $H = \frac{2}{3}d$.

4) O volume do cubo de aresta **a** é a^3. Como sabemos H e o volume de um tetraedro é $\frac{1}{3}$ do produto da área da base pela altura, determine esse volume e determine a razão pedida.

A área da base do tetraedro é dada por $\frac{(\sqrt{2})^2 \sqrt{3}}{4}$.

499

1) Como $(a_1, a_2, \ldots, a_n)$ é PA de razão $r > 0$, esta PA é crescente sabemos que:

$$a_n = a_1 + (n-1)r \quad \text{e} \quad S_n = \frac{(a_1 + a_n)n}{2}$$

Determine S_n fazendo $a_n = a_1 + (n-1)r$ na 2ª equação e depois determine S_n fazendo $a_1 = a_n - (n-1)r$ na 2ª equação.

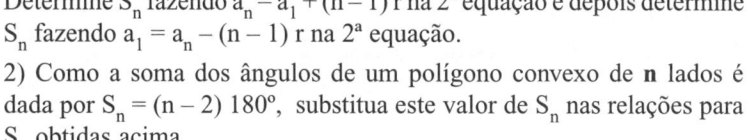

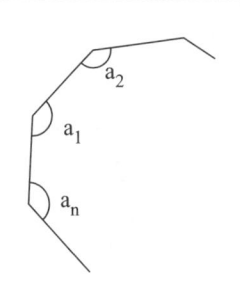

2) Como a soma dos ângulos de um polígono convexo de **n** lados é dada por $S_n = (n-2) \cdot 180°$, substitua este valor de S_n nas relações para S obtidas acima.

3) Determine a_1 e a_n em função de **n** e **r** e depois para resolver o item **a**, use as desigualdades dadas $a_1 \geq 25°$, $r \geq 10°$ e também que o maior ângulo do polígono a_n é menor que 180°.

4) Para resolver o item **b**, como $a_n = 160°$ e $r = 5°$ obtenha a_1 em função de **n** na fórmula $a_n = a_1 + (n-1)r$ e substitua esse valor na equação

$$S_n = (n-2) \cdot 180° = \frac{(a_1 + a_n)n}{2}$$

UNIFESP/2008
Conhecimentos Gerais

500

Veja um exemplo:
Seja o número 7875 que, decomposto em produto de fatores primos, fica:
$$7875 = 3^2 \cdot 7 \cdot 5^3$$

Qualquer divisor de $3^2 \cdot 7 \cdot 5^3$ deverá ter
1) 0, 1 ou 2 fatores "3" na sua decomposição prima;
2) e/ou 0 ou um fator "7";
3) e/ou 0, 1, 2 ou 3 fatores "5" na sua decomposição prima.
Então um divisor de 7875 será do tipo:

$$3^{\overline{a}} \cdot 7^{\overline{b}} \cdot 5^{\overline{c}}$$

em a anotaremos o número de possibilidades para o expoente de 3 : 3.

em **b** o número de possibilidades para o expoente de 7 : 2
e em **c** o número de possibilidades para o expoente de 5 : 4
Pelo princípio fundamental da contagem teremos:

$$\underline{3} \cdot \underline{2} \cdot \underline{4} = 24 \text{ possibilidades}$$

logo 7875 terá 24 divisores positivos.
Agora reescreva N como produto de fatores primos e siga um raciocínio análogo.

---

501 1) Observe a sequência 123454321234543.... como uma sequência de "blocos" contendo cada bloco 8 dígitos, ou seja:

$$\underbrace{1\ 2\ 3\ 4\ 5\ 4\ 3\ 2}_{1^\circ \text{ bloco}} - \underbrace{1\ 2\ 3\ 4\ 5\ 4\ 3\ 2}_{2^\circ \text{ bloco}} - \underbrace{1\ 2\ 3\ 4\ 5\ 4\ 3\ 2}_{3^\circ \text{ bloco}} \ldots$$

2) Note que: 2007 | 8
               7   250

Analise o resto da divisão.

---

502 1) Utilizando $T_n = T_{n-1} + n$ determine T_1, T_2, T_3, T_4. Generalize o valor de T_{100}.

2) Lembre-se que a soma de PA é dada por: $S = \dfrac{(a_1 + a_n) \cdot n}{2}$.

---

503 1) Utilize a racionalização dada no enunciado $\left(\dfrac{1}{\sqrt{a} + \sqrt{b}} = \dfrac{\sqrt{b} - \sqrt{a}}{b - a} \right)$ e

racionalize todos os termos da soma pedida.
2) Faça todas as simplificações possíveis. Note que há termos nesta soma que serão cancelados.

---

504 1) Calcule a, b e c usando a tabela:
$s(0) = 0$, $s(1) = 32$ e $s(2) = 128$
2) Obtida $s(t)$, calcule $s(2,5)$

---

505 1) Definição de logarítmo: $\log_b a = x \Leftrightarrow a = b^x$ com $a > 0$, $b > 0$ e $b \neq 1$
2) Chame a população do grupo E de P e determine $\log_{10} P$.
3) Lembre-se que $a^{n+m} = a^n \cdot a^m$ e note que $5,54407 = 4 + 1,54407$

---

506 1) Fazendo $2^x = A$, a função dada recai em uma equação do 2º grau.
2) Lembre-se da definição de logarítmo e isole x.

$$\log_b a = x \Leftrightarrow a = b^x \text{ com } a > 0, b > 0 \text{ e } b \neq 1$$

3) Lembre-se das propriedades de logarítmo (Dica do Ex. 47).

Mudança de base: $\log_b a = \dfrac{\log_c a}{\log_c b}$ com $a > 0$, $b > 0$, $c > 0$, $b \neq 1$ e $c \neq 1$

Dicas e Ajudas   UNIFESP/2008 – Conhecimentos Gerais

507 Este problema pode ser resolvido por enumeração simples.
Sejam as pessoas {A, B, C, D}
Veja um exemplo para dispô-las em duas duplas:
{A, B} e {C, D} ou
{A, C} e .....
Basta continuar escrevendo as duplas simultâneas que podem ser formadas a partir de {A, B, C, D}.

508 Em cada lançamentos existem 6 possibilidades de resultados para cada dado; teremos um total de 6 . 6 . 6 = 216 resultados nos três lançamentos (n(E)).
Um exemplo de progressão aritmética de razão um pode ser (1, 2, 3) mas se os resultados nos dados forem (3, 1, 2) ainda assim poderemos formar (1, 2, 3); portanto qualquer permutação dos 3 elementos (3, 1, 2) poderá dar origem a uma PA de razão 1.
As progressões aritméticas de razão 2, com 3 números, serão formadas e partir dos trios: {1, 3, 5} e {2, 4, 6} e as permutações (3!) de seus membros.
Então:
p(três números posicionados com razão 1 **ou** 2).

$$\frac{\begin{pmatrix}\text{total de trios que darão}\\\text{origem asPA's de razão 1}\end{pmatrix} \cdot 3!}{216} + \frac{\begin{pmatrix}\text{total de trios que darão}\\\text{origem asPA's de razão 2}\end{pmatrix} \cdot 3!}{216}$$

509 1) Aplique as Relações de Girard à equação dada:
$$a_0 x^3 + a_1 x^2 + a_2 x + a_3 = 0$$
de raízes p, q e r:

1) $p + q + r = \dfrac{-a_1}{a_0}$ 2) $pq + pr + qr = \dfrac{a_2}{a_0}$ 3) $pqr = \dfrac{-a_3}{a_0}$

2) Eleve ao quadrado os dois membros da 1ª Relação de Girard e isole $p^2 + q^2 + r^2$. Observe que $2pq + 2pr + 2qr = 2 (pq + pr + qr) = 2 \cdot$ (2ª Relação).

510 I) Determine **P**, intersecção entre **r** e **s** (Dica no Ex. 22a).
II) t passa por P. Isto calcula **m**.
Por exemplo, se(t) 2x + y + a = 0 passa por P = (2, 4), então 22 + 4 + a = 0, isto é, a = – 8.

511 1) Suponha que cada pedaço de arame tenha, no início, comprimento **a**.
Então $2\pi R = a$ e $2\pi r = \dfrac{a}{3}$.

2) Divida membro a membro as equações acima para determinar uma relação entre **R** e **r**.

3) A área de um círculo de raio R é πR^2.

UNIFESP/2008 – Conhecimentos Gerais

512

1) A altura de um triângulo equilátero de lado **a** é dado por $\dfrac{a\sqrt{3}}{2}$.

2) O raio da circunferência circunscrita a um triângulo equilátero vale $\dfrac{2}{3}$ da altura desse triângulo.

513

A soma dos ângulos internos de um polígono convexo de **n** lados é dada por $(n-2) \cdot 180°$.

Isto mostra que tal forma é sempre múltipla de 180°.

Determine qual é o menor múltiplo de 180° que é maior do que 1900°.

514

1) Aplique o teorema de Pitágoras no triângulo ABC e determine BC.

2) Pelo caso A.A., os triângulos da figura são semelhantes.

Use esse fato para calcular DE: $\dfrac{DE}{AC} = \dfrac{DB}{BC}$

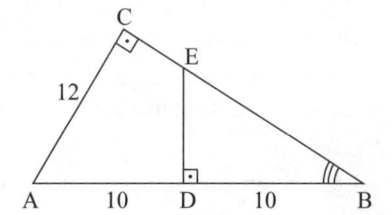

3) A área do quadrilátero ADEC é a diferença entre as áreas dos triângulos. A área de um triângulo retângulo pode ser calculada como metade do produto dos catetos.

UNIFESP/2008
Conhecimentos Específicos

515

Lembre-se de que a área do retângulo é igual a base x altura. Expresse y (área da figura de acordo com o enunciado) em função de x (altura do retângulo) e, em seguida, faça o seu gráfico. Note que na função quadrática $y = ax^2 + bx + c$ (a, b, c $\in$ R e a $\neq$ 0) quando a < 0, a parábola tem a concavidade voltada para baixo e y é máximo para $x = -\dfrac{b}{2a}$.

516

a) O período da função $y = \operatorname{sen} cx$ é dada por $p = \dfrac{2\pi}{|c|}$.

Para obter o conjunto imagem da função lembre-se de que $-1 \leq \operatorname{sen}\left(2\pi x - \dfrac{\pi}{2}\right) \leq 1$.

b) Faça y = 1 e resolva a equação trigonométrica obtida.

517

a) Veja que cada um dos dois últimas dígitos é um algarismo de 0 e 9.

a	b	e a + b = 15
5	10	não serve
6	9	ok
9	6	ok

....

contínue a procurar

b) $P\begin{pmatrix} \text{acertar com as} \\ \text{duas tentativas} \end{pmatrix} = 1 - P\begin{pmatrix} \text{errar nas} \\ \text{duas alternativas} \end{pmatrix}$

$P\begin{pmatrix} \text{errar nas} \\ \text{duas tentativas} \end{pmatrix} = P\begin{pmatrix} \text{errar na} \\ 1^a \text{ tentativa} \end{pmatrix} \cdot P\begin{pmatrix} \text{errar na} \\ 2^a \text{ tentativa} \end{pmatrix} \begin{vmatrix} \text{errou na} \\ 1^a \end{vmatrix}$

518

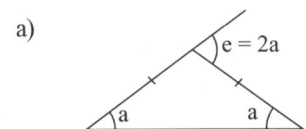

a) Lembre-se de que num triângulo isósceles os ângulos da base são congruentes e o ângulo externo e = 2a.

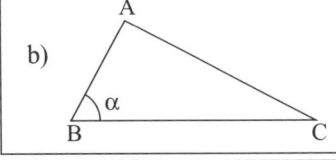

b) A área do triângulo é dada por $A = \frac{1}{2} \cdot (AB) \cdot (BC) \cdot \operatorname{sen}\alpha$.

519

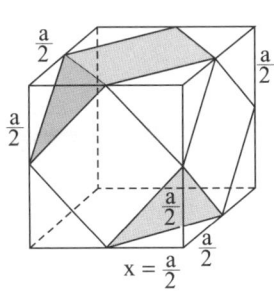

1º caso: $x = \frac{a}{2}$

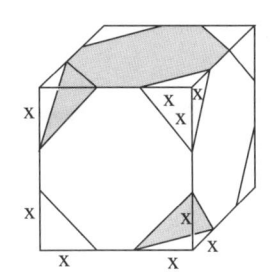

2º caso: $0 < x < \frac{a}{2}$

a) Note que tanto para $x = \frac{a}{2}$ quanto para $x < \frac{a}{2}$ o número de faces do poliedro obtido é o mesmo. A única mudança é no número de vértices e arestas e um tipo de face. E essa pergunta não foi feita.

Note que o novo poliedro tem uma face triangular para cada vértice do original e uma face quadrangular $\left(x = \frac{a}{2} \right)$ ou uma face octogonal $\left(x < \frac{a}{2} \right)$ para cada face do original. Então o número de faces do novo poliedro é igual à soma do número de vértices com o número de faces do original.

b) De cada canto foi retirado um pirâmide regular do tipo:

O volume desta pirâmide é dada por

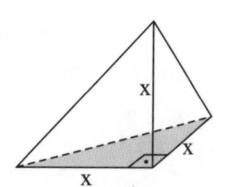

$$V = \frac{1}{3}BH \Rightarrow B = \frac{1}{3}\frac{x \cdot x}{2} \cdot x \Rightarrow \boxed{V = \frac{1}{6}x^3}$$

Note que foram retiradas 8 dessas pirâmides.

Escreva que o volume do poliedro é $\frac{5}{6}$ do volume do cubo e determine x.

Resoluções

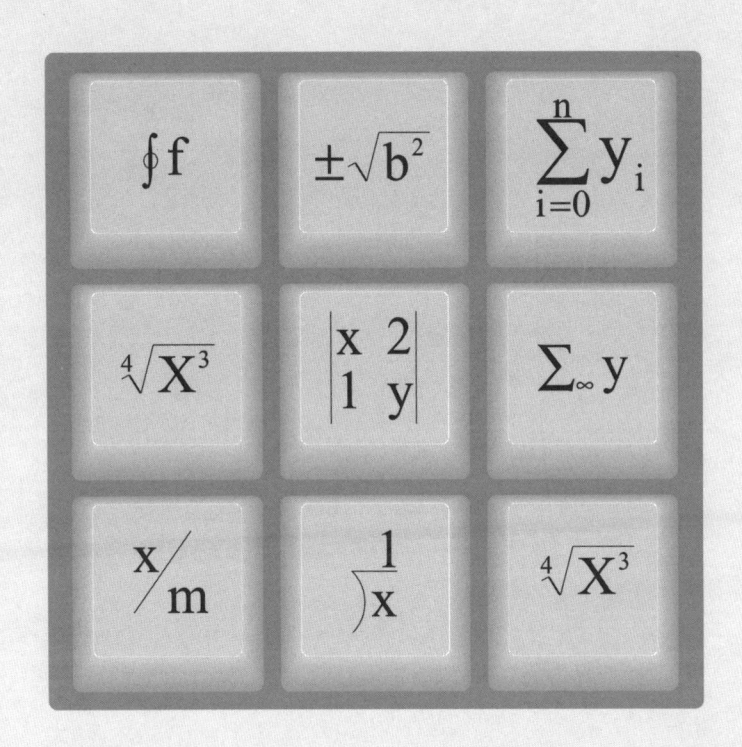

FUVEST
UNICAMP
VUNESP
ITA
FGV
UNIFESP

FUVEST/2006
1ª Fase

1 Os "cubinhos" que estão assinalados com (2) têm duas faces pintadas e os que estão assinalados com (3) têm três faces pintadas.
Pelo desenho podemos "contar" 4 com nº (3) e 20 nº (2), total = 24.

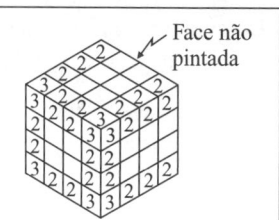

Alternativa a

2 De acordo com as medidas indicadas, tem-se:
(1) Por Pitágoras:

$$d^2 + R^2 = (3R^2) \Rightarrow d = 2\sqrt{2}\,R$$

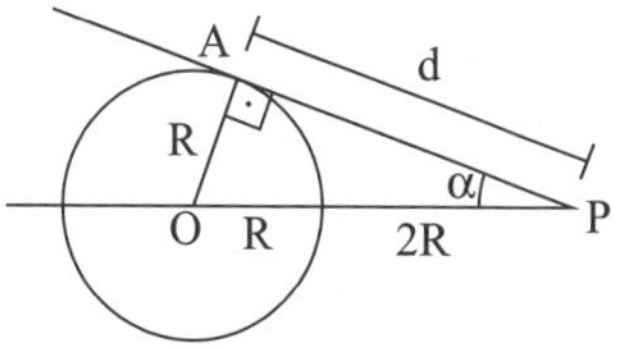

(2) $\cos\alpha = \dfrac{d}{3R} \Rightarrow \cos\alpha = \dfrac{2\sqrt{2}R}{3R} \Rightarrow \cos\alpha = \dfrac{2\sqrt{2}}{3}$

Alternativa d

3 Chamemos de SUPERIOR toda pessoa que possua superior completo e incompleto.
Calculemos o total delas, usando a tabela dada:

JOVENS: $4\% + 2\% = 6\% = \dfrac{6}{100}$, que são 48% = $\dfrac{48}{100}$ da população.

MULHERES: $4\% + 3\% = 7\% = \dfrac{7}{100}$, sendo $\dfrac{27}{100}$ da população.

HOMENS: $5\% + 5\% = 10\% = \dfrac{10}{100}$, equivalente a $\dfrac{25}{100}$ da população.

A probabilidade pedida é

$P = P[(\text{superior e jovem}) \text{ ou } (\text{superior e mulher}) \text{ ou } (\text{superior e homem})] =$

$= \dfrac{6}{100} \cdot \dfrac{48}{100} + \dfrac{7}{100} \cdot \dfrac{27}{100} + \dfrac{10}{100} \cdot \dfrac{25}{100} =$

$= \dfrac{1}{100}\left(\dfrac{288}{100} + \dfrac{189}{100} + \dfrac{250}{100}\right) = \dfrac{1}{100} \cdot \left(\dfrac{727}{100}\right) = \dfrac{1}{100} \cdot 7{,}27 = 7{,}27\%$

Alternativa b

4

Sejam x, y e z, respectivamentem os capitais iniciais de João, Maria e Antônia. Assim, vamos determinar x (capital inicial de João).

Do enunciado, temos: $x + y + z = 100000$ **(I)**

Com juros de 10% ao ano, temos:

1) ao final do 1° ano

$z \cdot (1,1) = 11000 + 2 \cdot x \cdot (1,1)$

dividindo os dois membros por 1,1 obtemos $z = 10000 + 2x$ **(II)**

2) ao final do 2° ano

$z \cdot (1,1)^2 = x \cdot (1,1)^2 + y \cdot (1,1)^2$

dividindo os dois membros por $(1,1)^2$ obtemos $z = x + y$ **(III)**

De **(I)** e **(III)** vem: $x + y + z = 100000 \Rightarrow z + z = 100000 \Rightarrow z = 50000$

De **(II)** vem: $z = 10000 + 2x \Rightarrow 50000 = 10000 + 2x \Rightarrow x = 20000$

Alternativa a

5

Sejam c, d, u os algarismos da centena, dezena e unidade, respectivamente do número dado.

Assim sendo, pelo enunciado do problema, vem:

$100c + 10d + u - 396 = 100u + 10d + c \Rightarrow 99c - 99u = 396 \Rightarrow c - u = 4$ **(I)**

Pelo enunciado, temos: $c + u = 8$ **(II)**

De (I) e (II), vem o sistema linear $\begin{cases} c - u = \\ c + u = \end{cases} \Rightarrow c = 6$

Alternativa c

6

Representemos a PA dada por $(a - r, a, a + r)$. Desse modo teremos:

$a - r + a + a + r = 30 \Rightarrow 3a = 30 \Rightarrow a = 10$

Então a PA será dada por $(10 - r, 10, 10 + r)$ com $-10 < r < 10$, pois, pelo enunciado do exercícios, todos os termos da PA são positivos.

Somando-se, respectivamernte, 4, – 4 e –9 aos primeiro, segundo e terceiro termos da PA teremos: $(14 - r, 6, 1 + r)$ que pelo enunciado representa uma PG.

Assim sendo, como a sequência $(14 - r, 6, 1 + r)$ é uma PG podemos afirmar:

$6^2 = (14 - r) \cdot (1 + r) \Rightarrow 36 = 14 + 13r - r^2 \Rightarrow r^2 - 13r + 22 = 0 \Rightarrow r = 2 \text{ ou } r = 11$.

Como $-10 \le r < 10$, temos $r = 2$. Então, a PA será: $(8, 10, 12)$.
Logo, o número 12 será um dos termos da PA dada.

Alternativa c

Resoluções FUVEST/2006 –1ª Fase

7 Se $t^2 - t - 6 = 0$, temos: $(t + 2)(t - 3) = 0$.
As raízes dessa equação são $t = -2$ e $t = 3$.

Como $|x-y| = t$, obtemos:

1) $|x-y| = -2$ impossível, pois módulo nunca é negativo.

2) $|x-y| = 3$ de soluções $x - y = 3$ ou $x - y = -3$.

As duas equações são representadas, no plano cartesiano, por duas retas.

Alternativa b

8 Condição de existência:

$$2x+5>0 \Rightarrow x > \frac{-5}{2} \text{ (I)} \quad \text{e} \quad 3x-1>0 \Rightarrow x > \frac{1}{3} \text{ (II)}$$

Portanto, de (I) e (II) temos: $x > \frac{1}{3}$ (III)

Nessas condições, vem: $\log_2(2x+5) - \log_2(3x-1) > 1 \Rightarrow \log_2(2x+5) > 1 + \log_2(3x-1) \Rightarrow$

$\Rightarrow \log_2(2x+5) > \log_2 2 + \log(3x-1) \Rightarrow \log_2(2x+5) > \log_2[2(3x-1)] \Rightarrow$

$\Rightarrow \log_2(2x+5) > \log_2(6x-2)$

Como a base do logaritmo é maior que 1, podemos concluir que:

$2x+5 > 6x-2 \Rightarrow -4x > -7 \Rightarrow x < \frac{7}{4}$ (IV)

De (III) e (IV) vem: $\frac{1}{3} < x < \frac{7}{4}$

Assim o conjunto solução da inequação dada será $\left]\frac{1}{3}, \frac{7}{4}\right[$

Alternativa d

9 Aplicando Pitágoras.
1º Modo

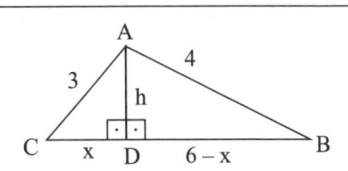

No $\triangle ACD$: $x^2 + h^2 = 9$ (I)

No $\triangle ABD$: $(6-x)^2 + h^2 = 16$

$36 - 12x + x^2 + h^2 = 16$, (II)

Substituindo (I) em (II): $36 - 12x + 9 = 16 \Rightarrow x = \frac{29}{12}$

2º Modo 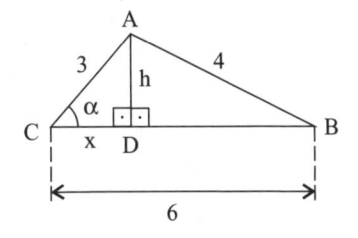
1) Lei dos cossenos no $\triangle ABC$:

$4^2 = 3^2 + 6^2 - 2 \cdot 3 \cdot 6 \cdot \cos\alpha \Rightarrow \cos\alpha = \frac{29}{36}$

2) No $\triangle ACD$:

$\frac{x}{3} = \cos\alpha \Rightarrow \frac{x}{3} = \frac{29}{36} \Rightarrow x = \frac{29}{12}$

Alternativa e

10 Do enunciado, temos a figura:
O é o centro do círculo de raio **R**
$AB = AC$, med$(B\hat{A}H) = \alpha$ e med$(B\hat{A}C) = 2\alpha$.

Sendo A_T a área do $\triangle ABC$, temos: $A_T = \frac{1}{2} \cdot AB \cdot AC \cdot \operatorname{sen}2\alpha$

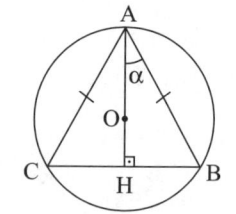

$A_T = \frac{1}{2} \cdot AB \cdot AB \cdot \operatorname{sen}2\alpha \Rightarrow A_T = \frac{1}{2} \cdot (AB)^2 \cdot \operatorname{sen}2\alpha$ **(I)**

No $\triangle AOB$ pela lei dos cossenos, temos:

$(OB)^2 = (OA)^2 + (AB)^2 - 2 \cdot (OA) \cdot (AB) \cdot \cos\alpha$

$R^2 = R^2 + (AB)^2 - 2 \cdot R \cdot (AB) \cdot \cos\alpha$

$(AB)^2 = 2 \cdot R \cdot (AB) \cdot \cos\alpha \quad (\div AB)$
$AB = 2R\cos\alpha$ **(II)**
Substituindo **(II)** em **(I)**, vem:

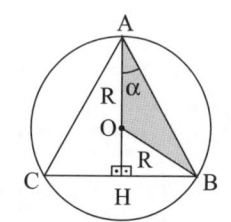

$A_T = \frac{1}{2} \cdot (2R\cos\alpha)^2 \cdot \operatorname{sen}2\alpha \Rightarrow A_T = \frac{1}{2} \cdot 4R^2 \cdot \cos^2\alpha \cdot \operatorname{sen}2\alpha \Rightarrow A_T = 2R^2 \cdot \cos^2\alpha \cdot \operatorname{sen}2\alpha$

Sendo $A_C = \pi R^2$ a área do circulo, a razão pedida é:

$\frac{A_T}{A_C} = \frac{2R^2 \cos^2\alpha \operatorname{sen}2\alpha}{\pi R^2} \therefore \frac{A_T}{A_C} = \frac{2}{\pi} \cdot \mathbf{sen}2\alpha \cdot \cos^2\alpha$

outro modo

Sendo A_T a área do $\triangle ABC$, da resolução anterior temos que $A_T = \frac{1}{2} \cdot (AB)^2 \cdot \operatorname{sen}2\alpha$

No $\triangle ABD$ retângulos, temos: $\cos\alpha = \frac{AB}{AD} \Rightarrow \cos\alpha = \frac{AB}{2R} \Rightarrow R = \frac{AB}{2\cos\alpha}$

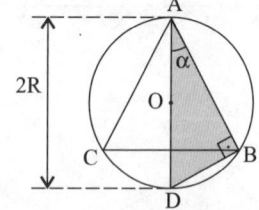

Assim, a área A_C do círculo é:

$A_C = \pi R^2 \Rightarrow A_C = \pi \cdot \left(\frac{AB}{2\cos\alpha}\right)^2 \Rightarrow A_C = \frac{\pi \cdot (AB)^2}{4\cos^2\alpha}$

Logo, a razão entre a área do $\triangle ABC$ e a área do círculo é igual a:

$\frac{A_T}{A_C} = \frac{\frac{1}{2} \cdot (AB)^2 \cdot \operatorname{sen}2\alpha}{\frac{\pi \cdot (AB)^2}{4\cos^2\alpha}} \therefore \frac{A_T}{A_C} = \frac{2}{\pi} \cdot \mathbf{sen}2\alpha \cdot \cos^2\alpha$

Alternativa e

11

1) Como $H = b$ e $\dfrac{b}{a} = \dfrac{3}{2}$, obtemos:

$$\dfrac{b}{a} = \dfrac{3}{2} \Rightarrow b = \dfrac{3a}{2} \Rightarrow \boxed{H = \dfrac{3a}{2}}$$

2) $r = \dfrac{a}{2}$, $H = \dfrac{3}{2}a$ e $V = \pi$, temos:

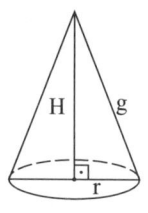

$$V = \dfrac{1}{3}BH \Rightarrow \pi = \dfrac{1}{3}\pi r^2 \cdot H \Rightarrow \pi = \dfrac{1}{3}\pi\left(\dfrac{a}{2}\right)^2 \cdot \dfrac{3a}{2} \Rightarrow 1 = \dfrac{1}{3} \cdot \dfrac{a^2}{4} \cdot \dfrac{3a}{2} \Rightarrow a^3 = 8 \Rightarrow \boxed{a = 2}$$

3) $a = 2$, $r = \dfrac{a}{2}$, $H = \dfrac{3a}{2}$ = $r = 1$ e $H = 3$.

4) Como $g^2 = H^2 + r^2$, obtemos:

$g^2 = 3^2 + 1^2 \Rightarrow g^2 = 10 \Rightarrow \boxed{g = \sqrt{10}}$

Alternativa d

12

Os homens (H) se cumprimentam duas vezes com um aperto de mão: $2C_{H,2}$
Homens e mulheres (M) se cumprimentam uma única vez: H x M
Temos:

$2C_{H,2} + HM = 720$ e $H + M = 37 \Rightarrow \dfrac{2H(H-1)}{2} + HM = 720 \Rightarrow H^2 - H + HM = 720 \Rightarrow$

$\Rightarrow (37 - M)^2 - (37 - M) + (37 - M)M = 720 \Rightarrow 1369 - 74M + M^2 - 37 + M + 37M - M^2 = 720 \Rightarrow$

$\Rightarrow -36M + 1332 = 720 \Rightarrow 36M = 612 \Rightarrow M = 17$

Alternativa b

FUVEST/2006
2ª Fase

13

a) Tomando-se o lado de 2 m = 200 cm da tela, tem que se descontar 5 cm + 5 cm de cada extremidade (para confecção da faixa mostrada). Sobram 190 cm, sobre os quais podem ser apoiados 10 quadrados padrão de 18 cm de lado. Como isso pode ser feito para os quatro lados da tela, teremos 10 x 10 = 100 padrões. O maior tapete quadrado possível terá lado igual a 18 x 10 cm + 5 cm + 5 cm = 190 cm.

b) A lã mostarda será usada na borda e no padrão. Na borda serão necessários:

$4 \cdot A + 4B = 4(A + B) = 4(185 \cdot 5) = 3700$ cm² de lã mostarda.

Nos padrões a lã mostarda preenche dois triângulos de base 6 cm e altura 9 cm. Logo, a quantidade de lã mostarda necessária para todos os padrões será igual a

$100 \cdot \dfrac{6 \cdot 9}{2} \cdot 2 = 5400$ cm²

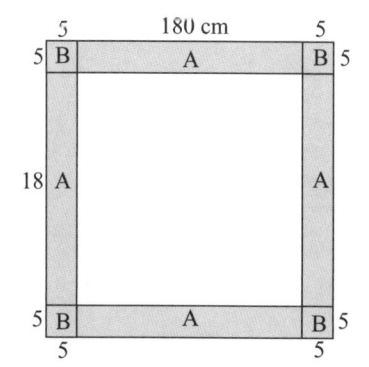

A área total a ser coberta com lã mostarda é igual a 3700 + 5400 = 9100 cm².

Sendo $\frac{9100}{400} = 22,75$, concluímos que o número mínimo de novelos de lã mostarda necessário é igual a 23.

Respostas: a) (1,90 x 1,90) m²; 100 padrões b) 23 novelos

14

a) Do enunciado podemos fazer:

artigo	preço de custo	% de lucro	venda
calça	x	20%	1,2x
camisa	x/3	40%	1,4 x/3
saia	x/2	30%	1,3 x/2

Num certo dia foram vendidas 2 CALÇAS + 2 CAMISAS + 2 SAIAS:

$$2 \cdot 1,2x + 2 \cdot 1,4\frac{x}{3} + 2 \cdot 1,3\frac{x}{2} = 2,4x + 2,8\frac{x}{3} + 1,3x = \frac{7,2x + 2,8x + 2,9x}{3} = \frac{13,9}{3}x$$

Com o desconto de 10% temos: $\frac{13,9x}{3} \cdot 0,9 = 4,17x$

b) Sem o lucro, o comerciante, teria vendido as mercadorias por: $2x + \frac{2}{3}x + x = 3x + 0,66x \cong 3,66x$

$\frac{4,17}{3,66} \cong 0,14$ o lucro foi de, aproximadamente, 14%.

Respostas: a) 4,17x b) 14%

15

Sendo f(ax) = a . f(x), f(4a) = a . f(4), e como f(4) = 2, vem f(4a) = 2a, para todo **a** real:

a) g(x) = f(x − 1) + 1, para todo x real.

Assim, g(3) = f(2) + 1.

Na igualdade f(4a) = 2a, vamos substituir **a** por $\frac{1}{2}$:

$f\left(4 \cdot \frac{1}{2}\right) = 2 \cdot \frac{1}{2}$ ou f(2) = 1

Então, g(3) = 1 + 1 = 2

Resposta: g(3) = 2

b) Na igualdade f(4a) = 2a, colocando $\frac{x}{2}$ no lugar de **a**, obtemos:

$f\left(4 \cdot \frac{x}{4}\right) = 2 \cdot \frac{x}{4}$, isto é, $f(x) = \frac{x}{2}$

Resposta: $f(x) = \frac{x}{2}$

Resoluções   FUVEST/2006 –2ª Fase

c) Se $f(x) = \dfrac{x}{2}$, então $f(x-1) = \dfrac{x-1}{2}$.

Como $g(x) = f(x-1) + 1$, temos: $g(x) = \dfrac{x-1}{2} + 1$.

A equação $g(x) = 8$ fica:

$\dfrac{x-1}{2} + 1 = 8$ ou $\dfrac{x-1}{2} = 7$, ou ainda, $x - 1 = 14$.

Assim, $x = 17$ e o conjunto solução da equação $g(x) = 8$ é $S = \{15\}$.

Resposta: $S = \{15\}$

16

Vamos representar, no plano cartesiano, os dados do enunciado.

Devemos calcular o coeficiente angular **m** da reta **s** que, no $\triangle OAB$, é $m = \text{tg}\,\alpha = \dfrac{AB}{OA}$.

Do enunciado, ÁREA DO $\triangle OBC = 3$. ÁREA DO $\triangle OBC$

$\dfrac{BC \cdot OA}{2} = 3 \cdot \dfrac{AB \cdot OA}{2}$, isto é, $BC = 3AB$

Mas, $BC = CA + AB$.
Então, $3AB = CA + AB$, ou ainda, $CA = 2AB$.
No $\triangle OBC$, TEMOS: $(OA)^2 = CA \cdot AB$ ou $(OA)^2 = 2AB \cdot AB$.

Então, $\dfrac{(AB)^2}{(OA)^2} = \dfrac{1}{2}$ de onde tiramos $\dfrac{AB}{OA} = \pm\sqrt{\dfrac{1}{2}}$.

Como AB e OA são distâncias positivos, vem $\dfrac{AB}{OA} = +\dfrac{1}{\sqrt{2}} = \dfrac{\sqrt{2}}{2} = m$

Resposta: O coeficiente angular de s é $\dfrac{\sqrt{2}}{2}$.

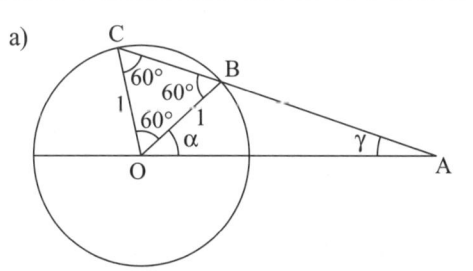

17

a)

seja $O\hat{A}B = \gamma$

Aplicando a Lei dos Senos no $\triangle OAB$, temos: $\dfrac{AB}{\text{sen}\,\alpha} = \dfrac{OB}{\text{sen}\,\gamma} \Rightarrow \dfrac{AB}{\dfrac{\sqrt{3}}{4}} = \dfrac{1}{\text{sen}\,\gamma} \Rightarrow \textbf{sen}\,\boldsymbol{\gamma} = \dfrac{\sqrt{3}}{4 \cdot (AB)}$

FUVEST/2006 –2ª Fase   Resoluções

b) $OB = OC \Rightarrow \Delta OBC$ é isósceles $\Rightarrow \hat{B}=\hat{C}=60°$.

Da figura, temos que $\alpha + \gamma+120° = 180°$, isto é, $\alpha + \gamma = 60°$ ou $\gamma = 60°- \alpha$.

Como $\gamma = 60° - \alpha$, então $\text{sen}\,\gamma=\text{sen}(60° - \alpha)$. Assim, $\text{sen}\,\gamma=\text{sen}\,60°.\cos\alpha-\text{sen}\,\alpha.\cos 60°$

$$\frac{\sqrt{3}}{4.(AB)}=\frac{\sqrt{3}}{2}.\cos\alpha - \frac{\sqrt{3}}{4}.\frac{1}{2} \quad \text{(I)}$$

Da relação fundamental $\text{sen}^2\alpha + \cos^2\alpha = 1$, vem:

$$\left(\frac{\sqrt{3}}{4}\right)^2 + \cos^2\alpha = 1 \Rightarrow \cos^2\alpha = \frac{13}{16} \Rightarrow \cos\alpha = \frac{\sqrt{13}}{4} \quad (\alpha \text{ é agudo}) \quad \text{(II)}$$

De (I) e (II) temos: $\dfrac{\sqrt{3}}{4\cdot(AB)}=\dfrac{\sqrt{3}}{2}\cdot\dfrac{\sqrt{13}}{4}-\dfrac{\sqrt{3}}{4}\cdot\dfrac{1}{2} \Rightarrow \dfrac{\sqrt{3}}{4\cdot(AB)}=\dfrac{\sqrt{3}(\sqrt{13}-1)}{8} \Rightarrow \dfrac{1}{AB}=\dfrac{\sqrt{13}-1}{2} \Rightarrow$

$\Rightarrow AB=\dfrac{2}{\sqrt{13}-1} \Rightarrow AB=\dfrac{2}{(\sqrt{13}-1)}\cdot\dfrac{(\sqrt{13}+1)}{(\sqrt{13}+1)} \Rightarrow AB=\dfrac{2(\sqrt{13}+1)}{12} \Rightarrow \boxed{AB=\dfrac{\sqrt{13}+1}{6}}$

Respostas: *a)* $\text{sen}\,\gamma = \dfrac{\sqrt{3}}{4\cdot(AB)}$ *b)* $AB=\dfrac{\sqrt{13}+1}{6}$

18

1) Cálculo de r
A base do novo sólido é uma coroa. Então:

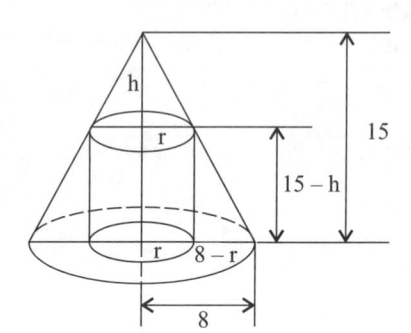

$\pi 8^2 - \pi r^2 = \dfrac{2}{3}\pi\cdot 8^2 \Rightarrow 64 - r^2 = \dfrac{2}{3}\cdot 64 \Rightarrow$

$\Rightarrow r^2 = \dfrac{1}{3}\cdot 64 \Rightarrow \boxed{r=\dfrac{8\sqrt{3}}{3}}$

2) Cálculo de h
Por semelhança de triângulo, temos:

$\dfrac{h}{15}=\dfrac{r}{8} \Rightarrow h=\dfrac{15}{8}r \Rightarrow h=\dfrac{15}{8}\cdot\dfrac{8\sqrt{3}}{3} \Rightarrow \boxed{h=5\sqrt{3}}$

3) Volume do sólido (V_s)

$V_s = V_{\text{cone g.}} - V_{\text{cone p.}} - V_{\text{cil.}} \Rightarrow V_s = \dfrac{1}{3}\pi\cdot 8^2\cdot 15 - \dfrac{1}{3}\pi\cdot\left(\dfrac{8\sqrt{3}}{3}\right)^2\cdot 5\sqrt{3} - \pi\cdot\left(\dfrac{8\sqrt{3}}{3}\right)^2\cdot(15-5\sqrt{3})$

$V_s = 5\cdot 64\pi - \dfrac{1}{9}\cdot 5\cdot 64\sqrt{3}\pi - 5\cdot 64\cdot\pi + \dfrac{1}{3}\cdot 5\cdot 64\cdot\sqrt{3}\pi$

$V_s = \dfrac{1}{3}\cdot 5\cdot 64\sqrt{3}\pi - \dfrac{1}{9}\cdot 5\cdot 64\sqrt{3}\pi \Rightarrow V_s = \dfrac{2}{9}\cdot 5\cdot 64\sqrt{3}\pi \Rightarrow \boxed{V_s \dfrac{640}{9}\sqrt{3}\pi}$

Resposta: $\dfrac{640}{9}\sqrt{3}\pi\ cm^3$

19

a)1) Os ângulos $P\hat{A}B$ e $D\hat{P}A$ são alternos, portanto congruentes.

Logo, o triângulo PAD é isóceles.

2) Aplicando a lei dos cossenos no $\triangle PAD$:

$x^2 = 3^2 + 3^2 - 2 \cdot 3 \cdot 3 \cdot \cos 150°$

$x^2 = 9 + 9 - 2 \cdot 9 \cdot \left(-\dfrac{\sqrt{3}}{2}\right) \Rightarrow x = 3\sqrt{2+\sqrt{3}}$

b) Área(ABCP) = 21

Área (ABCD) − área (ADP) = 21

$y \cdot 3 \operatorname{sen} 150° - \dfrac{1}{2} \cdot 3 \cdot 3 \cdot \operatorname{sen} 150° = 21$

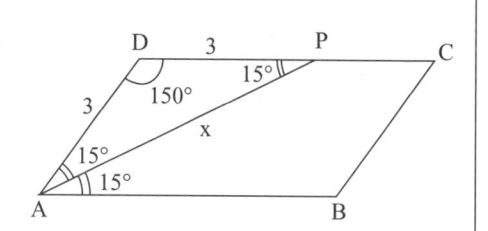

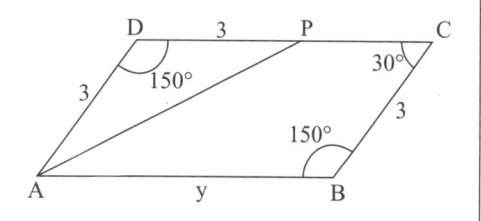

$y \cdot 3 \cdot \dfrac{1}{2} - \dfrac{1}{2} \cdot 3 \cdot 3 \cdot \dfrac{1}{2} = 21 \Rightarrow y = \dfrac{31}{2}$

Respostas: a) $3\sqrt{2+\sqrt{3}}$ b) $\dfrac{31}{2}$

20

Seja:

$z = x + yi\ (x, y \in \mathbb{R}) \Rightarrow |z| = 2 \Rightarrow \sqrt{x^2+y^2} = 2 \Rightarrow \mathbf{x^2 + y^2 = 4}$ (I)

$\operatorname{Im}\left(\dfrac{z-i}{1+i}\right) = \dfrac{1}{2}$ e $\dfrac{z-i}{1+i} = \dfrac{x+yi-i}{1+i} \cdot \dfrac{1-i}{1-i} = \dfrac{x-xi+yi+y-i-1}{1^2-i^2} = \dfrac{x+y-1}{2} + i\dfrac{(-x+y-1)}{2}$

$\operatorname{Im}\left(\dfrac{z-i}{1+i}\right) = \dfrac{-x+y-1}{2} = \dfrac{1}{2} \Rightarrow -x+y-1 = 1 \Rightarrow \mathbf{y = 2 + x}$ (II)

Substituindo (II) em (I), temos:

$x^2 + (2+x)^2 = 4 \Rightarrow x^2 + 4 + 4x + x^2 = 4$

$2x^2 + 4x = 0$

$2x(x+2) = 0 \Rightarrow x = 0$ ou $x = -2$

Se $x = 0 \overset{(II)}{\Rightarrow} y = 2 \Rightarrow z = 0 + 2i = 2i$

Se $x = -2 \overset{(II)}{\Rightarrow} y = 0 \Rightarrow z = -2 + 0i = -2$

Resposta: $2i$ e -2

21

a) $\begin{vmatrix} 1 & \cos^2 a & \text{sen}^2 a \\ 1 & \cos^2 b & \text{sen}^2 b \\ 0 & \cos^2 c & \text{sen}^2 c \end{vmatrix} = \begin{vmatrix} 1 & \cos^2 a + \text{sen}^2 a & \text{sen}^2 a \\ 1 & \cos^2 b + \text{sen}^2 b & \text{sen}^2 b \\ 0 & \cos^2 c + \text{sen}^2 c & \text{sen}^2 c \end{vmatrix} = \begin{vmatrix} 1 & 1 & \text{sen}^2 a \\ 1 & 1 & \text{sen}^2 b \\ 0 & 1 & \text{sen}^2 c \end{vmatrix}$

↑⎯⎯⎯ . (1)

Pela Regra de Sarrus, temos:

sen²c + 0 + sen² a – 0 – sen²b – sen²c = sen²a – sen²b

b) O sistema linear admite soluções não triviais se e somente se o determinante da matriz dos coeficientes das equações que o determinam seja zero. Dessa forma, temos:

$\text{sen}^2 a - \text{sen}^2 b = 0 \Rightarrow \text{sen}^2 a = \text{sen}^2 b \Rightarrow \text{sen}\, a = \pm \text{sen}\, b$

Então $b = -a + k\pi$ ou $b = a + k\pi$ com $k \in \mathbb{Z}$ e c qualquer.

c) se $\text{sen}^2 a = 1 \Rightarrow 1 - \cos^2 a = 1 \Rightarrow \cos^2 a = 0$

se $\cos^2 c = \dfrac{1}{5} \Rightarrow 1 - \text{sen}^2 c = \dfrac{1}{5} \Rightarrow \text{sen}^2 c = \dfrac{4}{5}$

Substituindo os valores no sistema, temos:

$\begin{cases} x + z = 0 & \text{(I)} \\ x + (\cos^2 b)y + (\text{sen}^2 b)z = 0 & \text{(II)} \\ \dfrac{1}{5}y + \dfrac{4}{5}z = 0 & \text{(III)} \end{cases}$

De (I) vem: $x = -z$ (IV)

De (III) vem: $y = -4z$ (V)

Substituindo (IV) e (V) em (II), temos:

$-z - 4z(\cos^2 b) + z(\text{sen}^2 b) = 0 \Rightarrow -z - 4z(\cos^2 b) + z(1 - \cos^2 b) = 0 \Rightarrow$

$\Rightarrow -z - 4z(\cos^2 b) + z - z(\cos^2 b) = 0 \Rightarrow -5z(\cos^2 b) = 0$

Se $\cos^2 b \neq 0 \Rightarrow z = 0, x = 0$ e $y = 0$, logo $S = \{(0, 0, 0)\}$.

Se $\cos^2 b = 0$, tomaremos $z = \alpha$ com $\alpha \in \mathbb{R} \Rightarrow x = -\alpha$ e $y = -4\alpha$, logo $S = \{(-\alpha, -4\alpha, \alpha), \alpha \in \mathbb{R}\}$.

Resposta: a) sen²a – sen²b
b) $b = -a + k\pi$ ou $b = a + k\pi$ com $k \in \mathbb{Z}$ e qualquer $c \in \mathbb{R}$
c) $S = (-\alpha, -4\alpha, \alpha)$, $\alpha \in \mathbb{R}$}

22

a) Os pontos (x,y) do plano cartesiano que pertencem aos gráficos de $y=\dfrac{12}{x}-1$ e $y = -x + 6$ são obtidos resolvendo o sistema com essas duas equações.

Então, $\dfrac{12}{x}-1=-x+6$ ou $12 - x = -x^2 + 6x$ ou ainda $x^2 - 7x + 12 = 0$ que pode ser escrita $(x-4)(x-3) = 0$.

Essa equação tem soluções : $x = 4$ e $x = 3$,
$x = 4$ leva a $y = -x + 6 = -4 + 6 = 2$. Ponto $(4, 2) = A$ ou B
$x = 3$ traz $y = -3 + 6 = 3$. Ponto $(3, 3) = B$ ou A.

Resposta: Pontos (4,2) e (3,3)

b) O ponto C pedido pertence à reta $x = 2$. Então, $C = (2, k)$, com $k < 0$ por ser do 4º quadrante.
Sendo: $A = (4, 2)$, $B = (3, 3)$ e $O = (0, 0)$, calculemos as medidas dos lados $\triangle OAB$.

$d_{OA} = \sqrt{(4-0)^2+(2-0)^2} = \sqrt{20}$

$d_{OB} = \sqrt{(3-0)^2+(3-0)^2} = \sqrt{18}$

$d_{AB} = \sqrt{(3-4)^2+(3-2)^2} = \sqrt{2}$

Como $d_{OA}^2 = d_{OB}^2 + d_{AB}^2$, concluímos que o $\triangle OAB$ é retângulo de hipotenusa OA. Seja D o centro da circunferência.
D é o ponto médio de OA, isto é :

$D = \left(\dfrac{4+0}{2},\dfrac{2+0}{2}\right)= (2,1)$

Sabendo que $A\hat{O}B = A\hat{C}B$, obtemos que C petence a essa circunferência.
Então, $(DC)^2 = (DO)^2$, ou seja:
$(2-2)^2 + (k-1)^2 = (2-0)^2 + (1-0)^2$
$(k-1)^2 = 5$

São duas as consequências desta igualdade:

I) $k-1=\sqrt{5}$ ou $k=\sqrt{5}+1$ (não serve, pois $k < 0$)

II) $k - 1 = -\sqrt{5}$, isto é , $k = 1 - \sqrt{5}$

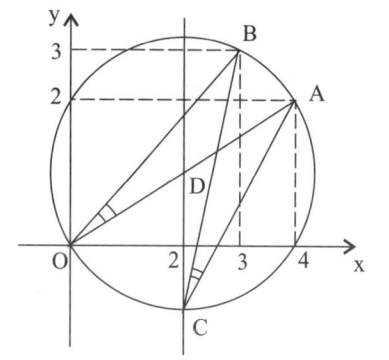

Resposta : C = (2,1 – $\sqrt{5}$)

FUVEST/2007
1ª Fase

23 Seja **n** o número de alunos que restaram n $\cdot 27 = 135$ isto é, $n = \dfrac{135}{7} = 35$.

O número inicial de alunos era $35 + 7 = 42$, que deveriam pagar $42 \cdot 135 = 5670$ reais.

Representando por **x** quanto cada aluno pagou (em reais) para participar, temos:

$35x + 630 = 5670$, ou seja $x = \dfrac{5670 - 630}{35} = 144$ reais.

Alternativa e

24 Sejam: F : área total da fazenda
A: área do município A
B: área do município B

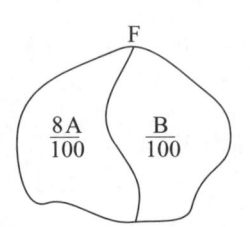

Tem - se: $B = 10A$ (I) e $\dfrac{8A}{100} + \dfrac{B}{100} = F$

Usando (I), vem que $\dfrac{8A}{100} + \dfrac{10A}{100} = F$, ou $\dfrac{A}{F} = \dfrac{100}{18}$

O problema pede para que se calcule $\dfrac{\frac{8A}{100}}{F}$

ou seja : $\dfrac{8}{100} \cdot \dfrac{A}{F} = \dfrac{8}{100} \cdot \dfrac{100}{18} = \dfrac{8}{18} = \dfrac{4}{9}$.

Alternativa c

25 De acordo com as medidas indicadas tem - se:

1) no $\triangle OBM$:

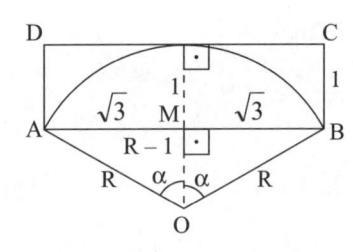

$R^2 = (R-1)^2 + (\sqrt{3})^2 \Rightarrow 0 = -2R + 1 + 3 \Rightarrow R = 2$

2) $\text{sen}\alpha = \dfrac{\sqrt{3}}{R} \Rightarrow \text{sen}\alpha = \dfrac{\sqrt{3}}{2} \Rightarrow \alpha = 60°$

3) área(setor OAB) = $\dfrac{2\alpha}{360} \cdot \pi R^2$

área (setor OAB) = $\dfrac{120°}{360°} \cdot \pi \cdot 2^2 = \dfrac{4\pi}{3}$

Alternativa c

26

1º Modo

1) $E\hat{F}C = B\hat{F}A$ (o.p.v)

   $E\hat{C}F = B\hat{A}C$ (alternos)

Portanto, os triângulo ABF e CEF são semelhantes.
Daí:

$$\frac{5}{1} = \frac{3-h}{h} \Rightarrow 5h = 3-h \Rightarrow h = \frac{1}{2}$$

2) área (BCF) = área (BCE) – área (CEF)

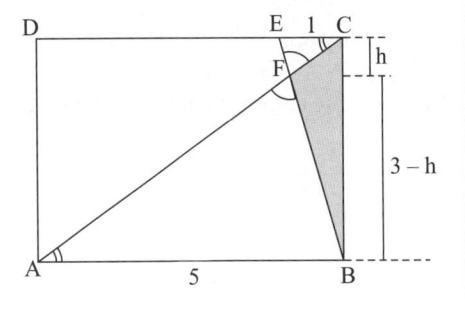

$$\text{Área (BCF)} = \frac{1 \cdot 3}{2} - \frac{1 \cdot \frac{1}{2}}{2} \Rightarrow \text{área(BCF)} = \frac{6}{4} - \frac{1}{4} \Rightarrow \text{área(BCF)} = \frac{5}{4}$$

Alternativa b

2º Modo

Os triângulos CEF e ABF são semelhantes, pelo caso A.A., e a razão de semelhança é igual a:

$\frac{CE}{AB} = \frac{1}{5}$. Portanto, $\frac{CF}{AF} = \frac{1}{5}$.

Os triângulos assinalados com área **S** têm bases de mesma medida e alturas de mesma medida. Portanto têm áreas iguais. Assim a área do triângulo BCF é $\frac{1}{6}$ da área do triângulo ABC. Ou seja:

área (BCF) = $\frac{1}{6} \cdot \frac{5 \cdot 3}{2} = \frac{5}{4}$

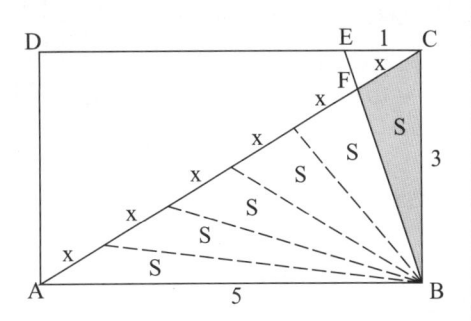

Alternativa b

3º Modo

1) Área (BCF) = $\frac{1}{2} \cdot 3 \cdot x \cdot \text{sen}\,\alpha$

2) Pelo caso A.A., os triângulos CEF e ABF são semelhantes, de razão $\frac{1}{5}$.

logo, AF = 5·(CF)

3) No $\triangle ABC$: $\text{sen}\,\alpha = \frac{5}{6x}$

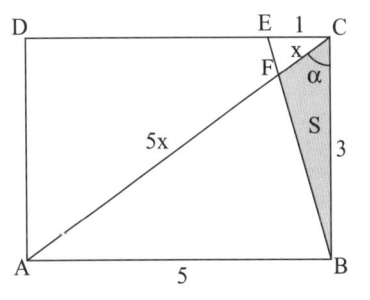

4) Substituindo (3) em (1): área (BCF) = $\frac{1}{2} \cdot 3x \cdot \frac{5}{6x} = \frac{5}{4}$

Alternativa b

4ºModo

1) Os triângulos ABF e CEF são semelhantes, pelo caso A.A.
Então a razão entre as alturas homólogas é igual a razão entre CE e AB, isto é, $\dfrac{1}{5}$.

2) $BC = 6x = 3 \Rightarrow x = \dfrac{1}{2}$

3) área (BCF) = área (BCE) – área (CEF)

área (BCF) = $\dfrac{1 \cdot 3}{2} - \dfrac{1 \cdot \frac{1}{2}}{2} \Rightarrow$ área(BCF) = $\dfrac{5}{4}$

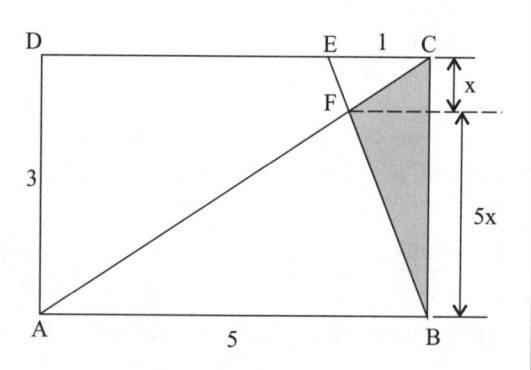

Alternativa b

5ºModo

1) Prolonga-se o lado CD em uma unidade e o divide em partes iguais.
Une-se **G** e **A** e, pelos pontos de divisão, traçam-se paralelas a $\overline{AG}$.

2) Os triângulos assim formados são semelhantes, sendo que CEF e CGA são dois deles.
Então:

$$\dfrac{\text{área(CEF)}}{\text{área(CGA)}} = \left(\dfrac{1}{6}\right)^2 \Rightarrow \dfrac{\overset{T}{\frac{6 \cdot 3}{2}}}{} = \dfrac{1}{6 \cdot 6} \Rightarrow T = \dfrac{1}{4}$$

3) área (BCF) = área (BCE) - área (CEF)

área (BCF) = $\dfrac{1 \cdot 3}{2} - \dfrac{1}{4} = \dfrac{5}{4}$

Alternativa b

---

27 A soma das raízes da equação do 2º grau dada por $ax^2 + bx + c = 0$ ($a, b, c \in \mathbb{R}$ e $a \neq 0$) pode ser expresso por $S = -\dfrac{b}{a}$ e o produto dessas raízes pode ser representado por $P = \dfrac{c}{a}$.

Assim sendo, com os dados do problema podemos determinar o seguinte sistema de equações:

$$\begin{cases} \dfrac{-(-5n)}{4m+3n} = \dfrac{5}{8} \\ \dfrac{m-2}{4m+3n} = \dfrac{3}{32} \end{cases} \Rightarrow \begin{cases} 8n = 4m+3n \\ 32m - 64 = 12m+9n \end{cases} \Rightarrow \begin{cases} 5n = 4m \\ 20m - 9n = 64 \end{cases} \Rightarrow \begin{cases} m = 5 \\ n = 4 \end{cases}$$

Então m + n = 5 + 4 = 9

Alternativa a

28

Vamos supor que a empresa devesse utilizar blocos dos dois tipos, como parece ser a intenção do examinador.

Para termos o número máximo de colunas, deem ser utilizadas colunas com a menor altura possível.

A altura de cada coluna deve ser m.m.c (120,150) = 600 em:

```
120  150 | 2
 60   75 | 2
 30   75 | 2
 15   75 | 3
  5   25 | 5
  1    5 | 5
  1    1 |  m.m.c. = 2³ · 3 · 5² = 8 · 3 · 25 = 600
```

Número de blocos do tipo X: $\dfrac{600}{120} = 5$

Número de blocos do tipo Y: $\dfrac{600}{150} = 4$

117:5 = 23 com resto 2
145:4 = 36 com resto 1
Serão, portanto, 23 + 36 = 59 colunas ao todo

Alternativa e

29

Como, pelo enunciado, $a_1 = 4$ e a razão é $\dfrac{1}{2}$ $\left(r = \dfrac{1}{2}\right)$ temos:

$\log_2 a_2 = \log_2 a_1 + \dfrac{1}{2} \Rightarrow \log_2 a_2 = \log_2 4 + \dfrac{1}{2} \Rightarrow \log_2 a_2 = \dfrac{5}{2} \Rightarrow a_2 = 2^{5/2} \Rightarrow a_2 = 4\sqrt{2}$

$\log_2 a_3 = \log_2 a_2 + \dfrac{1}{2} \Rightarrow \log_2 a_3 = \dfrac{5}{2} + \dfrac{1}{2} \Rightarrow \log_2 a_3 = 3 \Rightarrow a_3 = 8$

$\log_2 a_4 = \log_2 a_3 + \dfrac{1}{2} \Rightarrow \log_2 a_4 = 3 + \dfrac{1}{2} \Rightarrow \log_2 a_4 = \dfrac{7}{2} \Rightarrow a_4 = 2^{7/2} \Rightarrow a_4 = 8\sqrt{2}$

$\log_2 a_5 = \log_2 a_4 + \dfrac{1}{2} \Rightarrow \log_2 a_5 = \dfrac{7}{2} + \dfrac{1}{2} \Rightarrow \log_2 a_5 = 4 \Rightarrow a_5 = 16$

Assim sendo, $a_1 + a_2 + a_3 + a_4 + a_5 = 4 + 4\sqrt{2} + 8 + 8\sqrt{2} + 16 = 28 + 12\sqrt{2}$.

Alternativa d

30 De acordo com as medidas indicadas, tem-se:

1) No $\Delta EGH: a^2 + 2^2 = 3^2 \Rightarrow a = \sqrt{5}$

2) No $\Delta BFG: (a-x)^2 + 1^2 = x^2 \Rightarrow (\sqrt{5}-x)^2 + 1 = x^2 \Rightarrow$

$\Rightarrow 5 - 2\sqrt{5}x + 1 = 0 \Rightarrow 2\sqrt{5}x = 6 \Rightarrow x = \dfrac{3\sqrt{5}}{5}$

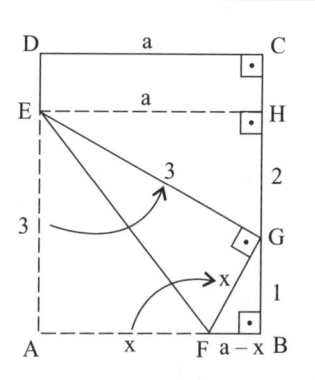

Alternativa d

31 1) Total de comissões que podemos formar com 5 alunos: $C_{9,5} = 126$

Total de comissões em que estão Andréia, Manoel e Alberto:

$\{A, M, Al, \ , \ ,\} \Rightarrow C_{6,2} = 15$

Total de comissões em que estão Andréia e Manoel mas não têm Alberto:

$\{A, M, \ , \ ,\} \Rightarrow C_{6,3} = 20$

Total de comissões em que estão Andréia e Alberto mas não tem Manoel:

$\{A, Al, \ , \ ,\} \Rightarrow C_{6,3} = 20$

Fazemos: $C_{9,5} - C_{6,2} - 2.C_{6,3} = 126 - 15 - 2.40 = 71$

2) Outra maneira:

Como Andréia não pode ficar com os rapazes:

Total de comissões que não têm a Andréia: $C_{8,5} = 56$

Total de comissões que têm a Andréia e portanto sem Manoel e Alberto: $C_{6,4} = 15$
Temos: $56 + 15 = 71$

Alternativa a

32 **1º Modo** (Pitágoras)

1) $AC = a\sqrt{2} \Rightarrow AN = \dfrac{a\sqrt{2}}{2}$

2) $MN^2 = AN^2 + \left(\dfrac{a}{2}\right)^2 \Rightarrow MN^2 = \left(\dfrac{a\sqrt{2}}{2}\right)^2 + \dfrac{a^2}{4} \Rightarrow MN^2 = \dfrac{3a^2}{4} \Rightarrow \boxed{MN = \dfrac{a\sqrt{3}}{2}}$

2º Modo (Base média de triângulo)

A diagonal EC do cubo é dada por EC = $a\sqrt{3}$, como MN é base média, relativa ao lado EC do triângulo AEC, obtemos:

$MN = \dfrac{EC}{2} \Rightarrow \boxed{MN = \dfrac{a\sqrt{3}}{2}}$

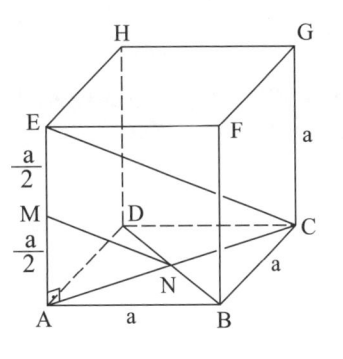

Alternativa c

FUVEST/2007
2ª Fase

33 Chamaremos de A, L e M as quais que Amélia, Lúcia e Maria possuem. Do enunciado podemos montar as seguintes equações:

$\begin{cases} A - 3 = L + 3 \\ \dfrac{1}{3}M + L = A + 6 \\ A - \dfrac{1}{2}A = \dfrac{1}{3}M \end{cases} \Rightarrow \begin{cases} A - L = 6 \\ 3A - 3L - M = -18 \\ 3A - 2M = 0 \end{cases}$ x(-3)

$\Rightarrow \begin{cases} A - L = 6 \\ -M = -36 \\ 3L - 2M = 18 \end{cases} \Rightarrow \boxed{M = 36}$

$3L - 72 = -18 \Rightarrow 3L = 54$ e $\boxed{L = 18}$ e $\boxed{A = 24}$

Resposta: Amélia: R$24,00, Lúcia R$18,00, e Maria R$36,00

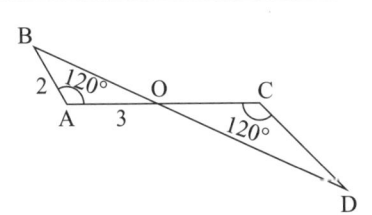

34 a)

A área do OAB é

$A = \dfrac{1}{2} \cdot AB \cdot AO \cdot \text{sen } 120°$

como sen 120° = sen 60° vem:

$A = \dfrac{1}{2} \cdot 2 \cdot 3 \cdot \dfrac{\sqrt{3}}{2}$

$$A = \frac{3\sqrt{3}}{2}$$

b) $\triangle AOB \sim \triangle COD$ (caso AA), logo a razão entre as suas áreas é igual ao quadrado da razão k de semelhança.

$$\frac{A_{\triangle AOB}}{A_{\triangle COD}} = k^2 \Rightarrow \frac{\frac{3\sqrt{3}}{2}}{600\sqrt{3}} = k^2 \Rightarrow \frac{1}{400} = k^2 \Rightarrow k = \frac{1}{20}$$

Assim, $\frac{1}{20} = \frac{AB}{CD} = \frac{AO}{OC}$

$\frac{1}{20} = \frac{2}{CD} = \frac{3}{OC} \Rightarrow CD = 40$ e $OC = 60$

Respostas: a) $\frac{3\sqrt{3}}{2}$ *b) CD = 40 e OC = 60*

35

a) Pelo enunciado temos:

$$a_1 + a_2 + a_3 + \ldots + a_{n-1} + a_n = S_n, \text{ou seja}, S_n = bn^2 + n$$

$a_1 + a_2 + a_3 + \ldots + a_{n-1} = S_{n-1}$, ou seja, $S_{n-1} = b(n-1)^2 + n - 1$

Mas: $S_n - S_{n-1} = a_n \Rightarrow bn^2 + n - (b(n-1)^2 + n - 1) = a_n \Rightarrow$

$bn^2 + n - (bn^2 - 2bn + b + n - 1) = a_n \Rightarrow a_n = 2bn - b + 1$ (I)

Pelo enunciado é dado que $a_3 = 7$ (II)

Então observando a igualdade (I) podemos afirmar que:
$a_3 = 2b \cdot 3 - b + 1 \Rightarrow a_3 = 6b - b + 1 \Rightarrow a_3 = 5b + 1$ (III)

Igualando (II) e (III), vem:

$5b + 1 = 7 \Rightarrow b = \frac{6}{5}$

Para calcular a razão da PA, vamos determinar a_1 e a_2.

Sabemos que $a_n = 2bn - b + 1$ e $b = \frac{6}{5}$ assim temos:

$a_1 = 2 \cdot \frac{6}{5} \cdot 1 - \frac{6}{5} + 1 = \frac{12}{5} - \frac{6}{5} + 1 = \frac{11}{5}$

$a_2 = 2 \cdot \frac{6}{5} \cdot 2 - \frac{6}{5} + 1 = \frac{24}{5} - \frac{6}{5} + 1 = \frac{23}{5}$

Portanto a razão será: $r = a_2 - a_1 = \frac{23}{5} - \frac{11}{5} = \frac{12}{5}$

b) $a_{20} = 2 \cdot \frac{6}{5} \cdot 20 - \frac{6}{5} + 1 = \frac{240}{5} - \frac{6}{5} + 1 = \frac{239}{5}$

c) $S_{20} = \frac{6}{5} \cdot 20^2 + 20 = \frac{6}{5} \cdot 400 + 20 = 480 + 20 = 500$

Respostas: a) $b = \frac{6}{5}$, $r = \frac{12}{5}$ *b)* $a_{20} = \frac{239}{5}$ *c)* $S_{20} = 500$

36

a)1) Como o trapézio é inscritível, tem-se $\hat{A} + \hat{C} = 180°$. Portanto, se $\hat{A} = \alpha$, então $\hat{C} = 180° - \alpha$. Pelo paralelismo entre $\overline{AB}$ e $\overline{CD}$, decorre que $\hat{A}$ e $\hat{D}$ são colaterais internos. Logo $\hat{D} = 180° - \alpha$ e, daí, $\hat{B} = \alpha$. Portanto, ABCD é trapézio isósceles.

2) No $\triangle ACE$: $h^2 + 3^2 = (3\sqrt{2})^2 \Rightarrow \mathbf{h = 3}$

b) 1) No $\triangle BCE$: $x^2 = 3^2 + 1^2 \Rightarrow x = \sqrt{10}$

2) O $\triangle ACE$ é retângulo e isósceles. Portanto, $C\hat{A}B = 45°$

3) Aplicando a Lei dos Senos ao $\triangle ABC$:

$\frac{x}{\text{sen}\,\hat{A}} = 2R \Rightarrow \frac{\sqrt{10}}{\text{sen}\,45°} = 2R \Rightarrow \frac{\sqrt{5} \cdot \sqrt{2}}{\frac{\sqrt{2}}{2}} = 2R \Rightarrow \mathbf{R = \sqrt{5}}$

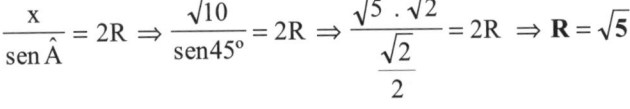

c) Seja A_F a área que se pede para determinar.
Então:

A_F = área(círculo) – área (ABCD)

$A_F = \pi(\sqrt{5})^2 - \frac{(4+2) \cdot 3}{2} \Rightarrow A_F = 5\pi - 9$

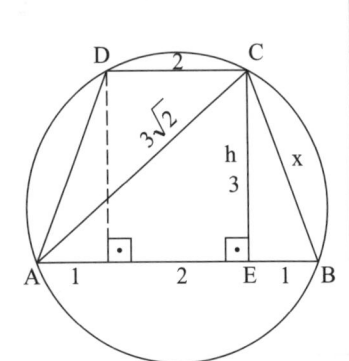

Respostas: a) 3   *b)* $\sqrt{5}$ *c)* $5\pi - 9$

37

$5\cos 2x + 3\,\text{sen}\,x = 4$

$5(1 - 2\,\text{sen}^2 x) + 3\,\text{sen}\,x = 4$

$5 - 10\,\text{sen}^2 x + 3\,\text{sen}\,x = 4$

$10\,\text{sen}^2 x - 3\,\text{sen}\,x - 1 = 0$

$\text{sen}\,x = \frac{3 \pm 7}{20}$ então $\text{sen}\,x = \frac{1}{2}$ ou $\text{sen}\,x = -\frac{1}{5}$

Como x está no 3º quadrante, sen x < 0 e cos x < 0.

Assim, **sen x** = $-\frac{1}{5}$

Da relação fundamental sen²x + cos²x = 1, vem cos²x = 1 – sen²x ⇒

$\Rightarrow \cos^2 x = 1 - \frac{1}{25} = \frac{24}{25} \Rightarrow \cos x = -\frac{2\sqrt{6}}{5}$

Resposta: $\sen x = -\frac{1}{5}$ e $\cos x = -\frac{2\sqrt{6}}{5}$

---

38   Sejam P = (a,b) e r reta OP.

ÁREA DO ΔOPB = ÁREA DOΔOPC

$\frac{1 \cdot a}{2} = \frac{2 \cdot b}{2}$, ou seja, a = 2b,

A reta r, passando pela origem, tem equação y = mx.
Mas, da figura,

$m = tg\alpha = \frac{b}{a} = \frac{b}{2b} = \frac{1}{2}$

A reta r fica $y = \frac{1}{2}x$

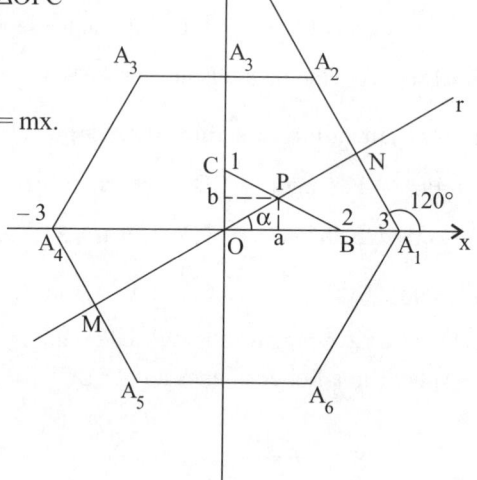

Resposta: Equação $y = \frac{1}{2}x$

b) ÁREA DO $\Delta OBC = \frac{2 \cdot 1}{2} = 1$

se ÁREA DO ΔOPB = ÁREA DO ΔOPC, então ÁREA DO $\Delta OPB = \frac{1}{2}$ · ÁREA DO ΔOBC,

isto é, $\frac{2 \cdot b}{2} = \frac{1}{2} \cdot 1$, ou seja $b = \frac{1}{2}$ e $a = 2 \cdot \frac{1}{2} = 1$. Assim, $P = \left(1, \frac{1}{2}\right)$

Sejam retas t = reta A_1A_2 e s = reta A_4A_5.

Devemos obter os pontos N = intersecção de r com t e M = intersecção de r com s.

1) Ponto N

A reta t tem equação y = mx + k.

m = tg 120° = $-\sqrt{3}$

Como t passa por $A_1 = (3,0)$, $0 = (-\sqrt{3}) \cdot 3 + k$, isto é, $k = 3\sqrt{3}$.

t fica $y = -\sqrt{3}x + 3\sqrt{3}$.

Para obter N resolvemos o sistema $\begin{cases} y = -\sqrt{3}x + 3\sqrt{3} \\ y = \dfrac{1}{2}x \end{cases}$

Temos: $\dfrac{1}{2}x = -\sqrt{3}x + 3\sqrt{3}$

$x = -2\sqrt{3}x + 6\sqrt{3}$

$x(1 + 2\sqrt{3}) = 6\sqrt{3}$

$x = \dfrac{6\sqrt{3}}{1+2\sqrt{3}} \cdot \dfrac{1-2\sqrt{3}}{1-2\sqrt{3}} = \dfrac{6\sqrt{3}(1-2\sqrt{3})}{1-12} = \dfrac{-6\sqrt{3}(1-2\sqrt{3})}{11} = \dfrac{36-6\sqrt{3}}{11}$ e

$y = \dfrac{1}{2}x = \dfrac{1}{2} \cdot \dfrac{36-6\sqrt{3}}{11} = \dfrac{18-3\sqrt{3}}{11}$.

Portanto, $N = \left(\dfrac{36-6\sqrt{3}}{11}, \dfrac{18-3\sqrt{3}}{11} \right)$

2) Ponto M:
O ponto M é o simétrico de N em relação à origem O = (0,0).

Então, $O = \dfrac{x_M + x_N}{2}$, isto é, $x_M = -x_N = \dfrac{-36+6\sqrt{3}}{11}$

$O = \dfrac{y_M + y_N}{2}$, ou, $y_M = -y_N = \dfrac{-18+3\sqrt{3}}{11}$

Resposta: Pontos $\left(\dfrac{36-6\sqrt{3}}{11}, \dfrac{18-3\sqrt{3}}{11} \right)$ e $\left(\dfrac{-36+6\sqrt{3}}{11}, \dfrac{-18+3\sqrt{3}}{11} \right)$

39

a) $\underset{P}{\dfrac{3}{8}} \cdot \underset{P}{\dfrac{2}{7}} \cdot \underset{B}{\dfrac{5}{6}} \cdot 3 = \dfrac{15}{56}$

b) P (2 brancas e 1 preta) = $\dfrac{5}{8} \cdot \dfrac{4}{7} \cdot \dfrac{3}{6} \cdot 3 = \dfrac{15}{28}$

P (2 pretas e 1 branca | as 3 bolas não são da mesma cor) = $\dfrac{\dfrac{15}{56}}{\dfrac{15}{56} + \dfrac{30}{56}} = \dfrac{15}{45} = \dfrac{1}{3}$

Respostas: a) $\dfrac{15}{56}$ **b)** $\dfrac{1}{3}$

40

Como o volume de um cilindro circular de raio **R** e altura **H** é dado por $\pi R^2 \cdot H$, o número **n** em questão é o menor número inteiro que satisfaz a relação:

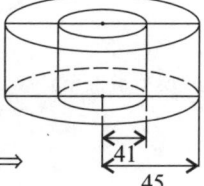

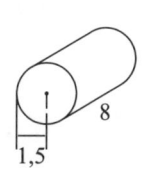

$n \cdot V_{pipa} \geq V_{vala} \Rightarrow n \cdot \left[\pi \cdot (1,5)^2 \cdot 8\right] \geq \pi \cdot 45^2 \cdot 3 - \pi \cdot 41^2 \cdot 3 \Rightarrow$

$\Rightarrow n \cdot (2,25) \cdot 8 \geq 2025 \cdot 3 - 1681 \cdot 3 \Rightarrow n \cdot (0,75) \cdot 8 \geq 2025 - 1681$

$\Rightarrow 6 \cdot n \geq 344 \Rightarrow 3n \geq 172 \Rightarrow n \geq 57,33... \Rightarrow n = 58$

Resposta: 58

41

a) 1) Gráfico da função $y = 4 - x^2$.
É uma parábola de concavidade voltada para baixo.

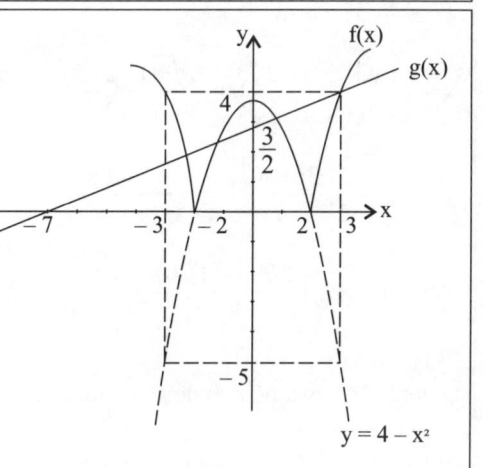

Raízes: $4 - x^2 = 0$ ou $x = \pm 2$

Vértice: $x_v = -\dfrac{b}{2a} = -\dfrac{0}{2(-1)} = 0$

$y_v = 4 - 0^2 = 4$

Se $x = \pm 3$, então $y = 4 - 9 = -5$.

2) Gráfico de $f(x) = |4 - x^2|$
É obtido do gráfico de $y = 4 - x^2$ refletindo as partes com **y** negativo para o semiplano determinado pelo eixo **x** acima desse próprio eixo.

3) Gráfico de $y = \dfrac{x+7}{2}$

Trata-se de uma reta que passa pelos pontos:

$x = 0$ vem $y = \dfrac{x+7}{2}$; ponto $\left(0, \dfrac{7}{2}\right)$

$y = 0$ sai $x = -7$; ponto $(-7, 0)$

Resposta: Gráfico

b) As intersecções dos dois gráficos são obtidas resolvendo a equação $f(x) = g(x)$, isto é,

$|4 - x^2| = \dfrac{x+7}{2}$

Da definição de módulo.

$|4 - x^2| = \begin{cases} x^2 - 4 & \text{se } x \leq -2 \text{ ou } x \geq 2 \\ 4 - x^2 & \text{se } -2 < x < 2 \end{cases}$

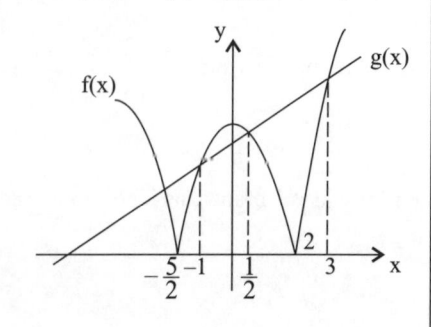

Temos:

1) $x \leq -2$ ou $x \geq -2$

$$x^2 - 4 = \frac{x+7}{2}$$

$2x^2 - 8 = x + 7$
$2x^2 - x - 15 = 0$

$$x = \frac{1 \pm 11}{4}$$

$$x' = \frac{-10}{4} = -\frac{5}{2}$$

$$x'' = \frac{12}{4} = 3$$

2) $-2 < x < 2$

$$4 - x^2 = \frac{x+7}{2}$$

$8 - 2x^2 = x + 7$
$2x^2 + x - 1 = 0$

$$x = \frac{-1 \pm 3}{4}$$

$$x' = -\frac{4}{4} = -1$$

$$x'' = \frac{2}{4} = \frac{1}{2}$$

Observando no gráfico, os valores de **y** onde $f(x) < g(x)$ são aqueles de $f(x)$ que estão **abaixo** da reta e correspondem a **x** entre $-\frac{5}{2}$ e -1 ou entre $\frac{1}{2}$ e 3.

Assim, para $f(x) \leq g(x)$, temos $-\frac{5}{2} \leq x \leq -1$ ou $\frac{1}{2} \leq x \leq 3$, x real.

Resposta: $S = \left\{ x \in R \; / \; -\frac{5}{2} \leq x \leq -1 \; v \; \frac{1}{2} \leq x \leq 3 \right\}$.

42

1) Determinemos AM e ME em função **a**.
Como $AM = 3 \cdot ME$, temos:

$AM + ME = a \Rightarrow$
$\Rightarrow 3 \cdot ME + ME = a \Rightarrow 4 \cdot ME = a \Rightarrow$
$\Rightarrow ME = \frac{a}{4} \Rightarrow AM = \frac{3a}{4}$

2) Determinemos MB = y em função a de **a**

$$y^2 = a^2 + \left(\frac{3a}{4}\right)^2 \Rightarrow y^2 = a^2 + \frac{9a^2}{16} \Rightarrow y^2 = \frac{25a^2}{16} \Rightarrow \boxed{y = \frac{5a}{4}}$$

3) Determinemos MC em função de **a**:

$$MC^2 = y^2 + a^2 \Rightarrow MC^2 = \frac{25a^2}{16} + a^2 \Rightarrow MC^2 = \frac{41}{16}a^2 \Rightarrow \boxed{MC = \frac{a\sqrt{41}}{4}}$$

a) Volume do tetrado BCGM (V)

$$V = \frac{1}{3} \cdot \frac{a \cdot a}{2} \cdot a \Rightarrow \boxed{V = \frac{1}{6}a^3}$$

b) Área do triângulo BCM (S)

$$S = \frac{ay}{2} \Rightarrow S = \frac{1}{2} \cdot a \cdot \frac{5a}{4} \Rightarrow \boxed{S = \frac{5}{8}a^2}$$

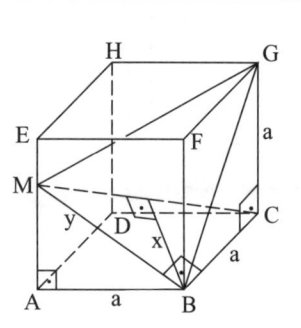

c) Cálculo da distância x entre B e a reta MC.
Sendo S a área do triângulo BCM, temos:

$$S = \frac{MC \cdot x}{2} \Rightarrow \frac{5}{8}a^2 = \frac{1}{2} \cdot \frac{a\sqrt{41}}{4} \cdot x \Rightarrow x = \frac{5a}{\sqrt{41}} \Rightarrow \boxed{x = \frac{5\sqrt{41}}{41}a}$$

Respostas: a) $\frac{1}{6}a^3$ b) $\frac{5}{8}a^2$ c) $\frac{5\sqrt{41}}{41}a$

FUVEST/2008
1ª Fase

43 Sabe-se que se, num ano não bissexto, o dia 1º de janeiro é segunda-feira, no ano seguinte esse dia é uma terça-feira.
Se o ano for bissexto, no ano seguinte esse dia é uma quarta-feira ("pula" um dia).
Do enunciado, 01/01/2007 for segunda-feira. Temos:

Ano   Dia da Semana
2007 - segunda
2008 - terça   (é bissexto)
2009 - quinta
2010 - sexta
2011 - sábado
2012 - domingo (é bissexto)
2013 - terça
2014 - quarta
2015 - quinta
2016 - sexta   (é bissexto)
2017 - domingo
2018 - segunda
01/01/2018 será uma segunda-feira

Alternativa d

44 Opção 1:

Maria pagaria 3500 − 2300 = 1200 euros com juros de 2% ao dia, por dois dias pagaria, no total:

$$2300 + 1200 \cdot (1{,}02) \cdot (1{,}02) = 2300 + 1200 \cdot (1{,}02)^2 = 2300 + 1248{,}48 = 3548{,}48$$

Opção 2:

Maria pagaria uma multa de 2% sobre o valor total, ficando:

$$3500 \cdot (1{,}02) = 3570$$

Portanto, se Maria escolher a opção 2, terá uma desvantagem em relação à opção 1, de 3570 − 3548,48 = 21,52 euros

Alternativa c

45 Na figura, temos:

$$\tan\beta = \frac{h}{x} \Rightarrow 3\sqrt{3} = \frac{h}{x} \Rightarrow x = \frac{h}{3\sqrt{3}} \quad (I)$$

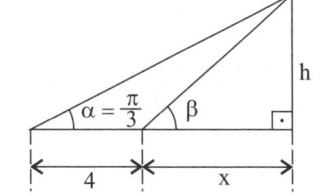

e ainda:

$$\tan\frac{\pi}{3} = \frac{h}{4+x} \Rightarrow \sqrt{3} = \frac{h}{4+x} \Rightarrow \sqrt{3}(4+x) = h \quad (II)$$

Substituindo **(I)** em **(II)** vem:

$$\sqrt{3}\cdot\left(4+\frac{h}{3\sqrt{3}}\right) = h \Rightarrow 4\sqrt{3} + \frac{h}{3} = h \Rightarrow 12\sqrt{3} + h = 3h \Rightarrow 2h = 12\sqrt{3} \Rightarrow h = 6\sqrt{3} \text{ metros}$$

Alternativa c

46 Como $(a_1, a_5, a_9, \ldots)$ é uma PG de razão 9, temos: $a_5 = 9\cdot a_1$ (I)

Por outro lado, temos que $(a_1, a_2, a_3, a_4, a_5, \ldots)$ é uma PG.

Então: $a_5 = a_1 \cdot q^4$ (II) (sendo q a razão da PG).

Igualando (I) e (II) temos: $a_1 \cdot q^4 = 9a_1 \Rightarrow q = \pm\sqrt[4]{9} \Rightarrow q = \pm\sqrt{3}$.

Como $a_1 > 0$ e $a_6 = -9\sqrt{3}$ (lembre-se que $a_6 = a_1 \cdot q^5$) então $q_5 < 0 \Rightarrow q < 0$. Assim $q = -\sqrt{3}$.

Sabemos pelo enunciado do problema que $a_6 = -9\sqrt{3}$ (III).

Por outro lado $a_6 = a_2 \cdot q^4$ (IV)

Igualando (III) e (IV) vem: $a_2 \cdot q^4 = -9\sqrt{3} \Rightarrow a_2 \cdot 9 = -9\sqrt{3} \Rightarrow a_2 = -\sqrt{3}$.

Sabemos que também que $a_7 = a_6 \cdot q \Rightarrow a_7 = -9\sqrt{3}\cdot(-\sqrt{3}) \Rightarrow a_7 = 27$

Portanto $a_2 \cdot a_7 = -\sqrt{3}\cdot 27 = -27\sqrt{3}$

Alternativa a

47 O sistema apresenta a condição de existência $x > 0$ e $y > 0$. Assim sendo, os sistemas a seguir são equivalentes:

$$\begin{cases} 2\log_2 x - \log_2(y-1) = 1 \\ \log_2(x+4) - \frac{1}{2}\log_2 y = 2 \end{cases} \Rightarrow \begin{cases} \log_2\left(\frac{x^2}{y-1}\right) = 1 \\ \log_2\left(\frac{x+4}{y^{1/2}}\right) = 2 \end{cases} \Rightarrow \begin{cases} \frac{x^2}{y-1} = 2 \\ \frac{x+4}{\sqrt{y}} = 4 \end{cases} \Rightarrow$$

$$\Rightarrow \begin{cases} x^2 = 2y-2 \\ x+4 = 4\sqrt{y} \end{cases} \Rightarrow \begin{cases} y = \frac{x^2+2}{2} \quad (I) \\ (x+4) = 16y \quad (II) \end{cases}$$

Substituindo (I) em (II) vem:

$(x+4)^2 = 16 \cdot \dfrac{x^2+2}{2} \Rightarrow x^2 + 8x + 16 = 8x^2 + 16 \Rightarrow 7x^2 - 8x = 0 \Rightarrow$

$x = 0$ (não convém) ou $x = \dfrac{8}{7}$.

Substituindo $x = \dfrac{8}{7}$ em (I) temos:

$y = \dfrac{\left(\dfrac{8}{7}\right)^2 + 2}{2} \Rightarrow y = \dfrac{\dfrac{64}{49} + 2}{2} \Rightarrow y = \dfrac{81}{49} \Rightarrow \sqrt{y} = \dfrac{9}{7}$

Portanto $7(\sqrt{y} - x) = 7\left(\dfrac{9}{7} - \dfrac{8}{7}\right) = 7 \cdot \dfrac{1}{7} = 1$.

Alternativa d

48

1º Modo:
Se $x = 1$ é raiz da equação, temos:

$1^2 + (1 + 5m - 3m^2) \cdot 1 + m^2 + 1 = 0 \Rightarrow -2m^2 + 5m + 3 = 0$

$m = \dfrac{-5 \pm \sqrt{25 + 24}}{-4} = \dfrac{-5 \pm 7}{-4} \Rightarrow m = 3$ ou $m = \dfrac{-1}{2}$.

A soma dessas raízes é $S = 3 + \left(\dfrac{-1}{2}\right) = \dfrac{5}{2}$.

2º Modo:
$-2m^2 + 5m + 3 = 0$
A soma da raízes dessa equação é :

$S = \dfrac{-b}{a} = \dfrac{-5}{-2} = \dfrac{5}{2}$

Alternativa a

49

1) Pitágoras no $\triangle ABD$

$(BD)^2 = \ell^2 + (2\ell^2)$

$BD = \ell\sqrt{5}$

2) Pelo caso A.A. os triângulos BEF e BCD são semelhantes. A razão entre sua áreas é igual ao quadrado da razão de semelhança, isto é :

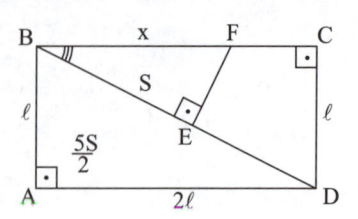

$\dfrac{\text{área(BEF)}}{\text{área(BCD)}} = \left(\dfrac{BF}{BD}\right)^2 \Rightarrow \dfrac{S}{\dfrac{5S}{2}} = \left(\dfrac{x}{\ell\sqrt{5}}\right)^2 \Rightarrow \dfrac{2}{5} = \dfrac{x^2}{5\ell^2} \Rightarrow x = \ell\sqrt{2}$

Alternativa e

50

1) Como OA é perpendicular ao plano de OCD, obtemos que os ângulos $A\hat{O}C$ e $A\hat{O}D$ são retos. Desta forma obtemos que OC = OD. Isto é:
O triângulo OCD também é isóceles.

2) Cálculo de OC = OD = y
$$y^2 + 3^2 = 5^2 \Rightarrow y = 4$$

3) Cálculo de h sendo $O\hat{C}D = \theta$, obtemos:

$$\text{sen}\theta = \frac{h}{y} \Rightarrow \frac{1}{3} = \frac{h}{4} \Rightarrow h = \frac{4}{3}$$

4) Cálculo de CD = 2x

$$x^2 + h^2 = y^2 \Rightarrow x^2 + \frac{16}{9} = 16 \Rightarrow 9x^2 + 16 = 144 \Rightarrow x^2 = \frac{128}{9} \Rightarrow x = \frac{8\sqrt{2}}{3} \Rightarrow CD = 2x = \frac{16\sqrt{2}}{3}$$

5) Área do triângulo OCD (S):

$$S = \frac{CD \cdot h}{2} \Rightarrow S = \frac{1}{2} \cdot \frac{16\sqrt{2}}{3} \cdot \frac{4}{3} \Rightarrow \boxed{S = \frac{32\sqrt{2}}{9}}$$

Alternativa b

51

1) Dispor a família num dos três bancos : 3
2) Permutar os membros da família Souza num banco : 3!
3) Dispor o casal lado a lado : 4
4) Permutar Lúcia e Mauro: 2!
5) Permutar as outras 4 pessoas: 4!   Temos: 3 . 3! . 4 . 2! . 4! = 3456

Alternativa e

52

Dada a equação $x^2 + y^2 - 4x - 4y + 4 = 0$, temos:
$x^2 - 4x + 4 + y^2 - 4y + (4) = 0 + (4)$ ou $(x - 2)^2 + (y - 2)^2 = 4$ que a equação da cicunferência de centro C = (2,2) e raio 2.
A área S da região hachurada é a diferença entre a área do semicírculo de diâmetro MN e a área S' do segmento círcular de corda AB.
Então,

$$S = \frac{1}{2} \cdot \pi \cdot 2^2 - S' = 2\pi - \left(\text{Área de } \frac{1}{4} \text{ círculo } - \text{Área do } \triangle ABC\right) =$$

$$= 2\pi - \left(\frac{1}{4} \cdot \pi \cdot 2^2 - \frac{2 \cdot 2}{2}\right) = 2\pi - \pi + 2 = \pi + 2$$

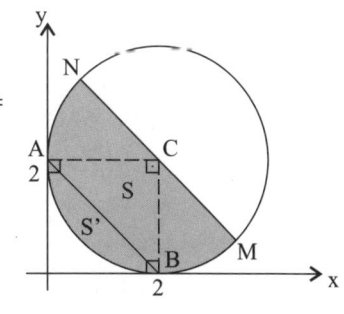

Alternativa b

FUVEST/2008
2ª Fase

53 Sejam:
x o preço de um hambúrguer
y o preço de um suco de laranja
z o preço de uma cocada

Do enunciado, temos:

$$\begin{cases} x+y+z = 10 & \text{(I)} \\ 3x+y+2z = 21,50 & \text{(II)} \\ 8x+3y+5z = 57 & \text{(III)} \end{cases}$$

Fazendo:

$$+\begin{cases} (-3)\cdot(\text{I}) \Rightarrow & -3x-3y-3z = -30 \\ (\text{II}) \Rightarrow & \dfrac{3x+y+2z}{-2y-z} = \dfrac{21,50}{-8,5} \end{cases}$$

$$+\begin{cases} (-8)\cdot(\text{I}) \Rightarrow & -8x-8y-8z = -80 \\ (\text{III}) \Rightarrow & \dfrac{8x+3y+5z}{-5y-3z} = \dfrac{57}{-23} \end{cases}$$

Fica:

$$\begin{cases} 2y + z = 8,5 \quad .(-3) \\ 5y + 3z = 23 \end{cases}$$

$$+\begin{cases} -6y-3z = -25,5 \\ \dfrac{5y+3z}{-y} = \dfrac{23}{-2,5} \end{cases}$$

y = 2,5

De 2y + z = 8,5 vem: 2.(2,5)+ z = 8,5 ⇒ **z = 3,5** e ainda x + y + z = 10 ⇒
x + 2,5+ 3,5 = 10 ⇒ **x = 4**

Resposta: O preço do hambúrguer é R$ 4,00, o de um suco de laranja é R$ 2,50 e o de uma cocada é R$ 3,50.

54 Do enunciado, temos a figura ao lado:
a) No ΔACH retângulo, temos:

$\cos\alpha = \dfrac{CH}{AC} \Rightarrow \dfrac{3}{8} = \dfrac{CH}{4} \Rightarrow CH = \dfrac{3}{2}$

Pitágoras: $(AH)^2 + (CH)^2 = (AC)^2$

$(AH)^2 + \left(\dfrac{3}{2}\right)^2 = 4^2$

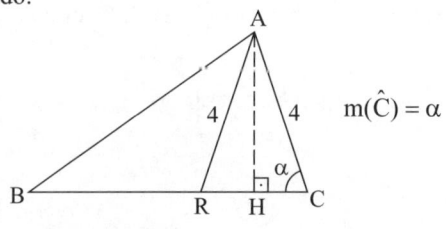

$$(AH)^2 + \frac{9}{4} = 16$$

$$(AH)^2 = \frac{55}{4} \Rightarrow AH = \frac{\sqrt{55}}{2}$$

b) $\triangle ACR$ é isóceles $\Rightarrow CH = RH = \frac{3}{2}$

Logo $CR = 2 \cdot CH = 2 \cdot \frac{3}{2} = 3$

Como: $\dfrac{BR}{BC} = \dfrac{4}{7}$ vem:

$$\frac{BR}{BR+CR} = \frac{4}{7} \Rightarrow \frac{BR}{BR+3} = \frac{4}{7} \Rightarrow 7 \cdot BR = 4 \cdot BR + 12 \Rightarrow BR = 4$$

Assim, a área do $\triangle ABR$ é:

$$A = \frac{1}{2} \cdot BR \cdot AH$$

$$A = \frac{1}{2} \cdot 4 \cdot \frac{\sqrt{55}}{2}$$

$$A = \sqrt{55}$$

Respostas: a) $\dfrac{\sqrt{55}}{2}$ b) $\sqrt{55}$

55

a) Seja: r_1, r_2 e r_3 as raízes do polínomio. Como pelo enunciado formam uma P.A., podemos representá-las da seguinte maneira:

$$r_1 = a - r \quad ; \quad r_2 = a \quad ; \quad r_3 = a + r$$

Pelos dados do problema vem:

1) $r_1 + r_2 + r_3 = \dfrac{9}{5} \Rightarrow a - r + a + a + r = \dfrac{9}{5} \Rightarrow 3a = \dfrac{9}{5} \Rightarrow a = \dfrac{3}{5}$

2) $(r_3)^2 - (r_1)^2 = \dfrac{24}{5} \Rightarrow \left(\dfrac{3}{5}+r\right)^2 - \left(\dfrac{3}{5}-r\right)^2 = \dfrac{9}{25} + \dfrac{6}{5}r + r^2 - \dfrac{9}{25} + \dfrac{6}{5}r - r^2 = \dfrac{24}{5} \Rightarrow$

$\Rightarrow \dfrac{12}{5}r = \dfrac{24}{5} \Rightarrow r = 2$

Portanto a P.A. será: $\left(\dfrac{3}{5}-2, \dfrac{3}{5}, \dfrac{3}{5}+2\right) \Rightarrow \left(-\dfrac{7}{5}, \dfrac{3}{5}, \dfrac{13}{5}\right)$

b) Seja $P(x) = ax^3 + bx^2 + cx + d$ o polínomio em questão.

Pela relação de Girard temos: $r_1 \cdot r_2 + r_1 \cdot r_3 + r_2 \cdot r_3 = \dfrac{c}{a}$

Então pelos dados do problema, vem:

$$-\frac{7}{5}\cdot\frac{3}{5}+\left(-\frac{7}{5}\right)\cdot\frac{13}{5}+\frac{3}{5}\cdot\frac{13}{5}=\frac{c}{5} \Rightarrow -\frac{21}{25}-\frac{91}{25}+\frac{39}{25}=\frac{c}{5} \Rightarrow c=-\frac{75}{5}$$

Respostas: a) $\left(-\dfrac{7}{3},\dfrac{3}{5},\dfrac{13}{5}\right)$ **b)** $-\dfrac{75}{5}$

56

1) Os centros **O** e **P**, dos círculos da figura, equidistam dos lados $\overline{DF}$ e $\overline{EF}$ do triângulo DEF.

Portanto, **O** e **P** pertencem à bissetriz do ângulo $D\hat{F}E$.

Logo, $P\hat{F}G = 30°$.

2) No ΔPFG : $\dfrac{r}{r+x}=\text{sen}\,30° \Rightarrow \dfrac{r}{r+x}=\dfrac{1}{2} \Rightarrow x=r$

3) No ΔOFH : $\dfrac{R}{R+r-x}=\text{sen}\,30° \Rightarrow \dfrac{R}{R+r+r}=\dfrac{1}{2} \Rightarrow \dfrac{R}{r}=3$

b) O ponto **O** é baricentro do ΔDEF. Assim, $OD = 2R$.

1) Sendo **a** a medida do lado do triângulo DEF, tem-se:

$$DH = \frac{a\sqrt{3}}{2} \Rightarrow 3R = \frac{a\sqrt{3}}{2} \Rightarrow a = \frac{6R}{\sqrt{3}} \Rightarrow a = 2\sqrt{3}R$$

2) Área $(DEF) = \dfrac{a^2\sqrt{3}}{4} \Rightarrow$ área$(DEF) = \dfrac{(2\sqrt{3}R)^2\sqrt{3}}{4} \Rightarrow$ área$(DEF) = \dfrac{12\sqrt{3}\cdot R^2}{4} = 3\sqrt{3}R^2$

Portanto: área $(DEF) = 3\sqrt{3}(3r)^2 \Rightarrow$ área$(DEF) = 27\sqrt{3}r^2$.

Respostas: a) $\dfrac{R}{r}=3$ **b) área (DEF)** $= 27\sqrt{3}\,r^2$

57

a) $\text{sen}\,x + \text{sen}\,2x + \text{sen}\,3x = 0$
$(\text{sen}\,3x + \text{sen}\,x) + \text{sen}\,2x = 0$

$$2\cdot \text{sen}\,\frac{3x+x}{2}\cdot \cos\frac{3x-x}{2}+\text{sen}\,2x=0$$

$2.\text{sen}\,2x.\cos x + \text{sen}\,2x = 0$

$\text{sen}\,2x\cdot(2\cos x+1)=0$ então $\text{sen}\,2x = 0$ ou $\cos x = -\dfrac{1}{2}$

1) $\text{sen}\,2x = 0 \Rightarrow 2x = k\pi \Rightarrow x = \dfrac{k\pi}{2}$ $(k \in \mathbb{Z})$

2) $\cos x = -\dfrac{1}{2} \Rightarrow x = \pm\dfrac{2\pi}{3}+2k\pi$ $(k \in \mathbb{Z})$

Como $\frac{\pi}{2} < x < \pi$, atribuindo valores a k, temos $x = \frac{2\pi}{3}$

b) Para $x = \frac{2\pi}{3}$, temos:

cosx + cos2x + cos3x =

$= \cos\frac{2\pi}{3} + \cos\frac{4\pi}{3} + \cos 2\pi = -\frac{1}{2} - \frac{1}{2} + 1 = 0$

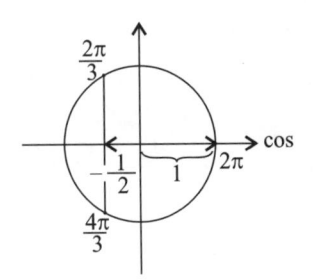

Respostas: a) $x = \frac{2\pi}{3}$ **b)** 0

---

58 A circunferência dada tem centro na origem O e raio $\sqrt{5}$. O ponto $E = (1, y)$ pertence a circunferência.
Então,
$1^2 + y^2 = 5 \Rightarrow y^2 = 4 \Rightarrow y = 2 \Rightarrow E = (1,2)$
por ter ordenada positiva.

a) Seja **g** a reta tangente à circunferência no ponto **E**.
Sua equação é $y = mx+k$
g é perpendicular a OE. Então:

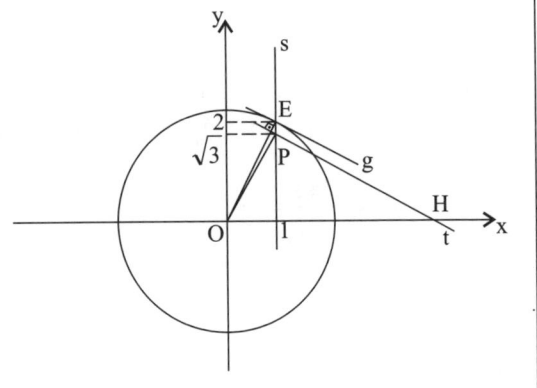

$m \cdot m_{OE} = -1$, isto é, $m \cdot \frac{2-0}{1-0} = -1$, ou seja, $m = -\frac{1}{2}$.

A equação de **g** fica: $y = -\frac{1}{2}x + k$. Como t passa por E, vem: $2 = -\frac{1}{2} \cdot 1 + k$, isto é,

$k = 2 + \frac{1}{2} = \frac{5}{2}$

Resposta: $y = -\frac{1}{2}x + \frac{5}{2}$

b) No $\triangle OPE$, a altura relativa ao lado PE está contida no eixo x. A reta **t** é suporte da altura relativa a OE.
Sua intrsecção com o eixo **x** é o ortocentro H procurado.

Reta OE: $\begin{vmatrix} 0 & 0 & 1 \\ 1 & 2 & 1 \\ x & y & 1 \end{vmatrix} = 0$, isto é, $y - 2x = 0$ ou $y = 2x$

Reta t: $y = -\frac{1}{2}x + k$ como P pertence a t, $\sqrt{3} = -\frac{1}{2} \cdot 1 + k$, isto é, $k = \sqrt{3} + \frac{1}{2}$

Assim, (t)y $= -\dfrac{1}{2}x + \sqrt{3} + \dfrac{1}{2}$

Ponto H: y = 0 $\Rightarrow \dfrac{1}{2}x = \sqrt{3} + \dfrac{1}{2} \Rightarrow x = 2\sqrt{3} + 1$

Resposta: H = $(2\sqrt{3} + 1, 0)$

59

$E = \{(1,1),(1,2),...,(6,6)\}$ $n(E) = 36$

Pedro vence com os seguintes resultados:

$P = \{(3,1),(4,1),(4,2),(5,1),(5,2),(5,3),(6,1),(6,2),(6,3),(6,4)\}$ $n(P) = 10$

$P(P) = \dfrac{10}{36} = \dfrac{5}{18}$

b) Nenhum dos jogadores ganhará se ocorrer N:

$N = \{(1,1),(1,2),(2,1),(2,2),(2,3),(3,2),(3,3),(3,4),(4,3),(4,4),(4,5),(5,4),(5,5),(5,6),(6,5),(6,6)\}$

$n(N) = 16$ e $P(N) = \dfrac{16}{36} = \dfrac{4}{9}$

c) A probabilidade de **nenhum** jogador vencer até a quarta rodada é o evento complementar de um deles vencer até a quarta rodada.

P(nenhum vencer até a quarta rodada) $= \left(\dfrac{16}{36}\right)^4$

portanto a probabilidade de um deles vencer até a quarta rodada é:

$1 - \left(\dfrac{16}{36}\right)^4 = 1 - \left(\dfrac{4}{9}\right)^4 = 1 - \dfrac{256}{6561} = \dfrac{6305}{6561}$

Respostas: a) $\dfrac{5}{18}$ b) $\dfrac{4}{9}$ c) $1 - \left(\dfrac{4}{9}\right)^4$

60

1) Determinemos **a** = QM no triângulo PMQ.

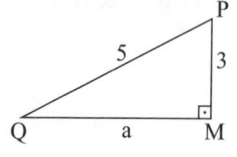

$a^2 + 3^2 = 5^2 \Rightarrow \boxed{a = 4}$

a) Por Tales, temos:

$\dfrac{5-x}{a-1} = \dfrac{x}{1} \Rightarrow \dfrac{5-x}{3} = \dfrac{x}{1} \Rightarrow 3x = 5 - x \Rightarrow \boxed{x = \dfrac{5}{4}} \Rightarrow \boxed{PR = \dfrac{5}{4}}$

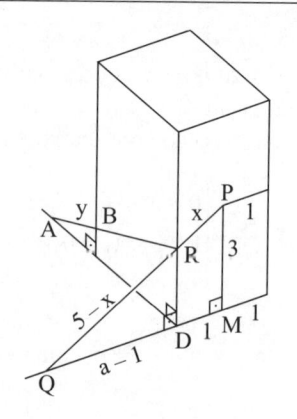

b) No triângulo ARD, como RQ = RA e DQ = DA, temos:
Por Tales:

$$\frac{y}{a-3} = \frac{5-x}{a-1} \Rightarrow \frac{y}{1} = \frac{5-\frac{5}{4}}{3} \Rightarrow$$

$$\Rightarrow y = \frac{1}{3} \cdot \frac{20-5}{4} \Rightarrow y = \frac{5}{4} \Rightarrow AB = \frac{5}{4}$$

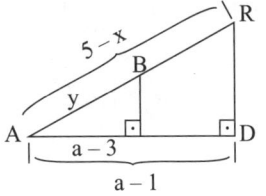

Respostas: a) $PR = \dfrac{5}{4}$ ***b)*** $AB = \dfrac{5}{4}$

61

a) $w = -\dfrac{1}{2} + i\dfrac{\sqrt{3}}{2} = 1\left(\cos\dfrac{2\pi}{3} + i\,\text{sen}\dfrac{2\pi}{3}\right)$ pois $|w| = \sqrt{\left(-\dfrac{1}{2}\right)^2 + \left(\dfrac{\sqrt{3}}{2}\right)^2} = 1$ e

$$\left.\begin{array}{l}\cos\theta = -\dfrac{1}{2}\\[6pt] \text{sen}\,\theta = \dfrac{\sqrt{3}}{2}\end{array}\right\} \Rightarrow \theta = \dfrac{2\pi}{3}$$

$$\frac{1}{w} = w^{-1} = 1\left[\cos\left(-\frac{2\pi}{3}\right) + i\,\text{sen}\left(-\frac{2\pi}{3}\right)\right] = -\frac{1}{2} - i\frac{\sqrt{3}}{2} \Rightarrow \text{Re}(w^{-1}) = -\frac{1}{2} \text{ e } \text{Im}(w^{-1}) = -\frac{\sqrt{3}}{2}$$

$$w^3 = 1\left[\cos\left(3 \cdot \frac{2\pi}{3}\right) + i\,\text{sen}(2\pi)\right] = 1 + 0i = 1 \Rightarrow \text{Re}(w^3) = 1 \text{ e } \text{Im}(w^3) = 0$$

b)

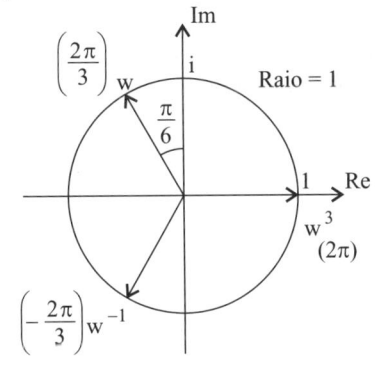

Note que esses três pontos são também os afixos das raízes cúbicas de 1 no campo complexo, dividindo a circunferência em três partes iguais.

c) $z^3 = 1 \Rightarrow z = \sqrt[3]{1}^C = z_k$

$w = 1(\cos 0 + \text{sen}\, 0) = $ radicando

$$\sqrt[3]{1}^C = z_k = \sqrt[n]{|w|}\left[\cos\left(\frac{\theta}{n} + k \cdot \frac{2\pi}{n}\right) + i\,\text{sen}\left(\frac{\theta}{n} + k \cdot \frac{2\pi}{n}\right)\right]$$

$$z_k = \sqrt[3]{1} \cdot \left[\cos\left(\frac{0}{3} + k \cdot \frac{2\pi}{3}\right) + i\,\text{sen}\left(k \cdot \frac{2\pi}{3}\right)\right]$$

$z_0 = 1(\cos 0 + i\,\text{sen}\,0) = 1(1 + 0i) = 1$

$z_1 = 1\left(\cos\dfrac{2\pi}{3} + i\,\text{sen}\dfrac{2\pi}{3}\right) = -\dfrac{1}{2} + i\dfrac{\sqrt{3}}{2}$

$$z_2 = 1\left(\cos\frac{4\pi}{3} + i\sin\frac{4\pi}{3}\right) = -\frac{1}{2} - i\frac{\sqrt{3}}{2}$$

Respostas: a) $Re(w^{-1}) = -\frac{1}{2}$ e $Im(w^{-1}) = -\frac{\sqrt{3}}{2}$; $Re(w^3) = 1$ e $Im(w^3) = 0$

b) Ver figura c) $z_0 = 1$; $z_1 = -\frac{1}{2} + i\frac{\sqrt{3}}{2}$; $z_2 = -\frac{1}{2} - i\frac{\sqrt{3}}{2}$

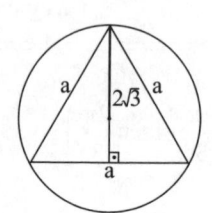

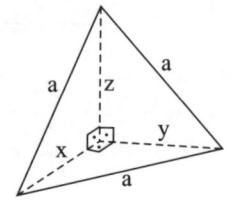

62

1) Calculemos o lado **a** do triângulo equilátero que é uma das faces da pirâmide triangular que é a parte do cubo que esta no interior do copo:

$$R = \frac{2}{3}h \Rightarrow R = \frac{2}{3}\cdot\frac{a\sqrt{3}}{2} \Rightarrow 2\sqrt{3} = \frac{a\sqrt{3}}{3} \Rightarrow a = 6 \Rightarrow \boxed{a = 6\,cm}$$

2) Calculemos as arestas laterais **x**, **y** e **z** da pirâmide

$$\begin{cases} x^2 + y^2 = 36 \\ x^2 + z^2 = 36 \\ y^2 + z^2 = 36 \end{cases} \Rightarrow \begin{cases} x^2 + y^2 = x^2 + z^2 \\ x^2 + y^2 = y^2 + z^2 \end{cases} \Rightarrow \begin{cases} y^2 = z^2 \\ x^2 = z^2 \end{cases} \Rightarrow x = y = z \Rightarrow$$

$$\Rightarrow x^2 + x^2 = 36 \Rightarrow x^2 = 18 \Rightarrow x = 3\sqrt{2} \Rightarrow \boxed{x = y = z = 3\sqrt{2}}$$

Note que a pirâmide em questão é então uma pirâmide regular pois $x = y = z$.

3) Calculemos o volume desta pirâmide

$$V = \frac{1}{3}BH \Rightarrow V = \frac{1}{3}\cdot\frac{x\cdot y}{2}\cdot z \Rightarrow V = \frac{1}{6}x^3 \Rightarrow V = \frac{1}{6}\cdot(3\sqrt{2})^3 \Rightarrow V = \frac{1}{6}\cdot 3\cdot 3\cdot 3\cdot 2\sqrt{2} \Rightarrow \boxed{V = 9\sqrt{2}}$$

Resposta: $9\sqrt{2}\,cm^3$

UNICAMP/2006
1ª Fase

63

a) Do gráfico dado, tiramos: 296 acidentes para cada 10.000 veículos em 2003. Nesse ano, em Campinas, havia 500.000 veículos.

Número de acidentes em 2003:

$$500\,000 \cdot \frac{296}{10\,000} = 14\,800$$

b) Como em 2002, a quantidade de veículos era 4% menor que aquela de 2003 (isto é, 96% daquela), temos:

$$96\% \text{ de } 5000\,000 = \frac{96}{100} \cdot 500\,000 = 480\,000 \text{ veículos}$$

Nesse ano, num total de 334 acidentes, sendo 274 deles sem vítimas, houve 334 − 274 = 60 acidentes com vítimas, sempre para cada 10 000 veículos.
O número de acidentes que houve em 2002, em Campinas, é:

$$480\,000 \cdot \frac{60}{10\,000} = 2880$$

Respostas: a) 14 800 acidentes   b) 2880 acidentes

64

Resolução I (**1ª interpretação**)
a) Por caminhão:(500 toneladas) ÷ (20 toneladas em cada caminhão) = 25 caminhões.
(25 caminhões) .(R$125,00) + (25).(300 distância) .(0,50) = 3125 + 3750 = 6875 reais
Por trem:(500) . (R$8,00) + (0,015 custo por km) .(300) = 4000 + 4,5 = 4004,5 reais
b) O custo do trasporte por caminhão será c:

$$c = 3125 + 25 \cdot 0{,}50 \cdot d$$

Por trem será t:

$$t = 4000 + 0{,}015 \cdot d$$

Queremos t < c ⇒ 4000 + 0,015d < 3125 +12,5d ⇒
⇒ 12,485d > 875 ⇒ d > 70,08km

Resolução II (**2ª interpretação**)
a) Por caminhão teremos os mesmos R$ 6875 de despesa.

Por trem, diferentemente do que fizemos no item a podemos intepretar que o custo por tonelada será:

(R$ 8,00, custo fixo) + (R$ 0,015, custo por km).(300km) = R$12,50 **por tonelada transportada**.

Veja agora a "diferença":(500 toneladas).(R$12,50) = R$ 6250,00!

b) Faremos: c = 3125 + 12,50d e t = 500(8 + 0,015.d)
temos que fazer t < c ⇒ 4000 + 7,5d < 3125 + 12,5d ⇒ 875 < 5d ⇒d >175 km

Respostas: Como acreditamos que a segunda interpretação é a masi "razoável"temos:
a) Caminhão:R$ 6875,00 ; Trem: R$6250,00   b)175km

UNICAMP/2006
2ª Fase

65 São 70 voltas com 4,4km por volta

a)(60 litros do tanque).(1,6 rendimento) = 96km

(96km) ÷ (4,4 que é a distância percorrida numa volta) = 21,81 (21 voltas completas)

b) (70 voltas).(4,4km por volta) = 308km

(308km,total percorrido) ÷ (1,6 rendimento do carro) = 192,5l

Respostas: a) 21 voltas   b) 192,5 ℓ

66 Sejam:
A: funcionários com mais de 30 anos

$$n(A) = 5000 \cdot 48\% = 5000 \cdot \frac{48}{100} = 2400$$

B: funcionários especializados

$$n(B) = 5000 \cdot 36\% = 5000 \cdot \frac{36}{100} = 1800$$

A∩B: funcionários com mais de 30 anos e especializados

n(A∩B) = 1400

a) Sendo x = números de funcinários que têm até 30 anos e não são especializados, temos:

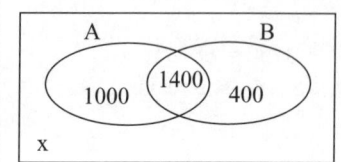

x + 1000 + 1400 + 400 = 5000

x = 2200

b) A probabilidade pedida é $p = \frac{400}{5000} = \frac{2}{25}$

Respostas: a) 2200   b) $\frac{2}{25}$

67   A mala: Cada nota de R$ 50,00

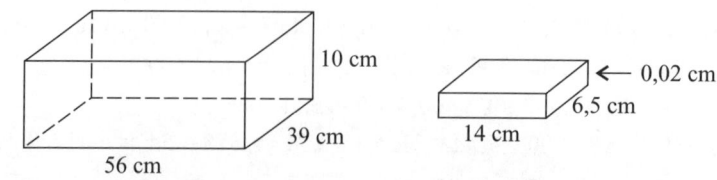

a)1) Como existem inteiros **a**, **b** e **c** tais que a·14 = 56, b·6,5 = 39 e c·0,02 = 10, obtemos:

a = 4, b = 6 e c = 500. Então, o número máximo **n** de no notas de R$ 50,00 que cabe na mala será:
n = a · b · c ⇒ n = 4 · 6 · 500 ⇒ n = 12000

2) A quantia máxima, em reais será:

$Q = 12.000 \cdot (R\$50{,}00) \Rightarrow \boxed{Q = R\$600.000{,}00}$

b)1) Determinemos o volume V, em cm³, de todas as notas, que neste caso coincide com o volume interno da mala.

$V = 56 \cdot 39 \cdot 10 \Rightarrow \boxed{V = (56 \cdot 39 \cdot 10)\,cm^3}$

2) O peso P de todas notas é dado por:

$P = 0{,}75g/cm^3 \cdot (56 \cdot 39 \cdot 10)\,cm^3 \Rightarrow P = (7{,}5 \cdot 56 \cdot 39)g \Rightarrow P = 16380\,g \Rightarrow P = 16{,}38\,kg$

3) Sendo **mc**, o peso da mala cheia, temos:

mc = 16,38 + 2,6 ⇒ $\boxed{mc = 18{,}98\ kg}$

Respostas: a) 600.000,00   b) 18,98kg

---

68 a) Um número é divisível por 15 quando este for divisível por 5 (o último algarismo é 0 ou 5) e divisível por 3 (a soma dos algarismos é um multiplo de 3).
O número já possui os algarismos: 2, 0, 3, 4, 1, 3, 2 e 1 cuja a soma é 16.
Os dois últimos algarismos serão:

(penúltimo)   (último)
deve ser 2   deve ser zero

$\dfrac{1}{5}$ · $\dfrac{1}{5} = \dfrac{1}{25}$

b) Um número menor que 1 bilhão terá, no máximo, 9 algarismos significativos. Se for um número multiplo de 4 seus dois últimos algarismos formarão um número divisivel por 4:

$\underbrace{\text{-------}}_{5^7}$

$\left(\begin{array}{l}\text{qualquer algarismo pode ser}\\ \text{utilizado em qualquer dessas}\\ \text{posições}\end{array}\right)$

Os dois últimos poderão ser:
00
04
12
20
24
32
40
44

O total será: $5^7 \times 8 = 625000$

Respostas: a) $\dfrac{1}{25}$ *b) 625000*

69 Após a base da escada escorregar, formou - se um triângulo retângulo isóceles. Se a distância, em metros, entre a parede da casa e o muro, é **d**, então o comprimento da escada é de $d\sqrt{2}$.

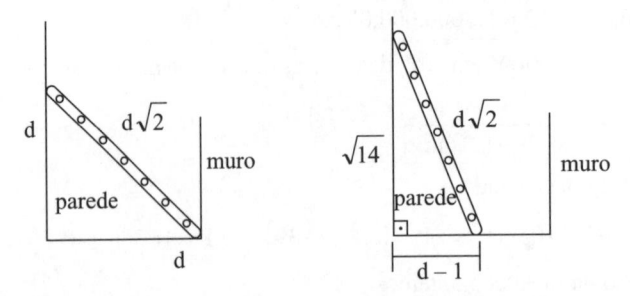

Note que, antes da base da escada escorregar, ela estava a $d-1$ metros da parede, e o topo da escada estava a uma altura de $\sqrt{14}$ m.

Aplicando o teorema de Pitágoras, tem-se:

$(d\sqrt{2})^2 = (d-1)^2 + (\sqrt{14})^2$

$d^2 - 2d - 15 = 0 \Rightarrow (d+5)(d-3) = 0 \Rightarrow d = 3$

Logo, a distância entre a parede da casa e o muro é igual a 3m e o comprimento da escada é igual a $3\sqrt{2}$m.

Respostas: a) 3m   b) $3\sqrt{2}$m

---

70 a) Temos que a concentração inicial de CO_2 é 377,4 ppm.(ano de 2004).
Assim:
após 1 ano teremos: $C(1) = 377,4 \cdot 1,005$
após 2 anos teremos: $C(2) = 377,4 \cdot (1,005)^2$
após 3 anos teremos: $C(3) = 377,4 \cdot (1,005)^3$

Logo após t anos teremos: $C(t) = 377,4 \cdot (1,005)^t$
Deste modo a função procurada é: $C(t) = 377,4 \cdot (1,005)^t$

Resposta: $C(t) = 377,4 (1,005)^t$

b) Em 2004 a concentração foi de 377,4ppm. Um aumento de 50% nessa taxa de concentração será $1,5 \cdot 377,4$ ppm.
Substituindo os valores do enunciado na função encontrada no item a), teremos:
$C(t) = 377,4 (1,005)^t \Rightarrow 1,5 \cdot 377,4 = 377,4 (1,005)^t \Rightarrow 1,5 = (1,005)^t \Rightarrow \log 1,5 = \log(1,005)^t \Rightarrow$

$\Rightarrow \log\left(\dfrac{3}{2}\right) = t \cdot \log\left(\dfrac{2,01}{2}\right) \Rightarrow \log 3 - \log 2 = t \cdot (\log 2,01 - \log 2) \Rightarrow$

$\Rightarrow 0,4771 - 0,3010 = t \cdot (0,3032 - 0,3010)$

$\Rightarrow 0,1761 = t \cdot 0,0022 \Rightarrow t = 80,045$

Logo a concentração de CO_2 na atmosfera será superior a 50% áquela observada em 2004, após, aproximadamente, 80 anos, ou seja, no ano de 2084.

Resposta: 80 anos

71

a) 1) Planificando a superfície lateral de um cone de revolução obtemos um setor círcular cujo raio é igual a geratriz do cone.

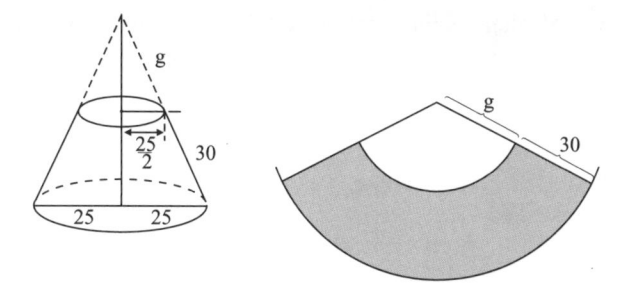

2) Os raios, pedidos, dos arcos são os raios g e g + 30 dos setores obtidos quando é planificada as superfícies laterais dos cones que determinam o tronco.

Por semelhança: $\dfrac{g}{g+30} = \dfrac{\frac{25}{2}}{25} \Rightarrow \dfrac{g}{g+30} = \dfrac{1}{2} \Rightarrow 2g = g+30 \Rightarrow \boxed{g=30}$

Então, os raios dos arcos medem 30 cm e 60 cm

b) A área pedida é igual a área lateral de um tronco (A_{LT}).

1º modo: Como a área de um cone de revolução de raio **r** e geratriz **g** é dada por πrg, temos:

$$A_{LT} = \pi \cdot 25(60) - \pi\left(\dfrac{25}{2}\right) \cdot 30 = \pi(25)(60-15) \Rightarrow A_{LT} = 25 \cdot 45\pi \Rightarrow \boxed{A_{LT} = 1125\,\pi}$$

2º modo: Como a área de um tronco de revolução de raios **r** e **R** e geratriz g (geratriz do tronco) é dada por $\pi g(R+r)$, temos:

$$A_{LT} = \pi g(R+r) \Rightarrow A_{LT} = \pi \cdot 30\left(25 + \dfrac{25}{2}\right) = \pi \cdot 15(50+25) \Rightarrow A_{LT} = \pi \cdot 15 \cdot 75 \Rightarrow \boxed{A_{LT} = 1125\,\pi}$$

Respostas: a) 30 cm e 60 cm   b) 1125 π cm^2

72

Do enunciado, temos a figura, com $\overline{DE} \,//\, \overline{AB}$:

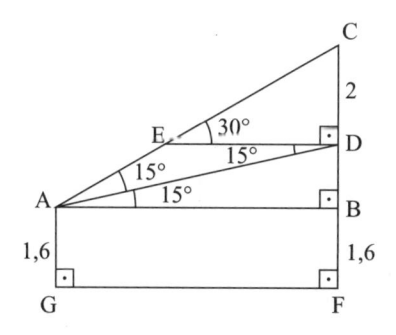

No ΔEDC retângulo: $\operatorname{sen}30° = \dfrac{CD}{EC} \Rightarrow \dfrac{1}{2} = \dfrac{2}{EC} \Rightarrow EC = 4$

$$\cos 30° = \frac{ED}{EC} \Rightarrow \frac{\sqrt{3}}{2} = \frac{ED}{4} \Rightarrow ED = 2\sqrt{3}$$

$m(B\hat{A}D) = m(A\hat{D}E) = 15°$(alternos internos) $\Rightarrow \triangle AED$ éisóceles $\Rightarrow AE = ED = 2\sqrt{3}$

Portanto $AC = 4 + 2\sqrt{3}$

a) No $\triangle ABC$ retângulo:

$$\cos 30° = \frac{AB}{AC} \Rightarrow \frac{\sqrt{3}}{2} = \frac{AB}{4+2\sqrt{3}} \Rightarrow 2AB = 4\sqrt{3}+6 \Rightarrow \boxed{AB = (2\sqrt{3}+3)m}$$

b) No $\triangle ABC$ retângulo:

$$\operatorname{sen}30° = \frac{BC}{AC} \Rightarrow \frac{1}{2} = \frac{BD+2}{4+2\sqrt{3}} \Rightarrow 2(BD+2) = 4+2\sqrt{3} \Rightarrow BD = \sqrt{3}$$

Logo, a altura da escarpa é $FD = (1,6+\sqrt{3})m$.

Respostas: *a) $(2\sqrt{3}+3)$ m   b) $(1,6+\sqrt{3})$ m*

73

a) $\det A = \begin{vmatrix} x-1 & x-1 & x-1 \\ x-1 & 1 & 2 \\ x-1 & 1 & -2 \end{vmatrix} = 0 \Rightarrow (x-1)\begin{vmatrix} 1 & x-1 & x-1 \\ 1 & 1 & 2 \\ 1 & 1 & -2 \end{vmatrix} \overset{\text{CHIÓ}}{\Rightarrow}$

$\Rightarrow (x-1)\begin{vmatrix} 2-x & 3-x \\ 2-x & -1-x \end{vmatrix} = 0 \Rightarrow (x-1)(2-x)\begin{vmatrix} 1 & 3-x \\ 1 & -1-x \end{vmatrix} = 0 \Rightarrow$

$\Rightarrow (x-1)(2-x)(-4) = 0 \Rightarrow x = 1$ ou $x = 2 \Rightarrow S = \{1,2\}$.

b) Tomando $x = 2$ e $Ay = b$, teremos:

$\begin{bmatrix} 1 & 1 & 1 \\ 1 & 1 & 2 \\ 1 & 1 & -2 \end{bmatrix} \cdot \begin{bmatrix} y_1 \\ y_2 \\ y_3 \end{bmatrix} = \begin{bmatrix} m \\ 3 \\ 5 \end{bmatrix} \Rightarrow \begin{cases} y_1+y_2+y_3 = m \quad \cdot(-1)\cdot (-1) \\ y_1+y_2+2y_3 = 3 \\ y_1+y_2+2y_3 = 5 \end{cases} \Rightarrow$

$\Rightarrow \begin{cases} y_1+y_2+y_3 = m \\ y_3 = 3-m \quad \cdot (3) \\ -3y_3 = 5-m \end{cases} \Rightarrow \begin{cases} y_1+y_2+y_3 = m \\ y_3 = 3-m \\ 0_{y3} = 14-4m \end{cases}$

O sistema admitirá infinitas soluções, se e somente se, $14-4m = 0 \Rightarrow m = \dfrac{7}{2}$

Respostas: *a) $S = \{1,2\}$ b) $m = \dfrac{7}{2}$*

74 a) Para obter as intersecção dos gráficos das funções $y = |x|$ e $y = mx + 2$ devemos resolver o sistema com duas equações.
Então, $|x| = mx + 2$.
A definição de módulo é $|x| = x$, se $x \geq 0$, $|x| = -x$, se $x < 0$.
Assim, 1) $x \geq 0$

Temos: $x = mx + 2$ ou $x(1 - m) = 2$, isto é $x = \dfrac{2}{1-m}$

Como $x \geq 0$, devemos ter $1 - m > 0$ ou $m < 1$: 2) $x < 0$

Então, $-x = mx + 2$ ou $-2 = mx + x$, ou ainda, $x = \dfrac{-2}{m+1}$

Sendo $x < 0$, temos $m + 1 > 0$ ou $m > -1$
Das condições 1 e 2 tiramos $-1 < m < 1$

Resposta: $-1 < m < 1$, m real

b) Nas condições acima, as intersecções são:

1) $x = \dfrac{2}{1-m}$ e $y = m \cdot \dfrac{2}{1-m} + 2 = \dfrac{2m + 2 - 2m}{1-m} = \dfrac{2}{1-m}$

Obtivemos o ponto $\left(\dfrac{2}{1-m}, \dfrac{2}{1-m}\right) = B$

2) $x = \dfrac{-2}{m+1}$ e $y = mx + 2 = \dfrac{-2m}{m+1} + 2 = \dfrac{-2m + 2m + 2}{m+1} = \dfrac{2}{m+1}$

Temos o ponto $\left(\dfrac{-2}{1+m}, \dfrac{2}{1+m}\right) = A$

A área do $\triangle OAB$ pode ser calculada por $S = \dfrac{|D|}{2}$, onde:

$D = \begin{vmatrix} x_O & y_O & 1 \\ x_A & y_A & 1 \\ x_B & y_B & 1 \end{vmatrix} = \begin{vmatrix} 0 & 0 & 1 \\ \dfrac{-2}{m+1} & \dfrac{2}{m+1} & 1 \\ \dfrac{2}{1-m} & \dfrac{2}{1-m} & 1 \end{vmatrix}$

Resolvendo, por LAPLACE, através da 1º linha, vem:

$D = -\dfrac{2}{m+1} \cdot \dfrac{2}{1-m} - \dfrac{2}{m+1} \cdot \dfrac{2}{1-m} = -\dfrac{4}{1-m^2} - \dfrac{4}{1-m^2} = -\dfrac{8}{1-m^2}$

Assim, $S = \dfrac{1}{2}|D| = \dfrac{1}{2} \cdot \dfrac{8}{|1-m^2|} = \dfrac{4}{|1-m^2|}$. Mas, $-1 < m < 1$. Então, $1 - m^2 > 0$.

S é mínima quando $1 - m^2$ for maior possível. Isto só vai ocorrer quando $m = 0$.

Resposta: $m = 0$

75 a) O centro da circunferência circunscrita a um triângulo retângulo é o ponto médio da hipotenusa desse triângulo. Logo, **O** é o ponto médio de $\overline{BC}$.

Note que os pontos **E** e **O** equidistam de **A** e **C**. Logo, pertencem à mediatriz de $\overline{AC}$. Analogamente, os pontos **F** e **O** pertencem à mediatriz de $\overline{AB}$ e os pontos **D** e **O** pertencem a mediatriz de $\overline{BC}$. Assim, $\overline{OE}$ é paralelo a $\overline{AB}$ e $\overline{OF}$ é paralelo a $\overline{AC}$; os pontos **G** e **H** são pontos médios de $\overline{AC}$ e $\overline{AB}$ (respectivamente) e, portanto, AGOH é retângulo. Então:

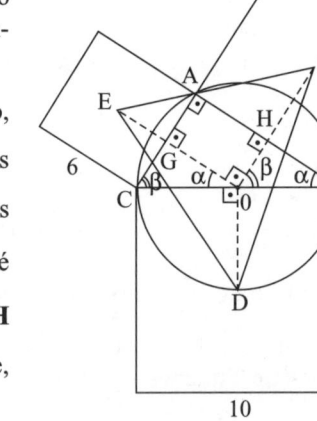

$(DO) = (OB) = (OC) = 5cm$

$(OE) = (OG) + (GE) = (AH) + (GE) = 4 + 3 = 7cm$

$(OF) = (OH) + (HF) = (AG) + (HF) = 3 + 4 = 7cm$

b) 1) Pela Lei dos cossenos no triângulo ODE:

$(DE)^2 = (OD)^2 + (OE)^2 - 2 \cdot (OD) \cdot (OE) \cdot \cos(90° + \alpha)$

$(DE)^2 = 5^2 + 7^2 - 2 \cdot 5 \cdot 7 \cos(90° + \alpha)$

$(DE)^2 = 25 + 49 - 70 \cdot (-\operatorname{sen} \alpha)$

$(DE)^2 = 74 - 70 \cdot \left(-\dfrac{6}{10}\right)$

$(DE) = 2\sqrt{29}$ cm

2) Pela Lei dos cossenos no $\triangle ODF$:

$(DF)^2 = 5^2 + 7^2 - 2 \cdot 5 \cdot 7 \cdot \cos(90° + \beta)$

$(DF)^2 = 25 + 49 - 70 \cdot (-\operatorname{sen} \beta)$

$(DF)^2 = 74 - 70 \cdot \left(-\dfrac{8}{10}\right)$

$(DF) = \sqrt{130}$ cm

3) Pela Lei dos cossenos no $\triangle OEF$:

$(EF)^2 = (OE)^2 + (OF)^2$

$(EF)^2 = 7^2 + 7^2$

$(EF) = 7\sqrt{2}$ cm

Respostas: a) $DO = 5cm$, $OE = 7cm$ e $OF = 7cm$

b) $DE = 2\sqrt{29}$ cm, $DF = \sqrt{130}$ cm e $EF = 7\sqrt{2}$ cm

76 a) Sejam a, b, c as raízes da equação $x^3 - 3x^2 + 12 - q = 0$ e, do enunciado,

$$PA = (a,b,c) \Rightarrow b = \frac{a+b}{2} \Rightarrow \mathbf{a + c = 2b} \quad (I).$$

Aplicando, a essa equação, as Relações de Girard, temos:

$$\begin{cases} II) & a+b+c = 3 \\ III) & ab+ac+bc = 12 \\ IV) & abc = q \end{cases}$$

Substituindo (I) em (II):

$3b = 3 \Rightarrow \mathbf{b = 1}$

Substituindo esta raiz na equação dada:

$1^3 - 3.1^2 + 12.1 - q = 0 \Rightarrow \mathbf{q = 10}$

b) Em (IV) $\Rightarrow$ a.1.c = 10 $\Rightarrow \mathbf{ac = 10}$

(I) $\Rightarrow a + c = 2 \Rightarrow \mathbf{c = 2 - a}$

$a(2-a) = 10 \Rightarrow a^2 - 2a + 10 = 0$

$$a = \frac{2 + \sqrt{-36}^c}{2} = \frac{2 \pm 6i}{2} = 1 \pm 3i$$

Como o sistema é simétrico podemos escolher apenas uma das respostas pois a outra, a não ser pela ordem, será igual.

$a = 1 - 3i \Rightarrow c = 2 - (1 - 3i) = 1 + 3i$

Respostas: a) q = 10   b) As raízes são 1− 3i,1 e 1 + 3i

UNICAMP/2007
1ª Fase

77 a) 80% G $\Rightarrow 0,8 \cdot 12,75 = 10,2$ km

$20\% A \Rightarrow 0,2 \cdot 9 = \dfrac{1,8 \text{km}}{12,0 \text{km}}$ (I)

b) Com R$ 2,40 compra-se 1ℓ de gasolina e com este litro é possível percorrer 12,75 km, temos $2,40 \div 12,75 = 0,19$.

E com R$ 1,35 compra-se 1ℓ de álcool: $1,35 \div 9 = 0,15$.

O álcool proporciona o menor custo por quilômetro rodado.

c) $\dfrac{1}{3}$ de 54 = 18

O tanque do carro tem 18ℓ de gasolina (C) e com ela é possível percorrer $18 \cdot 12$(I) = 216 km.

Os restantes (54 − 18),36 litros de álcool permitirão o percurso de $36 \cdot 9 = 324$ km.

O total será $216 + 324 = 540$ km

Respostas: a) 12 km   b) O álcool   c) 540 km

78 a) A área da plantação equivale a área de um triângulo retângulo isóceles de catetos medindo 5 km menos a de um triângulo retângulo isóceles com catetos de 1 km.

Logo, essa área é igual a $\dfrac{5 \cdot 5}{2} - \dfrac{1 \cdot 1}{2} = 12 \text{ km}^2$.

Colher 12 km² em 40 dias é o mesmo que colher $\dfrac{12}{40} = 0,3$ km² por dia.

Se um trabalhador colhe 0,01 km² por dia, então serão necessários $\dfrac{0,3}{0,01} = 300$ trabalhadores para realizar colheita.

b) A área hachurada é um trapézio de bases 0,5 km e 2,5 km e altura 2km.

Logo, essa área é igual a $\dfrac{(0,5 + 2,5) \cdot 2}{2} = 3 \text{ km}^2$.

A área a ser colhida pelas maquinas é igual a 12 km² – 3km² = 9 km². Se fosse apenas uma máquina trabalhando, seriam necessários $\dfrac{9}{0,09} = 100$ dias. Como são 4 colhedeiras, serão gastos

$\dfrac{100}{4} = 25$ dias. Portanto, para colher os 3 km² restantes em 25 dias, serão necessários

$\dfrac{3}{0,01 \cdot 25} = 120$ trabalhadores.

Respostas: a) 300 trabalhadores   b) 120 trabalhadores

UNICAMP/2007
2ª Fase

79 a) 1kg de pãezinhos corresponde a $\dfrac{1000}{50} = 20$ pãezinhos de 50g.

Assim, o preço atual do pãezinho é $\dfrac{4,50}{20} = 0,225$ real.

Logo, a variação percentual foi de $\dfrac{0,225 - 0,20}{0,20} = \dfrac{0,025}{0,20} = 0,125$ ou 12,5%

b) Como o preço atual do pãezinho é R$ 0,225, o cliente gastou 14.0,225 = 3,15 reais nessa compra.

Respostas: a) 12,5%   b) R$ 3,15

80

A distância entre Paraguaçú e Piripiri é igual a 47 – 13 = 34 km.

Dividindo igualmente essa distância entre 8 espaços entre as cidades, teremos:

$\dfrac{34}{8} = \dfrac{17}{4} = 4,25$ km.

Isso significa que 1cm no mapa corresponde a distância real de 4,25km = 425000 cm. Logo, a escala do mapa é 1: 425000.

b) Medindo a partir do ponto de início da entrada, o posto está situado no quilômetro 13 + 5.4,25 = 34,25.

c) A distância entre as duas cidades é igual a 34 km ou 3400000 cm.

Se a escala é 1:500000, concluímos que 6 cm no mapa correspondem a 3000000 cm.

Para os 400000 cm que faltam, são necessários 0,8 cm no mapa. O cálculo é feito diretamente efetuando-se $\dfrac{3400000}{500000} = 6,8$ cm.

Respostas: a) 1 : 425000   b) 34,25   c) 6,8 cm

81

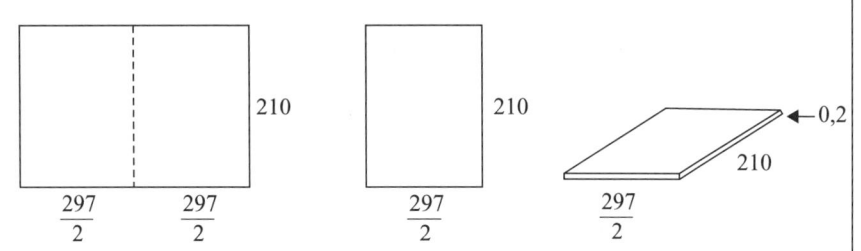

a) Note que após a primeira dobra a espessura fica multiplicada por 2, então a P.G. em questão tem razão q = 2 e 1° termo $a_1 = 0,2$ (o 1° termo é a espessura após a primeira dobra).

Então: PG = $(a_1, a_2, ..., a_k)$ = (0,2 ; 0,4 ; ... , a_k, ...)

Como $a_k = a_1 \cdot q^{k-1}$ obtemos: $\boxed{a_k = 0,2 \cdot 2^{k-1}}$

b) De acordo com a ajuda da dica, após a 6° dobra as dimensões do paralelepípedo serão:

1) C = $a_6 = 0,2 \cdot 2^5$ ⇒ C = $0,2 \cdot 32$ ⇒ $\boxed{C = 6,4}$

2) a = $\dfrac{297}{8}$ e b = $\dfrac{210}{8}$ ⇒ a = 37,125 e b = 26,25

Respostas: a) $a_k = 0,2 \cdot 2^{k-1}$ b) 37,125 mm; 26,25 mm e 6,4 mm

82

a)1) Sendo B a área da base do tubo cilíndrico interno, então:

$B = \frac{1}{10} \pi \cdot 10^2 \Rightarrow \boxed{B = 10\pi}$

2) Volume do tubo cilíndrico (V_c)

$V_c = B \cdot H \Rightarrow V_c = 10\pi \cdot 60 \Rightarrow \boxed{V_c = 600\pi cm^3}$

b)1) Sendo V_{ac} o volume da água com a altura igual a 2 cm, temos:

$V_{ac} = B.2 \Rightarrow V_{ac} = 10\pi \cdot 2 \Rightarrow \boxed{V_{ac} = 20\pi cm^3}$

2) Este volume de $20\pi cm^3$ é o volume de água precipitada numa região com área igual a do círculo de raio 10 cm, cuja área é $\pi \cdot 10^2 = 100\pi$.

3) Achemos a área da região retangular (A_R), em cm².
300 m = 30000 cm e 500 m = 50000 cm. Então:

$A_R = (30000).(50000) \Rightarrow A_R = 15.10^8 cm^2$

4) Sendo V_a o volume da água precipitada na região retangular, temos:

$\begin{cases} 20\pi cm^3 \rightarrow 100\pi cm^2 \\ V_a \rightarrow 15 \cdot 10^8 cm^3 \end{cases} \Rightarrow 100\pi \cdot V_a = 20\pi \cdot 15 \cdot 10^8 \Rightarrow$

$\Rightarrow V_a = 300 \cdot 10^6 cm^3 \Rightarrow V_a = 300 \cdot 10^3 dm^3 \Rightarrow \boxed{Va = 300 \, m^3}$

Respostas: a) 600 πcm^3 b) 300 m³ (ou 300000 litros)

83

a) Temos as duas situações:
1) Preço: 18,00 reais o kg.
Haverá um aumento de 18,00 – 15,00 = 3,00 reais e uma queda de 3.5 kg = 15 kg na venda.
A receita, em reais, será R = 18.(100 – 15) = 1530
2) Preço: 20,00 o kg.
Receita: R = 20.(100 – 5.5) = 1500 reais (menor que em 1).

Resposta: Preço de R$ 18,00 o kg

b) Subindo x reais por quilo, o novo preço será 15 + x reais. Isto trará uma queda de 5x quilos na venda diária.
Assim, f(x) = (15 + x)(100 – 5x)

Resposta: f(x) = (15 + x)(100 – 5x), x em reais

c) Temos f(x) = (15 + x)(– 5)(x – 20), isto é f(x) = – 5(x – 20)(x + 15).
O gráfico de f(x) é uma parábola de concavidade voltada para baixo.

f(x) é máximo quando $x = \frac{-15 + 20}{2} = 2,5$

Preço em reais neste caso: 15 + 2,5 = 17,5

Resposta: R$17,50

84

a) Como os prêmios são iguais devemos contar o número de duplas, não ordenadas, que podemos formar a partir daquelas 10 pessoas:

$$C_{10,2} = \frac{10 \cdot 9}{2!} = 45$$

b) Total de duplas de homens: $C_{3,2} = 3$

$$P(B) = \frac{3}{45} = \frac{1}{15}$$

outra maneira: $\frac{3}{10} \cdot \frac{2}{9} = \frac{1}{15}$

c) "Ser sorteada **pelo menos** uma mulher" é o complementar de "serem sorteados dois homens", portanto temos:

P(pelo menos uma mulher) = $1 - P(B) = 1 - \frac{1}{15} = \frac{14}{15}$

Respostas: a) 45   ***b)*** $\frac{1}{15}$ ***c)*** $\frac{14}{15}$

85

a) Consideremos a figura abaixo:

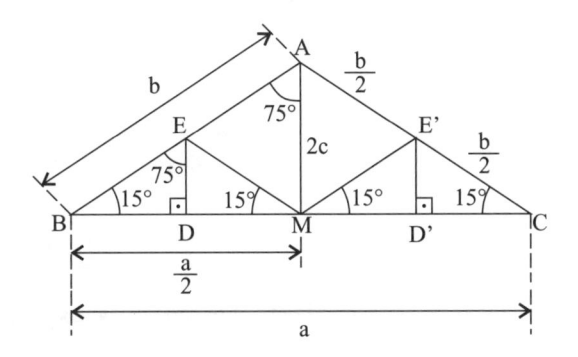

Os $\triangle ABC$, $\triangle EBM$ e $\triangle E'CM$ são isósceles e, como $m(B\hat{D}E) = 90°$, D é ponto médio de $\overline{BM}$.
Sendo DE = c, temos AM = 2c.
No $\triangle ABC$, pela Lei dos Cossenos, vem:
$a^2 = b^2 + b^2 - 2 \cdot b \cdot b \cdot \cos 150°$
$a^2 = b^2 + b^2 - 2 \cdot b \cdot b \cdot (-\cos 30°)$

$a^2 = 2b^2 + 2b^2 \cdot \frac{\sqrt{3}}{2}$

$a^2 = 2b^2 + b^2\sqrt{3}$

$a^2 = b^2(2 + \sqrt{3})$

$b^2 = \frac{a^2}{2+\sqrt{3}}$

$$b = \frac{a}{\sqrt{2+\sqrt{3}}} \cdot \frac{\sqrt{2-\sqrt{3}}}{\sqrt{2-\sqrt{3}}} \Rightarrow \boxed{b = a\sqrt{2-\sqrt{3}}}$$

No $\triangle ABM$ retângulo, temos:,

Teorema de Pitágoras $\Rightarrow (2c)^2 + \left(\frac{a}{2}\right)^2 = b^2 \Rightarrow 4c^2 + \frac{a^2}{4} = \left(a\sqrt{2-\sqrt{3}}\right)^2 \Rightarrow$

$4c^2 + \frac{a^2}{4} = a^2(2-\sqrt{3}) \Rightarrow 16c^2 + a^2 = 4a^2(2-\sqrt{3}) \Rightarrow$

$\Rightarrow 16c^2 = 8a^2 - 4\sqrt{3}a - a^2 \Rightarrow 16c^2 = 7a^2 - 4\sqrt{3}a^2 \Rightarrow$

$\Rightarrow 16c^2 = a^2(7 - 4\sqrt{3}) \Rightarrow 16c^2 = a^2(4 + 3 - 4\sqrt{3}) \Rightarrow$

$\Rightarrow 16c^2 = a^2\left[2^2 - 2 \cdot 2 \cdot \sqrt{3} + (\sqrt{3})^2\right] \Rightarrow c^2 = \frac{a^2(2-\sqrt{3})^2}{16} \Rightarrow \boxed{c = \frac{a(2-\sqrt{3})}{4}}$

b) Pela figura, o comprimento total da madeira é $a + 2b + 2c + 2 \cdot \frac{b}{2} + 2c =$

$= a + 3b + 4c = 10 + 3 \cdot 10\sqrt{2-\sqrt{3}} + 4 \cdot \frac{10(2-\sqrt{3})}{4} =$

$= 10 + 30\sqrt{2-\sqrt{3}} + 10(2 - \sqrt{3})$

Respostas: a) $b = a\sqrt{2-\sqrt{3}}$ e $c = \frac{a(2-\sqrt{3})}{4}$

b) $10 + 30\sqrt{2-\sqrt{3}} + 10(2-\sqrt{3})$ m

---

86 a) Seja a reta **r**, dada pela equação $-x_1 + 2x_2 = 2$.

Assim se $x_1 = 0 \Rightarrow x_2 = 1$ e se $x_2 = 0 \Rightarrow x_1 = -2$, ou seja, essa reta passa pelos pontos $(0, 1)$ e $(-2, 0)$.

Seja a reta **s**, dada pela equação $2x_1 - x_2 = 2$.

Assim se $x_1 = 0 \Rightarrow x_2 = -2$ e se $x_2 = 0 \Rightarrow x_1 = 1$, ou seja, essa reta passa pelos pontos $(0, -2)$ e $(1, 0)$.

Seja a reta t, dada pela equação $x_1 + x_2 = 2$.

Assim se $x_1 = 0 \Rightarrow x_2 = 2$ e se $x_2 = 0 \Rightarrow x_1 = 2$, ou seja, essa reta passa pelos pontos $(0, 2)$ e $(2, 0)$.
Pelos três pares de pontos podemos representar as três retas no plano cartesiano. Desse modo teremos:
Como cada equação dada no enunciado é representada por uma reta, e não existe ponto em comum às três

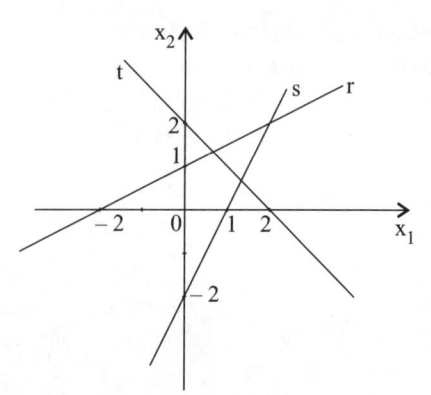

retas, podemos afirmar que o sistema não tem solução.
b) No sistema dado temos:

$$A = \begin{bmatrix} -1 & 2 \\ 2 & -1 \\ 1 & 1 \end{bmatrix} \ ; \ X = \begin{bmatrix} x_1 \\ x_2 \end{bmatrix} \ ; \ b = \begin{bmatrix} 2 \\ 2 \\ 2 \end{bmatrix} \text{ e } A^t = \begin{bmatrix} -1 & 2 & 1 \\ 2 & -1 & 1 \end{bmatrix}$$

Desse modo, $A^t \cdot A \cdot x = A^t \cdot b \Rightarrow$

$$\Rightarrow \begin{bmatrix} -1 & 2 & 1 \\ 2 & -1 & 1 \end{bmatrix} \cdot \begin{bmatrix} -1 & 2 \\ 2 & -1 \\ 1 & 1 \end{bmatrix} \cdot \begin{bmatrix} x_1 \\ x_2 \end{bmatrix} = \begin{bmatrix} 2 \\ 2 \\ 2 \end{bmatrix} \cdot \begin{bmatrix} -1 & 2 & 1 \\ 2 & -1 & 1 \end{bmatrix} \Rightarrow$$

$$\Rightarrow \begin{bmatrix} 6 & -3 \\ -3 & 6 \end{bmatrix} \cdot \begin{bmatrix} x_1 \\ x_2 \end{bmatrix} = \begin{bmatrix} 4 \\ 4 \end{bmatrix} \Rightarrow \begin{cases} 6x_1 + 3x_2 = 4 \\ -3x_1 + 6x_2 = 4 \end{cases} \Rightarrow x_1 = \frac{4}{3} \text{ e } x_2 = \frac{4}{3}$$

Repostas: *a) observar o gráfico*

b) $x_1 = \frac{4}{3}$ e $x_2 = \frac{4}{3}$, l ou seja, $\left(\frac{4}{3}, \frac{4}{3}\right)$

87

a)1) Sendo Q e S os pontos em que a circunferência tangencia os lados $\overline{AB}$ e $\overline{AC}$, respectivamente, tem-se $\overline{OQ} \perp \overline{AB}$ e $\overline{OS} \perp \overline{AC}$. O quadrilátero AQOS é um quadrado. Daí $AQ = AS = r$.

2) $BQ = BP = 10$ e $CS = CP = 3$.

3) Por Pitágoras:

$(r+3)^2 + (r+10)^2 = 13^2 \Rightarrow r^2 + 13r - 30 = 0 \Rightarrow r = 2$

b) $AB = r + 10 = 2 + 10 = 12$

$AC = r + 3 = 2 + 3 = 5$

c) Seja A_F a área pedida.

A_F = área (ABC) – área (círculo)

$$A_F = \frac{(AB) \cdot (AC)}{2} - \pi r^2$$

$$A_F = \frac{12 \cdot 5}{2} - \pi \cdot 2^2 \Rightarrow A_F = 30 - 4\pi$$

Respostas: *a) 2   b) AB = 12, AC = 5   c) $30 - 4\pi$*

88

a) Se a concentração de estrôncio 90 cai pela metade após 29 anos, isso quer dizer que: $P(29) = \dfrac{Po}{2}$. Assim temos:

$P(29) = \dfrac{Po}{2} \Rightarrow Po \cdot 2^{-b \cdot 29} = \dfrac{Po}{2} \Rightarrow 2^{-b \cdot 29} = \dfrac{1}{2} \Rightarrow 2^{-b \cdot 29} = 2^{-1} \Rightarrow$

$= -b \cdot 29 = -1 \Rightarrow b = \dfrac{1}{29}$

b) Pelo enunciado, temos que $P(t) = \dfrac{2}{10} Po$. Sabemos, também que, $P(t) = Po \cdot 2^{-\frac{t}{29}}$.

Logo: $\dfrac{2}{10} Po = Po \cdot 2^{-\frac{t}{29}} \Rightarrow \dfrac{2}{10} = 2^{-\frac{t}{29}} \Rightarrow \log_2\left(\dfrac{2}{10}\right) = \log_2 2^{-\frac{t}{29}} \Rightarrow$

$\log_2 2 - \log_2 10 = -\dfrac{t}{29} \log_2 2 \Rightarrow 1 - 3{,}32 = -\dfrac{t}{29} \Rightarrow t = 67{,}28$ anos

Respostas: a) $b = \dfrac{1}{29}$ b) 67,28 anos

89

a) Seja a reta (r) $x - 3y + 6 = 0$.

Seu coeficiente angular é $m_r = -\dfrac{1}{-3} = \dfrac{1}{3}$.

Uma reta s tem equação $y = mx + k$.

O ângulo 45° entre **r** e **s** é dada por $\text{tg}\, 45° = \left|\dfrac{m_s - m_r}{1 + m_s m_r}\right|$

$1 = \left|\dfrac{m - \dfrac{1}{3}}{1 + m \cdot \dfrac{1}{3}}\right|$, isto é, $\left|\dfrac{3m-1}{3+m}\right| = 1$

Esta equação tem duas soluções:

1) $\dfrac{3m-1}{3+m} = 1$ 2) $\dfrac{3m-1}{3+m} = -1$

$3m - 1 = 3 + m$ $3m - 1 = -3 - m$
$2m = 4$ $3m + m = -2$

$m = 2$ $m = -\dfrac{1}{2}$

Resposta: Serão sempre duas retas

b) 1) $m = 2$
A reta é $y = 2x + k$

Passando por P = (2, 5), vem: 5 = 2 . 2 + k, isto é k = 1.

2) $m = -\dfrac{1}{2}$

A reta fica $y = -\dfrac{1}{2}x + k$

Por P: $5 = 2\left(-\dfrac{1}{2}\right) + k$, ou seja, k = 6

Resposta: Restas $y = 2x + 1$ e $y = -\dfrac{1}{2}x + 6$

90

a) 1) No plano da face ABCD determinemos a = PC.

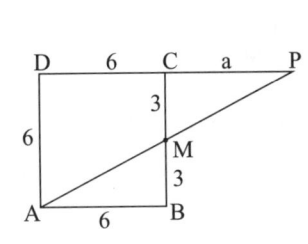

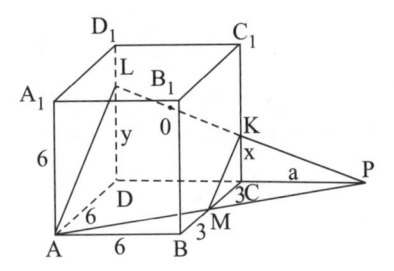

Por semelhança: $\dfrac{a}{a+6} = \dfrac{3}{6} \Rightarrow \dfrac{a}{a+6} = \dfrac{1}{2} \Rightarrow 2a = a+6 \Rightarrow \boxed{a = 6}$

2) Como PC = 6, no plano da face CDD_1C_1 determinemos x = CK e y = DL.

Por semelhança:

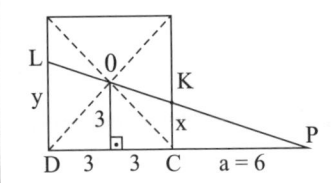

$\begin{cases} \dfrac{x}{3} = \dfrac{6}{9} \\ \dfrac{y}{3} = \dfrac{12}{9} \end{cases} \Rightarrow \begin{cases} 9x = 18 \\ 9y = 36 \end{cases} \Rightarrow \begin{cases} x = 2 \\ y = 4 \end{cases} \Rightarrow \boxed{CK = 2 \text{ e } DL = 4}$

b) Para determinarmos o volume do tronco de pirâmide de vértices A, D, L, K, C e M, vamos achar a diferença entre as pirâmides PADL e PMCK. O volume de uma pirâmide é $\dfrac{1}{3}$ do produto da área da base pela altura.

As bases são os triângulos ADC e MCK e as alturas são PD e PC.

$V_{tronco} = V_{PADL} - V_{PMCK} \Rightarrow V_T = \dfrac{1}{3} \cdot \dfrac{6 \cdot 4}{2} \cdot 12 - \dfrac{1}{3} \cdot \dfrac{3 \cdot 2}{2} \cdot 6 \Rightarrow V_T = 48 - 6 \Rightarrow \boxed{V_T = 42}$

Respostas: a) CK = 2 cm, DL = 4 cm   b) 42 cm³

UNICAMP/2008
1ª Fase

91 a) Número de habitantes do distrito NOROESTE:

170 . 1000 = 170000 = 17 . 10000

Coeficiente de incidência (casos por 10000 habitantes): $\dfrac{790}{17} = 46,5$ (aproximadamente).

Sendo x número de caso pedido $\dfrac{x}{1060000} = \dfrac{0,236}{10000}$ o que dá x = 106 . 0,236 = 25,016

(aproximadamente 25 casos)

Resposta: Aproximadamente: coeficiente 46,5 e 25 casos.

b) Na primeira metade de 2007, tivemos:

1060.1000 = 1060000 = 106.10000

Total de casos de dengue no município de Campinas:

1399 + 1014 + 557 + 1113 + 790 = 4873

Assim, o coeficiente de incidência desses casos, para cada 10000 habitantes, foi de

$\dfrac{4873}{106} = 45,97 \approx 46$ aproximadamente

Aumento, em relação ao mesmo período de 2005:

$46 - 1 = 45 = \dfrac{45 \cdot 100}{100} = \dfrac{4500}{100} = 4500\%$

Resposta: Aproximadamente: coeficiente 46 e 4500%

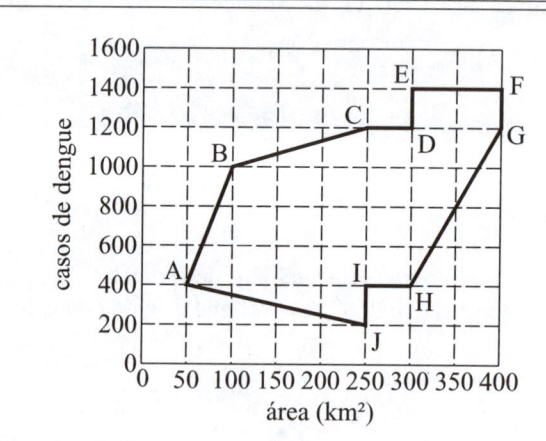

92 a)

A área S é formada pelas áreas:

$\triangle$ABL + trapézio BCIL + $\triangle$AIJ + trapézio CGHI + Ret.EFGD multiplicadas por $\dfrac{10}{3}$ km² :

$S = \left[\dfrac{3 \cdot 1}{2} + \dfrac{(4+3) \cdot 3}{2} + \dfrac{4 \cdot 1}{2} + \dfrac{(3+1) \cdot 4}{2} + 2 \cdot 1\right] \cdot \dfrac{10}{3} = \left[\dfrac{3}{2} + \dfrac{21}{2} + 2 + 8 + 2\right] \cdot \dfrac{10}{3} = 24 \cdot \dfrac{10}{3} = 80 \text{km}^2$

A área total do município de Campinas é, em km²
175 + 350 + 120 + 75 + 80 = 800

Resposta: 800km²

b) Plotemos, no gráfico dado, os pontos NO = (75,793), SO(80,1113), S(120,1014), N = (175,1399) e L = (350, 557)
A razão número de dengues por m² e, para cada par (x, y) o quoeficiente $\frac{y}{x}$.

Unindo cada ponto à origem O = (0,0) obtemos retas cujo coeficiente angular é m = $\frac{y}{x}$.

A reta que possui maior **m** é aquela que forma o maior ângulo α com o eixo horizontal pois m = tg α.
A reta onde isso ocorre é a que passa por SO, que é o distrito sudoeste.

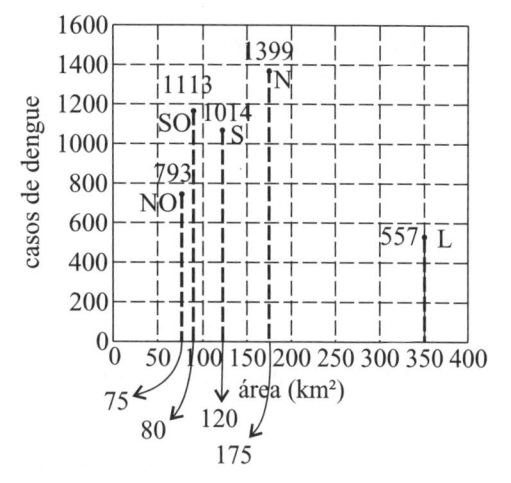

Resposta: Sudoeste

UNICAMP/2008
2ª Fase

93 a) 1) O volume de brita necessário é igual ao volume de um prisma cuja base é um trapézio isóceles de bases 2 m e 2,8 m e lados oblíquos com 0,5 m cada um cuja altura é 10 km = 10000 m.

2) Determinemos a área **B** do trapézio.

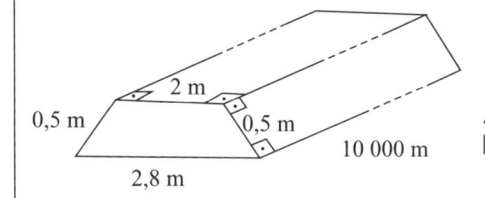

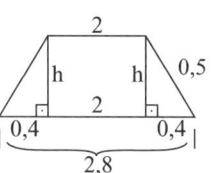

$h^2 + (0,4)^2 = (0,5)^2$

$h^2 = 0,09 \Rightarrow \boxed{h = 0,3}$

$B = \frac{(2,8+2) \cdot 0,3}{2}$

$B = 2,4 \cdot 0,3 \Rightarrow \boxed{B = 0,72}$

3) Determinemos o volume da brita (V_b).
Como o volume de um prisma área da base **B** e altura **H** é dado por B . H, temos:

$V_b = 0,72 \cdot 10000 \Rightarrow V_b = 7200 \Rightarrow \boxed{V_b = 7200 \, m^3}$

b) 1) Admitindo que a caçamba tem a forma de um paralelepípedo retângulo de dimensões a = 6 m, b = 2,5 m e c = 0,6 m, determinemos o volume (V_c) da caçamba.

$V_c = a\,b\,c \Rightarrow V_c = 6 \cdot 2{,}5 \cdot 0{,}6 \Rightarrow V_c = 9 \Rightarrow \boxed{V_c = 9\,m^3}$

2) O número de viagens neste caso significa o número de caçambas. Então, sendo **n** o número de caçamba, temos:
n . 9 = 7200 $\Rightarrow$ $\boxed{n = 800}$

Resposta: a) 7200m³   b) 800 viagens

94

a) Nos horários:

5h, 5h 15m, 5h 30m, 5h 45m temos 4 viagens

6h, 6h 15m, 6h 30m, 6h 45m temos 4 viagens

⋮   ⋮   ⋮

11h, 11h 15m, 11h 30m, 11h 45m temos 4 viagens

Assim sendo, o total de viagens do período das 5h às 11h 45m será:

4 . 7 = **28 viagens**

Nos horários: 12h, 12h 30m, 13h, 13h 30m temos **4 viagens**

Nos horários: 14h, 14h 15m, 14h 30m, 14h 45m temos 4 viagens

15h, 15h 15m, 15h 30m, 15h 45m temos 4 viagens

⋮   ⋮   ⋮

23h, 23h 15m, 23h 30m, 23h 45m temos 4 viagens

Assim sendo, o total de viagens no período as 14h às 23h 45m será: 4 . 10 = **40 viagens**.

Mas as 24h há mais **uma viagem**, desse modo o total de viagens por dia será:

28 + 4 + 40 + 1 = 73 viagens

Como há em média 36 passageiros por viagem e cada um paga 17,50 reais, o total arrecadado pela empresa, por dia será:

73 . 36 . 17,50 = 45990 reais

b) Pelo enunciado a taxa de embarque é de 3,30 reais, então um aumento de 33,33% dessa taxa significa um aumento de 33,33% de 3,30 reais, ou seja, $\dfrac{33{,}33}{100} \cdot 3{,}30 \cong 1{,}10$ reais ·

Assim sendo o aumento percentual no preço da passagem será:

$$\dfrac{1{,}10}{17{,}50} \cdot 100 = 6{,}3\%$$

Resposta: a) 45990 reais   b) 6,3%

95

a) Observando as figuras, temos:

$F_1 = 4, F_2 = 12, F_3 = 20$

Note que (4, 12, 20) é uma PA, no qual, o primeiro termo é $F_1 = 4$ e a razão é r = 8.
Assim sendo, o termo geral dessa PA será:

$F_n = F_1 + (n-1) \cdot r \Rightarrow F_n = 4 + (n-1) \cdot 8 \Rightarrow F_n = 8n - 4$

Portanto $F_{10} = 8 \cdot 10 - 8 \Rightarrow F_{10} = 76$ palitos.

b) Para exibir concomitantemente as primeiras 50 figuras necessitamos de $F_1 + F_2 + F_3 + \ldots + F_{50}$ palitos..., ou seja, necessitamos determinar soma dos elementos de uma PA de 50 termos.

Assim sendo, primeiramente calculemos $F_{50} = 8 \cdot 50 - 4 \Rightarrow F_{50} = 396$

Portanto a soma $F_1 + F_2 + F_3 + \ldots + F_{50}$ será:

$S_{50} = \dfrac{(F_1 + F_{50}) \cdot 50}{2} \Rightarrow S_{50} = \dfrac{(4 + 396) \cdot 50}{2} \Rightarrow S_{50} = 10000$ palitos

Resposta: a) $F_n = 8n - 4$; $F_{10} = 76$ ***b)   10000 palitos***

96

a) Para percorrer 17 voltas e meia, o atleta mais rápido gastou 17,5.66 = 1155 segundos. Nesse instante, o atleta mais lento percorreu 16 voltas e meia, logo ele completou cada volta em $\dfrac{1155}{16,5} = 70$ segundos.

b) Para completar a prova de 10000 metros, o atleta mais rápido deu $\dfrac{10000}{400} = 25$ voltas.

Sendo x o tempo para completar a prova, temos:

1 volta $\longrightarrow$ 66 segundos

25 voltas $\longrightarrow$ x $\therefore$ **x = 1650 segundos**

Seja y a distância percorrida pelo atleta mais lento, assim:

70 segundos $\longrightarrow$ 400 metros

1650 segundos $\longrightarrow$ y $\therefore$ y = **9248,57 metros**

Resposta: a) 70 segundos   b) 9248,57 metros

97

a) Observando os dados da tabela e sabendo que $y(x) = ax^2 + bx + c$, vem:

$y(1) = 2 \Rightarrow a + b + c = 2$

$y(2) = 2,7 \Rightarrow 4a + 2b + c = 2,7$ $\Rightarrow \begin{cases} a + b + c = 2 & \text{(I)} \\ 4a + 2b + c = 2,7 & \text{(II)} \\ 9a + 3b + c = 3,2 & \text{(III)} \end{cases}$

$y(3) = 3,2 \Rightarrow 9a + 3b + c = 3,2$

De (I) temos: $c = 2 - a - b$ (IV)
Substituindo (IV) em (II) e (III) vem:

$\begin{cases} 4a + 2b + 2 - a - b = 2,7 \\ 9a + 3b + 2 - a - b = 3,2 \end{cases} \Rightarrow \begin{cases} 3a + b = 0,7 \\ 8a + 2b = 1,2 \end{cases} \Rightarrow a = -0,1 \text{ e } b = 1$

Substituindo os valores de **a** e **b** em (IV), vem:

$c = 2 - (-0,1) - 1 \Rightarrow c = 1,1$

b) Pelos valores de a,b e c determinados no item **a** de problema, temos que

$y(x) = -0,1x^2 + 1x + 1,1$

A distância total alcançada será um valor de $x > 0$ tal que $y(x) = 0$, ou seja, a altura do objeto em relação ao sodo seja zero.

Assim sendo, temos:
$y(x) = 0 \Rightarrow -0,1x^2 + 1x + 1,1 = 0 \Rightarrow x^2 - 10x - 11 = 0 \Rightarrow (x-11)(x+1) = 0 \Rightarrow x = 11$ ou $x = -1$
Como $x > 0 \Rightarrow x = 11$m

Respostas: a) $a = -0,1$; $b = 1$; $c = 1,1$ b) $x = 11m$

98   a) Um número é divisível por 6 quando for **par** e divisível por **três**.
Como todos os números de C são ímpares nenhum deles será multiplo de 6.
Um número é divisível por 9 quando a soma de seus algarismos for um número divisível po 9 e o menor deles será: 111 111 111.

b) Os número de que são múltiplos de 9 são aqueles cujo total de algarismos é um múltiplo de 9:

111 111 111 $\Rightarrow$ 9 algarismos

111 111 111 111 111 111 $\Rightarrow$ 18 algarismos!

O maior deles terá 999 algarismos!

O total de múltiplos de 9, em C, será a quantidade de termos de P.A (9, 18, 27, ..., 999) que é:

$a_n = a_1 + (n-1) \cdot r \Rightarrow 999 = 9 + (n-1) \cdot 9 \Rightarrow (n-1) = \dfrac{990}{9} = 110 \Rightarrow n = 111$

A probabilidade procurada é: $\dfrac{111}{1000} = 11,1\%$

Respostas: a) Não há números divisíveis por 6;o menor múltiplo de 9 é :111 111 111
b) 11,1%

99   a) Como 1 bel = 10 decibel então temos $R_{d\beta} = 10 R_\beta \Rightarrow R_{d\beta} = 10 \cdot (12 + \log_{10} I)$
Pelo enunciado 80 decibeis é o limite a partir do qual o ruído passa a ser nocivo ao ouvido humano. Assim sendo, temos:

$80 = 10 \cdot (12 + \log_{10} I) \Rightarrow 8 = 12 + \log_{10} I \Rightarrow -4 = \log_{10} I \Rightarrow I = 10^{-4} \, w/m^2$

b) Primeiramente calculemos a intensidade sonora do motor do avião, que denotaremos por I_A:

$R_{d\beta} = 10 \cdot (12 + \log_{10} I_A) \Rightarrow 160 = 10 \, (12 + \log_{10} I_A) \Rightarrow$

$\Rightarrow 16 = 12 + \log_{10} I_A \Rightarrow 4 = \log_{10} I_A \Rightarrow I_A = 10^4$

Então a razão entre a intensidade do motor do avião a jato e o tráfego de uma esquina movimentada será:

$$\frac{I_A}{I} = \frac{10^4}{10^{-4}} = 10^8$$

Respostas: a) 10^{-4} w/m² b) 10^8

100

a) Temos $f(x) \cdot g(x) < 0$:

$-5x(2x+5) < 0$ e, simplificando por -5,

$x(2x+5) > 0$ ou $2x^2 + 5x > 0$.

Raízes: $x = 0$ e $x = -\dfrac{5}{2}$

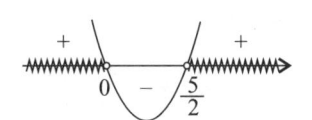

Resposta: $x < 0$ ou $x > \dfrac{5}{2}$, x real

b) Vamos representar graficamente as funções $f(x)$ e $g(x)$. O gráfico de $f(x) = px$ é uma reta que passa pela origem, e $g(x) = 2x + 5$ é uma reta a ser representada.

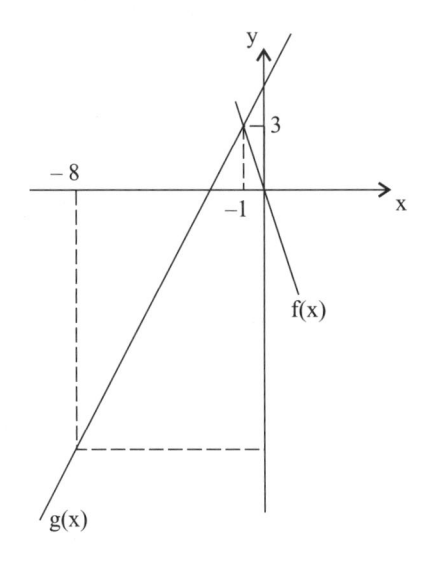

Se $x = -1$, $y = 2x + 5 = 2(-1) + 5 = 3$
Se $x = -8$, $y = 2(-8) + 5 = -11$

$g(x) \le f(x)$, para todo x no intervalo $[-8, -1]$, se, e somente se, $f(-1) \ge g(-1)$, isto é, $p(-1) \ge 3$, ou seja, $p \le -3$.

Resposta: $p \le -3$, real.

101

a) $P = \begin{bmatrix} -\frac{1}{3} & -\frac{2}{3} & -\frac{2}{3} \\ -\frac{2}{3} & a & -\frac{1}{3} \\ -\frac{2}{3} & b & \frac{2}{3} \end{bmatrix}$ então $P^t = \begin{bmatrix} -\frac{1}{3} & -\frac{2}{3} & -\frac{2}{3} \\ -\frac{2}{3} & a & b \\ -\frac{2}{3} & -\frac{1}{3} & \frac{2}{3} \end{bmatrix}$

Como P é ortogonal ($P^t = P^{-1}$) e sabemos que $P^{-1} \cdot P = I$, então $P^t \cdot P = I$. Assim temos:

$\begin{bmatrix} -\frac{1}{3} & -\frac{2}{3} & -\frac{2}{3} \\ -\frac{2}{3} & a & b \\ -\frac{2}{3} & -\frac{1}{3} & \frac{2}{3} \end{bmatrix} \cdot \begin{bmatrix} -\frac{1}{3} & -\frac{2}{3} & -\frac{2}{3} \\ -\frac{2}{3} & a & -\frac{1}{3} \\ -\frac{2}{3} & b & \frac{2}{3} \end{bmatrix} = \begin{bmatrix} 1 & 0 & 0 \\ 0 & 1 & 0 \\ 0 & 0 & 1 \end{bmatrix} \Rightarrow$

$\Rightarrow \begin{bmatrix} 1 & \frac{2}{9} - \frac{2a}{3} - \frac{2b}{3} & 0 \\ \frac{2}{9} - \frac{2a}{3} - \frac{2b}{3} & \frac{4}{9} + a^2 + b^2 & \frac{4}{9} - \frac{a}{3} + \frac{2b}{3} \\ 0 & \frac{4}{9} - \frac{a}{3} + \frac{2b}{3} & 1 \end{bmatrix} = \begin{bmatrix} 1 & 0 & 0 \\ 0 & 1 & 0 \\ 0 & 0 & 1 \end{bmatrix} \Rightarrow$

$\Rightarrow \begin{cases} \frac{2}{9} - \frac{2a}{3} - \frac{2b}{3} = 0 \\ \frac{4}{9} + a^2 + b^2 = 1 \\ \frac{4}{9} - \frac{a}{3} + \frac{2b}{3} = 0 \end{cases} \Rightarrow \begin{cases} 6a + 6b = 2 \\ a^2 + b^2 = \frac{5}{9} \\ 3a - 6b = 4 \end{cases} \Rightarrow a = \frac{2}{3}$ e $b = -\frac{1}{3}$

b) $Ax = b \Rightarrow QRX = b \Rightarrow Q^{-1}QRX = Q^{-1}b \Rightarrow IRX = Q^{-1}b \Rightarrow Rx = Q^{-1}b$

Mas a matriz Q é ortogonal, ou seja $Q^{-1} = Q^t$, então temos: $Rx = Q^t \cdot b$.

Seja $x = \begin{bmatrix} a \\ b \\ c \end{bmatrix}$ então teremos:

$\begin{bmatrix} 2 & 0 & 0 \\ 0 & -2 & 0 \\ 0 & 0 & \sqrt{2} \end{bmatrix} \cdot \begin{bmatrix} a \\ b \\ c \end{bmatrix} = \begin{bmatrix} \frac{1}{2} & \frac{1}{2} & \frac{\sqrt{2}}{2} \\ -\frac{1}{2} & -\frac{1}{2} & \frac{\sqrt{2}}{2} \\ -\frac{\sqrt{2}}{2} & \frac{\sqrt{2}}{2} & 0 \end{bmatrix} \cdot \begin{bmatrix} 6 \\ -2 \\ 0 \end{bmatrix} \Rightarrow \begin{bmatrix} 2a \\ -2b \\ \sqrt{2}c \end{bmatrix} = \begin{bmatrix} 2 \\ -2 \\ -4\sqrt{2} \end{bmatrix} \Rightarrow a = 1, b = 1$ e $c = -4$

Resposta: a) $a = \frac{2}{3}$ e $b = -\frac{1}{3}$ b) $a = 1, b = 1$ e $c = -4$

102 a) Do enunciado, temos a figura:

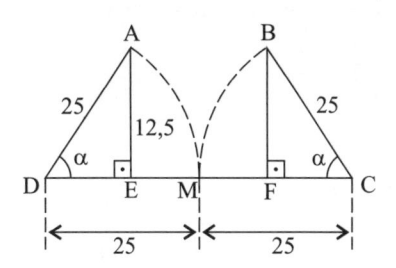

No $\triangle ADE$ retângulo, temos:

$\operatorname{sen}\alpha = \dfrac{AE}{AD} \Rightarrow \operatorname{sen}\alpha = \dfrac{12{,}5}{25} \Rightarrow \operatorname{sen}\alpha = \dfrac{1}{2} \Rightarrow \alpha = 30°$

Para girar a ponte em 30°, serão necessários 30.30 = 900 segundos ou 900:60 = 15 minutos.

b) Do enunciado, temos que ABCD é um trapézio isóceles. Seja AB = x.

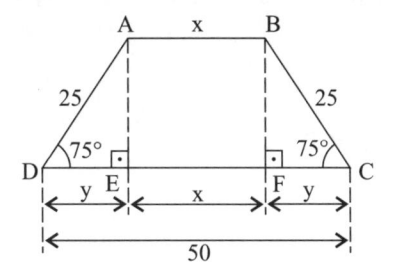

Como $y + x + y = 50$, vem: $y = \dfrac{50-x}{2}$

No $\triangle ADE$ retângulo, temos:

$\cos 75° = \dfrac{y}{25} \Rightarrow \cos 75° = \dfrac{\frac{50-x}{2}}{25} \Rightarrow \cos 75° = \dfrac{50-x}{50}$ (I)

Mas $\cos 75° = \cos(45° + 30°) = \cos 45° \cdot \cos 30° - \operatorname{sen} 45° \cdot \operatorname{sen} 30° =$

$= \dfrac{\sqrt{2}}{2} \cdot \dfrac{\sqrt{3}}{2} - \dfrac{\sqrt{2}}{2} \cdot \dfrac{1}{2} = \dfrac{\sqrt{6} - \sqrt{2}}{4}$ (II)

de (I) e (II) vem:

$\dfrac{\sqrt{6}-\sqrt{2}}{4} = \dfrac{50-x}{50} \Rightarrow 50(\sqrt{6}-\sqrt{2}) = 4(50-x) \Rightarrow 25(\sqrt{6}-\sqrt{2}) = 2(50-x) \Rightarrow$

$2x = 100 - 25\sqrt{6} + 25\sqrt{2} \Rightarrow x = \dfrac{25(4-\sqrt{6}+\sqrt{2})}{2}$ m

Respostas: a) 15 minutos   b) $AB = \dfrac{25(4-\sqrt{6}+\sqrt{2})}{2}$ m

103

a) 1) Calculemos a diagonal **d** de uma página do livro. Como o triângulo BCD é equilátero, obtemos que CD = d. No triângulo ACD, temos:

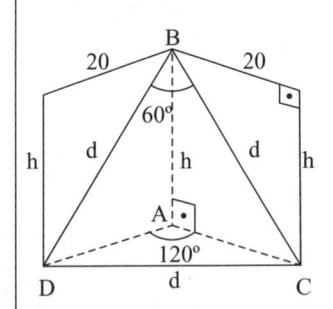

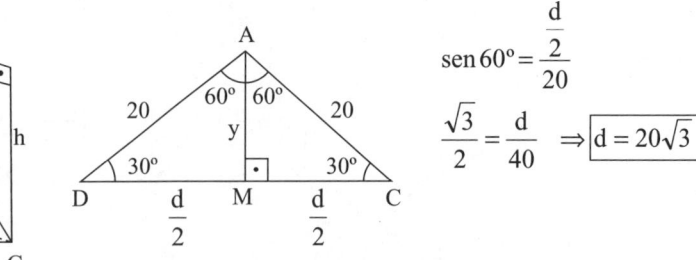

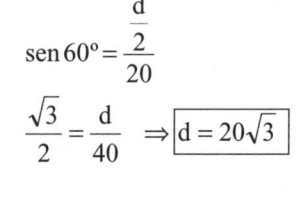

$$\operatorname{sen}60° = \frac{\frac{d}{2}}{20}$$

$$\frac{\sqrt{3}}{2} = \frac{d}{40} \Rightarrow \boxed{d = 20\sqrt{3}}$$

2) **Cáculo de h**

$h^2 + 20^2 = d^2 \Rightarrow h^2 + 400 = (20\sqrt{3})^2 \Rightarrow h^2 = 1200 - 400 \Rightarrow h^2 = 800 \Rightarrow h^2 = 400 \cdot 2 \Rightarrow \boxed{h = 20\sqrt{2}}$

b) 1) Vamos calcular **y** no triângulo ACD para acharmos a sua área S

$\operatorname{sen}30° = \frac{y}{20} \Rightarrow \frac{1}{2} = \frac{y}{20} \Rightarrow \boxed{y = 10}$

2) Como o volume do tetraedro ABCD é $\frac{1}{3}$ S.h, temos:

$V_T = \frac{1}{3} S \cdot h \Rightarrow V_T = \frac{1}{3} \cdot \frac{d \cdot y}{2} \cdot h \Rightarrow V_T = \frac{1}{6} \cdot 20\sqrt{3} \cdot 10 \cdot 20\sqrt{2} \Rightarrow V_T = \frac{1}{3} 10 \cdot 10 \cdot 20\sqrt{6}$

$\Rightarrow \boxed{V_T = \frac{2000}{3}\sqrt{6}}$

Resposta: a) $20\sqrt{2}$ b) $V_T = \frac{2000}{3}\sqrt{6}$ cm³

104

a) A reta **r** tem equação y = ax + b.
1) **Ponto P**

Fazendo y = 0, vem: ax + b = 0, isto é, $x = -\frac{b}{a}$

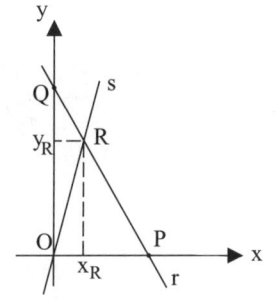

Então, $P = \left(-\frac{b}{a}, 0\right)$.

2) **Ponto R**
Na mesma equação, se x = 0, vem y = b. Assim Q = (0, b)
3) R é a intersecção entre **r** e **s**.

Resolvendo $\begin{cases} y = ax + b \\ y = cx \end{cases}$, temos: $ax + b = cx \Rightarrow x = \frac{b}{c-a} = x_R$ e $y = \frac{bc}{b-a} = y_R$

Como $b = \frac{a+c}{2}$, vem: $R = \left(\frac{b}{2b-2a}, \frac{b(2b-a)}{2b-2a}\right)$.

$$\textit{Resposta: } P = \left(-\frac{b}{a}, 0\right), Q = (0, b) \text{ e } R = \left(\frac{b}{2b-2a}, \frac{b(2b-a)}{2b-2a}\right)$$

b) Sabendo que área OPQ = área ORQ + área ROP, obtemos:

$1 = $ área ORQ $+ 2$ área ORQ $\Rightarrow$ área ORQ $= \dfrac{1}{3} \Rightarrow$

$$\Rightarrow \frac{b \cdot x_R}{2} = \frac{1}{3} \Rightarrow \frac{b}{2} \cdot \frac{b}{2b-2a} = \frac{1}{3} \Rightarrow 3b^2 = 4b - 4a \quad (I)$$

Como área OPQ = 1, vem $\dfrac{b \cdot x_P}{2} = 1 \Rightarrow b \cdot \left(-\dfrac{b}{a}\right) = 2 \Rightarrow 2a = -b^2$

Substituindo em (I), temos: $3b^2 = 4b - 2(-2b^2) \Rightarrow b^2 = 4b \Rightarrow b = 4 \Rightarrow a = -8$ e $c = 16$

Resposta: a = – 8 ; b = 4   e c = 16

VUNESP/2006
Conhecimentos Gerais

105

1) O lucro obtido pela venda de um litro de leite é igual a R$ 0,52 – R$ 0,32 = R$ 0,20.

2) O aumento desejado no lucro é igual a $\dfrac{30}{100} \cdot 2580 = 774$, isto é, R$ 774,00.

3) Seja **n** o número de litros de leite que o produtor terá que produzir a mais (mantendo o custo de produção e o lucro, por litro de leite, constantes)
Então: $n \cdot 0{,}20 = 774 \Rightarrow n = 3870$ litros

Alternativa d

106

Sendo x = número de visitas à página no 1º bimestre, temos:
$x + 2x + 4x + 8x + 16x + 32x = 756$
$63x = 756$
$x = 12$

Alternativa e

107

Da equação $T_k = T_c + 273$, tiramos $T_c = T_k - 273$

Substituindo na equação $5T_f - 160 = 9T_c$, vem:

$5T_f - 160 = 9T_c (T_k - 273)$ ou $5T_f = 9T_k - 2457 + 160$

Portanto, $T_f = \dfrac{9T_k - 2297}{5}$.

Alternativa c

108

Seja $z = x + yi$ ($x, y \in R$):

(S_1) $|z| = \sqrt{x^2 + y^2} = 1 \Rightarrow x^2 + y^2 = 1 \Rightarrow (x-0)^2 + (y-0)^2 = 1^2$ (circunferência de centro = (0, 0) e raio = 1).

(S_2) $|z| \leq 1 \Rightarrow x^2 + y^2 \leq 1$ (círculo de centro = (0,0) e raio =1).

(S_3) $x \geq 0 \Rightarrow Re(z) \geq 0$ (semiplano á direita do eixo das ordenadas inclusive esse eixo)

A intersecção $S_2 \cap S_3$ resultará na figura indicada nesse teste, isto é, $|z| \leq 1$ e $Re(z) \geq 0$.

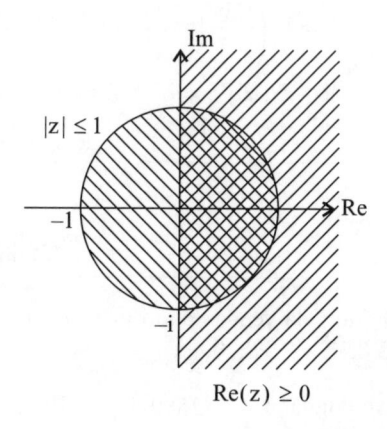

Alternativa e

109

$p(x) = x^3 + bx^2 + cx + d$

$p'(x) = 3x^2 + 2bx + c$

$p'(1) = 0 \Rightarrow 3 + 2b + c = 0$

$p'(-1) = 4 \Rightarrow 3 - 2b + c = 4$

$ \downarrow +$

$ 6 + 2c = 4 \Rightarrow \mathbf{c = -1}$

$ 3 + 2b - 1 = 0 \Rightarrow \mathbf{b = -1}$

$p(x)$ | $x - 1$
$r(x) = k = 2$ $q(x)$

Pelo Teorema do Resto, temos:

$p(1) = 2 \Rightarrow 1 + b + c + d = 2$

$ \Rightarrow d = 2 - 1 - (-1) - 1$

$ \mathbf{d = 3}$

Portanto $\mathbf{p(x) = x^3 - x^2 - x + 3}$

Alternativa b

110

Como a ordem dos fatores não altera o produto devemos escolher 2, 3, 4 ou 5 algarismos:

$$C_{5,2} + C_{5,3} + C_{5,4} + C_{5,5} = \binom{5}{2} + \binom{5}{3} + \binom{5}{4} + \binom{5}{5} = 10 + 10 + 5 + 1 = 26$$

Observação: 11 é um número formado por dois algarismos.

Alternativa d

111

Vamos dispor os dados da matriz num diagrama de árvore:

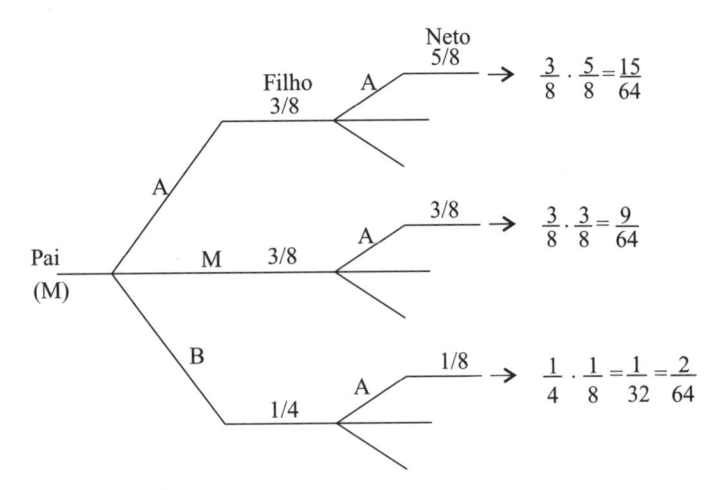

$$\frac{3}{8} \cdot \frac{5}{8} = \frac{15}{64}$$

$$\frac{3}{8} \cdot \frac{3}{8} = \frac{9}{64}$$

$$\frac{1}{4} \cdot \frac{1}{8} = \frac{1}{32} = \frac{2}{64}$$

Temos: $\frac{15}{64} + \frac{9}{64} + \frac{2}{64} = \frac{26}{64} = \frac{13}{32}$

Alternativa a

112

Representemos, no plano cartesiano, os pontos dados.

Se Q' = (1, 2), seu simétrico, em relação ao eixo y, é Q = (– 1, 2)

Equação geral da reta PQ:

$$\begin{vmatrix} -1 & 2 & 1 \\ 2 & 1 & 1 \\ x & y & 1 \end{vmatrix} = 0$$

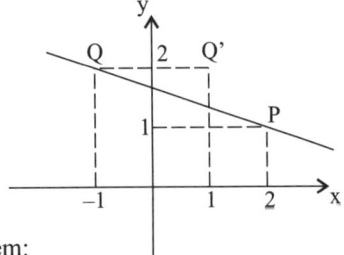

Desenvolvendo, por LAPLACE, através da terceira linha, vem:

$x(2 – 1) – y(– 1 – 2) + 1(–1– 4) = 0$ ou $x + 3y – 5 = 0$

O coeficiente angular dessa reta é $m = -\frac{1}{3}$

Alternativa c

113 Pelo enunciado temos que $N = 120 + 10.\log_{10} I$. Assim sendo:
$$N_1 = 120 + 10 \cdot \log_{10} I_1 \text{ e } N_2 = 120 + 10 \cdot \log_{10} I_2$$
Portanto:

$N_1 - N_2 = 120 + 10 \cdot \log_{10} I_1 - (120 + 10 \cdot \log_{10} I_2) \Rightarrow$

$\Rightarrow 20 = 10 \cdot \log_{10} I_1 - 10 \log_{10} I_2 \Rightarrow 20 = 10(\log_{10} I_1 - \log_{10} I_2)$

$\Rightarrow 2 = \log_{10}\left(\dfrac{I_1}{I_2}\right) \Rightarrow 10^2 = \dfrac{I_1}{I_2}$

Alternativa d

114 As abscissas x_1, x_2 e x_3 são as soluções da equação $f(x) = g(x)$.
Assim:

$1 + \text{sen} 2x = 1 + \cos x$

$2 \text{sen} x \cos x = \cos x$

$2 \text{sen} x \cos x - \cos x = 0$

$\cos x \cdot (2 \text{sen} x - 1) = 0$ então $\cos x = 0$ ou $\text{sen} x = \dfrac{1}{2}$

Como $x \in [0, \pi]$, temos:

$\cos x = 0 \Rightarrow x = \dfrac{\pi}{2}$

$\text{sen} x = \dfrac{1}{2} \Rightarrow x = \dfrac{\pi}{6}$ ou $x = \dfrac{5\pi}{6}$

Logo $x_1 + x_2 + x_3 = \dfrac{\pi}{2} + \dfrac{\pi}{6} + \dfrac{5\pi}{6} = \dfrac{3\pi}{2}$

Alternativa c

115 1) $F\hat{A}D + D\hat{A}E = 90°$
$F\hat{A}D + 30° = 90°$
$F\hat{A}D = 60°$

2) No $\triangle ADF$: $\dfrac{FA}{2k} = \text{sen} 30° \Rightarrow \dfrac{FA}{2k} = \dfrac{1}{2} \Rightarrow FA = k$

3) área (ABCD) = área (ABCF) + área (ADF)

área (ABCD) = $k^2 + \dfrac{1}{2} \cdot k \cdot 2k \cdot \text{sen} 60°$

área (ABCD) = $k^2 + \dfrac{1}{2} \cdot 2k^2 \cdot \dfrac{\sqrt{3}}{2}$

área (ABCD) = $k^2 \left(\dfrac{2+\sqrt{3}}{2}\right)$

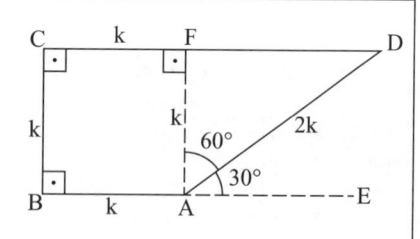

Alternativa b

116

1) O volume de um cilindro e o de um cone de raio **R** e altura **H** são dados por:

$$V_{cil} = \pi R^2 \cdot H \text{ e } V_{cone} = \frac{1}{3}\pi R^2 H$$

Então o volume do medicamento(V_m) para $\pi = 3$ será:

$$V_m = \pi \cdot 4^2 \cdot 9 + \frac{1}{3}\pi \cdot 4^2 \cdot 3 \Rightarrow V_m = 144\pi + 16\pi$$

$$V_m = 160\pi \Rightarrow V_m = 160\pi \cdot 3 \Rightarrow V_m = 480 \text{cm}^3$$

2) Sendo V_a o volume aplicado em 4 horas, temos:

$$1,5 \, m\ell/m \Rightarrow 1,5 \cdot 60 \, m\ell/h \Rightarrow V_a = 4 \cdot 1,5 \cdot 60 \, m\ell \Rightarrow \boxed{V_a = 360 \, m\ell} \Rightarrow \boxed{V_a = 360 \, \text{cm}^3}$$

3) Sendo V_R o volume restante no frasco, temos:

$$V_R = V_m - V_a \Rightarrow V_R = 480 - 360 \Rightarrow \boxed{V_R = 120 \, \text{cm}^3}$$

Alternativa a

VUNESP/2006
Exatas

117

a) Inicialmente faremos 15% de 50 milhões = 7,5 milhões de domicílios na zona rural. Desses 7,5 milhões 30% têm máquina de lavar:

$$30\% \text{ de } 7,5 \text{ milhões} = \frac{30}{100} \cdot 7500000 = 2.250.000$$

e 90% têm TV: $90\% \text{ de } 7,5 \text{ milhões} = \frac{90}{100} \cdot 7500000 = 6.750.000$.

b) $P(T \cup F) = P(T) + P(F) - P(T \cap F) = P(T) + P(F) - P(T) \cdot P(F)$,

T e F são independentes $= 60\% + 20\% - \frac{60}{100} \cdot \frac{12}{100} =$

$$= 60\% + 20\% - \frac{12}{100} = 80\% - 12\% = 68\%$$

Finalmente: 68% de (50 milhões – 7,5 milhões) =

$$= \frac{68}{100} \cdot 42000000 = 28900000 \text{ domicílios}$$

Respostas: a) $\begin{cases} \text{número de domicílios na zona rural: } 7500000 \\ \text{MQ de lavar: } 2250000 \\ \text{TV: } 6750000 \end{cases}$ b) *28900000*

118

a) Temos que: $P_1 = 4$
$P_2 = 8 = 4.2$
$P_3 = 12 = 4.3$
$\vdots \quad \vdots \quad \vdots$
$P_n = 4.n$

Assim sendo, note que a seqüência (4, 8, 12, ..., 4n) forma uma P.A, na qual, $a_1 = 4$ e a razão $r = 4$. Dessa forma, o termo geral será: $P_n = P_1 + (n-1)r \Rightarrow P_n = 4 + (n-1) \cdot 4 \Rightarrow P_n = 4_n$.

b) Temos que: $A_1 = 1^2 = 1$
$A_2 = 2^2 = 4$
$A_3 = 3^2 = 9$
$\vdots \quad \vdots \quad \vdots$
$A_n = n^2$

Assim sendo, $B_n = \dfrac{A_n}{P_n} = \dfrac{n^2}{4n} = \dfrac{n}{4}, n \in \mathbb{N}^*$

Dessa forma, temos: $B_1 = \dfrac{1}{4}$, $B_2 = \dfrac{2}{4} = \dfrac{1}{2}$, $B_3 = \dfrac{3}{4}$

A seqüência ($B_1, B_2, B_3, ..., B_{40}$) é uma P.A de razão $\dfrac{1}{4}$, sendo $B_1 = \dfrac{1}{4}$ e $B_{40} = \dfrac{40}{4} = 10$.

Assim, a soma dos 40 primeiros termos da seqüência será:

$S_{40} = \dfrac{\left(\dfrac{1}{4} + \dfrac{40}{4}\right) \cdot 40}{2} = 205 \text{cm}$

***Respostas:** a) demostração $P_n = 4_n$ b) $B_1 = \dfrac{1}{4}$, $B_2 = \dfrac{1}{2}$, $B_3 = \dfrac{3}{4}$*

$B_1 + B_2 + B_3 + ... + B_{40} = 205 \text{ cm}$

119

a) $\det(A) = \begin{vmatrix} x-2y & 1 \\ 3x+y & -1 \end{vmatrix} = (-x+2y) + (-3x-y) = y - 4x$

$\det(B) = \begin{vmatrix} 2 & 1 \\ -1 & -2 \end{vmatrix} = -4 + 1 = -3$

$\det(A) \leq \det(B) \Rightarrow y - 4x \leq -3 \Rightarrow y \leq 4x - 3$

b) $A + 2B = C \Rightarrow \begin{bmatrix} x-2y & 1 \\ 3x+y & -1 \end{bmatrix} + 2 \cdot \begin{bmatrix} 2 & 1 \\ -1 & -2 \end{bmatrix} = \begin{bmatrix} 1 & 3 \\ 3 & -5 \end{bmatrix} \Rightarrow$

$\Rightarrow \begin{bmatrix} x-2y+4 & 3 \\ 3x+y-2 & -5 \end{bmatrix} = \begin{bmatrix} 1 & 3 \\ 3 & -5 \end{bmatrix} \Rightarrow \begin{cases} x-2y = -3 \\ 3x+y = 5 \end{cases} \Rightarrow$

$\Rightarrow x = 1$ e $y = 2$.

***Resposta:** a) observe o gráfico   b) $x = 1$ e $y = 2$*

120

a) $z = 1+i \Rightarrow |z| = \sqrt{1^2+1^2} = \sqrt{2}$

$\left.\begin{array}{l}\cos\theta = \dfrac{1}{\sqrt{2}} = \dfrac{\sqrt{2}}{2} \\ \operatorname{sen}\theta = \dfrac{1}{\sqrt{2}} = \dfrac{\sqrt{2}}{2}\end{array}\right\} \Rightarrow \theta = \dfrac{\pi}{4} \Rightarrow z = \sqrt{2}\left(\cos\dfrac{\pi}{4} + i\operatorname{sen}\dfrac{\pi}{4}\right)$

$z^3 = (\sqrt{2})^3 \cdot \left(\cos\dfrac{3\pi}{4} + i\operatorname{sen}\dfrac{3\pi}{4}\right) = 2\sqrt{2}\left(\cos\dfrac{3\pi}{4} + i\operatorname{sen}\dfrac{3\pi}{4}\right)$

b) $z = 1 + i$ é raiz $\overset{T.R.C}{\Rightarrow}$ $\bar{z} = 1 - i$ também é raiz.

$|z|^2 = (\sqrt{2})^2 = 2$ é raiz

P(x) tem grau mínimo coeficiente dominante $= a_0 = 1$

Portanto: P(x) = 1 (x – 2)[x – (1 + i)][x – (1 – i)]

P(x) = (x – 2) [(x – 1) – i] . [(x – 1) + i]

P(x) = (x – 2) . [(x – 1)² – i²]

P(x) = (x – 2) (x² – 2x + 2)

P(x) = x³ – 4x² + 6x – 4

Respostas: a) $z = \sqrt{2}\left(\cos\dfrac{\pi}{4} + i\operatorname{sen}\dfrac{\pi}{4}\right)$; $z^3 = 2\sqrt{2}\left(\cos\dfrac{3\pi}{4} + i\operatorname{sen}\dfrac{3\pi}{4}\right)$

b) P (x) = x³ – 4x² + 6x – 4

121

a) O número $3600 = 2^4 \cdot 3^2 \cdot 5^2$. Então o número de divisores inteiros positivos de 3600 será: $(4 + 1) \cdot (2 + 1) \cdot (2 + 1) = 45$.

Lembre-se que se um número inteiro N, pode ser fatorado como: $N = a_1^{\alpha_1} \cdot a_2^{\alpha_2} \cdot a_3^{\alpha_3} ... a_n^{\alpha_n}$, então o total de divisores inteiros e positivos de N será: $(\alpha_1 + 1) \cdot (\alpha_2 + 1) \cdot (\alpha_3 + 1) ... (\alpha_n + 1)$.

O número $720 = 2^4 \cdot 3^2 \cdot 5$, e apresenta $(4 + 1) \cdot (2 + 1) \cdot (1 + 1) = 30$ divisores inteiros positivos. Como 720 é um divisor de 3600, podemos concluir que todos os 30 divisores de 720, tembém são divisores de 3600.

b) Os divisores ímpares e positivos de 3600 são os que não apresentam o fator primo 2, ou seja, apresentam, apenas, os fatores primos 3 e 5. Dessa forma, os divisores ímpares e positivos de 3600 são $(2 + 1) \cdot (2 + 1) = 9$ divisores.

Assim sendo, o total de divisores pares e positivos de 3600 são : $45 - 9 = 36$ divisores.

Os divisores positivos, inteiros e quadrados perfeitos são do tipo $2^\alpha \cdot 3^\beta \cdot 5^\gamma$ com $\alpha \in \{0,2,4\}$; $\beta \in \{0,2\}$ e $\gamma \in \{0,2\}$. Assim sendo o total de divisores que são quadrados perfeitos será: $3 \cdot 2 \cdot 2 = 12$ divisores.

Respostas: a) 45 divisores ; 30 divisores
b) 36 divisores pares e 12 divisores quadrados perfeitos

122

a) Se C tem centro (2, 0) e raio 2 sua equação é
$(x-2)^2 + (y-0)^2 = 2^2$ ou $(x-2)^2 + y^2 = 4$
O ponto S, intensecção de **s** com **C** tem suas coordenadas obtidas resolvendo o sistema $\begin{cases} y = \dfrac{x}{3} \\ (x-2)^2 + y^2 = 4 \end{cases}$

Da 2ª equação, tiramos:

$(x-2)^2 + \left(\dfrac{x}{3}\right)^2 = 4$

$x^2 - 4x + 4 + \dfrac{x^2}{9} = 4$

$9x^2 - 36x + x^2 = 0$
$10x^2 - 36x = 0$
$x(10x - 36) = 0$

Temos duas soluções:
1) $x = 0$ (não serve, pois S não é a origem)

2) $10x - 36 = 0$ ou $x = \dfrac{36}{10} = \dfrac{18}{5}$ e $y = \dfrac{1}{3} x = \dfrac{1}{3} \cdot \dfrac{18}{5} = \dfrac{6}{5}$

Resposta: $(x-2)^2 + y^2 = 4$ e $S = \left(\dfrac{18}{5}, \dfrac{6}{5}\right)$

b) O ponto M pertence a (s) $y = \dfrac{x}{3}$

Sua ordenada é $y_M = \dfrac{x_M}{3} = \dfrac{2}{3}$.

Como $P = (4,0)$, a área do $\triangle OMP$ é $\dfrac{4 \cdot \dfrac{2}{3}}{2} = \dfrac{4}{3}$

A área do $\triangle OSP$ é $\dfrac{4 \cdot y_s}{2} = 2y_s = 2 \cdot \dfrac{6}{5} = \dfrac{12}{5}$

Então :

ÁREA DO $\triangle MSP$ = área do $\triangle OSP$ − área do $\triangle OMP$ = $\dfrac{12}{5} - \dfrac{4}{3} = \dfrac{36-20}{15} = \dfrac{16}{15}$

Mas , o $\triangle OTM$ e o $\triangle MSP$ são congruentes e, por isso, têm a mesma área.

Assim, ÁREA DA REGIÃO SOMBREADA = 2. ÁREA DO $\triangle MSP$ = $2 \cdot \dfrac{16}{15} = \dfrac{32}{5}$

Resposta: $\dfrac{4}{3}$ é a área do $\triangle OMP$ e $\dfrac{32}{5}$ é a área da região sombreada

123 a) Primeiramente calculemos $g(4) = 4^2 - 4.4 - 4 \Rightarrow g(4) = -4$
Assim sendo, pelo enunciado temos: $f(x) \leq g(4) \Rightarrow f(x) \leq -4 \Rightarrow$
$\Rightarrow -5 + \log_2(1-x) \leq -4 \Rightarrow \log_2(1-x) \leq 1 \Rightarrow 1-x \leq 2 \Rightarrow x \geq -1$ (I)
Pelo enunciado, temos que $x < 1$ (II) (condição de existência do logarítimo). Dessa forma, podemos concluir que $-1 \leq x < 1$ e

$g(x) = f\left(\dfrac{7}{8}\right) \Rightarrow x^2 - 4x - 4 = -5 + \log_2\left(1 - \dfrac{7}{8}\right) \Rightarrow x^2 - 4x + 1 = \log_2\left(\dfrac{1}{8}\right) \Rightarrow$

$\Rightarrow x^2 - 4x + 1 = -3\log_2 2 \Rightarrow x^2 - 4x + 4 = 0 \Rightarrow x = 2$

b) fog $(x) = f(g(x)) \Rightarrow f(g(x)) = -5 + \log_2(1 - g(x)) \Rightarrow f(g(x)) = -5 + \log_2(1 - (x^2 - 4x - 4)) \Rightarrow$

$\Rightarrow f(g((x)) = -5 + \log_2(-x^2 + 4x + 5)$.

Os valores de $x \in R$ para os quais a fog está definida será:
$-x^2 + 4x + 5 > 0 \Rightarrow x^2 - 4x - 5 < 0 \Rightarrow -1 < x < 5$, ou seja, $D_{fog} =]-1, 5[$.

A fog assumirá valor máximo quando $\log_2(-x^2 + 4x + 5)$ for máximo. Isso ocorrerá quando o polinômio $-x^2 + 4x + 5$ for máximo.

Assim sendo, x_{max} será representado pelo vértice da parábola, ou seja,

$x_{max} = -\dfrac{b}{2a} = \dfrac{-4}{2 \cdot (-1)} = 2$

Respostas: a) $-1 \leq x < 1$; $x = 2$ b) $D_{fog} =]-1, 5[$; $x_{max} = 2$

124 a) Quando o satélite se encontra em P temos $\alpha = 0°$ ou $\alpha = 360°$.
Nos dois casos, temos $\cos \alpha = 1$.

A altura do satélite em P é, em km, $h = \left(-64 + \dfrac{7980}{100 + 5.1}\right) \cdot 10^2 = (-64 + 76) \cdot 100 = 1200$

No apogeu (A), temos $\alpha = 180°$ e $\cos \alpha = 180° = -1$
Então, a altura, em km, fica:

$h = \left(-64 + \dfrac{7980}{100 + 5.(-1)}\right) \cdot 10^2 = (-64 + 84) \cdot 100 = 2000$

b) Para $h = 1580$, temos:

$\left(-64 + \dfrac{7980}{100 + 5\cos\alpha}\right) \cdot 10^2 = 1580 \Rightarrow -64 + \dfrac{7980}{100 + 5\cos\alpha} = \dfrac{1580}{100} \Rightarrow$

$\Rightarrow \dfrac{7980}{100 + 5\cos\alpha} = \dfrac{1580}{100} + 64 \Rightarrow \dfrac{7980}{100 + 5\cos\alpha} = \dfrac{1580 + 6400}{100}$

Assim, $100 + 5\cos\alpha = 100$, isto é, $\cos\alpha = 0$.
Se $\cos\alpha = 0$, então $\alpha = 90°$ ou $\alpha = 270°$.

Respostas: a) A altura do satélite é de 1200 km no perigeu e de 2000 km no apogeu
b) $\alpha = 90°$ ou $\alpha = 270°$

125 a) 1) Note que a área lateral interna é igual a 4 vezes a área de um retângulo
$A_L = 4(15 \cdot 40) \Rightarrow \boxed{A_L = 2400}$

2) Como a área de uma esfera de raio R é $4\pi R^2$, para $\pi = 3$, temos:

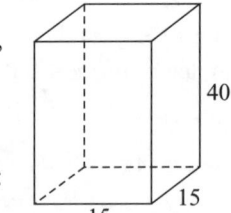

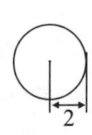

$A_e = 4\pi R^2 \Rightarrow A_e = 4 \cdot \pi \cdot 2^2 \Rightarrow A_e = 4 \cdot 3 \cdot 4 \Rightarrow \boxed{A_e = 48}$

b)1) Sendo V_p o volume do paralelepípedo retângulo, temos:
$V_p = 15 \cdot 15 \cdot 40 \Rightarrow \boxed{V_p = 9000}$

2) O volume de uma esfera de raio **R** é dado por $\dfrac{4}{3}\pi R^3$, para $\pi = 3$, temos:

$V_e = \dfrac{4}{3}\pi R^3 \Rightarrow V_e = \dfrac{4}{3} \cdot 3 \cdot 2^3 \Rightarrow \boxed{V_e = 32}$

3) Sendo V_L o volume líquido temos:
$V_L = V_p - 90 \cdot V_e \Rightarrow V_L = 9000 - 90 \cdot 32 \Rightarrow V_L = 9000 - 2880 \Rightarrow \boxed{V_L = 6120}$

Respostas: a) A_L = 2400 cm², A_e = 48 cm²   b)V_p = 9000 cm³, V_e = 32 cm³, V_L = 6120 cm³

126 Do enunciado, temos a figura:

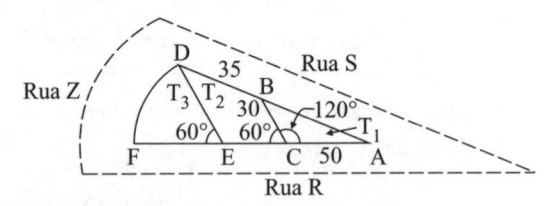

a) No $\triangle ACB$, pela lei dos cossenos, temos:

$(AB)^2 = 30^2 + 50^2 - 2 \cdot 30 \cdot 50 \cdot \cos 120° \Rightarrow (AB)^2 = 900 + 2500 - 2 \cdot 30 \cdot 50 \cdot \left(-\dfrac{1}{2}\right) \Rightarrow$

$\Rightarrow (AB)^2 = 900 + 2500 + 1500 \Rightarrow (AB)^2 = 4900 \Rightarrow \boxed{AB = 70\text{ m}}$

Sendo $\overline{BC} \mathbin{/\mkern-6mu/} \overline{DE}$, pelo Teorema de Tales, temos:

$\dfrac{CE}{BD} = \dfrac{AC}{AB} \Rightarrow \dfrac{CE}{35} = \dfrac{50}{70} \Rightarrow \boxed{CE = 25\text{ m}}$

b) Como $\triangle ADE \sim \triangle ABC$ (caso AA), então:

$\dfrac{DE}{BC} = \dfrac{AE}{AC} \Rightarrow \dfrac{DE}{30} = \dfrac{75}{50} \Rightarrow \boxed{DE = 45\text{ m}} \Rightarrow m(\widehat{DF}) = \dfrac{60°}{360°} \cdot 2 \cdot \pi \cdot 45 \Rightarrow m(\widehat{DF}) = 15\pi$

Logo, o perímetro do terreno T_3 é:

$P = 45 + 45 + 15\pi \Rightarrow P = 90 + 15\pi \Rightarrow \boxed{P = 15(6+\pi)\text{ m}}$

Respostas: a) AB = 70m e CE = 25m   b) DE = 45m   e P = 15(6 +π) m

VUNESP/2006
Biológicas

127
a) DROGARIA A - medicamento D_1: x caixas   ($x \in N$)
              - medicamento D_2: 30 – x caixas ($x \leq 30$)
Então, em reais,
$$G_A = 10x + 12(30 - x), \text{ isto é, } G_A = 360 - 2x, \ 30 \geq x \in N$$
DROGARIA B   - medicamento D_1: y caixas   ($y \in N$)
              - medicamento D_2: 40 – y caixas ($y \leq 40$)
Portanto, em reais,
$$G_B = 14y + 15(40 - y), \text{ ou seja, } G_B = 600 - y, \ 40 \geq y \in N$$
O gasto total é $G = G_A + G_B = 360 - 2x + 600 - y$, isto é, $G = 960 - 2x - y$

Resposta: Para x e y naturais, $x \leq 30$ e $y \leq 40$, temos, em reais, $G_A = 360 - 2x$,
$G_B = 600 - y, \ G = 960 - 2x - y$

b) Os menos gastos são com as caixas de D_1. Para que G seja mínimo, todas as caixas de D_1 serão enviadas.
Assim, $x + y = 40$, isto é, $y = 40 - x$
Para G = 890 reais, temos:
$890 = 960 - 2x - y$
$2x + y = 960 - 890$
$2x + 40 - x = 70$, isto é, $x = 30$ e $y = 10$
Portanto,

DROGARIA A : 30 caixas de D_1 e nenhuma de D_2. Em reais, $G_A = 360 - 2 \cdot 30 = 300$
DROGARIA B: 10 caixas de D_1 e 30 caixas de D_2. Em reais, $G_B = 600 - 10 = 590$

Resposta: Do medicamento D_1 sairão 30 caixa para A e 10 para B; de D_2 sairão 30 caixas
para B e nenhuma para A. $G_A = 300$ reais e $G_B = 590$ reais

128
a) Total de pessoas que não são do grupo A:
$(60 + 20) + (50 + 10) + (350 + 50) = 540$

Temos: $\dfrac{540}{1000} = 54\%$

Toatal de pessoas do grupo B (Rh^-) : 20,

Total de pessoas do grupo Rh^+ = 390 + 60 + 50 + 350 = 850

Temos: $\dfrac{20 + 850}{1000} = \dfrac{870}{1000} = 87\%$

b) Total de pessoas AB (Rh^-) = 10

Temos: $\dfrac{10}{1000} = 1\%$

Total de pessoas Rh⁻ = 70 + 20 + 10 + 50 = 150,
Total de pessoas AB⁻ = 10 e O⁻ = 50 : 10 + 50 = 60

Temos: $\dfrac{60}{150} = 40\%$

Respostas: a) 54% e 87%   b) 1% e 40%

129

a) Temos que p(t) = 12, por outro lado, $p(t) = 9 + \dfrac{8}{1+12\cdot 3^{-0,1t}}$

Assim sendo,

$9 + \dfrac{8}{1+12\cdot 3^{-0,1t}} = 12 \Rightarrow \dfrac{8}{1+12\cdot 3^{-0,1t}} = 3 \Rightarrow 1 + 12\cdot 3^{-0,1t} = \dfrac{8}{3} \Rightarrow$

$\Rightarrow 12\cdot 3^{-0,1t} = \dfrac{5}{3} \Rightarrow 3^{-0,1t} = \dfrac{5}{36} \Rightarrow$

$\Rightarrow \log_3 3^{-0,1t} = \log_3 \left(\dfrac{5}{36}\right) \Rightarrow -0,1t \cdot \log_3 3 = \log_3 5 - \log_3 (2\cdot 3)^2 \Rightarrow$

$\Rightarrow -0,1t \cdot \log_3 3 = \log_3 5 - 2(\log_3 2 + \log_3 3) \Rightarrow -0,1t \cdot 1 = 1,4 - 2(0,6+1) \Rightarrow$

$\Rightarrow -0,1t = -1,8 \Rightarrow t = 18$ anos

A população atingiu 12 milhões de habitantes em 1950+18 = 1968.

b) Em 1950, temos t = 0. Desse modo, temos:

$p(0) = 9 + \dfrac{8}{1\cdot 12\cdot 3^0} \Rightarrow p(0) = 9 + \dfrac{8}{13} \Rightarrow p(0) = 9 + 0,61 \Rightarrow p(0) = 9,61$ milhões de habitantes.

Então em 1950, a população era de, aproximadamente, 9,61 milhões de habitantes. Pelo gráfico, e no intervalo $0 \leq t \leq 80$, temos:

p(t) ≥ 15 para 32 ≤ t ≤ 80.

Pelo gráfico, temos que p(0) ≤ p(t) ≤ p(80), ou seja, 9,61 ≤ p(t) ≤ 17. Desse modo, os valores de k, ao qual, a equação dada admite soluções reais será: 9,61 ≤ k ≤ 17.

Respostas: a) 9,61 milhões de habitantes   b) 9,61 k 17

130

a)1) No ΔABC, por Pitágoras:

$d^2 + 1^2 = 7^2 \Rightarrow d = 4\sqrt{3}$

2) No ΔBPQ, por Pitágoras:

$(PB)^2 = 2^2 + d^2$
$(PB)^2 = 4 + 48$

$PB = 2\sqrt{13}$

3) $\text{sen}\alpha = \dfrac{BQ}{PB} \Rightarrow \text{sen}\alpha = \dfrac{2}{\sqrt{13}} \Rightarrow \text{sen}\alpha = \dfrac{\sqrt{13}}{13}$

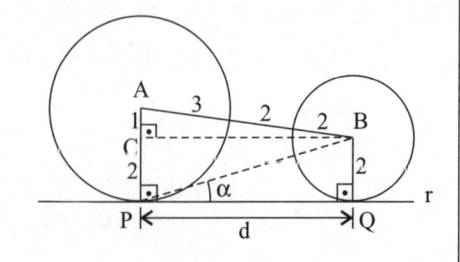

b) Quando os raios da roda maior descrevem um ângulo de 60°, a distância que ela percorre é

igual a $\dfrac{60°}{360°} \cdot 2\pi R$, isto é, $\dfrac{60°}{360°} \cdot 2\pi \cdot 3 = \pi\,\text{dm}$.

Ora, a roda menor deve percorrer a mesma distância, sendo que seus raios descrevem um ângulo α tal

que $\dfrac{\alpha}{360°} \cdot 2\pi r = \pi$. Ou seja:

$\dfrac{\alpha}{360°} \cdot 2\pi \cdot 2 = \pi \Rightarrow \alpha = 90°$

Se a roda maior deu 80 voltas, ela percorreu $80.2\pi.3 = 480\,\pi\text{dm}$. A roda menor, como percorre a mesma distância, terá dado **n** voltas, de modo que $n.2\pi.2 = 480\pi$. Daí, n = 120.

Respostas: a) $PQ = 4\sqrt{3}\ dm$; $sen\,(B\hat{P}Q) = \dfrac{\sqrt{13}}{13}$ b) $90°$; 120voltas

VUNESP/2007
Conhecimentos Gerais

131 Seja **E** a extensão, em milhões de quilômetros quadrados, da camada de gelo no Ártico, em 1979.
Então:
$0{,}20 \cdot E = 1{,}3 \Rightarrow E = 6{,}5$

Alternativa d

132 Observando, no gráfico, quais colunas estão na faixa entre 1200(inclusive) e 1300 (inclusive) obtemos:
fevereiro   -   1200
março   - 1250
abril   - 1300
junho   - 1220
julho   - 1200
setembro   - 1220
outubro   - 1200
novembro   - 1300
Temos um total de 8 meses.

Alternativa e

133 1) Vamos escolher uma moça para ocupar a poltrona 1 : 2.
2) Escolhamos um rapaz para ficar ao seu lado : 2.
3) Permutamos os dois nas poltronas 1 e 2 : 2!
4) Permutamos a outra moça e o outro rapaz nas poltronas 3 e 4 : 2!
Temos, pelo princípio fundamental da contagem:

$2 \times 2 \times 2! \times 2! = 16$

Alternativa e

134. O total de trios que se pode formar com os 5 vértices do poliedro é:

$$C_{5,3} = \frac{5!}{3!2!} = \frac{5 \cdot 4}{2} = 10$$

O poliedro possui 6 faces

A probabilidade procurada é: $\frac{6}{10} = \frac{3}{5}$

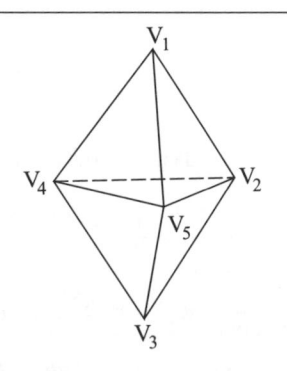

Alternativa c

---

135. Como a plantação foi feita mês a mês em progressão aritmética, temos:
No 24° mês o número de árvore plantadas foi: $x + 23r$.
No 15° mês o número de árvores plantadas foi: $x + 14r$.
Assim temos:

$$S_{24} = \frac{(x+x+23r) \cdot 24}{2} \Rightarrow 12(2x+23r) = 3960 \Rightarrow 2x + 23r = 330 \quad (I)$$

$$S_{15} = 3960 - 2160 = 1800 \Rightarrow S_{15} = \frac{(x+x+14r) \cdot 15}{2} \Rightarrow 15(2x+14r) = 3600 \Rightarrow$$

$$\Rightarrow 2x + 14r = 240 \quad (II)$$

De um(I) e (II), vem:

$$\begin{cases} 2x + 23r = 330 \\ 2x + 14r = 240 \end{cases} \Rightarrow x = 50 \text{ e } r = 10$$

Alternativa a

---

136. A matriz $\begin{bmatrix} x \\ y \end{bmatrix}$, de acordo com o enunciado, representa o lucro da fábrica com a venda das peças E_1 e E_2. Portanto, o lucro da fábrica será o número de peças vendidas $\left(\text{no caso a matriz } \begin{bmatrix} 20 & 8 \\ 15 & 12 \end{bmatrix} \right)$ multiplicado pelo lucro obtido na venda de cada peça $\left(\text{no caso a matriz } \begin{bmatrix} 3 \\ 2 \end{bmatrix} \right)$. Assim sendo, temos:

$$\begin{bmatrix} x \\ y \end{bmatrix} = \begin{bmatrix} 20 & 8 \\ 15 & 12 \end{bmatrix} \cdot \begin{bmatrix} 3 \\ 2 \end{bmatrix} \rightarrow \begin{bmatrix} x \\ y \end{bmatrix} = \begin{bmatrix} 76 \\ 69 \end{bmatrix}$$

Observação: O problema pode ser resolvido observando, em separado, o número de peça de cada tipo vendido a E_1 e multiplicando pelo lucro correpondente de cada peça. O mesmo raciocínio pode ser repetido para E_2.

Alternativa c

| 137 | A área do $\triangle PQR$ pode ser calculada por |

$$S = \frac{|D|}{2}, \text{ onde } D = \begin{vmatrix} x_P & y_P & 1 \\ x_Q & y_Q & 1 \\ x_R & y_R & 1 \end{vmatrix}$$

Assim, $D = \begin{vmatrix} 2 & 1 & 1 \\ 2 & 5 & 1 \\ x_0 & 4 & 1 \end{vmatrix}$ desenvolvendo, por LAPLACE, através da 3ª linha, vem:

$D = x_0(1-5) - 4(2-2) + (10-2) = -4x_0 + 8$

Se $S = 20$, temos $\frac{|-4x_0 + 8|}{2} = 20$ ou $|-2x_0 + 4| = 20$

Temos duas soluções para essa equação modular:

1) $-2x_0 + 4 = 20$, isto é, $-2x_0 = 16$ ou $x_0 = -8$ (não serve, pois $x_0 > 0$)
2) $-2x_0 + 4 = -20$, ou seja, $-2x_0 = -24$, ou ainda, $x_0 = 12$.

Alternativa e

| 138 | A função quadrática, de raízes x' e x", pode ser escrita $f(x) = a(x - x')(x - x")$, $a \neq 0$. |

Do gráfico dado, tiramos as raízes: $x' = -2$ e $x" = 1$
Então, $f(x) = a(x + 2)(x - 1)$
Ainda do gráfico obtemos $f(0) = -4$, isto é, $-4 = a(0+2)(0-1)$ ou $-4 = -2a$, ou seja, $a = 2$.
A função dada fica $f(x) = 2(x+2)(x-1) = 2(x^2 + x - 2)$, isto é, $f(x) = 2x^2 + 2x - 4$

Alternativa d

| 139 | Temos que: $\text{sen}\, 3° = \frac{30}{x} \Rightarrow 0,05 = \frac{30}{x} \Rightarrow x = 600\,m$ |

Como $v = \frac{\Delta s}{\Delta t} \Rightarrow 4 = \frac{600}{\Delta t} \Rightarrow \Delta t = 150$ segundos

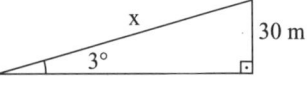

Logo em minutos, teremos $\frac{150}{60} = 2,5\,\text{min}$

Alternativa a

| 140 | Como Paulo consumiu 2975 kcal, a sua altura h é: |

$17h = 2975 \Rightarrow h = 175$

Paulo é 5cm mais alto que Carla, ou seja, ela tem 170 cm de altura. Assim, o seu consumo diário de energia é:

$g(170) = (15,3) \cdot 170$
$g(170) = 2061$

Alternativa b

141

1) Como $\overline{DE}$ é paralelo a $\overline{AB}$, os triângulos CDE e CAB são semelhantes. Daí:

$$\frac{12}{20} = \frac{x}{15} \Rightarrow x = 9$$

2) A área do trapézio será dada por $\frac{(15+9) \cdot 8}{2} = 96$, ou seja, 96 cm².

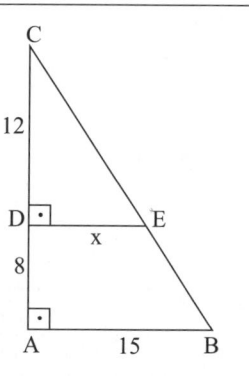

Alternativa b

142

1) Cálculo de r (do cilindro)

$$r^2 + (5\sqrt{3})^2 = 10^2 \Rightarrow r^2 = 25$$

2) Como o volume de um cilindro de raio r e altura H é dado por

V = πr^2 . H, temos:

V = π . 25 . 20 $\Rightarrow$ $\boxed{V = 500\pi}$

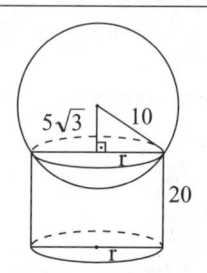

Alternativa d

VUNESP/2007
Exatas

143

O total de quilômetros rodados pelos carros dessa empresa em 2005 foi de 199200 km e, se cada carro faz em média 12 km por litro de gasolina, foram consumidos:

$\frac{199200}{12} = 16600$ litros de gasolina.

Assim, foram emitidos $\frac{16600}{450} = 40$ toneladas de CO_2

Logo, deixaram de emitir em 2006, 5% de $40 = \frac{5}{100} \cdot 40 = 2$ toneladas de CO_2.

Resposta: 2 toneladas

144

No período de 1971 a 2320 temos 350 anos. Mas, 350 anos representa 10 períodos de 35 anos.

Assim sendo, como o número de furações dobra a cada 35 anos, temos uma PG de dez termos, no qual, o primeiro termo é **x** e a razão e 2. Logo a soma do número de furações será:

$$S = \frac{a_1(q^n - 1)}{q - 1} \Rightarrow S_{10} = \frac{x(2^{10} - 1)}{2 - 1} \Rightarrow S_{10} = 1023x$$

Resposta: 1023 x furacões

145

$w = 4 + 2i$ e $z = 3a + 4ai$ $(a \in R \mid a > 0)$

$h = \mid z \mid = \sqrt{9a^2 + 16a^2} = \sqrt{25a^2} = 5\mid a \mid = 5a$ (pois $a > 0$)

$z \cdot w = (4 + 2i)(3a + 4ai) = 12a + 16ai + 6ai - 8a$

$z \cdot w = 4a + 22ai \Rightarrow \text{Re}(zw) = 4a = b = $ base do triângulo

área do triângulo $= S = \dfrac{b \cdot h}{2} = 90$

$\dfrac{4a \cdot 5a}{2} = 90 \Rightarrow a^2 = \dfrac{90 \cdot 2}{20} = 9 \Rightarrow a = \pm 3 \Rightarrow \boxed{a = 3}$

Resposta: a = 3

146   Observe o exemplo:

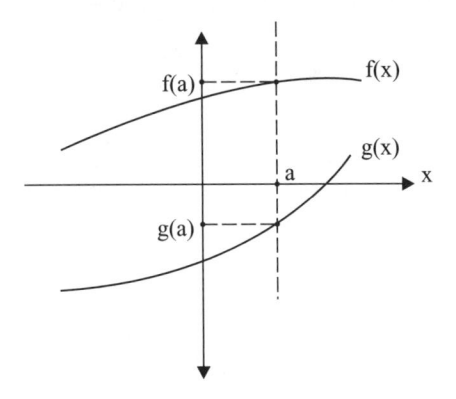

Note que, para $x = a$, $f(a) > g(a)$, isto é, $f(x) > g(x)$ em todos os pontos que $f(x)$ estiver acima de $g(x)$ numa mesma "vertical".

Assim sendo, observando a figura do enunciado, $f(x) \geq g(x)$ para todo $x \in R \mid x \leq x_P$ ou $x \geq x_Q$.

Determinemos, então, as interseções entre as curvas (P e Q):

$f(x) = g(x) \Rightarrow x^3 + x^2 + 2x - 1 = x^3 + 3x + 1$

$x^2 - x - 2 = 0 \Rightarrow (x - 2)(x + 1) = 0 \Rightarrow$

$\Rightarrow x = 2$ ou $x = -1$

Para $x = -1 \Rightarrow f(-1) = -1 + 1 - 2 - 1 = -3 \Rightarrow P = (-1, -3)$

Para $x = 2 \Rightarrow f(2) = 8 + 4 + 4 - 1 = 15 \Rightarrow Q = (2, 15)$

$f(x) \geq g(x) \Rightarrow x \in R / x \leq -1$ ou $x \geq 2$

Resposta: $S = \{x \in R / x \leq -1$ ou $x \geq 2\}$

147 No diagrama a seguir J é o evento: Paulo vence João e M é evento: Paulo vence Mário.

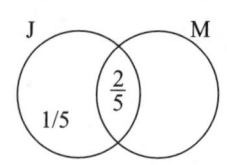

Como $P(J) = \dfrac{3}{5}$ e $P(J \cap M) = \dfrac{2}{5}$

P (ganhar só de João) $= \dfrac{1}{5}$

Como os eventos J e M são independentes

$P(J \cap M) = P(J) \cdot P(M) \Rightarrow \dfrac{2}{5} = \dfrac{3}{5} \cdot P(M) \Rightarrow P(M) = \dfrac{2}{3}$

$\dfrac{2}{3} - \dfrac{2}{5} = \dfrac{4}{15}$ é a chance de ganhar só de Mário.

Vamos colocar os novos dados obtidos no diagrama

A probabilidade pedida é $P(\overline{J} \cap \overline{M}) = P(\overline{J \cup M}) = \dfrac{2}{15}$ (ver dica)

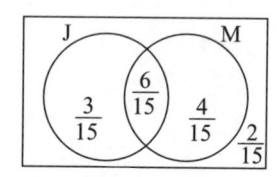

Resposta: $P(\overline{J} \cap \overline{M}) = P(\overline{J \cup M}) = \dfrac{2}{15}$

---

148 Se P, Q e R são colineares, devemos ter:

$$\begin{vmatrix} a & b & 1 \\ 1 & 3 & 1 \\ -1 & -1 & 1 \end{vmatrix} = 0$$

Desenvolvendo, por LAPLACE, através da primeira linha, vem:
$a(3 + 1) - b(1 + 1) + 1(-1 + 3) = 0$ ou $4a - 2b + 2 = 0$
Simplificando a equação por 2, vem: $2a - b = -1$ ou $b = 2a + 1$
Se $a + b = 7$ temos:
$a + 2a + 1 = 7$, isto é, $3a = 6$
Então, $a = 2$ e $b = 4 + 1 = 5$

Resposta: $P = (2, 5)$

---

148 1) Temos as funções $y = x + 320$ e $z = \dfrac{x}{5}$

Da primeira relação, tiramos $x = y - 320$

Substituindo na segunda relação, vem $z = \dfrac{y - 320}{5}$ que é uma função (pode ser chamada de h) que dá a média de variação do nível do mar, em cm, em função da concentração de CO_2, isto é

$h(y) = \dfrac{y - 320}{5}$

2) Na relação acima, para y = 400 ppm, temos, em cm

$$h(400) = \frac{400-320}{5} = \frac{80}{5} = 16$$

Resposta: $h(y) = \frac{y-320}{5}$; 16 cm

150

O tempo de uma oscilação é o período da função **f** e é dado por:

$$p = \frac{2\pi}{\frac{8\pi}{3}} = 2\pi \cdot \frac{3}{8\pi} = \frac{3}{4} \text{ segundo}$$

Assim, temos:

1 oscilação $\longrightarrow \frac{3}{4}$ s

x $\longrightarrow$ 6 s

$\Rightarrow$ x = 8

Logo, o atleta faz 8 oscilações completas.

Resposta: 8

151

Pelo enunciado temos que t(x) = 3, assim, teremos:

$t(x) = (0,01) \cdot 2^{0,05x} \Rightarrow 3 = 0,01 \cdot 2^{0,05x} \Rightarrow$

$\Rightarrow 300 = 2^{0,05x} \Rightarrow \log_2 300 = \log_2 2^{0,05x} \Rightarrow$

$\Rightarrow \log_2(3 \cdot 10^2) = 0,05x \cdot \log_2 2 \Rightarrow \log_2 3 + \log_2 10^2 = 0,05x \Rightarrow$

$\Rightarrow 1,6 + 2 \cdot (\log_2 5 + \log_2 2) = 0,05x \Rightarrow$

$\Rightarrow 1,6 + 2 \cdot (2,3 + 1) = 0,05x \Rightarrow 8,2 = 0,05x \Rightarrow x = 164$

Assim a temperatura da Terra terá aumentado 3°C no ano 1880 + x = 1880 + 164 = 2044

Resposta: 2044

152

1) Cálculo do volume do iceberg (V_i) no momento em que ele se desprendeu

$$23100 = \frac{3}{4} V_i \Rightarrow 3V_i = 23100 \cdot 4 \Rightarrow V_i = 7700 \cdot 4$$

2) Sendo **A** e **B** as áreas das bases de um tronco e **h** a sua altura, o seu volume é dado por $V_T = \frac{h}{3}[A + \sqrt{AB} + B]$. Então, sendo **a** a dimensão a ser calculada do paralelepípedo, temos:

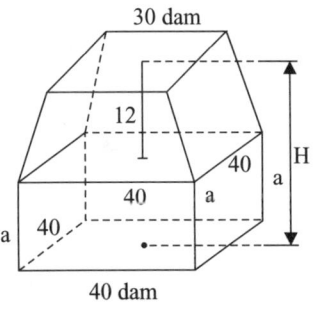

$$V_i = V_p + V_T \Rightarrow 7700 \cdot 4 = 40 \cdot 40 \cdot a + \frac{12}{3}\left[30^2 + \sqrt{30^2 \cdot 40^2} + 40^2\right] \Rightarrow$$

$\Rightarrow 7700 \cdot 4 = 40 \cdot 40 \cdot a + 4[900 + 30 \cdot 40 + 1600] \Rightarrow$

$\Rightarrow 77 = 4a + 9 + 12 + 16 \Rightarrow 4a = 40 \Rightarrow a = 10$

Como $H = a + 12$ obtemos: $H = 10 + 12 \Rightarrow H = 22$

Resposta: 22 dam

VUNESP/2007
Biológicas

153 Vamos utilizar um diagrama de Venn para entender a situação:
A: almoço e J: jantar

x: percentual de pessoas que comem carne no almoço e no jantar

y: só comem no almoço

z: só comem no jantar

P(comer carne no jantar dado que comeu no almoço) =

$= \dfrac{6}{10} = 60\%$, isto é, $\dfrac{x}{x+y} = 60\%$ e $x + y = 70\%$

então $\dfrac{x}{70\%} = 60\%$ e $x = 42\%$

Vamos refazer o diagrama

A probabilidade pedida é:

$28\% + 42\% + 8\% = 78\%$

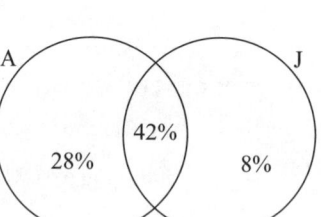

Resposta: 78%

154 Seja x_p o número de íons de hidrogênio hoje e x_f o número de íons de hidrogênio em 2100, assim, pelo enunciado do problema vem:

$-\log_{10} x_f = 7,9 \Rightarrow \log_{10} x_f = -7,9 \Rightarrow x_f = 10^{-7,9}$ (I)

$-\log_{10} x_p = 8,1 \Rightarrow \log_{10} x_p = -8,1 \Rightarrow x_p = 10^{-8,1}$ (II)

Dividindo (I) por (II), teremos:

$\dfrac{x_f}{x_p} = \dfrac{10^{-7,9}}{10^{-8,1}} \Rightarrow \dfrac{x_f}{x_p} = 10^{0,2} \Rightarrow \dfrac{x_f}{x_p} = (10^{0,1})^2 \Rightarrow \dfrac{x_f}{x_p} = (1,3)^2 \Rightarrow \dfrac{x_f}{x_p} = 1,69 \Rightarrow x_f = 1,69 x_p$

Resposta: Então x_f é 69% maior que x_p, ou seja, em 2100 o número de íons de hidrogênio aumentará em 69%.

155

Sejam: B → massa de um pedaço de bolo
P → massa de um pãozinho

De acordo com as informações: $\begin{cases} B + 3P = 140 \\ 3B + 2P = 210 \end{cases}$

Resolvendo o sistema, tem-se B = 50g e P = 30g.

O total de quilocalorias consumido no café da manhã de segunda-feira foi:

$$\frac{50}{100} \cdot 420 + 3 \cdot \frac{30}{100} \cdot 270 = 453 \text{ kcal}$$

Resposta: 453kcal

156

1) Como o volume de um tronco de pirâmide com **A** e **B** sendo as áreas das bases e **h** sendo sua altura é dado por:

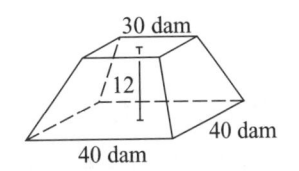

$$V_T = \frac{h}{3}\left[A + \sqrt{AB} + B\right]$$ e o volume V_i do iceberg é igual ao volume de 2 troncos, temos:

$$V_i = 2V_T \Rightarrow V_i = 2 \cdot \frac{12}{3}\left[30^2 + \sqrt{30^2 \cdot 40^2} + 40^2\right] \Rightarrow$$

$$\Rightarrow V_i = 8[900 + 1200 + 1600] \Rightarrow V_i = 8 \cdot [3700]$$

2) Como o volume da parte submersa V_s é $\frac{7}{8}$ de V_i, temos:

$$V_s = \frac{7}{8} \cdot 8[3700] \Rightarrow V_s = 7[3700] \Rightarrow \boxed{V_s = 25900}$$

Resposta: 25900 dam³

VUNESP/2008
Conhecimentos Gerais

157

a) FALSA: Em nenhuma modalidade houve igualdade entre os recordes.

b) FALSA: Diferença, em segundos: 48,79 − 47,84 = 0,95

c) FALSA: Razão dos tempos: $\frac{10,49}{53,30} \neq \frac{1}{3}$

d) FALSA: m.a = $\frac{53,30 + 54,46}{2} = \frac{107,76}{2} = 53,88$

e) VERDADEIRA: m.a = $\frac{10,06 + 11,02}{2} = 10,54$

Alternativa e

| 158 | Temos que a aplicação inicial é de 15000 reais.
Assim: após 1 mês teremos: 15000 . 1,02
após 2 meses teremos: 15000 . $(1,02)^2$
após 3 meses teremos: 15000 . $(1,02)^3$ |

Logo, após 10 meses teremos:

15000. $(1,02)^{10}$ = 15000. $((1,02)^5)^2$ = 15000 . $(1,1)^2$ = 15000 . 1,21 = 18150

Alternativa b

| 159 | $z = 1\left(\cos\dfrac{\pi}{6} + i\operatorname{sen}\dfrac{\pi}{6}\right)$ |

$z^3 = 1^3\left[\cos\left(3\cdot\dfrac{\pi}{6}\right) + i\operatorname{sen}\dfrac{\pi}{6}\right] = 1\,(0 + 1i) = i$

$z^6 = (z^3)^2 = i^2 = -1$

$z^{12} = (z^6)^2 = (-1)^2 = 1$

Portanto: $z^3 + z^6 + z^{12} = i - 1 + 1 = i$

Alternativa d

| 160 | Vamos nos concentrar apenas nos últimos 4 algarismos.
Para os números de telefone sem nenhuma restrição temos: |

$$\underline{10}\ .\ \underline{10}\ .\ \underline{10}\ .\ \underline{10} = 10000\ (n(E))$$

Para os número que têm seus 4 últimos algarismos distintos:

$$\underline{10}\ .\ \underline{9}\ .\ \underline{8}\ .\ \underline{7}\ (n(A))$$

Então $P(A) = \dfrac{10\,.\,9\,.\,8\,.\,7}{10\,.\,10\,.\,10\,.\,10} = \dfrac{9\,.\,7}{5\,.\,5\,.\,5} = \dfrac{63}{125}$

Alternativa a

| 161 | Seja, x, y e z, respectivamente, os preços de uma lapiseira, um caderno e uma caneta. |

Assim sendo, de acordo com os dados do enunciado, temos:

$\begin{cases} x + 3y + z = 33 \quad (I) \quad \cdot (-2) \\ 2x + 7y + 2z = 76 \quad (II) \end{cases} \Rightarrow \begin{cases} x + 3y + z = 33 \\ \qquad\qquad y = 10 \end{cases}$

Substituindo y = 10 na equação (I) temos:

x + 3y + z = 33 $\Rightarrow$ x + 3 . 10 + z = 33 $\Rightarrow$ x + z = 3

Assim sendo x + y + z = 3 + 10 = 13 reais.

Alternativa c

162

Sejam: **x** o número de estudantes e **y** o valor pago por cada um deles.

Do enunciado, temos: $y = \dfrac{3250}{x}$ (I)

Para um novo grupo com (x + 3) estudntes, temos: $y - 75 = \dfrac{3250}{x+3}$ (II)

Substituindo (I) em (II), vem:

$\dfrac{3250}{x} - 75 = \dfrac{3250}{x+3} \Rightarrow \dfrac{3250}{x} - \dfrac{3250}{x+3} = 75 \Rightarrow 3250 \cdot \left(\dfrac{1}{x} - \dfrac{1}{x+3}\right) = 75 \ (\div 25) \Rightarrow$

$\Rightarrow 130 \cdot \left(\dfrac{1}{x} - \dfrac{1}{x+3}\right) = 3 \Rightarrow 130 \cdot \left(\dfrac{x+3-x}{x(x+3)}\right) = 3 \Rightarrow$

$\Rightarrow 130 \cdot \dfrac{3}{x(x+3)} = 3 \ (\div 3) \Rightarrow 130 \cdot \dfrac{1}{x(x+3)} = 1 \Rightarrow \dfrac{130}{x(x+3)} = 1 \Rightarrow$

$x^2 + 3x = 130$

$x^2 + 3x - 130 = 0$

$\Delta = 529$

$x = \dfrac{-3 \pm 23}{2}$ então x = 10 ou x = – 13 (não serve)

Logo, x = 10

Alternativa b

163

$\det(A^3) = \begin{vmatrix} 1 & 0 & 0 \\ 0 & 6 & 14 \\ 0 & 14 & 34 \end{vmatrix} \underset{\Rightarrow}{\text{CHIÓ}} \begin{vmatrix} 6 & 14 \\ 14 & 34 \end{vmatrix} = 204 - 196 = 8$

Pelo Teorema de Binet, temos det(A³) = (det (A))³

Portanto: (det(A))³ = 8 ⇒ det (A) = 2

Alternativa c

164

Do enunciado, temos a figura:

No ΔPQT retângulo, temos: $\operatorname{tg}\alpha = \dfrac{h}{x}$

No ΔRQS retângulo, temos: $\operatorname{tg}\beta = \dfrac{h-10}{x}$

Como 3 tgα = 4 tgβ, temos:

$3 \cdot \dfrac{h}{x} = 4 \cdot \dfrac{(h-10)}{x}$

3h = 4h – 40

h = 40 m

Alternativa d

165

Consumo de oxigênio de Paulo:

$p = 35 \cdot 75 + 65t$, isto é, $p = 2625 + 65t$

Consumo de oxigênio de João:

$j = 30 \cdot 65 + 80t$, ou seja, $j = 1950 + 80t$

Devemos ter $j \leq p$.

Então, $1950 + 80t \leq 2625 + 65t$ ou $15t \leq 675$, ou ainda, $t \leq 45$.

O valor máximo para t é 45.

Alternativa a

166

Se $P\hat{O}A = \dfrac{\pi}{4}$, P pertence à bissetriz do 1º quadrante.

Então, $P = (k, k)$.

Como P é ponto da elipse de equação $\dfrac{x^2}{100} + \dfrac{y^2}{25} = 1$, temos:

$\dfrac{k^2}{100} + \dfrac{k^2}{25} = 1$, isto é, $k^2 + 4k^2 = 100$, ou seja, $k^2 = \dfrac{100}{5} = 20$

A distância, em milhões de km, de P até O é:

$d_{OP} = \sqrt{(x_P - x_O)^2 + (y_P - y_O)^2} = \sqrt{(k-O)^2 + (k-O)^2} = \sqrt{2k^2} = \sqrt{2 \cdot 20} = \sqrt{4 \cdot 10} = 2\sqrt{10}$

Alternativa b

167

Tracemos por Y a reta $\overleftrightarrow{YV}$ paralela a $\overleftrightarrow{XW}$.

1) $\overline{WV} // \overline{XY}$ e $\overline{YV} // \overline{XW}$ acarretam que XYVW é paralelogramo.

Logo, $V\hat{Y}X = b$, $WY = XY = 5,7$ e $VZ = 9,4 - 5,7 = 3,7$ km

2) Como $X\hat{Y}Z = 2b$, teremos $V\hat{Y}X = b$

3) $Z\hat{V}Y = V\hat{Y}X = b$ (alternos)

4) O triângulo VYZ é isóceles. Logo $YZ = VZ = 3,7$ km.

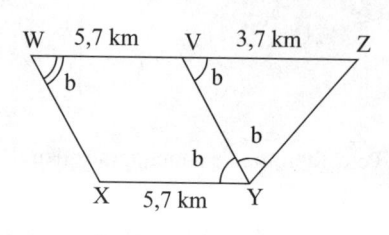

Alternativa e

168

Sendo $B = a \cdot b$ a área da face perpendicular a aresta que mede $x + 1$, então:

$a \cdot b \, (x + 1) = x^3 + 7x^2 + 14x + 8 \Rightarrow$

$B \cdot (x + 1) = x^3 + x^2 + 6x^2 + 6x + 8x + 8 \Rightarrow$

$\Rightarrow B \cdot (x + 1) = x^2 (x + 1) + 6x (x + 1) + 8 (x + 1)$

Como $x + 1 \neq 0$ obtemos que:

$$\boxed{B = x^2 + 6x + 8}$$

Observação: A divisão de $x^3 + 7x^2 + 14x + 8$ por $x + 1$ pode ser feita pelo método da chave ou por Briot-Ruffini.

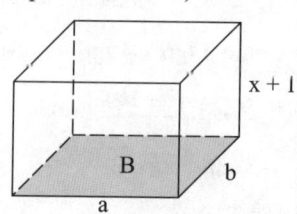

Alternativa e

VUNESP/2008
Exatas

169

Dos 25000ℓ, 33% são para descarga:

$$25000 \cdot 33\% = 25000 \cdot \frac{33}{100} = 8250\ell$$

Desses $8250\,\ell$ a adolescente consumiu 40%

$8250 \cdot 40\% = 3300\,\ell$ com descarga

Dos $25000\,\ell$, 25% são para a higiêne pessoal:

$$25000 \cdot 25\% = 25000 \cdot \frac{25}{100} = 6250\,\ell$$

Desses $6250\,\ell$ a adolescente consumiu 40%:

$6250 \cdot 40\% = 6250 \cdot \frac{40}{100} = 2500\,\ell$ com higiêne pessoal

Resposta: $3300\,\ell$ com descarga e $2500\,\ell$ com higiêne pessoal.

170

O próximo alinhamento desses planetas ocorrerá quando for decorrida um quantidade de anos múltipla de 12, 30 e 84. Como se deseja saber o **próximo** alinhamento após a ocasião mencionada, basta que se determine o menor múltiplo comum de 12, 30 e 84, que é 420.

Resposta: 420 anos terrestres

171

Seja **t** o número de anos decorridos até a represa ter 2 mil m³.

Se os pontos A = (0,8), B = (8,5) e C = (t,2) são colineares

$$\begin{vmatrix} 0 & 8 & 1 \\ 8 & 5 & 1 \\ t & 2 & 1 \end{vmatrix} = 0$$

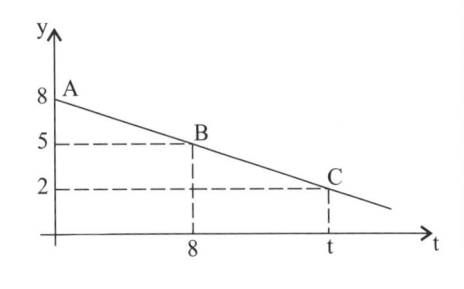

Desenvolvendo, por LAPLACE, através da terceira linha, temos:

$t(8-5) - 2(0-8) + 1(0-64) = 0$ ou $3t + 16 - 64 = 0$, ou ainda, $t = \frac{48}{3} = 16$

Outro modo:

Da figura, pelo Teorema de Tales, $\frac{AB}{BC} = \frac{8}{t-8} = \frac{3}{3}$, isto é, $8 = t - 8$, ou seja, $t = 16$.

Resposta: 16 anos

172

$X = (jan) + (fev) =$
$= (10 \cdot 0{,}50 + 10 \cdot 1{,}00 + 10 \cdot 1{,}50 + 8 \cdot 2{,}00) + (10 \cdot 0{,}50 + 8 \cdot 1{,}00) =$
$= (5{,}00 + 10{,}00 + 15{,}00 + 16{,}00) + (5{,}00 + 8{,}00) = 59{,}00$
$Y = (jul) + (ago) =$
$= (10 \cdot 0{,}50 + 10 \cdot 1{,}00 + 6 \cdot 1{,}50) + (10 \cdot 0{,}50 + 10 \cdot 1{,}00 + 10 \cdot 1{,}50) =$
$= (5{,}00 + 10{,}00 + 9{,}00) + (5{,}00 + 10{,}00 + 15{,}00) = 54{,}00$
Assim, em reais, $X-Y = 59{,}00 - 54{,}00 = 5{,}00$

Resposta: X – Y = R $5,00

173

O tempo **T** decorrido para o astronauta tem que ser tal que, passado um tempo **t** para seu filho, ambos totalizem a mesma idade, isto é:

$30 + T = 10 + t$, ou seja, $T = t - 20$. Daí:

$$\frac{40c}{v}\sqrt{1-\left(\frac{v}{c}\right)^2} = \frac{40c}{v} - 20$$

Fazendo $\frac{c}{v} = x$, tem-se:

$$40x\sqrt{1-\frac{1}{x^2}} = 40x - 20 \Rightarrow x\sqrt{1-\frac{1}{x^2}} = x - \frac{1}{2} \Rightarrow x^2\left(1-\frac{1}{x^2}\right) = x^2 - x + \frac{1}{4} \Rightarrow$$

$$\Rightarrow x^2 - 1 = x^2 - x + \frac{1}{4} \Rightarrow x = \frac{5}{4}$$

Portanto, $\frac{c}{v} = \frac{5}{4} \Leftrightarrow v = \frac{4c}{5}$

Resposta: $\frac{4c}{5}$

174

Do enunciado podemos deduzir que P (estrela ter planetas) = $\frac{60}{750} = \frac{2}{25}$.

Para um índice de ferro i, $1 \le i \le 3$ temos $30 + 15 = 45$ estrelas com planetas num total de $300 + 75 = 375$ estrelas $P(c|1 \le i \le 3) = \frac{45}{375} = \frac{3}{25}$.

E $\frac{3/25}{2/25} = 1{,}5$ ou seja $P(c|1 \le i \le 3)$ é 50% maior que $P(c)$.

Resolução: Demosntração

175

$$\operatorname{sen}\left(\frac{3\pi}{2}.x\right).(-1+\sqrt{x-1})=0 \Rightarrow$$

$$\Rightarrow \operatorname{sen}\left(\frac{3\pi}{2}.x\right)=0 \Rightarrow \frac{3\pi}{2}.x=k\pi \Rightarrow x=\frac{2k}{3}, k \in Z$$

Analisando o gráfico, notamos que as raízes são maiores que 1, assim:

$$x=\frac{4}{3}, x=2, x=\frac{8}{3}, x=\frac{10}{3}, \ldots \text{ ou}$$

$$-1+\sqrt{x-1}=0 \Rightarrow \sqrt{x-1}=1 \Rightarrow x-1=1 \Rightarrow x=2$$

Observando os valores de **x** e os pontos no gráfico, temos:

$$P\left(\frac{4}{3},0\right), Q(2,0), R\left(\frac{8}{3},0\right) \text{ e } S\left(\frac{10}{3},0\right)$$

Resposta: $P\left(\frac{4}{3},0\right)$, $Q(2,0)$, $R\left(\frac{8}{3},0\right)$ e $S\left(\frac{10}{3},0\right)$

176

Pelo enunciado do problema temos que m = 0,2 e M = – 6,8. Assim sendo, vem:

$$M=m+5\cdot\log_3(3\cdot d^{-0,48}) \Rightarrow -6,8=0,2+5\cdot\log_3(3\cdot d^{-0,48}) \Rightarrow$$

$$\Rightarrow -7 = 5\cdot\log_3(3\cdot d^{-0,48}) \Rightarrow -\frac{7}{5} = \log_3(3\cdot d^{-0,48}) \Rightarrow$$

$$\Rightarrow -\frac{7}{5}=5\cdot\log_3 3+\log_3 d^{-0,48} \Rightarrow -1,4 = 1 + \log_3 d^{-048} \Rightarrow$$

$$\Rightarrow -2,4 = \log_3 d^{-0,48} \Rightarrow -2,4 = -0,48\cdot\log_3 d \Rightarrow \frac{2,4}{0,48} = \log_3 d \Rightarrow$$

$$\Rightarrow 5=\log_3 d \Rightarrow d=3^5 \text{ parsecs.}$$

Como, segundo o enunciado, 1 parsec é aproximadamente, 3.10^3 km.
Então a distância de Rigel ao planeta Terra é:

$$3^5 \cdot 3\cdot 10^3 = 3^6 \cdot 10^{13} = 729\cdot 10^{13} \Rightarrow 7,29\cdot 10^{15} \text{ km}$$

Resposta: $7,29 \cdot 10^5$ km

177

Seja v = velocidade média em km por hora

$$v=\frac{2\pi \cdot 150380 \cdot 10^3}{365 \cdot 24} = \frac{2 \cdot 3 \cdot 15380 \cdot 10^3}{365 \cdot 24}$$

$$v=\frac{15380 \cdot 10^3}{365 \cdot 4} = 103\,000$$

Resposta: 103000

178

1) Como o volume do cilindro e do tronco de cone são dados por

$$V_c = BH \quad e \quad V_T = \frac{h}{3}\left[A + \sqrt{AB} + B\right]$$

onde **A** e **B** são áreas das bases e **H** e **h** são alturas, determinemos o volume V_R do reservatório, para $\pi = 3$.

$$V_R = V_c + V_T \Rightarrow V_R = \pi \cdot 12^2 \cdot 30 + \frac{10}{3}\left[\pi \cdot 6^2 + \sqrt{\pi \cdot 6^2 \cdot \pi \cdot 12^2} + \pi \cdot 12^2\right]$$

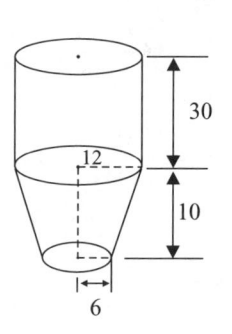

$$V_R = 3 \cdot 144 \cdot 30 + \frac{10}{3}\left[3 \cdot 36 + 3 \cdot 6 \cdot 12 + 3 \cdot 144\right]$$

$$V_R = 12960 + 10\left[36 + 72 + 144\right] = 12960 + 2520 \Rightarrow \boxed{V_R = 15480 \text{ cm}^3}$$

2) Como 46,44 litros, isto é, 46440 cm³ são desperdiçados, pelo gotejamento em 1 dia, determinemos **n** tal que:

n . 46440 = 6 . (15480)

4644n = 6 . 1548 ⇒ 774n = 1548 ⇒ $\boxed{n = 2}$

Resposta: 2 dias

VUNESP/2008
Biológicas

179

1) h (t) = 35,6
1,5t − 9,4 = 35,6
t = 30 semanas

2) p(t) = 3,8t² − 72t + 246
p(30) = 3,8 . 30² − 72 . 30 + 246
p(30) = 1506

Resposta: 1506 gramas

180

No ano 1900, ou seja, x = 0, o consumo de água no mundo, em km³ foi:

$$f(0) = 500 \cdot \left(\frac{5}{4}\right)^{\frac{0}{10}} \Rightarrow f(0) = 500 \text{ km}^3$$

Queremos determinar x, tal que f(x) = 4 . 500 ⇒ f(x) = 2000 km³.

Pelo enunciado, temos que $f(x) = 500 \cdot \left(\frac{5}{4}\right)^{\frac{x}{10}}$

Então: $2000 = 500 \cdot \left(\frac{5}{4}\right)^{\frac{x}{10}} \Rightarrow 4 = \left(\frac{5}{4}\right)^{\frac{x}{10}} \Rightarrow \log 4 = \log\left(\frac{5}{4}\right)^{\frac{x}{10}} \Rightarrow$

$\Rightarrow 2 \cdot \log 2 = \frac{x}{10} \log\left(\frac{5}{4}\right) \Rightarrow 2 \cdot \log 2 = \frac{x}{10}(\log 5 - \log 4) \Rightarrow$

$\Rightarrow 2\log 2 = \dfrac{x}{10}(\log 5 - 2\log 2) \Rightarrow 2 \cdot 0,3 = \dfrac{x}{10}(0,7 - 2 \cdot 0,3) \Rightarrow$

$\Rightarrow 0,6 = \dfrac{x}{10} \cdot 0,1 \Rightarrow 6 = \dfrac{x}{10} \Rightarrow x = 60$ anos

Assim sendo, o consumo de água do planeta quadriplicar em relação a 1900 no ano de 1960.

Resposta: 1960

181

Como 700 = 300 . 2 + 100 (dias), até o outro alinhamento. **A** percorreu duas voltas mais um ângulo θ de medida $\dfrac{1}{3}$ de volta (pois $100 = \dfrac{1}{3}.300$).

Nesse mesmo intervalo de tempo, o planeta B percorreu 1 volta mais o ângulo θ de medida $\dfrac{1}{3}$ de volta.

Assim, temos:

dias   voltas de B

700   ⟶ $1 + \dfrac{1}{3} = \dfrac{4}{3}$

x   ⟶   1

Portanto $\dfrac{4}{3} x = 700 \Rightarrow x = \dfrac{3}{4} . 700 \Rightarrow x = 525$ dias

Resposta: 525 dias

182

1) Determinemos o lado **a** de um triângulo equilátero inscrito em uma circunferência de raio 5 cm.

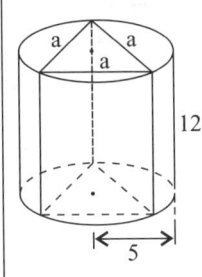

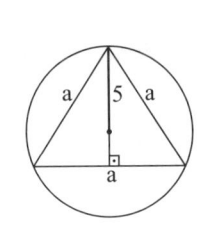

$R = \dfrac{2}{3} h$

$5 = \dfrac{2}{3} \dfrac{a\sqrt{3}}{2}$

$a = \dfrac{15}{\sqrt{3}} \Rightarrow \boxed{a = 5\sqrt{3}}$

2) Como tanto o volume de um prisma quanto o de um cilindro são dados pelo produto da área da base pela altura, e o volume pedido é a diferença entre os dois, temos:

$V = V_{cil.} - V_{prisma} \Rightarrow V = \pi \cdot 5^2 \cdot 12 - \dfrac{(5\sqrt{3})^2 \sqrt{3}}{4} \cdot 12 \Rightarrow V = 300\pi - 225\sqrt{3}$

Para $\pi = 3$ e $\sqrt{3} = 1,7$, temos:

$V = 300(3) - 225(1,7) \Rightarrow V = 900 - 382,5 \Rightarrow \boxed{V = 517,5}$

Resposta: 517,5 cm³

183

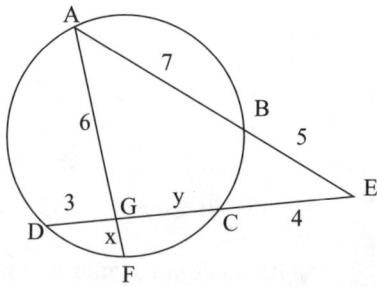

1) $(EB) \cdot (EA) = (EC) \cdot (ED)$
   $5 \cdot 12 = 4 \cdot (4 + y + 3)$
   $y = 8$

2) $(AG) \cdot (GF) = (CG) \cdot (GD)$
   $6 \cdot x = y \cdot 3$
   $6x = 8 \cdot 3$
   $x = 4$

Alternativa d

184

Seja $U = \{a_1, a_2, a_3, a_4, ..., a_n\}$ com n elementos ($U \neq \emptyset$)

$P(U) = \{\emptyset, \{a_1\}, \{a_2\}, \{a_3\}, ..., \{a_n\}, \{a_1, a_2\}, \{a_1, a_3\}, ... ,$
$\{a_{n-1}, a_n\}, \{a_1, a_2, a_3\}, ..., \{a_1, a_2, a_3, a_4, ..., a_n\}\}$

Tomemos $A \neq \emptyset$ e $B \neq \emptyset$ e $A \neq B$ e $n(A) = n(B)$.
Se A e $B \in S \Rightarrow A \subset B$ ou $B \subset A$

se $A \subset B \Rightarrow$ se $a_i \in A$ então $a_i \in B$

se $B \subset A \Rightarrow$ se $a_j \in A$ então $a_j \in A$

Como $n(A) = n(B) \Rightarrow A = B$, ou seja não é possível que A e B pertencentes à S tenham o mesmo número de elementos.

O maior subconjunto de $P(U)$ é $\{a_1, a_2, a_3, ..., a_n\} = A_1$.

Para formar S com maior número de elementos tomaremos um A_2, subconjunto de A_1, com $(n-1)$ elementos, um A_3 com $(n-2)$ elementos, e assim sucessivamente até A_n unitário (com um elemento) e acrescentamos $\emptyset$.

Então $S = \{A_1, A_2, A_3, ..., A_n, \emptyset\}$ terá $n + 1$ elementos.

Alternativa c

185

Utilizando o diagrama de Venn-Euler e de acordo com os dados do enunciado do problema, temos.

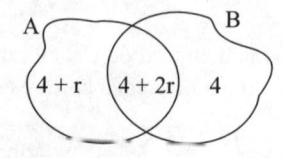

Como $n(A \cup B) + r = 64 \Rightarrow n(A \cup B) = 64 - r$

Então, tem-se que: $4 + r + 4 + 2r + 4 = 64 - r \Rightarrow 4r = 52 \Rightarrow r = 13$

Logo, como $n(A|B) = 4 + r \Rightarrow n(A|B) = 4 + 13 \Rightarrow \boxed{n(A|B) = 17}$

Alternativa b

186

$f(x) = 0 \Rightarrow \sqrt{77} \cdot \operatorname{sen}\left[5.\left(x + \dfrac{\pi}{6}\right)\right] = 0$

$\operatorname{sen}\left[5.\left(x + \dfrac{\pi}{6}\right)\right] = 0 \Rightarrow 5.\left(x + \dfrac{\pi}{6}\right) = k\pi \qquad (k \in Z)$

$\Rightarrow x + \dfrac{\pi}{6} = \dfrac{k\pi}{5} \Rightarrow x = -\dfrac{\pi}{6} + \dfrac{k\pi}{5}$

Logo, $B = \left\{x = -\dfrac{\pi}{6} + \dfrac{k\pi}{5}, k \in Z\right\}$

atribuindo valores convenientes a k, temos:

$k = 0 \Rightarrow x = -\dfrac{\pi}{6} \quad \therefore \quad m = -\dfrac{\pi}{6}$

$k = 1 \Rightarrow x = \dfrac{\pi}{30} \quad \therefore \quad n = \dfrac{\pi}{30}$

Então, $m + n = -\dfrac{\pi}{6} + \dfrac{\pi}{30} = -\dfrac{2\pi}{15}$

Alternativa e

187

$m = \dfrac{a^x - a^{-x}}{a^x + a^{-x}} \Rightarrow m = \dfrac{a^x - \dfrac{1}{a^x}}{a^x + \dfrac{1}{a^x}} \Rightarrow m = \dfrac{\dfrac{a^{2x}-1}{a^x}}{\dfrac{a^{2x}+1}{a^x}} \Rightarrow m = \dfrac{a^{2x}-1}{a^{2x}+1} \Rightarrow$

$\Rightarrow m \cdot a^{2x} + m = a^{2x} - 1 \Rightarrow m + 1 = a^{2x} - m \cdot a^{2x} \Rightarrow a^{2x}(1-m) = m + 1 \Rightarrow a^{2x} = \dfrac{m+1}{1-m}$

Como $0 < a \neq 1 \Rightarrow a^{2x} > 0$. Assim temos: $\dfrac{m+1}{1-m} > 0$

Seja $f(x) = m + 1$, estudando o sinal de f, vem: (I)

Seja $g(x) = 1 - m$, estudando o sinal de g, vem: (II)

Portanto de (I) e (II) temos que:

$\dfrac{m+1}{1-m} > 0$ quando $-1 < m < 1$

Alternativa c

188

1) Das 10 questões 7 serão corretas: $C_{10,7}$
2) As outras 3 serão erradas:
   possibilidade para errar uma questão: 4

temos $C_{10,7} \cdot 4 \cdot 4 \cdot 4 = \dfrac{10!}{7!\,3!} \cdot 4^3 = \dfrac{10 \cdot 9 \cdot 8}{3 \cdot 2 \cdot 1} \cdot 4^3 = 5 \cdot 3 \cdot 8 \cdot 4^3 = 60 \cdot 4^3$

Alternativa a

189

$$S = \sum_{k=0}^{101} \log_8 (4^k \sqrt{2}) = \sum_{k=0}^{101} \log_8 (2^{2k} \cdot 2^{1/2}) = \sum_{k=0}^{101} \log_{2^3} 2^{2k + \frac{1}{2}} =$$

$$= \sum_{k=0}^{101} \log_{2^3} 2^{\frac{4k+1}{2}} = \sum_{k=0}^{101} \left(\dfrac{4k+1}{2} \cdot \dfrac{1}{3} \log_2 2 \right) = \sum_{k=0}^{101} \dfrac{4k+1}{6}$$

Portanto S é a soma dos 102 primeiros termos de uma progressão aritmética com $a_1 = \dfrac{1}{6}$ e $r = \dfrac{2}{3}$, ou seja:

$S = \dfrac{1}{6} + \dfrac{5}{6} + \dfrac{9}{6} + \ldots + \dfrac{405}{6}$

Assim temos que a afirmação I é falsa e a afirmação II é verdadeira.

Calculando o valor de S vem: $S = \dfrac{\left(\dfrac{1}{6} + \dfrac{405}{6}\right) \cdot 102}{2} = \dfrac{406}{6} \cdot 51 = 3451$, ou seja, a afirmação III é verdadeira.

Analisando a afirmação IV vem:

$3434 + \log_8 \sqrt{2} = 3434 + \log_{2^3} 2^{1/2} = 3434 + \dfrac{\frac{1}{2}}{3} \log_2 2 = 3434 + \dfrac{1}{6}$

Como $S > 3434 + \dfrac{1}{6}$ a afirmação IV é falsa.

Portanto, concluindo, apenas as afirmações II e III são verdadeiras.

Alternativa b

190

$|f(z)| = |z|$, então se $z = 1$, $|f(1)| = |1|$.

$|f(z)| = |z|$, elevando ao quadrado ambos os lados, temos $|f(z)|^2 = |z|^2$

$[f(z)] \, \overline{[f(z)]} = z \cdot \overline{z}$ (I)

Da mesma forma, temos:

$|f(1)| = |1|$

$[f(1)] \, \overline{[f(1)]} = 1 \cdot \overline{1} = 1$ (II)

Resoluções

$|f(z) - f(1)| = |z - 1|$, elevando ao quadrado ambos os lados temos,

$|f(z) - f(1)|^2 = |z - 1|^2$

$[f(z) - f(1)]\overline{[f(z) - f(1)]} = (z-1)\overline{(z-1)}$

$[f(z) - f(1)][\overline{f(z)} - \overline{f(1)}] = (z-1)(\overline{z} - \overline{1})$

$f(z)\cdot\overline{f(z)} - f(z)\cdot\overline{f(1)} - f(1)\overline{f(z)} + f(1)\overline{f(1)} = z\overline{z} - z - \overline{z} + 1$

de (I) e (II) temos,

$z\cdot\overline{z} - [f(z)\overline{f(1)} + f(1)\overline{f(z)}] + 1 = z\cdot\overline{z} - z - \overline{z} + 1$

$-[f(z)\overline{f(1)} + f(1)\overline{f(z)}] = -(z + \overline{z})$

$f(z)\overline{f(1)} + f(1)\overline{f(z)} = z + \overline{z}$, se $z = x + yi$

$\overline{f(1)}f(z) + f(1)\overline{f(z)} = x + yi + x - yi$

$\overline{f(1)}f(z) + f(1)\overline{f(z)} = 2x$

$\overline{f(1)}f(z) + f(1)\overline{f(z)} = 2Rz$

Alternativa c

---

191 $(tg^2x - 1)(1 - cotg^2x) = 4$, $x \neq \dfrac{k\pi}{2}$ ($k \in Z$)

$(tg^2x - 1)\left(1 - \dfrac{1}{tg^2x}\right) = 4 \Rightarrow (tg^2x - 1)\dfrac{(tg^2x - 1)}{tg^2x} = 4 \Rightarrow$

$\Rightarrow (tg^2x - 1)^2 = 4tg^2x \Rightarrow 4\,tg^2x = (tg^2x - 1)^2 \Rightarrow$

$\Rightarrow \dfrac{4\,tg^2x}{(1 - tg^2x)^2} = 1 \Rightarrow \left[\dfrac{2\,tgx}{(1 - tg^2x)}\right]^2 = 1 \Rightarrow (tg2x)^2 = 1 \Rightarrow$

$\Rightarrow tg^22x = 1 \Rightarrow tg\,2x = \pm 1 \Rightarrow$

$\Rightarrow 2x = \dfrac{\pi}{4} + k\cdot\dfrac{\pi}{2} \Rightarrow x = \dfrac{\pi}{8} + k\cdot\dfrac{\pi}{4}$, $k \in Z$

Logo, $S = \left\{\dfrac{\pi}{8} + \dfrac{k\pi}{4}, k \in Z\right\}$

Alternativa d

192

$$\left(\frac{z}{|z|}\right)^n = i\,\text{sen}\,(n\alpha) \quad , \quad z = |z|(\cos\alpha + i\,\text{sen}\,\alpha)$$

$$\left[\frac{|z|(\cos\alpha + i\,\text{sen}\,\alpha)}{|z|}\right]^n = i\,\text{sen}(n\alpha)$$

$\cos(n\alpha) + i\,\text{sen}(n\alpha) = i\,\text{sen}(n\alpha)$

$\cos(n\alpha) = 0$

$n\alpha = \dfrac{\pi}{2} + k\pi$

$2n\alpha = \pi + 2k\pi$

$2n\alpha - \pi = 2k\pi$ ($2k\pi$ é múltiplo de 2π)

Alternativa b

193

Para que o sistema linear seja incompatível é necessário que o determinante da matriz formada pelos coeficientes das equações seja zero, ou seja:

$$\begin{vmatrix} 1 & 1 & 3 \\ 1 & 2 & 5 \\ 2 & 2 & a \end{vmatrix} = 0 \Rightarrow a - 6 = 0 \Rightarrow a = 6$$

Substituindo $a = 6$ no sistema linear dado no enunciado e escalonado, vem:

$$\begin{cases} x + y + 3z = 2 \quad .(-1).(-2) \\ x + 2y + 5z = 1 \\ 2x + 2y + 6z = b \end{cases} \Rightarrow \begin{cases} x + y + 3z = 2 \\ y + 2z = -1 \\ 0 = b - 4 \end{cases}$$

Assim, para que o sistema seja incompatível será necessário que $b - 4 \neq 0 \Rightarrow b \neq 4$
Então com $a = 6$ e $b \neq 4$, temos:

$b \neq 4 \Rightarrow -b \neq -4 \Rightarrow a - b \neq 6 - 4 \Rightarrow a - b \neq 2$

Alternativa a

193

$$\begin{vmatrix} a & b & c \\ p & q & r \\ x & y & z \end{vmatrix} = -1 \Rightarrow \begin{vmatrix} -2a & -2b & -2c \\ 2p & 2q & 2r \\ x & y & z \end{vmatrix} = (-1).(-2).(2) \Rightarrow$$

$$\rightarrow \begin{vmatrix} -2a & -2b & -2c \\ 2p & 2q & 2r \\ x & y & z \end{vmatrix} = 4$$

Multiplicando a 3ª linha do determinante por 1 e somando na 2ª linha vem:

$$\begin{vmatrix} -2a & -2b & -2c \\ 2p+x & 2q+y & 2r+z \\ x & y & z \end{vmatrix} = 4 \Rightarrow \begin{vmatrix} -2a & -2b & -2c \\ 2p+x & 2q+y & 2r+z \\ 3x & 3y & 3z \end{vmatrix} = 3.4 \Rightarrow$$

$$\Rightarrow \begin{vmatrix} -2a & -2b & -2c \\ 2p+x & 2q+y & 2r+z \\ 3x & 3y & 3z \end{vmatrix} = 12$$

Alternativa d

195

O polinômio p com coeficientes reais de grau 7, admite $1 - i$ como raiz (de multiplicadade 2), então também admite $1 + i$ como raiz (de multiplicadade 2). E as outras 3 raízes reais são: PA $(a - r, a, a + r)$.

A soma dos raízes é 10, então:

$1 - i + 1 - i + 1 + i + 1 + i + a - r + a + a + r = 10$

$4 + 3a = 10$

$3a = 6$

$a = 2$

O produto das raízes é -40, então:

$(1-i)(1-i)(1+i)(1+i)(2-r)(2)(2+r) = -40$

$[(1-i)(i+i)]^2 (2)(4-r^2) = -40$

$(2)^2 \cdot (4-r^2) = -20$

$4 - r^2 = -5$

$r^2 = 9$

$r = \pm 3$

Logo, as raízes reais são: $-1, 2, 5$

Alternativa e

196

$P(x) = x^5 - 5x^3 + 4x^2 - 3x - 2$

A alternativa **a** está errada pois, para $x = 2$,

$P(2) = 2^5 - 5 \cdot 2^3 + 4 \cdot 2^2 - 3 \cdot 2 - 2$

$= 32 - 40 + 16 - 6 - 2 = 0$, então 2 é raiz

1	0	-5	4	-3	-2	2
1	2	-1	2	1	0	

$P(x) = (x - 2)(x^4 + 2x^3 - x^2 + 2x + 1)$

Vamos determinar (decompor) o fator $x^4 + 2x^3 - x^2 + 2x + 1$ em 2 fatores de 2º grau. Por conveniência adotamos:

$(x^2 + ax + 1)(x^2 + bx + 1) = x^4 + 2x^3 - x^2 + 2x + 1$

$x^4 + (a+b)^3 + (ab+2)x^2 + (a+b)x + 1 = x^4 + 2x^3 - x + 2x + 1$

$\begin{cases} a+b=2 \\ ab+2=-1 \end{cases}$ $a(2-a)=-3$
$ 2a-a^2=-3$
$ a^2-2a-3=0$
$\begin{cases} b=2-a \\ ab=-3 \end{cases}$ $\Delta = 4+12=16$
$ a = \dfrac{2 \pm 4}{2}$ $\begin{array}{l} a=3 \text{ e } b=-1 \\ a=-1 \text{ e } b=3 \end{array}$ ou

temos: $x^4 + 2x^3 - x^2 + 2x + 1 = (x^2 + 3x + 1)(x^2 - x + 1)$

$x^2 + 3x + 1 = 0$ $\qquad x^2 - x + 1 = 0$

$\Delta = 9 - 4 = 5$ $\qquad \Delta = 1 - 4 = -3$ (não admite raízes reais)

$x = \dfrac{-3 \pm \sqrt{5}}{2}$ (2 raízes reais)

Logo P(x) admite 3 raízes reais (1 inteira e 2 irracionais)

Alternativa e

197 Para que o sistema linear seja possível e indeterminado (SPI) é necessário que o determinante da matriz dos coeficientes das equações do sistema seja igual a zero.

$\begin{vmatrix} a-b & -(a+b) \\ a+b & a-b \end{vmatrix} = 0 \Rightarrow (a-b)^2 + (a+b)^2 = 0 \Rightarrow 2a^2 + 2b^2 = 0 \Rightarrow$

$\Rightarrow 2(a^2 + b^2) = 0 \Rightarrow a^2 + b^2 = 0$ (I)

Como $a^2 > 0$ e $b^2 > 0$ então a solução da equação (I) será: $a = 0$ e $b = 0$. Substituindo $a = 0$ e $b = 0$ no sistema, vem:

$\begin{cases} 0x + 0y = 1 \\ 0x + 0y = 1 \end{cases} \Rightarrow$ o sistema não admite solução. Então a afirmação (I) é falsa.

Se o valor do determinante é diferente de zero, então o sistema linear é possível e determinado (SPD). Assim sendo, $a^2 + b^2 \neq 0$, ou seja, **a** e **b** não são simultaneamente nulos. Portanto a afirmação (II) é verdadeira.

Determinando x e y pela regra de Cramer, vem:

$D_x = \begin{vmatrix} 1 & -(a+b) \\ 1 & a-b \end{vmatrix} = a - b + a + b = 2a$

$D_y = \begin{vmatrix} a-b & 1 \\ a+b & 1 \end{vmatrix} = a - b - a - b = -2b$

Então, $x = \dfrac{D_x}{D} = \dfrac{2a}{2(a^2+b^2)} = \dfrac{a}{a^2+b^2}$

e $y = \dfrac{D_y}{D} = \dfrac{-2b}{2(a^2+b^2)} = \dfrac{-b}{a^2+b^2}$

Então $x^2 + y^2 = \left(\dfrac{a}{a^2+b^2}\right)^2 + \left(\dfrac{-b}{a^2+b^2}\right)^2 = \dfrac{a^2}{a^4+2a^2b^2+b^4} + \dfrac{b^2}{a^4+2a^2b^2+b^4} =$

$= \dfrac{a^2+b^2}{a^4+2a^2b^2+b^4} = \dfrac{a^2+b^2}{(a^2+b^2)^2} = \dfrac{1}{a^2+b^2} = (a^2+b^2)^{-1}$

Logo a afirmação (III) é verdadeira.

Alternativa e

198

$P(x) = x^3 - (a+1)x + a$, onde $P(x)$ só admite raízes inteiros.

Para $x = 1$, $P(1) = 1 - a - 1 + a = 0$, então 1 é raiz de $P(x)$

1	0	$-a-1$	a	1
1	1	$-a$	0	

$P(x) = (x-1)(x^2 + x - a)$
$x^2 + x - a = 0$
$\Delta = 1 + 4a$

$x = \dfrac{1 \pm \sqrt{1+4a}}{2}$, mas as raízes são inteiras, então $-1 \pm \sqrt{1+4a}$ é par, e $\sqrt{1+4a}$ é ímpar.

Admitamos que o número seja: $2n + 1$, então

$\sqrt{1+4a} = 2n + 1$

$1 + 4a = (2n+1)^2$

$1 + 4a = 4n^2 + 4n + 1$

$4a = 4n^2 + 4n$

$a = n^2 + n$

$a = n(n+1)$

Alternativa d

199

1) A medida do apótema **r** de um hexágono regular de lado **a** é dada por $\dfrac{a\sqrt{3}}{2}$.

Então, para o problema temos $r_{n+1} = \dfrac{r_n \sqrt{3}}{2}$.

Logo, $\dfrac{r_{n+1}}{r_n} = \dfrac{\sqrt{3}}{2}$

2) $A_n = 6 \cdot$ área (OAB)

$A_n = 6 \cdot \dfrac{(r_n)^2 \sqrt{3}}{4}$

Analogamente, $A_{n+1} = 6 \cdot \dfrac{(r_{n+1})^2 \sqrt{3}}{4}$

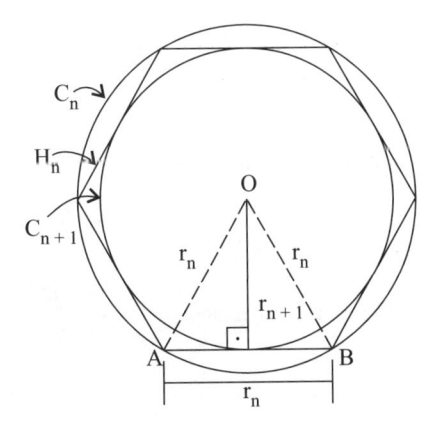

Portanto, $\dfrac{A_{n+1}}{A_n} = \dfrac{(r_{n+1})^2}{(r_n)^2} = \left(\dfrac{r_{n+1}}{r_n}\right)^2 = \dfrac{3}{4}$

Ou seja, a seqüência $(A_1, A_2, \ldots, A_n, \ldots)$ é uma progressão geométrica de razão $q = \dfrac{3}{4}$

3) Se $r_1 = 3$, então $A_1 = 6 \cdot \dfrac{3^2\sqrt{3}}{4} \Rightarrow A_1 = \dfrac{27\sqrt{3}}{2}$

4) $\displaystyle\sum_{n=1}^{\infty} A_n = A_1 + A_2 + \ldots = \dfrac{A_1}{1-q}$

$\displaystyle\sum_{n=1}^{\infty} A_n = \dfrac{\dfrac{27\sqrt{3}}{2}}{1-\dfrac{3}{4}} = 54\sqrt{3}\ \text{cm}^2$

Alternativa b

200

Temos;
$x^2 + 4x + [4] + y^2 + 2y + (1) = 11 + [4] + (1)$ ou $(x+2)^2 + (y+1)^2 = 16$

A circunferência C tem centro $M = (-2, -1)$ e raio $r = \sqrt{16} = 4$.

A reta **p**, sendo perpendicular a **s**, tem equação $5x + 12y + c = 0$.

O ponto onde p corta o eixo y é tal que $x = 0$.

Então, $5 \cdot 0 + 12y + c = 0$, isto é, $c = -12y$.

Se p é secante à circunferência, a distância do centro M até p é menor que o raio.

Então, $\left|\dfrac{5\cdot(-2)+12\cdot(-1)+c}{\sqrt{5^2+12^2}}\right| < 4$ ou $\dfrac{|c-22|}{13} < 4$, ou ainda, $|c-22| < 52$

Esta inequação tem por solução $-52 < c - 22 < 52$.

Somando 22 em todos os membros, vem:

$-52 + 22 < c - 22 + 22 < 52 + 22$, isto é $-30 < c < 74$.

Mas, $c = -12y$. Então, $-30 < -12y < 74$.

Dividindo todos os membros por (-12) obtemos

$\dfrac{-30}{-12} > \dfrac{-12y}{-12} > \dfrac{74}{-12}$, isto é, $\dfrac{30}{12} > y > -\dfrac{74}{12}$, ou seja, $-\dfrac{74}{12} < y < \dfrac{30}{12}$.

Isto significa que y pertence a $\left(-\dfrac{74}{12}, \dfrac{30}{12}\right)$

Resposta: Não há alternativa correta

201 $F_1 = (0, -6)$, $F_2 = (0, 6)$ e $A = (0, 9)$ são todos pontos do eixo **y** do plano cartesiano.

O centro dessa elipse é ponto médio do segmento F_1F_2, isto é,

$\left(\dfrac{0+0}{2}, \dfrac{-6+6}{2}\right) = (0, 0)$ que é a origem O do sistema cartesiano.

Façamos o esboço do gráfico da elipse.

$c = OF_1 = 6$ é metade da distância focal

$a = OA = 9$ é metade do eixo maior.

$b = OB_1$ é metade do eixo menor.

Sabe-se que $a^2 = b^2 + c^2$.

Então, $9^2 = b^2 + 6^2$ ou $b^2 = 81 - 36 = 45$.

A equação da elipse, com eixo maior vertical, é $\dfrac{x^2}{b^2} + \dfrac{y^2}{a^2} = 1$,

isto é, $\dfrac{x^2}{45} + \dfrac{y^2}{81} = 1$

Se o ponto $B = (x, 3)$ pertence à elipse, temos:

$\dfrac{x^2}{45} + \dfrac{3^2}{81} = 1$ ou $\dfrac{x^2}{45} = 1 - \dfrac{1}{9}$, ou ainda, $x^2 = 45 \cdot \dfrac{8}{9}$

Então, $x^2 = 40$ dá $x = \sqrt{40} = 2\sqrt{10}$

A área do $\triangle BF_1F_2$ é $\dfrac{12 \cdot 2\sqrt{10}}{2} = 12\sqrt{10}$

Alternativa d

202 1) Determinemos **a** e **y**.

a: aresta da base.

y: apótema da pirâmide.

Como a diagonal menor do hexágono regular é 2h e $h = \dfrac{a\sqrt{3}}{2}$, temos:

$2h = 3\sqrt{3} \Rightarrow 2 \cdot \dfrac{a\sqrt{3}}{2} = 3\sqrt{3} \Rightarrow \boxed{a = 3}$

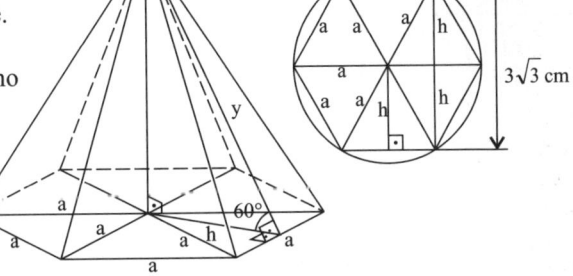

O ângulo entre os apótemas da base (h) e da pirâmide (y) é a medida do diedro da base (olhe a 1° figura). Então:

$\cos 60° = \dfrac{h}{y} \Rightarrow \dfrac{1}{2} = \dfrac{h}{y} \Rightarrow y = 2h \Rightarrow \boxed{y = 3\sqrt{3}}$

2) Área da pirâmide

$$A = B + A_L \Rightarrow A = 6 \cdot \frac{a^2 \sqrt{3}}{4} + 6 \cdot \frac{ay}{2} \Rightarrow A = \frac{3}{2} \cdot 3^2 \cdot \sqrt{3} + 3 \cdot 3 \cdot 3\sqrt{3} \Rightarrow$$

$$\Rightarrow A = \frac{27}{2}\sqrt{3} + 27\sqrt{3} = \frac{27}{2}\sqrt{3} + \frac{54}{2}\sqrt{3} \Rightarrow \boxed{A = \frac{81}{2}\sqrt{3}}$$

Alternativa a

ITA/2006
Questões

203 Seja A = {1, 2, 3, 4, 5, 6, 7, 8}

a) A partição de ordem 1 é formada por conjuntos unitários:
$F_1 = \{\{1\}, \{2\}, \{3\}, \{4\}, \{5\}, \{6\}, \{7\}, \{8\}\}$
A de ordem 2 será; **por exemplo**:
$F_2 = \{\{1, 2\}, \{3, 4\}, \{5, 6\}, \{7, 8\}\}$
A de ordem 4 pode ser:
$F_4 = \{\{1, 2, 8, 7\}, \{3, 4, 5, 6\}\}$
A de ordem 8 pode ser:
$F_8 = \{\{1, 2, 3, 4, 5, 6, 7, 8\}\}$
As ordens possíveis serão: 1, 2, 4 e 8

b) Dos 8 elementos de A escolhemos 2: $C_{8,2}$
Dos 6 elementos restantes escolhemos 2: $C_{6,2}$
Dos 4 finais tomamos mais 2: $C_{4,2}$
Dos 2 que sobraram pegamos todos: $C_{2,2}$

Temos $\dfrac{C_{8,2} \cdot C_{6,2} \cdot C_{4,2} \cdot C_{2,2}}{4!} = \dfrac{2520}{4!} = 105$

Respostas: a) 1, 2, 4 ou 8   b) 105

204 1º Caso: $-\dfrac{1}{2} < x < 0$

Neste caso, $x + \dfrac{1}{2}$, está entre 0 e 1

Então $g(x) = f\left(x + \dfrac{1}{2}\right) = 2\left(x + \dfrac{1}{2}\right)$

Assim, $f(x) = 2x$
Isto é, $g(x) = 2x + 1$

2º Caso: $0 \leq x < \dfrac{1}{2}$

Para este, $x + \dfrac{1}{2}$ está entre $\dfrac{1}{2}$ e 1 e, então, $f(x) = 2x - 1$.

Portanto, $f\left(x + \dfrac{1}{2}\right) = 2\left(x + \dfrac{1}{2}\right) - 1 = 2x$, ou seja, $g(x) = 1 - f\left(x + \dfrac{1}{2}\right)$, isto é $g(x) = 1 - 2x$

Temos a função :

$$g(x) = \begin{cases} 2x + 1 & \text{se } -\dfrac{1}{2} < x < 0 \\ 1 - 2x & \text{se } 0 \le x < \dfrac{1}{2} \end{cases}$$

Para $0 \le k < \dfrac{1}{2}$, $-k$ está entre $-\dfrac{1}{2}$ e 0.

Então, $g(-k) = 2(-k) + 1 = -2k + 1 = g(k)$, ou seja, **g** é uma função par.

Resposta: g é função par

205 O termo geral da expansão de $(1 + x + x^2)^9$ é $\dfrac{9!}{i!\,j!\,k!}(1)^i (x)^j (x^2)^k$ com i, j e k naturais menores ou iguais a 9 e $i + j + k = 9$

Temos $\dfrac{9!}{i!\,j!\,k!} x^j \cdot x^{2k} = \dfrac{9!}{i!\,j!\,k!} x^{j+2k}$

Então $j + 2k = 4$, vamos construir uma tabela

i	j	k
7	0	2
	1	3/2	não convém
6	2	1
5	4	0

Portanto temos:

$$\dfrac{9!}{7!\,0!\,2!} x^4 + \dfrac{9!}{6!\,2!\,1!} x^4 + \dfrac{9!}{5!\,4!\,0!} x^4 = \left[\dfrac{9 \cdot 8}{2} + \dfrac{9 \cdot 8 \cdot 7}{2} + \dfrac{9 \cdot 8 \cdot 7 \cdot 6}{4!}\right] x^4 = (36 + 252 + 126) x^4$$

O coeficiente pedido é 414

Resposta: 414

206

1) Condições de existência:

$\cos x > 0$ e $\cos x \neq 1$ (I)

$4\operatorname{sen}^2 x - 1 > 0 \Rightarrow \operatorname{sen} x < -\dfrac{1}{2}$ ou $\operatorname{sen} x > \dfrac{1}{2}$ (II)

$4 - \sec^2 x > 0 \Rightarrow 4 - \dfrac{1}{\cos^2 x} > 0 \Rightarrow \dfrac{4\cos^2 x - 1}{\cos^2 x} > 0 \Rightarrow$

$\Rightarrow \cos x < -\dfrac{1}{2}$ ou $\cos x > \dfrac{1}{2}$ (III)

Como $x \in \left(-\dfrac{\pi}{2}, \dfrac{\pi}{2}\right)$, de (I), (II) e (III) temos:

$-\dfrac{\pi}{3} < x < -\dfrac{\pi}{6}$ ou $\dfrac{\pi}{6} < x < \dfrac{\pi}{3}$ (IV)

2) Resolução

$\log_{\cos x}(4\operatorname{sen}^2 x - 1) - \log_{\cos x}(4 - \sec^2 x) > 2$

sendo $2 = 2 \cdot \log_{\cos x}\cos x = \log_{\cos x}\cos^2 x$ vem:

$\log_{\cos x}(4\operatorname{sen}^2 x - 1) - \log_{\cos x}(4 - \sec^2 x) > \log_{\cos x}\cos^2 x$

$\log_{\cos x}(4\operatorname{sen}^2 x - 1) > \log_{\cos x}\cos^2 x + \log_{\cos x}(4 - \sec^2 x)$

$\log_{\cos x}(4\operatorname{sen}^2 x - 1) > \log_{\cos x}\left[\cos^2 x \cdot \left(4 - \dfrac{1}{\cos^2 x}\right)\right]$

$\log_{\cos x}(4\operatorname{sen}^2 x - 1) > \log_{\cos x}(4\cos^2 x - 1)$

Como $0 < \cos x < 1$, temos: $4\operatorname{sen}^2 x - 1 < 4\cos^2 x - 1 \Rightarrow$

$\Rightarrow \operatorname{sen}^2 x < \cos^2 x \Rightarrow \operatorname{tg}^2 x < 1 \Rightarrow$

$\Rightarrow -1 < \operatorname{tg} x < 1$ (V)

de (IV) e (V), temos: $-\dfrac{\pi}{4} < x < -\dfrac{\pi}{6}$ ou $\dfrac{\pi}{6} < x < \dfrac{\pi}{4}$

Resposta: $S = \left\{ x \in R \ / \ -\dfrac{\pi}{4} < x < -\dfrac{\pi}{6} \ ou \ \dfrac{\pi}{6} < x < \dfrac{\pi}{4} \right\}$

207

$P(x) = x^3 + ax^2 + x + 1 \quad a \in Q$

Vamos considerar as raízes: x_1, x_2 e x_3

$x_1 - x_2 = k \in Q$

Das relações de Girard temos:

$\begin{cases} x_1 + x_2 + x_3 = -a \\ x_1 x_2 + x_1 x_3 + x_2 x_3 = 1 \\ x_1 x_2 x_3 = -1 \end{cases}$

1) se $x_1 \in Q$, então

$x_1 - x_2 = k$

$x_2 = x_1 - k$, logo, $x_2 \in Q$

$x_1 + x_2 + x_3 = -a$

$x_3 = -a - x_1 - x_2$, logo, $x_3 \in Q$

2) se $x_2 \in Q$, então, da mesma forma de (1), x_1 e $x_3 \in Q$

3) se $x_3 \in Q$

$x_1 + x_2 + x_3 = -a$

$x_1 + x_2 = -a - x_3$, então, $x_1 + x_2 \in Q$

$\begin{cases} x_1 + x_2 = -a - x_3 \\ x_1 - x_2 = k \end{cases}$

$2x_1 = -a - x_3 + k$, então, $x_1 \in Q$, mas $x_1 + x_2 \in Q$, então $x_2 \in Q$.

Resposta: Então a afirmação"Se uma das raízes da P(x) é racional, então todas as raízes são racionais" é verdadeira.

208 1) Como (r,H,g) é PA de razão 2, temos:

(r, H, g) = (r, r + 2, r + 4).

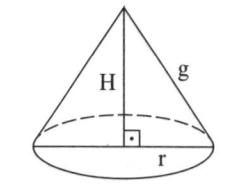

De $g^2 = H^2 + r^2$, obtemos

$(r + 4)^2 = r^2 + (r + 2)^2 \Rightarrow r^2 + 8r + 16 = r^2 + r^2 + 4r + 4 \Rightarrow$

$\Rightarrow r^2 - 4r - 12 = 0 \Rightarrow (r - 6)(r + 2) = 0 \Rightarrow \boxed{r = 6} \Rightarrow \boxed{g = 10}$

2) Como a área lateral de um cone circular reto de raio **r** e geratriz **g** é dada por πrg, temos:

$A = B + A_L \Rightarrow A = \pi r^2 + \pi rg \Rightarrow A = \pi \cdot 6^2 + \pi \cdot 6 \cdot 10 \Rightarrow \boxed{A = 96\pi}$

Resposta: 96 ᴨm²

209

$A + B = \begin{bmatrix} 1 & 0 & \frac{1}{2} & -1 \\ -2 & 5 & 2 & -3 \\ 1 & -1 & 2 & 1 \\ -5 & 1 & \frac{3}{2} & 0 \end{bmatrix} + \begin{bmatrix} 1 & 3 & \frac{1}{2} & 1 \\ 1 & -2 & -2 & 3 \\ -1 & 1 & 1 & 1 \\ 5 & -1 & \frac{1}{2} & 5 \end{bmatrix} = \begin{bmatrix} 2 & 3 & 0 & 0 \\ -1 & 3 & 0 & 0 \\ 0 & 0 & 3 & 2 \\ 0 & 0 & 2 & 5 \end{bmatrix}$

Utilizando o Teorema de Laplace na 1ª linha da matriz (A + B) a fim de calcular o seu determinante, vem:

$\det(A + B) = 2 \cdot \begin{vmatrix} 3 & 0 & 0 \\ 0 & 3 & 2 \\ 0 & 2 & 5 \end{vmatrix} - 3 \cdot \begin{vmatrix} -1 & 0 & 0 \\ 0 & 3 & 2 \\ 0 & 2 & 5 \end{vmatrix} = 2 \cdot (45 - 12) - 3 \cdot (-15 + 4) = 99$

A inversa da matriz C pede ser determinada por: $C^{-1} = \dfrac{1}{\det(C)} \cdot A^*$ onde:

$A^* = (A')^t$ = matriz adjunta ; A' = matriz dos cofatores de A.

Assim, no exercício em questão o elemento c_{34} será dado por:

$$c_{34} = \frac{1}{\det(A+B)} \cdot \text{cof}_{43}(A+B) \Rightarrow c_{34} = \frac{1}{99} \cdot (-1)^{4+3} \cdot \begin{vmatrix} 2 & 3 & 0 \\ -1 & 3 & 0 \\ 0 & 0 & 2 \end{vmatrix} \Rightarrow$$

$$\Rightarrow c_{34} = -\frac{1}{99} \cdot (12+6) \Rightarrow c_{34} = -\frac{18}{99} \Rightarrow c_{34} - \frac{2}{11}$$

Resposta: $c_{34} = -\dfrac{2}{11}$

210 Segundo o enunciado temos: $a_2 + a_4 + a_6 + a_8 + \ldots + 4 \Rightarrow$

$$\Rightarrow ar + ar^3 + ar^5 + ar^7 + \ldots = 4 \Rightarrow \frac{a \cdot r}{1-r^2} = 4 \quad (I)$$

Por outro lado, vem: $a_3 + a_6 + a_9 + a_{12} + \ldots = \dfrac{16}{13} \Rightarrow$

$$\Rightarrow ar^2 + ar^5 + ar^8 + ar^{11} + \ldots = \frac{16}{13} \Rightarrow \frac{ar^2}{1-r^3} = \frac{16}{13} \quad (II)$$

Dividindo-se (I) por (II), vem:

$$\frac{\dfrac{ar}{1-r^2}}{\dfrac{ar^2}{1-r^3}} = \frac{4}{\dfrac{16}{13}} \Rightarrow \frac{ar}{(1-r)(1+r)} \cdot \frac{(1-r)(1+r+r^2)}{ar^2} = 4 \cdot \frac{13}{16} \Rightarrow$$

$$\frac{1+r+r^2}{(1+r)r} = \frac{13}{4} \Rightarrow 4 + 4r + 4r^2 = 13r^2 + 13r \Rightarrow 9r^2 + 9r - 4 = 0 \Rightarrow$$

$$\Rightarrow r = \frac{1}{3} \quad \text{ou} \quad r = -\frac{4}{3} \text{ (não convém)}$$

Substituindo $r = \dfrac{1}{3}$ em (I) vem: $\dfrac{a \cdot \dfrac{1}{3}}{1-\left(\dfrac{1}{3}\right)^2} = 4 \Rightarrow \dfrac{\dfrac{a}{3}}{\dfrac{8}{9}} = 4 \Rightarrow$

$$\Rightarrow \frac{a}{3} = \frac{32}{9} \Rightarrow a = \frac{32}{3}$$

Portanto $a + r = \dfrac{32}{3} + \dfrac{1}{3} = \dfrac{33}{3} = 11$

Resposta: 11

211

Temos:

$9y^2 - 144y + [576] - 16x^2 + 224x - (784) = 352 + [576] - (784)$ ou

$9(y^2 - 16y + 64) - 16(x^2 - 14x + 49) = 144$, ou ainda, $9(y-8)^2 - 16(x-7)^2 = 144$

Dividindo todos os termos por 144, vem:

$$\frac{9(y-8)^2}{144} - \frac{16(x-7)^2}{144} = \frac{144}{144}, \text{ isto é }, \frac{(y-8)^2}{16} - \frac{(x-7)^2}{9} = 1$$

Se 2a é o eixo real, 2b é o eixo imaginário e 2c é a distância focal, com $c^2 = a^2 + b^2$, temos:
$a^2 = 16$, $b^2 = 9$, $c^2 = 16 + 9 = 25$

Então, c = 5 e a distância focal é 2c = 10

Resposta distância focal 10

212

As diagonais de um losango são perpendiculares e intersectam-se no ponto médio.
Então, de acordo com as medidas indicadas na figura, tem-se:

No $\triangle OAB$:

1) por Pitágoras: $x^2 + 20^2 = 25^2 \Rightarrow x = 15$

2) Relação métrica: $15 \cdot 20 = 25 \cdot r \Rightarrow r = 12$

Portanto a área do círculo será dada por $\pi \cdot 12^2$, ou seja $144\pi \text{ cm}^2$.

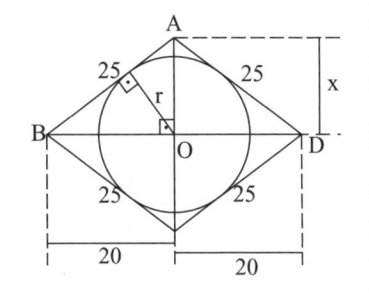

Resposta: 144 π

ITA/2007
Testes

213

Seja a representação dos conjuntos A, B, C
Como $n(A \cap B \cap C) = 4$, então g = 4

$n(B \cap C) = 6$, então $g + e = 6 \Rightarrow 4 + e = 6 \Rightarrow e = 2$

$n(C - A) = 10$, então $c + e = 10 \Rightarrow c + 2 = 10 \Rightarrow c = 8$

$n(B - A) = 12$, então $b + e = 12 \Rightarrow b + 2 = 12 \Rightarrow b = 10$

$n(A \cup B) = 23$, então $a + d + f + g + b + e = 23 \Rightarrow$

$\Rightarrow a + d + f + 4 + 10 + 2 = 23 \Rightarrow a + d + f = 7$

Assim sendo, temos:

$n(A) = a + d + f + g = 7 + 4 = 11$

$n(A \cup C) = a + d + f + g + e + c = 7 + 4 + 2 + 8 = 21$

$n(A \cup B \cup C) = a + d + f + g + b + e + c = 7 + 4 + 10 + 2 + 8 = 31$

Desse modo, (11, 21, 31) formam, nesta ordem, uma Progressão Aritmética de razão 10 e último termo 31.

Alternativa d

214 Existem em A 8 elementos que não estão em B.
Vamos chamar esse conjunto de elementos de A que não estão em B de C

$C = \{C_1, C_2, C_3, C_4, C_5, C_6, C_7, C_8\}$
O total de subconjuntos de C é 2^8
Desse total precisamos retirar o total de subconjuntos com 8 e com 7 elementos:
$2^8 - C_{8,7} - C_{8,8} = 2^8 - 8 - 1 = 2^8 - 9$

Alternativa a

215

$$16\left(\frac{1-ix}{1+ix}\right)^3 = \left(\frac{1+i}{1-i} - \frac{1-i}{1+i}\right)^4 \Rightarrow 16\left(\frac{1-ix}{1+ix}\right)^3 = \left[\frac{(1+i)^2 - (1-i)^2}{(1-i)(1+i)}\right]^4 \Rightarrow$$

$$\Rightarrow 16\left(\frac{1-ix}{1+ix}\right)^3 = \left(\frac{2i+2i}{2}\right)^4 \Rightarrow 16\left(\frac{1-ix}{1+ix}\right)^3 = (2i)^4 \Rightarrow 16\left(\frac{1-ix}{1+ix}\right)^3 = 16 \Rightarrow$$

$$\Rightarrow \left(\frac{1-ix}{1+ix}\right)^3 = 1 \Rightarrow \frac{1 - 3ix - 3x^2 + ix^3}{1 + 3ix - 3x^2 - ix^3} = 1 \Rightarrow$$

$\Rightarrow 1 - 3ix - 3x^2 + ix^3 = 1 + 3ix - 3x^2 - ix^3 \Rightarrow 2ix^3 = 6ix \Rightarrow$

$\Rightarrow 2ix^3 - 6ix = 0 \Rightarrow 2ix(x^2 - 3) = 0 \Rightarrow x = 0$ ou $x^2 - 3 = 0 \Rightarrow x = \pm\sqrt{3}$

Soma dos quadrados das soluções é:
$0^2 + (\sqrt{3})^2 + (\sqrt{3})^2 = 3 + 3 = 6$

Alternativa b

216

$$\left|\frac{1}{1+i\cot gx}\right| = \frac{1}{|1+i\cot gx|} =$$

$$= \frac{1}{\sqrt{1^2 + \cot g^2 x}} = \frac{1}{\sqrt{\cos sec^2 x}} = \frac{1}{|\cos sec x|} = |senx|$$

Alternativa e

217

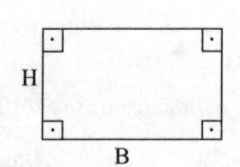

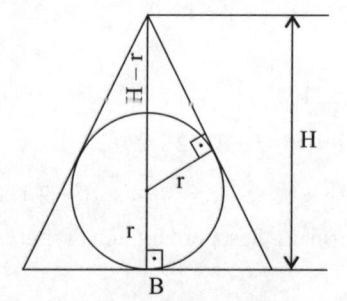

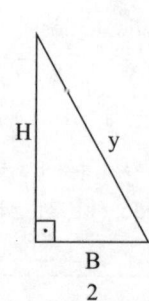

$$y^2 = H^2 + \frac{B^2}{4} \qquad PG\left(BH, \frac{BH}{2}, \pi r^2\right)$$

$$y = \frac{\sqrt{4H^2 + B^2}}{2} \qquad a_1 = BH \quad g = \frac{1}{2}$$

$$\pi r^2 = \frac{BH}{4} \qquad r = \sqrt{\frac{BH}{4\pi}}$$

Área do triângulo

$A = p \cdot r$ (p é semiperímetro)

$$\frac{BH}{2} = \left(y + \frac{B}{2}\right) r \qquad p = \frac{2y + B}{2} = y + \frac{B}{2}$$

$BH = (2y + B) r$

$$BH = (2y + B) \sqrt{\frac{BH}{4\pi}} \qquad BH\sqrt{\frac{4\pi}{BH}} = 2\sqrt{\frac{4H^2 + B^2}{2}} + B$$

$\sqrt{BH 4\pi} = \sqrt{4H^2 + B^2} + B$ (dividindo por H)

$$\frac{\sqrt{BH 4\pi}}{H} = \frac{\sqrt{4H^2 + B^2}}{H} + B$$

$$\sqrt{\frac{B}{H} 4\pi} = \sqrt{4 + \left(\frac{B}{H}\right)^2} + \frac{B}{H} \qquad \left(\text{substituindo } \frac{B}{H} = x\right)$$

$\sqrt{x 4\pi} = \sqrt{4 + x^2} + x$

$\sqrt{4 x \pi} = \sqrt{4 + x^2} + x$

$4 x \pi = 4 + x^2 + 2x\sqrt{4 + x^2} + x^2$

$2x\pi - 2 - x^2 = x\sqrt{4 + x^2}$

$4x^2\pi^2 + 4 + x^4 - 4x^3\pi + 4x^2 - 8x\pi = x^2(4 + x^2)$

$4\pi^2 x^2 + 4 + x^4 - 4\pi x^3 + 4x^2 - 8\pi x - 4x^2 - x^4 = 0$

$-4\pi x^3 + 4\pi^2 x^2 - 8\pi x + 4 = 0$

$\pi x^3 - \pi^2 x^2 + 2\pi x - 1 = 0$

Alternativa d

218 As medidas dos lados desse triângulo podem ser representadas por $\frac{a}{r}$, a e ar, em que a > 0 e r > 0.

Podemos afirmar que r ≠ 1, pois, com r = 1, o triângulo seria equilátero.
Resta-nos estudar dois casos.

1º Caso: 0 < r < 1

Neste caso, a maior medida é $\frac{a}{r}$ e temos $\frac{a}{r} < a + ar$ e $\left(\frac{a}{r}\right)^2 > a^2 + (ar)^2$.

De $\frac{a}{r} < a + ar$, temos: $\frac{1}{r} < 1 + r \Rightarrow r^2 + r - 1 > 0 \therefore \frac{\sqrt{5}-1}{2} < r < 1$ (I)

De $\left(\frac{a}{r}\right)^2 > a^2 + (a \cdot r)^2$, temos: $\frac{1}{r^2} > 1 + r^2 \Rightarrow r^4 + r^2 - 1 < 0 \Rightarrow$

$0 < r^2 < \frac{\sqrt{5}-1}{2} \therefore 0 < r < \sqrt{\frac{\sqrt{5}-1}{2}}$ (II)

De (I) e (II) temos: $\frac{\sqrt{5}-1}{2} < r < \sqrt{\frac{\sqrt{5}-1}{2}}$

2º Caso: r > 1

Neste caso, a maior medida é ar e temos $ar < a + \frac{a}{r}$ e $(ar)^2 > a^2 + \left(\frac{a}{r}\right)^2$.

De $ar < a + \frac{a}{r}$, temos: $r < 1 + \frac{1}{r} \Rightarrow r^2 - r - 1 < 0 \therefore 1 < r < \frac{\sqrt{5}-1}{2}$ (III)

De $(ar)^2 > a^2 + \left(\frac{a}{r}\right)^2$, temos: $r^2 > 1 + \frac{1}{r^2} \Rightarrow r^4 - r^2 - 1 > 0 \Rightarrow r^2 > \frac{\sqrt{5}-1}{2} \therefore r > \sqrt{\frac{\sqrt{5}-1}{2}}$ (IV)

De (III) e (IV), temos $\sqrt{\frac{\sqrt{5}-1}{2}} < r < \frac{\sqrt{5}-1}{2}$

Resumindo, sendo A o conjunto dos possíveis valores de r, temos:

$$A = \left\{r \in R : \frac{\sqrt{5}-1}{2} < r < \sqrt{\frac{\sqrt{5}-1}{2}} \text{ ou } \sqrt{\frac{\sqrt{5}+1}{2}} < r < \frac{\sqrt{5}+1}{2}\right\}$$

Como A não está contido em qualquer um dos intervalos indicados nas alternativas, a questão não apresenta alternativa correta.

Sem resposta

219

Se $a \in Z$, $b \in Z$ e $a+b$ resulta em número ímpar, então ou **a** é par e **b** é ímpar ou vice-versa.

Temos que: $\log_k(xy) = 49 \Rightarrow \log_k x + \log_k y = 49$

Como $\log_k x$ e $\log_k y$ são primos, e a soma resulta em número ímpar, podemos concluir que:

Ou $\log_k x = 2$ e $\log_k y = 47$ ou $\log_k x = 47$ e $\log_k y = 2$

Por outro lado, temos que:

$\log_k\left(\dfrac{x}{z}\right) = 44 \Rightarrow \log_k x - \log_k z = 44$

se $\log_k x = 2 \Rightarrow \log_k z = -42$, impossível, pois -42 não é um número primo.

se $\log_k x = 47 \Rightarrow \log_k z = 3$

Portanto, temos que, $\log_k x = 47$, $\log_k y = 2$ e $\log_k z = 3$.

Assim, sendo, $\log_k(xyz) = \log_k x + \log_k y + \log_k z = 47 + 2 + 3 = 52$

Alternativa a

220

Temos que $e^x \in Q$, $e^y \in Q$ e $\dfrac{e^x - 2\sqrt{5}}{4 - e^{y\sqrt{5}}} \in Q$. Assim sendo, pode ser escrito como $\dfrac{a}{b}$, com $a \in Z$, $b \in Z$ e $b \neq 0$.

$\dfrac{e^x - 2\sqrt{5}}{4 - e^y \sqrt{5}} = \dfrac{a}{b} \Rightarrow 4a - a e^y \sqrt{5} = b e^x - b \cdot 2\sqrt{5}$ (I)

Mas, pelo enunciado e^x e e^y são racionais, desse modo, a igualdade (I) será verdadeira se:

$\begin{cases} 4a = b e^x \\ a e^y = 2b \end{cases} \Rightarrow \begin{cases} \dfrac{a}{b} = \dfrac{e^x}{4} \quad \text{(II)} \\ \dfrac{a}{b} = \dfrac{2}{e^y} \quad \text{(III)} \end{cases}$

De (II) e (III), vem:

$\dfrac{e^x}{4} = \dfrac{2}{e^y} \Rightarrow e^x \cdot e^y = 8 \Rightarrow e^{x+y} = 8 \Rightarrow x + y = \log_e 8 \Rightarrow$

$\Rightarrow x + y = \log_e 2^3 \Rightarrow x + y = 3 \cdot \log_e 2$

Alternativa e

221 $Q(z) = (z^3 + z^2 + z + 1)(z - a)(z - b)$
$Q(0) = 2$
$ab = 2$
$Q(1) = 8$
$4(1-a)(1-b) = 8$
$1 - a - b + ab = 2$
$1 - a - b + 2 = 2$
$a + b = 1$

$\begin{cases} a + b = 1 \\ ab = 2 \end{cases}$ $b = 1 - a$
$a(1 - a) = 2$
$a - a^2 = 2$
$a^2 - a + 2 = 0 \quad \Delta = 1 - 8 = -7$

$a = \dfrac{1 \pm \sqrt{7}\,i}{2}$

$a = \dfrac{1 + \sqrt{7}\,i}{2} \quad b = \dfrac{1 - \sqrt{7}\,i}{2} \quad \left(\text{ou } a = \dfrac{1 - \sqrt{7}\,i}{2} \text{ e } b = \dfrac{1 + \sqrt{7}\,i}{2} \right)$

$z^3 + z^2 + z + 1 = 0$
$z^2(z + 1) + z + 1 = 0$
$(z + 1)(z^2 + 1) = 0$
$z + 1 = 0 \qquad z^2 + 1 = 0$
$z = 1 \qquad z = -i \qquad z = i$

A soma dos quadrados dos módulos das raízes é

$|1|^2 + |-i|^2 + |i|^2 + \left| \dfrac{1 + \sqrt{7}\,i}{2} \right|^2 + \left| \dfrac{1 - \sqrt{7}\,i}{2} \right|^2 =$

$= 1 + 1 + 1 + (\sqrt{2})^2 + (\sqrt{2})^2 = 3 + 2 + 2 = 7$

Alternativa b

222 Do enunciado, temos:
$9x^2 - 63x + c = (x + a)^3 - (x + b)^3$
$9x^2 - 63x + c = x^3 + 3x^2a + 3xa^2 + a^3 - x^3 - 3x^2b - 3xb^2 - b^3$
$9x^2 - 63x + c = 3x^2a + 3x^2b + 3xa^2 - 3xb^2 + a^3 - b^3$
$9x^2 - 63x + c = (3a - 3b)x^2 + (3a^2 - 3b^2)x + a^3 - b^3$

Assim,

$\begin{cases} 3a - 3b = 9 \\ 3a^2 - 3b^2 = -63 \\ a^3 - b^3 = c \end{cases} \Rightarrow \begin{cases} a - b = 3 \\ a^2 - b^2 = -21 \\ a^3 - b^3 = c \end{cases} \Rightarrow$

$$\Rightarrow \begin{cases} a-b=3 \\ (a+b)(a-b)=-21 \\ a^3-b^3=c \end{cases} \Rightarrow \begin{cases} a-b=3 \\ a+b=-7 \\ a^3-b^3=c \end{cases}$$

Resolvendo o sistema, obtemos $a=-2$, $b=-5$, $c=117$

Logo, $|-2|+|-5|-|117| = |-114| = 114$

Alternativa b

223 Da equação dada, tiramos:

$$||x-1|-3|-2=0$$
$$||x-1|-3|=2$$

Temos duas possibilidades:

1) $|x-1|-3=2$

$|x-1|=5$

Novamente duas possibilidades

1.a) $x-1=5$ 1.b) $x-1=-5$

$x=6$ $x=-4$

2) $|x-1|-3=-2$

$|x-1|=1$

Mais duas soluções:

2.a) $x-1=1$ 2.b) $x-1=-1$

$x=2$ $x=0$

A equação admite 4 soluções: $6, -4, 2$ e 0 cuja soma é $6-4+2+0=4$

Alternativa d

224 O total de números com 3 algarismos **distintos** que podemos formar é $A_{7,3}=7.6.5=210$.

Os únicos números em que haverá repetição de algarismos são: 177 e 277.

O total será $210+2=212$

Alternativa e

225

$$\frac{1}{2} \operatorname{tg}\left(\frac{\pi}{2}-x\right) - \sqrt{3}\left(\cos^2\frac{x}{2} - \frac{1}{2}\right)\sec x \geq 0$$

Sendo $\operatorname{tg}\left(\frac{\pi}{2}-x\right) = \operatorname{cotg} x$

$$\cos^2\frac{x}{2} - \frac{1}{2} = \frac{2\cos^2\frac{x}{2} - 1}{2} = \frac{\cos 2\left(\frac{x}{2}\right)}{2} = \frac{\cos x}{2} \quad \text{e} \quad \sec x = \frac{1}{\cos x}$$

Substituindo na inequação fica:

$$\frac{1}{2}\operatorname{cotg} x - \sqrt{3} \cdot \frac{\cos x}{2} \cdot \frac{1}{\cos x} \geq 0 \quad .(2)$$

$$\operatorname{cotg} x - \sqrt{3} \geq 0 \quad \operatorname{cotg} x \geq \sqrt{3} \quad \frac{1}{\operatorname{tg} x} \geq \sqrt{3} \quad \therefore \quad \operatorname{tg} x \leq \frac{\sqrt{3}}{3}$$

No intervalo $0 < x < \frac{\pi}{2}$, temos: $0 < x \leq \frac{\pi}{6}$

Logo, o comprimento do menor intervalo que contém todas as soluções é $\frac{\pi}{6}$.

Alternativa d

226

Sendo $A = \left\{ x_k = \operatorname{sen}^2\left(\frac{k^2 \pi}{24}\right) : k = 1,2 \right\}$

para $k = 1 \Rightarrow x_1 = \operatorname{sen}^2 \frac{\pi}{24}$

para $k = 2 \Rightarrow x_2 = \operatorname{sen}^2 \frac{\pi}{6}$

Logo, $A = \left\{ \operatorname{sen}^2 \frac{\pi}{24}, \operatorname{sen}^2 \frac{\pi}{6} \right\}$

Sendo $B = \left\{ y_k = \operatorname{sen}^2\left(\frac{(3k+5)\pi}{24}\right) : k = 1,2 \right\}$

para $k = 1 \Rightarrow y_1 = \operatorname{sen}^2 \frac{8\pi}{24} = \operatorname{sen}^2 \frac{\pi}{3}$

para $k = 2 \Rightarrow y_2 = \operatorname{sen}^2 \frac{11\pi}{24}$

Logo, $B = \left\{ \operatorname{sen}^2 \dfrac{\pi}{3}, \operatorname{sen}^2 \dfrac{11\pi}{24} \right\}$

Assim, a soma S dos elementos de $A \cup B$ é:

$S = \operatorname{sen}^2 \dfrac{\pi}{24} + \operatorname{sen}^2 \dfrac{\pi}{6} + \operatorname{sen}^2 \dfrac{\pi}{3} + \operatorname{sen}^2 \dfrac{11\pi}{24}$

como $\operatorname{sen} \dfrac{\pi}{3} = \cos\left(\dfrac{\pi}{2} - \dfrac{\pi}{3}\right) = \cos \dfrac{\pi}{6}$

e $\operatorname{sen} \dfrac{11\pi}{24} = \cos\left(\dfrac{\pi}{2} - \dfrac{11\pi}{24}\right) = \cos \dfrac{\pi}{24}$

fica:

$S = \operatorname{sen}^2 \dfrac{\pi}{24} + \cos^2 \dfrac{\pi}{24} + \operatorname{sen}^2 \dfrac{\pi}{6} + \cos^2 \dfrac{\pi}{6}$

$S = 1 + 1 \therefore S = 2$

Alternativa c

---

227 A matriz $A = (a_{jk})$ com $a_{jk} = \binom{j}{k}$ se $j \geq k$ e $a_{jk} = \binom{k}{j}$ se $j < k$

Será:

$A = \begin{bmatrix} a_{11} & a_{12} & a_{13} & \cdots & a_{1k} \\ a_{21} & a_{22} & a_{23} & \cdots & a_{2k} \\ \vdots & & & & \\ \vdots & & & & \\ a_{j1} & a_{j2} & a_{j3} & \cdots & a_{jk} \end{bmatrix} = \begin{bmatrix} \binom{1}{1} & \binom{2}{1} & \binom{3}{1} & \cdots & \binom{k}{1} \\ \binom{2}{1} & \binom{2}{2} & \binom{3}{2} & \cdots & \binom{k}{2} \\ \vdots & & \ddots & & \\ \vdots & & & \ddots & \\ \cdots & \cdots & \cdots & \cdots & \binom{k}{j} \end{bmatrix}$

Se A é uma matriz quadrada os elementos de sua diagonal principal serão:

$\binom{1}{1} \binom{2}{2} \binom{3}{3} \cdots \binom{k}{k} = \underbrace{1\ 1\ 1\ \ldots\ 1}_{(n \text{ números } 1) \text{ com n ímpar}}$

A matriz $B = (b_{jk})$ com $b_{jk} = \sum\limits_{p=0}^{jk} (-2)^p \binom{jk}{p}$:

$b_{11} = \sum\limits_{p=0}^{1} (-2)^p \binom{1}{p} = (-2)^0 \binom{1}{0} + (-2)^1 \binom{1}{1} = 1 - 2 = -1$

$b_{22} = \sum\limits_{p=0}^{4} (-2)^p \binom{4}{p} = \binom{4}{0}(-2)^0 + \binom{4}{1}(-2)^1 + \binom{4}{2}(-2)^2 + \binom{4}{3}(-2)^3 + \binom{4}{4}(-2)^4 = (1-2)^4 = +1$

$$b_{33} = \sum_{p=0}^{9}(-2)^p \binom{9}{p} = (1-2)^9 = -1$$

Os elementos da diagonal principal de B serão:

$$\underbrace{-1\ 1\ -1\ 1\ -1\ ....\ 1\ -1}_{(n\ elementos)\ com\ n\ ímpar}$$

O traço de (A + B) é a soma dos elementos da diagonal principal de (A + B)
Temos:

$$(1+1+1+....+1)+(-1+1-1+....+1-1)=\underbrace{0+2+0+2+0+.....+2+0}_{(n-1)\ parcelas}$$

(n −1) é par (!) portanto temos: $\dfrac{(n-1)}{2} \cdot 2 = (n-1)$

$$(n-1) = \dfrac{(n-1)(n-2)}{(n-2)} = \dfrac{n^2 - 3n + 2}{n-2}$$

Alternativa c

228 Sejam as retas (r) $2x = y$, (s) $x = 2y$ e (t) $x = -2y + 10$
Vamos determinar os pontos de intersecção dessas retas duas a duas, resolvendo os sistemas com suas equações

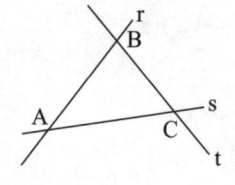

1) Ponto A (r com s): $\begin{cases} y = 2x \\ x = 2y \end{cases}$

Da segunda equação, $x = 2(2x)$ ou $0 = 4x - x$, ou ainda, $x = \dfrac{0}{3} = 0$ e $y = 2 \cdot 0 = 0$

Temos: A = (0,0)

2) Ponto B (r com t): $\begin{cases} y = 2x \\ x = -2y + 10 \end{cases}$

Da segunda equação, $x = -2(2x) + 10$ ou $x + 4x = 10$, isto é, $x = \dfrac{10}{5} = 2$ e $y = 2 \cdot 2 = 4$

Obtivemos: B = (2,4)

3) Ponto C (s com t): $\begin{cases} y = 2y \\ x = -2y + 10 \end{cases}$

Igualando as duas $2y = -2y + 10$, isto é, $4y = 10$, ou ainda, $y = \dfrac{10}{4} = \dfrac{5}{2}$ e $x = 2\left(\dfrac{5}{2}\right) = 5$

Temos: $C = \left(5, \dfrac{5}{2}\right)$

Seja o determinante $D = \begin{vmatrix} 0 & 0 & 1 \\ 2 & 4 & 1 \\ 5 & \frac{5}{2} & 1 \end{vmatrix}$

Aplicando Laplace na primeira linha: $D = 1 \left(2 \cdot \frac{5}{2} - 5 \cdot 4 \right) = 5 - 20 = -15$

A área do $\triangle ABC$ é:

$S = \dfrac{|D|}{2} = \dfrac{15}{2}$

Alternativa a

229

Seja **r** a reta que passa por **A** e **B**. Sua equação é:

$$\begin{vmatrix} a & 0 & 1 \\ 0 & a & 1 \\ x & y & 1 \end{vmatrix} = 0$$

Desenvolvendo, por LAPLACE, através da terceira linha, vem:

$x(0-a) - y(a-0) + 1(a^2 - 0) = 0$ ou $-ax - ay + a^2 = 0$

Simplificando por $-a$, que é diferente de 0, temos: $x + y - a = 0$

Se a distância de **P** a **r** é igual à distância de P a C, obtemos:

$$\left| \frac{1 \cdot x + 1 \cdot y - a}{\sqrt{1^2 + 1^2}} \right| = \sqrt{(x-a)^2 + (y-a)^2}$$

Elevando os dois membros ao quadrado:

$\dfrac{x^2 + y^2 + a^2 + 2xy - 2ax - 2ay}{2} = x^2 - 2ax + a^2 + y^2 - 2ay + a^2$ ou

$x^2 + y^2 + a^2 + 2xy - 2ax - 2ay = 2x^2 - 4ax + 2a^2 + 2y^2 - 4ay + 2a^2$

ou ainda, $x^2 + y^2 - 2xy - 2ax - 2ay + 3a^2 = 0$

Alternativa a

230 A figura ao lado mostra parte de um polígono regular, com **n** lados e centro **O**. Sendo a_n a medida de seu apótema e b_n a medida de seu lado, temos sempre:

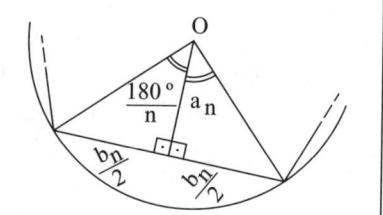

$$\operatorname{tg}\frac{180°}{n} = \frac{\frac{b_n}{2}}{a_n} \Rightarrow \operatorname{tg}\frac{180°}{n} = \frac{b_n}{2 \cdot a_n} \Rightarrow 2 \cdot \operatorname{tg}\frac{180°}{n} = \frac{b_n}{a_n} \quad (I)$$

e, analogamente, $2 \cdot \operatorname{tg}\dfrac{180°}{n-1} = \dfrac{b_{n-1}}{a_{n-1}}$ (II)

Pela restrição do problema: $b_n \leq a_n \Rightarrow \dfrac{b_n}{a_n} \leq 1$ (III)

De (I) e (III): $2 \cdot \operatorname{tg}\dfrac{180°}{n} \leq 1 \Rightarrow \operatorname{tg}\dfrac{180°}{n} \leq \dfrac{1}{2}$ (IV)

Mas $\dfrac{1}{2} < \dfrac{\sqrt{3}}{3} = \operatorname{tg}30°$ (V)

Portanto, $\operatorname{tg}\dfrac{180°}{n} \leq \dfrac{1}{2} < \operatorname{tg}30° = \operatorname{tg}\dfrac{180°}{6}$

Logo, $\dfrac{180°}{n} < \dfrac{180°}{6} \Rightarrow n > 6$ (VI)

Também devemos ter $b_{n-1} > a_{n-1}$, isto é, $\dfrac{b_{n-1}}{a_{n-1}} > 1$. (VII)

Daí, comparando (II) e (VII).

$2 \cdot \operatorname{tg}\dfrac{180°}{n-1} > 1 \Rightarrow \operatorname{tg}\dfrac{180°}{n-1} > \dfrac{1}{2}$

Mas $\dfrac{1}{2} > \sqrt{2} - 1 \overset{*}{=} \operatorname{tg}22{,}5° = \operatorname{tg}\dfrac{45°}{2} = \operatorname{tg}\dfrac{180°}{8}$

Portanto, $\operatorname{tg}\dfrac{180°}{n-1} > \operatorname{tg}\dfrac{180°}{8} \Rightarrow \dfrac{180°}{n-1} > \dfrac{180°}{8} \Rightarrow n-1 < 8 \Rightarrow n < 9$ (VIII)

De (VI) e (VIII): $6 < n < 9$

Alternativa b

(*) $\operatorname{tg}45° = \operatorname{tg}(2 \cdot 22{,}5°) = \dfrac{2 \cdot \operatorname{tg}22{,}5°}{1 - \operatorname{tg}^2 22{,}5°}$

Portanto $1 = \dfrac{2 \cdot \operatorname{tg}22{,}5°}{1 - \operatorname{tg}^2 22{,}5°}$

Seja $x = \text{tg } 22,1°$, temos:

$1 = \dfrac{2x}{1-x^2} \Rightarrow 2x = 1-x^2 \Rightarrow x^2 + 2x - 1 = 0$

$x = \dfrac{-2 \pm 2\sqrt{2}}{2} \Rightarrow x = \sqrt{2}-1 \text{ ou } x = -\sqrt{2}-1$

Como $22,5°$ pertence ao $1°$ quadrante, temos $\text{tg } 22,5° = \sqrt{2}-1$.

231 No polígono P_1:
$A_1 = 8 \, [\text{área}(OAB)]$

$A_1 = 8\left[\dfrac{1}{2} \cdot R \cdot R \cdot \text{sen}45°\right]$

$A_1 = 8\left[\dfrac{1}{2} \cdot R^2 \cdot \dfrac{\sqrt{2}}{2}\right]$

$A_1 = 2\sqrt{2}\, R^2$

No polígono P_2:

1) $\dfrac{\frac{2R-a}{2}}{\ell} = \cos 45°$

$\dfrac{2R-a}{2a} = \dfrac{\sqrt{2}}{2} \Rightarrow a = 2(\sqrt{2}-1)R$

2) $A_2 = 8\,[\text{área}(OPQ)] \Rightarrow A_2 = 8\left[\dfrac{a \cdot R}{2}\right] \Rightarrow A_2 = 4a \cdot R \Rightarrow$

$\Rightarrow A_2 = 4 \cdot 2(\sqrt{2}-1) R \cdot R \Rightarrow A_2 = 8(\sqrt{2}-1)R^2$

3) $\dfrac{A_1}{A_2} = \dfrac{2\sqrt{2}R^2}{8(\sqrt{2}-1)R^2} \Rightarrow \dfrac{A_1}{A_2} = \dfrac{2\sqrt{2}(\sqrt{2}+1)}{8(\sqrt{2}+1)(\sqrt{2}-1)} \Rightarrow \dfrac{A_1}{A_2} = \dfrac{2+\sqrt{2}}{4}$

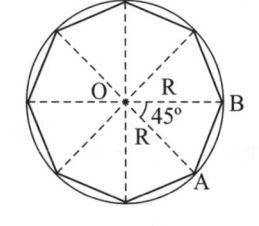

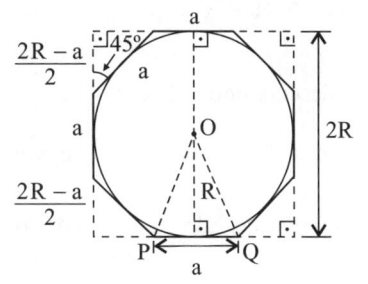

Alternativa e

232

1) **H** em função de **h**

$$\frac{h}{H} = \frac{1}{\sqrt{2}} \Rightarrow \boxed{H = \sqrt{2}h}$$

2) Cálculo de **a**

$$\frac{a\sqrt{3}}{2} = \sqrt{3} \Rightarrow \boxed{a = 2}$$

3) Cálculo de **b**

Como as pirâmides são semelhantes, temos:

$$\frac{b}{a} = \frac{1}{\sqrt{2}} \Rightarrow b = \frac{a}{\sqrt{2}} = \frac{2}{\sqrt{2}} \Rightarrow \boxed{b = \sqrt{2}}$$

4) Cálculo de **h**, **H** e **x**

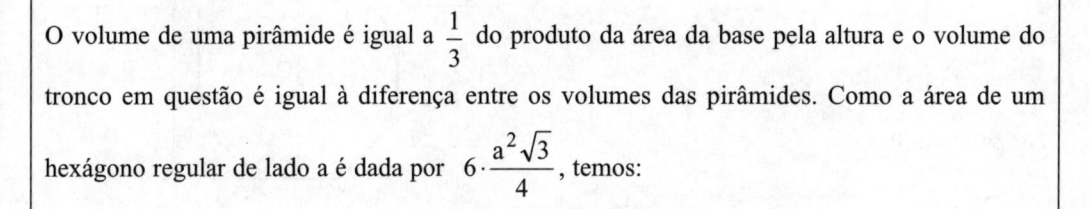

O volume de uma pirâmide é igual a $\frac{1}{3}$ do produto da área da base pela altura e o volume do tronco em questão é igual à diferença entre os volumes das pirâmides. Como a área de um hexágono regular de lado a é dada por $6 \cdot \frac{a^2\sqrt{3}}{4}$, temos:

$$\frac{1}{3}\left[6 \cdot \frac{a^2\sqrt{3}}{4}\right] \cdot H - \frac{1}{3}\left[6 \cdot \frac{b^2\sqrt{3}}{4}\right] \cdot h = 1 \Rightarrow \frac{1}{2}\sqrt{3} \cdot 2^2 \cdot h\sqrt{2} - \frac{1}{2}\sqrt{3}(\sqrt{2})^2 \cdot h = 1 \Rightarrow$$

$$\Rightarrow 2\sqrt{6}h - \sqrt{3}h = 1 \Rightarrow (2\sqrt{6} - \sqrt{3})h = 1 \Rightarrow h = \frac{1}{2\sqrt{6} - \sqrt{3}} \Rightarrow \boxed{h = \frac{2\sqrt{6} + \sqrt{3}}{21}} \Rightarrow$$

$$\Rightarrow H = \frac{2\sqrt{6} + \sqrt{3}}{21} \cdot \sqrt{2} \Rightarrow \boxed{H = \frac{4\sqrt{3} + \sqrt{6}}{21}}$$

Como $x = H - h$, temos:

$$x = \frac{4\sqrt{3} + \sqrt{6}}{21} - \frac{2\sqrt{6} + \sqrt{3}}{21} \Rightarrow \boxed{x = \frac{3\sqrt{3} - \sqrt{6}}{21}}$$

Alternativa c

ITA/2007
Questões

233

$A \cup B \cup C = \{x \in R : x^2 + x \geq 2\}$

$x^2 + x \geq 2 \Rightarrow x^2 + x - 2 \geq 0 \Rightarrow x \leq -2$ ou $x \geq 1$

$A \cup B = \{x \in R : 8^{-x} - 3 \cdot 4^{-x} - 2^{2-x} > 0\}$

$8^{-x} - 3 \cdot 4^{-x} - 2^{2-x} > 0$, fazendo $2^{-x} = t$, vem:

$t^3 - 3 \cdot t^2 - 4 \cdot t > 0 \Rightarrow t(t^2 - 3t - 4) > 0$, como $t > 0$ (pois $2^{-x} = t$) $\Rightarrow$

$\Rightarrow t^2 - 3t - 4 > 0 \Rightarrow t < -1$ ou $t > 4$, como $t > 0$ vem: $t > 4 \Rightarrow$

$\Rightarrow 2^{-x} > 4 \Rightarrow 2^{-x} > 2^2 \Rightarrow -x > 2 \Rightarrow x < -2$

$A \cap C = \{x \in R : \log(x+4) \leq 0\}$

$\log(x+4) \leq 0 \Rightarrow x+4 \leq 1 \Rightarrow x \leq -3$

Condição de existência vem: $x + 4 > 0 \Rightarrow x > -4$

Portanto temos: $-4 < x \leq -3$

$B \cup C = \{x \in R : 0 \leq 2x + 7 < 2\}$

$0 \leq 2x + 7 < 2 \Rightarrow 0 - 7 \leq 2x < 2 - 7 \Rightarrow -7 \leq 2x < -5 \Rightarrow -\dfrac{7}{2} \leq x < -\dfrac{5}{2}$

Note que:

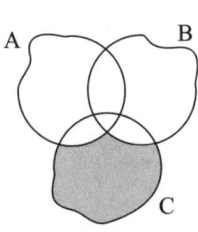

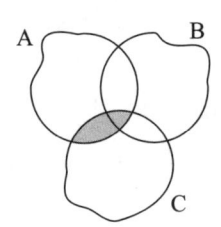

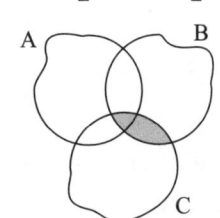

(A∪B∪C)−(A∪B)   A∩C   B∩C

Assim sendo, observando os diagramas de Venn-Euler, temos:
$C = [(A \cup B \cup C) - (A \cup B)] \cup (A \cap C) \cup (B \cap C)$, ou seja:

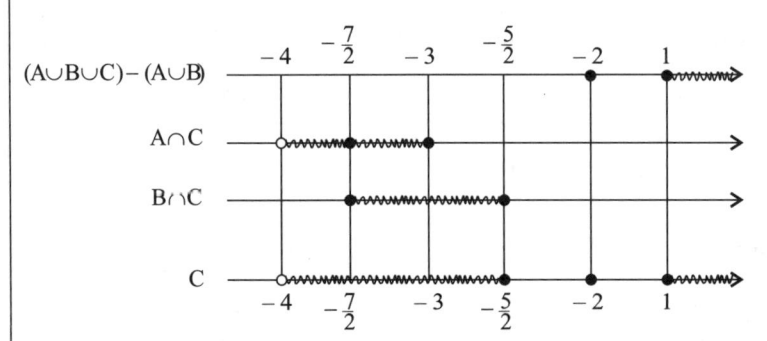

$C = \{x \in R \mid -4 < x \leq -\dfrac{5}{2}$ ou $x = -2$ ou $x \geq 1\}$

Resposta: $\{x \in R \mid -4 < x \leq -\dfrac{5}{2}$ ou $x = -2$ ou $x \geq 1\}$

234 $\dfrac{\overline{z}}{z-2i}+\dfrac{2z}{\overline{z}+2i}=3$ e $0<|z-2i|\leq 1$

Façamos: (I) $w=\dfrac{z}{\overline{z}+2i}$ $\Rightarrow$ $\overline{w}=\dfrac{\overline{z}}{z-2i}$ e, então, (I) $\overline{w}+2w=3$.

Seja $w=a+bi$ $(a,b\in R)$

$a-bi+2(a+bi)=3 \Rightarrow a-bi+2a+2bi=3$

$\Rightarrow 3a+bi=3+0i \Rightarrow \begin{cases}3a=3\Rightarrow a=1\\b=0\end{cases}$ e $w=1+0i=1$.

Substituindo em (I), temos: $\dfrac{z}{\overline{z}+2i}=1$ $\Rightarrow$ $z=\overline{z}+2i$, $z=x+yi$ $(x,y\in R)$

$x+yi=x-yi+2i \Rightarrow 2yi=2i \Rightarrow y=1 \Rightarrow z=x+i, x\in R$

Como $0<|z-2i|\leq 1$, temos:

$0<|x+i-2i|\leq 1 \Rightarrow 0<|x-i|\leq 1 \Rightarrow 0<\sqrt{x^2+1}\leq 1 \Rightarrow 0<x^2+1\leq 1 \Rightarrow$

$\Rightarrow -1<x^2\leq 0 \Rightarrow x=0 \Rightarrow z=0+1i=i$ que é o único z que satisfaz $\Rightarrow A=\{i\}$

Resposta: i

235 $N=\{0,1,2,3,...\}$
$A_k=\{j\in N: j\leq k$ e $mdc(j,k)=1\}$

A_k é o conjunto dos números naturais j, $j\leq k$, tais que j e k são primos entre si.

$A_3=\{1,2\}$ e $n(A_3)=2$

$A_9=\{1,2,4,5,7,8\}$ e $n(A_9)=6$

$A_{27}=\{1,2,4,....,26\}$ $n(A_{27})=(27+1)-$ (total de múltiplos de 3 de 0 até 27) $=28-(9+1)=18$

$A_{81}=\{1,2,4,5,....,80\}$ $n(A_{81})=(81+1)-$ (total de múltiplos de 3 de 0 até 81) $=$

$=82-(27+1)=54$

Então a sequência $n(A_3)$, $n(A_9)$, $n(A_{27})$ e $n(A_{81})$ forma uma PG (2, 6, 18, 54) de razão 3.

Resposta: $(n(A_3), n(A_9), n(A_{27})$ e $n(A_{81})) = (2,6,18,54)$ que é uma PG de razão 3.

236 $\sqrt{x^2-p}+2\sqrt{x^2-1}=x$ (I)

$\sqrt{x^2-p}=x-2\sqrt{x^2-1}$ (II)

$x^2-p=x^2-4x\sqrt{x^2-1}+4x^2-4$

$4x\sqrt{x^2-1}=4x^2-4+p$ (III)

$16x^4-16x^2=16x^4+16+p^2-32x^2+8px^2-8p$

$16x^2 - 8px^2 = p^2 - 8p + 16$

$8x^2(2-p) = (p-4)^2$

$x^2 = \dfrac{(p-4)^2}{8(2-p)}$ (IV)

Análise dos sinais:

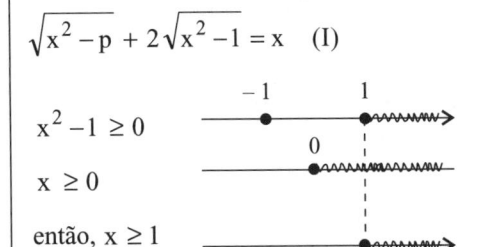

$\sqrt{x^2 - p} + 2\sqrt{x^2 - 1} = x$ (I)

$x^2 - 1 \geq 0$

$x \geq 0$

então, $x \geq 1$

$x^2 - p \geq 0$

$x^2 \geq p$ do (IV) temos:

$\dfrac{(p-4)^2}{8(2-p)} \geq p \qquad \dfrac{9p^2 - 24p + 16}{8(2-p)} \geq 0$

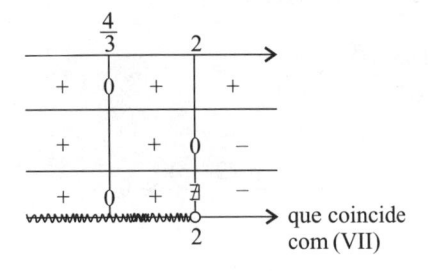

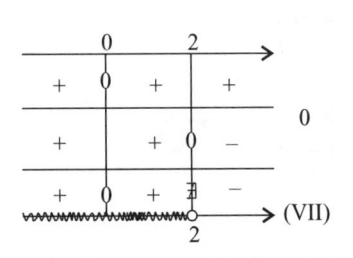

$x^2 \geq 1$ (V)

$\sqrt{x^2 - p} = x - 2\sqrt{x^2 - 1}$ (II)

$x - 2\sqrt{x^2 - 1} \geq 0$

$x \geq 2\sqrt{x^2 - 1}$ (se $x \geq 1$)

$x^2 \geq 4x^2 - 4$

$x^2 \leq \dfrac{4}{3}$ (VI)

$4x\sqrt{x^2 - 1} = 4x^2 - 4 + p$ (III)

$4x^2 - 4 + p \leq 0$

$4x^2 \geq 4 - p$

$x^2 \geq \dfrac{4-p}{4}$ (VII)

de (IV) e (V) temos,

$\dfrac{(p-4)^2}{8(2-p)} \geq 1 \qquad \dfrac{p^2 - 8p + 16 - 16 + 8p}{8(2-p)} \geq 0$

$\dfrac{p^2}{8(2-p)} \geq 0$

que coincide com (VII)

(VII)

de (IV) e (VI) temos,

$$\frac{(p-4)^2}{8(2-p)} \leq \frac{4}{3} \Rightarrow \frac{3(p^2-8p+16)-32(2-p)}{24(2-p)} \leq 0$$

$$\frac{3p^2+8p-16}{24(2-p)} \leq 0$$

$$3p^2+8p-16=0$$

$$\Delta = 64+192 = 256$$

$$p=-4 \quad \text{ou} \quad p=\frac{4}{3}$$

(VIII)

de (IV) e (VII) temos,

$$\frac{(p-4)^2}{8(2-p)} \geq \frac{4-p}{4}$$

$$\frac{(p-4)^2-2(4-p)(2-p)}{8(2-p)} \geq 0$$

$$\frac{(p-4)(p-4+4-2p)}{8(2-p)} \geq 0$$

$$\frac{-p^2+4p}{8(2-p)} \geq 0$$

(IX)

de (VII), (VIII) e (IX) temos, $\Rightarrow$

a) $0 \leq p \leq \frac{4}{3}$

b) de (IV) temos,

$$x^2 = \frac{(p-4)^2}{8(2-p)}$$

$$x = \frac{|p-4|}{2\sqrt{2(2-p)}} \text{, mas } 0 \leq p \leq \frac{4}{3}$$

$$x = \frac{4-p}{2\sqrt{4-2p}}$$

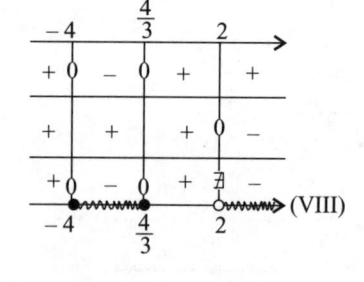

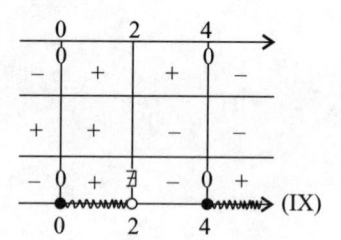

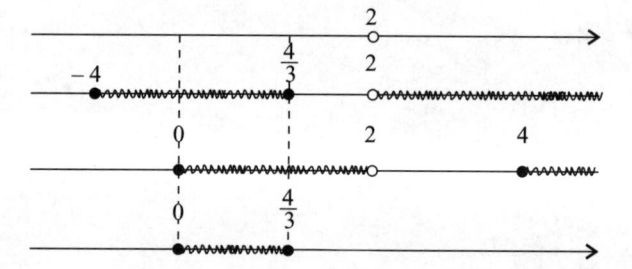

Respostas: a) $0 \leq p \leq \frac{4}{3}$ b) $x = \frac{4-p}{2\sqrt{4-2p}}$

237

Seja o sistema

$$\begin{cases} \log[(x+2y)(w-3z)^{-1}] = 0 \\ 2^{x+3z} - 8 \cdot 2^{y-3z+w} = 0 \\ \sqrt[3]{2x+y+6z-2w} - 2 = 0 \end{cases} \Rightarrow \begin{cases} \log\left(\dfrac{x+2y}{w-3z}\right) = 0 & \text{(I)} \\ 2^{x+3z} = 8 \cdot 2^{y-3z+w} & \text{(II)} \\ \sqrt[3]{2x+y+6z-2w} = 2 & \text{(III)} \end{cases}$$

De (I) vem:

$$\log\left(\dfrac{x+2z}{w-3z}\right) = 0 \Rightarrow \dfrac{x+2y}{w-3z} = 1 \Rightarrow x+2y = w-3z \Rightarrow x+2y+3z-w = 0 \quad \text{(IV)}$$

mas $w - 3z \neq 0 \Rightarrow w \neq 3z$ (V)

De (II) vem:

$$2^{x+3z} = 8 \cdot 2^{y-3z+w} \Rightarrow 2^{x+3z} = 2^{3+y-3z+w} \Rightarrow x+3z = 3+y-3z+w \Rightarrow x-y+6z-w = 3 \quad \text{(VI)}$$

De (III) vem:

$$\sqrt[3]{2x+y+6z-2w} = 2 \Rightarrow 2x+y+6z-2w = 8 \quad \text{(VII)}$$

De (IV), (V), (VI) e (VII) temos:

$$\begin{cases} x+2y+3z-w = 0 \quad \cdot(-1)\cdot(-2) \\ w \neq 3z \\ x-y+6z-w = 3 \\ 2x+y+6z-2w = 8 \end{cases} \Rightarrow \begin{cases} x+2y+3z-w = 0 \\ w \neq 3z \\ -3y+3z = 3 \\ -3y = 8 \end{cases} \Rightarrow \begin{cases} x+2y+3z-w = 0 \\ w \neq 3z \\ y-z = -1 \\ y = -\dfrac{8}{3} \end{cases}$$

se $y = -\dfrac{8}{3} \Rightarrow -\dfrac{8}{3} - z = -1 \Rightarrow z = -\dfrac{5}{3}$

se $x + 2y + 3z - w = 0 \Rightarrow x + 2 \cdot \left(-\dfrac{8}{3}\right) + 3 \cdot \left(-\dfrac{5}{3}\right) = w \Rightarrow x = w + \dfrac{31}{3}$

Como $w \neq 3z \Rightarrow w \neq 3 \cdot \left(-\dfrac{5}{3}\right) \Rightarrow w \neq -5$

Logo a solução do sistema será a quádrupla

$$S = \left\{ \left(w + \dfrac{31}{3}, -\dfrac{8}{3}, -\dfrac{5}{3}, w\right) \text{ com } w \in R - \{5\} \right\}$$

Resposta: $\left\{ \left(w + \dfrac{31}{3}, -\dfrac{8}{3}, -\dfrac{5}{3}, w\right) com\ w \in R - \{5\} \right\}$

238

Basta fazer:
$$\begin{pmatrix} \text{Total de comissões de} \\ \text{5 membros que} \\ \text{podem ser formadas} \end{pmatrix} - \begin{pmatrix} \text{Total de comissões nas} \\ \text{quais so há} \\ \text{rapazes} \end{pmatrix} =$$

$$= C_{9,5} - C_{5,5} = \frac{9!}{5!4!} - 1 = 126 - 1 = 125$$

Resposta: 125

239

Do enunciado, temos a figura:
Seja α o ângulo DÂB.

No $\Delta DAB: \operatorname{tg}\alpha \dfrac{xq}{x} = q$

No $\Delta EAB: \operatorname{tg}(\alpha+\beta) = \dfrac{xq^2 + xq}{x} = q^2 + q$

Sendo $\operatorname{tg}\beta = \operatorname{tg}[(\alpha+\beta)-\alpha] = \dfrac{\operatorname{tg}(\alpha+\beta) - \operatorname{tg}\alpha}{1+\operatorname{tg}(\beta+\beta)\cdot \operatorname{tg}\alpha} =$

$= \dfrac{q^2+q-q}{1+(q^2+q)\cdot q} = \dfrac{q^2}{1+q^3+q^2}$ (I)

Como $x = xq + xq^2 + xq^3$, vem:
$1 = q + q^2 + q^3$
ou $q^3 + q^2 = 1 - q$ (II)
Substituindo (II) em (I):

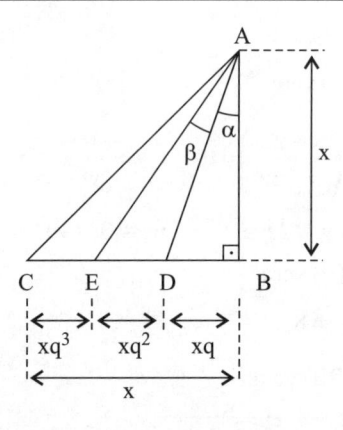

$\operatorname{tg}\beta = \dfrac{q^2}{1+1-q} \Rightarrow \operatorname{tg}\beta = \dfrac{q^2}{2-q}$

Resposta: $\operatorname{tg}\beta = \dfrac{q^2}{2-q}$

240

Façamos um esboço da situação descrita

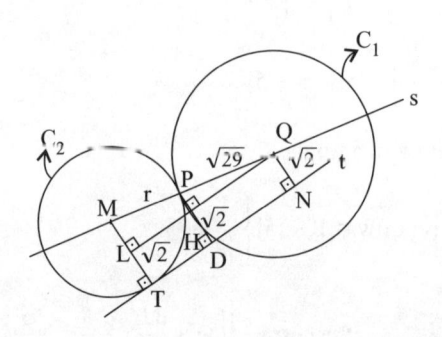

C_1 tem centro $Q = (10,12)$ e passa por $P = (5,10)$

O raio R de C_1 é a distância de P a Q, isto é,

$R = \sqrt{(10-5)^2 + (12-10)^2} = \sqrt{25+4} = \sqrt{29}$

A circunferência C_2 tem centro **M** e raio **r** a ser determinado.

Seja t a reta x = y que é tangente a C_2 no ponto T.
Seja QN a distância de Q a (t) x − y = 0

$QN = \left| \dfrac{1 \cdot 10 - 1 \cdot 12}{\sqrt{1^2 + (-1)^2}} \right| = \dfrac{2}{\sqrt{2}} = \sqrt{2}$

Seja QL perpendicular a MT, por Q e PD perpendicular a t por P.
A distância de P = (5,10) a t é:

$PD = \left| \dfrac{1 \cdot 5 - 1 \cdot 10}{\sqrt{1^2 + (-1)^2}} \right| = \dfrac{5}{\sqrt{2}} = \dfrac{5\sqrt{2}}{2}$

Então $PH = PD - HD = \dfrac{5\sqrt{2}}{2} - \sqrt{2} = \dfrac{5\sqrt{2} - 2\sqrt{2}}{2} = \dfrac{3\sqrt{2}}{2}$

$\Delta QML \sim \Delta QPH$ (caso A.A) porque tem dois ângulos retos ($\hat{L}$ e $\hat{H}$) e $M\hat{Q}L$ comum

Portanto, $\dfrac{QM}{QP} = \dfrac{ML}{PH}$, isto é, $\dfrac{r+\sqrt{29}}{\sqrt{29}} = \dfrac{r-\sqrt{2}}{\dfrac{3\sqrt{2}}{2}}$

Assim, $\dfrac{r}{\sqrt{29}} + \dfrac{\sqrt{29}}{\sqrt{29}} = \dfrac{2r}{3\sqrt{2}} - \dfrac{2\sqrt{2}}{3\sqrt{2}} \Rightarrow \dfrac{r}{\sqrt{29}} - \dfrac{2r}{3\sqrt{2}} = -1 - \dfrac{2}{3} \Rightarrow r\left(\dfrac{1}{\sqrt{29}} - \dfrac{2}{3\sqrt{2}}\right) = -\dfrac{5}{3}$

$\Rightarrow r\left(\dfrac{3\sqrt{2} - 2\sqrt{29}}{3\sqrt{2} \cdot \sqrt{29}}\right) = -\dfrac{5}{3}$

$r = \dfrac{-5 \cdot 3\sqrt{2} \cdot \sqrt{29}}{3(3\sqrt{2} - 2\sqrt{29})} = \dfrac{5\sqrt{2} \cdot \sqrt{29}}{2\sqrt{29} - 3\sqrt{2}} \cdot \dfrac{2\sqrt{29} + 3\sqrt{2}}{2\sqrt{29} + 3\sqrt{2}} = \dfrac{10 \cdot 29\sqrt{2} + 15 \cdot 2\sqrt{29}}{(2\sqrt{29})^2 - (3\sqrt{2})^2} =$

$= \dfrac{290\sqrt{2} + 30\sqrt{29}}{98} = \dfrac{145\sqrt{2} + 15\sqrt{29}}{49}$

Resposta: Raio $\dfrac{145\sqrt{2} + 15\sqrt{29}}{49}$

241

1) No $\triangle OPT$:

$$\frac{R_1 - R_2}{R_1 + R_2} = \cos 60°$$

$$\frac{R_1 - R_2}{R_1 + R_2} = \frac{1}{2} \Rightarrow R_2 = \frac{R_1}{3}$$

2) Como o triângulo ABC é equilátero e **O** é o seu baricentro, temos OA = OC

Mas $\frac{OH}{OC} = \text{sen}30° \Rightarrow \frac{R_1}{OC} = \frac{1}{2} \Rightarrow OC = 2R_1$

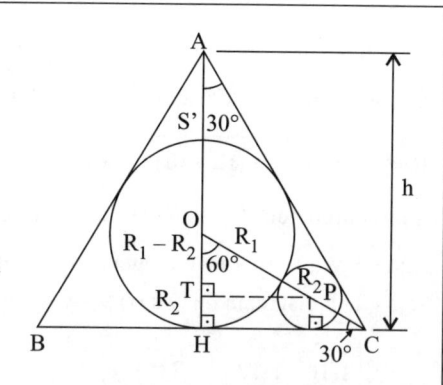

Além disso, OA + OH = h $\Rightarrow$ OA + R_1 = h $\Rightarrow$ OC + R_1 = h $\Rightarrow$ 2R_1 + R_1 = h $\Rightarrow$ $R_1 = \frac{h}{3}$

3) Como $R_2 = \frac{R_1}{3}$, então $R_2 = \frac{\frac{h}{3}}{3} \Rightarrow R_2 = \frac{h}{9}$

4) $\frac{R_1 - R_2}{h} = \frac{\frac{h}{3} - \frac{h}{9}}{h} = \frac{\frac{3h - h}{9}}{h} = \frac{2}{9}$

Resposta: $\frac{2}{9}$

242

1) Como o volume do tetraedo regular em questão é igual ao volume do cubo menos 4 vezes o volume da pirâmide destacada, temos:

$V_{Tetr.} = a^3 - 4\left[\frac{1}{3} \cdot \frac{a.a}{2} \cdot a\right] =$

$= \frac{8}{3} = a^3 - \frac{2}{3}a^3 \Rightarrow \frac{1}{3}a^3 = \frac{8}{3} \Rightarrow \boxed{a = 2}$

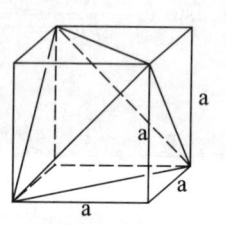

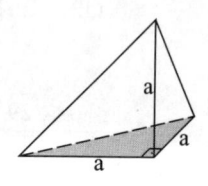

2) Note que a parte, de cada esfera, que está dentro do cubo é $\frac{1}{8}$ desta e como duas esfera ou são tangentes ou não têm pontos em comum, isto é as esferas não têm pontos internos em comum, então o volume procurado é igual ao volume do cubo menos 8 vezes $\frac{1}{8}$ de uma esfera (para melhor entendimento olhar a dica). Então:

$V = V_{cubo} - 8\left[\frac{1}{8}V_{esf.}\right] \Rightarrow V = V_{cubo} - V_{esf.}$

$$V = 2^3 - \frac{4}{3}\pi \cdot 1^3 \Rightarrow V = 8 - \frac{4\pi}{3} \Rightarrow \boxed{V = \frac{24-4\pi}{3}}$$

Observação: A aresta **a** do cubo pode ser determinada também, escrevendo que o volume de um tetraedro regular de aresta $a\sqrt{2}$ é igual a $\frac{8}{7}$ cm³.

Resposta: $\dfrac{24-4\pi}{3}$ cm³

ITA/2008
Testes

243

Vamos supor, para facilitar o raciocínio e a explicação, que temos uma população de 100000 pessoas. É possível, então, construir um diagrama de probabilidade como segue:

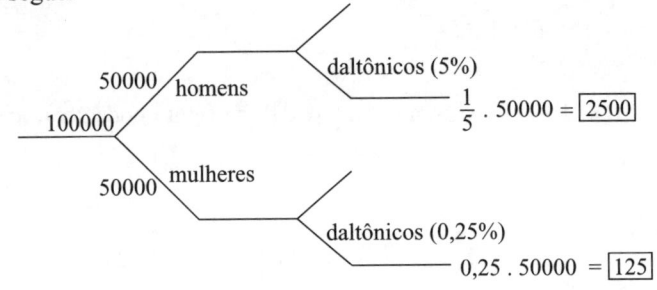

```
                    daltônicos (5%)
         50000  homens
                    1/5 . 50000 = [2500]
100000
         50000  mulheres
                    daltônicos (0,25%)
                    0,25 . 50000 = [125]
```

A probabilidade procurada é:

$$\frac{\text{total de mulheres daltônicas}}{\text{total de pessoas daltônicas}} = \frac{125}{2500+125} = \frac{125}{2625} = \frac{1}{21}$$

Alternativa a

244

Sejam α e β escritos na sua forma trigonométrica:

$\alpha = |\alpha|(\cos\theta_\alpha + i\,\text{sen}\,\theta_\alpha)$ e

$\beta = |\beta|(\cos\theta_\beta + i\,\text{sen}\,\theta_\beta)$, ambos com módulo = 1.

Representando-os no Plano de Gauss, temos:

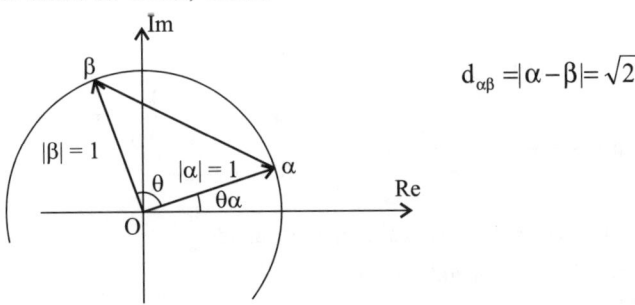

$d_{\alpha\beta} = |\alpha - \beta| = \sqrt{2}$

Verifiquemos a natureza do $\Delta O\alpha\beta$.

$a^2 = (\sqrt{2})^2 = 2$

$b^2 + c^2 = 1^2 + 1^2 = 2$ e, portanto,

o triângulo é retângulo e $\theta = 90°$.

Dividindo β por α, teremos:

$$\frac{\beta}{\alpha} = \frac{|\beta|}{|\alpha|} \cdot [\cos(\theta_\beta - \theta_\alpha) + i\,\text{sen}(\theta_\beta - \theta_\alpha)]$$

$$\frac{\beta}{\alpha} = \frac{1}{1} \cdot [\cos 90° + i\,\text{sen}\,90°] \Rightarrow \frac{\beta}{\alpha} = i$$

$$\Rightarrow \frac{\beta^2}{\alpha^2} = i^2 \Rightarrow \beta^2 = -\alpha^2 \Rightarrow \boldsymbol{\beta^2 + \alpha^2 = 0}$$

Observação: como $|\alpha - \beta| = |\beta - \alpha| = \sqrt{2}$, a ordem α e β na figura pode ser trocada que não altera o resultado.

Alternativa b

245

$$Ax = b \Rightarrow \begin{bmatrix} 1 & -2 & 3 \\ 2 & k & 6 \\ -1 & 3 & k-3 \end{bmatrix} \cdot \begin{bmatrix} x \\ y \\ z \end{bmatrix} = \begin{bmatrix} 1 \\ 6 \\ 0 \end{bmatrix} \Rightarrow \begin{cases} x - 2y + 3z = 1 \\ 2x + ky + 6z = 6 \\ -x + 3y + (k-3)z = 0 \end{cases}$$

Assim, para que o sistema seja impossível ou possível e indeterminado é necessário que o determinante da matriz formada pelos coeficientes das equações seja ZERO, ou seja:

$$\begin{vmatrix} 1 & -2 & 3 \\ 2 & k & 6 \\ -1 & 3 & k-3 \end{vmatrix} = 0 \Rightarrow k^2 - 3k + 12 + 18 + 3k - 18 + 4k - 12 = 0 \Rightarrow$$

$\Rightarrow k^2 + 4k = 0 \Rightarrow k = 0$ ou $k = -4$

Substituindo $k = 0$ e escalonando, temos:

$$\begin{cases} x - 2y + 3z = 1 \quad \cdot(-2)\cdot(1) \\ 2x + 0y + 6z = 6 \\ -x + 3y - 3z = 0 \end{cases} \Rightarrow \begin{cases} x - 2y + 3z = 1 \\ 4y + 0z = 4 \quad \cdot\left(-\frac{1}{4}\right) \\ y + 0z = 1 \end{cases} \Rightarrow \begin{cases} x - 2y + 3z = 1 \\ 4y + 0z = 4 \\ 0 = 0 \end{cases}$$

Portanto para $k = 0$ o sistema é possível e indeterminado.

Susbstituindo $k = -4$ e escalonando, temos:

$$\begin{cases} x-2y+3z=1 \quad .(-2) \quad . \text{ (1)} \\ 2x-4y+6z=6 \\ -x+3y-7z=0 \end{cases} \Rightarrow \begin{cases} x-2y+3z=1 \\ 0=4 \\ y-4z=1 \end{cases}$$

Portanto para k = – 4 o sistema é impossível.

Do enunciado, temos que T = – 4 e S = 0. Assim sendo, T – S = – 4

Alternativa a

246

Temos que:
$$I + C^{-1} \cdot A = A^{-1} \cdot A + C^{-1} \cdot A = (A^{-1} + C^{-1}) \cdot A$$

Então: $\det(I + C^{-1} \cdot A) = \dfrac{1}{3} \Rightarrow \det[(A^{-1} + C^{-1}) \cdot A] = \dfrac{1}{3} \Rightarrow$

$\Rightarrow \det(A^{-1} + C^{-1}) \cdot \det(A) = \dfrac{1}{3} \Rightarrow \det(A^{-1} + C^{-1}) \cdot 5 = \dfrac{1}{3} \Rightarrow \det(A^{-1} + C^{-1}) = \dfrac{1}{15}$ (I)

Por outro lado, temos:

$\det(B) = \det[3 \cdot (A^{-1} + C^{-1})^t] \Rightarrow \det(B) = 3^n \cdot \det(A^{-1} + C^{-1})^t \Rightarrow$

$\Rightarrow \det(B) = 3^n \cdot \det(A^{-1} + C^{-1})$ (II)

De (I) e (II), vem:

$\det(B) = 3n \cdot \dfrac{1}{5} \Rightarrow \det(B) = 3^n \cdot \dfrac{1}{3 \cdot 5} \Rightarrow \det(B) = \dfrac{3^{n-1}}{5}$

Alternativa d

247

1º modo: $P(x) = p_1 \cdot p_2 \cdot p_3 \cdot p_4 \cdot p_5$ e

Sejam $\text{gr}(p_1) = 2$
$\text{gr}(p_2) = 2q$ (q é razão da PG)
$\text{gr}(p_3) = 2q^2$
$\text{gr}(p_4) = 2q^3$
$\text{gr}(p_5) = 2q^4$
$\Rightarrow \text{gr}(p) = 2 + 2q + 2q^2 + 2q^3 + 2q^4 = 62$ (I)

e $q \in \mathbb{N}^*$ pois grau de um polinômio é sempre um número natural e q = 0 não satisfaz à equação (I).

De (I): $q + q^2 + q^3 + q^4 = 30$

para q = 1 $\Rightarrow$ 1 + 1 + 1 + 1 = 30 (Falso)

para q = 2 $\Rightarrow$ 2 + 4 + 8 + 16 = 30 (Verdadeiro)

para q > 2 essa igualdade é sempre falsa.

Portanto, o polinômio de maior grau é p_5 e $\text{gr}(p_5) = 2q^4 = 2 \cdot 2^4 = 32$.

Observação: poderíamos, também, ter aplicado o Teorema das raízes racionais à equação $q^4 + q^3 + q^2 + q - 30 = 0$ mas, ao resolver testes, devemos sempre buscar as soluções mais rápidas.

Alternativa b

2º modo: Analisemos as alternativas (nem utilizaremos a informação "grau de P é 62"):
O grau do polinômio de maior grau é gr(p_5) = 2. q^4 e **q** ∈ **N***.
Igualemos $2q^4$ a cada uma das alternativas.

a) $2q^4 = 30 \Rightarrow q^4 = 15$ (naõ serve pois q ∈ N*)
b) $2q^4 = 32 \Rightarrow q^4 = 16 \Rightarrow q = 2$
c) $2q^4 = 34 \Rightarrow q^4 = 16$ (não serve)
d) $2q^4 = 36 \Rightarrow q^4 = 18$ (não serve)
e) $2q^4 = 38 \Rightarrow q^4 = 19$ (não serve)

Alternativa b

248

1) Como o volume de uma esfera de raio R é dado por $\frac{4}{3}\pi R^3$, determinemos R:

$$\frac{4}{3}\pi R^3 = 4\sqrt{3}\pi \Rightarrow R^3 = 3\sqrt{3} \Rightarrow R^3 = \sqrt{3^3} \Rightarrow \boxed{R = \sqrt{3}}$$

2) No plano que passa pelo centro da esfera e contém uma secção normal do diedro, temos:

Como **O** está no semi-plano bissetor do diedro, obtemos que $O\hat{P}V = 60°$.

A distância pedida é VO. Então, no triângulo OPV temos:

$\text{sen}60° = \frac{R}{VO} \Rightarrow \frac{\sqrt{3}}{2} = \frac{\sqrt{3}}{VO} \Rightarrow \boxed{VO = 2}$

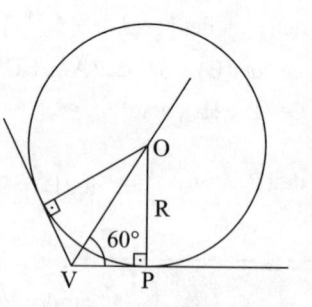

Alternativa e

249

1) De acordo com os dados do enunciado, temos a figura:

2) Se x^2, $(10-x)^2$ e 100 formam uma P.G., então $(10-x)^2$ é média geométrica entre x^2 e 100.
Isto é:

$(10-x)^2 = \sqrt{100x^2}$

$(10-x)^2 = 10x$

$100 - 20x + x^2 = 10x$

$x^2 - 30x + 100 = 0 \Rightarrow x = 15 + 5\sqrt{5}$ ou $x = 15 - 5\sqrt{5}$

Como x < 10, devemos ter $x = 15 - 5\sqrt{5}$ m

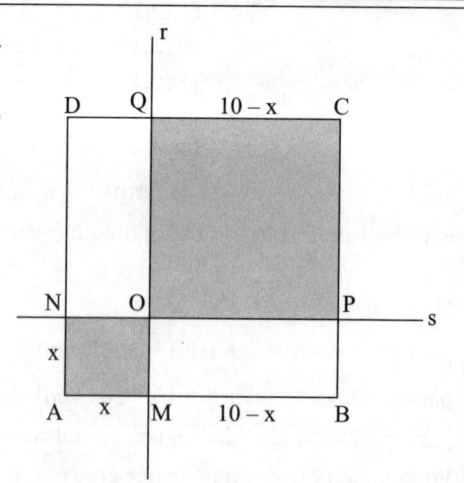

Alternativa d

250

$p(x) = a_5 x^5 + a_4 x^4 + a_3 x^3 + a_2 x^2 - a_1$ e $p(-1) = 0$,

portanto, $-\mathbf{a_5} + \mathbf{a_4} - \mathbf{a_3} + \mathbf{a_2} - \mathbf{a_1} = 0$ (I)

$PA = (a_1, a_2, a_3, a_4, a_5) = \left(\dfrac{1}{2} - 3r, \dfrac{1}{2} - 2r, \dfrac{1}{2} - r, \dfrac{1}{2}, \dfrac{1}{2} + r \right)$

Substituindo em (I), temos:

$-\left(\dfrac{1}{2} + r\right) + \dfrac{1}{2} - \left(\dfrac{1}{2} - r\right) + \left(\dfrac{1}{2} - 2r\right) - \left(\dfrac{1}{2} - 3r\right) = 0$

$\Rightarrow r = \dfrac{1}{2}$ e $(a_1, a_2, a_3, a_4, a_5) = \left(-1, -\dfrac{1}{2}, 0, \dfrac{1}{2}, 1\right)$

$\Rightarrow p(x) = x^5 + \dfrac{1}{2}x^4 - \dfrac{1}{2}x^2 + 1 \Rightarrow p(-2) = -32 + 8 - 2 + 1 = -25$

Alternativa a

251

Teorema das raízes racionais

Se a equação $2x^4 + ax^3 + bx^2 + cx - 1 = 0$ admite raiz racional $\dfrac{p}{q}$ (p e q: inteiros, $q \neq 0$ e p e q primos entre si) então $p|(-1)$ (p é divisor de (-1)) e $q|2$. temos:

$$p \in \{\pm 1\} \quad \text{e} \quad q \in \{1, 2\} \Rightarrow \dfrac{p}{q} \in \left\{\pm 1, \pm \dfrac{1}{2}\right\}$$

Como (do enunciado) duas raízes são inteiras e distintas $\alpha_1 = 1$ e $\alpha_2 = -1$.

Por outro lado, $\alpha_3 = \dfrac{1-i}{2}$ então $\alpha_4 = \overline{\alpha_3} = \dfrac{1+i}{2}$

(Teorema das raízes complexas não reais)

O polinômio P(x) dado pode ser escrito na forma $P(x) = 2(x-1)(x+1)\left[x - \left(\dfrac{1-i}{2}\right)\right] \cdot \left[x - \left(\dfrac{1+i}{2}\right)\right]$

ou seja, $P(x) = 2(x^2 - 1) \cdot \left[\dfrac{(2x-1)^2 - i^2}{4}\right] = 2x^4 - 2x^3 - x^2 + 2x - 1$ que, igualando com

$P(x) = 2x^4 + ax^3 + bx^2 + cx - 1$, obtemos:

$a = -2$, $b = -1$ e $c = 2$ $\Rightarrow$ máx. $\{a, b, c\} = 2$

Alternativa c

252

A equação $\overbrace{(a+c+2)x^3+(b+3c+1)x^2+(c-a)x+(a+b+4)}^{p(x)}=0$ é **recíproca** de 1ª espécie então os coeficientes equidistantes dos extremos são iguais, dois a dois e o coeficiente de x^0 deve ser diferente de zero, portanto:

$\begin{cases} \text{I) } a+c+2=a+b+4 \\ \text{II) } b+3c+1=c-a \\ \text{III) } (a+c+2)+(b+3c+1)+(c-a)+(a+b+4)=0 \text{ pois } p(1)=0 \\ \text{IV) } a+b+4 \neq 0 \text{ pois } p(0) \neq 0 \end{cases}$

Organizando esse sistema, obtemos:

I) $\quad\quad b - c = -2$
II) $\quad a + b + 2c = -1 \quad +$
III) $-a - 2b - 5c = 7 \quad \downarrow$
$\overline{\quad\quad\quad\quad -4c = 4 \Rightarrow c = -1 \Rightarrow b = -3 \Rightarrow a = 4}$

Verificando em (IV), temos: $4 + (-3) + 4 \neq 0$ (verdadeiro)

Portanto $abc = 4 \cdot (-3)(-1) = 12$

Alternativa e

253

$\cos\left(\arcsen\dfrac{3}{5} + \arccos\dfrac{4}{5}\right) = \cos(\alpha+\beta)$

Fazendo $\arcsen\dfrac{3}{5} = \alpha$, temos:

$\sen\alpha = \dfrac{3}{5} \quad e \quad -\dfrac{\pi}{2} \leq \alpha \leq \dfrac{\pi}{2}$

da Relação Fundamental $\sen^2\alpha + \cos^2\alpha = 1$, obtemos $\cos\alpha = \dfrac{4}{5}$.

Fazendo $\arccos\dfrac{4}{5} = \beta$, temos:

$\cos\beta = \dfrac{4}{5} \quad e \quad 0 \leq \beta \leq \pi$

da Relação Fundamental $\sen^2\beta + \cos^2\beta = 1$, obtemos $\sen\beta = \dfrac{3}{5}$.

Assim:
$\cos(\alpha+\beta) = \cos\alpha \cdot \cos\beta - \sen\alpha \cdot \sen\beta$

$= \dfrac{4}{5} \cdot \dfrac{4}{5} - \dfrac{3}{5} \cdot \dfrac{3}{5} = \dfrac{16}{25} - \dfrac{9}{25} = \dfrac{7}{25}$

Alternativa b

254. Vamos determinar a reta t tangente a λ no ponto $P = (2, \sqrt{3})$.

Sua equação é $y = mx + k$

Resolvendo o sistema: $\begin{cases} x^2 - y^2 = 1 \\ y = mx + k \end{cases}$

Temos:
$x^2 - (mx + k)^2 = 1$
$x^2 - m^2x^2 - 2mkx - k^2 - 1 = 0$
$(1 - m^2)x^2 - 2mkx - (k^2 + 1) = 0$
$\Delta = 4m^2k^2 + 4(1 - m^2)(k^2 + 1) = 0$ porque t é tangente (a equação só pode ter uma raiz)
$4m^2k^2 + 4k^2 + 4 - 4m^2k^2 - 4m = 0$
$4k^2 - 4m^2 + 4 = 0$ ou $k^2 - m^2 + 1 = 0$ (I)

Mas, t passa por $P = (2, \sqrt{3})$.

Então, $\sqrt{3} = m \cdot 2 + k$ ou $k = \sqrt{3} - 2m$

Substituindo em (I), vem:

$(\sqrt{3} - 2m)^2 - m^2 + 1 = 0$

$3 - 4\sqrt{3}m + 4m^2 - m^2 + 1 = 0$

$3m^2 - 4\sqrt{3}m + 4 = 0$

$(\sqrt{3}m - 2)^2 = 0$

$\sqrt{3}m - 2 = 0$

$m = \dfrac{2}{\sqrt{3}}$

Seja r a reta procurada. Para ser perpendicular à curva, ela deve ser perpendicular à tangente t no ponto $P = (2, \sqrt{3})$.

Se r e t são perpendiculares, $m_r = -\dfrac{1}{m_t}$, isto é, $m_r = -\dfrac{\sqrt{3}}{2}$

Sua equação é, então,

$y - \sqrt{3} = -\dfrac{\sqrt{3}}{2}(x - 2)$ ou $y = -\dfrac{\sqrt{3}}{2}x + 2\sqrt{3}$ ou ainda $y = -\dfrac{\sqrt{3}}{2}(x - 4)$

Alternativa e

255

$f(x) = 2\,\text{sen}^2(3x) + \text{sen}(6x) - 1$

$f(x) = \text{sen}(6x) - [1 - 2\,\text{sen}^2(3x)]$

$f(x) = \text{sen}(6x) - [\cos 2.(3x)]$

$f(x) = \text{sen}\,6x - \cos 6x$

multiplicando os dois membros por $\dfrac{1}{\sqrt{2}}$, fica:

$\dfrac{1}{\sqrt{2}}f(x) = \text{sen}\,6x \cdot \dfrac{1}{\sqrt{2}} - \dfrac{1}{\sqrt{2}} \cdot \cos 6x \Rightarrow \dfrac{1}{\sqrt{2}}f(x) = \text{sen}\,6x \cdot \cos\dfrac{\pi}{4} - \text{sen}\dfrac{\pi}{4} \cdot \cos 6x \Rightarrow$

$\Rightarrow \dfrac{1}{\sqrt{2}}f(x) = \text{sen}\left(6x - \dfrac{\pi}{4}\right) \Rightarrow f(x) = \sqrt{2} \cdot \text{sen}\left(6x - \dfrac{\pi}{4}\right)$

O período é $p = \dfrac{2\pi}{6} = \dfrac{\pi}{3}$

Como $-1 \leq \text{sen}\left(6x - \dfrac{\pi}{4}\right) \leq 1$, multiplicando por $\sqrt{2}$ fica: $-\sqrt{2} \leq \sqrt{2} \cdot \text{sen}\left(6x - \dfrac{\pi}{4}\right) \leq \sqrt{2}$,

isto é, $-\sqrt{2} \leq f(x) \leq \sqrt{2}$. Portanto o conjunto imagem é $\left[-\sqrt{2}, \sqrt{2}\right]$.

Alternativa c

256

$|5^{3x} - 5^{2x+1} + 4 \cdot 5^x| = |5^x - 1| \Rightarrow |(5^x)^3 - (5^x)^2 \cdot 5^1 + 4 \cdot 5^x| = |5^x - 1| \Rightarrow$
Fazendo $5^x = A$, vem:

$|A^3 - 5A^2 + 4A| = |A - 1| \Rightarrow |A| \cdot |A^2 - 5A + 4| = |A - 1| \Rightarrow$

$\Rightarrow |A| \cdot |A - 1| \cdot |A - 4| = |A - 1| \Rightarrow |A| \cdot |A - 1| \cdot |A - 4| - |A - 1| = 0 \Rightarrow$

$\Rightarrow |A - 1| \cdot (|A| \cdot |A - 4| - 1) = 0 \Rightarrow |A - 1| \cdot (|A^2 - 4A| - 1) = 0$

Temos, então

$|A - 1| = 0 \Rightarrow A = 1$ ou $|A^2 - 4A| - 1 = 0 \Rightarrow |A^2 - 4A| = 1 \Rightarrow A^2 - 4A = \pm 1$; ou seja,

$A^2 - 4A = 1 \Rightarrow A^2 - 4A - 1 = 0 \Rightarrow A = 2+\sqrt{5}$ ou $A = 2-\sqrt{5}$ ou

$A^2 - 4A = -1 \Rightarrow A^2 - 4A + 1 = 0 \Rightarrow A = 2+\sqrt{3}$ ou $A = 2-\sqrt{3}$

Como $A > 0$, pois $5^x > 0$, os valores de A são: 1, $2+\sqrt{5}$, $2+\sqrt{3}$, $2-\sqrt{3}$

Assim, temos:

$5^x = A \Rightarrow 5^x = 1 \Rightarrow x = 0$ ou

$5^x = A \Rightarrow 5^x = 2+\sqrt{5} \Rightarrow x = \log_5(2+\sqrt{5})$ ou

$5^x = A \Rightarrow 5^x = 2+\sqrt{3} \Rightarrow x = \log_5(2+\sqrt{3})$ ou

$5^x = A \Rightarrow 5^x = 2-\sqrt{3} \Rightarrow x = \log_5(2-\sqrt{3})$

Portanto $S = \{0, \log_5(2+\sqrt{5}), \log_5(2+\sqrt{3}), \log_5(2-\sqrt{3})\}$

Alternativa d

257 O gráfico da função g, definida por $g(x) = x^2 - x + 1$ pode ser representada no plano cartesiano da seguinte forma.

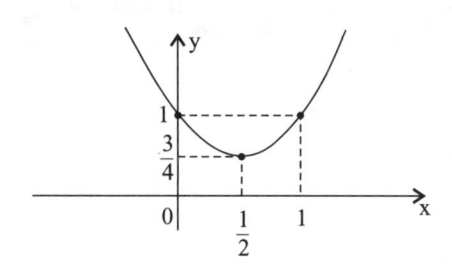

$g(0) = 1 \Rightarrow \ell n\,(g(0)) = \ell n\,(1) = 0$

$g(1) = 1 \Rightarrow \ell n\,(g(1)) = \ell n\,(1) = 0$

$g\left(\dfrac{1}{2}\right) = \dfrac{3}{4} \Rightarrow \ell n\left(g\left(\dfrac{1}{2}\right)\right) = \ell n\left(\dfrac{3}{4}\right) < 0$

Então a representação gráfica da função $h(x) = \ell n\,(x^2 - x + 1)$ no plano cartesiano, é do tipo:

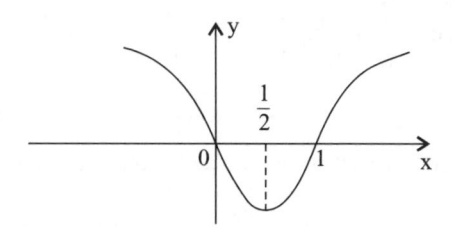

Portanto a representação gráfica da função f, definida por $f(x) = |\ell n\,(x^2 - x + 1)|$ é do tipo:

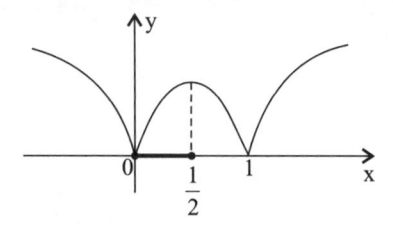

Assim sendo dos subconjuntos D de R apresentados nas alternativas, o único, no qual, f é injetora é $\left[0, \dfrac{1}{2}\right]$.

Alternativa c

258

$\cos 9x + \cos 3x + 2\cos 6x = 0$

$2 \cdot \cos\left(\dfrac{9x+3x}{2}\right) \cdot \cos\left(\dfrac{9x-3x}{2}\right) + 2\cos 6x = 0$

$2 \cdot \cos 6x \cdot \cos 3x + 2\cos 6x = 0$

$2 \cdot \cos 6x \cdot (\cos 3x + 1) = 0$

$\cos 6x = 0$ ou $\cos 3x = -1$

1) $\cos 6x = 0 \Rightarrow 6x = \dfrac{\pi}{2} + k\pi \Rightarrow x = \dfrac{\pi}{12} + \dfrac{k\pi}{6}$ ou

2) $\cos 3x = -1 \Rightarrow 3x = \pi + k2\pi \Rightarrow x = \dfrac{\pi}{3} = \dfrac{k2\pi}{3}$

Como $0 \le x \le \dfrac{\pi}{2}$, atribuindo valores a k (k $\in$ Z) temos:

$x = \dfrac{\pi}{12}$ ou $x = \dfrac{\pi}{3}$ ou $x = \dfrac{3\pi}{12}$ ou $x = \dfrac{5\pi}{12}$

Logo, a soma das soluções é: $\dfrac{\pi}{12} + \dfrac{3\pi}{12} + \dfrac{5\pi}{12} + \dfrac{\pi}{3} = \dfrac{13\pi}{12}$

Alternativa e

259

H é formado por subconjuntos de D com 2 elementos portanto:

$$n(H) = C_{365,2} = \dfrac{365!}{2!(363)!} = \dfrac{365 \cdot 364}{2} = 365 \cdot 182 \text{ elementos}$$

Os elementos de B são:
{1,182}, {2,181},....,{90,93},{91,92}
Então B é formado por 91 duplas
A probabilidade procurada é:

$$\dfrac{91}{365 \cdot 182} = \dfrac{1}{730}$$

Alternativa a

260

1) Se AB = AC, então $A\hat{B}C = A\hat{C}B$

Como $B\hat{A}C = 40°$ e a soma dos ângulos internos de um triângulo é igual a 180°, temos $A\hat{B}C = A\hat{C}B = 70°$.

2) $\triangle BCE: B\hat{E}C + 55° + 70° = 180° \Rightarrow B\hat{E}C = 55°$

3) $B\hat{E}C = B\hat{C}E \Rightarrow BE = BC$

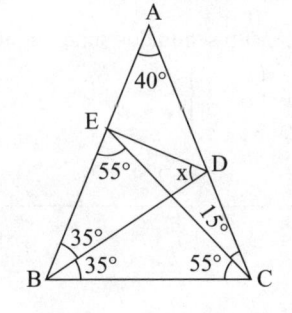

4) $BE = BC$; $E\hat{B}D = C\hat{B}D$, BD comum $\Rightarrow \triangle BDE \equiv \triangle BDC \Rightarrow D\hat{E}C = 15°$ e $C\hat{D}B = x$

5) $\triangle CDE$, $2x + 15° + 15° = 180° \Rightarrow x = 75°$

Alternativa d

---

261 Vamos construir um diagrama com as informações dadas.

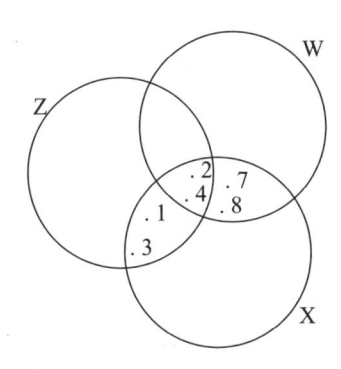

Do diagrama, tiramos $X \cap (Z \cup W) = \{1, 2, 3, 4, 7, 8\}$

Mas, $W \cap (Y \cup Z) = (W \cap Y) \cup (W \cap Z)$

Então, o conjunto pedido é:

$\{1,2,3,4,7,8\} - [(W \cap Y) \cup (W \cap Z)] = [\{1,2,3,4,7,8\} - (W \cap Z)] - (W \cap Y) =$

$= \{1,3,7,8\} - (W \cap Y)$

Mas $(W \cap Y) \subset Y$, isto é $W \cap Y \subset \{5,6\}$

Como $\{1, 3, 7, 8\} \cap \{5,6\} = \emptyset$, temos: $\{1,3,7,8\} \cap (W \cap Y) = \emptyset$

Portanto $\{1, 3, 7, 8\} - (W \cap Y) = \{1,3,7,8\}$

Alternativa c

---

262 1) Os triângulos PTU e PSR são semelhantes, com razão de semelhança igual a

$$\frac{PT}{PS} = \frac{5}{15} = \frac{1}{3}$$

Portanto, $\frac{PU}{PR} = \frac{1}{3}$ ou: $\frac{PU}{x} = \frac{1}{3}$

Logo, $PU = \frac{x}{3}$ e, daí, $UR = \frac{2x}{3}$

Seja $QU = y$. Então, pela lei dos cossenos no $\triangle QRU$:

$$y^2 = x^2 + \left(\frac{2x}{3}\right)^2 - 2 \cdot x \cdot \frac{2x}{3} \cdot \cos 60°$$

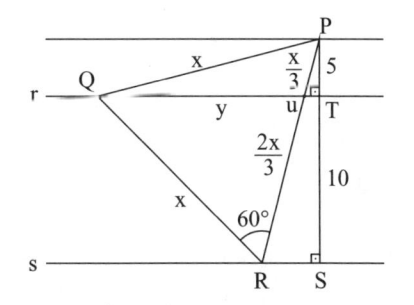

$$y^2 = x^2 + \frac{4x^2}{9} - 2x \cdot \frac{2x}{3} \cdot \frac{1}{2} \Rightarrow y = \frac{x\sqrt{7}}{3}$$

2) área (PQR) = área (PQU) + área (QUR)

$$\frac{x^2\sqrt{3}}{4} = \frac{1}{2} \cdot y \cdot 5 + \frac{1}{2} \cdot y \cdot 10 \Rightarrow \frac{x^2\sqrt{3}}{4} = \frac{1}{2} \cdot \frac{x\sqrt{7}}{3} \cdot 5 + \frac{1}{2} \cdot \frac{x\sqrt{7}}{3} \cdot 10 \Rightarrow x = \frac{10\sqrt{21}}{3}$$

3) área (PQR) = $\frac{\sqrt{3}}{4} \cdot x^2 \Rightarrow$ área (PQR) = $\frac{\sqrt{3}}{4} \cdot \frac{100 \cdot 21}{9} \Rightarrow$ área (PQR) = $\frac{175\sqrt{3}}{3}$

4) Perímetro (PQR) = P = 3x $\Rightarrow$ P = 3 . $\frac{10 \cdot \sqrt{21}}{3} \Rightarrow$ P = $10\sqrt{21}$

Alternativa b

ITA/2008
Questões

263

Temos um sistema de inequações: $\begin{cases} x^2 > \sqrt{3x^2 + 2x} & \text{(I)} \\ 3x^2 + 2x \geq 0 & \text{(II)} \end{cases}$

1) Elevando ao quadrado os dois membros:

$x^4 > 3x^2 + 2x$

$x^4 - 3x^2 - 2x > 0$

$x^4 - x^2 - 2x^2 - 2x > 0$

$x^2(x^2 - 1) - 2x(x + 1) > 0$

$x^2(x + 1)(x - 1) - 2x(x + 1) > 0$

$x(x + 1)(x^2 - x - 2) > 0$

$(x^2 + x)(x^2 - x - 2) > 0$

Temos uma inequação do tipo y . z > 0

Sinal de y = $x^2 + x$ Sinal de z = $x^2 - x - 2$

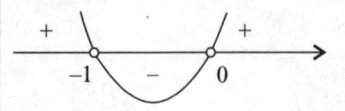

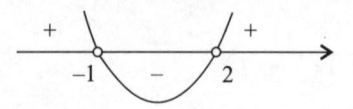

QUADRO DE SINAIS

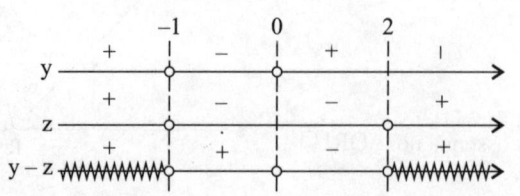

2) $3x^2 + 2 \geq 0$

Raízes: $x(3x + 2) = 0$ vem $x = 0$ ou $x = -\dfrac{2}{3}$

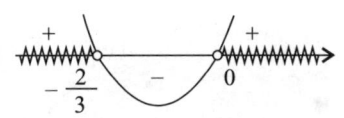

Para obter a solução do sistema, fazemos a intersecção de 1 e 2

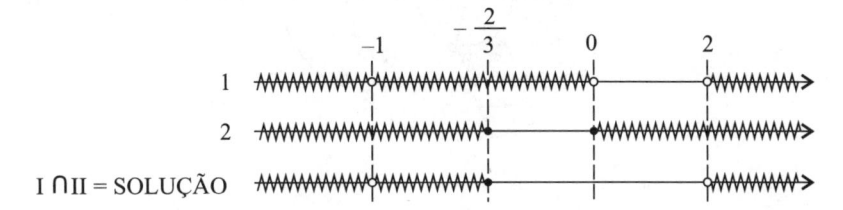

I ∩ II = SOLUÇÃO

Resposta: $S = \left]-\infty, -1\right[\cup \left]-1, -\dfrac{2}{3}\right] \cap \left]2, +\infty\right[$

264

Resolvendo a equação dada, temos:

$$4z^6 + 256 = 0 \Rightarrow z^6 = -64 \Rightarrow z = \sqrt[6]{-64}^c = w_k$$

$-64 = 64(\cos\pi + i\,\text{sen}\,\pi)$ e $w_k = \sqrt[6]{64}\left[\cos\left(\dfrac{\pi}{6} + k \cdot \dfrac{2\pi}{6+}\right) + i\,\text{sen}\left(\dfrac{\pi}{6} + k \cdot \dfrac{\pi}{3}\right)\right]$ $(k = 0, 1, ..., 5)$

$w_0 = 2\left(\cos\dfrac{\pi}{6} + i\,\text{sen}\dfrac{\pi}{6}\right) = \sqrt{3} + i$ $\qquad w_1 = 2\left(\cos\dfrac{\pi}{2} + i\,\text{sen}\dfrac{\pi}{2}\right) = 2i$

$w_2 = 2\left(\cos\dfrac{5\pi}{6} + i\,\text{sen}\dfrac{5\pi}{6}\right) = -\sqrt{3} + i$ $\qquad w_3 = 2\left(\cos\dfrac{7\pi}{6} + i\,\text{sen}\dfrac{7\pi}{6}\right) = -\sqrt{3} - i$

$w_4 = 2\left(\cos\dfrac{3\pi}{2} + i\,\text{sen}\dfrac{3\pi}{2}\right) = -2i$ $\qquad w_5 = 2\left(\cos\dfrac{11\pi}{6} + i\,\text{sen}\dfrac{11\pi}{6}\right) = \sqrt{3} - i$

Por outro lado, o conjunto $S = \{z \in \mathbb{C} \mid 1 < |z + 2| < 3\}$ é formado pelos pontos da coroa circular seguinte, excluídas os pontos das duas circunferências: Seja $z = x + yi$ $(x, y \in \mathbb{R})$

$1 < |z+2| < 3 \Rightarrow 1 < |(x+2) + yi| < 3 \Rightarrow 1 < \sqrt{(x+2)^2 + y^2} < 3 \Rightarrow 1 < (x+2)^2 + y^2 < 9$

circunferências com centro $c = (-2, 0)$ e raios 1 e 3. Observe a figura na outra página.

A figura nos sugere que somente w_1, w_2, w_3, w_4 pertencem ao conjunto S, portanto, satifatem à desigualdade $1 < |z+2| < 3$. Verifiquemos um a um;

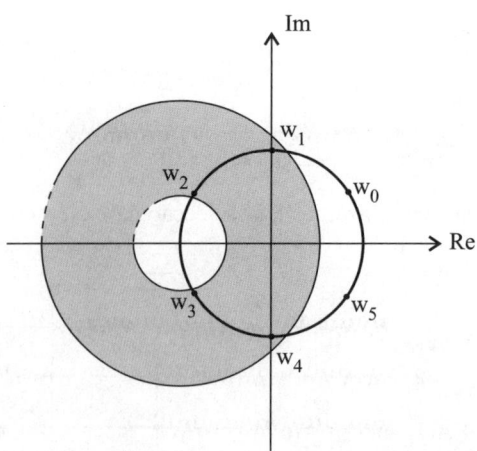

Lembremos, também que: $\left.\begin{array}{l}1,7^2 = 2,89 \\ 1,8^2 = 3,24\end{array}\right\} \Rightarrow \sqrt{3} \cong 1,7$

$w_0 = \sqrt{3} + i \stackrel{?}{\Rightarrow} 1 < \left|\sqrt{3} + i + 2\right| \stackrel{?}{<} 3 \Rightarrow 1 \stackrel{?}{<} \sqrt{(\sqrt{3}+2)^2 + 1^2} \stackrel{?}{<} 3 \Rightarrow$

$\stackrel{?}{\Rightarrow} \sqrt{1} < \sqrt{8 + 4\sqrt{3}} < \sqrt{9} \Rightarrow \sqrt{1} < \sqrt{14,8} < \sqrt{9}$ (falso)

$w_1 = 2i \Rightarrow 1 < |2 + 2i| < 3 \Rightarrow \sqrt{1} < \sqrt{8} < \sqrt{9}$ (verdadeiro)

$w_2 = -\sqrt{3} + i \Rightarrow 1 < \left|(2-\sqrt{3})+i\right| < 3 \Rightarrow \sqrt{1} < \sqrt{1,2} < \sqrt{9}$ (verdadeiro)

$w_3 = -\sqrt{3} + i \Rightarrow 1 < \left|(2-\sqrt{3})+i\right| < 3 \Rightarrow \sqrt{1} < \sqrt{1,2} < \sqrt{9}$ (verdadeiro)

E assim, analogamente para w_4 e w_5.

Resposta: $w_1 = 2i$, $w_2 = -\sqrt{3} + i$, $w_3 = -\sqrt{3} - i$, $w_4 = -2i$

---

265   Como g é ímpar $\Rightarrow g(-x) = -g(x)$ e como h é par $\Rightarrow h(-x) = h(x)$.

Assim temos: $f(-x) = g(-x) + h(-x) \Rightarrow f(-x) = -g(x) + h(x)$. Desse modo vem:

$$\begin{cases} f(x) = g(x) + h(x) & (I) \\ f(-x) = -g(x) + h(x) & (II) \end{cases}$$

Fazendo (I) + (II) vem: $f(x) + f(-x) = 2h(x) \rightarrow h(x) = \dfrac{f(x) + f(-x)}{2} \Rightarrow$

$h(x) = \dfrac{\ln(x^2 + x + 1) + \ln(x^2 - x + 1)}{2} \Rightarrow h(x) = \dfrac{1}{2}\ln[(x^2 + x + 1)(x^2 - x + 1)] \Rightarrow$

$\Rightarrow h(x) = \dfrac{1}{2} \ell n(x^4 + x^2 + 1)$ com $x \in R$

Fazendo (I) – (II) vem: $f(x) - f(-x) = 2 g(x) \Rightarrow g(x) = \dfrac{f(x) - (f - x)}{2} \Rightarrow$

$\Rightarrow g(x) = \dfrac{\ell n(x^2 + x + 1) - \ell n(x^2 - x + 1)}{2} \Rightarrow g(x) = \dfrac{1}{2} \ell n \left(\dfrac{x^2 + x + 1}{x^2 - x + 1} \right)$ com $x \in R$

Resposta: $g(x) = \dfrac{1}{2} \ell n \left(\dfrac{x^2 + x + 1}{x^2 - x + 1} \right)$ *com* $x \in R$ *e* $h(x) = \dfrac{1}{2} \ell n(x^4 + x^2 + 1)$ *com* $x \in R$

266 $p(x) = x^5 - 9x^4 + a_2 x^3 + a_3 x^2 + a_4 x + a_5$ admite zero como raiz tripla se, e somente se:

$\begin{cases} \text{I) } a_5 = 0 \\ \text{II) } a_4 = 0 \\ \text{III) } a_3 = 0 \\ \text{IV) } a_2 \neq 0 \end{cases} \Rightarrow \begin{cases} \text{I) } 2\alpha + \beta + \gamma = 1 \\ \text{II) } \alpha - \beta - \gamma = -1 \\ \text{III) } \alpha + 2\beta + 2\gamma = 2 \\ \text{IV) } \alpha - \beta - 2\gamma = 0 \end{cases}$

Resolvemos por escalonamento o sistema:

$\begin{cases} \alpha - \beta - \gamma = -1 \\ \alpha + 2\beta + 2\gamma = 2 \\ 2\alpha + \beta + \gamma = 1 \end{cases} \xrightarrow[L_I \cdot (-2) \to L_{III}]{L_I \cdot (-1) \to L_{II}} \begin{cases} \alpha - \beta - \gamma = -1 \\ 3\beta + 3\gamma = 3 \\ 3\beta + 3\gamma = 3 \end{cases}$

$\xrightarrow[L_{II} : 3]{L_{II} \cdot (-1) \to L_{III}} \begin{cases} \alpha - \beta - \gamma = -1 \\ \beta + \gamma = 1 \end{cases} \Rightarrow \gamma = 1 - \beta$ (sistema possível e indeterminado)

Substituindo em $L_I \Rightarrow \alpha - \beta - 1 + \beta = -1 \Rightarrow \alpha = 0 \Rightarrow (\alpha, \beta, \gamma) = (0, \beta, 1 - \beta), \forall \beta \in R$ que satisfaça à condição (IV) $\alpha - \beta - 2\gamma \neq 0$.

Portanto: $0 - \beta - 2(1 - \beta) \neq 0 \Rightarrow \beta \neq 2$

Resposta: $(\alpha, \beta, \gamma) = (0, \beta, 1 - \beta)$ *para* $\beta \in R / \beta \neq 2$

267 Seja $A = \begin{bmatrix} a & b \\ c & d \end{bmatrix}$. Se A é simétrica, então $A = A^t$. Desse modo vem:

$\begin{bmatrix} a & b \\ c & d \end{bmatrix} = \begin{bmatrix} a & c \\ b & d \end{bmatrix} \Rightarrow b = c$. Então $A = \begin{bmatrix} a & b \\ b & d \end{bmatrix}$

Pelo enunciado $A^{-1} = A^t \Rightarrow A \cdot A^{-1} = I \Rightarrow A \cdot A^t = I$, mas $A^t = A$.
Logo $A \cdot A = I$

$\begin{bmatrix} a & b \\ b & d \end{bmatrix} \cdot \begin{bmatrix} a & b \\ b & d \end{bmatrix} = \begin{bmatrix} 1 & 0 \\ 0 & 1 \end{bmatrix} \Rightarrow \begin{cases} a^2 + b^2 = 1 & \text{(I)} \\ ba + bd = 0 & \text{(II)} \\ b^2 + d^2 = 1 & \text{(III)} \end{cases}$

De (II) vem: $ba + bd = 0 \Rightarrow b(a + d) = 0 \Rightarrow b = 0$ ou $a = -d$.

se $b = 0$, temos $a = \pm 1$ e $d = \pm 1$. Assim sendo:

$A = \begin{bmatrix} 1 & 0 \\ 0 & 1 \end{bmatrix}$ ou $A = \begin{bmatrix} -1 & 0 \\ 0 & -1 \end{bmatrix}$ ou $A = \begin{bmatrix} -1 & 0 \\ 0 & 1 \end{bmatrix}$ ou $A = \begin{bmatrix} 1 & 0 \\ 0 & -1 \end{bmatrix}$

se $a = -d$, temos $\begin{cases} a = \sqrt{1-b^2} & \text{e} \quad d = -\sqrt{1-b^2} \\ a = -\sqrt{1-b^2} & \text{e} \quad d = \sqrt{1-b^2} \end{cases}$. Assim sendo:

$A = \begin{bmatrix} \sqrt{1-b^2} & b \\ b & -\sqrt{1-b^2} \end{bmatrix}$ ou $A = \begin{bmatrix} -\sqrt{1-b^2} & b \\ b & \sqrt{1-b^2} \end{bmatrix}$ com $-1 \leq b \leq 1$

Observação: Se $b = 0$, temos $A = \begin{bmatrix} 1 & 0 \\ 0 & -1 \end{bmatrix}$ ou $A = \begin{bmatrix} -1 & 0 \\ 0 & 1 \end{bmatrix}$ que são as duas matrizes do caso anterior.

Resposta: $\begin{bmatrix} 1 & 0 \\ 0 & 1 \end{bmatrix}, \begin{bmatrix} -1 & 0 \\ 0 & -1 \end{bmatrix}, \begin{bmatrix} \sqrt{1-b^2} & b \\ b & -\sqrt{1-b^2} \end{bmatrix}$ e $\begin{bmatrix} -\sqrt{1-b^2} & b \\ b & \sqrt{1-b^2} \end{bmatrix}$

268

$x^4 - 2\sqrt[4]{3}\, x^2 + \operatorname{tg}\alpha = 0$

Fazendo $x^2 = y$, vem:

$y^2 - 2\sqrt[4]{3}\, y + \operatorname{tg}\alpha = 0$

Para que a equação em **x** apresente raízes reais e simples, a equação do 2º grau em **y** tem de ter raízes reais distintas e positivas.

Devemos ter $\Delta > 0$ e a soma e o produto das raízes positivos.

Assim,

1) $\Delta > 0 \Rightarrow (-2\sqrt[4]{3})^2 - 4.(1).\operatorname{tg}\alpha > 0 \Rightarrow 4\sqrt{3} - 4\operatorname{tg}\alpha > 0$

2) $S > 0 \Rightarrow \dfrac{-(-2\sqrt[4]{3})}{1} > 0 \Rightarrow 2\sqrt[4]{3} > 0$

3) $P > 0 \Rightarrow \dfrac{\operatorname{tg}\alpha}{1} > 0 \Rightarrow \operatorname{tg}\alpha > 0$

de (1) e (3) vem: $\tg\alpha < \sqrt{3}$ e $\tg\alpha > 0$

No intervalo $-\dfrac{\pi}{2} < \alpha < \dfrac{\pi}{2}$, temos: $0 < \alpha < \dfrac{\pi}{3}$

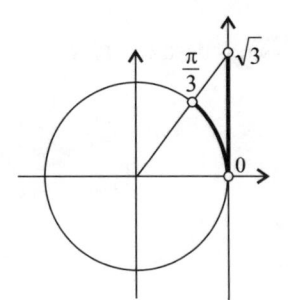

Resposta: $0 < \alpha < \dfrac{\pi}{3}$

---

269 Vamos fazer um diagrama de Venn-Euler (ver dica) para nos ajudar a vizualizar a situação do problema

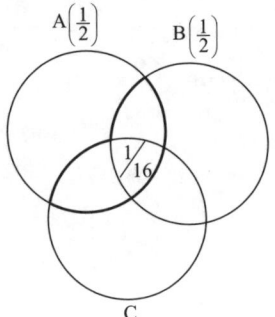

Já fica fácil observar que a probabilidade de ocorrer apenas o evento A é:

$$\dfrac{1}{2} - \dfrac{3}{10} = \dfrac{2}{10} = \dfrac{1}{5}$$

Como A e B são eventos independentes $P(A \cap B) = P(A) \cdot P(B) = \dfrac{1}{2} \cdot \dfrac{1}{2} = \dfrac{1}{4}$

Fazendo $\dfrac{1}{4} - \dfrac{1}{16} = \dfrac{3}{16}$ que a probabilidade de ocorrer apenas $A \cap B$ sem a partipação de C.

Vamos atualizar o diagrama

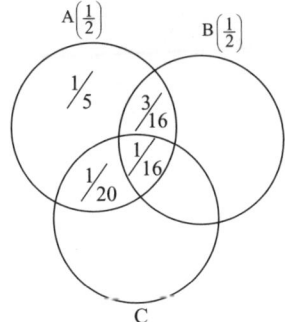

$\dfrac{1}{20} = \dfrac{3}{10} - \dfrac{1}{4}$ que é

$P\left[(A \cap B) \cup (A \cap C)\right] - P(A \cap B)$

$P(C|A \cap B) = \dfrac{P(A \cap B \cap C)}{P(A \cap B)} = \dfrac{1/16}{1/4} = \dfrac{1}{4}$ e

$P(C|A \cap B^c) = \dfrac{P(C \cap A \cap B^c)}{P(A \cap B^c)}$

No diagrama vamos destacar B^c:

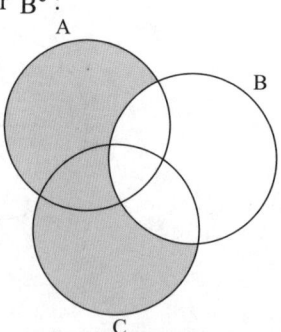

Agora $B^c \cap A \cap C$:

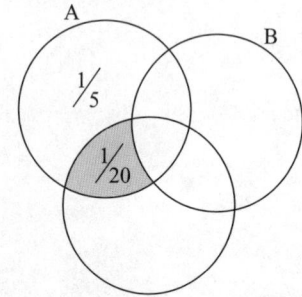

então $P(A \cap B^c \cap C) = 1/20$

e finalmente: $P(C|A \cap B^c) = \dfrac{P(A \cap B^c \cap C)}{P(A \cap B^c)} = \dfrac{1/20}{1/5 + 1/20} = \dfrac{1/20}{5/20} = 1/5$

Respostas: $P(C|A \cap B^c) = 1/4$ e $P(C/A \cap B^c) = 1/5$

270

1) Pela lei dos senos:

$$\dfrac{2\sqrt{2}}{\text{sen}\alpha} = 2 \cdot \dfrac{5\sqrt{2}}{3} \Rightarrow \text{sen}\alpha = \dfrac{3}{5}$$

2) $\text{sen}^2\alpha + \cos^2\alpha = 1$

$\dfrac{9}{25} + \cos^2\alpha = 1$

$\cos\alpha = \dfrac{4}{5}$ ou $\cos\alpha = -\dfrac{4}{5}$

Como α é agudo, tem-se $\cos\alpha = \dfrac{4}{5}$

3) Novamente, pela lei dos senos:

$\dfrac{2\sqrt{5}}{\text{sen}\gamma} = 2 \cdot \dfrac{5\sqrt{2}}{3} \Rightarrow \text{sen}\gamma = \dfrac{3\sqrt{10}}{10}$

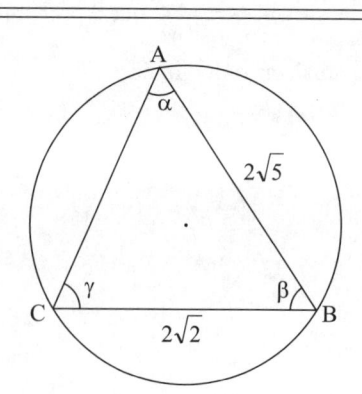

4) $\text{sen}^2\gamma + \cos^2\gamma = 1 \Rightarrow \dfrac{90}{100} + \cos^2\gamma = 1 \Rightarrow \cos\gamma = \dfrac{\sqrt{10}}{10}$

5) $\alpha + \beta + \gamma = 180° \Rightarrow \beta = 180° - (\alpha + \gamma)$

Logo, $\text{sen}\beta = \text{sen}[180° - (\alpha + \gamma)] \Rightarrow \text{sen}\beta = \text{sen}(\alpha + \gamma) \Rightarrow \text{sen}\beta = \text{sen}\alpha \cdot \cos\gamma + \text{sen}\gamma \cdot \cos\alpha \Rightarrow$

$\Rightarrow \text{sen}\beta = \dfrac{3}{5} \cdot \dfrac{\sqrt{10}}{10} + \dfrac{3\sqrt{10}}{10} \cdot \dfrac{4}{5} \Rightarrow \text{sen}\beta = \dfrac{3\sqrt{10}}{10}$

6) área $(ABC) = \dfrac{1}{2} \cdot (AB)(BC) \cdot \text{sen}\beta$

área $(ABC) = \dfrac{1}{2} \cdot 2\sqrt{5} \cdot 2\sqrt{2} \cdot \dfrac{3\sqrt{10}}{10}$

área $(ABC) = 6$

Resposta: 6

271

1) O volume de um **setor esférico** de raio **r**, sendo **h** a projeção ortogonal do arco do setor sobre o eixo é dado por:

$$V_s = \dfrac{2}{3}\pi r^2 h$$

2) AF em função de **r**:

AF é o raio **R** do cone de vértice **O** e raio AF.

$\text{tg}60° = \dfrac{AF}{OA} \Rightarrow \sqrt{3} = \dfrac{R}{r} \Rightarrow \boxed{R = r\sqrt{3}}$

3) **h** em função de **r**:

$\cos 60° = \dfrac{OM}{OE} \Rightarrow \dfrac{1}{2} = \dfrac{OM}{r} \Rightarrow OM = \dfrac{r}{2} \Rightarrow MA = \dfrac{r}{2} \Rightarrow \boxed{h = \dfrac{r}{2}}$

4) Como o volume V pedido é o volume do cone menos o volume do setor esférico, temos:

$V = V_c - V_s \Rightarrow V = \dfrac{1}{3}\pi R^2 \cdot (OA) - \dfrac{2}{3}\pi r^2 \cdot h \Rightarrow V = \dfrac{1}{3}\pi(r\sqrt{3})^2 \cdot r - \dfrac{2}{3}\pi r^2 \cdot \dfrac{r}{2} \Rightarrow$

$\Rightarrow V = \dfrac{3}{3}\pi r^3 - \dfrac{1}{3}\pi r^3 \Rightarrow V = \dfrac{2}{3}\pi r^3$

Resposta: $\dfrac{2}{3}\pi r^3$

272

1) Dada a P.A. (a, b, c) de razão r, temos: $a = b - r$ e $c = b + r$

A equação da parábola é $y = (b - r) x^2 + bx + (b + r)$

Como $(-1, 2)$ pertence a ela,

$2 = (b - r)(-1)^2 + b(-1) + b + r$

$2 = b - r - b + b + r$, isto é, $b = 2$

A equação fica $y = (2-r) x^2 + 2x + 2 + r$

$(2,5)$ também pertence a ela. Assim,

$5 = (2 - r) \cdot 2^2 + 2 \cdot 2 + 2 + r$

$5 = 8 - 4r + 4 + 2 + r$, isto é, $3r = 9$

Então, $r = 3$, $a = b - r = 2 - 3 = -1$ e $c = b + r = 2 + 3 = 5$

A equação da parábola é $y = -x^2 + 2x + 5$

2) Seja (t) $y = mx + k$ a reta tangente à parábola pelo ponto $(2,5) = P$

Vamos resolver o sitema $\begin{cases} y = mx + k \\ y = -x^2 + 2x + 5 \end{cases}$

Temos: $mx + k = -x^2 + 2x + 5$

$x^2 + (m - 2) x + (k - 5) = 0$

Sendo **t** tangente à parábola, reta e curva só possuem um ponto em comum. Nesse caso, a equação do 2° grau acima só pode ter uma solução (duas raízes iguais).

Para isso, devemos ter $\Delta = b^2 - 4ac = 0$

Então:

$(m - 2)^2 - 4 \cdot 1 \cdot (k - 5) = 0$ (I)

Mas, t passa por $P = (2, 5)$. Na equação $y = mx + k$ temos:

$5 = 2m + k$, isto é, $k = 5 - 2m$

Substituindo em (I), vem:

$(m - 2)^2 - 4 (5 - 2m - 5) = 0$

$m^2 - 4m + 4 + 8m = 0$

$m^2 + 4m + 4 = 0$ ou $(m + 2)^2 = 0$, ou ainda, $m + 2 = 0$

Portanto, $m = -2$ e $k = 5 - 2m = 5 - 2(-2) = 9$

A reta **t** tem equação $y = -2x + 9$ ou $2x + y - 9 = 0$

O vértice V da parábola tem coordenadas:

$X_v = -\dfrac{b}{2a} = -\dfrac{2}{2(-1)} = 1$ e $y_v = -1^2 + 2 \cdot 1 + 5 = 6$, isto é, $V = (1,6)$

A distância de V a (t) $2x + y - 9 = 0$ é:

$d = \left| \dfrac{2 \cdot 1 + 6 - 9}{\sqrt{2^2 + 1^2}} \right| = \dfrac{1}{\sqrt{5}} = \dfrac{1}{\sqrt{5}} \cdot \dfrac{\sqrt{5}}{\sqrt{5}} = \dfrac{\sqrt{5}}{5}$

Resposta: $\dfrac{\sqrt{5}}{5}$

FGV/2006
Administração - 1ª Fase

273 Admitindo-se que ao ser demitido em 30.09.2005 o funcionário tenha completado sua jornada mensal, ele faz jus, de acordo com as instruções, a:

Recebimentos:

1. Saldo de salários: R$ 3.600,00

2. Aviso-prévio: R$3.600,00

3. 13° salário: $\dfrac{9+1}{12} \cdot R\$3.600,00 = R\$3.000,00$

4. Férias proporcionais: $\dfrac{8+1}{12} \cdot R\$3.600,00 = R\$2.700,00$

5. Abono constitucional: $\dfrac{1}{3} \cdot R\$2.7000,00 = R\$900,00$

6. FGTS da recisão: 8%. R$12.900,00 = R$1.032,00

7. Multa por demissão: 40% . R$16.500,00 = R$6.600,00

Total: R$21.432,00

Descontos:

8. INSS salários: R$293,50 (pois 11% . R$ 7.200,00 = R$792,00)

9. INSS férias: R$293,50 (pois 11% . R$3.600,00 = R$ 396,00)

10. INSS 13° salário: R$293,50 (pois 11% . R$3.000,00=330,00)

11. Imposto de Renda (IR): 27,5% . R$12.900,00 – R$ 465,35 = 3.082,15

Total: R$3.962,65

Reposta: Logo o valor líquido a receber é R$21.432,00 – R$3.962,65 = R$17.469,35

274 Pelo enunciado podemos, logo de início, constatar:
E) Beto ficou em 3° lugar em Esgrima;
F) Edu ganhou a prova de Equitação e ficou em 2° lugar em natação;
G) Alex ganhou as duas provas nas quais Beto ficou em 3°.
Temos um preenchimento inicial da tabela

atleta	tiro		esgrima		natação		equitação		atletismo		total
	Class.	ptos	Class.	ptos	Class.	ptos	Class.	ptos	Class.	ptos	
A			1°	15							
B			3°	8							
C											
D											
E					2°	11	1°	15			

E) Beto ficou em 3° lugar em Esgrima, á frente de Diego e Edu.

Então **Carlos é o 2° colocado em Esgrima** pois Diego e Edu ficam com o 4° e 5° lugares.

J) Um dos etudantes ficou em 2° lugar em 4 provas e venceu outra.

Não pode ser o Beto que já tem um 3° lugar, Alex já tem um 1° lugar; como Edu tem um 2° lugar e um 1° lugar então é **Carlos que tem 4 2° lugar e um 1°**.

D) O estudante que ganhou a prova de Tiro ficou em 5° lugar em todas as outraas provas.

C só tem 2os e 1° lugares,

A ganhou na Esgrima,

B tem 3° lugar em Esgrima,

E tem 2° lugar em natação e 1° em Equitação.

Então **D venceu a prova de tiro e ficou em 5° nas demais competições** e também deduzimos que **Edu é o 4° colocado em Esgrima**.

Vamos atualizar a Tabela

atleta	tiro		esgrima		natação		equitação		atletismo		total
	Class.	ptos	Class.	ptos	Class.	ptos	Class.	ptos	Class.	ptos	
A			1°	15							
B			3°	8							
C			2°	11							
D	1°	15	5°	2	5°	2	5°	2	5°	2	23
E			4°	5	2°	11	1°	15			

Continuando

H) Beto ficou em 5° lugar em apenas uma prova

⇒ **Beto ficou em 5° lugar na prova de Tiro**

Como Carlos tem 4 2as posições e 1° lugar, então **Carlos ganhou a prova de natação e ficou em 2° lugar nas outras provas**.

Preenchendo a Tabela com novos dados:

atleta	tiro		esgrima		natação		equitação		atletismo		total
	Class.	ptos	Class.	ptos	Class.	ptos	Class.	ptos	Class.	ptos	
A			1°	15							
B	5°	2	3°	8							
C	2°	11	2°	11	1°	15	2°	11	2°	11	59
D	1°	15	5°	2	5°	2	5°	2	5°	2	23
E			4°	5	2°	11	1°	15			

G) Alex ganhou as duas provas nas quais Beto foi classificado em 3° lugar.

Alex não ganhou as provas de Tiro, natação e Equitação, então **Alex ganhou as de Esgrima e Beto ficou em 3° lugar em Atletismo.**

Até aqui Beto já tem dois 3os lugares: Atletismo e Esgrima então **Beto ficou em 4° lugar nas provas de Natação e Equitação.**

Voltemos á Tabela:

atleta	tiro		esgrima		natação		equitação		atletismo		total
	Class.	ptos	Class.	ptos	Class.	ptos	Class.	ptos	Class.	ptos	
A			1°	15					1°	15	
B	5°	2	3°	8	4°	5	4°	5	3°	8	28
C	2°	11	2°	11	1°	15	2°	11	2°	11	59
D	1°	15	5°	2	5°	2	5°	2	5°	2	23
E			4°	5	2°	11	1°	15			

Ao observar a tabela já podemos concluir que **Alex é 3° colocado em Natação e Equitação** e **Edu é 4° em Atletismo.**

Como Edu teve um 4° lugar a mais que Beto, que teve dois, concluímos que **Edu é o 4° colocado em Tiro e Atletismo; Alex é 3° em Tiro.**

A Tabela, finalmente, fica assim:

atleta	tiro		esgrima		natação		equitação		atletismo		total
	Class.	ptos	Class.	ptos	Class.	ptos	Class.	ptos	Class.	ptos	
A	3°	8	1°	15	3°	8	3°	8	1°	15	54
B	5°	2	3°	8	4°	5	4°	5	3°	8	28
C	2°	11	2°	11	1°	15	2°	11	2°	11	59
D	1°	15	5°	2	5°	2	5°	2	5°	2	23
E	4°	5	4°	5	2°	11	1°	15	4°	5	41

A classificação final dos atletas fica:

1° lugar Carlos

2° lugar Alex

3° lugar Edu

4° lugar Beto

5° lugar Diego

275

1) Gráfico de
$2y + 3x - 12 = 0 \rightarrow$ reta

Se $x = 0$, sai $2y - 12 = 0$ ou $y = \dfrac{12}{2} = 6$

Se $y = 0$, vem $3x - 12 = 0$ ou $x = \dfrac{12}{3} = 4$

Gráfico de $2y + 3x - 12 \leq 0$

A expressão $2y + 3x - 12$ tem sinal negativo para qualquer par (x, y) situado no semi-plano que contém a origem O.

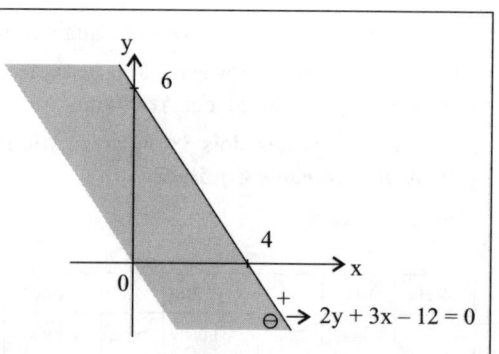

FIG. I

De fato, para $(0,0)$, por exemplo, $2 \cdot 0 + 3 \cdot 0 - 2 = -12$(negativo).

Então a solução de $2y + 3x - 12 \leq 0$ é a região sombreada na FIG.I (incluindo a reta).

2) Analogamente, procedemos com a inequação
$3y - 2x - 6 \geq 0$

$x = 0$, vem, $3y - 6 = 0$ ou $y = \dfrac{6}{3} = 2$

$y = 0$, sai, $-2x - 6 = 0$ ou $x = -\dfrac{6}{2} = -3$ (FIG.II)

FIG. II

3) Os pontos (x,y) para os quais $-4 \leq x \leq 0$ estão representadas na região sombreada da FIG. III.

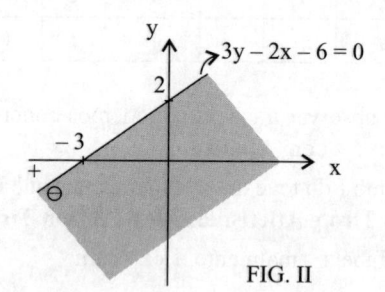

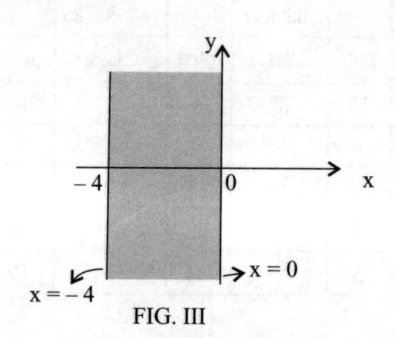

FIG. III

4) Os pontos (x,y) onde $y \leq 5$ estão representadas na FIG. IV.

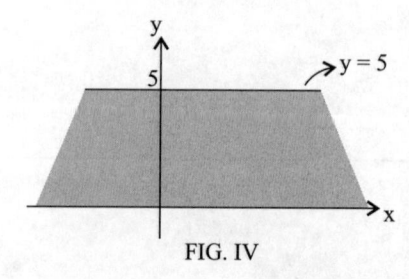

FIG. IV

5) A região R é representada na FIG.V, fazendo a intersecção entre as regiões sombreadas das figuras I, II, III e IV. Para obter o ponto D, consideramos a reta $3y - 2x - 6 = 0$ e fazemos $x = -4$. Temos:

$3y - 2 \cdot (-4) - 6 = 0$ ou $3y = -2$ ou $y = -\dfrac{2}{3}$

A região R é o trapézio ABCD de vértices

$A = (-4, 5)$, $B = (0, 5)$, $C = (0, 2)$ e $D = (-4, -\dfrac{2}{3})$

FIG. V

A área é $S = \dfrac{(BC + AD) \cdot AB}{2}$

Como $BC = 5 - 2 = 3$, $AB = 4$ e $AD = 5 + \dfrac{2}{3} = \dfrac{15 + 2}{3} = \dfrac{17}{3}$, obtemos:

$S = \dfrac{\left(3 + \dfrac{17}{3}\right) \cdot 4}{2} = \dfrac{9 + 17}{3} \cdot 2 = \dfrac{52}{3}$

Resposta: A área da região R é $\dfrac{52}{3}$

---

276 Plano de Argand-Gauss
$z_1 = 1 = (\cos 0 + i \operatorname{sen} 0)$

$\dfrac{360°}{3} = 120°$

Os outros dois números são:

$z_2 = 1 \left(\cos \dfrac{2\pi}{3} + i \operatorname{sen} \dfrac{2\pi}{3} \right) = -\dfrac{1}{2} + i \dfrac{\sqrt{3}}{2}$

$z_2 = 1 \left(\cos \dfrac{4\pi}{3} + i \operatorname{sen} \dfrac{4\pi}{3} \right) = -\dfrac{1}{2} + i \dfrac{\sqrt{3}}{2}$

Observação: note que z_1, z_2, z_3 são as raízes cúbicas de **1** no campo complexo.

Área do triângulo $z_1 z_2 z_3$

$b = d_{z_2 z_3}$ = base do triângulo = $2 \cdot \dfrac{\sqrt{3}}{2} = \sqrt{3}$

h = altura relativa à base $z_2 z_3 = 1 + \dfrac{1}{2} = \dfrac{3}{2}$

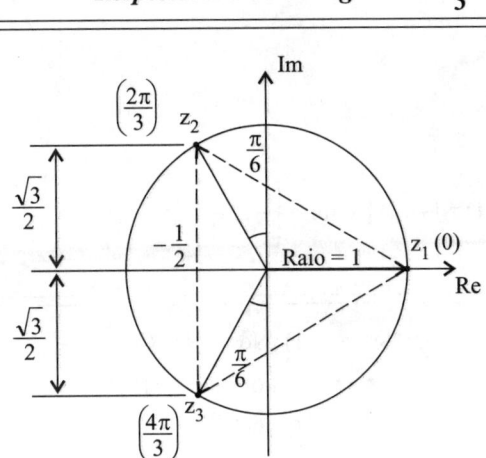

área = S = $\dfrac{b \cdot h}{2} = \dfrac{\sqrt{3} \cdot \dfrac{3}{2}}{2} = \dfrac{3\sqrt{3}}{4}$

Resposta: $z_2 = -\dfrac{1}{2} + i\dfrac{\sqrt{3}}{2}$ e $z_3 = -\dfrac{1}{2} - i\dfrac{\sqrt{3}}{2}$; $S_\Delta = \dfrac{3\sqrt{3}}{4}$

277

$y = \cos t - 1 + \sen^2 t \Rightarrow y = \cos t - 1 + 1 - \cos^2 t \Rightarrow y = -\cos^2 t + \cos t$

Como $x = \cos t$ e $-1 \leq x \leq 1$ pois $-1 \leq \cos t \leq 1$, temos:

$y = -x^2 + x$ para $-1 \leq x \leq 1$

raízes

$-x^2 + x = 0 \Rightarrow x(-x + 1) = 0 \Rightarrow x = 0$ ou $x = 1$

vértice

$x_v = \dfrac{1}{2}$ e $y_v = \dfrac{1}{4}$

Portanto:

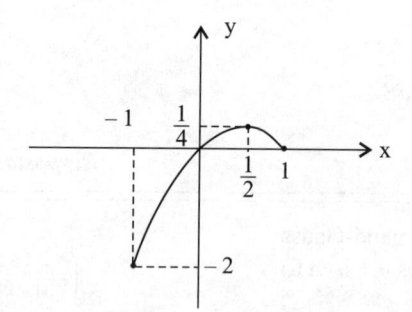

$D = [-1, 1]$ e $\text{Im} = \left[-2, \dfrac{1}{4}\right]$

Resposta: gráfico

278

1) No vértice C:

$\alpha + 60° + 60° = 180°$

$\alpha = 60°$

2) área (ABDE) = área (ABC) + área (BCD) + área (CDE)

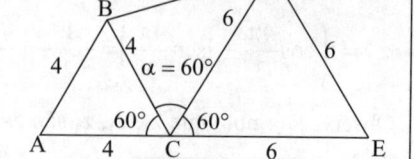

área (ABDE) = $\dfrac{4^2 \sqrt{3}}{4} + \dfrac{1}{2} \cdot 4 \cdot 6 \cdot \sen 60° + \dfrac{6^2 \sqrt{3}}{4}$

área (ABDE) = $19\sqrt{3}$ cm²

Resposta: $19\sqrt{3}$ cm²

279

R$ 0,25 (10 moedas)	R$ 0,50 (1 moeda)	R$ 1,00 (1 moeda)
8		
6	1	
2	1	1
4		1

São 4 maneiras de pagar o chocolate.

Observação: Se considerarmos as moedas de R$ 0,25 distintas (!) faremos:

$C_{10,8} = 45$
$C_{10,6} = 210$
$C_{10,2} = 45$

$C_{10,4} = \dfrac{210}{510}$ maneiras

Resposta: 4 maneiras (ver observação)

280

$f(x) = x^3 - 2x^2 - x + 2$
Da figura obtemos:

$f(-1) \Rightarrow (x+1) \mid f(x)$

1	− 2	− 1	2	− 1	(x + 1)
1	− 3	2	0		

$Q(x) = x^2 - 3x + 2$

$\Rightarrow f(x) = (x + 1)(x^2 - 3x + 2) = (x + 1)(x - 1)(x - 2)$

Portanto suas raízes são:
$\alpha_1 = -1$, $\alpha_2 = 1$ e $\alpha_3 = 2$

Do enunciado:

$0 \le x^3 - 2x^2 - x + 14 \le 12$

$0 \le (x^3 - 2x^2 - x + 2) + 12 \le 12$

$0 \le f(x) + 12 \le 12$ e, somando (-12) aos membros dessa desigualdade, temos: $-12 \le f(x) \le 0$.

Observando a figura ao lado, obteremos o conjunto-solução dessa inequação:

$-12 \le y \le 0 \Rightarrow x \in \mathbb{R} \mid -2 \le x \le -1$ ou
$1 \le x \le 2$

Observação: demonstra-se que $f(x)$ é crescente para $x \ge 2$ e decrescente para $x \le -2$.

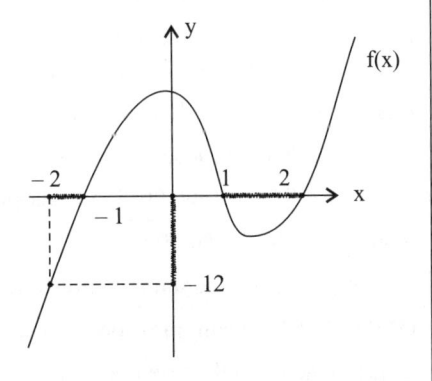

Resposta: S = [− 2, − 1] ∪ [1, 2]

281

Seja **x** o número de meses do prazo do primeiro empréstimo. Então, o prazo do segundo empréstimo foi (18 − x) meses.

No primeiro empréstimo, pagou de juros:

$$\frac{x}{12} \cdot 10\% \cdot 20\,000$$

No segundo empréstimo, pagou de juros:

$$\frac{(18-x)}{12} \cdot 8\% \cdot 30\,000$$

Como pagou R$ 3500,00 de juros nos dois empréstimos, temos:

$$\frac{x}{12} \cdot \frac{10}{100} \cdot 20\,000 + \frac{(18-x)}{12} \cdot \frac{8}{100} \cdot 30\,000 = 3500$$

$$\frac{x}{12} \cdot 2\,000 + \frac{(18-x)}{12} \cdot 8 \cdot 300 = 3500$$

$$\frac{500x}{3} + 200(18-x) = 3500$$

dividindo ambos os membros por 100, temos:

$$\frac{5x}{8} + 2(18-x) = 35$$

Resolvendo a equação, obtemos x = 3.

Resposta: O prazo do primeiro empréstimo foi de 3 meses e do segundo foi de 18 − 3 = 15 meses.

282

Vamos examinar cada situação e observar quanto Paulo terá desembolsado pelo apartamento.

1) Plano financiado

Paulo tem R$ 150.000,00
dando   R$ 80.000,00 −
fica com   R$ 70.000,00

Esse R$ 70.000,00, a uma taxa de 20% ao ano, se transformarão em R$ 84.000,00, exatamente o valor da 2ª prestação. Só falta pagar os R$ 83.500,00 restantes.

Dessa maneira Paulo desembolsará:

    R$ 150.000,00 iniciais
  + R$ 83.500,00 da última prestação
total R$ 233.500,00

2) Comprar à vista com um empréstimo de R$ 50.000,00.

Os R$ 50.000,00 com juros de 30% ao ano ficam 50.000,00 $(1,30)^2$ = 84.500

Dessa maneira Paulo desembolsará:

	R$ 150.000,00 iniciais
	+ R$ 84.500,00 (para saldar a dívida com o banco)
total	R$ 234.500,00

Portanto a opção 1 é a mais interessante.

Resposta: o plano 1

FGV/2006
Administração - 2ª Fase

283 Suponhamos que seja **f** a quantidade de fotos a ser colocada no álbum.

Quando Pedro tentou colocar 6 fotos em cada página, ficou sobrando uma foto. Isso significa que f – 1 é um número múltiplo de 6.

Quando Pedro tentou colocar 7 fotos em cada página, ficou sobrando uma foto. Portanto, f – 1 é múltiplo de 7.

Os múltiplos de 6 e de 7 são múltiplos de 42.

Como **f** é menor do que 100, teremos

f – 1 = 42 ou f – 1 = 84 , isto é, f = 43 ou f = 85.

Se Pedro conseguiu colocar todas as fotos no álbum, de modo que cada página tivesse o mesmo número de fotos, então **f** não pode ser igual a 43, pois não é possível distribuir 43 fotos num álbum de 20 páginas, com igual número de fotos na página.

Somos levados a concluir que f = 85.

Como 85 = 17 . 5 , vemos que Pedro preencheu 17 páginas com 5 fotos em cada página, (já que o número máximo de fotos por página era 10).

Alternativa b

284 1) Variação de capital na venda do apartamento

144.000 – 120.000 = 24.000 (I)

2) Rendimento das aplicações

0,4 . 120.000 . 0,2 + 0,3 . 120.000 . (– 0,1) + 0,3 . 120.000 . 0,3 =

= 48.000 . 0,2 + 36.000 . (– 0,1) + 36.000 . (0,3) =

= 9600 – 3600 + 10.800 = 16.800 (II)

3) Somando (I) e (II), obtemos a variação total de capital

24.000 + 16.800 = 40.800

Assim, a variação percentual foi de $\dfrac{40800}{240000} = 0{,}17 = 17\%$

Alternativa: e

285 Note que a única face que não tem ponto em comum com a face B é a face D. Então, montando o cubo novamente, a face D será a face oposta a B.

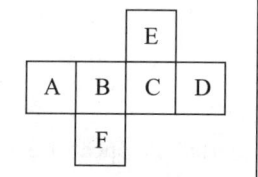

	E		
A	B	C	D
	F		

Alternativa c

286 $P(x) = x^3 + kx^2 + 6x + 5$ e

$$\begin{array}{c|c} P(x) & \underline{x + 5} \\ R(x) = 0 & Q(x) \end{array}$$

(divisão exata)

$\Rightarrow R(x) = P(-5) = -125 + 25k - 30 + 5 = 0$

(Teorema do Resto)

$$\Rightarrow 25k = 150 \Rightarrow \mathbf{k = 6}$$

$\Rightarrow P(x) = x^3 + 6x^2 + 6x + 5$ e $P(x + 1) = (x + 1)^3 + 6(x + 1)^2 + 6(x + 1) + 5$

$P(x + 1) = x^3 + 3x^2 + 3x + 1 + 6x^2 + 12x + 6 + 6x + 6 + 5$

$P(x + 1) = 1x^3 + 9x^2 + 21x + 18$

$a_0a_1a_2a_3$

Sejam **a, b, c** as raízes da equação $1x^3 + 9x^2 + 21x + 18 = 0$. Temos (Relações de Girard):

$a + b + c = \dfrac{-a_1}{a_0} = -\dfrac{9}{1} = -9$

Alternativa d

287

$$\det(A) = \begin{vmatrix} 4 & a & m \\ 4 & b & n \\ 4 & c & p \end{vmatrix} \Rightarrow \det(A) = 4\begin{vmatrix} 1 & a & m \\ 1 & b & n \\ 1 & c & p \end{vmatrix} \Rightarrow$$

$$\Rightarrow \dfrac{\det(A)}{4} = \begin{vmatrix} 1 & a & m \\ 1 & b & n \\ 1 & c & p \end{vmatrix} \Rightarrow \dfrac{2}{4} = \begin{vmatrix} 1 & a & m \\ 1 & b & n \\ 1 & c & p \end{vmatrix} \Rightarrow \dfrac{1}{2} = \begin{vmatrix} 1 & a & m \\ 1 & b & n \\ 1 & c & p \end{vmatrix}$$

$$\det(B) = \begin{vmatrix} m & a & 3 \\ n & b & 3 \\ p & c & 3 \end{vmatrix} \Rightarrow \det(B) = 3\begin{vmatrix} m & a & 1 \\ n & b & 1 \\ p & c & 1 \end{vmatrix} \Rightarrow \det(B) = -3\begin{vmatrix} 1 & a & m \\ 1 & b & n \\ 1 & c & p \end{vmatrix} \Rightarrow$$

$\Rightarrow \det(B) = -3 \cdot \dfrac{1}{2} \Rightarrow \det(B) = -\dfrac{3}{2}$

Alternativa d

288

Seja a equação $ax^2 - (a^2 + 1)x + a = 0$

$\Delta = (a^2 + 1)^2 - 4 \cdot a \cdot a = a^4 + 2a^2 + 1 - 4a^2 = a^4 - 2a^2 + 1 = (a^2 - 1)^2$

$= \dfrac{(a^2 + 1) \pm (a^2 - 1)}{2a}$

Temos as raízes: $x' = \dfrac{a^2 + 1 + a^2 - 1}{2a} = \dfrac{2a^2}{2a} = a$

$x'' = \dfrac{a^2 + 1 - a^2 + 1}{2a} = \dfrac{2}{2a} = \dfrac{1}{a}$

Se **a** é positivo e $a < 1$, então $\dfrac{1}{a} > 1$

Portanto,

O conjunto solução da inequação dada é $S = \left[a, \dfrac{1}{a}\right]$

Alternativa a

289

A soma dos ângulos externos de qualquer polígono convexo é igual a 360°. Assim, temos:

$$a + b + 70° = 360° \Rightarrow a + b = 290°$$

Pelo enunciado, $a - b = 10°$

Resolvendo o sistema formado por essas equações, temos $a = 150°$. Portanto, sen $a = \dfrac{1}{2}$.

Alternativa b

290

Seja N o número de armas, hoje

Após 1 mês: N. 0,8

Após 2 meses: $N \cdot (0,8)^2$

Após 3 meses: $N \cdot (0,8)^3$

⋮ ⋮ ⋮

Após t meses: $N \cdot (0,8)^t$

Assim sendo, o número de armas será reduzido pela metade quando

FGV/2006 – Administração - 2ª Fase   Resoluções

$N \cdot (0,8)^t = \dfrac{N}{2} \Rightarrow 0,8^t = \dfrac{1}{2} \Rightarrow \log(0,8)^t = \log\left(\dfrac{1}{2}\right) \Rightarrow t \cdot \log 0,8 = \log 2^{-1} \Rightarrow$

$t \cdot \log\left(\dfrac{8}{10}\right) = -\log 2 \Rightarrow t \cdot (\log 8 - \log 10) = -\log 2 \Rightarrow t \, (3\log 2 - \log 10) = -\log 2 \Rightarrow$

$\Rightarrow t \cdot (3 \cdot 0{,}30 - 1) = -0{,}30 \Rightarrow -0{,}1\, t = -0{,}30 \Rightarrow t = 3$ meses

Observação: Ao invés de usar **N** para o número de armas, você poderia supor que o número de armas fosse 100. Assim sendo, calcularia o número de meses necessário para que esse número diminuísse para 50 (utilizando a taxa de decrescimo de 20% ao mês).

Alternativa a

291

1) Cálculo de a em função de

$d = a\sqrt{2} \Rightarrow 2\alpha\sqrt{2} = a\sqrt{2} \Rightarrow$
$\Rightarrow a = 2\alpha$

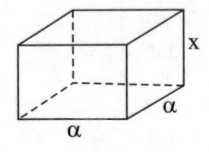

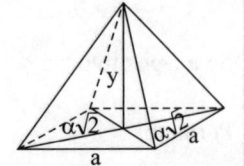

2) Igualando o volume dos dois sólidos obtemos:

$V_{pr.} = V_{pir.} \Rightarrow \alpha^2 \cdot x = \dfrac{1}{3} a^2 \cdot y \Rightarrow \alpha^2 \cdot x = \dfrac{1}{3}(2\alpha)^2 \cdot y \Rightarrow x = \dfrac{4}{3} y \Rightarrow \boxed{\dfrac{x}{y} = \dfrac{4}{3}}$

Observação: A área da base da pirâmide pode também ser calculado por $\dfrac{2\alpha\sqrt{2} \cdot 2\alpha\sqrt{2}}{2} = (2\alpha)^2$.

Alternativa a

292

Dos 8 lugares da disqueteira devemos escolher 5 deles para colocar os discos de rock que serão dispostos segundo uma ordem estabelecido por José:

$$C_{8,5} = \binom{8}{5} = \dfrac{8!}{5!\, 3!} = 56$$

Nos outros 3 lugares restantes estarão dispostos os discos de jazz.

Alternativa c

293

número de palmeirenses: p

número de corintianos: 1,5p

média total $= \dfrac{36(1{,}5)p + 45p}{1{,}5p + p} = \dfrac{99p}{2{,}5p} = 39{,}6$ anos

Alternativa e

294

1) Supondo $a > 0$ e $b > 0$, temos $ab > 0$ e

$$\frac{|a|}{a} + \frac{|b|}{b} - \frac{|ab|}{ab} = \frac{a}{a} + \frac{b}{b} - \frac{ab}{ab} = 1 + 1 - 1 = 1$$

2) Supondo $a < 0$ e $b < 0$, temos $ab > 0$ e

$$\frac{|a|}{a} + \frac{|b|}{b} - \frac{|ab|}{ab} = \frac{(-a)}{a} + \frac{(-b)}{b} - \frac{(-ab)}{ab} = -1 - 1 - 1 = -3$$

3) Supondo $a > 0$ e $b < 0$, temos $ab < 0$ e

$$\frac{|a|}{a} + \frac{|b|}{b} - \frac{|ab|}{ab} = \frac{a}{a} + \frac{(-b)}{b} - \frac{(-ab)}{ab} = 1 - 1 + 1 = 1$$

4) Supondo $a < 0$ e $b > 0$, temos $ab < 0$ e

$$\frac{|a|}{a} + \frac{|b|}{b} - \frac{|ab|}{ab} = \frac{(-a)}{a} + \frac{b}{b} - \frac{(-ab)}{ab} = -1 + 1 + 1 = 1$$

Portanto, a expressão dada pode assumir os valores -3 e 1.

Alternativa d

295

O termo geral da expansão do binômio $(x + y)^n$ é $T_{p+1} = \binom{n}{p} x^{n-p} \cdot y^p$ como a parte literal de um de seus termos é $x^6 y^9$ podemos concluir que $6 + 9 = n = 15$

Todos os coeficientes da expansão serão $\binom{15}{p}$

A razão entre o coeficiente de um termo e de seu sucessor é

$$\frac{\binom{15}{p}}{\binom{15}{p+1}} = \frac{7}{9} \Rightarrow 9\binom{15}{p} = 7\binom{15}{p+1} \Rightarrow$$

$$\Rightarrow 9\frac{15!}{p!(15-p)!} = 7\frac{15!}{(p+1)!(14-p)!} \Rightarrow \frac{9}{p!(15-p)(14-p)!} = \frac{7}{(p+1)p!(14-p)!} \Rightarrow$$

$$\Rightarrow \frac{9}{15-p} = \frac{7}{p+1} \Rightarrow 9p + 9 = 105 - 7p \Rightarrow 16p = 96 \Rightarrow p = 6$$

Portanto o termo procurado é o 7º

Alternativa b

296

A jornada diária das duas companhias é de 22 − 7 = 15 horas

Viação Sol

15 x 4 = 60 ônibus

Viação Lua

15 horas = 900 min

900 ÷ 18 = 50 ônibus

O total de viagens será 60 + 50 + 2 = 12

⇓

$\left(\begin{array}{c}\text{às 22 horas sai um}\\ \text{ônibus de cada companhia}\end{array}\right)$

Alternativa c

297

Dada a equação $x^2 - x - y^2 - 4y = -\dfrac{9}{4}$, temos:

$$x^2 - x + \left[\dfrac{1}{4}\right] + y^2 - 4y + (4) = -\dfrac{9}{4} + \left[\dfrac{1}{4}\right] + (4) \quad \text{ou} \quad \left(x + \dfrac{1}{2}\right)^2 + (y-2)^2 = 2$$

O centro dessa circunferência é o ponto $C = \left(\dfrac{1}{2}, 2\right)$.

A reta x = k é uma reta vertical (perpendicular ao eixo x).

A reta pedida, sendo perpendicular a essa reta, é uma reta horizontal (perpendicular ao eixo y).

Como passa por $C = \left(\dfrac{1}{2}, 2\right)$, sua equação é y = 2.

Alternativa a

FGV/2006
Economia - 1ª Fase

298

Sejam **a**, **b**, **c** as três raízes do polinômio $P(x) = 1x^3 - 5x^2 - 52x + 224$

$\qquad\qquad\qquad\qquad\qquad\qquad\qquad a_0 \quad a_1 \quad a_2 \quad a_3$

Aplicando as Relações de Girard, temos:

$\begin{cases} \text{I)} \ a + b + c = 5 \\ \text{II)} \ ab + ac + bc = -52 \\ \text{III)} \ abc = 224 \end{cases}$

Do enunciado:

IV) a = 2c

V) a + b = 1 e substituindo (V) em (I), temos:

$1 + c = 5 \Rightarrow c = 4 \xRightarrow{\text{em (IV)}} a = 8 \xRightarrow{\text{em (V)}} b = -7$

Portanto: ab = 8 . (– 7) = – 56

Outra resolução

Como é um teste, é possível, chegar à alternativa correta sem usar a informação (IV). Observe:

De (I) e (V) $\Rightarrow$ **c = 4**

Subtituindo em (III):

ab . 4 = – 224 $\Rightarrow$ **ab = – 56**

Caso fosse uma "questão aberta" seria necessário verificar as respostas encontradas para **a, b, c** em todas equações pois, nesse caso, haveria a possibilidade de o problema não ter solução (ser impossível).

Alternativa c

299 Seja x_n o número de quadradinhos escuros da figura que ocupa o nº lugar. Observando os figuras dadas, notamos que:

se n = 1 $\Rightarrow$ $x_1 = 1$, isto é, $x_1 = \dfrac{1^2+1}{2}$

se n = 2 $\Rightarrow$ $x_2 = 2$, isto é, $x_2 = \dfrac{2^2}{2}$

se n = 3 $\Rightarrow$ $x_3 = 5$, isto é, $x_3 = \dfrac{3^2+1}{2}$

se n = 4 $\Rightarrow$ $x_4 = 8$, isto é, $x_4 = \dfrac{4^2}{2}$

se n = 5 $\Rightarrow$ $x_5 = 13$, isto é, $x_5 = \dfrac{5^2+1}{2}$

Assim, para n ímpar temos xn = $\dfrac{n^2+1}{2}$ e para n par temos $x_n = \dfrac{n^2}{2}$

Logo $x_{59} = \dfrac{59^2+1}{2} = 1741$

Alternativa b

300

1º modo: O que se deve retirar do novo preço é $\frac{1}{4}$ de P (P: preço antigo). Em relação ao novo preço, que é $P + \frac{1}{4}.P$, esse valor que se deve retirar representa

$$\frac{\frac{1}{4}}{P+\frac{1}{4}P} = \frac{\frac{1}{4}P}{\frac{5}{4}P} = \frac{1}{5} = 20\%$$

2º modo: Seja P o preço antes do aumento e **d** o desconto para o preço (aumentado) voltar a ser P.
Então

$1,25\,P - \dfrac{d}{100} \cdot 1,25P = P \Rightarrow 1,25 - \dfrac{d.1,25}{100} = 1 \Rightarrow$

$\Rightarrow \dfrac{d.1,25}{100} = 0,25 \Rightarrow d = \dfrac{100.25}{125} \Rightarrow d = 20$

Alternativa a

301

$n_1 = \underbrace{4 \cdot 4 \cdot \ldots \cdot 4}_{30 \text{ fatores}} = 4^{30}$

$n_2 = \underbrace{2 \cdot 2 \cdot \ldots \cdot 2}_{30 \text{ fatores}} = 2^{30}$

$n_1 = 4^{30} = (2^2)^{30} = 2^{60} = 2^{30} \cdot 2^{30} = 2^{30} \cdot n_2$
$\Rightarrow n_1 = 2^{30} n_2$

Alternativa d

302

$\det(A) = n = \begin{vmatrix} \log_x x & \log_3 9 \\ \log_3 1 & \log_9 3 \end{vmatrix} \Rightarrow n = \begin{vmatrix} 1 & 2 \\ 0 & \frac{1}{2} \end{vmatrix} \Rightarrow n = \frac{1}{2}$

Por outro lado temos:

1) $6x + 3 = 0 \Rightarrow x = -\dfrac{1}{2}$

2) $\left(x + \dfrac{1}{2}\right)^2 = 0 \Rightarrow x + \dfrac{1}{2} = 0 \Rightarrow x = -\dfrac{1}{2}$

3) $9^x - 3 = 0 \Rightarrow 3^{2x} = 3^1 \Rightarrow 2x = 1 \Rightarrow x = \dfrac{1}{2}$

4) $x^{-2} = \dfrac{1}{4} \Rightarrow x^{-2} = 2^{-2} \Rightarrow x = 2$

5) $x^2 = \dfrac{1}{2} \Rightarrow x = \dfrac{\sqrt{2}}{2}$ ou $x = -\dfrac{\sqrt{2}}{2}$

Assim sendo, n é igual a raiz da equação (3).

Alternativa c

303

$f(x) = 2x$ e $g(x) = 2 - x$

$f(g(x)) = f(2 - x) = 2(2 - x) = 4 - 2x$

$g(f(x)) = g(2x) = 2 - 2x$

A função $y = f(g(x)) + g(f(x))$ fica $y = 4 - 2x + 2 - 2x$, isto é, $y = 6 - 4x$

Como $2 = 6 - 4 \cdot 1$, essa função passa por $P = (1, 2)$

Alternativa e

304

Temos: $x^2 - 6x + 9 + y^2 - 6y + (9) = 0 + (9)$,

isto é, $(x - 3)^2 + (y - 3)^2 = 9$

γ é uma circunferência de centro $C = (3, 3)$ e raio 3.

CAOB é um quadrado de lado 3.

O setor circular de área S_1 equivale a $\dfrac{1}{4}$ da área do círculo determinado por γ.

Então, a área S da figura sombreada é

$S = S_{CAOB} - \dfrac{1}{4}S_{circ} = 3^2 - \dfrac{1}{4}\pi \cdot 3^2 = 9 - \dfrac{9\pi}{4} = \dfrac{36 - 9\pi}{4} = \dfrac{9(4 - \pi)}{4}$

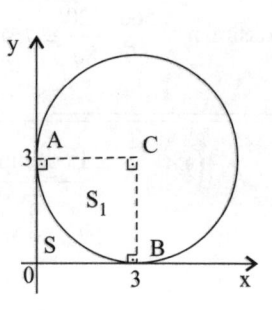

Alternativa c

305

1) Como a altura da pirâmide é igual ao raio da esfera, então o centro de esfera é o centro da base da pirâmide, então a diagonal do quadrado (base da pirâmide) mede 2R, onde **R** é o raio da esfera.

2) A área de um quadrado, além de ser dada pelo lado ao quadrado pode ser dada pela metade do produto das diagonais.

3) Sendo V_e o volume da esfera e V_p o volume da pirâmide, temos:

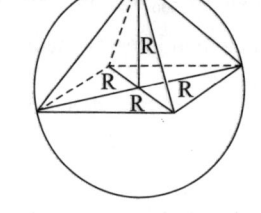

$V_e = \dfrac{4}{3}\pi R^3$ e $V_p = \dfrac{1}{3} \dfrac{(2R)(2R)}{2} \cdot R \Rightarrow V_p = \dfrac{2}{3}R^3$

Dividindo V_e por V_p obtemos:

$\dfrac{V_e}{V_p} = \dfrac{\dfrac{4}{3}\pi R^3}{\dfrac{2}{3}R^3} \Rightarrow \dfrac{V_e}{V_p} = 2\pi \Rightarrow \boxed{V_e = 2\pi V_p}$. Para $\pi = 3$, temos: $V_e = 2 \cdot 3\, V_p \Rightarrow \boxed{V_e = 6V_p}$

Note que esta relação, neste caso, independe do valor de R. Ela é válida inclusive para R = 4.

Alternativa a

306 Como cada um do grupo mandou 3 mensagens para cada um dos demais, totalizando 468 envios, e ninguém mandou para si mesmo faremos:

n = número de pessoas

$3n(n-1) = 468 \Rightarrow n(n-1) = 156 \Rightarrow n^2 - n - 156 = 0 \Rightarrow (n-13)(n+12) = 0 \Rightarrow n = 13$

Alternativa d

307 As dimensões do piso em cm são 560 cm e 720 cm. Sendo **n** a medida em cm do lado da lajota quadrada, podemos concluir que **n** deve ser um divisor comum de 560 e 720.

O menor número possível de lajotas é obtido quando **n** é o maior divisor comum de 560 e 720, isto é, n = mdc (560, 720).

Como $560 = 2^4 \cdot 5 \cdot 7$ e $720 = 2^4 \cdot 3^2 \cdot 5$ então n = mdc (560, 720) = $2^4 \cdot 5 = 80$.

Assim, $n = \dfrac{560}{80} \cdot \dfrac{720}{80} = 7 \cdot 9 = 63$

Alternativa d

308

$\underbrace{P(menino)}_{\frac{4}{9}} \cdot \underbrace{P(menina \mid menino)}_{\frac{5}{8}} \cdot 2! = \dfrac{5}{9}$

↓ podemos sortear menino e menina ou ao contrário, menina e menino.

Alternativa a

309 Seja M_{1990} a média dos anos de escolaridade dos candidatos a uma vaga de vendedor em 1990.

Seja M_{2000} a média dos anos de escolaridade dos candidatos a uma vaga de vendedor em 2000.

Calculando essas médias, tem-se:

$M_{1990} = \dfrac{8 \cdot 4 + 4 \cdot 8 + 5 \cdot 11 + 3 \cdot 15}{8 + 4 + 5 + 3} = 8{,}2$

$M_{2000} = \dfrac{10 \cdot 4 + 5 \cdot 8 + 10 \cdot 11 + 12 \cdot 15}{10 + 5 + 10 + 12} = 10{,}0$

O crescimento, em média, do tempo de escolaridade dos candidatos é dado por

$\dfrac{M_{2000} - M_{1990}}{M_{1990}} = \dfrac{10 - 8{,}2}{8{,}2} \cong 0{,}22 = 22\%$

Alternativa e

310

O volume deste cilindro em função de **r** é dado por

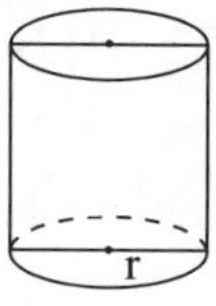

$$V(r) = \pi r^2 \cdot H$$

$H = 5$ cm

$V(r) = \pi r^2 \cdot 5 \Rightarrow V(r) = 5\pi r^2 \Rightarrow V(r) = ar^2,\ a > 0$

O gráfico de $y = ax^2$, $a \neq 0$ é:

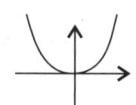

O gráfico de $V(r) = 5\pi r^2$ é:

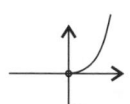

Alternativa c

311

Equação do lado AC:

$$\begin{vmatrix} 1 & 7 & 1 \\ 10 & 1 & 1 \\ x & y & 1 \end{vmatrix} = 0$$

Desenvolvendo, por LAPLACE, através da 3ª linha, vem:

$x(7-1) - y(1-10) + 1(1-70) = 0$, ou, $6x + 9y - 69 = 0$,

ou ainda,

$2x + 3y - 23 = 0$ (simplificando por 3).

Para obter o ponto de encontro pedido, resolvemos o sistema com as equações das duas retas:

$$\begin{cases} y = x + 1 \\ 2x + 3y - 23 = 0 \end{cases}$$

Substituindo, na 2ª equação, a letra y da 1ª, temos:

$2x + 3(x + 1) - 23 = 0$

$2x + 3x + 3 - 23 = 0$

$5x = 20$, isto é,

$x = \dfrac{20}{5} = 4$ e $y = x + 1 = 4 + 1 = 5$

O ponto pedido é (4,5).

Alternativa b

312

1) No $\triangle OAB$, por Pitágoras:
$y^2 = 2^2 + 2^2 \implies y^2 = 8$

2) No triângulo sombreado, pela Lei dos Cossenos:

$y^2 = x^2 + x^2 - 2 \cdot x \cdot x \cdot \cos 120°$

$8 = x^2 + x^2 - 2 \cdot x \cdot x \cdot \left(-\dfrac{1}{2}\right)$

$8 = x^2 + x^2 + x^2$

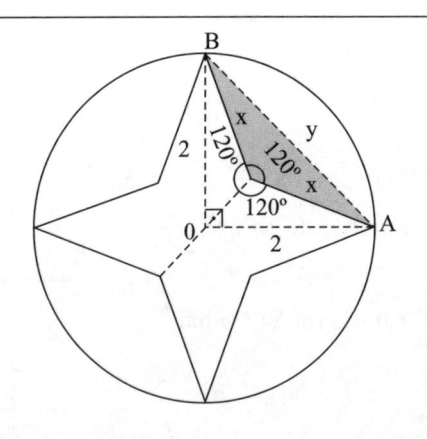

$x = \dfrac{2\sqrt{6}}{3}$

3) O perímetro da estrela, em metros, é igual a $8 \cdot \dfrac{2\sqrt{6}}{3}$, isto é, $\dfrac{16\sqrt{6}}{3}$,

Alternativa d

313 Uma pirâmide com n faces pode ser esboçada como segue:

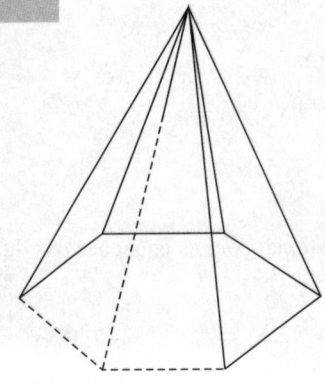

planificando:

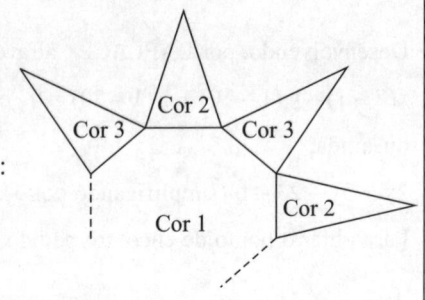

A base da pirâmide terá uma cor só sua, diferente das demais (cor 1).

Vamos verificar agora, em função de n, os dois casos possíveis:

1) n é par, teremos (n – 1) (ímpar) faces laterais:

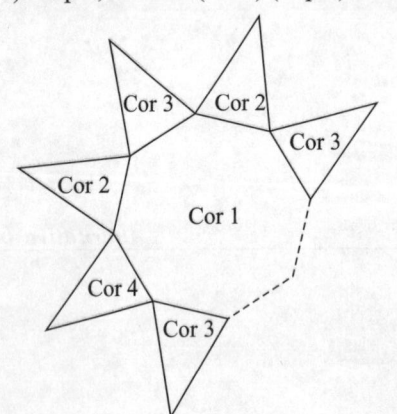

precisaremos, no mínimo de 4 cores (ver dica)

2) n é ímpar, teremos (n – 1) (par) faces laterais:

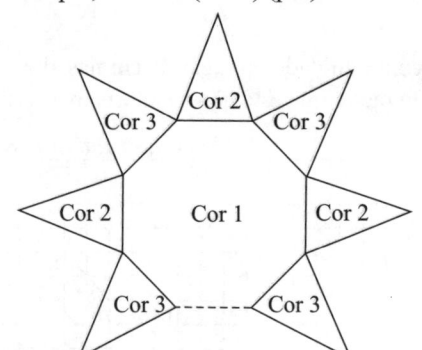

precisaremos, no mínimo, de 3 cores (ver dica)

Alternativa e

314

O cubo, após ser montado, ficará assim:

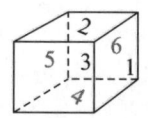

Vamos examinar cada uma das alternativas:

a) observe que $3 + 6 = 9$ que é ímpar (incorreta).

b) veja que $1 \cdot 5 = 5$ que é ímpar (incorreta).

c) $2 + 4 = 6$, $1 + 5 = 6$ e $3 + 6 = 9$ todos esses resultados são múltiplos e não divisores de 3 (incorreta).

d) a soma pedida é $1 + 2 + 3 + 4 + 6 = 16$ que não é múltiplo de 3 (incorreta).

e) o produto pedido é $1 \cdot 2 \cdot 4 \cdot 5 \cdot 6 = 240$ e não 20 (incorreta).

Sem resposta

315

$x^2 + y^2 = 9$

$(x - 0)^2 + (y - 0)^2 = 3^2$ é a equação reduzida da circunferência de centro $C = (0, 0)$ e raio = 3

$d_{OP} = 3 =$ distância de O até P = módulo de z

P é o afixo de z, de módulo 3

$\arg(z) = 60°$, então,

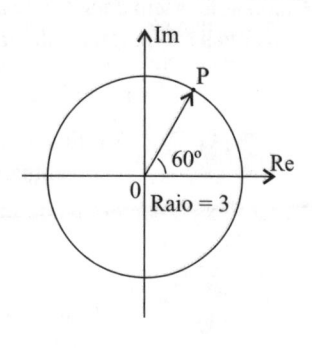

$z = 3 (\cos 60° + i \operatorname{sen} 60°) = 3\left(\dfrac{1}{2} + i\dfrac{\sqrt{3}}{2}\right) = \dfrac{3}{2} + \dfrac{3\sqrt{3}}{2}i$

Alternativa b

316

Sendo x a medida pedida, ela é a medida de cada cateto do triângulo ABP, que é a base da pirâmide com altura relativa a ela igual a 10.

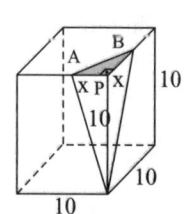

Como $0{,}375\% = \dfrac{0{,}375}{100}$, temos:

$V_{pir.} = 0{,}375\% \, V_{cubo}$

$\dfrac{1}{2} \cdot \dfrac{x \cdot x}{2} \cdot 10 = \dfrac{0{,}375}{100} \cdot 10^3 \Rightarrow x^2 = 6 \cdot (0{,}375) \Rightarrow x^2 = 2{,}25 \Rightarrow x^2 = (1{,}5)^2 \Rightarrow \boxed{x = 1{,}5}$

x = 1,5 cm = 0,15 dm = 0,015 m

$\boxed{x = 0,0\ 15\ m}$

Observação: Acho que, por distração, colocaram **m** como unidade no lugar de **cm** nas alternativas. Se fosse **cm** nas alternativas a resposta seria **D**. Do modo que está não há alternativa correta.

Sem alternativa correta

---

317 O fator de ampliação da figura 2 para a figura 3 é igual a

$$\frac{A'B'}{AB} = \frac{4}{3}$$

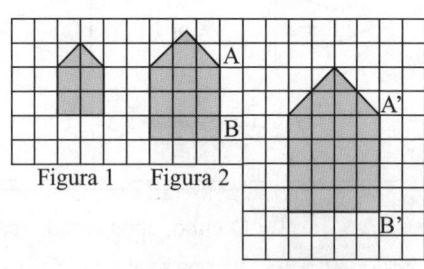

Figura 1   Figura 2

Figura 3

Alternativa c

---

318 $f(x) = 2x - 1$

$g(x) = f(x) - x = 2x - 1 - x = x - 1$

$h(x) = g(f(x)) = g(2x - 1) = 2x - 1 - 1 = 2x - 2$

A reta que representa a função f tem equação $y = 2x - 1$ e a que representa a função h tem equação $y = 2x - 2$.

Como ambas tem coeficiente angular igual a 2 e os coeficientes lineares (-1 e -2) são diferentes, essas retas são paralelas distintas.

Alternativa e

---

319 A **única** faixa mostrada no gráfico, na qual o percentual de homens é menor que o percentual de mulheres, é a de 11 anos ou mais de estudo.

Nesta faixa o percentual de mulheres é 38,8% e o de homens é 28,1%.

Alternativa e

---

320 1) Cálculo da aresta **a** do octaedro no triângulo sombreado

$a^2 = 2^2 + 2^2 \Rightarrow a^2 = 8 \Rightarrow \boxed{a = 2\sqrt{2}}$

2) Como o volume do octaedro regular é igual ao volume de 2 pirâmides quadrangulares regulares, temos:

$V_{oct.} = 2V_{pir} = V_{oct.} = 2\left[\frac{1}{3}a^2 \cdot H\right]$

$\Rightarrow V_{oct.} = \frac{2}{3}(2\sqrt{2})^2 \cdot 2 \Rightarrow V_{oct.} = \frac{32}{3} \Rightarrow \boxed{V_{oct.} = \frac{32}{3}\ cm^2}$

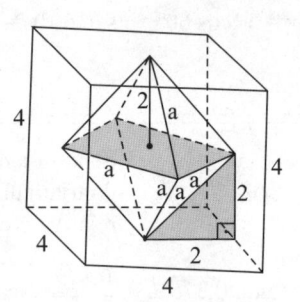

Alternativa b

321

$$A_1 + A_2 + A_3 + \ldots = \frac{5}{6}$$

$$\frac{(1+a^1) \cdot 1}{2} + \frac{(a^1 + a^2) \cdot 1}{2} + \frac{(a^2 + a^3) \cdot 1}{2} + \ldots = \frac{5}{6}$$

$$\frac{1+a}{2} + \frac{a \cdot (1+a)}{2} + \frac{a^2(1+a)}{2} + \ldots = \frac{5}{6}$$

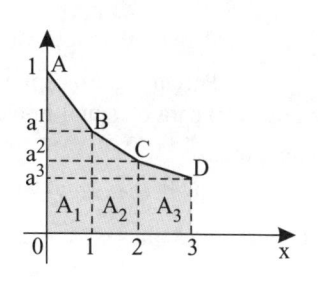

Trata-se da soma dos termos de uma P.G. infinita, cujo primeiro termo $a_1 = \frac{1+a}{2}$, cuja razão é $q = a$.

Note que, como a exponencial é decrescente, então $0 < a < 1$ e, portanto, a soma no primeiro membro é expressa por $\frac{a_1}{1-q}$. Então

$$\frac{a_1}{1-q} = \frac{5}{6} \Rightarrow \frac{\frac{1+a}{2}}{1-a} = \frac{5}{6} \Rightarrow 3 + 3a = 5 - 5a \Rightarrow a = \frac{1}{4}$$

Logo, $f(x) = \left(\frac{1}{4}\right)^x$

Alternativa d

322

1) Como a área de uma esfera de raio **R** é $A = 4\pi R^2$ e a área de um fuso de medida α, em graus, é dada por $A_f = \frac{\alpha}{360}(A_{esf.})$, temos:

$$A_f = \frac{\alpha}{360}(4\pi R^2) \Rightarrow A_f = \frac{72}{360} \cdot 4\pi \cdot 5^2 \Rightarrow$$

$$\Rightarrow A_f = \frac{1}{5} \cdot 4\pi \cdot 25 \Rightarrow A_f = 20\pi$$

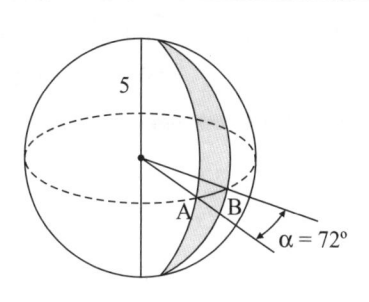

$$\boxed{A_f = 20\pi \, cm^2}$$

Alternativa a

323 Para t = 0 temos: $M(0) = C \cdot 2^{0,04t} \Rightarrow M(0) = C$

Portanto C é o capital inicial. De acordo com o enunciado, deseja-se determinar t (menor possível) para o capital inicial seja quadriplicado, ou seja, M(t) = 4C.

Assim sendo, temos:

$C \cdot 2^{0,04t} = 4C \Rightarrow 2^{0,04t} = 4 \Rightarrow 2^{0,04t} = 2^2 \Rightarrow 0,04t = 2 \Rightarrow t = 50$ meses

50 meses representa 4 anos e 2 meses.

Alternativa c

---

324 De acordo com as medidas indicadas e aplicando o teorema de Pitágoras no triângulo sombreado (ABC), tem-se:

$(AC)^2 = (AB)^2 + (BC)^2$

$(AC)^2 = 6^2 + 2^2$

$(AC)^2 = 40$

$\therefore AC = 2\sqrt{10}$

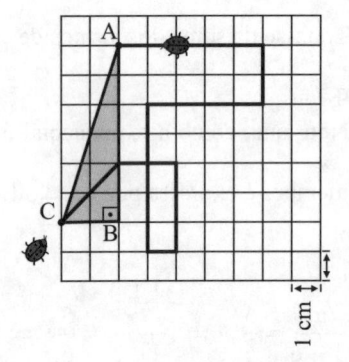

Alternativa a

---

325 O que é pedido pode ser calculado assim:

$$\begin{pmatrix} \text{total de maneiras de} \\ \text{escolhermos duas} \\ \text{blusas quaisquer} \\ \text{entre as 10 disponíveis} \end{pmatrix} - \begin{pmatrix} \text{total de maneiras} \\ \text{de tomarmos apenas} \\ \text{blusas pretas} \end{pmatrix} - \begin{pmatrix} \text{total de maneiras} \\ \text{de tomarmos apenas} \\ \text{blusas brancas} \end{pmatrix}$$

$C_{10,2} - C_{6,2} - C_{4,2} =$
$= C_{10,2} - (C_{6,2} + C_{4,2})$

Alternativa b

---

326 Há uma incorreção nos dados fornecidos.

Pela figura dada, o vértice (1, 4) do quadrado é um ponto do 2º quadrante. Sua abscissa deveria, portanto, **ser negativa**, o que está em desacordo com a abscissa 1 fornecida. Assim, o quadrado dado não existe.

Sem resposta

---

327 O custo de cada bola é R$ 10,00 e vendida por x reais, assim o lucro por bola é (x – 10) reais.

O lucro com a venda de (150 – x) bolas é dado por y = (150 – x) . (x – 10) cujo gráfico é uma parábola com concavidade para baixo.

Observação: Neste caso y representa o lucro total.

Alternativa c

FGV/2006
Economia - 2ª Fase

328

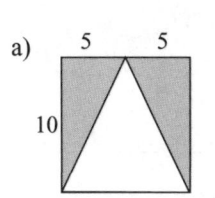

a)

n=1 $A_1 = 2 \cdot \dfrac{5 \cdot 10}{2}$

$A_1 = 50$ cm²

n=2 $A_2 = 3 \cdot \dfrac{\frac{10}{3} \cdot 10}{2}$

$A_2 = 50$ cm²

$A_n = (n+1) \cdot \dfrac{\dfrac{10}{n+1} \cdot 10}{2}$

$A_n = 50$ cm²

A função pedida é A: $\mathbb{N}^* \to \mathbb{R}$, $A(n) = 50$

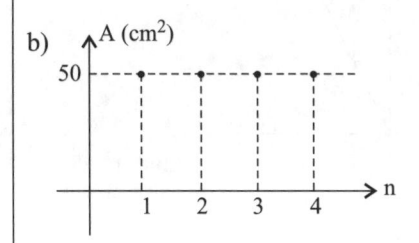

b)

Respostas: a) $A(n) = 50$, $n \in \mathbb{N}^*$ b) gráfico

329

a) Do enunciado, temos:

Altura (cm)	frequência
47	4
48	2
51	2
52	1
53	1

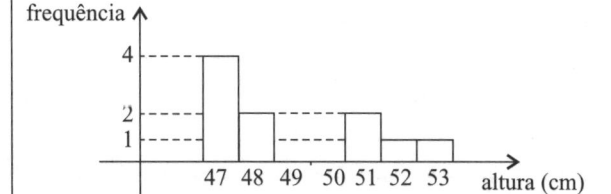

Resposta: gráfico

b) A altura média das meninas é $\dfrac{52 + 47 + 51 + 53}{4} = 50,75$ cm e dos meninos é

$$\frac{3.47 + 2.48 + 51}{6} = 48\,\text{cm}.$$

O percentual pedido é dado por:

$$\frac{50,75 - 48}{48} = 0,0573\text{ , isto é, 5,73\%}.$$

Resposta: 5,73%

330

a) Gráfico de R = 2x (uma reta).

Se x = 0 , R = 2 . 0 = 0 e,

se x = 1 , R = 2 . 1 = 2

Gráfico de C = x + 3 (uma reta)

Se x = 0 , R = 0 + 3 = 3 e,

se x = 1 , C = 1 + 3 = 4

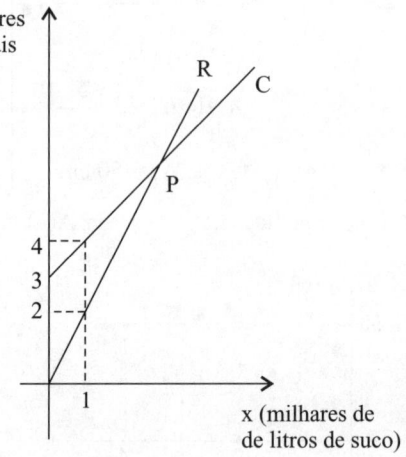

Resposta: Gráfico acima

b) Seja P o ponto comum às duas curvas. Suas coordenadas são obtidas na solução do sistema

$$\begin{cases} y = 2x \\ y = x + 3 \end{cases}$$

Igualando: 2x = x + 3 vem: x = 3 e y = 6

Então, P = (3, 6).

Significados

1) No ponto P, quando x = 3, temos R = C = 6.

Isto significa que , na produção de 3 milhares de litros de suco, receita e lucro são iguais a R$ 6000,00.

2) Para x > 3, temos R > C, isto é , a empresa obtem lucro; para x < 3, temos R < C, ou seja, a empresa tem prejuízo.

Resposta: Produção inferior a 3 milhares de litros de suco leva a empresa a ter prejuízo, que desaparecerá (com lucro) na produção superior a esse número. Em caso de produção exatamente de 3 milhares de litros de suco não há nem lucro nem prejuízo (receita e custo se igualam a R$ 6000,00).

331

a) Para que o produto dos números sorteados seja par os dois não podem ser ímpares.

p (produto par) = 1 − p(ímpar) . p(ímpar) =

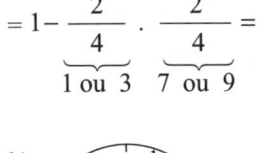

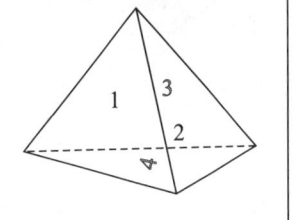

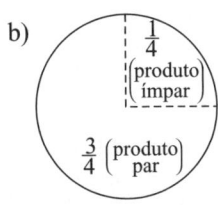

$$= 1 - \underbrace{\frac{2}{4}}_{1 \text{ ou } 3} \cdot \underbrace{\frac{2}{4}}_{7 \text{ ou } 9} = \frac{3}{4}$$

b) (diagrama: círculo com $\frac{1}{4}$ produto ímpar e $\frac{3}{4}$ produto par)

Respostas: a) $\frac{3}{4}$ b) ver diagrama acima

FGV/2006
Direito - 2ª Fase

332

Observe que 37% + 26% + 22% + 15% = 100%.

Portanto nenhum jovem definiu sua geração com mais de uma qualidade.

Vamos organizar os dados:

definição dos jovens / sexo	Vaidosa	Consumista	Acomodada	Individualista
homens	333 ₂			
mulheres	(407) ₃			
	37% ₁ (740)	26% (520)	22% (440)	15% (300)

1) 37% de 2000 = $\frac{37}{100}$. 2000 = 740   2) 45% de 740 = $\frac{45}{100}$. 740 = 333

2) 45% de 740 = $\frac{45}{100}$. 740 = 333

3) 55% de 740 ou (740 − 333) = total de mulheres que acham sua geração vaidosa.

a) $\frac{407}{2000}$

b) 2000 − 440 = 1560

Respostas: a) $\frac{407}{2000}$ b) 1560

333

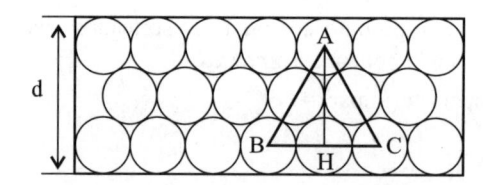

a) O triângulo ABC é equilátero, de lado 4 . 3,5 = 14 cm.

Sua altura AH é igual a $\dfrac{14\sqrt{3}}{2} = 7\sqrt{3}$ cm.

Logo, d = $7\sqrt{3}$ + 3,5 + 3,5, isto é, d = $7\sqrt{3}$ + 7.

Como o comprimento da secção é igual a 7 x 7 = 49 cm, a área da secção será igual a $49.(7\sqrt{3} + 7)\text{cm}^2$, ou seja, $343(\sqrt{3} + 1)\text{cm}^2$.

b) Na secção mostrada há 20 latas. Como na caixa são colocadas 60 latas, a altura da caixa será igual a $\dfrac{60}{20}$. 8,5 = 25,5 cm.

Logo, o volume da caixa será igual a

$343(\sqrt{3} + 1)$. $25,5 = 8746,5(\sqrt{3} + 1)\text{cm}^3$

Resposta: a) $343(\sqrt{3} + 1)$ cm^2 b) $8746,5(\sqrt{3} + 1)$ cm^3

334

a) Como $\operatorname{sen}\dfrac{2\pi}{366}(d - 91,5) = \operatorname{sen}\left(\dfrac{2\pi}{366}d - \dfrac{\pi}{2}\right) = -\cos\left(\dfrac{\pi d}{183}\right)$, temos que:

$T = -50.\left[\cos\left(\dfrac{\pi d}{183}\right)\right] + 25$

Vamos montar a tabela abaixo, atribuindo ao ângulo $x = \dfrac{\pi d}{183}$ os valores $0, \dfrac{\pi}{2}, \pi, \dfrac{3\pi}{2}$ e 2π.

d	$x = \dfrac{\pi d}{183}$	cos x	T
0	0	1	– 50 . (1) + 25 = – 25
91,5	$\dfrac{\pi}{2}$	0	– 50 . (0) + 25 = 25
183	π	– 1	– 50 . (– 1) + 25 = 75
274,5	$\dfrac{3\pi}{2}$	1	– 50 . (0) + 25 = 25
	2π	1	– 50 . (1) + 25 = – 25

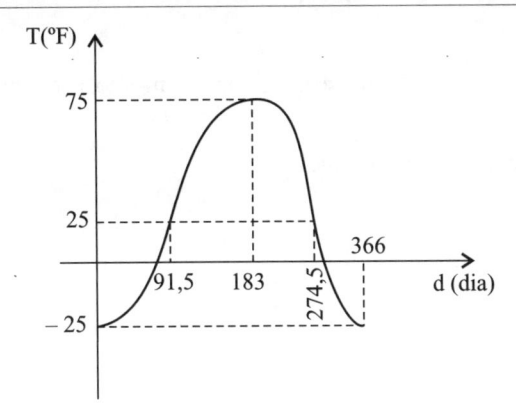

Resposta: gráfico

b) Do gráfico, podemos concluir que T é máximo para d = 183. Como em janeiro, fevereiro, março, abril, maio e junho temos, respectivamente, 31, 29 (ano bissexto), 31, 30, 31 e 30 dias, totalizamos 181 dias em 30 de junho; assim, T é máximo no dia 2 de julho (d = 183).

Resposta: 2 de julho

c) $T = 0 \Rightarrow -50 \cdot \left[\cos\left(\dfrac{\pi d}{183}\right)\right] + 25 = 0 \Rightarrow \cos\left(\dfrac{\pi d}{183}\right) = \dfrac{1}{2} \Rightarrow \dfrac{\pi \cdot d}{183} = \pm\dfrac{\pi}{3} + k\,2\pi \ (k \in Z) \Rightarrow$

$\Rightarrow d = \pm 61 + 366\,k$

Como $0 \leq d \leq 366$, a temperatura será 0°F para d = 61 (dia 1 de março) e d = –61 + 366 = 305 (1º de novembro).

Resposta: Nos dias 1º de março e 1º de novembro

FGV/2007
Administração - 1ª Fase

335 a) Sejam **x** o valor emprestado e **y** o custo administrativo. Assim, após o débito, o cliente tem (x – y).

A redução da taxa de juros, para o banco, será compensada se, e somente se,

(x – y) . 1,40 = x . 1,25

1,40x – 1,40y = 1,25x

1,40y = 0,15x

$y = \dfrac{0,15}{1,40} x$

y = 0,107x

y = 10,7%x

e $\dfrac{y}{x-y} = \dfrac{0,15}{1,25} = 0,12 = 12\%$

Resposta: O custo administrativo corresponde a 10,7% do valor emprestado antes do débito e 12% do valor emprestado após o débito.

b) Sendo **x** o valor emprestado e **y** o custo administrativo, após um ano o cliente pagará $(x + y) \cdot 1{,}25$.

A taxa de juros será vantajosa para o banco se, e somente se,

$(x + y) \cdot 1{,}25 = x \cdot 1{,}40$

$x \cdot 1{,}25 + y \cdot 1{,}25 = x \cdot 1{,}40$

$y \cdot 1{,}25 = x \cdot 0{,}15$

$y = \dfrac{0{,}15}{1{,}25} x$

$y = 0{,}12x$

Logo, a porcentagem pedida é dada por

$$\dfrac{y}{x+y} = \dfrac{0{,}12x}{x+0{,}12x} = \dfrac{0{,}12x}{1{,}12x} \cong 10{,}7\%$$

Resposta: 10,7%

---

336 Se $O(x, y)$ é equidistante de $A = (0, 0)$, $B = (3, 2)$ e $C = (2, 5)$, as distâncias de O até A, B e C são iguais ($d_{OA} = d_{OB} = d_{OC}$).

1) $d_{OA} = d_{OB}$

$\sqrt{(x-0)^2 + (y-0)^2} = \sqrt{(x-3)^2 + (y-2)^2}$

Elevando membro a membro ao quadrado, eliminamos os radicais.

$x^2 + y^2 = x^2 - 6x + 9 + y^2 - 4y + 4$, isto é, $6x + 4y = 13$

2) $d_{OA} = d_{OC}$

$\sqrt{(x-0)^2 + (y-0)^2} = \sqrt{(x-2)^2 + (y-5)^2}$ ou

$x^2 + y^2 = x^2 - 4x + 4 + y^2 - 10y + 25$, ou ainda, $4x + 10y = 29$

Temos o sistema $\begin{cases} 6x + 4y = 13 & (-2) \\ 4x + 10y = 29 & (3) \end{cases}$

Multiplicamos a 1ª equação por (-2), a 2ª por (3) e somamos membro a membro:

$-12x - 8y = -26$
$\underline{12x + 30y = 87}$
$22y = 61$ ou $y = \dfrac{61}{22}$

Da 1ª equação $6x + 4\left(\dfrac{61}{22}\right) = 13$, temos:

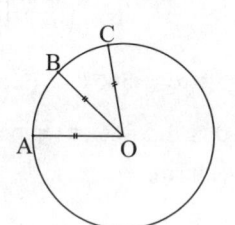

$6x = 13 - \dfrac{122}{11}$, ou seja, $6x = \dfrac{143-122}{11}$, isto é, $x = \dfrac{21}{66} = \dfrac{7}{22}$

Resposta: Ponto $\left(\dfrac{7}{22}, \dfrac{61}{22}\right)$

337 Sejam:

$P_I(t)$ o preço a ser pago, no plano alfa por **t** minutos de consumo;
$P_{II}(t)$ o preço a ser pago, no plano beta por **t** minutos de consumo.
Temos:

$$P_I(t) = \begin{cases} 0{,}70t \text{ se } t \le 100 \\ 0{,}70t - 0{,}001(t-100)t, \text{se } 100 < t \le 400 \\ 0{,}40t, \text{ se } t > 400 \end{cases}$$

$$P_I(t) = \begin{cases} 0{,}70t \text{ se } t \le 100 \\ 0{,}80t - 0{,}001^2, \text{se } 100 < t \le 400 \\ 0{,}40t, \text{ se } t > 400 \end{cases}$$

$$P_{II}(t) = \begin{cases} 50, \text{se } t \le 87 \\ 50 + 0{,}80(t-87) \text{ .se } t > 87 \end{cases}$$

$$P_{II}(t) = \begin{cases} 50, \text{se } t \le 87 \\ 0{,}80t - 19{,}6 \text{ .se } t > 87 \end{cases}$$

O plano beta é mais vantajoso que o plano alfa quando $P_{II}(t) < P_I(t)$.

1) **Para t ≤ 87**

$P_{II}(t) < P_I(t) \Rightarrow 50 < 0{,}70t \Rightarrow t > 71{,}4$

Então o plano beta é mais vantajoso quando $71{,}4 < t \le 87$.

2) **Para 87 < t ≤ 100**

$P_{II}(t) < P_I(t) \Rightarrow 0{,}80t - 19{,}6 < 0{,}70t \Rightarrow t < 196$

Então o plano beta é mais vantajoso quando $87 < t \le 100$.

3) **Para 100 < t ≤ 400**

$P_{II}(t) < P_I(t) \Rightarrow 0{,}80t - 19{,}6 < 0{,}80t - 0{,}001t^2 \Rightarrow t < 140$

Então o plano beta é mais vantajoso quando $100 < t < 140$.

4) **Para t > 400**

$P_{II}(t) < P_I(t) \Rightarrow 0{,}80t - 19{,}6 < 0{,}40t \Rightarrow t < 49$

Então o plano beta **não** é mais vantajoso quando $t > 400$.

Analisando 1), 2), 3) e 4), concluímos que o plano beta é mais vantajoso que o plano alfa para uma quantidade t de minutos tal que 71,4 < t < 140.

Resposta: *O plano beta é mais vantajoso que o plano alfa para um consumo compreendido entre 71,4 e 140 minutos.*

338 **1º modo:** A roda gigante maior gira $0,2\pi$ rotações por minuto, isto é, $0,2\pi$ voltas por minuto. Assim, essa roda gigante fará uma volta em $\dfrac{1}{0,2\pi}$ minuto, isto é, $\dfrac{5}{\pi}$ minutos.

Do mesmo modo, a roda gigante menor completará uma volta no tempo de $\dfrac{1}{0,35\pi}$ minuto, isto é, $\dfrac{20}{7\pi}$ minuto.

Assim, se o ponto A volta a ficar na posição inicial a cada $\dfrac{5}{\pi} = \dfrac{35}{7\pi}$ minutos e o ponto B volta a ficar na posição inicial a cada $\dfrac{20}{7\pi}$ minutos, então, após o início do movimento, os pontos A e B voltarão a ficar na posição inicial após $\dfrac{1}{7\pi} \cdot \text{mmc}(35,20) = \dfrac{140}{7\pi} = \dfrac{20}{\pi}$ minutos.

2º modo: A roda gigante maior completa uma volta a cada $\dfrac{5}{\pi}$ minutos.

A roda gigante menor completa uma volta a cada $\dfrac{20}{7\pi}$ minutos.

Desejamos determinar o menor "múltiplo" de $\dfrac{5}{\pi}$, isto é, $\mathbf{a} \cdot \dfrac{5}{\pi}$, com **a** inteiro, tal que coincida com um múltiplo de $\dfrac{20}{7\pi}$, isto é, $\dfrac{b \cdot 20}{7\pi}$. Daí: $\mathbf{a} \cdot \dfrac{5}{\pi} = \dfrac{b \cdot 20}{7\pi} \Rightarrow \mathbf{a} \cdot 7 = b \cdot 4$

Como queremos **a** e **b** positivos e os menores possíveis, que verifiquem a equação acima, devemos ter a = 4 e b = 7.

Assim, os pontos A e B voltarão a ficar na posição inicial após $4 \cdot \dfrac{5}{\pi} = \dfrac{20}{\pi}$ minutos (ou, após $7 \cdot \dfrac{20}{7\pi} = \dfrac{20}{\pi}$ minutos).

Resposta: *Os pontos A e B voltarão a ficar na mesma posição após* $\dfrac{20}{\pi}$ *minutos.*

339

1) Como o diâmetro de cada esfera é 1 cm e a aresta da caixa é 20 cm, então tangenciando o fundo da caixa há no máximo 20 x 20 = 400 esferas.

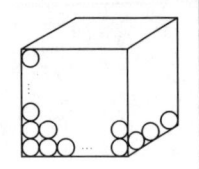

Considerando 20 camadas iguais a esta, na caixa caberá, desta forma, 20 . (20 . 20) = 8000.

8000 esferas

2) Considerando o caso em que cada uma da camada por (2^a, 4^a, ...) tangencia 4 esferas da camada superior e 4 da inferior, teremos camadas ímpares com 20 . 20 esferas cada e camadas pares com 19 . 19 esferas cada.

Calculemos as distâncias entre os planos dos centros de duas camadas consecutivas (H).

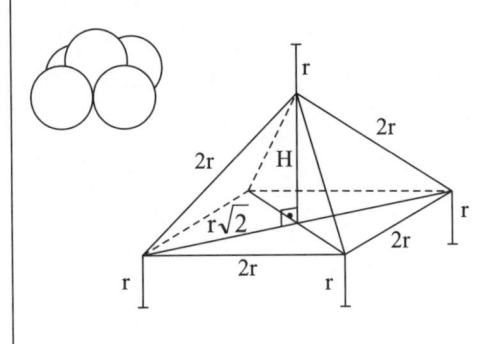

Como o centro de uma esfera e das 4 da camada inferior tangentes a ela são vértices de uma pirâmide quadrangular com aresta 2r, temos:

$$H^2 + (r\sqrt{2})^2 = (2r)^2 \Rightarrow \boxed{H = r\sqrt{2}}$$

3) Calculemos o maior inteiro **n** tal que

n . (H) + 2r ≤ 20

n($r\sqrt{2}$) + 2r ≤ 20. Para r = 0,5, temos:

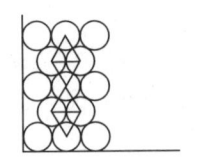

$$0,5 . \sqrt{2}n + 1 \leq 20 \Rightarrow \sqrt{2}n \leq 38 \Rightarrow n \leq \frac{38}{\sqrt{2}}$$

Aproximadamente obtemos:

$$n \leq \frac{38}{1,41} \Rightarrow n \leq 26,95 \Rightarrow \boxed{n = 26}$$

4) Note que o número de camada é então 27. Como elas se intercalam e começa com 20^2, temos (20^2, 19^2, 20^2, 19^2, ... 19^2, 20^2). Temos 27 termos, 14 de 20^2 e 13 de 19^2. Então neste caso, temos:

N = 14(20^2) + 13(19^2) $\Rightarrow$ N = 14(400) + 13(361) $\Rightarrow$

N = 5600 + 4693 $\Rightarrow$ $\boxed{N = 10293}$

Há outro caso para a colocação das esferas mas o número é também é menor que 10593.

Resposta: 10593

340

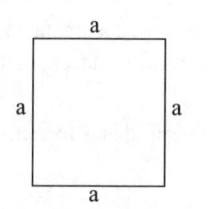

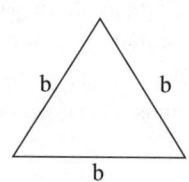

Do enunciado, temos:

$$\begin{cases} 4a + 3b = 10 \\ a^2 = \dfrac{b^2\sqrt{3}}{4}\cdot\sqrt{3} \end{cases} \Rightarrow \begin{cases} 4a + 3b = 10 \Rightarrow b = \dfrac{10-4a}{3} \quad (I) \\ 4a^2 = 3b^2 \quad (II) \end{cases}$$

Substituindo (I) em (II):

$$4a^2 = 3\left(\dfrac{10-4a}{3}\right)^2 \Rightarrow 4a^2 = 3\cdot\dfrac{100-80a+16a^2}{9} \Rightarrow$$

$$\Rightarrow 4a^2 - 80x + 100 = 0 \Rightarrow x = a^2 - 20a + 25 = 0$$

$\Delta = b^2 - 4ac \qquad a = \dfrac{20 \pm 10\sqrt{5}}{2}$

$\Delta = 400 + 100$

$\Delta = 500 \qquad\qquad a = 10 + 5\sqrt{5} \quad$ ou $\quad a = 10 - 5\sqrt{5}$

Porém $a = 10 + 5\sqrt{5}$ não serve, porque o arame media 10 metros e, desse modo, **a** não pode ser maior que 10 metros.

Logo, $a = 10 - 5\sqrt{5}$. Os pedaços de arame correspondentes são $4a = 4(10 - 5\sqrt{5}) = 20(2 - \sqrt{3})$, isto é, aproximadamente 20 (2 – 1,73) = 2. 0,27 = 5,4 m e outro 10 – 5,4 = 4,6 m.

Resposta: 5,4 m e 4,6 m

341

a) Gráfico de f(x)

Da definição de módulo,

$|x - 1| = x - 1$ se $x \geq 1$ e $|x - 1| = -x + 1$ se $x < 1$

Temos então dois casos a considerar:

1) $x \geq 1$

Então, $f(x) = |\,|x - 1| - 1\,|$, isto é, $f(x) = |x - 2|$

Se $x = 1$, $f(x) = |1 - 2| = 1$

Se $x = 2$, $f(x) = |2 - 2| = 0$

Se $x = 3$, $f(x) = |3 - 2| = 1$

O gráfico, para $x \geq 1$, é

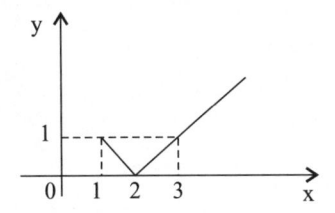

2) $x < 1$

Então $f(x) = |-x + 1 - 1| = |-x| = |x|$

Se $x = 1$, $f(x) = |1| = 1$

Se $x = 0$, $f(x) = |0| = 0$

Se $x = -1$, $f(x) = |-1| = 1$

Para $x < 1$ o gráfico fica

O gráfico de $f(x)$ é a união desses dois gráficos.

b) Gráfico de $g(x)$

$g(x) = 2 - \dfrac{x}{2}$

Se $x = 0$, $g(x) = 2$

Se $x = 4$, $g(x) = 0$

Representemos $f(x)$ e $g(x)$, no mesmo gráfico:

Vamos determinar a área S da região sombreada

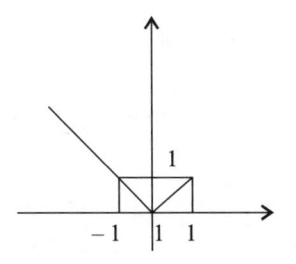

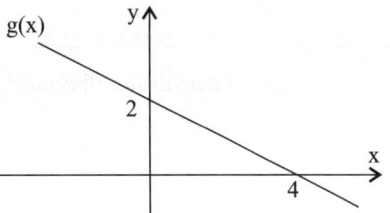

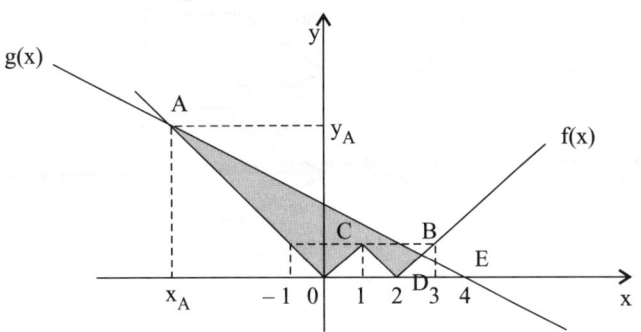

Para tal, precisamos obter as coordenadas dos pontos A e B.

1) Ponto A

Resolvendo o sistema $\begin{cases} y = -x \\ y = 2 - \dfrac{x}{2} \end{cases}$

temos: $2 - \dfrac{x}{2} = -x$ ou $4 - x = -2x$, ou ainda, $x = -4$ e $y = +4$.

Assim, A = (– 4, + 4).

2) Ponto B

Resolvemos o sistema $\begin{cases} y = x - 2 \\ y = 2 - \dfrac{x}{2} \end{cases}$

Igualando: $x - 2 = 2 - \dfrac{x}{2}$ ou $2x - 4 = 4 - x$, isto é, $x = \dfrac{8}{3}$ e $y = \dfrac{8}{3} - 2 = \dfrac{8-6}{3} = \dfrac{2}{3}$ e $B = \left(\dfrac{8}{3}, \dfrac{2}{3}\right)$

Se = área do $\triangle$AOE – área de $\triangle$COD – área do $\triangle$BDE

$S = \dfrac{4 \cdot 4}{2} - \dfrac{2 \cdot 1}{2} - \dfrac{2 \cdot \dfrac{2}{3}}{2} = 8 - 1 - \dfrac{2}{3} = \dfrac{24 - 3 - 2}{3} = \dfrac{19}{3}$

Resposta: Área de $\dfrac{19}{3}$

342

Vamos construir um diagrama de árvore de possibilidades.

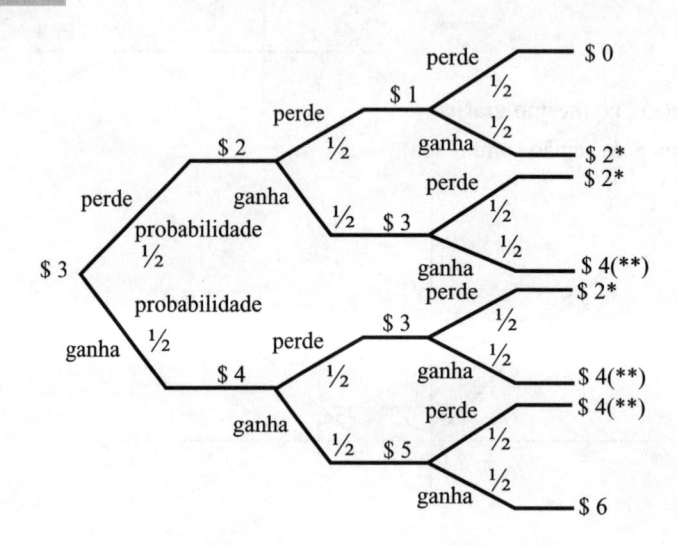

A probabilidade de terminar com $ 2 (*) é: $\dfrac{1}{2} \cdot \dfrac{1}{2} \cdot \dfrac{1}{2} \cdot 3 = \dfrac{3}{8}$

A porbabilidade de terminar com $ 4 (**) é: $\dfrac{1}{2} \cdot \dfrac{1}{2} \cdot \dfrac{1}{2} \cdot 3 = \dfrac{3}{8}$

Esses são os valores mais prováveis.

Resposta: $ 2 ou $ 4

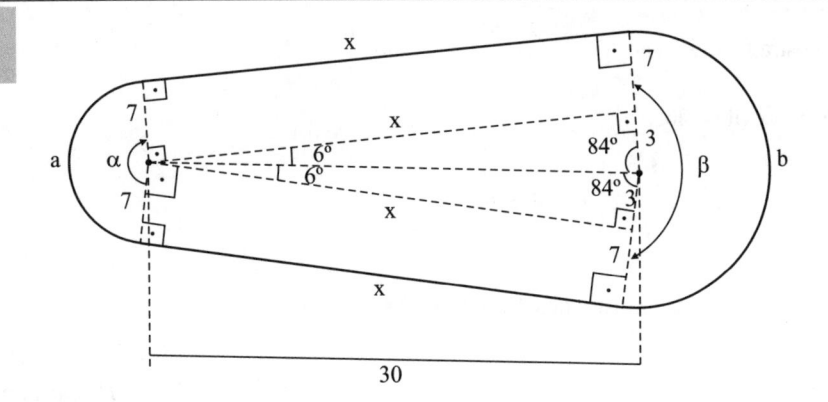

343

a) 1) $x^2 + 3^2 = 30^2 \Rightarrow x^2 = 891 \Rightarrow x = \sqrt{33} \cdot \sqrt{27} \Rightarrow x = 5,74 \cdot 5,2 \Rightarrow x = 29,848$

2) $\alpha = 360° - 2 . 96° \Rightarrow \alpha = 168°$

$a = \dfrac{168°}{360°} \cdot 2\pi \cdot 7 \Rightarrow a = \dfrac{1176\pi}{180}$

3) $\beta = 360° - 2 . 84° \Rightarrow \beta = 192°$

$b = \dfrac{192°}{360°} \cdot 2\pi \cdot 10 \Rightarrow b = \dfrac{1920\,\pi}{180}$

Sendo **d** o comprimento da correia, temos:

$d = 2x + a + b \Rightarrow d = 2 \cdot 29,848 + \dfrac{1176\pi}{180} + \dfrac{1920\pi}{180} \Leftrightarrow d = 59,696 + 17,2\pi$

b) Um ponto da circunferência menor percorre, em 500 rotações por minuto uma distância igual a $500 \cdot 2\pi \cdot 7$. Como a correia une essas polias, para que um ponto da circunferência da maior percorra a mesma distância, em um minuto, deverá realizar uma quantidade **n** de rotação tal que

$n \cdot 2\pi \cdot 10 = 500 \cdot 2\pi \cdot 7$, ou seja, n = 350.

Resposta: a) 59,696 + 17,2 π   b) 350 rotações por minuto

344

Vamos dispor as pessoas da fila conforme suas intenções de voto: AAABBBBB.

Poderemos, dessa maneira, dispô-las de $P_8^{3,5} = \dfrac{8!}{3!5!} = 56$ formas. Diremos que o número de elementos do espaço amostral será n(E) = 56.

a) As filas que nos interessam são:

AAA   BBBBB $\Rightarrow$ 1

$\underbrace{A\ A\ B}_{3} \cdot \underbrace{A\ B\ B\ B\ B}_{5} \Rightarrow \dfrac{15}{16}$

P(amostra favorável ao A) = $\dfrac{16}{56} = \dfrac{2}{7}$

b) Aqui as filas são:

$\underbrace{A\,A\,B\,B}_{P_4^{2,2}}\quad \underbrace{A\,B\,B\,B}_{4} \Rightarrow 6 \cdot 4 = 24$

P(dar empate numa amostra dos 4 primeiros) = $\dfrac{24}{56} = \dfrac{3}{7}$

Respostas: a) $\dfrac{2}{7}$ b) $\dfrac{3}{7}$

FGV/2007
Administração - 2ª Fase

345 Sendo $V_n = 45000 \cdot (1 - 0{,}04)^n$ o valor do automóvel, daqui a 10 anos teremos:
$V_{10} = 45000 \cdot (1 - 0{,}04)^{10}$
$V_{10} = 45000 \cdot (0{,}96)^{10}$
$V_{10} = 45 \cdot 10^3 \cdot (0{,}96)^n$

Alternativa d

346 O número inicial de funcionários é:
$N(0) = 10000 \cdot (0{,}01)^{0{,}5^0}$
$N(0) = 10000 \cdot (0{,}01)^1$
$N(0) = 100$

Alternativa e

347 $N(2) = 10000 \cdot (0{,}01)^{0{,}5^2}$
$N(2) = 10000 \cdot (0{,}01)^{0{,}25}$
$N(2) = 10^4 \cdot (10^{-2})^{0{,}25}$
$N(2) = 10^4 \cdot 10^{-0{,}5}$
$N(2) = 10^{4-0{,}5}$
$N(2) = 10^{3{,}5}$

Alternativa a

348 $N(t) = 1000$
$10000 \cdot (0{,}01)^{0{,}5^t} = 1000$
$10^4 \cdot (10^{-2})^{0{,}5^t} = 10^3$
$(10^{-2})^{0{,}5^t} = 10^{-1} \Rightarrow -2 \cdot 0{,}5^t = -1 \Rightarrow$
$\Rightarrow 0{,}5^t = \dfrac{1}{2} \Rightarrow 0{,}5^t = 0{,}5 \Rightarrow t = 1$

Alternativa b

349

Fatorando a equação dada
$xy + x - 3y - 2 = 0$, temos:
$xy + x - 3y - 3 + 1 = 0$
$x(y+1) - 3(y+1) = -1$
$(y+1)(x-3) = -1$
Das informações dadas no enunciado, tiramos:
ASSÍNTOTAS: $x = 3$ e $y = -1$ e CENTRO: $(3, -1)$

Alternativa c

350

Como o preço e a quantidade de produtos vendidos estão relacionados por uma função linear basta efetuar uma simples regra de três:

Variação do preço		Variação da quantidade vendido
8%	→	14%
14%	→	x

ou

$\dfrac{8}{100}$	→	$\dfrac{14}{100}$
$\dfrac{14}{100}$	→	x

então x . $\dfrac{8}{100} = \dfrac{14}{100} \cdot \dfrac{14}{100}$ ⟹ $x = 25,4\%$

Alternativa d

351

Sendo o sólido da figura um paralelepípedo retângulo, as retas **a**, **b**, **c** e **d** são todas perpendiculares à reta **r** e note que: **a** e **b** são concorrentes **a** e **b**

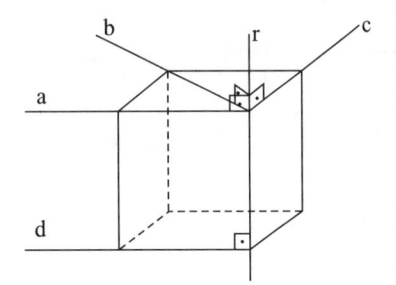

são concorrentes ⟹ I : (V)

a e **c** são perpendiculares entre si ⟹ II : (V)

a e **d** são paralelas ⟹ III : (V)

b e **d** são reversas não ortogonais ⟹ IV : (V)

c e **d** são ortogonais ⟹ V : (V)

Então todas afirmações são verdadeiras.

Alternativa a

352

As coordenadas polares de P são dadas por P(r, θ).
Como as coordenadas retangulares são (x, y) e (1, 1) obtemos

$r = \sqrt{2}$ e $\theta = 45°$ ou $\theta = \dfrac{\pi}{4}$ rad.

Então as coordenadas polares de

P(1, 1) são $P\left(\sqrt{2}, \dfrac{\pi}{4}\right)$

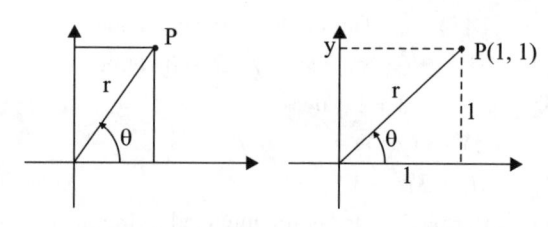

Alternativa c

353

Como

$\operatorname{sen}\theta = \dfrac{y}{r}$, $\cos\theta = \dfrac{x}{r}$ e, $r = \sqrt{x^2 + y^2}$

fazendo $x = r\cos\theta$, $y = r\operatorname{sen}\theta$ e $r^2 = x^2 + y^2$, obtemos:

$x^2 + y^2 = x + y \Rightarrow r^2 = r\cos\theta + r\operatorname{sen}\theta \Rightarrow$

$\boxed{r = \cos\theta + \operatorname{sen}\theta}$

Esta é a equação polar da curva dada (ver dica).

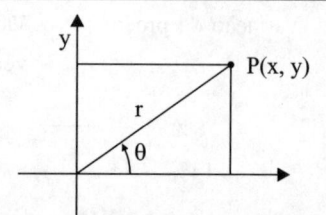

Coornadas:
Retangular: P(x, y)
Polar: P(r, θ)

Alternativa a

354

$\operatorname{sen}^2 x - \operatorname{sen}(-x) = 0$

como sen (– x) = – sen x , vem:

$\operatorname{sen}^2 x + \operatorname{sen} x = 0$

senx (senx + 1) = 0

∴ senx = 0 ou senx = – 1

No intervalo $[0, 2\pi]$, temos: $x = 0$, $x = \pi$, $x = 2\pi$ e $x = \dfrac{3\pi}{2}$.

Logo a soma das raízes é: $0 + \pi + 2\pi + \dfrac{3\pi}{2} = \dfrac{9\pi}{2}$.

Alternativa b

355

O texto sugere que a hipótese mais aceita para o número 60 ter sido escolhido como base foi o fato de ele ter muitos divisores. Uma grandeza de 60 unidades pode ser facilmente divididas em metades, terços, quartos, quintos, sextos, etc.

Alternativa d

356

Entre as alternativas, o número que apresenta o maior número de divisores é 36 (divisores naturais: 1, 2, 3, 4, 6, 9, 12, 18 e 36).

Alternativa e

357

1) área (ABCD) = 4

$(BC)^2 = 4$

$BC = 2$

2) AM + AN = AB

$X + AN = 2 \Rightarrow AN = 2 - x$

3) área (AMN) = $\dfrac{x(2-x)}{2} = -\dfrac{1}{2} \cdot x^2 + x$

4) Uma função polinomial do 2º grau $f(x) = ax^2 + bx + c$, com a, b e c constantes e a < 0, atinge seu valor máximo quando $x = -\dfrac{b}{2a}$. Assim, a área do ΔAMN será máxima para $x = \dfrac{-1}{2 \cdot \left(-\dfrac{1}{2}\right)} = 1$.

Para esse x, a área AMN será igual a $\dfrac{1 \cdot (2-1)}{2} = \dfrac{1}{2}$

Alternativa c

358

I. Multiplicando todos os termos por 2, temos:

$x - 1 + y - 1 = 0$ ou $x + y - 2 = 0$ que é a equação de uma reta (I - d).

II. $x^2 - 1 = 0$

Fatorando: $(x + 1)(x - 1) = 0$

Tiramos: $x = -1$ e $x = 1$ que são equações de duas retas verticais e, portanto, parábola. (II - e)

III. $y = x^2 - 1$ é a equação de uma parábola (III - a)

IV. $x^2 + 2y^2 = 2$

Dividindo todos os termos por 2, vem:

$\dfrac{x^2}{2} + \dfrac{y^2}{1} = 1$ é a equação de uma elipse (IV - b)

V. $x^2 - y^2 = -1$

Multiplicando todos os termos por (-1), obtemos:

$y^2 - x^2 = 1$ ou $\dfrac{y^2}{1} - \dfrac{x^2}{1} = 1$ equação de uma hipérbole (V - c)

Alternativa b

359 Pela tabela podemos observar que:

$$P(1) = \frac{150}{1800} = \frac{3}{36} \;;\; P(2) = \frac{300}{1800} = \frac{6}{36} \;;\; P(3) = \frac{450}{1800} = \frac{9}{36} \;;$$

$$P(4) = \frac{300}{1800} = \frac{6}{36} \;;\; P(5) = \frac{350}{1800} \text{ e } P(6) = \frac{250}{1800} = \frac{5}{36}$$

a) A probabilidade de, jogando o dado duas vezes, sair pelo menos uma face 3 é 1 − p(não sair nenhum 3 nas duas jogadas) =

$$= 1 - \frac{27}{36} \cdot \frac{27}{36} = 1 - \frac{3}{4} \cdot \frac{3}{4} = 1 - \frac{9}{16} = \frac{7}{16} \text{ e não } \frac{1}{6}$$

b) A probabilidade de sair pelo menos uma face 4 é:

$$1 - \frac{30}{36} \cdot \frac{30}{36} = 1 - \frac{5}{6} \cdot \frac{5}{6} = 1 - \frac{25}{36} = \frac{11}{36} \text{ e } \textbf{está correto!}$$

c) A probabilidade de saírem duas faces 2 é:

$$\frac{6}{36} \cdot \frac{6}{36} = \frac{1}{6} \cdot \frac{1}{6} = \frac{1}{36} \text{ e não } \frac{1}{3}$$

d) A probabilidade de saírem as faces 3 e 4 é:

$$\frac{3}{36} \cdot \frac{6}{36} \cdot 2 = \frac{1}{36} \text{ e não } \frac{1}{18}$$

e) A probabilidade de saírem duas faces maiores que 5 é:

$$\frac{5}{36} \cdot \frac{5}{36} = \frac{25}{1296} \text{ e não } \frac{35}{36}$$

Alternativa b

FGV/2007
Economia - 1ª Fase

360 Vamos determinar, inicialmente, as abscissas dos pontos comuns (das extremidades do segmento interior à parábola):

Fazendo $f(x) = g(x)$, temos:

$x^2 = x + 6$, isto é, $x^2 - x - 6 = 0$, ou seja, $(x + 2)(x - 3) = 0$

Portanto, $x = -2$ ou $x = 3$

O comprimento ℓ de cada um desses segmentos citados no enunciado é dado por

$\ell = g(x) - f(x)$, para cada x tal que $-2 < x < 3$

Assim $\ell(x) = -x^2 + x + 6$

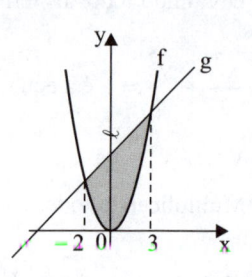

ℓ é máximo quando $x = -\dfrac{b}{2a} = -\dfrac{1}{2(-1)} = \dfrac{1}{2}$

Seu valor é $\ell\left(\dfrac{1}{2}\right) = -\left(\dfrac{1}{2}\right)^2 + \dfrac{1}{2} + 6 = -\dfrac{1}{4} + \dfrac{1}{2} + 6 = \dfrac{-1+2+24}{4} = \dfrac{25}{4} = 6{,}25$

Alternativa b

361

1) Note o volume de líquido derramado é igual à metade do cilindro circular reto de raio 3,6 e altura **h**.

2) Cálculo de **h**

$\operatorname{tg} 45° = \dfrac{7{,}2}{h} \Rightarrow 1 = \dfrac{7{,}2}{h} \Rightarrow \boxed{h = 7{,}2}$

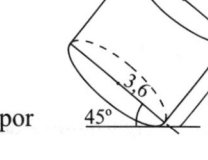

3) Como o volume de um cilindro de raio **r** e altura **h** é dado por $\pi r^2 h$, o volume **V** do líquido derramado é:

$V = \dfrac{1}{2}[\pi \cdot 3{,}6^2 \cdot 7{,}2]$

4) Vejamos que porcentagem do total de água corresponde o volume V.

$\dfrac{1}{2}[\pi \cdot 3{,}6^2 \cdot 7{,}2] = x \cdot [\pi \cdot 3{,}6^2 \cdot 15] \Rightarrow 3{,}6 = 15x \Rightarrow x = \dfrac{3{,}6}{15} = \dfrac{1{,}2}{5} = \dfrac{1{,}2}{5} \cdot \dfrac{20}{20} \Rightarrow$

$x = \dfrac{24}{100} \Rightarrow \boxed{x = 24\%}$

Alternativa d

362

Sendo $P(x) = \underset{\underset{a_0}{\uparrow}}{a}x^3 + \underset{\underset{a_1}{\uparrow}}{b}x^2 + \underset{\underset{a_2}{\uparrow}}{c}x + \underset{\underset{a_3}{\uparrow}}{d}$, da figura obtemos:

1) $P(-3) = 0$

2) $P(2) = 0$

3) $P(\alpha) = 0$ (terceira raiz) e $0 < \alpha < 1$

4) $P(0) = d$ e $1 < d < 2$

5) $P(1) = a + b + c + d$ e $-1 < P(1) < a$

6) produto das raízes $= (-3) \cdot 2 \cdot \alpha = -6\alpha$

como $0 < \alpha < 1 \Rightarrow 0 > -6\alpha > -6$

Da afirmação (5) concluímos que

$-1 < a + b + c + d < 0$ (Alternativa **a**) é correta.

b) falsa (veja afirmação (4))

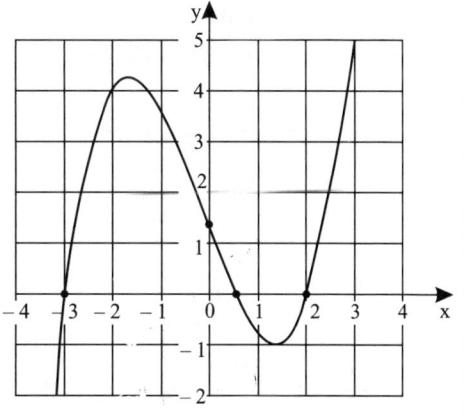

c) falsa (observe a figura)

d) falsa ($-6\alpha > -6$, afirmação (6))

e) falsa (as três raízes são distintas duas a duas)

Alternativa a

363

Números com 1 algarismo que começam com 1 : 1

Números com 2 algarismos que começam com 1:

$$\frac{1}{\boxed{1}} \cdot \frac{10}{} = 10$$

Números com 3 algarismos que começam com 1:

$$\frac{1}{\boxed{1}} \cdot \frac{10}{} \cdot \frac{10}{} = 100$$

Números com 4 algarismos que começam com 1:

$$\frac{1}{\boxed{1}} \cdot \frac{10}{} \cdot \frac{10}{} \cdot \frac{10}{} = 1000$$

Com 5 algarismos só temos o 10000 : 1

Total de números que começam com 1: 1 + 10 + 100 + 1000 + 1 = 1112

A probabilidade será: $\dfrac{1112}{10000} = 11{,}12\%$

Alternativa c

364

1) a medida do arco $\widehat{DB}$ é o dobro da medida do ângulo inscrito DÂB.

2) A medida do ângulo inscrito DÔB é igual a medida do arco que ele subentende. Portanto DÔB = 30°.

3) Seja A_F a área pedida

A_F = área (OCD) – área (setor OBD)

$$A_F = \frac{1}{2} \cdot 2 \cdot 6 \cdot \operatorname{sen} 30° - \frac{30°}{360°} \cdot \pi r^2$$

$$A_F = \frac{1}{2} \cdot 2 \cdot 6 \cdot \frac{1}{2} - \frac{1}{12} \cdot \pi \cdot 2^2$$

$$A_F = 3 - \frac{\pi}{3}$$

$$A_F = \frac{9-\pi}{3}$$

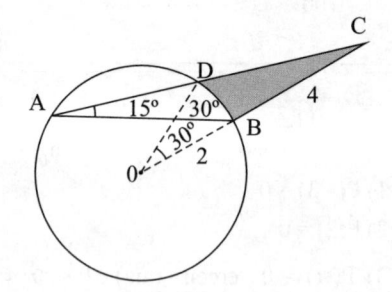

Alternativa a

365 De acordo com o enunciado $2 a_{ij} = 3 b_{ij}$ para $i, j \in \{1, 2, 3, 4\}$.

Desse modo, temos $a_{ij} = \dfrac{3}{2} b_{ij} \Rightarrow A = \dfrac{3}{2} B \Rightarrow \det(A) = \det\left(\dfrac{3}{2} B\right) \Rightarrow$

$\Rightarrow \det(A) = \left(\dfrac{3}{2}\right)^4 \cdot \det(B) \Rightarrow \det(A) = \dfrac{81}{16} \det(B) \Rightarrow \dfrac{3}{4} = \dfrac{81}{16} \det(B) \Rightarrow \det(B) = \dfrac{4}{27}$

Alternativa b

366
$\begin{cases} \text{I)} \ \dfrac{1}{x^4} + \dfrac{1}{y} = 1 \ \Rightarrow \ \dfrac{1}{y} = 1 - \dfrac{1}{x^4} \\ \text{II)} \ \dfrac{y}{y-1} = 2x^3 + x^2 - 2x \end{cases}$

De (II), temos: $\dfrac{y}{y-1} = \dfrac{\frac{y}{y}}{\frac{y-1}{y}} = \dfrac{1}{\frac{y}{y} - \frac{1}{y}} = \dfrac{1}{1 - \frac{1}{y}}$

Portanto:

$\dfrac{1}{1 - \dfrac{1}{y}} = 2x^3 + x^2 - 2x \ \Rightarrow \ \dfrac{1}{1 - \left(1 - \dfrac{1}{x^4}\right)} = 2x^3 + x^2 - 2x$

$\Rightarrow x^4 = 2x^3 + x^2 - 2x \Rightarrow x^4 - 2x^3 - x^2 + 2x = 0$

$\Rightarrow x [x^3 - 2x^2 - x + 2] = x [x^2(x - 2) - 1(x - 2)] = 0$

$\Rightarrow x [(x - 2)(x^2 - 1)] = 0 \Rightarrow x [(x - 2)(x + 1)(x - 1)] = 0$

Cujas raízes são: $x = 0, x = 2, x = 1, x = -1$.

Substituindo em (I), temos:

$x = 0$ (não serve)

$x = 1 \Rightarrow 1 + \dfrac{1}{y} = 1 \Rightarrow \dfrac{1}{y} = 0$ ($\nexists$ y que satisfaça)

$x = -1 \Rightarrow 1 + \dfrac{1}{y} = 1 \Rightarrow$ ($\nexists$ y que satisfaça)

$x = 2 \Rightarrow \dfrac{1}{16} + \dfrac{1}{y} = 1 \Rightarrow \dfrac{1}{y} = \dfrac{15}{16} \Rightarrow y = \dfrac{16}{15} \Rightarrow (x, y) = \left(2, \dfrac{16}{15}\right)$

Alternativa b

367 Na figura ao lado, temos: **r** é a reta de equação $x - y - 1 = 0$ que contém a diagonal PR do quadrado e Q é o vértice de coordenadas Q = (4, 6).

Vamos determinar o vértice S. Seja **t** a reta que contém a outra diagonal.

Como as diagonais de um quadrado são perpendiculares, **t** tem equação $x + y + c = 0$.

t passa por Q. Então, $4 + 6 + c = 0$, isto é, $c = -10$.

Assim, (t) $x + y - 10 = 0$

O ponto A, intersecção entre **r** e **t**, tem suas coordenadas obtidas resolvendo o sistema com as equações dessas retas: $\begin{cases} x - y = 1 \\ x + y = 10 \end{cases}$

Somando membro a membro essas equações, temos:

$$\begin{cases} x - y = 1 \\ x + y = 10 \end{cases}$$
$$2x = 11$$, isto é, $x = \frac{11}{2}$ e $y = 10 - x = 10 - \frac{11}{2} = \frac{9}{2}$

Portanto, $A = \left(\frac{11}{2}, \frac{9}{2}\right)$

O ponto A é ponto médio do segmento Q_S. Assim,

$\frac{11}{2} = \frac{4 + x_S}{2}$, isto é, $11 = 4 + x_S$ ou $x_S = 7$

e $\frac{9}{2} = \frac{6 + y_S}{2}$, ou seja, $9 = 6 + y_S$ ou $y_S = 3$

Então, S = (7, 3)

A distância de S à origem O = (0, 0) é

$d = \sqrt{(7-0)^2 + (3-a)^2} = \sqrt{49 + 9} = \sqrt{58}$

Alternativa d

368

$$f\left(\frac{1}{50}\right) = 6 \Rightarrow 2 + a \cdot \log\left(\frac{b}{50}\right) = 6$$

$$f\left(\frac{1}{5}\right) = 2 \Rightarrow 2 + a \cdot \log\left(\frac{b}{5}\right) = 2$$

Assim, temos:

$$\begin{cases} a \cdot \log\left(\frac{b}{50}\right) = 4 \quad (I) \\ a \cdot \log\left(\frac{b}{5}\right) = 0 \quad (II) \end{cases}$$

De (I) podemos concluir que $a \neq 0$. Analisando a equação (II), como $a \neq 0$, temos que

$$\log\left(\frac{b}{5}\right) = 0 \Rightarrow \frac{b}{5} = 10^0 \Rightarrow \frac{b}{5} = 1 \Rightarrow b = 5$$

Substituindo b = 5 na equação (I), vem:

$$a \cdot \log\left(\frac{5}{50}\right) = 4 \Rightarrow a \cdot \log 10^{-1} = 4 \Rightarrow -a = 4 \Rightarrow a = -4$$

Logo $f(x) = 2 - 4 \cdot \log(5x)$

O gráfico da função f(x) cruzará o eixo x se f(x) = 0, ou seja, $2 - 4 \cdot \log(5x) = 0 \Rightarrow 4 \log(5x) = 2$

$$\Rightarrow \log(5x) = \frac{1}{2} \Rightarrow 5x = 10^{1/2} \Rightarrow x = \frac{\sqrt{10}}{5}$$

Alternativa c

369

I. Verdadeiro: Tome $n = \dfrac{1}{\sqrt{2}}$ e $p = \dfrac{1}{4-\sqrt{2}}$.

Assim, $\dfrac{1}{n} + \dfrac{1}{p} = \sqrt{2} + 4 - \sqrt{2} = 4$ (inteiro não nulo).

II. Verdadeiro: Tome $n = \dfrac{3}{\sqrt{2}}$ e $p = \dfrac{3}{4-\sqrt{2}}$

Assim, $\dfrac{1}{n} + \dfrac{1}{p} = \dfrac{\sqrt{2}}{3} + \dfrac{4-\sqrt{2}}{3} = \dfrac{4}{3}$ (racional não inteiro).

III. Verdadeiro: Tome $n = \dfrac{1}{\sqrt{2}}$ e $p = \dfrac{1}{\sqrt{3}}$

Assim, temos $\dfrac{1}{n} + \dfrac{1}{p} = \sqrt{2} + \sqrt{3}$ (irracional).

IV. Verdadeiro: Tome $n = \dfrac{1}{\sqrt{2}}$ e $p = -\dfrac{1}{\sqrt{2}}$.

Assim, $\dfrac{1}{n} + \dfrac{1}{p} = \sqrt{2} + (-\sqrt{2}) = 0$ (zero).

V. Falso: Os inversos de dois números irracionais são números reais e a soma de dois números reais é um número real; não pode ser imaginário puro.

Alternativa d

370

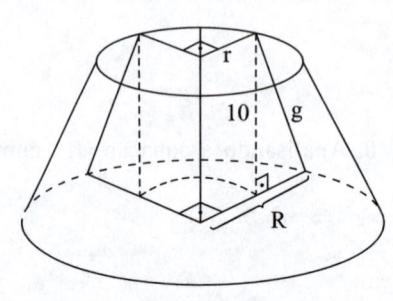

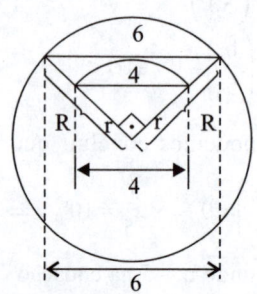

1) Dadas as cordas 6 e 4 como os triângulos obtidos são retângulos isósceles de catetos **r**, e **R**, determinemos **r** e **R**.

$r^2 + r^2 = 4^2$ e $R^2 + R^2 = 6^2$ $\Rightarrow$ $r^2 = 8$ e $R^2 = 18$ $\Rightarrow$ $r = 2\sqrt{2}$ e $R = 3\sqrt{2}$

2) No triângulo sombreado da 1ª figura obtemos:

$g^2 = 10^2 + (R-r)^2 \Rightarrow g^2 + 10^2 + (3\sqrt{2} - 2\sqrt{2})^2 \Rightarrow g^2 = 10^2 + (\sqrt{2})^2 \Rightarrow g^2 = 102 \Rightarrow \boxed{g = \sqrt{102}}$

Alternativa b

371

1) **G** é baricentro do triângulo ABC. Portanto.

BG = 2 . (GM)

AG = 2 . (GN)

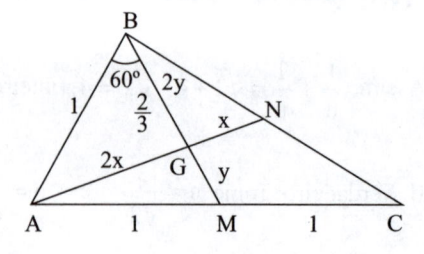

2) AG + GM = 1 $\Rightarrow$ 3y = 1 $\Rightarrow$ $y = \dfrac{1}{3}$ $\Rightarrow$ $2y = \dfrac{2}{3}$

3) Aplicando a lei dos cossenos no $\triangle ABG$.

$(2x)^2 = 1^2 + \left(\dfrac{2}{3}\right)^2 - 2 \cdot 1 \cdot \dfrac{2}{3} \cdot \cos 60°$

$4x^2 = 1 + \dfrac{4}{9} - 2 \cdot 1 \cdot \dfrac{2}{3} \cdot \dfrac{1}{2}$

$x = \dfrac{\sqrt{7}}{6}$

Alternativa d

372 Representemos, num plano cartesiano, os pontos dados e os seus simétricos em relação ao eixo **x**.

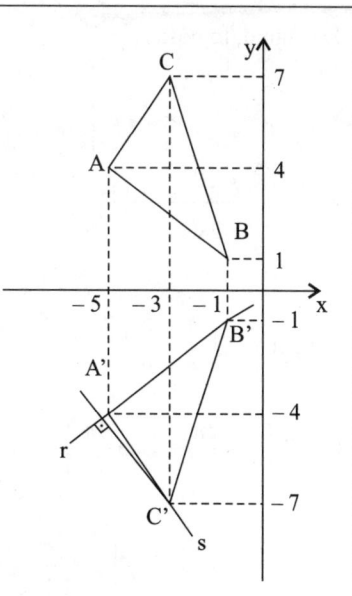

Obtemos: A' = (– 5, – 4), B' = (– 1, – 1) e C' = (– 3, – 7)

Se **r** é a reta A'B', r tem equação

$$\begin{vmatrix} -5 & -4 & 1 \\ -1 & -1 & 1 \\ x & y & 1 \end{vmatrix} = 0$$

Desenvolvendo, por LAPLACE, através da 3ª linha, temos:

x (– 4 + 1) – y (– 5 + 1) + 1 (5 – 4) = 0 , isto é,

– 3x + 4y + 1 = 0 ou (r) 3x – 4y – 1 = 0

Seja **s** a reta suporte da altura pedida, **s** é perpendicular a **r**.
Então s tem equação 4x + 3y + c = 0.

Como s passa por C', vem. 4 . (– 3) + 3 (– 7) + c = 0 ou c = 33

Então, s tem equação 4x + 3y + 33 = 0

Alternativa c

---

373 O termo geral da expansão de $(-2x + k)^{12}$ é $T_{p+1} = \binom{12}{p}(-2x)^{12-p}(k)^p$ e seu 3º termo será

$$T_3 = \binom{12}{2}(-2x)^{12-2}(k)^2 = \frac{12!}{2!10!}(-2x)^{10}k^2 = \frac{12 \cdot 11 \cdot 10!}{2 \cdot 10!} \cdot 2^{10} \cdot x^{10} \cdot k^2 =$$

$$= 66 \cdot 2^{10} \cdot x^{10} \cdot k^2 = 66\, x^{10} \Rightarrow 2^{10} \cdot k^2 = 1 \Rightarrow k^2 = \frac{1}{2^{10}}$$

e $|k| = \left|\frac{1}{2^5}\right|$, como k > 0 $\Rightarrow k = \frac{1}{2^5} = \frac{1}{32}$

Alternativa e

---

374 **1ª Resolução:**

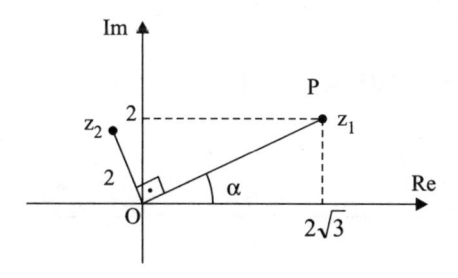

Da figura, temos:

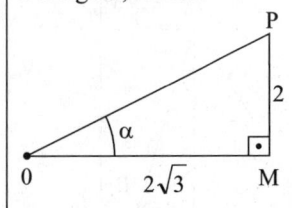

$(OP)^2 = (OM)^2 + (MP)^2$
$(OP)^2 = 12 + 4 \Rightarrow OP = 4$

$\text{sen}\,\alpha = \dfrac{2}{4} = \dfrac{1}{2} \Rightarrow \alpha = \dfrac{\pi}{6} \Rightarrow z_1 = 4\left(\cos\dfrac{\pi}{6} + i\,\text{sen}\,\dfrac{\pi}{6}\right)$

$|z_2| = 2 = d_{Oz_2} = $ distância de O até z_2

$\arg(z_2) = \alpha + \dfrac{\pi}{2} = \dfrac{\pi}{6} + \dfrac{\pi}{2} = \dfrac{4\pi}{6} = \dfrac{2\pi}{3}$

$z_2 = 2\left(\cos\dfrac{2\pi}{3} + i\,\text{sen}\,\dfrac{2\pi}{3}\right)$

Então: $z_1 \cdot z_2 = 2 \cdot 4\left[\cos\left(\dfrac{\pi}{6} + \dfrac{2\pi}{3}\right) + i\,\text{sen}\,\dfrac{5\pi}{6}\right]$

$z_1 \cdot z_2 = 8\left(-\dfrac{\sqrt{3}}{2} + \dfrac{1}{2}i\right) = -4\sqrt{3} + 4i = a + bi$

Portanto: $a + b = -4\sqrt{3} + 4 = 4(1 - \sqrt{3})$

2ª Resolução: Analogamente à primeira resolução obtemos $\alpha = \dfrac{\pi}{6}$ e, consequentemente,

$\arg(z_2) = \dfrac{\pi}{6} + \dfrac{\pi}{2} = \dfrac{4\pi}{6} = \dfrac{2\pi}{3}$ e $|z_2| = 2$

$z_2 = 2\left(\cos\dfrac{2\pi}{3} + i\,\text{sen}\,\dfrac{2\pi}{3}\right) = 2\left(-\dfrac{1}{2} + i\dfrac{\sqrt{3}}{2}\right) = -1 + i\sqrt{3}$

Portanto:

$z_1 \cdot z_2 = (2\sqrt{3} + 2i)(-1 + i\sqrt{3}) = -2\sqrt{3} + 6i - 2i - 2\sqrt{3} =$

$= -4\sqrt{3} + 4i = a + bi \Rightarrow a = -4\sqrt{3}$ e $b = 4$

$\Rightarrow a + b = -4\sqrt{3} + 4 = 4(1 - \sqrt{3})$

Alternativa a

375

Como apenas dois dos vendedores não poderão ser promovidos faremos

$$C_{n-2,2} = \frac{(n-2)!}{2!\,(n-4)!} = 105 \Rightarrow$$

$$\Rightarrow \frac{(n-2)(n-3)(n-4)!}{2(n-4)!} = 105 \Rightarrow (n-2)(n-3) = 210$$

$\Rightarrow n^2 - 5n - 204 = 0 \Rightarrow n = 17$

Alternativa e

376

$1 + \text{senx} = 2\,|\cos 2x|$, com $0 \leq x \leq 2\pi$.

Consideremos as funções $f(x) = 1 + \text{senx}$ e $g(x) = 2\,|\cos 2x|$ e seus gráficos.

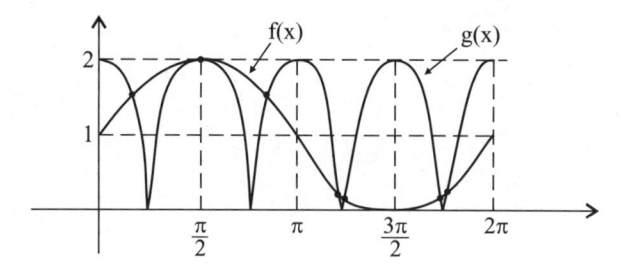

O número de soluções são os pontos de intersecções dos gráficos de f(x) e g(x).
Portanto, temos 7 soluções.

Alternativa b

377

$P(x) = 5x^3 + (m - 12)x^2 + (m^2 - 2m)x - 2m^2 + p + 9$
$d(x) = x - 2$

Obtenhamos Q(x) e R(x) usando o dispositivo de Briot-Ruffini

5	m – 12	$m^2 - 2m$	$-2m^2 + p + 9$	2	(x – 2)
5	m – 2	$m^2 - 4$	p + 1		

$Q(x) = 5x^2 + (m - 2)x + (m^2 - 4)x^0$
$R(x) = (p + 1)x^0 = p + 1$ (gr(R) = 0 ou R(x) ≡ 0).
Para que Q'(x) = R(x) para qualquer x ∈ R, necessariamente teremos:
$Q'(x) = (m - 2)x^2 + (m^2 - 4)x + 5$ ou
$Q'(x) = (m^2 - 4)x^2 + (m - 2)x + 5$
Assim sendo, R(x) ≡ Q'(x) implica

$\begin{cases} \text{I)}\ p + 1 = 5 \\ \text{II)}\ m - 2 = 0 \\ \text{III)}\ m^2 - 4 = 0 \end{cases} \Rightarrow \mathbf{p = 4\ e\ m = 2}$

$m + p = 6$

Alternativa c

378

Sendo E(p) > 1, temos: $\dfrac{-p^2-2p+1}{-4p+1} > 1$

$\dfrac{-p^2-2p+1}{-4p+1} - 1 > 0 \quad \dfrac{-p^2-2p+1+4p-1}{-4p+1} > 0 \quad \dfrac{-p^2+2p}{-4p+1} > 0$

Temos uma inequação quociente do tipo $\dfrac{y}{z} > 0$

1) Final de $y = -p^2 + 2p$

Raízes: $p(-p+2) = 0$ vem $p = 0$ ou $p = 2$

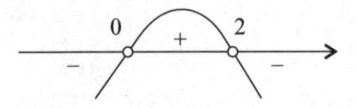

2) Final de $z = -4p + 1$

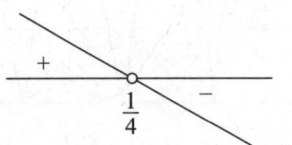

Raiz: $-4p + 1 = 0$ sai $p = \dfrac{1}{4}$

QUADRO DE SINAIS

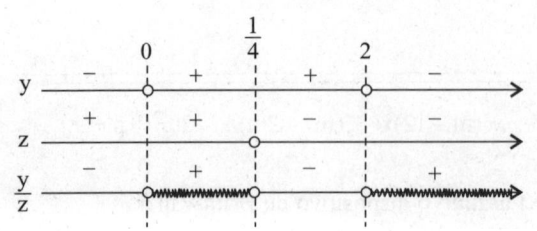

	0	$\frac{1}{4}$	2	
y	−	+	+	−
z	+	+	−	−
y/z	−	+	−	+

Portanto, p pertence ao intervalo $\left]0, \dfrac{1}{4}\right[\cup \left]2, +\infty\right[$

Alternativa d

379

Colocados os amigos em ordem crescente de altura, sejam a, b, c, d essas alturas (a < b < c < d) em metros.

Se a mediana de suas alturas é 1,70, temos: $\dfrac{b+c}{2} = 1,70$ ou $b + c = 3,40$.

Se a média das alturas é 1,72, vem: $\dfrac{a+b+c+d}{4} = 1,72$ ou $a + (b + c) + d = 6,88$, ou ainda,

$a + 3,40 + d = 6,88$

Então, $a + d = 6,88 - 3,40 = 3,48$

A média entre as alturas do mais baixo e do mais alto é $\dfrac{a+d}{2} = \dfrac{3,48}{2} = 1,74$

Alternativa e

380

Como a renda de João aumentou de janeiro para fevereiro e de fevereiro para março e, neste período, não houve variação nos preços dos bens **X** e **Y**, o único gráfico que mostra crescimentos proporcionais é o da alternativa e.

Alternativa e

381

$S(x) = D(x) \Rightarrow 4^x + 2^{x+1} = -2^x + 40 \Rightarrow (2^x)^2 + 2^x \cdot 2 + 2^x - 40 = 0 \Rightarrow$

$\Rightarrow (2^x)^2 + 3 \cdot 2^x - 40 = 0$

Sendo $2^x = A$, temos:

$A^2 + 3A - 8 = 0 \Rightarrow (A+8)(A-5) = 0 \Rightarrow A = -8$ ou $A = 5$

se $A = -8 \Rightarrow 2^x = -8$ (não convém, pois $\nexists\, x \in \mathbb{R}$)

se $A = 5 \Rightarrow 2^x = 5 \Rightarrow x = \log_2 5 \Rightarrow x = \dfrac{\log 5}{\log 2} \Rightarrow x = \dfrac{\log\left(\dfrac{10}{2}\right)}{\log 2} \Rightarrow$

$\Rightarrow x = \dfrac{\log 10 - \log 2}{\log 2} \Rightarrow x = \dfrac{1 - \log 2}{\log 2}$

Alternativa d

382

Do enunciado, temos:

$\begin{cases} x + y = 12\,000 \\ 1{,}12x + 1{,}08y = 13\,300 \end{cases}$. (1,12)

$\begin{cases} 1{,}12x + 1{,}12y = 13440 \\ -1{,}12x - 1{,}08y = -13300 \end{cases}$

$0{,}04y = 140$

$y = 3500$

Assim, $x = 8500$

Logo $\dfrac{x}{y} = \dfrac{3500}{8500} \therefore \dfrac{y}{x} = \dfrac{7}{17}$

Alternativa c

383

Do gráfico, tiramos as informações iniciais (antes de acrescentar n objetos):

2 objetos de massa 3 kg

3 objetos de massa 4 kg

1 objeto de massa 6 kg

A massa média desses objetos era

$m = \dfrac{2 \cdot 3 + 3 \cdot 4 + 1 \cdot 6}{2 + 3 + 1} = \dfrac{24}{6} = 4$

e o desvio padrão era

$$d = \sqrt{\frac{2(3-4)^2 + 3(4-4)^2 + 1.(6-4)^2}{2+3+1}} = \sqrt{\frac{2+0+4}{6}} = \sqrt{1} = 1$$

Após o acréscimo, ficamos em

2 objetos de massa 3 kg

n + 3 objetos de massa 4 kg

1 objeto de massa 6 kg

O desvio padrão passou a ser metade do que era, isto é, $\frac{d}{2} = \frac{1}{2}$

Então, $\sqrt{\frac{2(3-4)^2 + (n+3)(4-4)^2 + 1(6-4)^2}{2+n+3+1}} = \frac{1}{2} \Rightarrow \sqrt{\frac{2+0+4}{n+6}} = \frac{1}{2}$

Elevando ao quadrado membro a membro, temos:

$\frac{6}{n+6} = \frac{1}{4}$, isto é, n + 6 = 24, ou seja, n = 18

Alternativa a

384 Em 45 voltas o ângulo de observação aumentará 45 . 0,5° = 22,5°.

Considerando as medidas indicadas, temos:

1) $\frac{AD}{AB} = tg\,30° \Rightarrow \frac{\sqrt{3} + 1 - \sqrt{2}}{AB} = \frac{\sqrt{3}}{3} \Rightarrow$

$\Rightarrow AB = 3 + \sqrt{3} - \sqrt{6}$

2) $tg(30° + 22,5°) = \frac{h + \sqrt{3} + 1 - \sqrt{2}}{3 + \sqrt{3} - \sqrt{6}} \Rightarrow$

$\Rightarrow \frac{tg\,30° + tg\,22,5°}{1 - tg\,30° \cdot tg\,22,5°} = \frac{h + \sqrt{3} + 1 - \sqrt{2}}{3 + \sqrt{3} - \sqrt{6}}$

3) $tg\,45° = tg\,2.22,5° = \frac{2 \cdot tg\,22,5°}{1 - tg^2\,22,5°}$. Fazendo tg 22,5° = x, vem:

$1 = \frac{2x}{1 - x^2} \Rightarrow x^2 + 2x - 1 = 0 \Rightarrow x = \sqrt{2} - 1$

Portanto, tg 22,5° = $\sqrt{2} - 1$. Substituindo em (2):

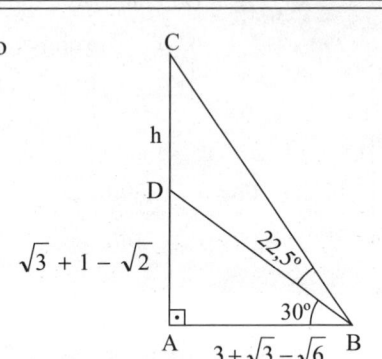

$$\frac{\frac{\sqrt{3}}{3}+\sqrt{2}-1}{1-\frac{\sqrt{3}}{3}\cdot(\sqrt{2}-1)} = \frac{h+\sqrt{3}+1-\sqrt{2}}{3+\sqrt{3}-\sqrt{6}} \Rightarrow \frac{\sqrt{3}+3\sqrt{2}-3}{3-\sqrt{6}+\sqrt{3}} = \frac{h+\sqrt{3}+1-\sqrt{2}}{3+\sqrt{3}-\sqrt{6}} \Rightarrow$$

$$\Rightarrow h+\sqrt{3}+1-\sqrt{2} = \sqrt{3}+3\sqrt{2}-3 \Rightarrow h = 4\sqrt{2}-4 \Rightarrow$$

$$\Rightarrow h = 4(\sqrt{2}-1)\,m$$

Alternativa c

385

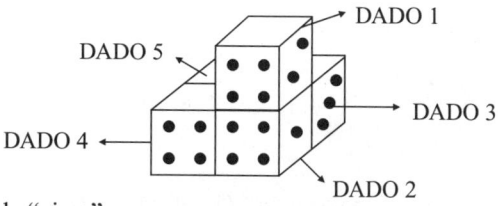

Vamos observar o dado de "cima"

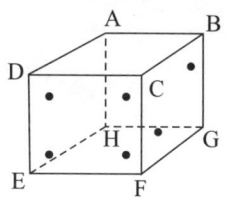

A face ABGH deve valer 3
A face ADHE deve valer 5

O dado de "cima" DADO 1 tem os seguintes números marcados 2 e 4, deduzimos os números 3 e 5. Ficam faltando os números 1 e 6. Como a soma das faces dos dados em contato deve ser igual a 8 a face ABCD deve valer 1 e a face superior do DADO 2 vale 2.

DADO 4

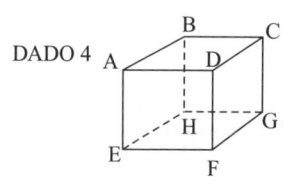

A face DCGF vale 2
A face ABHE vale 5
A face BCGH vale 3
Como ADFE vale 4 a face superior vale 1 ou 6

DADO 3

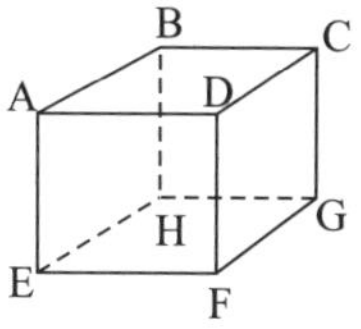

A face ADFE vale 5
logo BCGH vale 2
Como DCGF vale 3 então ABDH vale 4
portanto a face superior vale 1 ou 6
A face DCGF vale 4
então a face ABHE vale 3

Dado 5

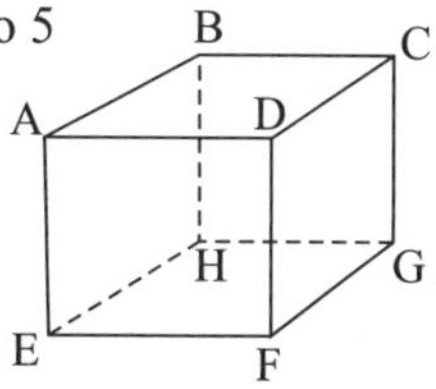

A face ADFE vale 5 (veja DADO 4)
logo a face BCGH vale 2
então a face superior vale 1 ou 6
A chance de todos montarem a mesma face (1) para cima será:

$$\frac{1}{2}\cdot\frac{1}{2}\cdot\frac{1}{2}=\frac{1}{8}$$

Alternativa b

386

Sejam as retas de equações $(m + 1)x - y = 2$ (r) e $3x + 3y = 2n$ (s).

Em r, $y = (m + 1)x - 2$ e, em s, $3y = -3x + 2n$, ou ainda, $y = -x + \dfrac{2n}{3}$

Duas retas são coincidentes quando têm o mesmo coeficiente angular $(m + 1 = -1)$ e o mesmo coeficiente linear $\left(-2 = \dfrac{2n}{3}\right)$.

De $m + 1 = -1$ tiramos $m = -2$ e, de $\dfrac{2n}{3} = -2$, sai $2n = -6$ ou $n = -3$.

Alternativa e

387

$$x^2 - x - \dfrac{x}{3} - \dfrac{x}{9} - \dfrac{x}{27} - \ldots = -\dfrac{1}{2} \Rightarrow x^2 - \left(x + \dfrac{x}{3} + \dfrac{x}{9} + \dfrac{x}{27} + \ldots\right) = -\dfrac{1}{2}$$

Note que $x + \dfrac{x}{3} + \dfrac{x}{9} + \dfrac{x}{27} + \ldots$ é a soma de uma P.G. infinita de razão $\dfrac{1}{3}$.

Assim sendo essa soma será: $S = \dfrac{a_1}{1-q} = \dfrac{x}{1-\dfrac{1}{3}} = \dfrac{3}{2}x$

Logo, $x^2 - \left(x - \dfrac{x}{3} + \dfrac{x}{9} + \dfrac{x}{27} + \ldots\right) = -\dfrac{1}{2} \Rightarrow x^2 - \dfrac{3}{2}x = -\dfrac{1}{2} \Rightarrow$

$\Rightarrow x^2 - \dfrac{3}{2}x + \dfrac{1}{2} = 0 \Rightarrow x = \dfrac{1}{2}$ ou $x = 1 \Rightarrow S = \left\{\dfrac{1}{2}, 1\right\}$

Alternativa a

388

Para que o produto dos três números seja negativo os três devem ser negativos: $C_{20,3}$
ou 1 negativo e os outros 2 positivos: $C_{20,2} \cdot C_{20,1}$

$= C_{20,3} + C_{20,2} \cdot C_{20,1} = 1140 + 190 \cdot 20 = 1140 + 3800 = 4940$

Alternativa a

389

Ajustando um modelo linear afim aos dados tabelados do IDH brasileiro, esse índice aumentará 0,002 ao ano.

Como $\dfrac{0,800 - 0,792}{0,002} = 4$, concluímos que o Brasil atingirá o nível de IDH alto em 2009 $(2005 + 4)$.

Como $\dfrac{0,863 - 0,800}{0,002} = 31,5$, o Brasil só igualará o IDH atual da Argentina 31,5 anos após 2009.

Alternativa e

FGV/2007
Economia - 2ª Fase

390 O número de entrevistados, na faixa etária de 18 a 20 anos, é de

$$38,4\% \text{ de } 250 = \frac{38,4}{100} \cdot 250 = \frac{9600}{100} = 96$$

a) Temos os seguintes dados.

REVISTA	BANCA	ASSINATURA
OLHE	27	18
ERA	21	9
PREZADOS COLEGAS	6	15
ENXAME	12	3

Há exatamente 9 pessoas que ou têm ou tiveram assinatura da revista ERA.

Essas 9 pessoas responderam as perguntas II e III da forma mencionada, a porcentagem máxima pedida é $\left(\frac{9}{96}\right) \cdot 100\% = 9,375\%$

b) Vamos construir um diagrama mostrando a situação descrita.

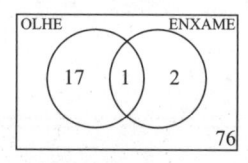

A probabilidade de não terem ou terem assinado essas revistas é:

$$\frac{C_{76,2}}{C_{96,2}} + \frac{1}{2} \cdot \left(\frac{17 \cdot 76 + 2 \cdot 76 + 2 \cdot 17}{C_{96,2}}\right) = \frac{76 \cdot 75}{96 \cdot 95} + \frac{1}{2} \cdot \frac{17 \cdot 76 + 2 \cdot 76 + 2 \cdot 17}{\frac{96 \cdot 95}{2}}$$

$$\frac{5700}{9120} + \frac{1292 + 152 + 34}{9120} = \frac{7178}{9120} = \frac{3589}{4560}$$

Respostas: a) 9,375%   b) $\frac{3589}{4560}$

391 a) Observando a 1ª coluna da tabela do enunciado temos:

↑
→
↓ } podemos supor que há um "padrão" que se repete
←   de 4 em 4
↑

975 ÷ 4 = 243 e resto 3

Então a linha 975 começará com ↓ (1)

Observando, agora, as linha temos:

↑ ↗ → ↘ ↓ ↙ ← ↖ ↑

podemos supor um padrão que se repete de 8 em 8

1238 ÷ 8 = 154 e resto 6

Portanto a 1238ª linha começará com

↓   ↙ ← ↖ ↑ ↗

(início da linha
   veja (1))

b) Como o padrão nas colunas se repete de 4 em 4, vejamos:

23 ÷ 4 = 5 e resto 3, portanto as 3 últimas linhas são como as 3 primeiras.

1) ↑ ↗ → ↘ ↓ ↙ ← ↖ ↑ ---

como são 500 colunas: 500 ÷ 8 = 62 e resto 4

então na 21 teremos 62 sinais ↑ mais o 1º deles = 63

2) → ↘ ↓ ↙ ← ↖ "↑" →

teremos 62 sinais na 22ª linha

3) ↓ ↙ ← ↖ "↑" ↗ → ↓

como o resto da divisão de 500 por 8 deixa resto 4, ainda aqui poderemos contar 62 "ciclos" que incluem ↑

total: 63 + 62 + 62 = 187

Respostas: a) ↗   b) 187

392

a) No final de janeiro x = 1, no final de fevereiro x = 2, no final de março x = 3.

Ao final do primeiro quarto do mês de abril, temos $x = 3 + \frac{1}{4} = \frac{13}{4}$. Assim:

$$f\left(\frac{13}{4}\right) = 5 + \text{sen}\left(\frac{2\pi}{3} \cdot \frac{13}{4} - \frac{\pi}{2}\right) \Rightarrow f\left(\frac{13}{4}\right) = 5 + \text{sen}\left(\frac{13\pi}{6} - \frac{\pi}{2}\right)$$

$$f\left(\frac{13}{4}\right) = 5 + \text{sen}\frac{5\pi}{3} = f\left(\frac{13}{4}\right) = 5 - \frac{\sqrt{3}}{2} = \frac{10 - \sqrt{3}}{2}$$

b) Sendo $f(x) = 5 + \text{sen}\left(\frac{2\pi}{3}x - \frac{\pi}{2}\right) = 5 - \text{sen}\left(\frac{\pi}{2} - \frac{2\pi}{3}x\right) = 5 - \cos\frac{2\pi}{3}x$, para que g(x) seja igual a f(x), devemos ter:

$a = 5$, $b = -1$ e $c = \frac{2\pi}{3}$

Respostas: a) $\frac{10 - \sqrt{3}}{2}$ b) $a = 5$, $b = -1$ e $c = \frac{2\pi}{3}$

393 a) Como o volume da garrafa é igual ao volume do recipiente esférico e o volume de água contido na garrafa é o mesmo que passa para o recipiente esférico, então o volume do cilindro vazio da figura de cima é igual ao volume do segmento esférico vazio na parte de baixo. Então o volume de água V mais o volume do cilindro de cima da 1ª figura é igual ao volume da esfera. Olhar as fórmulas na dica.

$$V + \pi \left(\frac{5}{2}\right)^2 \cdot \frac{26}{75} = \frac{4}{3}\pi \cdot \left(\frac{5}{2}\right)^3 \Rightarrow$$

$$V + \frac{25}{4} \cdot \frac{26}{75}\pi = \frac{4}{3} \cdot \frac{125}{8}\pi \Rightarrow$$

$$V + \frac{13}{6}\pi = \frac{125}{6}\pi \Rightarrow V = \frac{112}{6}\pi \Rightarrow \boxed{V = \frac{56}{3}\pi}$$

b) Calculo de **h**

1) Como a altura de um triângulo equilátero de lado **a** é $\frac{a\sqrt{3}}{2}$, temos:

$$2\sqrt{3} = \frac{a\sqrt{3}}{2} \Rightarrow a = 4 \Rightarrow \boxed{r = 2}$$

2) Por Pitágoras obtemos:

$$r^2 + y^2 = \left(\frac{5}{2}\right)^2 \Rightarrow 4 + y^2 = \frac{25}{4} \Rightarrow y^2 = \frac{25}{4} - 4 = \frac{25-16}{4} = \frac{9}{4} \Rightarrow \boxed{y = \frac{3}{2}}$$

Como $h = \frac{5}{2} - y$, obtemos:

$$h = \frac{5}{2} - \frac{3}{2} \Rightarrow h = \frac{2}{2} \Rightarrow \boxed{h = 1}$$

Resposta: *a)* $\frac{56}{3}\pi cm^3$ *b) 1 cm*

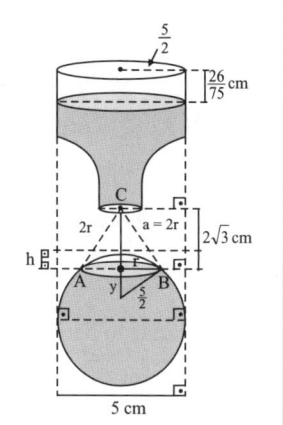

FGV/2007
Direito - 2ª Fase

394

a) A população que não acessava a internet, na época da pesquisa era de 180 – 32,1 = 147,9 milhões.

Portanto, a porcentagem correspondente a esta população é igual a $\dfrac{147,9}{180} = 82,17\%$.

Resposta: 82,17 %

b.1) A variação percentual entre dois valores v_i (valor inicial) e v_f (valor final) é dada por

$\dfrac{v_f - v_i}{v_i} \cdot 100\%$.

Pelo gráfico, o número de brasileiro com conexão de internet em janeiro de 2005 era 10,6 milhões e, em janeiro de 2006 era 12 milhões. Então a variação percentual nesse período foi igual a $\dfrac{12-10,6}{10,6} \cdot 100\% = 13,21\%$.

Resposta: 13,21%

b.2) Em setembro de 2005, segundo o gráfico, 39% dos 11,9 milhões de brasileiros tinham conexão de internet de banda estreita, isto é $\dfrac{39}{100} \cdot 11,9 = 4,64$ milhões.

Isso corresponde a $\dfrac{4,64}{180} = 2,58\%$ da população.

Resposta: 2,58%

b.3) Pelo gráfico vê-se que o percentual de conexões de internet de banda larga, no período de janeiro de 2005 a maio de 2006, tem aumentado, ao passo em que a percentual das conexões de banda estreita têm diminuído.

Resposta: aumento da banda larga e diminuição de banda estreita.

395

Vamos supor que João possua 8100 reais no fundo de renda fixa, no dia da compra.

OPÇÃO A: João terá um desconto de 1% no pagamento à vista.

Desse modo, ele pagará 0,99 . 8100 = 8019 reais pela TV, restando a ele 81,54 reais. Aplicando esse dinheiro no fundo de renda fixa a uma taxa de 1% ao mês, após dois meses ele terá $(1,01)^2 \cdot 81,54 = 83,18$ reais.

OPÇÃO B: Cada prestação será de $\dfrac{8100}{2} = 4050$ reais.

Com o rentimento de 1% ao mês, no mês posterior a compra ele terá 1,01 . 8100 = 8181 reais disponível no fundo renda fixa. Pagando os 4050 reais da prestação da TV, restarão a ele 8181 – 4050 = 4131 reais.

Finalmente, dois meses após a compra, ele terá 1,01 . 4131 = 4172,31 reais no fundo de renda fixa. Pagando os 4050 reais da prestação da TV, restarão a ele 4172,31 − 4050 = 122,31 reais.

OPÇÃO C: Cada prestação será de $\dfrac{8100}{3} = 2700$ reais.

No dia da compra restarão 8100 − 2700 = 5400 reais.

Com o rendimento de 1% ao mês, no mês posterior a compra ele terá 1,01 . 5400 = 5454 reais disponível no fundo de renda fica.

Pagando a prestação de 2700 reais, restarão a ele 5454 − 2700 = 2754 reais.

Finalmente, dois meses após a compra, ele terá 1,01 . 2754 = 2781,54 reais no fundo de renda fixa. Pagando a prestação de 2700 reais, restarão a ele 2781,54 − 2700 = 81,54 reais.

Assim sendo, observando o dinheiro que restará à João após 3 meses à compra da TV, a **opção B** se mostra, do ponto de vista financeiro, a mais vantajosa.

Resposta: A opção b é a mais vantajosa para João.

396

1) Os triângulos CDE e CAB são semelhantes. Então:

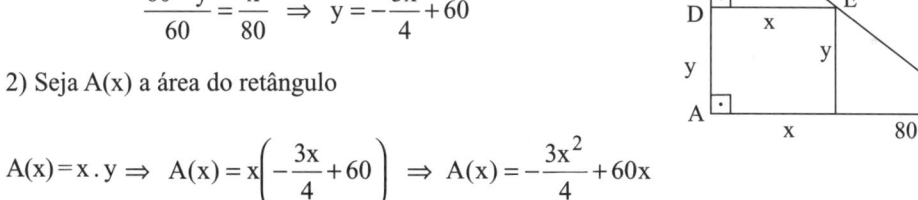

$$\dfrac{60-y}{60} = \dfrac{x}{80} \Rightarrow y = -\dfrac{3x}{4} + 60$$

2) Seja A(x) a área do retângulo

$$A(x) = x \cdot y \Rightarrow A(x) = x\left(-\dfrac{3x}{4} + 60\right) \Rightarrow A(x) = -\dfrac{3x^2}{4} + 60x$$

Uma função polinomial do 2º grau $f(x) = ax^2 + bx + c$, com a, b e c constantes e a < 0 tem seu valor máximo para $x_{máx} = \dfrac{-b}{2a}$.

Assim, A(x) terá valor máximo para $x_{máx} = \dfrac{-60}{2\left(-\dfrac{3}{4}\right)} \Rightarrow x_{máx} = 40 \text{ cm}$.

Então $A(40) = -\dfrac{3 \cdot (40)^2}{4} + 60 \cdot 40 \Rightarrow A(40) = 1200 \text{ cm}^2$

Além disso, A = x . y $\Rightarrow$ 1200 = 40 . y $\Rightarrow$ y = 30 cm

Resposta: Os lados do retângulo devem medir 30 cm e 40 cm e sua área será igual a 1200 cm².

FGV/2008
Administração - 1ª Fase

397 **1º modo:** a) O total de maneiras de distribuir as 3 cartas, aleatóriamente, nos 3 destinos é n(E) = 3! = 6
O total de maneiras de distribuir as 3 cartas erradamente é

Destinos	I	II	III
distribuição correta	A	B	C
nenhuma carta está em seu destino correto	C	A	B
	B	C	A

} 2 resultados

P(nenhuma carta entregue corretamente) = $\frac{2}{6} = \frac{1}{3}$

b)

Destinos	I	II	III
somente uma carta entregue corretamente	A$_*$	C	B
	C	B$_*$	A
	B	A	C$_*$

P(somente uma carta correta) =

$= \frac{3}{6} = \frac{1}{2}$

2º modo

a) P(3 cartas erradas) = P(errar a 1ª carta) . P(errar a 2ª| a 1ª foi errada)

$= \frac{2}{3} \cdot \frac{1}{2} = \frac{1}{3}$

b) P$\begin{pmatrix} \text{acertar apenas} \\ \text{um carta} \end{pmatrix}$ = P$\begin{pmatrix} \text{acertar uma} \\ \text{das cartas} \end{pmatrix}$. P$\begin{pmatrix} \text{errar a 2ª| a 1ª foi} \\ \text{entregue corretamente} \end{pmatrix}$

$= \frac{1}{3} \cdot \frac{1}{2} \cdot 3 = \frac{1}{2}$

a carta entregue corretamente pode ter sido A, B ou C

***Resposta:** a)* $\frac{1}{3}$ *b)* $\frac{1}{2}$

---

398 Deve-se provar que DQ + DP = 2 . AM,
ou seja: x + x + y = 2d

ou ainda, 2x + y = 2d

Então, temos:

$\overline{DQ} // \overline{AM}$ ⇒ ΔBDQ é semelhante ao

ΔBMA ⇒ $\frac{a-b}{a} = \frac{x}{d}$

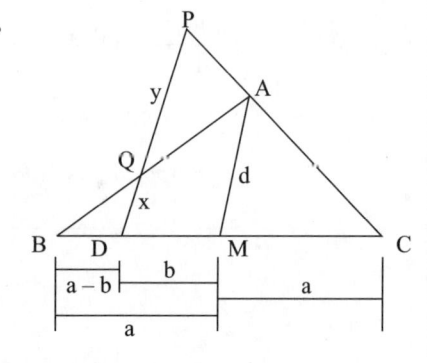

$\overline{DP} // \overline{AM} \Rightarrow \triangle PDC$ é semelhante ao $\triangle AMC \Rightarrow \dfrac{a+b}{a} = \dfrac{x+y}{d}$

Somando membro a membro as duas últimas equações vem que

$\dfrac{a-b+a+b}{a} = \dfrac{x+x+y}{d} \Rightarrow 2 = \dfrac{2x+y}{d} \Rightarrow 2x+y = 2d$

Resposta: demonstração

---

399   **VALORES ATUAIS** (em reais) para a venda de 60 flautas:
CUSTO = C(60) = 2400 + 36.60 = 2400 + 2160 = 4560
RECEITA = R = 60 . 120 = 7200
LUCRO = L = R – C = 7200 – 4560 = 2640
APÓS A PUBLICIDADE, a venda, com o aumento de 15%, ficaria:

$$60 + \dfrac{15}{100} \cdot 60 = 60 + 9 = 69 \text{ flautas}$$

CUSTO = C(69) + $\underbrace{1200}_{\text{gasto em publicidade}}$ = 2400 + 36.69 + 1200 = 2400 + 2484 + 1200 = 6084

RECEITA = R = 69 . 1200 = 8280
LUCRO = L = R – C = 8280 – 6084 = 2196 < 2640

Resposta: Como o lucro iria diminuir, Claudio não deveria autorizar o gasto extra em publicidade.

---

400   Como 100% de gasolina, temos 0% de álcool ou x = 0. Assim:
$R(0) = K \cdot a^0 \Rightarrow 18 = K \cdot a^0 \Rightarrow K = 18$

Com 100% de álcool, temos x = 1. Assim:

$R(1) = 9 \Rightarrow K \cdot a^1 = 9 \Rightarrow 18a = 9 \Rightarrow a = \dfrac{1}{2}$

Se, com 50ℓ de uma mistura, o carro percorreu 600 km, então, o rendimento foi de $\dfrac{600}{50} = 12 \text{ km}/\ell$.

Assim, R(x) = 12.

$12 = 18 \cdot \left(\dfrac{1}{2}\right)^x \Rightarrow 2^x = \dfrac{18}{12} \Rightarrow \log 2^x = \log \dfrac{3}{2} \Rightarrow x \cdot \log 2 = \log 3 - \log 2 \Rightarrow$

$\Rightarrow x \cdot 0{,}30 = 0{,}48 - 0{,}30 \Rightarrow x = \dfrac{0{,}18}{0{,}30} = \dfrac{18}{30} = \dfrac{3}{5} = 0{,}6$

Logo, a porcentagem de álcool na mistura é 60%.

Resposta: 60%

401

número de andares do castelo	total de cartas necessárias
1	$3 - 1 = 2$
2	$3 + 2 \cdot 3 - 2 = 7$
3	$3 \cdot 1 + 3 \cdot 2 + 3 \cdot 3 - 3 = 15$
4	$3 \cdot 1 + 3 \cdot 2 + 3 \cdot 3 + 3 \cdot 4 - 4 = 26$
⋮	
n	$3 \cdot 1 + 3 \cdot 2 + \ldots + 3 \cdot n - n =$

$$= 3 \cdot (1 + 2 + \ldots + n) - n = 3(1 + n) \cdot \frac{n}{2} - 3$$

para n = 10: $3 \cdot (1 + 10) \frac{10}{2} - 10 = 3 \cdot 11 \cdot 5 - 10 = 165 - 10 = 155$

Resposta: 155

402

a) Sejam:

n o número de ingressos vendidos

p o preço do ingresso

$R_1 = n \, p$ a receita obtida antes do aumento e R_2 a receita obtida depois do aumento.

Com um aumento de 8% do ingresso e uma redução de 5% no número de ingressos vendidos, temos:

$R_2 = n \cdot (0,95) \cdot p \cdot (1,08)$

$R_2 = np \cdot 1,026$

$R_2 = R_1 \cdot 1,026$

Portanto, há um aumento de 2,6% na receita.

b) De modo que o aumento de 8% no preço do ingresso não altere a receita, devemos ter um número n' de ingressos vendidos tal que:

n . p = n' . p . (1,08) $\Rightarrow$ n = n' . (1,08) $\Rightarrow$ n' = $\frac{1}{1,08} \cdot n$ $\Rightarrow$ n' $\cong$ 0,926 n

Logo, a variação no número de ingressos vendidos é 1 – 0,926 = 0,074 ou 7,4%.

Respostas: a) 2,6%   b) uma redução de 7,4%

403

O valor do televisor é dado pela função $y = a \cdot b^t$ com a > 0 e b > 0. Como, um televisor novo custa 4000 reais, isso significa que para t = 0 temos que y = 4000.

Assim: $y = a \cdot b^t \Rightarrow 4000 = a \cdot b^0 \Rightarrow a = 4000$

Pelo enunciado, daqui a 1 ano o valor do televisor decai em 25%, ou seja, 25% de 4000.

Assim: 25% de 4000 = $\frac{25}{100} \cdot 4000$ = 1000 reais. Portanto, depois de 1 ano o valor do televisor será 3000 reais, ou seja:

$y = a \cdot b^t \Rightarrow y = 4000 \cdot b^t \Rightarrow 3000 = 4000 \cdot b^1 \Rightarrow b = \dfrac{3}{4}$

Desse modo, a sentença que define a função, é: $y = 4000 \cdot \left(\dfrac{3}{4}\right)^t$

Daqui a 2 anos (t = 2), vem: $y = 4000 \cdot \left(\dfrac{3}{4}\right)^2 \Rightarrow y = 4000 \cdot \dfrac{9}{16} \Rightarrow y = 2250$ reais

Resposta: 2250 reais

---

404 Antes de mais nada, devemos lembrar que há uma condição para que, ao se dobrar uma folha retangular ao meio, se obtenha um retângulo semelhante ao inicial: os lados correspondentes devem ser proporcionais.

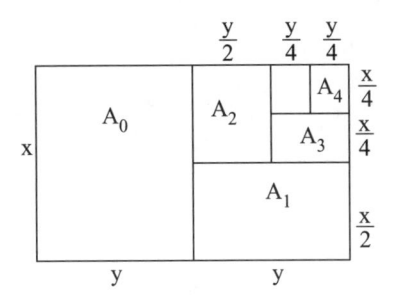

1) Da semelhança entre as folhas A_0 e A_1, tem-se:

$\dfrac{x}{y} = \dfrac{y}{\frac{x}{2}} \Rightarrow x = y\sqrt{2}$

2) A_0 tem área 1 m² $\Rightarrow xy = 10\,000$ cm²

Substituição (1) e (2): $y\sqrt{2} \cdot y = 10000 \Rightarrow y^2 = \dfrac{10000}{\sqrt{2}} \Rightarrow y^2 \cong 7142{,}9 \Rightarrow y \cong 85$ (3)

Substituindo (3) em (1): $x \cong 85{.}1{,}4 \Rightarrow x = \cong 119$ cm

Logo, o maior lado da folha A_4 terá medida igual a $\dfrac{x}{4} = \dfrac{119}{4} \cong 30$ cm

Resposta: O lado maior da folha A_4 mede aproximadamente 30 cm.

405

Observe a sequência:

a mulher 1 (m_1) dançou com 6 homens: m_1 — 6
a mulher 2 (m_2) dançou com 7 homens: m_2 — 7
a mulher 3 (m_3) dançou com 8 homens: m_3 — 8

...

a mulher m (m_m) dançou com todos os homens: m_m — h

Vamos reescrever a sequência:

m_1 — 1 + 5
m_2 — 2 + 5
m_3 — 3 + 5
⋮
m_m — m + 5

O total de pessoas será (m + 5) homens + (m) mulheres

$\Rightarrow$ m + 5 + m = 35 (do enunciado) $\Rightarrow$ m = 15

Resposta: 15 mulheres

406

a) Como $f(x) = 4{,}50 + \text{sen}(2\pi x)$ e os valores de **x** consituem uma P.A. de razão $r = \dfrac{1}{4}$, temos:

$x = 0 \Rightarrow f(0) = 4{,}50 + \text{sen } 0 = 4{,}5$	1º dia útil	2ª feira
$x = \dfrac{1}{4} \Rightarrow f\left(\dfrac{1}{4}\right) = 4{,}50 + \text{sen } \dfrac{\pi}{2} = 5{,}5$	2º dia útil	3ª feira
$x = \dfrac{1}{2} \Rightarrow f\left(\dfrac{1}{2}\right) = 4{,}50 + \text{sen } \pi = 4{,}5$	3º dia útil	4ª feira
$x = \dfrac{3}{4} \Rightarrow f\left(\dfrac{3}{4}\right) = 4{,}50 + \text{sen } \dfrac{3\pi}{2} = 3{,}5$	4º dia útil	5ª feira
$x = 1 \Rightarrow f(1) = 4{,}5 + \text{sen } 2\pi = 4{,}5$	5º dia útil	6ª feira

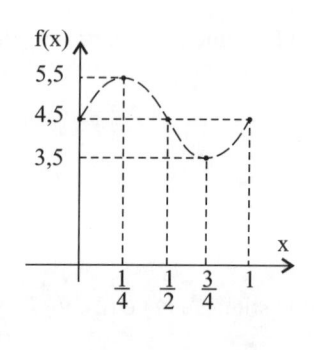

b) Analisando o gráfico, conclui-se que o preço atingiu o maior valor na 3ª feira e o menor valor na 5ª feira.

c) Da tabela, o maior valor foi 5,5 e o menor 3,5.

Respostas: a) Gráfico   b) Maior valor na 3ª feira e menor na 5ª feira.
c) O maior valor foi 5,5 e o menor 3,5.

FGV/2008
Administração - 2ª Fase

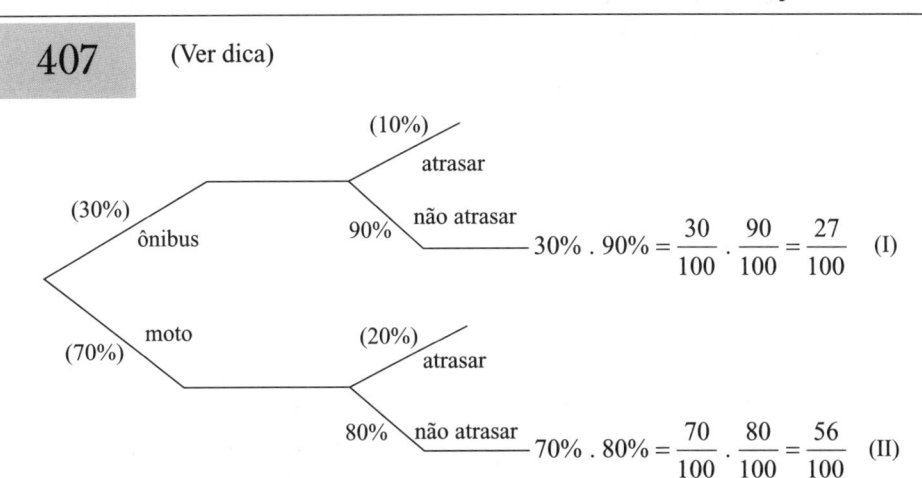

407   (Ver dica)

```
              (10%)
               atrasar
    (30%)           não atrasar
         ônibus  90%
                                30% . 90% = 30/100 · 90/100 = 27/100   (I)

         moto      (20%)
    (70%)          atrasar
                80%  não atrasar
                                70% . 80% = 70/100 · 80/100 = 56/100   (II)
```

Somando (I) e (II) temos = 27% + 56% = 83%

Alternativa e

408

A função custo, de acordo com o gráfico, será uma reta que passa pelos pontos (100, 2800) e (400, 4000).

Assim, temos que a função custo será do tipo y = ax + b, sendo que:

no ponto (100, 2800) $\Rightarrow$ 2800 = 100a + b e

no ponto (400, 4000) $\Rightarrow$ 4000 = 400a + b

$\begin{cases} 2800 = 100a + b \\ 4000 = 400a + b \end{cases} \Rightarrow a = 4$ e b = 2400

Portanto, a função custo será: y = 4x + 2400, então o custo fixo é 2400 reais.

Alternativa c

409

1) A função custo total é C(x) = 4x + 2400

2) A função receita é do tipo R(x) = ax

Do gráfico, temos: 4000 = 400a $\Rightarrow$ a = 10

Logo R(x) = 10x

3) O lucro é dado por L(x) = R(x) – C(x)

Sendo L(x) = 2700, temos:

2700 = 10x – (4x + 2400)

2700 = 6x – 2400

6x = 5100

x = 850

Alternativa b

410 Como R(x) = 10x, então cada carrinho é vendido por R$ 10,00.
Sendo C(x) = 4x + 2400, então o custo variável por unidade é R$ 4,00.
Portanto, a margem de contribuição por unidade é 10,00 – 4,00 = 6,00 reais.

Alternativa a

411 Antes da desvalorização a relação entre o dólar (US$) e o real (R$) era k:

$$\frac{(US\$)}{(R\$)} = k$$

Após a desvalorização de 1,92% a relação mudou para 100% – 1,92% = 98,08% = 0,9808

$$\frac{(US\$)}{(R\$)} = 0,9808\,k$$

Se supusermos k = 1 teremos, após a desvalorização:
US$ 1000 000,00 = 0,9808 . R$ 1000 000,00 ou US$ 1000 000,00 = R$ 980.800,00
ou seja quem importa paga menos reais por 1 milhão de dólares e quem exporta ganha menos reais para cada milhão de dólares exportados.

Alternativa b

412 Sejam **x** e **y** os números naturais em questão tem-se, pelo enunciado, $x^2 - y^2 = 24$.
Portanto, $(x + y)(x - y) = 24$.
Como **x** e **y** são naturais, as possibilidades são:
x + y = 24 e y – y = 1. Daqui, x = 12,5 (não serve)
ou
x + y = 12 e y – 2 = 2. Daqui, $\boxed{x = 7 \text{ e } y = 5}$
ou
x + y = 8 e x – y = 3. Daqui, x = 5,5 (não serve)
ou
x + y = 6 e x – y = 4. Daqui, $\boxed{x = 5 \text{ e } y = 1}$
O quadrado da soma de **x** e **y** **pode** ser $(7 + 5)^2 = 12^2 = 144$
ou
$(5 + 1)^2 = 6^2 = 36$

Alternativa d

413 n = abc com a ≠ b ≠ c ≠ zero
n = 100a + 10b + c(1)   e   p = 100(3a) + 10(2b) + 1(c)
Como p = n + 240 ⇒ p – n = 240
e p – n = 100(2a) + 10(b) + 0(1) = 100(2) + 10(4) + 1(0) ⇒ 2a = 2 ⇒ $\boxed{a = 1}$ e $\boxed{b = 4}$
Nas condições do problema os números serão:
142, 143, 145, 146, 147, 148, 149

Alternativa c

414 O elemento c_{23} da matriz $C = A \cdot B$ é obtido pelo produto dos elementos da 2ª linha de **A** pelos elementos correspondentes da 3ª coluna de **B**. Desse modo, temos: $c_{23} = a_{21} \cdot b_{13} + a_{22} \cdot b_{23} + a_{23} \cdot b_{33}$

De acordo com enunciado, vem:

$a_{21} = (-2)^1 = -2$, $a_{22} = (-2)^2 = 4$, $a_{23} = (-2)^3 = -8$

$b_{13} = (-1)^1 = -1$, $b_{23} = (-1)^2 = 1$, $b_{33} = (-1)^3 = -1$

Portanto $c_{23} = -2 \cdot (-1) + 4 \cdot 1 + (-8) \cdot (-1)$ $\Rightarrow$ $c_{23} = 2 + 4 + 8$ $\Rightarrow$ $c_{23} = 14$

Alternativa a

---

415 O Espaço Amostral do experimento proposto por Beatriz é E

$A = \{(1,1), (1,2), (1,3), (1,4), (1,5), (1,6)$,
$(2,1), (2,2), (2,3), (2,4), (2,5), (2,6)$,
$(3,1), (3,2), (3,3), (3,4), (3,5), (3,6)$,
$(4,1), (4,2), (4,3), (4,4), (4,5), (4,6)$,
$(5,1), (5,2), (5,3), (5,4), (5,5), (5,6)$,
$(6,1), (6,2), (6,3), (6,4), (6,5), (6,6)\}$

$E = \{0, 1, 2, 3, 4, 5,$
$1, 0, 1, 2, 3, 4$
$2, 1, 0, 1, 2, 3,$
$3, 2, 1, 0, 1, 2,$
$4, 3, 2, 1, 0, 1,$
$5, 4, 3, 2, 1, 0\}$

A é o conjunto dos resultados possíveis quando dois dados são lançados

Bruno escolheu os números 0 e 3:

$$P(0) + P(3) = \frac{6}{36} + \frac{6}{36} = \frac{12}{36} = \frac{1}{3}$$

Dirceu escolheu os números 1 e 5:

$$P(1) + P(5) = \frac{10}{36} + \frac{2}{36} = \frac{12}{36} = \frac{1}{3}$$

Portanto ambos têm a mesma probabilidade de acertar

Alternativa d

---

416 Analisando o gráfico, temos quanto às alternativas.

a) Falsa: De janeiro a setembro de 2007 há períodos em que a arrecadação foi decrescente como, por exemplo, de agosto a setembro de 2007.

b) Falsa: A arrecadação em setembro de 2006 foi acima de 46 bilhões; um aumento de 10% neste valor ultrapassaria 50 bilhões.

c) Falsa: A arrecadação de janeiro de 2007 foi maior do que a de setembro de 2007.

d) Falsa: De maio a agosto de 2007 há um período em que a arrecadação foi decrescente: de julho a agosto.

e) verdadeira.

Alternativa e

417
Se o número de telefone da Aninha é par e **não** divisível por 5, teremos duas possibilidades para o último algarismo: 2 ou 6.

Como os algarismos são todos diferentes o antepenúltimo poderá ser qualquer um dos outros 4 e o penúltimo poderá ser qualquer um dos 3 restantes.

Temos:

$$5\ 8\ 3\ 4\ 7\ \underline{\ 4\ } \cdot \underline{\ 3\ } \cdot \underline{\ 2\ } = 24 \text{ possibilidades}$$

Como ainda restava uma última possibilidade Teodoro havia feito $24 - 1 = 23$ ligações

Alternativa a

418

$\dfrac{x-3}{2,3-x} = \dfrac{4}{3} \Rightarrow 3(x-3) = 4(2,3-x) \Rightarrow 3x - 9 = 9,2 - 4x \Rightarrow$

$\Rightarrow 7x = 18,2 \Rightarrow x = 2,6$

Então, $a = 2,6$

$\dfrac{x+3}{2,3+x} = \dfrac{4}{3} \Rightarrow 3(x+3) = 4(2,3+x) \Rightarrow 3x + 9 = 9,2 + 4x \Rightarrow x = -0,2$

Então, $b = -0,2$

Logo, $a + b = 2,4$

Alternativa d

419

1) Por Pitágoras:

$x^2 + a^2 = (3a)^2 \Rightarrow x = 2\sqrt{2}\,a$

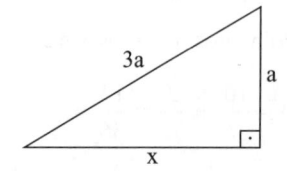

2) $\dfrac{3a}{x} = \dfrac{3a}{2\sqrt{2}\,a} = \dfrac{3\sqrt{2}}{4}$

Alternativa b

420

Temos que a soma dos **p** primeiros termos de PA é dada por $S'_p = p \cdot (p-2)$.

Assim sendo, para $p = 1$ temos: $S_1 = a_1$, ou seja: $a_1 = 1(1-2) \Rightarrow a_1 = -1$.

Para $p = 2$, temos: $S_2 = a_1 + a_2 = 2(2-2) \Rightarrow a_1 + a_2 = 0 \Rightarrow -1 + a_2 = 0 \Rightarrow a_2 = 1$

Deste modo, a razão da PA será: $r = a_2 - a_1 \Rightarrow r = 1 - (-1) \Rightarrow r = 2$

Então, $a_{11} = a_1 + 10r \Rightarrow a_1 = -1 + 10 \cdot 2 \Rightarrow a_1 = 19$

Alternativa c

421 Seja **r** a reta que contém o lado BC. Sua equação é

$$\begin{vmatrix} 0 & 0 & 1 \\ 6 & 2 & 1 \\ x & y & 1 \end{vmatrix} = 0$$

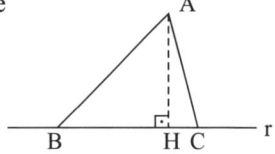

Por LAPLACE, na 1ª linha, $6y - 2x = 0$ ou, dividindo todos por (-2):
$x - 3y = 0$

AH é a distância de A até a reta r, isto é,

$$\left| \frac{1 \cdot 1 - 3 \cdot 5}{\sqrt{1^2 + (-3)^2}} \right| = \frac{14}{\sqrt{10}} = \frac{14}{\sqrt{10}} \cdot \frac{\sqrt{10}}{\sqrt{10}} = \frac{14\sqrt{10}}{10} = \frac{7\sqrt{10}}{5}$$

Alternativa d

FGV/2008
Economia - 1ª Fase

422 $P = \frac{30}{100} \cdot Q$ (I) $\qquad Q = \frac{20}{100} \cdot R$ (II) $\qquad S = \frac{50}{100} \cdot R$ (III)

Substituindo (II) em (I): $P = \frac{30}{100} \cdot \frac{20}{100} \cdot R$ (IV)

Dividindo membro as equações (IV) e (III):

$$\frac{P}{S} = \frac{30 \cdot 20 \cdot R}{100 \cdot 100} \cdot \frac{100}{50R} \Rightarrow \frac{P}{S} = \frac{3}{25}$$

Alternativa b

423 Seja a função $f(x) = ax + b$

Se $f(1) \leq f(2)$, então $a + b \leq 2a + b$ e portanto $a \geq 0$.

Se $f(3) \geq f(4)$, então $3a + b \geq 4a + b$ e portanto $a \leq 0$.

De $a \geq 0$ e $a \leq 0$, concluímos que $a = 0$.

Assim, $f(x) = b$.

De $f(x) = b$ e $f(5) = 5$, temos $b = 5$.

Logo $f(x) = 5, \forall\ x \in R$

Então, $f(\pi) = 5$.

Alternativa e

424

1) A soma dos ângulos externos de qualquer polígono é igual a 360°. Portanto, cada ângulo externo de um pentágono regular mede

$$\frac{360°}{5} = 72°.$$

2) O ângulo interno de um pentágono regular é o suplemento de 72°, isto é, 108°.

3) A soma dos ângulos internos de um polígono convexo (ou não convexo) de **n** lados é igual a (n − 2) . 180°.

Portanto, a soma dos ângulos internos de um pentágono é igual a (5 − 2) . 180° = 540°.

Daí, no pentágono OBCDE, temos:

x + 90° + 90° + 108° + 108° = 540°, ou seja, x = 144°.

Alternativa e

425

Se xy + z é par devemos ter:

1) xy é par e z é par:

$$(\text{par}) \cdot (\text{par}) + (\text{par}) = \frac{2}{5} \cdot \frac{2}{5} \cdot \frac{2}{5} = \frac{8}{125} \quad (I)$$

$$(\text{par}) \cdot (\text{ímpar}) + (\text{par}) = \frac{2}{5} \cdot \frac{3}{5} \cdot \frac{2}{5} = \frac{12}{125} \quad (II)$$

$$(\text{ímpar}) \cdot (\text{par}) + (\text{par}) = \frac{2}{5} \cdot \frac{3}{5} \cdot \frac{2}{5} = \frac{12}{125} \quad (III)$$

2) xy é ímpar e z é ímpar:

$$(\text{ímpar}) \cdot (\text{ímpar}) + (\text{ímpar}) = \frac{3}{5} \cdot \frac{3}{5} \cdot \frac{3}{5} = \frac{27}{125} \quad (IV)$$

Somando (I), (II), (III) e (IV) obtemos: $\frac{8}{125} + \frac{12}{125} + \frac{12}{127} + \frac{27}{125} = \frac{59}{125}$

Alternativa c

426

Temos: $x^2 + y^2 - 14x - 6y = 6$ ou

$x^2 - 14x + [49] + y^2 - 6y + (9) = 6 + [49] + (9)$,

ou ainda, $(x - 7)^2 + (y - 3)^2 = 64$

A circunferência tem centro C = (7, 3) e raio 8.

O maior valor de **x** é a abscissa do ponto B, isto é,

7 + r = 7 + 8 = 15 = p e o maior **y** é a ordenada de A, ou seja,

3 + r = 3 + 8 = 11 = q

Então, 3p + 4q = 3 . 15 + 4 . 11 = 45 + 44 = 89

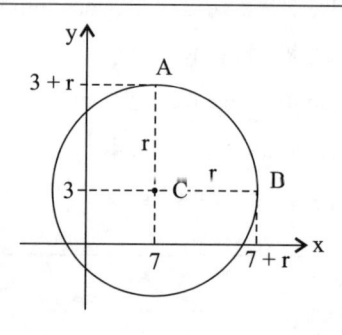

Alternativa d

427

1) A distância máxima entre dois vértices de um paralelepípedo retângulo é a sua diagonal que é dada por

$d = \sqrt{a^2 + b^2 + c^2}$. Então

$21 = \sqrt{a^2 + b^2 + c^2} \Rightarrow \boxed{a^2 + b^2 + c^2 = 441}$

2) A área pedida é dada por $A = 2(ab + ac + bc)$

3) Como a soma das medidas de todas as arestas é 140, obtemos

$4a + 4b + 4c = 140 \Rightarrow a + b + c = 35 \Rightarrow$

$(a + b + c)^2 = 35^2 \Rightarrow a^2 + b^2 + c^2 + 2ab + 2ac + 2bc = 1225$

Como $a^2 + b^2 + c^2 = 441$ e $2ab + 2ac + 2bc$ é a área pedida, temos:

$441 + A = 1225 \Rightarrow A = 784$

Alternativa b

428

Seja $f_1(x) = \log_5 x$ e $f_2(x) = \log_5(x+4)$. Como para $x = k$ (reta perpendicular eixo x), a distância entre os pontos que intersecta os gráficos é $\frac{1}{2}$, temos:

$f_2(k) - f_1(k) = \frac{1}{2} \Rightarrow \log_5(k+4) - \log_5 k = \frac{1}{2} \Rightarrow \log_5\left(\frac{k+4}{k}\right) = \frac{1}{2} \Rightarrow$

$\Rightarrow \frac{k+4}{k} = \sqrt{5} \Rightarrow k + 4 = \sqrt{5}k \Rightarrow \sqrt{5}k - k = 4 \Rightarrow k = \frac{4}{\sqrt{5}-1} \cdot \frac{(\sqrt{5}+1)}{(\sqrt{5}+1)} \Rightarrow$

$\Rightarrow k = \frac{4(\sqrt{5}+1)}{4} \Rightarrow k = \sqrt{5} + 1$

Assim sendo, pelo enunciado temos: $p = 1$ e $q = 5 \Rightarrow p + q = 1 + 5 = 6$

Alternativa a

429

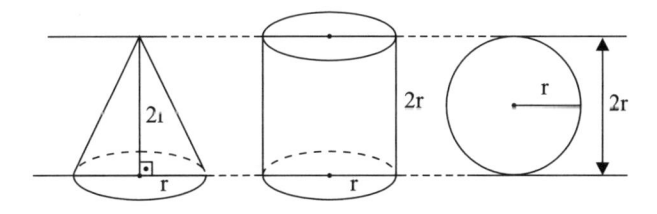

1) De acordo com as fórmulas vistas na dica temos:

$P = \frac{1}{3}\pi r^2 \cdot 2r \Rightarrow P = \frac{2}{3}\pi r^3$

$Q = \pi r^2 \cdot 2r \Rightarrow Q = 2\pi r^3$

$R = \dfrac{4}{3}\pi r^3$

2) $P - Q + R = \dfrac{2}{3}\pi r^3 - 2\pi r^3 + \dfrac{4}{3}\pi r^3 \Rightarrow P - Q + R = 0$

Alternativa a

---

430 Fatorando o número 2310 obtemos:
$2310 = 2 \cdot 3 \cdot 5 \cdot 7 \cdot 11$

O produto x . y . z pode ter também o fator 1!
Vejamos todos os casos

1) 1 . (1 fator) . (4 outros fatores) $\Rightarrow C_{5,1} \cdot C_{4,4} = 5$

2) 1 . (2 fatores) . (3 outros fatores) $\Rightarrow C_{5,2} \cdot C_{3,3} = 10$

3) (1 fator) . (1 outro fator) . (3 outros fatores) $\Rightarrow \dfrac{C_{5,1} \cdot C_{4,1}}{2!} \cdot C_{3,3} = 10$

4) (2 fatores) . (2 outros fatores) . (1 outro fator) $\Rightarrow \dfrac{C_{5,2} \cdot C_{3,2}}{2!} \cdot 1 = 15$

Somando, temos: $5 + 10 + 10 + 15 = 40$

Alternativa c

---

431 No $\triangle PAB$:

1) $B\hat{A}D = B\hat{P}A + A\hat{B}P$

$120° = \alpha + 90°$

$\alpha = 30°$

2) $\dfrac{13}{y} = \text{sen } 30°$

$\dfrac{13}{y} = \dfrac{1}{2} \Rightarrow y = 26$

3) No $\triangle PCD$: $\dfrac{Z}{72} = \text{tg } 30° \Rightarrow \dfrac{Z}{72} = \dfrac{\sqrt{3}}{3} \Rightarrow Z = 24\sqrt{3}$

4) No $\triangle ACD$: $x^2 = (24\sqrt{3})^2 + 46^2 \Rightarrow x^2 = 1728 + 2116 \Rightarrow x^2 = 3844 \Rightarrow x = 62$

Alternativa b

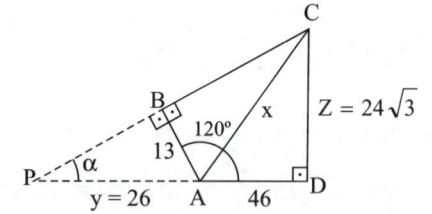

432

O raio r_1 (raio da maior circunferência) mede metade do lado do quadrado ABCD, ou seja,

$r_1 = \dfrac{\ell_1}{2} \Rightarrow r_1 = \dfrac{m}{2}$.

O diâmetro do quadrado EFGH mede o dobro de r_1, ou seja, $d_2 = m$.

Então o lado do quadrado EFGH será:

$d_2 = \ell_2\sqrt{2} \Rightarrow m = \ell_2\sqrt{2} \Rightarrow \ell_2 = \dfrac{m}{\sqrt{2}} \Rightarrow \ell_2 = \dfrac{m\sqrt{2}}{2}$

Desse modo $r_2 = \dfrac{\ell_2}{2} \Rightarrow r_2 = \dfrac{m\sqrt{2}}{2} \cdot \dfrac{1}{2} \Rightarrow r_2 = \dfrac{m\sqrt{2}}{4}$

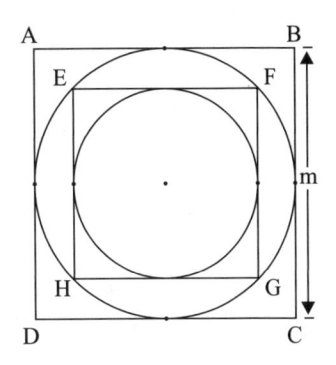

Seguindo o mesmo raciocínio, o quadrado ISKL tem diagonal $d_3 = \dfrac{m\sqrt{2}}{2}$ e lado $\ell_3 = \dfrac{m}{2}$. Assim o círculo nele inscrito possui raio $r_3 = \dfrac{m}{4}$.

Desse modo, a soma das áreas dos infinitos círculos será:

$S = \pi\left(\dfrac{m}{2}\right)^2 + \pi\left(\dfrac{m\sqrt{2}}{4}\right)^2 + \pi\left(\dfrac{m}{4}\right)^2 + ... \Rightarrow S = \pi\underbrace{\left(\dfrac{m^2}{4} + \dfrac{m^2}{8} + \dfrac{m^2}{16} + ...\right)}_{\text{P.G. infinita de razão } q = \frac{1}{2}}$

$S = \pi \cdot \dfrac{\dfrac{m^2}{4}}{1 - \dfrac{1}{2}} \Rightarrow S = \pi\dfrac{m^2}{2}$

Alternativa a

433

$\cos 72° - \cos^2 36 = \cos^2 36 - \sen^2 36 - \cos^2 36 = -\sen^2 36$

Alternativa d

434

O determinante da matriz do coeficientes das equações do sistema linear é

$D = \begin{vmatrix} n & 1 & 0 \\ 0 & n & 1 \\ 1 & 0 & n \end{vmatrix} \Rightarrow D = n^3 + 1$

Para que o sistema não possua solução, primeiramente, é necessário que

$D = 0 \Rightarrow n^3 + 1 = 0 \Rightarrow n = -1$

Substituindo $n = -1$ no sistema, e escalonando-o, teremos:

$$\begin{cases} -x+y+0z=1 \quad .(1) \\ -y+z=1 \\ x+0z-z=1 \leftarrow \end{cases} \Rightarrow \begin{cases} -x+y+0z=1 \\ -y+z=1 \quad .(1) \\ y-z=2 \leftarrow \end{cases} \Rightarrow \begin{cases} -x+y+0z=1 \\ -y+z=1 \\ 0=3 \end{cases}$$

Sistema impossível, ou seja, $S = \emptyset$

Alternativa a

435

Se $Q(x)$ é um polinômio de grau **m** então $[Q(x)]^m$ tem grau **m . n**

$(x^2 + 1)^4$ tem grau $4 . 2 = 8$

$(x^3 + 1)^3$ tem grau $3 . 3 = 9$

$P(x)$ tem grau $9 + 8 = 17$

$P(x) \,\underline{|\, d(x)}$
$R(x) \quad Q(x)$

Se $gr(P) \geq gr(d) \Rightarrow gr(Q) = gr(P) - gr(d)$, portanto:

$gr(Q) = 17 - 2 = 15$

Alternativa d

436

Para que $2x(kx-4) - x^2 + 6 = 0$ ($k \in Z$) não tem raízes reais imporemos $\Delta < 0$:

$(2k-1)x^2 - 8x + 6 = 0$

$\Delta = (-8)^2 - 4.(2k-1).6 = 64 - 48k + 24$

$\Delta = -48k + 88 < 0 \Rightarrow -48k < -88$

$$k > \frac{88}{48}$$

$$k > \frac{11}{6} \quad \left(\frac{11}{6} = 1 + \frac{5}{6}\right)$$

Como $k \in Z$ é o menor possível, então $k = 2$.

Alternativa b

437

Do enunciado, temos:

$(C + 1200).(1 - 0{,}11) = C - 32$

$(C + 1200).(0{,}89) = C - 32$

$0{,}89C + 1068 = C - 32$

$1100 = 0{,}11C$

$C = \dfrac{1100}{0{,}11} \Rightarrow C = 10000$

Alternativa d

438

Devemos calcular: $51 + 61 + 71 + \ldots + 341$ que é a soma dos termos de uma P.A de 1º termo 51 e razão 10.

$a_n = a_1 + (n-1).r \Rightarrow 341 = 51 + (n-1).10 \Rightarrow n = 30$ termos

$S = (a_1 + a_n).\dfrac{n}{2} \Rightarrow S = (51 + 341).\dfrac{30}{2} = 392\dfrac{30}{2} = 5880$

Alternativa e

439

$\log_5 10 = \dfrac{\log 10}{\log 5} = \dfrac{1}{\log 5} = \dfrac{1}{\log\left(\dfrac{10}{2}\right)} = \dfrac{1}{\log 10 - \log 2} = \dfrac{1}{1 - 0{,}301} =$

$= \dfrac{1}{0{,}699} \cong \dfrac{1}{0{,}7} = \dfrac{1}{\dfrac{7}{10}} = \dfrac{10}{7}$

Alterantiva c

440

Seja a sequência $\left(\underbrace{1, 1, 1, \ldots, 1}_{n-1 \text{ elementos}}, 1 - \dfrac{1}{n}\right)$

A média entre deles é

$m = \dfrac{(1 + 1 + 1 + \ldots + 1) + \left(1 - \dfrac{1}{n}\right)}{n} = \dfrac{n - 1 + 1 - \dfrac{1}{n}}{n} =$

$= \dfrac{\dfrac{n^2 - 1}{n}}{n} = \dfrac{n^2 - 1}{n^2} = \dfrac{n^2}{n^2} - \dfrac{1}{n^2} = 1 - \dfrac{1}{n^2}$

Alternativa d

441

Cálculo de **q**

$\left(\dfrac{1}{2} + 1\right)(q+1) = 2 \Rightarrow \dfrac{3}{2} \cdot (q+1) = 2 \Rightarrow q + 1 = \dfrac{4}{3} \Rightarrow q = \dfrac{1}{3}$

Então,

$\text{arc tg}\dfrac{1}{2} + \text{arc tg}\dfrac{1}{3} = \alpha + \beta$

Fazendo $\alpha = \text{arc tg}\dfrac{1}{2}$ e $\beta = \text{arc tg}\dfrac{1}{3}$, como $\alpha, \beta \in \left]-\dfrac{\pi}{2}, \dfrac{\pi}{2}\right[$, vamos calcular $\alpha + \beta$.

Temos que $\text{tg}\alpha = \dfrac{1}{2}$ e $\text{tg}\beta = \dfrac{1}{3}$

Assim, $\operatorname{tg}(\alpha+\beta) = \dfrac{\operatorname{tg}\alpha + \operatorname{tg}\beta}{1 - \operatorname{tg}\alpha \operatorname{tg}\beta} \Rightarrow$

$$\Rightarrow \operatorname{tg}(\alpha+\beta) = \dfrac{\dfrac{1}{2} + \dfrac{1}{3}}{1 - \dfrac{1}{2} \cdot \dfrac{1}{3}} = \dfrac{\dfrac{5}{6}}{1 - \dfrac{1}{6}} = 1 \Rightarrow \alpha + \beta = \dfrac{\pi}{4}$$

Alternativa c

442

Em $(x - 2y)^{18}$ faça: $(1 - 2 \cdot 1)^{18} = (-1)^{18} = 1$

Alternativa b

443

$\Delta PAB \sim \Delta PCA$

$$\dfrac{PB}{PA} = \dfrac{AB}{CA} = \dfrac{PA}{PC}$$

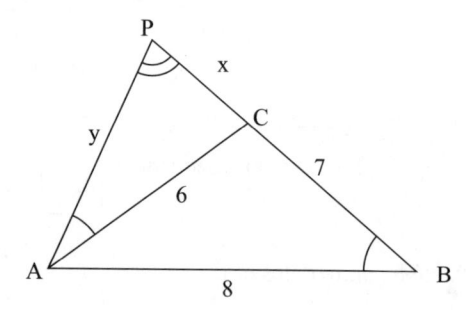

$$\dfrac{x+7}{y} = \dfrac{8}{6} = \dfrac{y}{x}$$

$$\dfrac{x+7}{y} = \dfrac{4}{3} \Rightarrow 4y = 3x + 21 \quad (I)$$

$$\dfrac{4}{3} = \dfrac{y}{x} \Rightarrow y = \dfrac{4x}{3} \quad (II)$$

Substituindo (II) em (I): $4 \cdot \dfrac{4x}{3} = 3x + 21 \Rightarrow x = 9$

Alternativa c

444

Por exemplo, o gráfico mostra uma circunferência de raio conveniente com centro no eixo **y** que intercepta o gráfico de y = sen x em mais de 16 pontos.

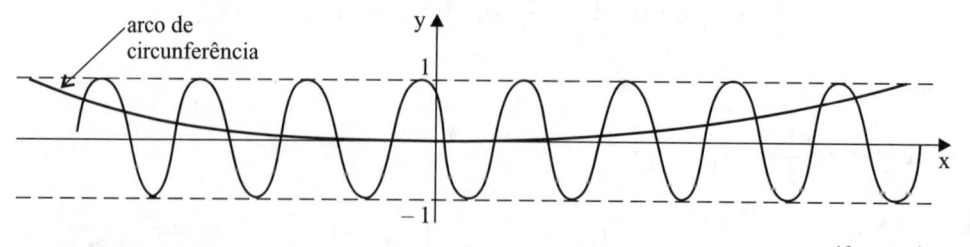

Alternativa e

445

M é ponto médio de AC e também de BD

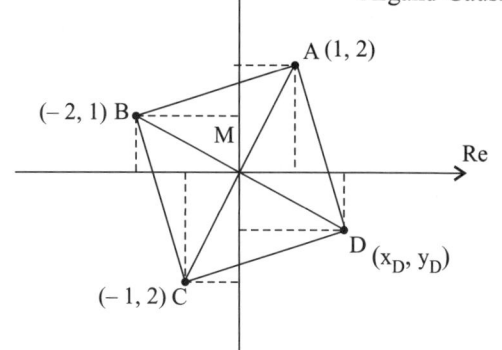

$$M = \left(\frac{1+(-1)}{2}, \frac{2+(-2)}{2}\right) = (0,0)$$

$$\frac{y_D + (-2)}{2} = 0 \Rightarrow x_D = 2$$

$$\frac{y_D + 1}{2} = 0 \Rightarrow y_D = -1$$

Portanto:
D = (x_D, y_D) = (2, −1) que é o afixo do número complexo 2 − i.

Alternativa b

446

1) O anagrama deve começar com qualquer das 6 letras que não são O: 6 possibilidades.

2) O anagrama deve terminar com qualquer das outras letras que não são O: 5 possibilidades.

3) As outras 6 letras, sendo duas iguais a O, podem ser permutadas entre os extremos: $P_6^2 = \dfrac{6!}{2!}$

Temos: $6 \cdot 5 \cdot \dfrac{6!}{2!} = 6 \cdot 5 \cdot 360 = 10800$

Alternativa e

447

Numa lista de nove números, colocados em ordem crescente $(x_1, x_2, x_3, x_4, x_5, x_6, x_7, x_8, x_9)$, a mediana **m** é igual ao termo médio, isto é, $m = x_5$.

Os valores dados são: 3, 5, 5, 7, 8, 9.

A mediana dos nove números assumirá o seu maior valor possível se os 3 números restantes forem maiores ou iguais a 8.

Então, essa mediana é igual a 8.

Alternativa d

448

Observe que trocar um elemento qualquer a_{ij} da matriz, altera o valor da soma da linha **i** e da coluna **j**, em relação as demais linhas e colunas. Por outro lado, mantém igual, entre si, o valor da soma de linha i e da coluna j.

Por exemplo:

$\begin{bmatrix} ㉕ & 9 & 2 \\ 8 & 1 & 6 \\ 3 & 5 & 7 \end{bmatrix} \begin{array}{l} \to 36 \\ \to 15 \\ \to 15 \end{array}$
$\quad \downarrow \ \downarrow \ \downarrow$
$\quad 36\ 15\ 15$

Note que a linha 1 e a coluna 1, ainda, mantém a mesma soma (36), contudo, essa soma se mostra diferente da soma das demais filas (36 ≠ 15).

Trocando um 2º elemento, em linha e coluna diferente da troca feita anteriormente (no nosso exemplo isso significa realizar a troca de um elemento que não esteja na 1ª linha e nem na 1ª coluna), obteremos três pares (linha-coluna), nos quais, cada par apresenta a mesma soma, mas com resultados diferentes entre si, ou seja, cada par tem um valor de soma diferente dos demais pares (linha-coluna).

Por exemplo:

$\begin{bmatrix} ㉕ & 9 & 2 \\ 8 & ⑮ & 6 \\ 3 & 5 & 7 \end{bmatrix} \begin{array}{l} \to 36 \\ \to 29 \\ \to 15 \end{array}$
$\quad \downarrow \ \downarrow \ \downarrow$
$\quad 36\ 29\ 15$

Note que os pares: (linha 1 - coluna1); (linha 2 - coluna 2) e (linha 3 - coluna 3) apresentam entre si valores de soma diferentes, 36, 29, 15, respectivamente. Por outro lado, cada par apresenta a mesma soma.

Para que cada par tenha linhas e colunas diferenciadas, necessitamos, ainda, fazer duas trocas.
Por exemplo:

$\begin{bmatrix} ㉕ & 9 & ⑫ \\ 8 & ⑮ & 6 \\ 3 & ⑩ & 7 \end{bmatrix} \begin{array}{l} \to 46 \\ \to 29 \\ \to 20 \end{array}$
$\quad \downarrow \ \downarrow \ \downarrow$
$\quad 36\ 34\ 25$

Alternativa d

449 Vamos representar, no plano cartesiano, as 3 retas (r) y = x, (s) y = – x e (t) y = 6

r passa por (0, 0) e (6, 6) , por exemplo

s passa por (0, 0) e (– 6, 6).

t é paralela ao eixo x e passa por (0, 6).

A área do triângulo obtido é $\dfrac{12 \cdot 6}{2} = 36$

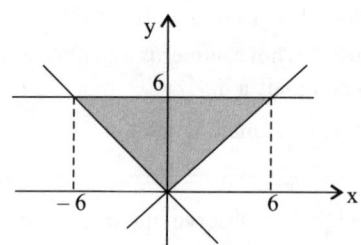

Alternativa a

450 Basta fazer a combinação dos 8 vértices do cubo 2 a 2:

$$C_{8,2} = \frac{8!}{2!\,6!} = 28$$

Alternativa e

451 Se **C** for o capital aplicado a uma taxa juros mensal igual a **i**, então teremos:
Após 1 mês: $C.(1+i)$
Após 2 meses: $C.(1+i)^2$
Após 3 meses: $C.(1+i)^3$
$\vdots$
Após n meses: $C.(1+i)^n$

Pelo enunciado esse capital inicial deve triplicar, ou seja, deve ser igual a 3C. Assim sendo, temos:

$3C = C(1+i)^n \Rightarrow 3 = (1+i)^n \Rightarrow \log_{(1+i)} 3 = n$

Alternativa a

FGV/2008
Economia - 2ª Fase

452 a) Note que o volume da parte maciça do sólido da esquerda é igual ao volume do cubo de aresta 3 m menos o volume de 7 cubos menores com aresta de 1m. Então:

$V = V_i - 7V_{men.} \Rightarrow V = 3^3 - 7.1^3 \Rightarrow$
$\Rightarrow V = 27 - 7 \Rightarrow \boxed{V = 20 \text{ m}^3}$

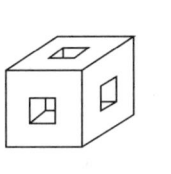

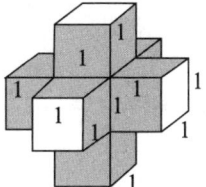

Como o m³ custa R$ 18,20, o custo da liga utilizada (20 m³) será de:

$20(18,20) = 364,00 \Rightarrow \boxed{\text{R\$ } 364,00}$

b)1) Note que a área do sólido final é igual à área do cubo original menos a área de 6 quadrados de lado 1 m, mais a área de 24 quadrados de lado 1 m.

$A = 6.3^2 - 6.1^2 + 24.1^2 \Rightarrow A = 54 + 18 \Rightarrow \boxed{A = 72 \text{ m}^2}$

2) A área do cubo inicial é: $A_i = 6.3^2 \Rightarrow \boxed{A_i = 54 \text{ m}^2}$

3) O aumento da área das paredes do sólido final foi de $72 - 54 = 18 \Rightarrow 18 \text{ m}^2$

Achemos porcentualmente:

$\dfrac{18}{54} = \dfrac{1}{3} = 0{,}3333... = \dfrac{33{,}33...}{100} = 33{,}33...\% \Rightarrow \boxed{18 \text{ é } 33{,}33...\% \text{ de } 54}$

Resposta: a) R$ 364,00   b) 33,33...%

453 Como em cada cruzamento João joga uma moeda a probabilidade de se chegar a cada "nó" é igual ao número da probabilidade multiplicado pelo total de caminhos O de A até o determinado nó. (ver dica)

Se João chegou até D (ver figura) a chance de ir até B passando por C é $\frac{1}{8}$.

Se João chegou até E, descontando o caminho por D, a chance de chegar a B é $\frac{3}{16}$.

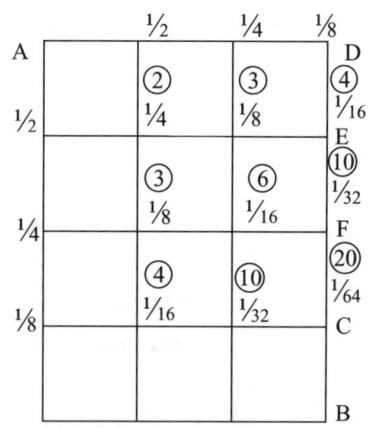

Se João chegou até F, descontando os 4 caminho que passam por E $\{(\rightarrow,\rightarrow,\rightarrow,\downarrow),(\rightarrow,\rightarrow,\downarrow,\rightarrow),(\rightarrow,\downarrow,\rightarrow,\rightarrow),(\downarrow,\rightarrow,\rightarrow,)\}$, a chance de chegar a B passando por C é: $\frac{6}{32}$.

Finalmente, de A até C temos $P_6^{3,3} = \frac{6!}{3!3!} = 20$ caminhos, descontando os que passam por F

$P_5^{3,2} = \frac{5!}{3!2!} = 10$, temos $\frac{10}{64}$

Temos: $\frac{1}{8} + \frac{3}{16} + \frac{6}{32} + \frac{10}{64} = \frac{8+12+12+10}{64} = \frac{42}{64} = \frac{21}{32}$

Vamos descobrir a equação da reta r:

$\begin{vmatrix} 0 & 0 & 1 \\ 3 & -4 & 1 \\ x & y & 1 \end{vmatrix} = 0 \Rightarrow 3y + 4x = 0$

Para minimizar a distância de C à tubulação $\overline{AB}$ (reta r) devemos fazer s ⊥ r passando por C

Temos $m_r = -\frac{4}{3} \Rightarrow m_s = \frac{3}{4}$

$s: y = \frac{3}{4}x + q$ como $C \in s \Rightarrow$

$\Rightarrow -3 = \frac{3}{4}\cdot 3 + q \Rightarrow q = \frac{-21}{4}$

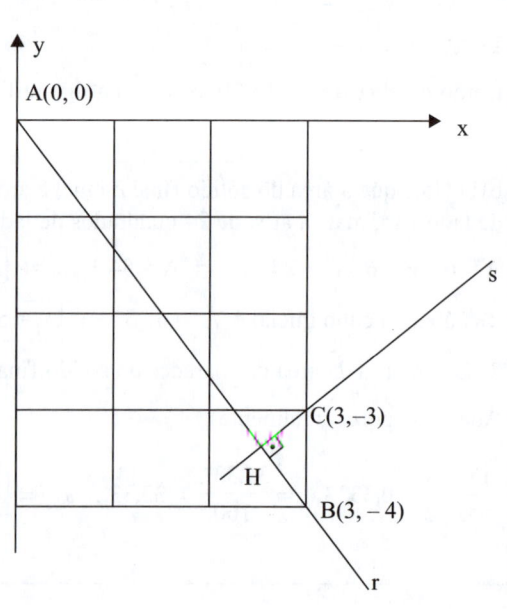

s: $y = \dfrac{3}{4}x - \dfrac{21}{4}$

Sendo $\{H\} = s \cap r \Rightarrow H\left(\dfrac{63}{25}, -\dfrac{85}{25}\right)$

r: $y = \dfrac{4}{3}x \quad 0 \leq x \leq 3$

s: $y = \dfrac{3}{4}x - \dfrac{21}{4} \quad \dfrac{63}{25} \leq x \leq 3$

Respostas: **a)** $\dfrac{21}{32}$ **b)** $\overline{AB} : y = \dfrac{4}{3}x, \ 0 \leq x \leq 3$ e

$\overline{CH} : y = \dfrac{3}{4}x - \dfrac{21}{4}, \ \dfrac{63}{25} \leq x \leq 3$

454

Vamos montar uma tabela para "entender" o processo de formação da sequência:

ímpar k	número de termos de sequência	
k = 1	1	$= 1^2$
k = 3	4	$= 2^2$
k = 5	9	$= 3^2$
k = 7	16	$= 4^2$
*	**	

* para o ímpar k o número de termos da sequência será igual a k + (soma de todos os ímpares positivos menores do que k)**.

**, isto é, k + (soma de todos os ímpares positivos menores do que k) pode ser dado pela expressão: $\left(\dfrac{k+1}{2}\right)^2$ (ver observação na dica).

a) Devemos ter $\left(\dfrac{k+1}{2}\right)^2 = 101$, vamos tomar o menor quadrado perfeito maior que 101:

$\left(\dfrac{k+1}{2}\right)^2 = 11^2 \Rightarrow \dfrac{k+1}{2} = 11 \Rightarrow k+1 = 22 \Rightarrow k = 21$

b) Fazemos inicialmente $\left(\dfrac{k+1}{2}\right)^2 = 1024 \Rightarrow \left(\dfrac{k+1}{2}\right)^2 = 32^2 \Rightarrow k = 63$

Precisamos calcular:

$1^2 + 2^2 + 3^2 + \ldots + 63^2 = \sum_{k=0}^{31}(2k+1)^2 = \dfrac{(31+1)(2 \cdot 31+1) \cdot (2 \cdot 31+3)}{3} = \dfrac{32 \cdot 63 \cdot 65}{3} = 43680$

Respostas: **a)** $k = 21$ **b)** 43680

455

a) Temos:
$[-2,7] = -3$
$[0,7] = 0$
$\left[\dfrac{16}{3}\right] = 5$

Assim, $\dfrac{[-2,7]}{[0,7]+\left[\dfrac{16}{3}\right]} = \left[\dfrac{-3}{0+5}\right] = \left[-\dfrac{3}{5}\right] = [-0,6] = -1$

b) Seja x = massa em gramas
1) Se x é inteiro, então T(x) = 0,09 . x ou T(x) = 0,09 [x]
2) se x não é inteiro, T(x) = 0,09 . [x] + 0,09 ou T(X) = 0,09 ([x] + 1)

Respostas: a) -1 **b)** $T(X) = \begin{cases} 0{,}09\ [x]\ ,\ \text{se } x \text{ é inteiro} \\ 0{,}09\ ([x]+1)\ ,\ \text{se } x \text{ não é inteiro} \end{cases}$

FGV/2008
Direito - 2ª Fase

456

a) Com x litros de gasolina, o veículo percorre $d_G = 10x$ quilômetros com x litros de álcool, o veículo percorre $d_A = 7,3\ x$ quilômetros.

$x = \dfrac{d_G}{10} = \dfrac{d_A}{7,3} \Rightarrow d_A = 0,73\, d_G$. Graficamente:

b) Seja C_A o custo em reais para encher o tanque com x litros de álcool.

Seja d_A a distância que se pode percorrer com esses x litros de álcool.

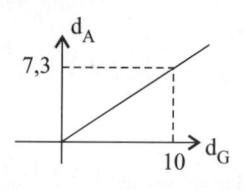

Então o custo por quilômetro será $\dfrac{C_A}{d_A}$.

Analogamente, o custo por quilômetro rodado, quando foram percorridos d_G quilômetros, com x litros de gasolina, que custaram C_G reais, é dada por $\dfrac{C_G}{d_G}$.

Assim, o uso do álcool será vantajoso quando seu custo por quilômetro percorrido for menor do que o custo da gasolina por quilômetro percorrido, isto é, quando

$\dfrac{C_A}{d_A} < \dfrac{C_G}{d_G}$, isto é , $C_A < \dfrac{d_A}{d_G} \cdot C_G$

Logo, utilizando o resultado anterior, $C_A < 0{,}73\ CG$.

Ou seja: O preço do álcool deve ser menor do que 73% do preço da gasolina.

c)

ESTADO	Pg	Pg	Pa
AMAPÁ	2,219	1,620	1,983
MATO GROSSO	2,920	2,132	1,235
PIAUÍ	2,576	1,880	1,866
SÃO PAULO	2,399	1,751	1,176

Nos Estados de Mato Grosso, Piauí e São Paulo, o preço do álcool é menor do que 73% do preço da gasolina. Portanto, nesses estados o uso do álcool é mais vantajoso. No Amapá o uso da gasolina é mais vantajoso.

Resposta: Nos estados de Mato Grosso, Piauí e São Paulo, o álcool é mais vantajoso. No estado do Amapá, a gasolina é mais vantajosa.

457 a) O número de coleções completas vendidas diariamente em cada livraria é o menor número de livros vendidos em cada linha.

Na livraria A: 2 coleções; na B: 1 coleção ; na C: nenhuma coleção e na D: 1 coleção.

b) Sejam x, y, z e w, nessa ordem, os preços dos livros de 5ª, 6ª, 7ª e 8ª série. Assim:

$$\begin{cases} 2x + 2y + 3z + 2w = 563{,}10 \\ 2x + y + 2z + 4w = 566{,}10 \\ 5y = 304{,}50 \\ 3x + 2y + 5z + w = 687{,}90 \end{cases}$$

Resolvendo esse sistema, obtemos:

y = 60,90 ; x = 60,90 ; z = 63,90 e w = 63,90

c) O preço de 100 coleções completas seria

100. (60,90 + 60,90 + 63,90 + 63,90) = 100. 249,60 = 24960,00 reais.

Houve um desconto de 24960,00 − 22963,20 = 1996,80

Portanto, a porcentagem de desconto é

$$\frac{1996{,}80}{24960} \cdot 100\% = 8\%$$

Respostas: a) Livraria A: 2 coleções ; na B: 1 coleção ; na C: nenhuma coleção e na D: 1 coleção.
b) 5ª série: R$ 60,90 ; 6ª série: R$ 60,90 ;
7ª série: R$ 63,90 ; 8ª série: R$ 63,90   c) 8%

458

a) O lucro por unidae é dado pela diferença entre o preço de venda e o custo: $x - 28$ o lucro **L** mensal será então dado pelo produto entre o total de cartuchos vendidos e o lucro por unidade.

$$L(x) = (200 - 2x)(x - 28)$$

b) O lucro é dado por $L(x) = (200 - 2x)(x - 28)$ em que $200 - 2x$ representa a quantidade de cartuchos vendidos por mês e $x - 28$ representa o lucro unitário. Haverá efetivamente lucro quando $200 - 2x > 0$ e $x - 28 > 0$, isto é, quando $x < 100$ e $x > 28$.

Portanto, o intervalo de valores de **x** para que haja lucro efetivo é $]28, 100[$.

c) Uma função polinomial do 2º grau $f(x) = ax^2 + bx + c$, com a, b e c constantes e $a < 0$ assume seu valor máximo se, e somente se, $x = -\dfrac{b}{2a}$.

Então $L(x) = (200 - 2x)(x - 28) \Rightarrow L(x) = -2x^2 + 256x - 5600$

$x_{máx} = -\dfrac{256}{2(-2)} \Rightarrow x_{máx} = 64$

d) $L(x) = (200 - 2x)(x - 28) \Rightarrow L(64) = (200 - 2 \cdot 64)(64 - 28) \Rightarrow L(64) = 72 \cdot 36 \Rightarrow L(64) = 2592$

Número de cartuchos vendidos $= 200 - 2 \cdot 64 = 72$

Respostas: a) $L(x) = (200 - 2x)(x - 28)$ b) $]28, 100[$
c) R\$ 64,00   d) R\$ 2592,00 , 72 cartuchos

UNIFESP/2006
Conhecimentos Gerais

459

A variação percentual entre dois valores v_i (valor inicial) e v_f (valor final) é dada por

$$\left(\dfrac{v_f - v_i}{v_i}\right) \cdot 100\%$$

Calculando as variações das populações das cidades indicadas no enunciado, temos:

A: $\dfrac{50-40}{40} = 25\%$ B: $\dfrac{70-50}{50} = 40\%$

C: $\dfrac{100-70}{70} \cong 42,8\%$ D: $\dfrac{130-100}{100} = 30\%$

E: $\dfrac{170-120}{120} \cong 41,6\%$

Alternativa c

Resoluções   UNIFESP/2006 – Conhecimentos Gerais

460

Seja **x** a quantia que André aplicou a uma taxa de 1,6% ao mês. Portanto, o restante, 10.000 − x, foi aplicado à uma taxa de 2% ao mês. Assim sendo, temos.

1,6% de x + 2% (10.000 − x) = 194 $\Rightarrow -\dfrac{16}{1000} \cdot x + \dfrac{2}{100}(10.000 - x) = 194 \Rightarrow$

$\dfrac{16x}{1000} + 200 - \dfrac{20x}{1000} = 194 \Rightarrow -\dfrac{4x}{1000} = -6 \Rightarrow x = 1500$ reais

Portanto as quantias aplicadas foram 1500 reais e 8500 reais.

Assim sendo, o valor absoluto da diferença entre os valores aplicados é
8500 − 1500 = 7.000 reais.

Alternativa d

461

Do enunciado, temos:

m = 15 . q + 7 em que q é o quociente da divisão de **m** por 15.

1) m = 15 . q + **7**
m = 3 . 5 . q + **3 . 2 + 1**
m = 3 . (5q + 2) + 1
Portanto, o resto da divisão de m por 3 é 1.

2) m = 15 . q + **7**
m = 3 . 5q + **5 . 1 + 2**
m = 5 . (3q + 1) + 2
Portanto, o resto da divisão de m por 5 é 2.

Assim, a soma dos restos das divisões de m por 3 e por 5 é 1 + 2 = 3.

Alternativa b

462

$\dfrac{1}{x^2 + x + 1} = \dfrac{27}{37} \Rightarrow x^3 + x + 1 = \dfrac{37}{27} \Rightarrow$

$\Rightarrow x^3 + x + 1 + 1 = \dfrac{37}{27} + 1 \Rightarrow x^3 + x + 2 = \dfrac{64}{27} \Rightarrow \dfrac{1}{x^3 + x + 2} = \dfrac{27}{64}$

Alternativa b

463

Se (a, b, 5a, d) estão em PA, então temos:

$b = \dfrac{a + 5a}{2} \Rightarrow 2b = 6a \Rightarrow b = 3a$ e $5a = \dfrac{b + d}{2} \Rightarrow 10a = b + d \Rightarrow$

$\Rightarrow 10a = 3a + d \Rightarrow d = 7a$

Portanto, supondo a ≠ 0, a sequência dada será do tipo: (a, 3a, 5a, 7a) e $\dfrac{d}{b} = \dfrac{7a}{3a} = \dfrac{7}{3}$

Alternativa d

503

464

$$\frac{3}{\begin{pmatrix}\text{pode ser:} \\ \text{A, O ou P}\end{pmatrix}} \cdot \underbrace{-----}_{\begin{pmatrix}\text{permutamos} \\ \text{as outras 4}\end{pmatrix}} = 3 \cdot 4! = 3 \cdot 24 = 72$$

A próxima palavra será: RAOPV (ver dica)

Alternativa e

465

Observe a figura:

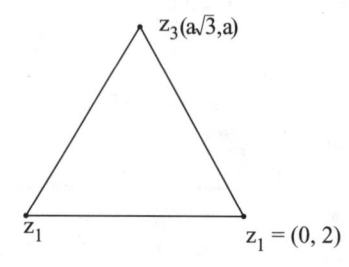

$z_3(a\sqrt{3}, a)$

z_1 $z_1 = (0, 2)$

Note, também que: $|z_A - z_B| = |(x_A + y_A i) - (x_B + y_B i)| = |(x_A - x_B) + i(y_A - y_B)| =$

$= \sqrt{(x_A - x_B)^2 + (y_A - y_B)^2} = \sqrt{(\Delta x)^2 + (\Delta y)^2} = d_{z_A z_B} =$

= distância entre z_A e z_B no Plano Complexo.

Portanto: $|z_2 - z_1| = |z_3 - z_2| = |z_3 - z_1| = 2$ pois o triângulo é equilátero.

$|z_3 - z_2| = |(a\sqrt{3} + ai) - (2i)| = |a\sqrt{3} + (a-2)i| =$

$= \sqrt{3a^2 + (a-2)^2} = 2 \Rightarrow 3a^2 + a^2 - 4a + 4 = 4$

$4a^2 - 4a = 0 \Rightarrow a^2 - a = 0 \Rightarrow a(a-1) = 0 \stackrel{a \neq 0}{\Rightarrow} a = 1$

Alternativa b

466

Sendo (x_t, y_t) o vértice da parábola de equação $y = x^2 - tx + 2$, temos:

$$x_t = -\frac{-t}{2.1} = \frac{t}{2} \quad \text{ou} \quad t = 2x_t$$

Então, $y_t = \left(\frac{t}{2}\right)^2 - t\left(\frac{t}{2}\right) + 2 = \frac{t^2}{4} - \frac{t^2}{2} + 2$, isto é,

$y_t = \frac{(2x_t)^2}{4} - \frac{(2x_t)^2}{2} + 2 = x_t^2 - 2x_t^2 + 2 = -x_t^2 + 2$

Assim, $y_t = -x_t^2 + 2$ que é a equação de uma parábola.

Alternativa a

467

sen (x − y) cosy + seny cos (x − y) =
= sen [(x − y) + y] = senx

Alternativa c

468

Como $\operatorname{sen}^2 x + \cos^2 x = 1$, temos:

$(3 \cos x)^2 + \cos^2 x = 1 \Rightarrow 9\cos^2 x + \cos^2 x = 1 \Rightarrow$

$\Rightarrow \cos^2 x = \dfrac{1}{10} \Rightarrow \cos x = \dfrac{\sqrt{10}}{10}$ pois $x \in 1^\circ Q$

Assim: senx = 3 cosx $\Rightarrow \operatorname{sen} x = \dfrac{3\sqrt{10}}{10}$

Logo sen 2x = 2 senx cosx = $2 \cdot \dfrac{3\sqrt{10}}{10} \cdot \dfrac{\sqrt{10}}{10} = \dfrac{6}{10} = \dfrac{3}{5}$

Alternativa b

469

A figura mostra a situação em que AÔB é máximo, conforme o enunciado.

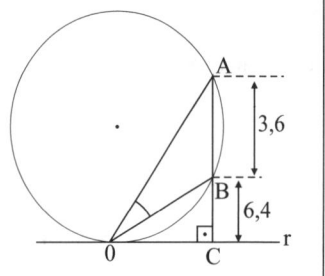

Nessa situação, temos:

$(OC)^2 = (CB) \cdot (CA)$

$(OC)^2 = 6{,}4 \cdot 10$

$OC = 8$

Alternativa c

470

Note que o volume do bloco de concreto é igual ao volume do cilindro oblíquo de baixo mais metade do volume do cilindro oblíquo de cima, cuja altura é 120 cm − 100 cm = 20 cm.

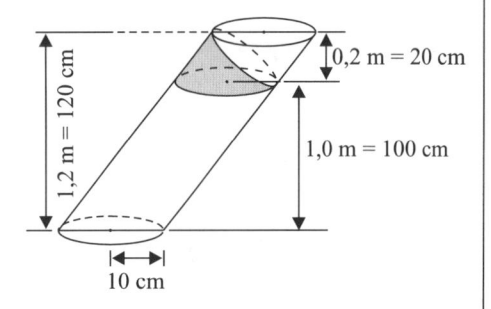

$V = \pi \cdot 10^2 \cdot 100 + \dfrac{1}{2} \pi \cdot 10^2 \cdot 20$

$V = 10000\pi + 1000\pi \Rightarrow \boxed{V = 11000\,\pi\,\text{cm}^3}$

Alternativa a

471

$$\begin{cases} x-y=2 \quad .(I) \\ cx+y=3 \end{cases} \Rightarrow \begin{cases} x-y=2 \quad (I) \\ (1+c)x=5 \quad (II) \end{cases}$$

De (II) vem: $(1+c) \cdot x = 5 \Rightarrow x = \dfrac{5}{1+c}$, como pelo enunciado, $x > 0$, temos que

$1+c > 0 \Rightarrow c > -1$. (III)

Substituindo $x = \dfrac{5}{1+c}$ em (I) vem: $x-y=2 \Rightarrow \dfrac{5}{1+c} - y = 2 \Rightarrow$

$\Rightarrow y = \dfrac{5}{1+c} - 2 \Rightarrow y = \dfrac{-2c+3}{1+c}$. Como, pelo enunciado, temo que

$y > 0$ e já determinamos que $1+c > 0 \Rightarrow -2c+3 > 0 \Rightarrow c < \dfrac{3}{2}$ (IV)

Portanto, de (III) e (IV) temos: $-1 < c < \dfrac{3}{2}$

Alternativa e

472

Para obtermos as coordenadas de P resolvemos o sistema $\begin{cases} x-y=2 \\ \dfrac{x}{2}+y=3 \end{cases}$

Somando membro a membro as duas equações, temos:

$x + \dfrac{x}{2} = 5$ ou $2x+x=10$, isto é, $x = \dfrac{10}{3} = x_P$

Substituindo na 1ª equação, vem: $\dfrac{10}{3} - 2 = y = \dfrac{4}{3} = y_P$

Assim, $P = \left(\dfrac{10}{3}, \dfrac{4}{3} \right)$

Seja o determinante $D = \begin{vmatrix} x_A & y_A & 1 \\ x_B & y_B & 1 \\ x_C & y_C & 1 \end{vmatrix} = \begin{vmatrix} 0 & 3 & 1 \\ 2 & 0 & 1 \\ \dfrac{10}{3} & \dfrac{4}{3} & 1 \end{vmatrix}$

Resolvendo, por LAPLACE, através da 3ª linha, obtemos

$D = \dfrac{10}{3}(3) - \dfrac{4}{3}(-2) + 1(-6) = \dfrac{30}{3} + \dfrac{8}{3} - \dfrac{18}{3} = \dfrac{20}{3}$

A área do $\triangle ABP$ é $S = \dfrac{|D|}{2} = \dfrac{\dfrac{20}{3}}{2} = \dfrac{10}{3}$

Alternativa d

473

Se n = 1, temos: $f^1(x) = f(x) = \dfrac{x+1}{x-1}$

Se n = 2, $f^2(x) = f(f^1(x)) = f\left(\dfrac{x+1}{x-1}\right) = \dfrac{\dfrac{x+1}{x-1}+1}{\dfrac{x+1}{x-1}-1} = \dfrac{x+1+x-1}{x-1} \cdot \dfrac{x-1}{x+1-x+1} = x$

Se n = 3, $f^3(x) = f(f^2(x)) = f(x) = \dfrac{x+1}{x-1}$

Se n = 4, $f^4(x) = f(f^3(x)) = f\left(\dfrac{x+1}{x-1}\right) = x$

Se n = 5, $f^5(x) = f(f^4(x)) = f(x) = \dfrac{x+1}{x-1}$

Alternativa a

UNIFESP/2006
Conhecimentos Específicos

474

a) Esboço do gráfico da função $p(t) = \dfrac{1}{2}t^2 - 15t + 100$

Raízes: $t = \dfrac{15 \pm \sqrt{225-200}}{2 \cdot \dfrac{1}{2}} = 15 \pm 5$

$t = 10$ ou $t = 20$

Vértice:

$x_v = \dfrac{10+20}{2} = 15$

$y_v = \dfrac{1}{2} \cdot 15^2 - 15 \cdot 15 + 100 = \dfrac{225-450+200}{2} = -\dfrac{25}{12}$

A função decrescendo de 100 a 0 tem uma variação para t de

0 a 10 ($0 \le t \le 10$)

b) $\dfrac{1}{2}t^2 - 15t + 100 = 28$ ou $t^2 - 30t + 144 = 0$

Assim $(t-24)(t-6) = 0$ tem como soluções $t = 24$ (não serve, pois $0 \le t \le 10$) e $t = 6$

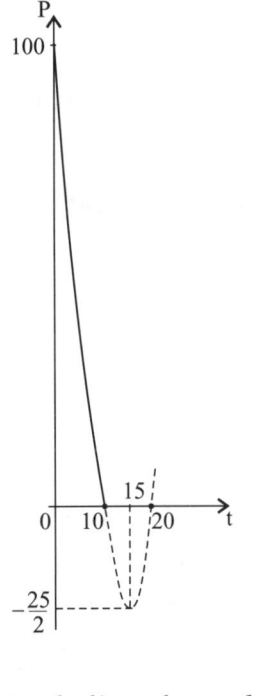

***Respostas:** a) $0 \le t \le 10$, t real   b) t = 6 segundos*

475

a) Como $-1 \leq \underbrace{\operatorname{sen}\left[\dfrac{\pi}{90}(t-105)\right]}_{\alpha} \leq 1$, temos:

1º caso:

fazendo $\operatorname{sen}\alpha = 1$ e $\operatorname{sen}\alpha = -1$, obtemos:

$\begin{cases} A + B = 14{,}4 \\ \underline{A - B = 9{,}6} \end{cases}$

$2A = 24 \Rightarrow A = 12$

$12 + B = 14{,}4 \Rightarrow B = 2{,}4$

2º caso:

fazendo $\operatorname{sen}\alpha = 1$ e $\operatorname{sen}\alpha = -1$, vem:

$\begin{cases} A + B = 9{,}6 \\ \underline{A - B = 14{,}4} \end{cases}$

$2A = 24 \Rightarrow A = 12$

$12 + B = 9{,}6 \Rightarrow B = -2{,}4$

Resposta: A = 12 e B = 2,4 ou A = 12 e B = – 2,4

b) $f(t) = A$

$A + B \operatorname{sen}\left[\dfrac{\pi}{90}(t-105)\right] = A$

$B \operatorname{sen}\left[\dfrac{\pi}{90}(t-105)\right] = 0$

$\operatorname{sen}\left[\dfrac{\pi}{90}(t-105)\right] = 0 \Rightarrow \dfrac{\pi}{90}(t-105) = k\pi \Rightarrow$

$\Rightarrow \dfrac{1}{90}(t-105) = k \Rightarrow t - 105 = 90k \Rightarrow$

$\Rightarrow t = 105 + 90k\ (k \Rightarrow Z)$

Logo, o menor valor positivo de **t** na qual **f** assume o seu valor médio é para h = – 1, ou seja, t = 105 + 90 . (– 1) $\Rightarrow$ t = 15

Resposta: 15 rad

476

a) Após 1h a quantidade de droga no sangue será de

$$Q(1) = Q_0(0,64)^1 \Rightarrow Q(1) = 0,64\, Q_0$$

Assim, sendo, a quantidade de droga eliminada pelo organismo será: $Q_0 - 0,64\, Q_0 = 0,36\, Q_0$, ou seja, 36% da droga será eliminada.

b) $Q(t) = \frac{1}{2}Q_0 \Rightarrow Q_0(0,64)^t = \frac{1}{2}Q_0 \Rightarrow 0,64^t = \frac{1}{2} \Rightarrow$

$\Rightarrow \log_{10}(0,64)^t = \log_{10}\left(\frac{1}{2}\right) \Rightarrow t \cdot \log\left(\frac{64}{100}\right) = \log_{10} 2^{-1} \Rightarrow t \cdot (\log 64 - \log 100) = -\log_{10} 2 \Rightarrow$

$\Rightarrow t(\log_{10} 2^6 - \log_{10} 10^2) = -\log_{10} 2 \Rightarrow t(6 \cdot \log_{10} 2 - \log_{10} 10) = -\log_{10} 2 \Rightarrow$

$\Rightarrow t \cdot (6 \cdot 0,3 - 2 \cdot 1) = -0,3 \Rightarrow 0,2t = -0,3 \Rightarrow t = 1,5\ h$

Repostas: a) 36%   b) 1,5 hora

477

Sejam **a**, **b**, **c** as raízes da equação $1x^3 - 4x^2 + Bx - C = 0$
$\quad\quad\quad\quad\quad\quad\quad\quad\quad\quad\quad\quad\quad\quad a_0\ \ a_1\ \ a_2\ \ a_3$

Aplicando as Relações de Girard, temos:

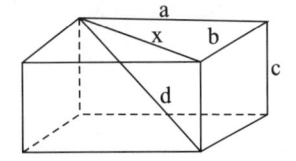

$\begin{cases} \text{I)}\ a+b+c = A \\ \text{II)}\ ab+ac+bc = B \\ \text{III)}\ abc = C \end{cases}$

Como **a**, **b** e **c** são dimensões de um paralelepípedo reto-retângulo, temos:

Volume = V = abc = 9 $\overset{(III)}{\Rightarrow}$ **C = 9**

Soma das áreas = S = 2ab + 2ac + 2bc = 2 (ab + ac + bc) = 27

$\overset{(II)}{\Rightarrow} 2B = 27 \Rightarrow \mathbf{B = \dfrac{27}{2}}$

Soma dos comprimento das arestas = 4a + 4b + 4c = 26

$\Rightarrow 4(a+b+c) = 26 \overset{(I)}{\Rightarrow} 4A = 26 \Rightarrow \mathbf{A = \dfrac{13}{2}}$

Da figura, temos:

$\begin{cases} x^2 = a^2 + b^2 \\ d^2 = x^2 + c^2 \end{cases} \Rightarrow d^2 = a^2 + b^2 + c^2 = $ soma dos quadrados das raízes

De (I): $a + b + c = \dfrac{13}{2}$

$(a+b+c)^2 = \left(\dfrac{13}{2}\right)^2$

$a^2 + b^2 + c^2 + 2ab + 2ac + 2bc = \dfrac{169}{4}$

$\underbrace{a^2 + b^2 + c^2}_{d^2} + 2(ab + ac + bc) = \dfrac{169}{4}$

de (II)
$\Rightarrow d^2 + 2 \cdot \dfrac{27}{2} = \dfrac{169}{4} \Rightarrow d^2 = \dfrac{61}{4}$

$\Rightarrow d = \dfrac{\sqrt{61}}{2}$ cm

Respostas: $A = \dfrac{13}{2}$, $B = \dfrac{27}{2}$, $C = 9$ e $d = \dfrac{\sqrt{61}}{2}$ cm

---

478

a) A reta por **A** e **I** tangencia a esfera. Se $\overline{CT}$ é raio, então $\overline{CT} \perp \overline{AD}$. Analogamente, $\overline{AB} \perp \overline{BD}$.

Além disso, $B\hat{D}A$ é comum aos triângulos ABD e CTD. Portanto, pelo caso AA, esses triângulos são semelhantes.

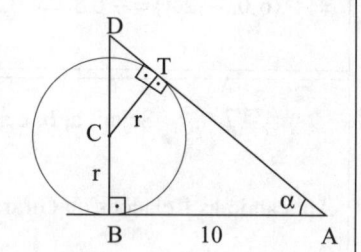

b) 1) $\operatorname{tg}\alpha = \dfrac{1}{2} \Rightarrow \dfrac{BD}{10} = \dfrac{1}{2} \Rightarrow BD = 5 \Rightarrow CD = 5 - r$

2) Por Pitágoras, no $\triangle ABD$:

$(AD)^2 = (BD)^2 + 10^2 \Rightarrow (AD)^2 = 5^2 + 10^2 \Rightarrow (AD) = 5\sqrt{5}$

3) Por semelhança:

$\dfrac{CT}{AB} = \dfrac{CD}{AD} \Rightarrow \dfrac{r}{10} = \dfrac{5-r}{5\sqrt{5}} \Rightarrow r = 10(\sqrt{5} - 2)\,m$

Respostas: *a) Pelo caso A.A.   b) $10(\sqrt{5} - 2)m$*

479

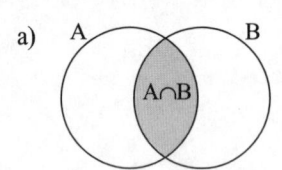

a) O diagrama de Venn nos ajuda a lembrar que $p(A \cap B) \leq p(A)$ e $p(A \cap B) \leq p(B)$

Então $p \leq \dfrac{3}{4}$ e $p < \dfrac{2}{3} \Rightarrow p \leq \dfrac{2}{3}$

$p(A \cup B) = p(A) + p(B) - p(A \cap B)$, supondo que $(A \cup B) \subset U$, temos

$p(A \cup B) = \dfrac{3}{4} + \dfrac{2}{3} - p(A \cap B) \leq 1 \Rightarrow \dfrac{17}{12} - p(A \cap B) \leq 1 \Rightarrow$

Resoluções UNIFESP/2007 – Conhecimentos Gerais

$\Rightarrow p(A \cup B) \geq \dfrac{17}{12} - 1 \Rightarrow p(A \cap B) \geq \dfrac{5}{12}$, isto é, $p \geq \dfrac{5}{12}$

Logo $\dfrac{5}{12} \leq p \leq \dfrac{2}{3}$

b)

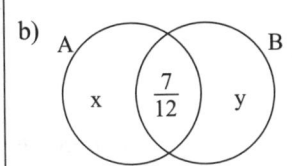

$x = \dfrac{3}{4} - \dfrac{7}{12} = \dfrac{2}{12} \qquad y = \dfrac{2}{3} - \dfrac{7}{12} = \dfrac{1}{12}$

O diagrama fica:

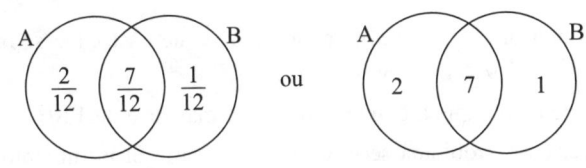

ou

A probabilidade pedida é $\dfrac{7}{2+7} = \dfrac{7}{9}$

Usando probabilidade condicional podemos fazer

$p(B \mid A) = \dfrac{p(A \cap B)}{p(A)} = \dfrac{\frac{7}{12}}{\frac{3}{4}} = \dfrac{7}{9}$

Respostas: a) $\dfrac{5}{12} \leq p \leq \dfrac{2}{3}$ b) $\dfrac{7}{9}$

UNIFESP/2007
Conhecimentos Gerais

480 Os números devem ser múltiplos de 2, 3, 4 e 5.
O m.m.c (2, 3, 4, 5) = 60
Como $1000 = 60 \cdot 16 + 40$, existem 16 números múltiplos de 60 de 1 a 1000.

Alternativa d

481 Num paralelogramo, as diagonais se interceptam ao meio, portanto, M é ponto médio de $z_2 z_3$ e de $z_1 z_4$:

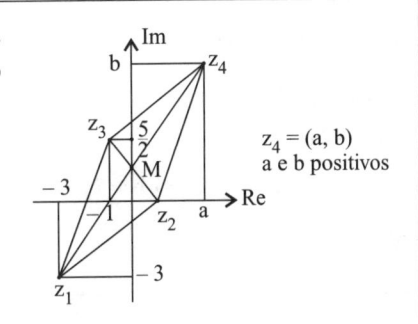

$z_2 = \left(-1, \dfrac{5}{2}\right)$ e $z_3 = (1, 0) \Rightarrow x_M = \dfrac{-1+1}{2} = 0$

$z_4 = (a, b)$
a e b positivos

e $y_M = \dfrac{\frac{5}{2} + 0}{2} = \dfrac{5}{4}$

$z_1 = (-3, -3)$ e $z_4 = (a, b) \Rightarrow x_M = \dfrac{a-3}{2} = 0 \Rightarrow a = 3$

e $y_M = \dfrac{b-3}{2} = \dfrac{5}{4} \Rightarrow b = 3 + \dfrac{5}{2} = \dfrac{11}{2}$

$z_4 = \left(3, \dfrac{11}{2}\right) = 3 + \dfrac{11}{2}i$

Alternativa b

482

Sendo c o preço do catálogo, então o preço de custo é 0,75 c.

Sendo v o preço de venda e segundo o enunciado, o comerciante deseja marcar o preço de venda de modo a fornecer um desconto de 25%, temos que, o comerciante deseja vender o produto por 0,75v.

Por outro lado ele deseja, também, obter um lucro de 30% sobre o preço de custo. Desse modo, temos: $0{,}75\,v = 1{,}3 \cdot 0{,}75\,c \Rightarrow 0{,}75\,v = 0{,}975\,c \Rightarrow v = 1{,}3\,c$

Logo, a porcentagem sobre o preço de custo, que o comerciante deve marcar é de 130%.

Observação: Outro modo de resolver esse problema seria utilizar o mesmo procedimento mas supondo que o preço do catálogo fosse 100 reais.

Alternativa c

483

O gráfico de Y deve ser:

1) decrescente a cada 6 horas (isto elimina as alternativas a, b, c).

2) tal que, em cada intervalo de 6 horas, o valor de Y deve ser metade da quantidade inicial desse intervalo.

Isto só ocorre no gráfico da alternativa e.

Alternativa e

484

$$\dfrac{x}{x^2 - 3x + 2} = \dfrac{a}{x-1} + \dfrac{b}{x-2}$$

$$\dfrac{x}{(x-1)(x-2)} = \dfrac{a(x-2) + b(x-1)}{(x-1)(x-2)}$$

$x = ax - 2a + bx - b$

$1x + 0x^0 = (a+b)x + (-2a - b)x^0$

Igualando os coeficientes, temos:

$\begin{cases} \text{I)}\ a + b = 1 \\ \text{II)}\ -2a - b = 0 \end{cases}$ +

$-a = 1 \Rightarrow a = -1 \Rightarrow b = 2$

Portanto, $ab = -2$

Alternativa c

485

Se T é o tempo de dobra temos: $P(T) = P_0(1+r)^T$ (I), por outro lado, $P(T) = 2P_0$ (II).
De (I) e (II), vem: $2P_0 = P_0(1+r)^T \Rightarrow 2 = (1+r)^T \Rightarrow \log_{(1+r)} 2 = T$

Alternativa a

486

Seja A(x) a área a ser retirada.

1) A(x) = área (trapézio) + área (quadrdo)

$A(x) = \dfrac{(14+x)(12-x)}{2} + x^2$

$A(x) = \dfrac{1}{2}x^2 - x + 84 \quad \left(a = \dfrac{1}{2},\ b = -1,\ c = 84 \right)$

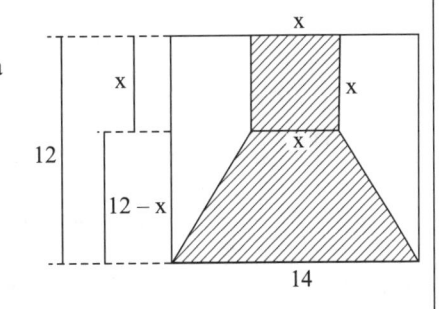

2) O valor de x para que A(x) seja mínima é igual a $-\dfrac{b}{2a} = \dfrac{-(-1)}{2 \cdot \dfrac{1}{2}} = 1$

Alternativa d

487

$f(x) = \text{sen}x \cdot \text{sen}2x \Rightarrow f(x) = \text{sen}x \cdot 2\,\text{sen}x\,\cos x \Rightarrow$
$\Rightarrow f(x) = 2\,\text{sen}^2 x\,\cos x \Rightarrow f(x) = 2\cos x\,(1 - \cos^2 x) \Rightarrow$
$\Rightarrow f(x) = 2\cos x - 2\cos^3 x \Rightarrow f(x) = 2\,(\cos x - \cos^3 x)$

Assim, f(x) é da forma $y - y^b$, com $y = \cos x$ e $b = 3$. O valor máximo ocorre quando

$\cos x = \left(\dfrac{1}{3} \right)^{\frac{1}{3-1}} = \left(\dfrac{1}{3} \right)^{\frac{1}{2}} = \sqrt{\dfrac{1}{3}} = \dfrac{\sqrt{3}}{3}$

Logo, o valor máximo de f(x) é

$f(x) = 2\left[\dfrac{\sqrt{3}}{3} - \left(\dfrac{\sqrt{3}}{3} \right)^3 \right] = 2\left[\dfrac{\sqrt{3}}{3} - \dfrac{\sqrt{3}}{9} \right] = 2 \cdot \left(\dfrac{2\sqrt{3}}{9} \right) = \dfrac{4\sqrt{3}}{9}$

Alternativa d

488

Em um minuto, um ponto da circunferência maior percorre uma distância equivalente a $100 \cdot 2\pi \cdot 12$.

Se as roldanas estão unidas por uma correia que não escorrega, então um ponto da circunferência menor deve percorrer, em um minuto a mesma distância percorrida por um ponto da circunferência maior. Ou seja, o raio **r** da roldana menor dever ser tal que $150 \cdot 2\pi \cdot r = 100 \cdot 2\pi \cdot 12$.

ou seja $150 \cdot r = 100 \cdot 12$

Portanto, $r = 8$

Alternativa a

489

1) No $\triangle ABD$

$$\frac{x}{12} = \cos 60°$$

$$\frac{x}{12} = \frac{1}{2} \Rightarrow x = 6$$

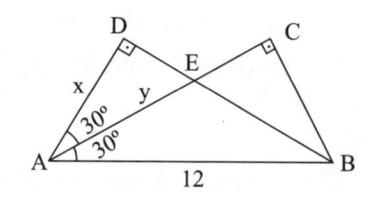

2) No $\triangle ADE: \frac{x}{y} = \cos 30° \Rightarrow \frac{6}{y} = \frac{\sqrt{3}}{2} \Rightarrow y = 4\sqrt{3}$

3) área (ABE) = área (ABD) – área (ADE)

área (ABE) = $\frac{1}{2} \cdot x \cdot 12 \cdot \text{sen} 60° - \frac{1}{2} \cdot x \cdot y \cdot \text{sen} 30°$

área (ABE) = $\frac{1}{2} \cdot 6 \cdot 12 \cdot \frac{\sqrt{3}}{2} - \frac{1}{2} \cdot 6 \cdot 4\sqrt{3} \cdot \frac{1}{2}$

área (ABE) = $12\sqrt{3}$ cm²

Alternativa e

490

Seja **x, y, z** o preço do sanduíche, do refrigerante e da torta de maçã, respectivamente. Assim, segundo o enunciado, temos:

$$\begin{cases} 3x + 7y + z = 22,5 \quad .(3) \\ 4x + 10y + z = 30,5 \quad .(2) \end{cases} \Rightarrow \begin{cases} 9x + 21y + 3z = 67,50 \quad (I) \\ 8x + 20y + 2z = 61,00 \quad (II) \end{cases}$$

Subtraindo (I) de (II), temos: $9x - 8x + 21y - 20y + 3z - 2z = 67,50 - 61,00 \Rightarrow x + y + z = 6,50$

Logo o preço de um sanduíche, um refrigerante e uma torta de maçã é 6,50 reais.

Alternativa b

491

Apliquemos as Relações de Girard à equação $\underset{a_0}{1x^3} + \underset{a_1}{mx^2} + \underset{a_2}{mpx} + \underset{a_3}{p} = 0$

de raízes $\alpha_1 = m$, $\alpha_2 = p$ e $\alpha_3 = mp$:

$$\begin{cases} \text{I)} \ m + p + mp = -\frac{a_1}{a_0} = -m \\ \text{II)} \ mp + m^2p + mp^2 = \frac{a_2}{a_0} = mp \\ \text{III)} \ m^2p^2 = -p \end{cases}$$

De (II): (note que as raízes são não nulas).

$mp + m^2p + mp^2 = mp \xrightarrow{:(mp)} 1 + m + p = 1$

$m + p = 0 \Rightarrow \mathbf{p = -m}$

Substituindo em (I):

$m + (-m) + m \cdot (-m) = -m \Rightarrow m^2 - m = 0$

$m(m - 1) = 0 \xrightarrow{m \neq 0} m = 1 \Rightarrow p = -1$

De (I) (soma das raízes = S): $S = -m = -1$

Alternativa e

492

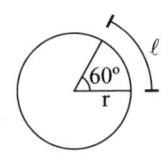

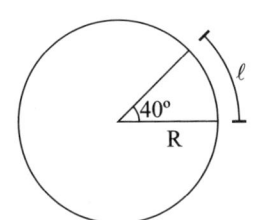

1) $\dfrac{60°}{360°} \cdot 2\pi \cdot r = \ell$ 2) $\dfrac{40°}{360°} \cdot 2\pi \cdot R = \ell$

Dividindo membro a membro as equações acima, vem que:

$\dfrac{60°}{40°} \cdot \dfrac{r}{R} = 1 \Rightarrow \dfrac{r}{R} = \dfrac{2}{3}$

2) A razão entre as áreas do círculo I e do círculo II é dada por $\dfrac{\pi r^2}{\pi R^2} = \left(\dfrac{r}{R}\right)^2 = \left(\dfrac{2}{3}\right)^2 = \dfrac{4}{9}$

Alternativa b

493

Vamos introduzir um sistema de eixos cartesianos onde o eixo **x** contenha a base AB e a origem seja o ponto M.

O ponto que, na base, dista 5 de M é P = (5, k).

k é a altura procurada (em cm).

A parábola da figura tem por equação $y = a(x - x')(x - x'')$, $a \neq 0$, sendo x' e x" suas raízes.

Como $x' = -20$ e $x'' = 20$, vem $y = a(x + 20)(x - 20)$

Mas, C = (0, 16) pertence à parábola.

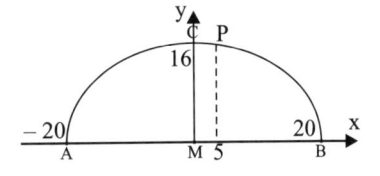

Então, $16 = a(0 + 20)(0 - 20)$, isto é, $400a = -16$, ou seja, $a = -\dfrac{16}{400} = -\dfrac{1}{25}$

A equação da parábola fica: $y = -\dfrac{1}{25}(x + 20)(x - 20)$

P = (5, k) é ponto da parábola. Portanto

$k = -\dfrac{1}{25}(5 + 20)(5 - 20) = -\dfrac{1}{25} \cdot 25 \cdot (-15) = 15$

Alternativa a

494

1) $(a+b+c)(a+b-c) = 3ab$
   $(a+b)^2 - c^2 = 3ab$
   $a^2 + 2ab + b^2 - c^2 = 3ab$
   $-ab = c^2 - a^2 - b^2$

2) Sendo γ o ângulo oposto ao lado de medida **c** temos, pela lei dos cossenos:

$c^2 = a^2 + b^2 - 2 \cdot a \cdot b \cdot \cos\gamma$

$c^2 - a^2 - b^2 = -2ab \cdot \cos\gamma$

$-ab = -2 \cdot a \cdot b \cdot \cos\gamma$

$\cos\gamma = \dfrac{1}{2}$

$\therefore \gamma = 60°$

Alternativa c

UNIFESP/2007
Conhecimentos Específicos

495

Observe a resolução do Ex. 275.

Do mesmo modo procedemos para obter o $\triangle ABC$ da figura.

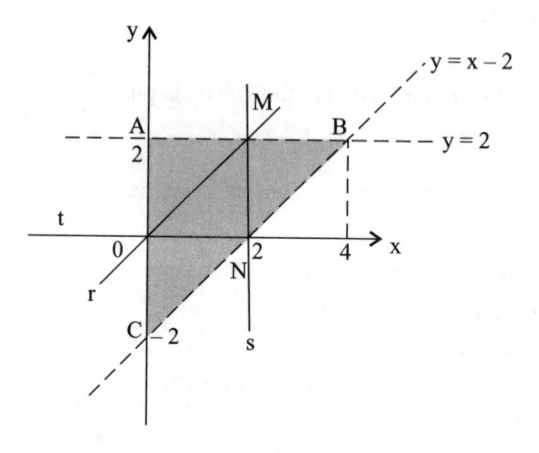

a) O ponto O é o ponto médio de AC; M = (2, 2) é o ponto médio de AB.

As retas que passam pelos pontos médios de dois lados do $\triangle ABC$ e são paralelas as terceiro lado são sempre equidistantes de A e B.

São elas:

I) retas s, vertical, de equação x = 2

II) reta t, contida no eixo, de equação y = 0

III) reta r, que passa por (0, 0) e (2, 2), de equação y = x

Resposta: x = 2, y = 0 e y = x

b) O $\triangle ABC$ é retângulo de hipotenusa BC. O centro da circunferência circunscrita é ponto médio de BC, isto é, da figura N = (2, 0).

O raio é a diagonal de um quadrado de lado 2, ou seja, $2\sqrt{2}$.

A equação dessa circunferência é $(x-2)^2 + (y-0)^2 = (2\sqrt{2})^2$, ou ainda, $x^2 - 4x + 4 + y^2 - 8 = 0$, de onde tiramos a $x^2 + y^2 - 4x - 4 = 0$.

Resposta: $x^2 + y^2 - 4x - 4 = 0$

---

496 a) Os cubinhos dos vértices do cubo original tem 3 faces pintadas, os outros, das arestas tem 2 faces pintadas e os que formam um quadrado de lado (n – 2) em cada face tem exatamente uma face pintada. Como são seis faces, temos 6. (n – 2) (n – 2) cubinhos com exatamente uma faces pintadas. O número de cubos que não tem faces pintadas é o número de cubinhos que estão no interior, ou seja, um cubo de aresta (n – 2). Então:

6. (n – 2) (n – 2) = (n – 2)³

Como n > 2, temos n – 2 ≠ 0. Logo:

6 = n – 2 ⇒ $\boxed{n - 8}$

b) Veja item 3 da dica

1º modo: 8 + 12 (n – 2) + 6 (n – 2) (n – 2) = 56 ⇒

12 (n – 2) + 6 (n – 2) (n – 2) = 48 ⇒ 2 (n – 2) + (n – 2)² = 8 ⇒

⇒ 2n – 4 + n² – 4n + 4 = 8 ⇒ n² – 2n – 8 = 0 ⇒ (n – 4) (n + 2) = 0 ⇒ $\boxed{n = 4}$

2º modo: n³ – (n – 2)³ = 56 ⇒ n³ – (n³ – 6n² + 12n – 8) = 56 ⇒

n³ – n³ + 6n² – 12n + 8 = 56 ⇒ 6n² – 12n – 48 = 0 ⇒ n² – 2n – 8 = 0 ⇒ $\boxed{n = 4}$

Respostas: *a) n = 8   b) n = 4*

---

497 a) Vamos escrever as possibilidades para o 1º e o último algarismo:

$\left.\begin{array}{l} 1 - 3 \\ 2 - 4 \\ 3 - 5 \\ 4 - 6 \\ 5 - 7 \\ 6 - 8 \\ 7 - 9 \end{array}\right\}$ (são 7 possibilidades) . (2)

Como na dezena temos 10 possibilidades, as possibilidades serão: 7 . 2 . 10 = 140

b) O total de números com **um** algarismo é 8 (1, 2, 3, 4, 5, 6, 7, 9)

Com **dois** algarismos:

na dezena temos 8 possibilidades: 1, 2, 3, 4, 5, 6, 7 e 9

na unidade poderemos ter qualquer algarismos, menos o 8 : 9

total 8 . 9 = 72

Com **três** algarismos

$$\underset{\neq ZERO}{8} \cdot \underset{\neq 8}{9} \cdot \underset{\neq 8}{9} = 648$$

e 8

total geral: 8 + 72 + 648 = 728

A probabilidade é: $\dfrac{728}{1000}$

Respostas: a) 140   b) $\dfrac{728}{1000} = 72,8\%$

498

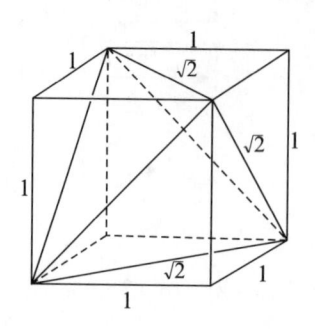

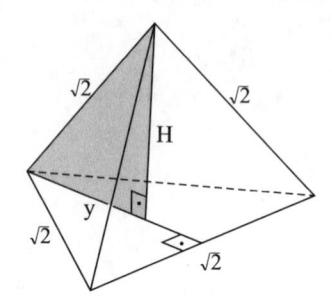

a) 1) Sendo 1 a aresta do cubo, a sua diagonal mede $\sqrt{3}$ e a aresta do tetraedro mede $\sqrt{2}$. Como

$y = \dfrac{2}{3}h$ e $h = \dfrac{(\sqrt{2})\sqrt{3}}{2}$ obtemos: $y = \dfrac{2}{3} \dfrac{(\sqrt{2})\sqrt{3}}{2} \Rightarrow \boxed{y = \dfrac{\sqrt{6}}{3}}$

2) Determinemos **H**.

$H^2 + y^2 = (\sqrt{2})^2 \Rightarrow H^2 + \left(\dfrac{\sqrt{6}}{3}\right)^2 = (\sqrt{2})^2 \Rightarrow H^2 + \dfrac{6}{9} = 2 \Rightarrow$

$H^2 = 2 - \dfrac{6}{9} \Rightarrow H = \dfrac{12}{9} \Rightarrow \boxed{H = \dfrac{2\sqrt{3}}{3}} \Rightarrow H = \dfrac{2}{3}(\sqrt{3}) \Rightarrow \boxed{H = \dfrac{2}{3}d}$

De fato, H é $\dfrac{2}{3}$ da diagonal do cubo

b) Como sabemos que H = $\dfrac{2\sqrt{3}}{3}$, determinemos o volume do tetraedro regular de aresta $\sqrt{2}$.

$$V_T = \frac{1}{3} B.H \Rightarrow V_T = \frac{1}{3} \frac{(\sqrt{2})^2 \sqrt{3}}{4} \cdot \frac{2\sqrt{3}}{3} \Rightarrow V_T = \frac{1}{3}$$

Como o volume do cubo é $V_c = 1^3 = 1$, temos:

$$\frac{V_c}{V_T} = \frac{1}{\frac{1}{3}} \Rightarrow \boxed{\frac{V_c}{V_T} = 3}$$

Respostas: a) Ver resolução   b) 3

---

499   a) 1) Sabemos que na P.A. $(a_1, a_2, ..., a_n)$, de razão **r**,

$$a_n = a_1 + (n-1)r \text{ ou } a_1 = a_n - (n-1)r \text{ e } S_n = \frac{(a_1 + a_n)r}{2}.$$

Substituindo a_n e depois a_1 nesta última equação obtemos:

$$\begin{cases} S_n = \dfrac{[a_1 + a_1 + (n-1)r]n}{2} \\ S_n = \dfrac{[a_n - (n-1)r + a_n]n}{2} \end{cases} \quad S_n = \dfrac{[2a_1 + (n-1)r]n}{2} \quad S_n = \dfrac{[2a_n - (n-1)r]n}{2}$$

Como $S = (n-2) \, 180°$, obtemos:

$$\begin{cases} \dfrac{[2a_1 + (n-1)r]n}{2} = (n-2)180° \\ \dfrac{[2a_n - (n-1)r]n}{2} = (n-2)180° \end{cases} \Rightarrow \begin{cases} a_1 = \dfrac{180°(n-2)}{n} - \dfrac{(n-1)r}{2} \\ a_n = \dfrac{180°(n-2)}{n} + \dfrac{(n-1)r}{2} \end{cases}$$

2) $a_1 \geq 25° \Rightarrow \dfrac{180°(n-2)}{n} - \dfrac{(n-1)r}{2} \geq 25° \Rightarrow 360°n - 720° - n(n-1)r \geq 50°n \Rightarrow$

$n(n-1)r \leq 310°n - 720° \Rightarrow r \leq \dfrac{310°n - 720°}{n(n-1)}$. Como $r \geq 10°$, obtemos:

$\dfrac{310°n - 720°}{n(n-1)} \geq 10° \Rightarrow 31n - 72 \geq n^2 - n \Rightarrow \boxed{n^2 - 32n + 72 \leq 0}$

$n^2 - 32n + 72 = 0 \Rightarrow \Delta = 736 = 16.46 \Rightarrow n = \dfrac{32 \pm 4\sqrt{46}}{2} \Rightarrow n = 16 \pm 2\sqrt{46} \Rightarrow$

$n^2 - 32n + 72 \leq 0 \Rightarrow 16 - 2\sqrt{46} \leq n \leq 16 + 2\sqrt{46} \Rightarrow \boxed{2,4 < n < 29,6}$

3) Como $a_n < 180°$, temos:

$a_n = \dfrac{180°(n-2)}{n} + \dfrac{(n-1)r}{2} < 180° \Rightarrow 360°n - 720° + n(n-1)r < 360°n \Rightarrow$

$r < \dfrac{720°}{n(n-1)}$. Como $r \geq 10°$, obtemos: $\dfrac{720°}{n(n-1)} > 10° \Rightarrow$

$\Rightarrow n^2 - n < 72 \Rightarrow n^2 - n - 72 < 0 \Rightarrow (n-9)(n+8) < 0 \Rightarrow \boxed{-8 < n < 9}$

O maior valor de **n** que satisfaz os dois intervalos é $\boxed{n=8}$

Observação: 1) Como exemplo, para n = 9 obtemos:

$a_9 = \dfrac{180°(9-2)}{9} + \dfrac{(9-1)r}{2} \Rightarrow a_9 = 140 + 4r$, $r \geq 10 \Rightarrow a_9 \geq 180°$, o que é um absurdo.

2) Para n = 8, por exemplo, temos: $a_8 = \dfrac{180°(8-2)}{8} + \dfrac{(8-1)r}{2} \Rightarrow a_8 = 135° + \dfrac{7}{2}r$

I) $r = 10° \Rightarrow a_8 = 135° + \dfrac{7}{2}(10°) \Rightarrow a_8 = 170° \Rightarrow 170° = a_1 + 7(10°) \Rightarrow$
$\Rightarrow a_1 = 100° \Rightarrow (100°, 110°, ..., 170°)$

II) $r = 12° \Rightarrow a_8 = 135° + \dfrac{7}{2}(12°) \Rightarrow a_8 = 177° \Rightarrow 177 = a_1 + 7(12°) \Rightarrow$
$\Rightarrow a_1 = 93 \Rightarrow (93°, 105°, ..., 177°)$

b) 1) $a_n = 160°$ e $r = 5° \Rightarrow$ P.A. $= (a_1, ..., 155°, 160°)$
$a_n = a_1 + (n-1)r \Rightarrow 160° = a_1 + (n-1)5° \Rightarrow \boxed{a_1 = 165° - 5n}$

2) Como $S_n = (n-2)180° = \dfrac{(a_1 + a_n)n}{2}$, obtemos:

$(n-2)180° = \dfrac{(165° - 5°n + 160°)n}{2} \Rightarrow 360°n - 720° = 325°n - 5°n^2 \Rightarrow$

$\Rightarrow 5n^2 + 35n - 720 = 0 \Rightarrow n^2 + 7n - 144 = 0 \Rightarrow$
$\Rightarrow (n + 16)(n - 9) = 0 \Rightarrow \boxed{n = 9}$

Respostas: a) n = 8   b) n = 9

UNIFESP/2008
Conhecimentos Gerais

500 $N = 21^4 \cdot 35^3 = (3 \cdot 7)^4 \cdot (7 \cdot 5)^3 = 3^4 \cdot 5^3 \cdot 7^5$

O número de divisores de N é $(4+1)(3+1)(5+1) = 5 \cdot 4 \cdot 6 = 160$ (ver dica)

Alternativa d

501

A sequência 1 2 3 4 5 4 3 2 1 2 3 4 5 4 3 ... pode ser observada como uma sequência formada por "blocos" de 1 2 3 4 5 4 3 2 – 1 2 3 4 5 3 2 – ... ou seja, sequência de blocos, sendo que, em cada "bloco" há 8 dígitos.

Po outro lado, temos:

2007 | 8
 7   250

Portanto, podemos concluir que dos 2007 dígitos dados no enunciado do problema, teremos 250 "blocos" completos (1 2 3 4 5 4 3 2) e 7 dígitos que não formarão 1 "bloco" inteiramente completo.

Esses 7 dígitos serão: 1 (2001º) 2 (2002º) 3 (2003º) 4 (2004º) 5 (2005º) 4 (2006º) 3 (2007º)

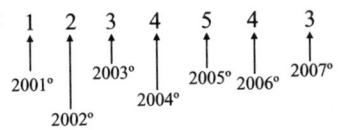

Então podemos concluir que o 2007º dígito da sequência é igual a 3.

Alternativa c

502

Pelo enunciado sabemos que $T_n = T_{n-1} + n$, então temos:

$T_1 = 1$
$T_2 = T_1 + 2 = 1 + 2$
$T_3 = T_2 + 3 = 1 + 2 + 3$
$T_4 = T_3 + 4 = 1 + 2 + 3 + 4$
$\vdots$
$T_{100} = T_{99} + 100 = 1 + 2 + 3 + 4 + ... + 99 + 100$

Então T_{100} a soma de uma P.A. de 100 termos, com $a_1 = 1$ e $a_n = 100$.

Portanto, $S_{100} = \dfrac{(1+100) \cdot 100}{2} \Rightarrow S_{100} = 5050$

Alternativa a

503

Temos pelo enunciado que:

$$\dfrac{1}{\sqrt{a} + \sqrt{b}} = \dfrac{\sqrt{b} - \sqrt{a}}{b - a}$$

Assim, $\dfrac{1}{1+\sqrt{2}} + \dfrac{1}{\sqrt{2}+\sqrt{3}} + \dfrac{1}{\sqrt{3}+\sqrt{4}} + ... + \dfrac{\sqrt{1}}{\sqrt{999}+\sqrt{1000}} =$

$= \dfrac{\sqrt{2}-1}{2-1} + \dfrac{\sqrt{3}-\sqrt{2}}{3-2} + \dfrac{\sqrt{4}-\sqrt{3}}{4-3} + ... + \dfrac{\sqrt{999}-\sqrt{998}}{999-998} + \dfrac{\sqrt{1000}-\sqrt{999}}{1000-999} =$

$= -1 + \sqrt{1000} = 10\sqrt{10} - 1$

Alternativa a

| 504 | Sendo $s(t) = at^2 + bt + c$, a tabela nos fornece os valores $s(0) = 0$, $s(1) = 32$ e $s(2) = 128$. |

De $s(0) = 0$, temos: $a.\ 0^2 + b.\ 0 + c = 0$ ou $c = 0$

De $s(1) = 32$, vem: $a.\ 1^2 + b.\ 1 + 0 = 32$ ou $a + b = 32$, isto é, $b = 32 - a$

De $s(2) = 128$, sai: $a.\ 2^2 + b.\ 2 + 0 = 128$ ou $4a + 2(32 - a) = 128$, isto é:

$4a - 2a = 128 - 64$, ou ainda, $a = \dfrac{64}{2} = 32$ e $b = 32 - 32 = 0$

Assim, temos $s(t) = 32t^2$.

O valor de s pedido é, em cm, $s = s(2,5) = 32.\ (2,5)^2 = 32.\ 6,25 = 200$

Alternativa d

| 505 | Seja P a população do grupo E, então |

$\log_{10} P = 5,54407 \Rightarrow P = 10^{5,54407} \Rightarrow P = 10^{4 + 1,54407} \Rightarrow P = 10^4 . 10^{1,54407}$ (I)

Por outro lado, pela tabela, $\log_{10} 35 = 1,54407 \Rightarrow 35 = 10^{1,54407}$ (II)

De (I) e (II) vem: $P = 10^4 . 35 \Rightarrow P = 350.000$

Alternativa e

| 506 | $2^{2x} - 8 . 2^x + 12 = 0 \Rightarrow (2^x)^2 - 8 . 2^x + 12 = 0$ |

Fazendo $2^x = A$, temos:

$A^2 - 8.A + 12 = 0 \Rightarrow (A - 6)(A - 2) = 0 \Rightarrow A = 6$ ou $A = 2$

Então como: $2^x = A \Rightarrow 2^x = 2 \Rightarrow x = 1$ ou

$2^x = A \Rightarrow 2^x = 6 \Rightarrow x = \log_2 6 \Rightarrow x = \dfrac{\log_{10} 6}{\log_{10} 2} \Rightarrow x = \dfrac{\log_{10}(2.3)}{\log_{10} 2} \Rightarrow$

$\Rightarrow x = \dfrac{\log_{10} 2}{\log_{10} 2} + \dfrac{\log_{10} 3}{\log_{10} 2} \Rightarrow x = \dfrac{1 + \log_{10} 3}{\log_{10} 2}$

Alternativa b

| 507 | As quatro pessoas podem ser $\{A, B, C, D\}$. |

Vamos dispô-las em duas duplas.

$\{A, B\}$ e $\{C, D\}$ ou

$\{A, C\}$ e $\{B, D\}$ ou

$\{A, D\}$ e $\{B, D\}$

São, portanto, 3 o número de grupos com duas duplas.

Outra solução:

$$\dfrac{C_{4,2} . C_{2,2}}{2!} = \dfrac{\dfrac{4.3}{2} . 1}{2} = 3$$

Alternativa a

508

Número 1º dado podemos obter 6 resultados: 6

O 2º dado também pode exibir 6 resultados: 6

O 3º dado também: 6

O número total de resultados no lançamento dos três dados, número de elementos do espaço amostral (E), será

$$n(E) = 6 \cdot 6 \cdot 6 = 216$$

As progressões aritméticas de razão 1 com 3 números serão formadas pelos trios: {1, 2, 3}, {2, 3, 4}, {3, 4, 5}, {4, 5, 6} e as permutação (3!) de seus membros

temos: $\dfrac{4 \cdot 3!}{6 \cdot 6 \cdot 6} = \dfrac{4}{36}$

As progressões aritméticas de razão 2, com 3 números, serão formadas pelos trios: {1, 3, 5}, {2, 4, 6} e as permutação (3!) de seus membros:

temos: $\dfrac{2 \cdot 3!}{6 \cdot 6 \cdot 6} = \dfrac{2}{36}$

P(três números posicionados com razão 1 **ou** 2) = $\dfrac{4}{36} + \dfrac{2}{36} = \dfrac{1}{6}$

Alternativa c

509

1º modo: Seja a equação

$1x^3 - 2x^2 + 1x - 2 = 0$ de raízes

$a_0 \quad a_1 \quad a_2 \quad a_3$

p, q e r. Aplicando as Relações de Girard, temos:

I) $p + q + r = 2$

II) $pq + pr + qr = 1$

III) $pqr = 2$

De (I): $p + q + r = 2 \Rightarrow (p + q + r)^2 = 2^2$

$p^2 + q^2 + r^2 + 2pq + 2pr + 2qr = 4$

$p^2 + q^2 + r^2 = 4 - 2 \underbrace{(pq + pr + qr)}_{1}$

$p^2 + q^2 + r^2 = 4 - 2 \cdot 1 = 2$

2º modo:

$x^3 - 2x^2 + x - 2 = 0 \Rightarrow x^2(x - 2) + 1(x - 2) = 0$

$(x - 2)(x^2 + 1) = 0 \Rightarrow (x - 2)(x^2 - i^2) = 0$

$(x - 2)(x + i)(x - i) = 0$ cujas raízes são $p = 2$, $q = i$ e $r = -i$ (a não ser pela ordem que pode ser desconsiderada).

Portanto:

$p^2 + q^2 + r^2 = 2^2 + i^2 + (-i)^2 = 4 - 1 - 1 = 2$

Alternativa b

510

Seja **P** o ponto de encontro entre as retas **r** e **s**.

Suas coordenadas são obtidas resolvendo o sistema com as equações de r e s:

$$\begin{cases} 5x - 12y = 42 \\ 5x + 16y = 56 \end{cases}$$

Multiplicando a 1ª equação desse sistema por (– 1) e somando membro a membro com a 2ª, vem:

$$\begin{array}{rcr} -5x + 12y &=& -42 \\ 5x + 16y &=& 56 \\ \hline 28y &=& 14 \end{array}$$

Assim, $y = \dfrac{14}{28} = \dfrac{1}{2} = y_p$

Substituindo na 2ª equação:

$5x + 16\left(\dfrac{1}{2}\right) = 56$, isto é, $5x = 56 - 8 = 48$

Portanto, $x = \dfrac{48}{5} = x_p$

O ponto de encontro entre r e s é $P = \left(\dfrac{48}{5}, \dfrac{1}{2}\right)$

Para que as retas **r**, **s** e **t** sejam concorrentes num mesmo ponto é necessário que t passa por P, ou seja,

$5x_p + 20y_p = m$ ou $5\left(\dfrac{48}{5}\right) + 20\left(\dfrac{1}{2}\right) = m$, ou ainda, $m = 48 + 10 = 58$

Alternativa e

511

Digamos que cada pedaço de arame, no início, tinha comprimento **a**. Sejam R e r os raios dos círculos maior e menor, respectivamente.

Então:

$2\pi R = a$ (I)

$2\pi r = \dfrac{a}{3}$ (II)

Dividindo membro a membro as equações acima, temos: $\dfrac{R}{r} = \dfrac{1}{\frac{1}{3}} \Rightarrow \dfrac{R}{r} = 3$

$\dfrac{S}{s} = \dfrac{\pi R^2}{\pi r^2} \Rightarrow \dfrac{S}{s} = \left(\dfrac{R}{r}\right)^2 \Rightarrow \dfrac{S}{s} = 3^2 \Rightarrow S = 9s$

Alternativa e

512

1º modo:

1) $h = \dfrac{6\sqrt{3}}{2}$

   $h = 3\sqrt{3}$

2) $R = \dfrac{2}{3} \cdot h$

   $R = \dfrac{2}{3} \cdot 3\sqrt{3}$

   $R = 2\sqrt{3}$

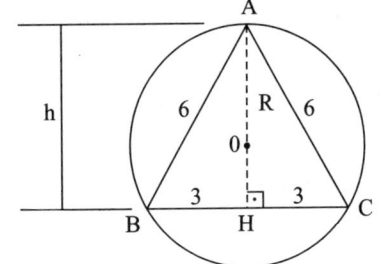

2º modo: de acordo com as medidas indicadas, tem-se

$\dfrac{3}{R} = \cos 30° \Rightarrow \dfrac{3}{R} = \dfrac{\sqrt{3}}{2} \Rightarrow R = \dfrac{6}{\sqrt{3}} \Rightarrow R = 2\sqrt{3}$

3º modo: área $(ABC) = \dfrac{(AB)(AC)(BC)}{4R}$

$\dfrac{6^2\sqrt{3}}{4} = \dfrac{6 \cdot 6 \cdot 6}{4R} \Rightarrow \sqrt{3} = \dfrac{6}{R} \Rightarrow R = 2\sqrt{3}$

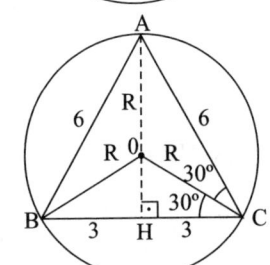

Alternativa b

513

A soma dos ângulos internos de um polígono convexo de **n** lados é dada por $(n - 2) \cdot 180°$, ou seja, essa soma é múltiplo de 180°.

Somando-se $n - 1$ ângulos internos de um polígono convexo de **n** lados obteve-se 1900°.

O menor múltiplo de 180° que supera 1900° é 1980°. Portanto, o ângulo remanescente mede 80°.

Alternativa e

514

1º modo:

1) Aplicando Pitágoras no triângulo ABC:

$(BC)^2 + 12^2 = 20^2 \Rightarrow BC = 16$

2) Os triângulos ABC e EBC são semelhantes pelo caso ângulo – ângulo. Logo:

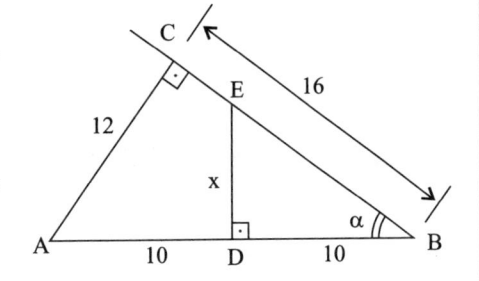

$\dfrac{x}{12} = \dfrac{10}{16} \Rightarrow x = \dfrac{15}{2}$

3) Sendo A_F a área do quadrilátero ADEC, temos:

$A_F = $ área $(ABC) - $ área (BDE)

$A_F = \dfrac{12 \cdot 16}{2} - \dfrac{\dfrac{15}{2} \cdot 10}{2}$

$A_F = 58,5$

Alternativa c

2º modo:

De acordo como os dados do enunciado, temos as medidas indicadas na figura.
Temos:

1) Pitágoras no $\triangle ABC$:

$(BC)^2 + 12^2 = 20^2 \Rightarrow BC = 16$

2) No $\triangle ABC$

$\operatorname{sen}\beta = \dfrac{16}{10} \Rightarrow \operatorname{sen}\beta = \dfrac{4}{5}$

$\operatorname{sen}\alpha = \dfrac{12}{20} \Rightarrow \operatorname{sen}\alpha = \dfrac{3}{5}$

3) No $\triangle BDE$

$\operatorname{sen}\beta = \dfrac{10}{x} \Rightarrow \dfrac{4}{5} = \dfrac{10}{x} \Rightarrow x = \dfrac{25}{2}$

4) Sendo A_F a área do quarilátero ABDE, temos.

$A_F =$ área (ABC) – área (BDE)

$A_F = \dfrac{1}{2}.(AC)(AB).\operatorname{sen}\beta - \dfrac{1}{2}(BE)(BD).\operatorname{sen}\alpha$

$A_F = \dfrac{1}{2}.12.20.\dfrac{4}{5} - \dfrac{1}{2}.\dfrac{25}{2}.10.\dfrac{3}{5}$

$A_F = 58,5$

Alternativa c

UNIFESP/2008
Conhecimentos Específicos

515 a) Do enunciado, temos a figura:

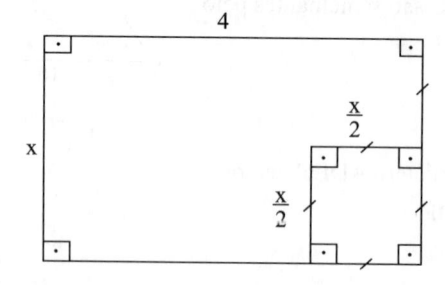

$y = 4x - \left(\dfrac{x}{2}\right)^2$

$y = 4x - \dfrac{x^2}{4}$

Gráfico

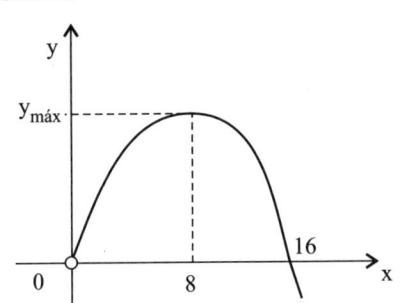

Do gráfico, concluímos que y > 0 para 0 < x < 16.

Resposta: 0 < x < 16

b) y é máximo para x = 8 e o valor máximo de y é y = 4 . (8) $- \dfrac{8^2}{4} = 16$

Resposta: x = 8 e y = 16

516

a) O período da função é p = $\dfrac{2\pi}{|2\pi|} = 1$

Como y = 1 + sen $\left(2\pi x - \dfrac{\pi}{2}\right)$ temos:

se sen $\left(2\pi x - \dfrac{\pi}{2}\right) = -1 \Rightarrow$ y = 1 + (− 1) = 0 (valor mínimo)

se sen $\left(2\pi x - \dfrac{\pi}{2}\right) = 1 \Rightarrow$ y = 1 + 1 = 2 (valor máximo)

Portanto Im = [0, 2]

Resposta: p = 1 e Im = [0, 2]

b) y = 1 $\Rightarrow$ 1 + sen $\left(2\pi x - \dfrac{\pi}{2}\right) = 1 \Rightarrow$

$\Rightarrow$ sen $\left(2\pi x - \dfrac{\pi}{2}\right) = 0 \Rightarrow 2\pi x - \dfrac{\pi}{2} = k\pi (k \in Z) \Rightarrow$

$\Rightarrow 2x - \dfrac{1}{2} = k \Rightarrow 2x = \dfrac{1}{2} + k \Rightarrow x = \dfrac{1}{4} + \dfrac{k}{2}$

Como x ∈ [0, 1] temos:

k = 0 $\Rightarrow$ x = $\dfrac{1}{4}$

k = 1 $\Rightarrow$ = $\dfrac{3}{4}$

k = 2 (não convém).

Resposta: $\dfrac{1}{4}$ e $\dfrac{3}{4}$

517

a) Cada um dos dois últimos dígitos é um algarismo de 0 a 9.

$$\begin{array}{cc} a & b \\ 5 & 10 \\ 6 & 9 \\ 7 & 8 \\ 8 & 7 \\ 9 & 6 \end{array} \Bigg\} \text{são 4 possibilidades}$$

b) $P\begin{pmatrix} \text{acertar com as} \\ \text{duas tentativas} \end{pmatrix} = 1 - P\begin{pmatrix} \text{errar nas duas} \\ \text{tentativas} \end{pmatrix} =$

$= 1 - \dfrac{9}{10} \cdot \dfrac{8}{9} = 1 - \dfrac{8}{10} = \dfrac{2}{10} = \dfrac{1}{5}$

Respostas: a) 4   b) $\dfrac{1}{5}$

518

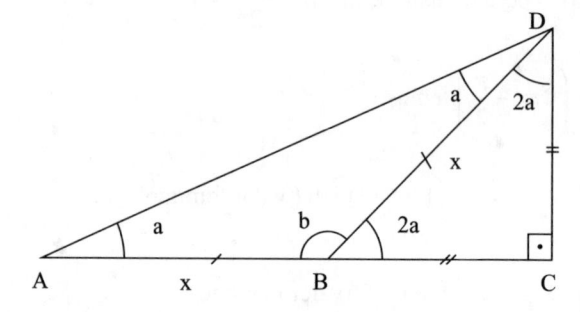

a) $\triangle ABD$ isósceles $\Rightarrow B\hat{A}D = B\hat{D}A = a$

No $\triangle ABD$: $C\hat{B}D = 2a$ (ângulo externo)

$\triangle BCD$ isósceles $\Rightarrow C\hat{B}D = C\hat{D}B = 2a$

No $\triangle BCD$ temos: $2a + 2a + 90° = 180° \Rightarrow a = 22{,}5°$

Resposta: $B\hat{A}D = 22{,}5°$

b) Na figura temos: $A\hat{B}D + C\hat{B}D = 180° \Rightarrow$

$\Rightarrow b + 2 \cdot (22{,}5°) = 180° \Rightarrow b + 45° = 180° \Rightarrow b = 135°$

Logo a área $A_{\triangle ABD} = \dfrac{1}{2} \cdot x \cdot x \cdot \text{sen } 135°$

$A_{\triangle ABD} = \dfrac{1}{2} \cdot x \cdot x \cdot \dfrac{\sqrt{2}}{2}$

$A_{\triangle ABD} = \dfrac{x^2 \sqrt{2}}{4}$

Resposta: $\dfrac{x^2 \sqrt{2}}{4}$

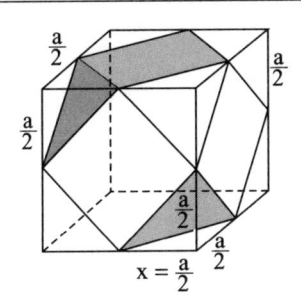

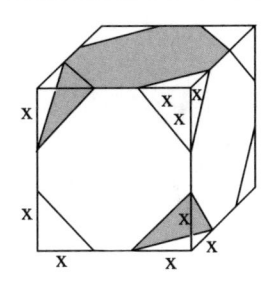

519

1º caso: $x = \dfrac{a}{2}$

2º caso: $0 < x < \dfrac{a}{2}$

a) Como a cada vértice do cubo (8 vértices) corresponde uma face triangular do novo poliedro e a cada face do cubo (6 faces) corresponde uma face quadrangular ou, uma octogonal do novo poliedro, o novo poliedro terá um número de faces F dada por

1) $x = \dfrac{a}{2}$ $\Rightarrow$ 8 faces triangulares e 6 quadrangulares $\Rightarrow$ F = 14

2) $x < \dfrac{a}{2}$ $\Rightarrow$ 8 faces triangulares e 6 octogonais $\Rightarrow$ F = 14

b) Como o volume do poliedro obtido é igual ao volume do cubo menos 8 pirâmides iguais a a da figura, temos:

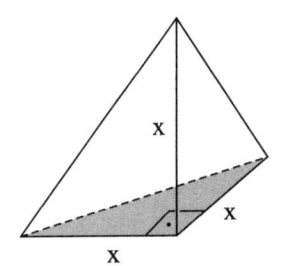

$$a^3 - 8 \cdot \left[\dfrac{1}{3} \dfrac{x \cdot x}{2} \cdot x \right] = \dfrac{5}{6} a^3 \Rightarrow$$

$$a^3 - \dfrac{4}{3} x^3 = \dfrac{5}{6} a^3 \Rightarrow 6a^3 - 8x^3 = 5a^3 \Rightarrow 8x^3 = a^3$$

$$2x = a \Rightarrow \boxed{x = \dfrac{a}{2}}$$

Na resolução do item **b** optamos por não considerar a altura dada $\dfrac{x}{\sqrt{3}}$.

Respostas: a) 14   b) $\dfrac{a}{2}$

Respostas

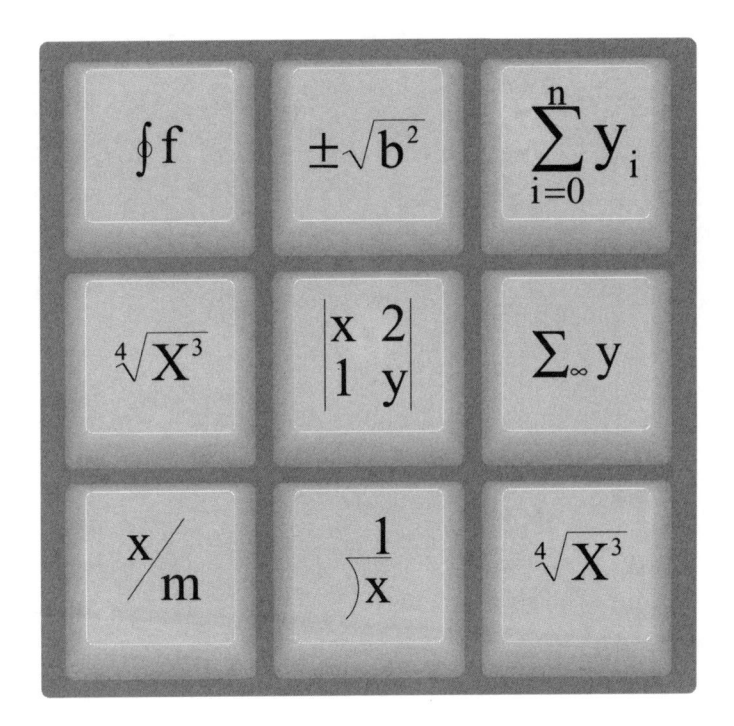

FUVEST
UNICAMP
PUCSP
FGV
VUNESP
UNIFESP

Respostas

FUVEST/06 - 1ª fase

1) ... A
2) ... D
3) ... B
4) ... A
5) ... C
6) ... C
7) ... B
8) ... D
9) ... E
10) ... E
11) ... D
12) ... B

FUVEST/06 – 2ª fase

13) ... a) $(1{,}90 \cdot 1{,}90)$ m^2 ; 100 padrões b) 23

14) ... a) $4{,}17\,x$ b) 14%

15) ... a) 2 b) $f(x) = \dfrac{x}{2}$ c) 15

16) ... $\dfrac{\sqrt{2}}{2}$

17) ... a) $\dfrac{\sqrt{3}}{4(AB)}$ b) $\dfrac{\sqrt{13}+1}{6}$

18) ... $\dfrac{640}{9}\sqrt{3}\,\pi m^3$

19) ... a) $3\sqrt{2+\sqrt{3}}$ b) $\dfrac{31}{2}$

20) ... 2 i e -2

21) ... a) $\operatorname{sen}^2 a - \operatorname{sen}^2 b$ b) $b = -a + k\pi$ ou $b = a + k\pi$ com $k \in \mathbb{Z}$ e qualquer $c \in \mathbb{R}$ c) $S = \{(-\alpha, -4\alpha, \alpha), \alpha \in \mathbb{R}\}$

22) ... a) $(4, 2)$ e $(3, 3)$ b) $C = (2, 1 - \sqrt{5})$

FUVEST/07 – 1ª fase

23) ... E
24) ... C
25) ... C
26) ... B
27) ... A
28) ... E
29) ... D
30) ... D
31) ... A
32) ... C

FUVEST/07 – 2ª fase

33) ... Amélia: R$ 24,00 ; Lúcia: R$ 18,00 e Maria R$ 36,00

34) ... a) $\dfrac{3\sqrt{3}}{2}$ b) $CD = 40$ e $OC = 60$

35) ... a) $b = \dfrac{6}{5}, r = \dfrac{12}{5}$ b) $\dfrac{239}{5}$ c) 500

36) ... a) 3 b) $\sqrt{5}$ c) $5\pi - 9$

37) ... a) $\operatorname{sen} x = -\dfrac{1}{5}$ e $\cos x = -\dfrac{2\sqrt{6}}{5}$

38) ... a) $y = \dfrac{1}{2}x$

b) $\left(\dfrac{36-6\sqrt{3}}{11}, \dfrac{18-3\sqrt{3}}{11}\right)$ e $\left(\dfrac{-36+6\sqrt{3}}{11}, \dfrac{-18+3\sqrt{3}}{11}\right)$

39) ... a) $\dfrac{15}{56}$; b) $\dfrac{1}{3}$

40) ... 58

41) ... Gráfico

42) ... a) $\dfrac{1}{6}a^3$ b) $\dfrac{5}{8}a^2$ c) $\dfrac{5\sqrt{41}}{41}a$

FUVEST/08 – 1ª fase

43) ... D
44) ... C
45) ... C
46) ... A
47) ... D
48) ... A
49) ... E
50) ... B
51) ... E
52) ... B

FUVEST/08 – 2ª fase

53) ... Hambúrguer: R$ 4,00 , suco: R$ 2,50 e cocada: R$ 3,50

54) ... a) $\dfrac{\sqrt{55}}{2}$ b) $\sqrt{55}$

55) ... a) $\left(-\dfrac{7}{5}, \dfrac{3}{5}, \dfrac{13}{5}\right)$ b) $-\dfrac{73}{5}$

56) ... a) 3 b) $27\sqrt{3}\,r^3$

57) ... a) $\dfrac{2\pi}{3}$ b) 0

58) ... a) $y = -\dfrac{1}{2}x + \dfrac{5}{2}$ b) $H = (2\sqrt{3}+1, 0)$

59) ... a) $\dfrac{5}{18}$ b) $\dfrac{4}{9}$ c) $1 - \left(\dfrac{4}{9}\right)^4$

60) ... a) $\dfrac{5}{4}$ b) $\dfrac{5}{4}$

61) ... a) $\operatorname{Re}(w^{-1}) = -\dfrac{1}{2}$ e $\operatorname{Im}(w^{-1}) = -\dfrac{\sqrt{3}}{2}$; $\operatorname{Re}(w^3) = 1$ e $\operatorname{Im}(w^3) = 0$ b) ver figura

c) $z_0 = 1$, $z_1 = -\dfrac{1}{2} + i\dfrac{\sqrt{3}}{2}$, $z_2 = -\dfrac{1}{2} - i\dfrac{\sqrt{3}}{2}$

62) ... $9\sqrt{2}$ cm^3

Respostas

UNICAMP/06 – 1ª fase

63) .... a) 14800 b) 2880
64) .... a) caminhão: R$ 6875,00 ; trem: R$ 6250,00 b) 175 km

UNICAMP/06 – 2ª fase

65) .... a) 21 voltas b) 192,5 ℓ
66) .... a) 2200 b) $\dfrac{2}{25}$
67) .... a) R$ 600000,00 b) 18,98 kg
68) .... a) $\dfrac{1}{25}$ b) 625000
69) .... a) 3 m b) $3\sqrt{2}$ m
70) .... a) C(t) = 377,4 (1,005)^t b) 2084
71) .... a) 30 cm e 60 cm b) $1125\pi \text{cm}^2$
72) .... a) $(2\sqrt{3}+3)$m b) $(1,6+\sqrt{3})$m
73) .... a) S = {1, 2} b) m = $\dfrac{7}{2}$
74) .... a) –1 < m < 1 b) m = 0
75) .... a) DO = 5 cm , OE = 7 cm e OF = 7 cm
   .... b) DE = $2\sqrt{29}$ cm , DF = $\sqrt{130}$ cm e EF = $7\sqrt{2}$ cm
76) .... a) q = 10 b) 1 – 3i , 1 e 1 + 3i

UNICAMP/07 – 1ª fase

77) .... a) 12 km b) O álcool c) 540 km
78) .... a) 300 b) 120

UNICAMP/07 – 2ª fase

79) .... a) 12,5 % b) R$ 3,15
80) .... a) 1: 425000 b) 34,25 c) 6, 8 cm
81) .... a) $a_k = 0,2 \cdot 2^{k-1}$ b) 37,125 mm ; 26,25 mm e 6,4 mm
82) .... a) $600\,\pi\,\text{cm}^3$ b) 300 m^3 (ou 300000 litros)
83) .... a) R$ 18,00 o kg b) f(x) = (15 + x) (100 – 5x) c) R$ 17,50
84) .... a) 45 b) $\dfrac{1}{15}$ c) $\dfrac{14}{15}$
85) .... a) $b = a\sqrt{2-\sqrt{3}}$ e $c = \dfrac{a(2-\sqrt{3})}{4}$
   b) $(30-10\sqrt{3}+15\sqrt{6}-15\sqrt{2})$ m
86) .... a) Observar o gráfico b) $\left(\dfrac{4}{3},\dfrac{4}{3}\right)$
87) .... a) 2 b) AB = 12 , AC = 5 c) $30 - 4\pi$
88) .... a) $\dfrac{1}{29}$ b) 67,28 anos
89) ...... a) Serão sempre duas retas b) y = 2x + 1 e y = $-\dfrac{1}{2}$x + 6
90) .... a) CK = 2 cm , DL = 4 cm b) 42 cm^3

UNICAMP/08 – 1ª fase

91) .... a) Aproximadamente: coeficiente 46,5 e 25 casos
   b) Aproximadamente: coeficiente 46 e 4500%
92) .... a) 800 km^2 b) Sudoeste

UNICAMP/08 – 2ª fase

93) .... a) 7200 m^3 b) 800 viagens
94) .... a) 45990 reais b) 6,3%
95) .... a) $F_n = 8n - 4$, $F_{10} = 76$ b) 10000 palitos
96) .... a) 70 s b) 9248,57 m
97) .... a) a = –0,1 ; b = 1 ; c = 1,1 b) x = 11 m
98) ... a) Não há números divisíveis por 6; o menor múltiplo de 9
   é 111 111 111 b) 11,1%
99) .... a) 10^{-4} w/m^2 b) 10^8
100) .... a) x < 0 ou $x > \dfrac{5}{2}$ b) p ≤ –3
101) .... a) $a = \dfrac{2}{3}$ e $b = -\dfrac{1}{3}$ b) a = 1 , b = 1 e c = –4
102) .... a) 15 mim. b) $\dfrac{25(4-\sqrt{6}+\sqrt{2})}{2}$ m
103) .... a) $20\sqrt{2}$ cm b) $\dfrac{2000}{3}\sqrt{6}$ cm^3
104) .... a) $P = \left(-\dfrac{b}{a},0\right)$, Q = (0,b) e $R = \left(\dfrac{b}{2b-2a},\dfrac{b(2b-a)}{2b-2a}\right)$
   .... b) a = –8 , b = 4 , c = 16

VUNESP/06 – Conhecimentos Gerais

105) .... D
106) .... E
107) C
108) .... E
109) .... B
110) .... D
111) .... A
112) C
113) .... D
114) C
115) .... B
116) .... A

VUNESP/06 – Exatas

117) .... a) 7.500.000 (2250000 máquinas de lavar e 6750000 TV)
   b) 28900000
118) .... a) Demonstração b) $B_1 = \dfrac{1}{4}$, $B_2 = \dfrac{1}{2}$, $B_3 = \dfrac{3}{4}$ e
   $B_1 + ... + B_{40} = 205$ cm
119) .... a) Observar o gráfico b) x = 1 e y = 2
120) ...... a) $Z = \sqrt{2}\left(\cos\dfrac{\pi}{4} + i\,\text{sen}\dfrac{\pi}{4}\right)$, $Z^3 = 2\sqrt{2}\left(\cos\dfrac{3\pi}{4} + i\,\text{sen}\dfrac{3\pi}{4}\right)$
   b) $P(x) = x^3 - 4x^2 + 6x - 4$
121) .... a) 45 e 30
   b) 36 div. pares e 12 div. quadrados perfeitos

122) .... a) $(x-2)^2 + y^2 = 4$ e $S = \left(\frac{18}{5}, \frac{6}{5}\right)$

b) $\frac{4}{3}$ é a área do $\triangle OMP$ e $\frac{32}{5}$ é a área da região sombreada

123) .... a) $-1 \le x \le 1$, $x = 2$ b) $D_{fog} =]-1, 5[$, $x_{máx} = 2$

124) .... a) 1200 km no perigeu e 2000 km no apogeu
b) $\alpha = 90°$ ou $\alpha = 270°$

125) .... a) $A_L = 2400$ cm^2 ; $Ae = 48$ cm^2 b) $V_p = 9000$ cm^3,
$V_e = 32$ cm^3, $V_L = 6120$ cm^3

126) .... a) $AB = 70$ cm e $CE = 25$ m
b) $DE = 45$ m e $P = 15(6 + \pi)$ m

VUNESP/06 – Biológicas

127) .... a) $G_A = 360 - 2x$, $G_B = 600 - y$, $G = 960 - 2x - y$
b) D_1: 30 (A) e 10 (B) ; D_2: $\emptyset$ (A) e 30 (B)
$G_A = 300$ reais e $G_B = 590$ reais

128) .... a) 54% e 87% b) 1% e 40%

129) .... a) 9,61 milhões b) $9,61 \le k \le 17$

130) ..... a) $PQ = 4\sqrt{3}$ dm ; $\operatorname{sen}(B\hat{P}Q) = \frac{\sqrt{13}}{13}$ b) 90°, 120 voltas

VUNESP/07 – Conhecimentos Gerais

131) .... D
132) .... E
133) .... E
134) C
135) .... A
136) C
137) .... E
138) .... D
139) .... A
140) .... B
141) .... B
142) .... D

VUNESP/07 – Exatas

143) .... a) 2 ton.
144) .... a) 1023 x furações
145) .... a) $a = 3$
146) .... a) $S = \{x \in R \mid x \le -1$ ou $x \ge 2\}$
147) .... a) $\frac{2}{15}$
148) .... a) $(2, 5)$
149) .... a) $h(y) = \frac{y - 320}{5}$; 16 cm
150) .... a) 8
151) .... a) 2044
151) .... a) 22 dam

VUNESP/07 – Biológicas

153) 78%
154) 69%
155) .... 453 kcal
156) .... 25900 dam^3

VUNESP/08 – Conhecimentos Gerais

157) .... E
158) .... B
159) .... D
160) .... A
161) C
162) .... B
163) C
164) .... D
165) .... A
166) .... B
167) .... E
168) .... E

VUNESP/08 – Exatas

169) .... 3300 ℓ com descarga e 2500 ℓ com higiene pessoal
170) .... 420 anos terrestres
171) .... 16 anos
172) .... $X - Y =$ R$ 5,00
173) .... $\frac{4c}{5}$
174) .... Demonstração
175) .... $P\left(\frac{4}{3}, 0\right)$, $Q(2, 0)$, $R\left(\frac{8}{3}, 0\right)$ e $S\left(\frac{10}{3}, 0\right)$
176) .... 7,29 . 10^5 km
177) 103000
178) .... 2 dias

VUNESP/08 – Biológicas

179) .... 1506 g
180) 1960
181) .... 525 dias
182) .... 517,5 cm^3

ITA/06 - Testes

183) .... D
184) C
185) .... B
186) .... E
187) C
188) .... A
189) .... B
190) C
191) .... D
192) .... B
193) .... A
194) .... D
195) .... E
196) .... E
197) .... E
198) .... D
199) .... B
200) .... Não há

201) .... D
202) .... A

ITA/06 - Questões

203) .... a) 1, 2, 4, ou 8   b) 105
204) .... g é função par
205) 414
206) .... $S = \left\{ x \in R \mid -\dfrac{\pi}{4} < x < -\dfrac{\pi}{6} \text{ ou } \dfrac{\pi}{6} < x < \dfrac{\pi}{4} \right\}$
207) .... sim
208) .... $96\pi \, m^2$
209) .... $-\dfrac{2}{11}$
210) 11
211) 10
212) .... $144\pi \, cm^2$

ITA/07 - Testes

213) .... D
214) .... A
215) .... B
216) .... E
217) .... D
218) .... Não há
219) .... A
220) .... E
221) .... B
222) .... B
223) .... D
224) .... E
225) .... D
226) C
227) C
228) .... A
229) .... A
230) .... B
231) .... E
232) C

ITA/07 - Questões

233) .... $\left\{ x \in R \mid -4 < x \le -\dfrac{5}{2} \text{ ou } x = -2 \text{ ou } x \ge 1 \right\}$
234) i
235) .... pg (2,6, 18, 54) e razão 3
236) .... a) $0 \le p \le \dfrac{4}{3}$ b) $\dfrac{4-p}{2\sqrt{4-2p}}$
237) .... $\left\{ \left(w + \dfrac{31}{3}, \dfrac{8}{3}, -\dfrac{5}{3}, w \right), w \in R - \{5\} \right\}$
238) 125
239) .... $\dfrac{q^2}{2-q}$
240) .... $\dfrac{145\sqrt{2}+15\sqrt{29}}{49}$
241) .... $\dfrac{2}{9}$
242) .... $\dfrac{24-4\pi}{3} cm^3$

ITA/08 - Testes

243) .... A
244) .... B
245) .... A
246) .... D
247) .... B
248) .... E
249) .... D
250) .... A
251) C
252) .... E
253) .... B
254) .... E
255) C
256) .... D
257) C
258) .... E
259) .... A
260) .... D
261) C
262) .... B

ITA/08 - Questões

263) .... $S = \left] -\infty, -1 [\cup] -1, \dfrac{2}{3} \right] \cup \,] 2, +\infty [$
264) .... $w_1 = 2i, w_2 = -\sqrt{3}+i, w_3 = -\sqrt{3}-1, w_4 = -2i$
265) .... $g(x) = \dfrac{1}{2} \ell n \left(\dfrac{x^2+x+1}{x^2-x+1} \right)$ e $h(x) = \dfrac{1}{2} \ell n (x^4 + x^2 + 1)$
266) .... $(\alpha, \beta, \gamma) = (0, \beta, 1-\beta), \beta \in R - \{2\}$
267) .... $\begin{bmatrix} 1 & 0 \\ 0 & 1 \end{bmatrix}, \begin{bmatrix} -1 & 0 \\ 0 & -1 \end{bmatrix}, \begin{bmatrix} \sqrt{1-b^2} & b \\ b & -\sqrt{1-b^2} \end{bmatrix}$ e $\begin{bmatrix} -\sqrt{1-b^2} & b \\ b & \sqrt{1-b^2} \end{bmatrix}$
268) .... $0 < \alpha < \dfrac{\pi}{3}$
269) .... $P(C \mid A \cap B^C) = \dfrac{1}{4}$ e $P(C \mid A \cap B^C) = \dfrac{1}{5}$
270) 6
271) .... $\dfrac{2}{3} \pi r^3$
272) .... $\dfrac{\sqrt{5}}{5}$

FGV/Administração/06 - 1ª Fase

273) .... R$ 17.469,35
274) .... Ver resolução

275) ... $\dfrac{52}{3}$

276) ... $z_2 = -\dfrac{1}{2} + i\dfrac{\sqrt{3}}{2}$ e $z_3 = -\dfrac{1}{2} - i\dfrac{\sqrt{3}}{2}$, $S_\Delta = \dfrac{3\sqrt{3}}{4}$

277) ... Ver resolução

278) ... $19\sqrt{3}$ cm²

279) ... 4 maneiras (ver observação)

280) ... $S = [-2, -1] \cup [1, 2]$

281) ... O prazo de 1º foi de 3 meses e o do 2º, 15 meses

282) ... I

FGV/Administração/06 - 2ª Fase

283) ... B
284) ... E
285) ... C
286) ... D
287) ... D
288) ... A
289) ... B
290) ... A
291) ... A
292) ... C
293) ... E
294) ... D
295) ... B
296) ... C
297) ... A

FGV/Economia/06 - 1ª Fase

298) ... C
299) ... B
300) ... A
301) ... D
302) ... C
303) ... E
304) ... C
305) ... A
306) ... D
307) ... D
308) ... A
309) ... E
310) ... C
311) ... B
312) ... D
313) ... E
314) ... Não há
315) ... B
316) ... Não há
317) ... C
318) ... E
319) ... E
320) ... B
321) ... D
322) ... A
323) ... C
324) ... A
325) ... B
326) ... Não há
327) ... C

FGV/Economia/06 - 2ª Fase

328) ... a) $A(n) = 50\ n \in \mathbb{N}^*$ b) Gráfico
329) ... a) Gráfico b) 5,73%
330) ... a) Ver resolução
331) ... a) $\dfrac{3}{4}$ b) Ver diagrama na resolução

FGV/Direito/06 - 2ª Fase

332) ... a) $\dfrac{407}{2000}$ b) 1560

333) ... a) $343(\sqrt{3}+1)$cm² b) $8746,5(\sqrt{3}+1)$cm³

334) ... 1º de março e 1º de novembro

FGV/Administração/07 - 1ª Fase

335) ... a) 10,7% (antes do débito) e 12% (após o débito) b) 10,7%

336) ... $\left(\dfrac{7}{22}, \dfrac{61}{22}\right)$

337) ... $71,4 < t < 140$ minutos

338) ... $\dfrac{20}{\pi}$ minutos

339) ... 10593

340) ... 5,4 m e 4,6 m

341) ... $\dfrac{19}{3}$

342) ... $ 2 ou $ 4

343) ... a) $59,696 + 17,2\pi$ b) 350 rpm

344) ... a) $\dfrac{2}{7}$ b) $\dfrac{3}{7}$

FGV/Administração/07 - 2ª Fase

345) ... D
346) ... E
347) ... A
348) ... B
349) ... C
350) ... D
351) ... A
352) ... C
353) ... A
354) ... B
355) ... D
356) ... E
357) ... C
358) ... B
359) ... B

FGV/Economia/07 - 1ª Fase

360) ... B
361) ... D
362) ... A
363) ... C
364) ... A
365) ... B
366) ... B
367) ... D

368)	C
369)	D
370)	B
371)	D
372)	C
373)	E
374)	A
375)	E
376)	B
377)	C
378)	D
379)	E
380)	E
381)	D
382)	C
383)	A
384)	C
385)	B
386)	E
387)	A
388)	A
389)	E

FGV/Economia/07 - 2ª Fase

390) a) 9,375%   b) $\dfrac{3589}{4560}$

391) a) ↗   b) 187

392) a) $\dfrac{10-\sqrt{3}}{2}$ b) $a = 5, b = -1, c = \dfrac{2\pi}{3}$

393) a) $\dfrac{56}{3}\pi \text{cm}^3$ b) 1 cm

FGV/Direito/07 - 2ª Fase

394) a) 82,17%   b.1) 13, 21%   b.2) 2,58%
b.3) aumento da banda larga e diminuição da estreita

395) B

396) 30 e 40 cm, área = 1200 cm²

FGV/Administração/08 - 1ª Fase

397) a) $\dfrac{1}{3}$ b) $\dfrac{1}{2}$

398) Demonstração

399) Não, pois iria diminuir o lucro

400) 60%

401) 155

402) a) 2,6%   b) redução de 7,4%

403) R$ 2250

404) 30 cm

405) 15 mulheres

406) a) gráfico   b) 3ª feira (maior valor) e 5ª feira (menor valor)   c) 5,5 e 3,5

FGV/Administração/08 - 2ª Fase

407) E
408) C
409) B

410)	A
411)	B
412)	D
413)	C
414)	A
415)	D
416)	E
417)	A
418)	D
419)	B
420)	C
421)	D

FGV/Economia/08 - 1ª Fase

422)	B
423)	E
424)	E
425)	C
426)	D
427)	B
428)	A
429)	A
430)	C
431)	B
432)	A
433)	D
434)	A
435)	D
436)	B
437)	D
438)	E
439)	C
440)	D
441)	C
442)	B
443)	C
444)	E
445)	B
446)	E
447)	D
448)	D
449)	A
450)	E
451)	A

FGV/Economia/08 - 2ª Fase

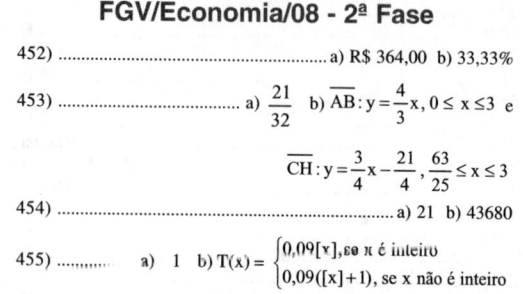

452) a) R$ 364,00   b) 33,33%

453) a) $\dfrac{21}{32}$ b) $\overline{AB}: y = \dfrac{4}{3}x, 0 \leq x \leq 3$ e

$\overline{CH}: y = \dfrac{3}{4}x - \dfrac{21}{4}, \dfrac{63}{25} \leq x \leq 3$

454) a) 21   b) 43680

455) a) 1   b) $T(x) = \begin{cases} 0,09[x], \text{se } x \text{ é inteiro} \\ 0,09([x]+1), \text{se } x \text{ não é inteiro} \end{cases}$

FGV/Direito/08 - 2ª Fase

456) a) gráfico   b) preço do álcool < 73% preço da gasolina
c) álcool: Mato Grosso, Piauí e São Paulo; e Gasolina: Amapá

457) a) A: 2 coleções, B:1 , C: ∅ e D:1   b) 5ª e 6ª série: R$ 60,90, 7ª e 8ª série R$ 63,90   c) 8%

458) .... a) L(x) = (200 − 2x) (x − 28)   b)] 28, 100[
c) R$ 64,00   d) R$ 2592,00 , 72 cartuchos

UNIFESP/06 - Conh. Gerais

459) C
460) .... D
461) .... B
462) .... B
463) .... D
464) .... E
465) .... B
466) .... A
467) C
468) .... B
469) C
470) .... A
471) .... E
472) .... D
473) .... A

UNIFESP/06 - Conh. Específicos

474) .... a) $0 \le t \le 10$ b) 6 segundos
475) .... a) A = 12 e B = 2,4 ou A = 12 e B = −2,4   b) 15 rad
476) .... a) 36%   b) 1,5 hora
477) .... a) $A = \frac{13}{2}, B = \frac{27}{2}, c = 9$ b) $\frac{\sqrt{61}}{2}$ cm
478) .... a) pelo caso AA   b) $10(\sqrt{5} - 2)$ m
479) .... a) $\frac{5}{12} \le p \le \frac{2}{3}$ b) $\frac{7}{9}$

UNIFESP/07 - Conh. Gerais

480) .... D
481) .... B
482) C
483) .... E
484) C
485) .... A
486) .... D
487) .... D
488) .... A
489) .... E
490) .... B
491) .... E
492) .... B
493) .... A
494) C

UNIFESP/07 - Conh. Específicos

495) .... a) x = 2, y = 0 e y = x   b) $x^2 + y^2 - 4x - 4 = 0$
496) .... a) 8   b) 4
497) .... a) 140   b) 72,8%
498) .... a) Ver resolução   b) 3
499) .... a) 8   b) 9

UNIFESP/08 - Conh. Gerais

500) .... D
501) C
502) .... A
503) .... A
504) .... D
505) .... E
506) .... B
507) .... A
508) C
509) .... B
510) .... E
511) .... E
512) .... B
513) .... E
514) C

UNIFESP/08 - Conh. Específicos

515) .... a) $0 < x < 16$ b) x = 8 e y = 16
516) .... a) p = 1 e Im = [0, 2]   b) $\frac{1}{4}$ e $\frac{3}{4}$
517) .... a) 4   b) $\frac{1}{5}$
518) .... a) 22,5°   b) $\frac{x^2\sqrt{2}}{4}$
519) .... a) 14   b) $\frac{a}{2}$

Matemática nos Vestibulares - Vol. 5 — Respostas

Dicas e Resoluções dos exercícios

MV5	0	1	2	3	4	5	6	7	8	9
0		Gleney	Oliv.	Lopes	Hélio	Sabo	Sabo	Lopes	Sabo	Oliv.
1	Hélio	Rodr.	Gleney	Oliv.	Gleney	Lopes	Lopes	Hélio	Rodr.	Oliv.
2	Alv.	Sabo	Lopes	Lopes	Oliv.	Oliv.	Oliv.	Sabo	Lopes	Sabo
3	Oliv.	Gleney	Rodr.	Gleney	Hélio	Sabo	Oliv.	Hélio	Lopes	Gleney
4	Rodr.	Lopes	Rodr.	Lopes	Hélio	Hélio	Sabo	Sabo	Alv.	Oliv.
5	Rodr.	Gleney	Lopes	Hélio	Hélio	Sabo	Oliv.	Hélio	Lopes	Gleney
6	Rodr.	Alv.	Rodr.	Lopes	Gleney	Gleney	Hélio	Rodr.	Gleney	Oliv.
7	Sabo	Rodr.	Hélio	Sabo	Lopes	Oliv.	Alv.	Gleney	Oliv.	Hélio
8	Oliv.	Rodr.	Rodr.	Lopes	Gleney	Hélio	Sabo	Oliv.	Sabo	Lopes
9	Rodr.	Lopes	Lopes	Rodr.	Sabo	Sabo	Hélio	Sabo	Gleney	Sabo
10	Lopes	Sabo	Hélio	Rodr.	Lopes	Oliv.	Hélio	Lopes	Alv.	Alv.
11	Gleney	Gleney	Lopes	Sabo	Hélio	Oliv.	Rodr.	Gleney	Sabo	Sabo
12	Alv.	Sabo	Lopes	Sabo	Lopes	Rodr.	Hélio	Lopes	Gleney	Sabo
13	Oliv.	Oliv.	Lopes	Gleney	Gleney	Sabo	Sabo	Lopes	Lopes	Hélio
14	Hélio	Oliv.	Rodr.	Hélio	Sabo	Alv.	Alv.	Gleney	Lopes	Lopes
15	Hélio	Sabo	Rodr.	Gleney	Sabo	Oliv.	Rodr.	Lopes	Sabo	Alv.
16	Gleney	Sabo	Hélio	Sabo	Hélio	Lopes	Lopes	Oliv.	Rodr.	Gleney
17	Oliv.	Lopes	Lopes	Oliv.	Gleney	Hélio	Sabo	Hélio	Rodr.	Oliv.
18	Sabo	Hélio	Rodr.	Oliv.	Gleney	Sabo	Hélio	Sabo	Gleney	Sabo
19	Alv.	Hélio	Alv.	Sabo	Sabo	Alv.	Alv.	Sabo	Alv.	Oliv.
20	Lopes	Lopes	Rodr.	Gleney	Lopes	Gleney	Hélio	Alv.	Rodr.	Sabo
21	Sabo	Lopes	Oliv.	Sabo	Gleney	Alv.	Hélio	Alv.	Oliv.	Sabo
22	Sabo	Hélio	Lopes	Lopes	Gleney	Hélio	Hélio	Gleney	Lopes	Lopes
23	Oliv.	Oliv.	Rodr.	Sabo	Gleney	Alv.	Alv.	Sabo	Gleney	Hélio
24	Lopes	Oliv.	Rodr.	Gleney	Alv.	Sabo	Sabo	Alv.	Rodr.	Oliv.
25	Alv.	Alv.	Alv.	Hélio	Lopes	Hélio	Sabo	Sabo	Hélio	Gleney
26	Oliv.	Lopes	Oliv.	Lopes	Alv.	Sabo	Alv.	Sabo	Hélio	Gleney
27	Oliv.	Rodr.	Lopes	Oliv.	Gleney	Lopes	Alv.	Hélio	Oliv.	Gleney
28	Alv.	Hélio	Gleney	Oliv.	Hélio	Rodr.	Alv.	Sabo	Lopes	Oliv.
29	Sabo	Rodr.	Gleney	Lopes	Hélio	Gleney	Gleney	Lopes	Alv.	Hélio
30	Oliv.	Gleney	Sabo	Lopes	Lopes	Rodr.	Gleney	Hélio	Gleney	Oliv.
31	Rodr.	Lopes	Oliv.	Gleney	Gleney	Alv.	Rodr.	Oliv.	Lopes	Oliv.
32	Rodr.	Oliv.	Rodr.	Sabo	Oliv.	Gleney	Lopes	Hélio	Oliv.	Hélio
33	Lopes	Gleney	Gleney	Oliv.	Hélio	Hélio	Lopes	Oliv.	Oliv.	Rodr.
34	Oliv.	Lopes	Gleney	Oliv.	Gleney	Hélio	Hélio	Hélio	Hélio	Lopes
35	Gleney	Rodr.	Rodr.	Rodr.	Hélio	Hélio	Hélio	Oliv.	Lopes	Gleney
36	Lopes	Rodr.	Alv.	Gleney	Oliv.	Sabo	Alv.	Lopes	Sabo	Oliv.
37	Rodr.	Oliv.	Lopes	Gleney	Alv.	Gleney	Hélio	Alv.	Lopes	Lopes
38	Hélio	Sabo	Hélio	Lopes	Oliv.	Gleney	Lopes	Sabo	Gleney	Hélio
39	Lopes	Gleney	Hélio	Rodr.	Oliv.	Sabo	Oliv.	Gleney	Oliv.	Lopes
40	Hélio	Gleney	Hélio	Sabo	Oliv.	Gleney	Hélio	Gleney	Sabo	Hélio
41	Hélio	Gleney	Oliv.	Gleney	Sabo	Gleney	Oliv.	Gleney	Hélio	Oliv.
42	Sabo	Lopes	Oliv.	Hélio	Oliv.	Gleney	Lopes	Rodr.	Sabo	Rodr.
43	Gleney	Oliv.	Sabo	Hélio	Sabo	Alv.	Alv.	Hélio	Gleney	Sabo
44	Lopes	Hélio	Gleney	Oliv.	Hélio	Alv.	Gleney	Lopes	Sabo	Lopes
45	Gleney	Sabo	Rodr.	Gleney	Gleney	Hélio	Oliv.	Hélio	Oliv.	Oliv.
46	Sabo	Hélio	Oliv.	Sabo	Gleney	Alv.	Lopes	Hélio	Hélio	Oliv.
47	Rodr.	Sabo	Lopes	Lopes	Lopes	Hélio	Sabo	Alv.	Oliv.	Gleney
48	Hélio	Alv.	Sabo	Lopes	Alv.	Sabo	Oliv.	Hélio	Oliv.	Oliv.
49	Sabo	Alv.	Oliv.	Lopes	Oliv.	Lopes	Rodr.	Gleney	Rodr.	Rodr.
50	Gleney	Sabo	Sabo	Sabo	Lopes	Sabo	Sabo	Gleney	Gleney	Alv.
51	Lopes	Oliv.	Oliv.	Oliv.	Oliv.	Hélio	Hélio	Gleney	Hélio	Rodr.

Impressão e Acabamento
Bartira
Gráfica
(011) 4393-2911